Couvertures supérieure et Inférieure
manquantes

FRAGMENTS DES ANCIENNES CHRONIQUES D'ALSACE

II.

LES COLLECTANÉES

DE

DANIEL SPECKLIN,

CHRONIQUE STRASBOURGEOISE DU SEIZIÈME SIÈCLE.

FRAGMENTS RECUEILLIS

PAR

RODOLPHE REUSS

STRASBOURG
LIBRAIRIE J. NOIRIEL,
Rue des Serruriers, 27.
1890

AVANT-PROPOS.

Nous offrons ici au public la seconde partie des Fragments des anciennes Chroniques strasbourgeoises dont le Comité de la *Société des monuments historiques d'Alsace* a décidé de recueillir les débris, pour autant qu'ils ont survécu au cataclysme du 24 août 1870. Un premier fascicule a été publié, il y a trois ans déjà, par M. le chanoine Dacheux; il contient la *Petite Chronique de la Cathédrale* et les fragments de celle du peintre Sébald Buheler. Cette nouvelle livraison renferme ce qui nous reste des *Collectanées* de Daniel Specklin, le célèbre ingénieur du seizième siècle. Elle se rattache à la première par la numérotation suivie des fragments qui la composent, auxquels viendront s'ajouter plus tard les épaves d'autres historiographes de la ville libre impériale, réunies par M. Dacheux, et qui formeront le troisième et dernier fascicule de cette œuvre, entreprise dans un sentiment de piété patriotique à l'égard de nos vieux chroniqueurs strasbourgeois. Pour faciliter la rédaction d'une table générale des matières, nous sommes convenus, en effet, M. le chanoine Dacheux et moi, de grouper tous ces fragments épars en une seule série, aux numéros d'ordre de laquelle renverra le répertoire placé à la fin du travail.

Je me suis assez longuement expliqué dans l'introduction sur l'auteur des *Collectanées* et sur son œuvre, pour y renvoyer simplement le lecteur désireux de s'orienter sur Specklin, avant d'aborder la lecture de ce qui subsiste de ses notes historiques. Commencée, il y a trois ans, dans le Bulletin de la *Société des monuments historiques*, la publication des fragments des *Collectanées* n'a pu être achevée qu'aujourd'hui, par suite de circonstances entièrement indépendantes de la volonté de l'éditeur. Je ne songerais pas à noter ce détail, fort indifférent au public, s'il n'expliquait pour quel motif la notice biographique, imprimée dès 1886, n'a pu mentionner encore les conclusions toutes récentes de M. de Czihak, qui tendent à enlever à Specklin l'honneur d'avoir édifié notre ancien Hôtel de Ville (l'Hôtel du Commerce actuel), qui passait généralement, jusqu'à ce jour, pour son plus remarquable ouvrage[1]. La compétence professionnelle nous manque pour discuter en connaissance de cause les arguments techniques et les affirmations, en tout cas fort plausibles, de M. de Czihak, que des recherches approfondies dans nos archives municipales pourront seules infirmer ou confirmer d'une façon définitive.

Déjà le bouleversement complet des vieilles fortifications de Strasbourg avait fait disparaître les derniers vestiges de l'activité professionnelle du célèbre ingénieur militaire; maintenant l'érudit architecte de Breslau conteste à son collègue strasbourgeois du seizième siècle ses travaux d'autre nature. Il était grand temps, on le voit, de créer à l'honnête Specklin d'autres titres au souvenir reconnaissant de ses concitoyens d'aujourd'hui. Nous osons espérer que le présent volume, fruit d'un long et patient travail, lui vaudra, malgré son ignorance naïve et ses erreurs involontaires sur bien des points, l'indulgente estime des travailleurs que leurs recherches sur notre histoire locale amèneront à parcourir ces fragments échappés au naufrage de l'œuvre complète.

Strasbourg, 20 mars 1890.

---

[1]. Voy. E. von Czihak, *Das Ecole des Klosters Gottesau, der Bau des Schlosses u. s. w.* (*Zeitschrift für Geschichte des Oberrheins*, Neue Folge, vol. IV, p. 19), et Id., *Der Baumeister des Friedrichsbaues am Heidelberger Schloss* (*Centralblatt der Bauverwaltung*, Berlin, 1889, n°s 5 et 6).

LES COLLECTANÉES DE DANIEL SPECKLIN,

ARCHITECTE DE LA VILLE DE STRASBOURG.

CHRONIQUE STRASBOURGEOISE DU SEIZIÈME SIÈCLE.

FRAGMENTS RECUEILLIS ET PUBLIÉS POUR LA PREMIÈRE FOIS

PAR

RODOLPHE REUSS.

INTRODUCTION.

Il y a bientôt dix-huit ans qu'un certain nombre de savants et d'archéologues, membres pour la plupart du Comité de la *Société des monuments historiques* dans le Haut-Rhin, proposèrent à cette association la publication d'une série de textes inédits, relatifs à notre histoire provinciale et locale. Un comité provisoire se forma, des listes de souscription furent mises en circulation; mais si la foi en la réussite de l'œuvre n'était pas grande chez les promoteurs de l'entreprise elle-même, l'empressement fut moins grand encore chez le public. Pour des causes très diverses, qu'il serait trop délicat peut-être, qu'il serait en tout cas fort inutile de discuter ici, les listes rentrèrent vides ou ne rentrèrent pas, et, dès le mois de juin 1869, le président du Comité annonçait officiellement l'abandon du projet. Il essayait de consoler les rares souscripteurs qui demandaient à l'être, en affirmant que la tentative, échouée pour le moment, serait reprise, tôt ou tard, par des successeurs plus heureux[1]. Comme seule trace de son existence éphémère, le Comité laissait une liste très fournie de chroniques inédites de la Haute- et de la Basse-Alsace, qu'il avait jugées dignes d'être tirées successivement de la poussière de nos bibliothèques.

---

1. *Bulletin des monuments historiques*, séance du 30 juin. Strasb., 1869, p. 27-29.

En tête de cette liste se trouvait inscrit le nom de Daniel Specklin, le célèbre ingénieur strasbourgeois. Ses *Collectanées* jouissaient en Alsace d'une certaine réputation traditionnelle, depuis qu'elles avaient été utilisées par Osée Schad au dix-septième, et par André Silbermann au dix-huitième siècle. Depuis, la plupart de nos historiens locaux, Jung et Rœhrich, Louis Schnéegans et Piton, avaient plus ou moins largement puisé dans les deux volumes autographes, déposés à la Bibliothèque de la ville. Le Comité avait eu la main heureuse en choisissant l'œuvre de Specklin pour les débuts de son entreprise. Il me fit l'honneur de songer à moi, qui débutais à peine dans l'étude du passé de notre province, pour la publication d'un travail aussi considérable. Il pensait sans doute que le zèle juvénile de l'éditeur suppléerait à l'expérience manquante, et que le long travail que je venais d'accomplir, en copiant la grande chronique de Kœnigshoven pour M. Hegel, m'avait préparé plus spécialement au déchiffrement des pages, parfois presque illisibles, de Specklin. Une étude attentive du manuscrit, quelques essais préalables de transcription, me donnèrent bientôt la certitude que la tâche du copiste serait excessivement longue et demanderait plus d'une année de travail. Un sentiment de prudence, assurément justifié, mais que je regrette presque aujourd'hui, m'empêcha donc de commencer cette copie avant qu'un nombre de souscripteurs suffisant eût assuré la viabilité de l'œuvre. Les souscripteurs, on l'a vu, ne vinrent pas, et je dus renoncer, non sans un vif chagrin, à l'honneur d'attacher mon nom à la publication des notes historiques de l'ingénieur strasbourgeois.

Deux ans plus tard, Specklin semblait bien définitivement perdu, car, dans le désastre de nos bibliothèques, ses manuscrits avaient naturellement péri avec tant d'autres, et son ouvrage allait passer pour les générations nouvelles à l'état de vague souvenir. Un don fait par M. Gustave Silbermann à la nouvelle Bibliothèque de la ville, en 1872, ranima, le premier, l'espoir de voir sortir au moins de ses cendres quelques débris du vieux chroniqueur. C'était un volume autographe d'André Silbermann, le célèbre archéologue du siècle dernier, qui, parmi d'autres extraits, y avait placé d'assez longs fragments des *Collectanées*. Un an plus tard, la Bibliothèque municipale faisait l'acquisition d'un exemplaire du Kœnigshoven de Schilter, glosé de nombreuses annotations, qui toutes renvoyaient aux feuillets de Specklin. A la suite du volume, une série de pages ajoutées par le relieur, contenaient également des extraits pris dans notre auteur.

A ce moment un jeune érudit, élève d'Auguste Stœber, qui promettait à l'historiographie alsacienne un travailleur intelligent et consciencieux, M. le pasteur Albert Courvoisier, conçut le projet de classer ces fragments épars et de les publier dans l'*Alsatia* de son ancien maître et ami. Je mis bien volontiers mes notes à sa disposition et le travail fut préparé en effet. Mais l'insuccès matériel des précédents volumes du recueil, amena précisément à ce moment, la cessation de la patriotique entreprise du savant bibliothécaire de Mulhouse. M. Courvoisier tombait malade et mourait en 1882, après de longues souffrances; la mise au jour des fragments de Specklin semblait plus éloignée que jamais.

Sur ces entrefaites, j'eus le bonheur d'obtenir pour la Bibliothèque municipale un présent des plus précieux. Mon ami, M. Louis Schnéegans, voulut bien me donner pour les collections de sa ville natale, les papiers de son père, l'érudit et consciencieux archiviste strasbourgeois. De tous les savants de la première moitié de ce siècle, M. Schnéegans était celui qui avait le plus fouillé nos dépôts publics et recueilli le plus de matériaux inédits pour des travaux alsatiques que la maladie, puis une mort prématurée, l'empêchèrent d'achever pour l'avancement de la science. En classant des milliers de feuillets épars, pour les faire relier en volumes, je pus constater, avec un joyeux étonnement, parmi bien d'autres fragments de récits historiques, une quantité considérable de passages des *Collectanées*. Aussi, quand, il y a deux ans, la *Société des monuments historiques* décida, sur la proposition de M. le chanoine Dacheux, de réunir les débris épars de nos chroniques locales, trop dédaignées en 1868, et qu'il fut chargé lui-même de procéder à ce long et difficile labeur, je lui offris de m'associer à cette œuvre en reprenant la tâche d'éditer Specklin, forcément abandonnée, il y a bientôt vingt ans. Ma proposition fut favorablement accueillie et je me mis immédiatement au travail. On verra, par ce qui suit, combien rémunératrices ont été les glanes entreprises dans ce but. Moi-même, je ne soupçonnais pas que la moisson pût être aussi riche, après la destruction du manuscrit original et je suis doublement heureux, maintenant que la tâche est terminée, d'avoir osé l'entreprendre.

On trouvera, vers la fin de cette notice, l'énumération des sources diverses où ces matériaux ont été puisés. Mais d'abord nous résumerons en quelques pages la vie de notre auteur lui-même, qui peut être très brièvement racontée depuis qu'au mémoire approfondi de M. Louis Schnéegans, paru en 1847, est venu s'ajouter récemment le travail fort détaillé et très méritoire de M. Richard Schadow. En combinant les données de ces deux écrivains avec les quelques additions et rectifications fournies par nous à la suite de l'étude de M. Schadow, on trouvera de quoi s'orienter suffisamment sur l'existence et la carrière professionnelle de Specklin. Nous pouvons donc nous borner à donner ici les dates principales de cette biographie, en renvoyant aux sources précitées, sans dissimuler d'ailleurs qu'il s'y rencontre encore bien des lacunes, que des recherches nouvelles viendront combler peut-être quelque jour.

I.

VIE DE DANIEL SPECKLIN[1].

Daniel Specklin[2] appartenait à une famille de la moyenne bourgeoisie de Strasbourg, peut-être originaire, comme tant d'autres, de la rive droite du Rhin, mais en tout cas depuis longtemps établie dans notre ville, où elle comptait de nombreux représentants au début du seizième siècle[3]. Il n'est pas possible d'indiquer, avec une certitude absolue, le nom de ses parents. Deux personnages, en effet, peuvent encore aujourd'hui se disputer, à chances à peu près égales, la paternité de notre chroniqueur, l'un Daniel Specklin, brodeur sur étoffes, l'autre, Vit-Rodolphe Speckel, graveur sur bois[4]. Les arguments qu'on a fait valoir en faveur de l'un ou de l'autre n'ont

---

1. BIBLIOGRAPHIE: Notice manuscrite incomplète (*Vita Daniel Speckels*) dans les *Collectanées* de J. WENCKER, t. II, p. 76, aux Archives de la ville. — Poème nécrologique de Joseph Lang, de Kaysersberg, en tête de la seconde édition de l'*Architectura von Vestungen*. Strassb., 1599. — *Der Bürgerfreund, eine Zeitschrift*. Strassb., 1776, t. I, p. 793 ss. — L. SCHNÉEGANS, *Daniel Specklin*, dans les *Elsässische Neujahrsblätter*. Bâle, 1847, p. 1—32, 307—319. — L. SPACH, *Biographies alsaciennes*. Strasb., 1866, t. I, p. 72 ss. — R. SCHADOW, *Daniel Specklin, sein Leben und seine Thätigkeit als Baumeister*, dans le *Jahrbuch des Vogesen-Clubs*, 1886, p. 1—60. — R. REUSS, *Analecta Speckliniana*, ibid., p. 196—213.

2. Nous écrivons *Specklin*, bien que notre auteur lui-même ait plus souvent écrit *Speckell*, *Speckhell* ou *Specklé*; mais il a beaucoup vécu, soit en Autriche, soit en Bavière, où ces terminaisons de noms propres sont d'usage courant. Les procès-verbaux des Conseils, les rapports où il est question de lui, les citations empruntées aux *Collectanées*, après sa mort, tout nous montre que la véritable prononciation strasbourgeoise était *Specklin*.

3. Voy. SCHNÉEGANS, *op. cit.*, p. 307. Il existait même des Specklin à Strasbourg, dès 1399. REUSS, *Analecta, op. cit.*, p. 197.

4. Il est à peu près certain que Vit-Rodolphe Speckel, lorsqu'il se fit recevoir bourgeois de notre ville en 1530, venait de Franconie; mais rien n'empêcherait de croire qu'il était originaire de notre ville, et qu'il y revint après avoir été quelque temps emprisonné à Nuremberg comme fauteur de troubles politiques, lors de la guerre des Paysans. Cfr. *Analecta*, p. 198—200.

en eux-mêmes rien de décisif, et aussi longtemps que l'on n'aura retrouvé ni l'acte de naissance, ni l'acte de décès de Daniel Specklin, le doute sera permis. Malheureusement il n'est guère probable qu'on les retrouve jamais[1].

Nous savons toutefois par ses premiers biographes et par la légende de son portrait, que Specklin naquit à Strasbourg, en 1536, qu'il y fit son apprentissage comme brodeur sur étoffes (*Seidensticker*) et graveur sur bois, et qu'il termina ses études professionnelles en 1552[2]. Puis il partit, selon la coutume d'alors, pour son tour d'Europe, et pendant plusieurs années échappe à nos recherches. Une remarque incidente de son *Architecture* nous apprend qu'il était à Vienne en 1555[3]. En 1560 nous le retrouvons à Anvers[4], puis il parcourt l'Allemagne septentrionale, le Danemark, pousse jusqu'en Suède, et descend, sans doute en traversant la Pologne, jusqu'en Hongrie, toujours occupé comme compagnon de métier[5]. Il reparait dans la capitale des pays héréditaires de la maison d'Autriche en 1564. C'est là que le jeune homme, assagi par les expériences de la vie et mûri par les voyages, trouve enfin sa voie. Grâce à son talent de dessinateur, il fait la connaissance de l'ingénieur impérial, Hermann Schallantzer, entre à son service et se forme, sous sa direction, au métier d'ingénieur et d'architecte qu'il n'a vraisemblablement pas exercé auparavant, quoi qu'on ait pu conjecturer à ce sujet[6]. Après avoir été quelque temps au service de son nouveau maître, la nostalgie le prend, et nous le voyons revenir à Strasbourg pour y exercer son ancien métier de brodeur sur étoffes, tout en continuant ses travaux d'ingénieur ou de géomètre.

En février 1564, nous trouvons Specklin occupé à dresser un plan détaillé de la ville, et demandant au magistrat de s'intéresser à son travail. Mais les gouvernants de la petite république protestante, craignant évidemment que ce plan ne puisse servir, en ces temps si troublés, aux ennemis de l'État, lui en défendent la continuation et se font délivrer les

---

1. En effet, les registres paroissiaux des baptêmes n'existent plus aux bureaux de l'État civil, pour 1536, ni les registres mortuaires, pour 1589, comme nous nous en sommes assuré, et, par suite, la question restera vraisemblablement toujours incertaine.
2. *Vita Dan. Speckel's*, mscr. WENCKER.
3. *Architectura*, fol. 36ª (éd. 1599).
4. *Architectura*, fol. 18ª.
5. La notice manuscrite de WENCKER dit expressément : « *uff den handtwerck gewandert.* »
6. Notice WENCKER : « *Alkro er seinen anfang in der baumeisterei genommen.* »

feuilles déjà esquissées, contre un dédommagement convenable[1]. Cet accueil peu encourageant, des procès fréquents, se rattachant, soit à la revendication de propriétés de famille, soit à des devoirs de tutelle trop négligés par lui, peut-être aussi le goût des plaisirs faciles, que d'anciens dossiers judiciaires, aujourd'hui perdus, imputaient à notre ouvrier brodeur[2], le poussèrent à quitter une fois de plus la cité natale. Nous le voyons en 1567, d'abord à Düsseldorf, en quête d'une position comme ingénieur civil ou militaire[3], puis à Ratisbonne, à la suite du célèbre Lazare de Schwendi, pour lequel il dresse des plans de fortification divers[4]. En 1569 il revient une troisième fois à Vienne, appelé par l'un des successeurs de Schallantzer, l'architecte Carlo Tetti. On l'emploie à la construction des forteresses qu'on élevait alors en Hongrie contre les Turcs, puis il est attaché au Musée militaire (*Rüstkammer*) de l'Empereur Maximilien II, et à la collection d'antiquités romaines du souverain[5].

Mais toujours remuant, toujours en quête d'occupations nouvelles, Specklin ne reste pas longtemps dans une position si honorable. Dès 1570 nous le voyons séjourner de nouveau momentanément en Alsace et en 1572 il y est revenu, semble-t-il, d'une manière durable, car il nous apparaît comme bailli (*Schaffner*) du baron Samson de Fleckenstein[6]. En 1573 aussi nous pouvons constater sa présence au moins temporaire à Strasbourg, puis il se passe de nouveau plusieurs années sans que nous retrouvions son nom dans les documents de nos archives. Mais cette disparition s'explique aisément, quand on songe que c'est précisément pendant les années 1573, 1574 et 1575 que Specklin parcourut l'Alsace d'un bout à l'autre, pour dresser cette belle carte de notre province qui fait honneur à son talent d'ingénieur-topographe et dont la valeur historique reste encore aujourd'hui considérable.

Il n'avait pas encore eu le temps d'en faire terminer la gravure, quand sa réputation d'ingénieur, qui commençait à s'ébruiter, et sans doute aussi la protection de Lazare de Schwendi, la première autorité militaire du temps

---

1. Procès-verbaux des XXI, 19 février 1564.
2. Les procès-verbaux du Grand-Conseil, aujourd'hui perdus, mais cités par le *Bürgerfreund* de 1776, p. 795, disaient de Specklin, en 1565 : « *ist in seiner jugend etwas unnutz und muthwillig gewesen mit frauenvolk, schlagen und hendeln.* »
3. *Architectura*, fol. 16ᵇ.
4. SILBERMANN, *Lokalgeschichte*, p. 103.
5. Notice mscr. de WENCKER.
6. Procès-verbaux des XXI, 17 mai 1572.

en Allemagne, lui valurent des propositions de service de la part du gouvernement bavarois[1]. En 1576 on le voit diriger le tracé des fortifications d'Ingolstadt, assister à un grand congrès d'ingénieurs présidé par Schwendi lui-même à Ratisbonne, puis revenir en Alsace, où il est fort bien reçu par ses concitoyens, et offre au magistrat le premier exemplaire de sa grande carte, enfin terminée[2]. Comme il quittait Strasbourg au printemps de 1577, pour obéir à un appel des Conseils de la ville libre d'Ulm, les gouvernants de notre république, craignant d'avoir à réclamer plus tard en vain les services d'un homme de si grand mérite et qu'on commence à apprécier partout, se mettent à discuter enfin la question de savoir s'ils ne l'attacheraient pas d'une façon durable à leur service. Pour donner à ses concitoyens une preuve nouvelle de ses aptitudes techniques, Specklin dresse à ce moment le grand plan en relief de Strasbourg, qui a été conservé jusqu'à nos jours, d'abord aux archives, puis à l'ancienne bibliothèque de la ville et qui périt avec elle en 1870[3]. Le 5 octobre 1577, il est enfin nommé par les Conseils « architecte de la ville de Strasbourg » (*Stadtbaumeister*), fonctions toutes nouvelles et spécialement créées pour lui[4].

Nous ne saurions entrer ici dans le détail de l'activité féconde déployée par Specklin dans la position qu'il occupe à partir de ce jour. C'est au chroniqueur que nous avons affaire et non pas à l'architecte. On trouvera d'ailleurs tous les renseignements désirables sur ce point, soit dans le travail de Louis Schnéegans, soit surtout dans le mémoire spécial de M. Schadow, déjà cités et auxquels nous renvoyons le lecteur. Disons seulement que les plus importants des travaux de Specklin se rapportent aux fortifications de la ville, qu'il remania sur bien des points, sans cependant appliquer partout ses théories bastionnaires ou sans pouvoir, par manque d'argent, pousser ces travaux de défense aussi loin qu'il l'aurait voulu. Aujourd'hui rien des remparts de Specklin n'existe plus et l'œuvre de l'ingénieur a donc péri tout entière. Mais il nous reste le chef-d'œuvre de l'architecte, le nouvel Hôtel-de-Ville (l'Hôtel du Commerce actuel), qui demeure jusqu'à ce jour le plus intéressant monument de l'ancienne architecture civile de notre cité. Les travaux exécutés au service de la république de Strasbourg

---

1. Pour tout le détail de ces négociations avec la Bavière, nous renvoyons au travail de M. Schadow qui, le premier, les a racontées d'après des documents inédits.
2. Procès-verbaux des XXI, 27 février 1577.
3. Il nous en reste le croquis dressé par M. Édouard Weissandt, pour l'édition des *Chroniques strasbourgeoises* de M. Hegel, à la fin du tome deuxième.
4. Procès-verbaux des XXI, 5 octobre 1577.

n'ont occupé d'ailleurs qu'une faible part du temps de Specklin. Jusqu'au moment où la maladie l'empêcha de se transporter à son aise par monts et par vaux, notre architecte ne reste jamais longtemps en repos derrière l'enceinte remaniée par ses soins. Tous les dynastes alsaciens, la régence d'Ensisheim, le duc de Lorraine, les comtes palatins invoquent tour à tour ses conseils et réclament son concours. Il est continuellement en voyage et Messieurs de Strasbourg qui n'osent refuser leur ingénieur à d'aussi puissants voisins, n'en maugréent pas moins de le voir plus souvent à Ensisheim et à Lichtenberg, à Bâle et Heilbronn, qu'à son poste officiel. Bientôt même ils le trouveront trop largement payé, et son nom ne paraîtra plus dans les procès-verbaux des Conseils, que flanqué de propositions nettement hostiles, telles que diminution de traitement ou renvoi du service. Depuis 1586 jusqu'au moment de sa mort, Specklin se voit ainsi en butte à de véhémentes attaques de la part de quelques-uns des membres du magistrat, et tous les efforts qu'il fait pour capter leurs bonnes grâces semblent échouer devant un parti-pris hostile. Ni l'hommage de son ouvrage imprimé, ni la communication respectueuse de ses manuscrits, n'arrêtent les récriminations de certains conseillers économes. Sans doute il aurait fini par succomber à ses adversaires, si la mort n'avait empêché cette destitution finale. Le 4 août 1589, un des membres des XXI, répliquant à des collègues grincheux, disait, évidemment pour leur faire prendre patience, «que l'état de Specklin est tel, que cela ne pourrait plus durer longtemps»[1]. Le pauvre architecte a pourtant vécu pour le moins quelques semaines encore, car on trouvait noté dans ses *Collectanées* un événement qui eut lieu au 26 septembre; mais il est mort en tout cas avant la fin de l'année 1589, sans qu'on puisse espérer fixer, pour le moment, une date plus précise à sa fin[2]. Il est mort dans la maison de son beau-frère, Lazare Zetzner, qui demeurait vis-à-vis du Temple-Neuf, au coin de la rue des Orfèvres actuelle (*Predigerkirchgass*). Il est donc permis de supposer qu'il a survécu à sa femme, sœur dudit Zetzner, mais nous ignorons s'il a laissé des enfants[3].

Son portrait, gravé par Jean-Théodore de Bry, mais après sa mort seulement (puisqu'il porte l'indication de la date du décès), orne la seconde édition de son grand ouvrage d'architecture militaire[4]. Il nous montre

---

1. Procès-verbaux des XXI, 1589, fol. 106.
2. *Analecta*, p. 208—209.
3. *Analecta*, p. 209.
4. L'édition de 1599.

l'ingénieur strasbourgeois dans les dernières années de sa vie, cachant sa calvitie précoce sous une calotte de velours, fort obèse déjà, malgré tant de courses vagabondes. La figure intelligente et légèrement sensuelle, qui s'épanouit sur une large fraise espagnole, est celle d'un brave homme et lorsqu'un bon sourire la traversait d'aventure, elle éveillait, nous en sommes sûr, d'instinctives sympathies.

II.

LES COLLECTANÉES DE SPECKLIN.

Le 7 septembre 1587, Daniel Specklin adressait une supplique respectueuse au Conseil des XIII, pour lui exposer que le peu de travaux officiels à exécuter durant les dernières années, lui avait laissé de nombreux loisirs et qu'il les avait employés à la rédaction de trois ouvrages de longue haleine[1]. Il nommait en premier lieu un mémoire détaillé sur l'attaque et la défense des places (c'est son *Architectura von Vestungen*), puis un travail sur l'agrandissement et l'amélioration des fortifications de la ville, aujourd'hui perdu. En dernière ligne le studieux architecte mentionnait le manuscrit de sa future chronique. Voici, comme il s'exprimait textuellement au sujet de ce dernier travail :

..... Das drit werck, so ich vir genomnen, hab ich alle gebew von ahnfang dieser statt und landt, auch wie eines nach dem ander auff bawen und erweytert worden, zu letst auch kirchen, clöster, stett, flecken und was fürnemst ist müssen verzeichnen, und dawil vil durch krieg und brandt zu grundt gangen, auch vil dar vir gebawt worden, hab ich solchs was disse gantze statt und landt betreffent, müssen volkommen von jar zu jar verzeichnen bis uff unser zeytt, und bin also in ein gantz werck gerahten und also geordnet, das es unseren noch komenten, auch die es harnach verbessern, zu nutzen reichen mag. Und wie wol ich daruff nit studirt, auch mein beruff nit ist, hab ichs doch (aus meinem geringen verstandt)

---

[1]. Grâce à l'obligeance à toute épreuve de M. Brucker, archiviste en chef de la Ville, j'ai pu consulter les originaux même des pièces ici citées, que Schnéegans avait placés dans un carton des Archives, après les avoir copiés et dont la trace s'était entièrement perdue depuis quarante ans. A force de recherches, M. Brucker a réussi à déterrer cet intéressant fascicule, mais il n'a point reçu encore de numéro de classement définitif.

also geordnett, wo es also wurdt lautter abgeschreyben, durch einen gelertten im durch lessen mag leichtlichen corrigirt werden, wie dan sich etlich erbietten, wo ichs solte in druck geben.

Dennoch ich aber gut wissent, das solche werck (wie auch andere) nit sollen ohn E. G. vorwissen und besichtigung ahn dag geben werden, dringt mich doch etliche ursachen, das ich solchs mit E. G. bewilligung begere ins werk zu setzen. Die selbigen ursachen zu erzellen, würde ich E. G. hiermit zu lang auff halltten. Wo aber E. G. herren auss deren mitel (zur besichtigung des wercks) ordnen würden, wil ich den selbigen alle ursachen und umstend erzellen, damit E. G. dessen genugsam mögen bericht werden. Bin von E. G. einer genedigen antwurt erwartendt

Ewern Genaden und herrlichkeyten
undertheniger diener und burger
Daniel Speckle.

Le Conseil ayant nommé quatre délégués pour entendre les explications plus détaillées, promises par Specklin, celui-ci leur adressa, le 24 septembre, la pièce suivante, relative à l'agencement et au plan de sa chronique strasbourgeoise :

Undertheniger bericht Daniel Specklins auff sein supplication, den Herren XIII übergeben, den 7. septembris anno 87, an die verordnetten Herren, vom 24. septembris anno 87.

Ehrnvest, fürsichtig, weyss, genedig und gebietent herrn, noch dem ich den 7. septembers meinen genedigen herren den XIII underthenig ein supplication übergeben, darin ich dienstlichen begere mit erlaubung ein Cronica in druck zu geben, was mich aber do hin bewegt, habe ich dorin ohn vermeldet gelassen, doch mit ahnzeigung wan ihre gnaden (zur besichtigung des wercks) würden herrn darzu ordnen, wolte ich die ursachen dessen erkleren.

Und ist solchs, noch dem der herr bischoff zu Strassburg gesinett ein strassburgische Cronica zu drucken (welche zu Cöln soll gedruckt werden), darzu er dan vil und mancherley geschrifften hat, welchs ich zum theil gesehen, dorinnen viller leutt, auch hendel, ungutlig gedacht wurtt, er aber von meinem virhaben auch gehortt und mich durch mitel personen ahn suchen lassen diss mein geschriben werck ihme aum biliche bezalung lassen zu komen.

Dawil aber dis mein werck, vil mehr, auch besser wahrhaftigere historia, auch bessere ordnung, wolte ich nit gern dass mein werck mit dem seinen solte mackulirt werden, wie wol er noch entlichen vermeint mein werck zu bekomen, als dan wolt ers in druck geben.

Dawil er damit wurtt auff gehalten, bin ich gesinet (wo mir solchs erlaubt wurtt) mit meinem werck fort zu fahren, und wan das meinig solte ahn dag komen, wurt er alssdan mit seinem werck wol do heimen beleyben, welchs ich gewis weiss.

Ich habe dis mein werck in 4 bücher ab getheilt

1. Erstlichen von anfang bis auf Carlo magno,,
2. Von disem auff Rudolffen von Hapsburg,
3. Von Rudolffo bis auff Carlo V,
4. Von Carolo V bis auf unser zeytt, do sichs endt,

und alles von jahr zu jahr, und wie wol ich gern vil figuren und wappen darin machen wolte, wil mir der uncosten zu schwehr fallen, dessen ichs muss under lassen.

Und wie wol ichs noch ein mall muss besser abschreyben und in ein besser ordung bringen, do es dan hernach just kan corrigirtt werden, dewil es mir aber ein grosse mühe und arbeyt nemen wurtt, dan noch vil dazu gehörig, und mir hernoch in druck nit solte gunet werden, ist es mir vil nutzer ich underlasse es, dan ich einer grossen mühe uber hoben wehre, bis das, so ich itzund geschryben, besichtigt wurdt. Und wie ich von allen geschichten und gebuwen, was statt und landt ahn trifft beschreybe, also hatt herr Bernhart Herzog (hanawischer amptman zu Wördt) ein gleich werck für von allen geschlechten und herkommen von grossen, herren und vom adel in disen statt und landt Elsass, also dass ein werck das ander ziren wurtt, verhoffe herdurch gott und unsers lieben vatterlandts ehr herin zu suchen, versehe mich auch es werden alle fridtliebenten und verstendige solchs gefallen und darzu helffen.

Solchs habe ich E. W. wollen dienstlichen neben der suplication wollen berichten, die selbige dem allmechtigen befellent.

Ewrer Weysheytten,
dienstwillige
DANIEL SPECKLE.

Dès le lendemain, le stettmeister Bernard de Kageneck, Wolfgang Schütterlin, Mathias Wicker et Nicolas Fuchs, les délégués du Conseil, venaient exposer devant leurs collègues leurs impressions et leurs vues communes sur cette matière délicate. Espérons que le texte même de leur rapport ne fut pas communiqué à l'architecte de la ville par quelque scribe indiscret, car son amour-propre en aurait été cruellement blessé. Le voici :

Montag den 25 septembris, hora prima pomeridiana :

Herr stettmeister Kageneck, herr Schötterle, herr Wicker, herr Fuchs, in abwesen herrn Schenckbechers.

Daniel Specklins supplication so den 7ten dises bey mein herren XIII fürkommen, dergleichen sein mir gesterigen tags zugeschickten anmanungs zedul gelessen, daruff er Specklin selbst gehört, der hatt den ersten theil seines vorhabenden wercks fürgelegt, daraus sich befindet, das (es) ein farrago aus alten historien, darinn mein herren weniger bedencken als der trucker zu haben, und an ihm selbs also geschaffen dass er gutter correction sovil allein die grammatik bedarffe, er sich auch selbs erbiette ein correctori sollichs zu undergeben und nottwendig verbessern zu lassen, ist dahin geschlossen, mein herrn XIII zu referiren, das ihm zu gönnen den ersten fürgelegten theil dem correctori zu undergeben, und es zum truck fertigen zu lassen, als dann es den geordneten herrn zu fernerem übersehen wider zuzustellen. Wann der dann die überigen theil auch gefertigt haben werd, sollen dieselben auch übersehen, und nachdem die materia derselben befunden, ihm erlaubt oder anderer bescheid gegeben werden.

Messieurs du Magistrat n'avaient pas, on le voit, une très haute opinion de la capacité de Specklin comme chroniqueur, et lui-même parle de son œuvre avec une grande modestie. Peut-être cependant l'esprit de dénigrement avait-il une part plus grande dans ce jugement sévère que l'esprit de critique scientifique, peu développé pour lors. Les corrections de forme elles-mêmes demandées par la commission, plus compétente assurément sur ce point de détail, ne furent pas sans doute entreprises, ou du moins, ne furent pas poussées bien loin, car la maladie, puis la mort, empêchèrent l'auteur de soumettre son volumineux manuscrit à une révision plus attentive. Pour le fonds même de ses récits, il se réservait évidemment de les étendre ou de les modifier en mettant au net son travail, et la rédaction définitive proprement dite n'a pas même été commencée par lui. Il ne faut jamais oublier, en effet, que les *Collectanées* ne sont qu'un vaste recueil d'extraits, rangés dans un ordre à peu près chronologique, ou bien encore des fragments de Mémoires personnels, et qu'ils devaient fournir seulement la trame d'un livre qui ne fut jamais écrit. On ne saurait donc reprocher sans injustice à Specklin le décousu de ses narrations, et leur forme plus que négligée. Assurément il est moins irresponsable pour son manque absolu de sens critique. Cependant il ne faudrait pas oublier que pour les siècles passés, il fut avant tout un compilateur copiant naïvement ses prédécesseurs, comme ceux-ci en avaient copié d'autres, sans plus de raisonnement ni de scrupules. Où trouve-t-on d'ailleurs le sens critique bien développé, de son temps, et n'est-on pas bien exigeant pour l'ancien ouvrier brodeur, devenu architecte par la seule impulsion de sa vocation intérieure, en lui demandant ce qui manquait à tant d'érudits marquants, ses contemporains? Il faut se résigner à prendre les gens d'alors comme ils sont. Ils n'étaient pas dressés, dès leur tendre enfance, aux méthodes scientifiques, comme nos jeunes érudits modernes. Rien de plus réjouissant, mais aussi rien de plus absurde, au fond, que de voir certains de ces derniers, frais éclos de quelque séminaire historique, admonester gravement Kœnigshoven ou tel autre chroniqueur du passé, comme s'ils avaient négligé sciemment de profiter des leçons de leurs doctes professeurs.

Ce n'est pas à ce point de vue, tout à fait arbitraire, qu'il faut se placer quand on juge un chroniqueur comme Specklin. Il faut le considérer comme un amateur consciencieux, s'efforçant de combler les lacunes d'une éducation plus qu'imparfaite par des recherches sérieuses et désintéressées. Sans doute on pourra relever dans cette «*farrago* de vieilles histoires», comme l'appelaient Messieurs du Conseil des Treize, bien des légendes apocryphes, bien des traditions pour le moins douteuses. Notre chroniqueur a plus d'une fois induit en erreur ceux qui s'appuyaient sur son autorité, et dans l'histoire de l'art alsacien en particulier, il est le père putatif de plus d'une confusion, de plus d'un anachronisme demeurés célèbres. Sabine, les Junker de Prague, Hültz, Gaensfleisch et Gutenberg, etc. sont là pour attester qu'il est loin d'être infaillible. Mais qui nous prouvera que ces bourdes regrettables ne sont imputables qu'à lui seul? Aujourd'hui que l'historiographie strasbourgeoise du quinzième et de la première moitié du seizième siècle a disparu presque tout entière, Specklin porte, pour ainsi dire, la peine de l'ignorance ou de la légèreté de ses nombreux devanciers, qu'il pouvait contrôler moins aisément, à coup sûr, que les savants du dix-neuvième siècle avec leurs riches dépôts publics. Tout ce qu'on peut équitablement demander, à notre avis, au narrateur placé dans la situation particulière de Specklin, c'est d'être de bonne foi, et plus je relis ce qui nous reste des *Collectanées*, mieux je m'en rappelle les feuillets bâtonnés et remaniés pour donner place à une version réputée plus exacte de quelque action notable, plus j'en reçois l'impression d'un esprit parfois très ignorant, et parfois trop naïf et crédule, mais sincère vis-à-vis de lui-même et réellement désireux d'arriver à la vérité.

Si Specklin est l'enfant de son pays et de son siècle par ses idées superstitieuses et son manque de sens critique, il l'est tout autant par ses tendances religieuses. Non qu'il ait rien d'un sectaire, et nous répéterons pour lui ce que M. Dacheux a si bien dit déjà pour Büheler. On n'a qu'à jeter un regard sur sa physionomie placide, pour se rendre compte, qu'il n'a jamais pris goût aux querelles théologiques. Après une jeunesse passablement orageuse, il a vécu longtemps dans des pays et auprès de princes catholiques, qui ne l'auraient certes pas employé, s'il avait montré dès lors des sentiments d'un luthéranisme prononcé. Assurément il a été pris d'une certaine ferveur religieuse, sur le tard, en se retrouvant d'une manière plus suivie au sein du protestantisme militant de sa ville natale, mais il est resté jusqu'à la fin dans les meilleurs rapports avec les représentants de l'Empire et les princes catholiques voisins. Il est certain, que l'âpreté des luttes confessionnelles de son temps se trahit dans les *Collectanées* par certains jugements trop sévères et par certaines violences de langage fort regrettables, qu'il ne faut juger d'ailleurs qu'en les comparant aux vivacités de style qui étaient alors de tous les partis et dont on ne se scandalisait guère au siècle de Murner et de Fischart. Ce qui est bien plus regrettable, à notre avis, c'est que l'influence du mouvement religieux contemporain ait faussé parfois, chez Specklin, le tableau même du passé, et lui ait fait dépeindre d'un pinceau légèrement fantaisiste certains épisodes de l'histoire de l'Église d'Alsace au moyen-âge[1]; on souhaiterait assurément pour sa réputation d'historien qu'il se montrât mieux informé sur certains événements majeurs où qu'il n'embrouillât pas les idées du seizième siècle et celles du douzième. Cependant, même dans des cas pareils, nous croyons être dans la vérité en affirmant que Specklin n'a point inventé les récits si sujets à caution qu'il nous présente, mais qu'il a été bien plutôt la première victime de certains historiens contemporains et de sa propre ignorance.

Ces points accordés — et personne, je pense, ne fera difficulté de les concéder au détriment de notre chroniqueur — on peut bien dire que c'est cette manière un peu fantaisiste, individuelle, originale, de considérer les événements et d'en rendre compte, qui fait le charme des *Collecta-*

---

1. Nous citons au hasard le tableau du culte primitif en Alsace, la lettre de l'évêque Baldus à Jean XIII, le récit des luttes de Grégoire VII pour l'introduction du célibat, le développement de certaines hérésies du moyen-âge, etc.

nées, même dans leur état fragmentaire. Ce qui nous intéresse, en définitive, dans l'œuvre de l'historien, ce n'est pas seulement sa connaissance du passé; c'est aussi la façon dont ce passé même apparaissait à ses yeux, quelque erronée d'ailleurs qu'elle puisse être. Assurément Specklin, bien souvent n'a pas compris du tout ou compris de travers ce qu'il lisait chez d'autres sur le moyen-âge. Mais en le lisant aujourd'hui, du moins sait-on, avec toute l'exactitude désirable, comment le moyen-âge se réflétait dans le cerveau d'un bourgeois protestant du seizième siècle. Assurément ce n'est point là ce qui importe le plus à qui parcourt une chronique pour en tirer des faits certains et des dates précises; mais à un point de vue plus général, c'est tout aussi curieux. C'est pourquoi, sans nous faire aucune illusion sur la somme de faits exacts et nouveaux à la fois qu'on tirera de nos extraits, nous persistons à penser que ce qui nous reste des *Collectanées* peut être regardé comme un document curieux pour l'historiographie alsacienne.

On a vu par les citations des pièces officielles, faites tout à l'heure, que le plan primitif de l'œuvre de Specklin avait été *topographique*, c'est-à-dire qu'il avait dressé le relevé de toutes les constructions, antiques ou modernes, des couvents, églises, châteaux, bourgs et villes, puis groupé les événements relatifs à ces localités, ajoutant sans doute, au fur et à mesure qu'il poussait plus loin ses recherches, des notes nouvelles à celles qu'il avait déjà recueillies[1]. On peut donc supposer que l'idée première de cette archéologie sommaire d'Alsace lui est venue pendant qu'il en relevait le territoire pour le tracé de sa grande carte, circulant partout et notant dans sa mémoire, sinon sur le papier, les choses curieuses que lui faisaient voir ses travaux topographiques. Maint fragment des *Collectanées* nous permet de constater encore aujourd'hui jusqu'à quel point les données archéologiques surtout, lui sont personnelles et reposent sur l'autopsie. Quant aux récits historiques proprement dits, il y a d'abord les plus intéressants, ceux qu'on pourrait appeler des fragments de mémoires, qui se rapportent à l'histoire des soixante-dix dernières années avant la mort de Specklin; ils nous racontent, non sans quelques erreurs, ce qu'on pourrait appeler la tradition protestante sur l'époque de la Réforme à Strasbourg. A quelque point de vue qu'on se place, c'est la partie des *Collectanées* qui pré-

---

1. On a remarqué sans doute aussi dans l'une de ces pièces, la déclaration de Specklin, qu'il entendait faire un travail parallèle à celui de Bernard Hertzog, qui n'avait pas encore paru et que leurs ouvrages étaient destinés à se compléter l'un l'autre. L'*Edelsasser-Chronik* ne fut publiée qu'en 1592.

sente l'intérêt le plus immédiat pour les historiens de notre cité. Pour ce qui est des récits relatifs au moyen-âge, il est bien difficile de se rendre compte aujourd'hui des sources où l'auteur avait puisé, puisque le manuscrit original, avec ses renvois éventuels, a péri. On peut affirmer à priori que Specklin, comme tous les chroniqueurs, ses contemporains, a largement exploité Kœnigshoven et ses successeurs. Il est vrai que nous ne trouvons pas très fréquemment la preuve évidente de ces emprunts, mais cela tient sans doute à une raison fort simple. Tous les faiseurs d'extraits de Specklin ont travaillé alors que Schilter avait publié déjà le texte du bon chanoine de Saint-Thomas, en 1698. Ils ont donc tout naturellement laissé de côté dans leurs notes ce qu'ils trouvaient déjà dans le volume de Schilter. On peut suivre ce procédé de travail dans le Kœnigshoven, glosé d'après Specklin, que possède aujourd'hui la Bibliothèque municipale. Quant aux continuateurs de Kœnigshoven, comme ils sont restés tous inédits, sauf la *Chronique* de Meyer, et qu'ils n'existent plus maintenant, pour la plupart, on ne saurait déterminer d'une façon satisfaisante en quoi notre chroniqueur les a suivis. Le triage aurait été difficile à faire, en tout état de cause, Specklin donnant parfois un tour original et personnel aux faits les plus connus et les plus souvent répétés par autrui.

Cela suffit, ce nous semble, pour fixer le lecteur sur la valeur de cet amas de notices diverses, précieuses par moments, souvent sujettes à caution, mais presque toujours intéressantes. Il nous reste à parler maintenant des *Collectanées* au point de vue matériel et à en esquisser brièvement l'histoire, pour autant qu'elle nous est connue. Elles remplissaient deux gros volumes in-folio[1], dont l'un allait depuis la fondation légendaire de Trèves jusqu'à l'année 1418 et l'autre reprenait à cette même date, pour continuer jusqu'en 1589. Le premier comptait 402, le second 492 feuillets, plus quelques feuilles et demi-feuilles sans pagination, déposées çà et là dans les deux volumes. Le manuscrit avait été fortement éprouvé par le feu, soit avant d'entrer dans nos dépôts publics, soit lors de l'incendie aux archives de la ville, en 1686. Le premier volume surtout avait beaucoup souffert. Il n'était plus intact que du feuillet 1 au feuillet 334, et à partir du feuillet 379 plus de la moitié de chaque page était détruite. Les deux volumes renfermaient 257 pages absolument blanches ou ne portant que

---

1. A côté de ces deux volumes, T. W. Rœhrich mentionne encore dans ses notes, déposées à la Bibliothèque de la Ville, un mince volume d'extraits in-folio *(ein Auszug daraus in einem dünnen vol. in-fol.)* que nous n'avons jamais vu, et qui, peut-être, était la mise au net d'un premier fascicule, dont il a été question dans sa biographie.

des notices isolées. Les autres étaient couvertes d'une écriture très menue[1], très irrégulière, aux abréviations capricieuses, mais dont le déchiffrement était particulièrement pénible pour le motif que Specklin, soit négligence, soit pour en finir plus vite, laisse de côté dans ses notices une foule de mots d'importance secondaire, ce qui devait faciliter en maint endroit des erreurs de lecture. Le chroniqueur a rayé de plus bon nombre de feuillets de ses *Collectanées*, tantôt barrant son récit d'un seul trait de plume, tantôt l'effaçant par un travail si minutieux qu'il aurait été souvent bien difficile de déterminer le texte définitif de sa compilation préparatoire.

A la mort de notre chroniqueur, son manuscrit passa, comme on le sait, aux mains de son beau-frère, Lazare Zetzner, libraire-éditeur à Strasbourg et membre du Conseil des XV. Il semblerait que les feuillets des *Collectanées* lui soient parvenus dans un certain désordre ou qu'il les ait mis entre les mains d'un relieur bien maladroit, car la pagination régulière était intervertie en plus d'un endroit et l'on avait réuni aux notes de la main de Specklin des manuscrits de provenance diverses et jusqu'à des imprimés, qui s'étaient glissés sans doute dans les liasses de l'original. C'est à l'inadvertance du relieur, par exemple, qu'était due l'intercalation du titre[2] après le feuillet 35 du premier volume, car il se trouvait déjà à cette place, quand le pasteur Osée Schad, l'ayant acquis, alors qu'il travaillait à la rédaction de sa propre chronique[3], y inscrivit la notice suivante: *Propria nunc sunt M. Oseae Schadaei Argentinensis diaconi ad D. Petrum seniorem. Empta a clarissimo, prudentissimo, providoque viro Dm. Lazaro Zetznero, quindecim viro Reipublicae Argentinensis, 1615, triginta florenis.* La tradition veut que Schad, en mourant, ait légué le précieux manuscrit aux Archives de la ville libre, et c'est en effet là l'explication la plus vraisemblable, pour les traces de brûlure d'une part, qu'il portait, des assez nombreux extraits, d'autre part, qu'on en a pris au dix-huitième siècle, et que nous retrouvons dans les papiers de Wencker, de Silbermann et de notre glossateur inconnu. C'est bientôt après la mort de Schœpflin que les *Collectanées* furent transférées des Archives à la nouvelle Bibliothèque de la ville, formée par celle de Schœpflin; c'est là ce qui explique sans doute,

---

1. Cette écriture était si fine, qu'en 1869 j'avais calculé que l'impression totale du manuscrit donnerait plus de 2,200 pages du *Bulletin* pour 1,530 pages environ du texte original.

2. *Collectanea Specklini in usum Chronici Argentinensis.*

3. La Chronique de Schad, encore inédite, se trouve à la Bibliothèque municipale de Strasbourg.

qu'on les mentionne avant 1789, comme appartenant à la « Bibliothèque Schœpflin. »

Nous avons déjà dit que, de nos jours, la plupart des écrivains qui ont eu à parler de l'histoire de Strasbourg, ont consulté le manuscrit de Specklin, les uns y recherchant des indications topographiques, d'autres le tableau des principaux événements de la Réforme, d'autres encore des données sur l'art et l'archéologie du moyen-âge ou quelques traits caractéristiques sur les mœurs du passé. T. W. Rœhrich et André Jung, Strobel, Louis Schnéegans et Piton, ont conservé de la sorte, soit dans leurs livres, soit dans leurs papiers, de nombreux fragments des *Collectanées*. La plupart d'entre eux sont aujourd'hui réunis dans les mêmes collections municipales qu'ornait autrefois l'autographe de Specklin lui-même. Nous avons déjà dit comment les dons généreux de M. Gustave Silbermann et de M. Louis Schnéegans fils dotèrent la Bibliothèque de la ville du premier fonds qui permit d'entreprendre ce travail. Au cours de nos recherches, Mme veuve Louise Rœhrich voulut bien les faciliter en offrant également à la Bibliothèque les nombreux papiers délaissés par son mari, si riches en notes inédites sur le passé de l'Alsace au seizième siècle. Les extraits faits autrefois par Frédéric Piton, furent mis à ma disposition par M. Alfred Touchemolin, l'éminent artiste, avec une obligeance parfaite. Ceux de J. Wencker avaient été découverts par moi aux Archives, il y a de longues années déjà[1]. Quant au morceau le plus considérable du volume (il ne comprend pas moins du tiers du manuscrit original), il m'est venu presque au dernier moment, alors que je croyais avoir terminé ma tâche. C'est une copie des feuillets 73 à 371 du tome premier des *Collectanées*, faite autrefois par M. le professeur Jung et qui vient d'être découverte parmi ses papiers. Il semblerait que le savant bibliothécaire ait médité lui aussi, la publication de Specklin, et qu'il ait été finalement arrêté, soit par la longueur de la tâche, soit plutôt par la triste certitude de ne point trouver d'éditeur pour un aussi volumineux travail. Nos meilleurs remerciments sont dus à la famille de M. Jung, qui a bien voulu nous communiquer ce manuscrit précieux.

Il va sans dire que nous avons essayé de dépouiller aussi la littérature alsatique imprimée tout entière, aussi consciencieusement que possible. Mais nous ne saurions nous cacher qu'il reste encore à faire sur ce point pour que cette compilation soit complète, quelque longue que soit la liste des fragments réunis ici. D'autres, plus patients ou plus heureux,

---

1. WENCKER, *Collectanea manuscripta Argentoratensia*, t. II, fol. 70 ss.

grossiront, à coup sûr, cet inventaire provisoire, dont nous ne songeons pas à dissimuler les lacunes. Un instant nous avions espéré pouvoir agrandir encore la série déjà respectable des débris venus jusqu'à nous. Dans une lettre publiée par le *Glaneur* de Colmar, vers la fin de 1870, M. J. Liblin, directeur de la *Revue d'Alsace*, avait dit qu'il existait quelque part dans le Haut-Rhin, une copie, au moins partielle, des *Collectanées*. Désireux d'arriver là-dessus à quelque certitude, j'ai prié récemment M. Liblin de vouloir bien me renseigner plus en détail à ce sujet. Il résulte de la réponse de l'honorable directeur de la *Revue d'Alsace* que des fragments de Specklin semblent avoir existé véritablement entre les mains de M. Knoll, vétérinaire à Soultz et collaborateur de la *Revue*, mais qu'après sa mort, arrivée il y a longtemps déjà, ses héritiers désireux de déblayer l'immeuble, ont jeté au feu ou vendu comme papiers de rebut toutes les «paperasses» du défunt.

On comprend que le seul dépouillement de tant de dossiers divers ait pris un temps considérable[1]. Cette besogne préliminaire achevée, il s'agissait de coordonner tous ces fragments, d'éliminer ceux qui faisaient double emploi, de décider lequel d'entre deux textes pouvait bien être le plus semblable à celui de l'orignal, de déterminer enfin leur place dans l'ensemble des *Collectanées*. Louis Schnéegans seul, avec cette exactitude consciencieuse qui distinguait sa manière de travailler, a toujours mentionné, pour le moindre extrait, le *recto* ou le *verso* du feuillet auquel il l'empruntait. Jung notait bien les feuillets; mais sans marquer le dernier détail; Rœhrich et Wencker n'ont jamais que l'indication chronologique; Silbermann suit tantôt l'un, tantôt l'autre de ces errements. Nous avons donc procédé pour Specklin comme l'a fait M. Dacheux pour les fragments de Büheler, mettant les extraits des *Collectanées* dans l'ordre indiqué par les feuillets, alors même que l'ordre chronologique n'y trouvait pas absolument son compte, puisqu'il s'agissait avant tout de reproduire la physionomie de l'auteur, intercalant à leur place chronologique les feuillets dont la pagination n'était pas indiquée par mes garants. Le fait même que l'ouvrage de Specklin n'était arrivé qu'à l'état de compilation préparatoire à une histoire proprement dite de Strasbourg et de l'Alsace, nous a permis de reproduire plus facilement des citations, même très incomplètes, j'allais dire incohérentes, mais qui laisseront au moins entrevoir l'intention géné-

---

1. Les papiers seuls de L. Schnéegans forment aujourd'hui vingt-cinq volumes in-folio, plus une douzaine de cartons, renfermant des milliers de feuillets minuscules ; ceux de Rœhrich remplissent quinze gros cartons in-4°, bourrés de notices diverses.

rale du célèbre architecte, quant au cours et aux dimensions de son récit irrévocablement mutilé pour nous.

La question de l'orthographe, du style même, si le mot ne semble pas trop ambitieux, ne laissait pas d'être difficile à résoudre et sans doute la solution à laquelle nous nous sommes arrêté, ne satisfera pas tout le monde. L'orthographe de Specklin était éminemment capricieuse, comme celle de son temps. Nous la connaissons par les extraits de Louis Schnéegans et de Jung, qui seuls se sont astreints à la reproduire avec une exactitude paléographique[1]. Avant eux, Wencker et Silbermann avaient déjà relativement *modernisé* son langage, comme le prouvent quelques passages que l'on peut collationner encore aujourd'hui avec des copies plus fidèles. Le glossateur de Kœnigshoven et l'anonyme qui copia pour son compte des passages des *Collectanées* au cours du dix-huitième siècle sont tous deux des *épitomateurs*, s'il m'est permis de m'exprimer ainsi ; ils condensent leurs récits, en se servant des mots du chroniqueur, mais en l'abrégeant beaucoup. C'est aussi ce que Rœhrich a fait de nos jours. Il prenait avec une exactitude scrupuleuse, le contenu d'un passage, en extrayant la moelle historique, mais il le copiait rarement, et lors même qu'il lui conservait son développement primitif, il le transposait en langage plus moderne, pour pouvoir utiliser immédiatement ses notes. Piton est allé encore plus loin dans ce système, tout à fait légitime du reste, quand l'historien travaille pour lui seul et ne prétend pas citer les textes dans leur teneur primitive ; il a parfois transcrit le texte allemand sous une forme française, de sorte que le fait seul subsiste.

En présence de cette anarchie complète dans nos sources, nous nous sommes décidé à conserver les passages transcrits par Jung et L. Schnéegans dans leur teneur primitive, afin de faire voir comment notre chroniqueur écrivait en réalité, en ne supprimant que les lettres majuscules des noms communs et en changeant, bien entendu, la ponctuation tout à fait capricieuse de Specklin. Pour les autres fragments, tout en respectant leur grammaire et leur syntaxe, nous nous sommes cru autorisé à unifier quelque peu leur orthographe, et surtout à émonder un peu cet amoncellement de consonnes qui caractérise la langue du seizième et du dix-septième siècle.

Les notes explicatives seront rejetées à la fin du volume des fragments de nos chroniques strasbourgeoises. Il sera plus facile alors de se rendre

---

1. Il faut remarquer ici, que Specklin lui-même varie considérablement dans son style, selon qu'il copie quelque récit ancien ou qu'il raconte un événement contemporain.

compte des explications vraiment indispensables, quand on aura dressé une table de matières commune pour tous ces débris historiques, qui, relatant fréquemment des événements identiques, s'expliquent l'un par l'autre ou ne nécessiteront qu'un renvoi collectif. Il n'entre pas d'ailleurs dans nos intentions de donner un commentaire rectificatif ou complémentaire détaillé des *Collectanées*; cela nous mènerait bien trop loin, et les annotations déborderaient sans doute le texte, tant Specklin nécessite de corrections incessantes. Notre principal but est atteint; nous offrons ici aux historiens, comme aux simples amateurs de l'histoire locale, ce qui nous reste des récits du célèbre ingénieur strasbourgeois; à eux de leur appliquer les méthodes de l'érudition moderne et les ressources de ce sens critique qu'on lui reproche, un peu trop sévèrement peut-être, de n'avoir jamais possédé.

RENVOIS AUX SOURCES:

1° Extraits de Louis Schnéegans (Bibliothèque municipale) = Pp. Schn.
2° Extraits d'André Silbermann (Bibliothèque municipale) = Pp. Silb.
3° Extraits d'André Jung (prêtés par la famille de feu M. Jung) = Pp. Jg.
4° Extraits de T. W. Rœhrich (Bibliothèque municipale) = Pp. Rh.
5° Extraits d'un anonyme du dix-huitième siècle (Bibliothèque municipale) = Exc. Sp.
6° Extraits de J. Wencker (Archives de la Ville) = W.
7° Extraits de Fréd. Piton (prêtés par M. A Touchemolin) = Pp. P.
8° Gloses ajoutées à un Kœnigshoven, éd. Schilter (Bibliothèque municipale) = K.-S. G.

Les fragments cités ou imprimés tout au long, soit dans la *Lokalgeschichte* de Silbermann ou les *Historische Merkwürdigkeiten* de Friesé, soit dans les ouvrages modernes de Jung, Rœhrich, Strobel, etc. sont mentionnés à leur place respective.

SPECKLINI COLLECTANEA
IN USUM CHRONICI ARGENTINENSIS.

600. (*Trebus und Semiramis.*) — .... sampt andern mehr bildern, wie hernach soll gemeldet werden, so noch zu unserer zeytt wider gefunden worden[1].

Die Allemannier sint nit vil uber die Tonaw kumen, sonder die Boii und Schwei, Alani ...., auch nit über Rhein sonder in irem bezirk beleyben, derhalb sie gar langsam von den Romern sind erkandt worden, sunder alle Germani sind genandt worden bytz sie mit in kriegt haben.

Von diser zeytt hat konig Ninus zu Babilon ein sun verlossen, noch sinem dott, genent Trebus, disen wollte sein stieffmutter (Simeramis) künigin, zum man haben. Er wollte sie aber nit und musste zuletzt vor irigem unruhigen leben entfliehen. Zuge also mit etlich 1000 personen hinweg im weytten sitz zu suchen, kam in Europa, zoge den Tonawstrom auch heruff. Desswil er altenthalben friden anbotte liess man in auch zufrieden, doch wollte man ime nit gestatten bey in zu wohnen. Do er an Rhein kame, mahten sie floss, schifften hinüber, zogen die Mossel hinauff, fanden ein sehr lustig ortt (do schon ein flecken was, der wart in ingeben), do bawte er erstliche ein castel und nante solchs noch sinem namen Trebeta, auff teutsch Trier, da hin sie auch ein statt bawten (von anfang der welt 2300 ior, von Christi geburt 1947 ior, im 66 ior Abrahae).

Also sein stieffmutter solchs erfuer zoge sey im noch bis gon Trebeta. Als sey kam und abermollen mit gewallt ahn den son satzt, wardt sey von im in der kamer dott geschlagen.

Es wollen etliche sein mutter sey widerum heimzogen, es ist aber anno 1519 under Carle dem V ein altter langer steiner gang gefunden

---

1. C'est par ce fragment incomplet que commençait le manuscrit original des *Collectanées*, quand j'en copiais les premières pages, en 1860. Évidemment il y a au moins un feuillet de perdu; mais la pagination, bien qu'ancienne, n'en tenait pas compte. Les mots placés entre parenthèses sont des additions, mises en note, de la main même de Specklin.

worden (do dan noh der Wiederbach ist, ein palast auff babilonisch art
bawen, so fest das man mit eissen nit brechen kan) doran ein gross gewolb
und ettliche marmelsteinstück sampt steindoffen; darunter ein sehr
grosses auch, dann etliche steine krüg, darbey ein steinen taffel verwei-
sehen, ist mit Caldeische geschrifften (sic) daruff gestanden, lautt auff
teutsch also :

(Sin contrafactur gesehen, ist er uf diese manir gewesen¹).

Fol. 2
    Hie ligt Simeramis das freudig weib
    Nini des kunigs wib, diser zeytt
    Was reich ahn leutt und landt
    Welche sey von irem man erlangt,
    Hatt nit genug in ihrer zeytt
    Unkeusch, dazu unersattlicher geytt,
    Gewan mehr vil mit krieges maht
    Vill landt noch ihr gehorsam maht.
    Ihres maus son sey auch veriagt
    Welher Trebeta den namen hatt,
    Floh weyt von ir, bawt dise statt
    Die von ihme Trebe den namen hatt,
    Mit starken mauren, thürnen, wie man sieht
    Darin lebt er ietzundt ganz reuwig.
    Sin Mutter Simeramis gantz verderblich
    Liegt hie in tieffem erdrich,
    Trebe aber lebett ewiglich.

Aus dem zu vermutten ist dass sey, auch er konig Trebetta, und noch
ihme vil gewaltige fursten begraben ligen, da in ganz Europa mehr alte
antiquiteten nit gefunden, auch nit meinen under dem erdrich und anders,
dan in diser statt. (Man find uff den heutigen dag noch vil alte epitaphien
und ander vil alte gehawe oder gossne geschrifften zu Trier, Strassburg,
Mainz, Metz, Coln; vil hundert ior vor christi geburtt, diese stette under
der herschaft Trier gewessen sind.)

Noch dem aber Trebeta, ein fromer fürst und meniglichen gern an im
was, hatte er etliche seiner fursten dass sü im wolten sein reich helffen
mehren und ausbreytten. Do zogen etliche in Galia, die andern aber in

---

1. Intercalation de Specklin. Ici se trouvait dans le manuscrit original un dessin à la
plume, représentant un homme sauvage, portant une massue et un bouclier.

ander ortt. Aber die furnemsten zogen ahn den Rhin, bawten alles noch
ihrem gefallen, dan es ein oed land was. — Pp. Rss.

601. (*Alter von Strassburg.*) — Umb die zeit Abraham, † im 76 iahrs
seins alters, also dass Trebet oder Strassburg 1300 iar aelter als Rom.
Daruff sollen sie noch ein castell, da ietzo S. Thomas kirch ligt, gebawen
haben. — K.-S. G.

602. (*Grenzen der Tribochen.*) — Da die Tribochen kein end machen
wollten sich mit den Trierern zu verheurathen, da ward ihnen von Triere
graentze bescheiden, darüber sie nicht solten schreiten, naemlich über das
Wasgaeuische gebürg, welches sie versprochen; darum zu obrist stein
auffgerichtet, 3 klaffter hoch und 2 dick, deren noch über hundert im
Elsass gefunden, und ist zu verwundern wie man solche hat koennen
dahinbringen..... Als sie gerechtigkeit über Rhein bekamen, haben sie
ihrem koenig einen hoff gebaut, da ietzund S. Gallen ligt, oder das Teutsche
Hauss und haben in das allemannische wapen noch 3 kronen gesetzt und
den Rheinfluss darzwischen. — Exc. Sp.

Fol. 2ᵇ

603. (*Bau der Stadt Trebeta.*) — Die Tribocher haben ir statt Trebeta, von den Alemanniern Trebesburg genant, auch bevestigt und vom
castel Trebesburg heruff, do ietzund S. Andres kirch steht, biss an den
speicher, von dannen den fluss noch biss zur steinen brucken am Rossmarckt, do was ein port; von dannen durch der prediger closter stett;
davon hinder der Erbslauben bey dem Schneidergraben an S. Erhards
capell, do was ein port, die Sattlerport genant; von dannen biss an die
Schindbruck, wie der dolen noch anzeigt; von dannen, dem wasser nach,
hinab biss widerum zum castel Trebesburg; do hat es kein maur, dieweil
das wasser da floss. Also ist es zu C. Julii zeiten gestanden. Man sihet
heutiges tages nit mehr davon, dan an vil orten die fundamenten, allenthalben auff 12 schuh dick, die man auch ihrer herte halben muss ligen
lassen, und wird nichts mehr darin gesehen, dan in S. Stephans closter noch
etwas; item die hindermaur im speicher, im Rittergaesslin, am Luxhoff
die porten, und im Oehsensteinischen hoff die maur und 2 runde thurne,
und die mauren und keller, da man solche mauren antrifft, sind also hart
dass man sie nit wol brechen kann. — K.-S. G.

Fol. 3

604. (*Roemer bauen Tempel im Elsass.*) — Als sie (die Römer) nun
über Rhein kamen, das Elsass einnahmen, haben sie Mercurio und Dianae
zu ehren ein tempel bawn an die Ill, zwischen den wasseren im finstern
waldt, und solches ort Staudenbruch genant, da jetzund Ebersheimmünster
ligt. — Ibid.

605. (*Der Gott Mercurius.*) — Mercurium halten die Teutschen hoch als einen erfinder aller guten künste, ein gleitsmann auff weg und steg, ein helffer der kauffleuth und schwangern frauen, ein mehrer der reichtum, und erfinder der schätze. Der hat ein seckel mit gelt in der hand, auch ein bodt und ein bytter der seelen; die Allemannier nanten ihn Teuttatem. — K.-S. G.

606. Crutzmanna oder Criegmann, auch Martius als kriegsfürste. — Ibid.

Fol. 7ᵇ 607. (*Julius Caesar im Elsass.*) — Caesar besetzte alle castelle, als Epfich, Altenburg, Cogenheim, und im Riett, deren viel verfallen. Er satzte auch 6 hertzog in diss landt damit man es den Roemern erhalten moechte: einen zu Mentz, Wormbs, Speyr, Brumat, Trebesburg, Elcebo, Ruracer gelegenheit, baute auch tres Tabernas, Rheinzabern, Elsass-Zabern, Bergzabern. — Exc. Sp.

Fol. 8 608. (*Drusus am Rhein.*) — Kaiser Augustus gebot alle welt zu schaetzen, aber am Rheinstrom und über Rhein wollten die Allemannier und Germanier nicht gehorsam sein, derowegen er Drusum an Rhein schickte. — Ibid.

Fol. 9ᵇ 609. (*Die erste Messe.*) — Damals war die messe nit anders denn: 1. predigt des Evangelii; zum anderen beicht; 3. das Vatter Unser; 4. die wort der insatzung; 5. reichung jung und alt in beeder gestalt; 6. dancksagung und allmusen: biss auff Pipin und Bonifacius. — K.-S. G.

Fol. 10ᵇ 610. (*Bau Ruffach's.*) — Ruffach wird erbaut, anno 164. — Ibid.

611. (*Der Stab des heiligen Maternus.*) — Der Stab (des h. Maternus) soll halb zu Trier und halb zu Cölle sein. — Ibid.

Fol. 11ᵃ 612. (*Kaempfe der Roemer und Tütschen.*) — Angriff der Tütschen, Ungern, u. s. w. am Rhein. — 11,000 Jungfrauen. Von Faunio und Malga. — Ibid.

613. (*S. Aurelia begraben*) zu Koenigshoffen, da jetzund ihr kirch stehet, nicht weit von S. Michaels bühel. — Ibid.

Fol. 11ᵇ 614. (*Bischof Euphrata zu Koeln.*) — Euphrata, ein bischoff zu Koeln breitet die arrianische lehr am gantzen Rheinstrom auss; da ward anno 399 ein concilium zu Koelln gehalten mit allen bischoeffen am Rhein und dieser mit seiner sect vertrieben; da hat bischof Victorinus zu Metz, so dise land in achtung hatte, solche lehre gar verboten. — Exc. Sp.

Fol. 13 615. (*Kochersperg.*) — .... Mons Concordiae, jetzund Kochersperg, zuvor von kaiser Antoninus Augustus gebauet, und mons Trajanus oder Cranburg oder Cronburg genant, 1½ meil von Trebesburg. — Exc. Sp.

616. *Clodoveus nach der Schlacht bey Jülch zu Tolbiaco.* — Doruff Fol. 13ᵃ
kame Clodoveus gon Strosburg und name den koniglichen stuhl der Allemanier zu Konighoffen in, liess ime das volck schwehren, bawt im landt vil vösten und schlosser, in sonders im Willerthall Franckenburg und ein capel, dorin noch die 3 krotten im gelben feldt im fenster zu sehen (do solle k. Worimondt in begraben ligen), auch ahn allen paessen, domit man das volck in gehorsam erhaltten kuntte, des geleichen die alten romische castel so sey zerissen hatten, satzte obriste vom alten adlichen franckischen stamm daruff domit das volck im zaum erhalten wurdt. Das musten die Alemanier in ihrem costen und fron dienst thun. Do her ist der fron dienst in dise landt erstlichen komen. Das haben itzu mall die vom adel auch gelernt als wan sey konigliche obriste wehren.

Alsz er nuhn hatte friden gemacht und die schwehren krieg sich gelegt Fol. 13ᵇ
hatten und ein gutte zeytt verloffen, kame Guthuldt die konigin zu ihrem herren Clodoveo vnd erinnert in seiner gelupt. Daruff schickt er noch S. Remigio so domallen bischoff zu (Reins und) Metz wahre und Vestalus, begertte den christlichen tauff sampt 3000 edlen Francken. Dessen erfreuett sich die konigin Guthulda hochlichen. Do wurden sey zum alten heydnischen tempel Crutzmana zu Strosburg gefurtt, do under weysse sey der heilige bischoff den christen glauben und alss er k. Clodoveus dauffen wollte und in weisser leinwatt do stunde, sagt der h. byschoff zu im: Du hoher Cicamber dewil du gelobest Gott und Christum allein ahn zu betten, so wolestu disen und alle andere tempel dorin man dem teuffel opffertt, verstoren und den christen glauben helffen ausz breytten. Nach solchem tauff wardt S. Remigius bischoff zu Reins (allein) geordnett, domit allenthalben Christum predigt wurde, und Vestalus gon Masterich oder Utrich.

Auff solchs liesse konig Clodoveus den tempel Crutzmana zu Strosburg auff den boden schleiffen und bawte gott zur dancksagung den ersten tempel dohin, scheinbarlichen und gross, doch nuhr von stein und holtz in der ehren der h. dreyfaltigkeytt und Maria. Das ist der erste tempel von Francken und in eines heiligen ehr in Teutschlanden und Francken erbawen. Im Jar 504 ahngefangen und 510 volent, im 19 iar seines reich, und der 28 konig der Francken.

Auff solchs endert er auch sein wapen, nam vir die 3 krotten 3 guldne gilgen, im .... himelblaue farb ahnzeygent sein lieblichkeytt gegen dem altten vergifften thieren. Er begabt auch (wie noch mallen andere auch) die statt Strassburg auff ihrer muntz ein gilgen zu furen. Sunst wahre er ein gütiger herr, liess vil seiner frindt umbringen domit er allein herr wehre. — Pp. Schn.

617. (*Einfuhrung des Christenthums im Elsass.*) — ... Wie auch zu Ottmarsheim oben in Elsaz der tempel Marss auch einer wahr (der abgott ist noch vorhanden). Dawil er ein krigsgott wahr, hielten sich die obristen bey den tempeln Marss, diewil aber ein knecht auff allemanisch ein schalck heisst, wurden solche marsschalck genandt, wie noch heutigs dags in Elsass als was sich knecht oder dient ein schalck genant wurt, auch im hausroht was dient oder etwas dragen und heben muss, ein schalck genant wurt. Aber die christennamen wurden geendert und wurden die geistlichen in kirchen gottschalck genandt, auss der ehr gottes willen. Aber dem krigsfürer oder dem reisigen so mit dem schwert vorzoge ist der name marschalck beleyben, die mussten im krieg mit dem schwert vor den hauffen ziehen, die Italiaener heissens dux, die Teutschen ein herzogen. — Ibid.

Fol. 11ᵃ **618.** Hariobaudus von Roemern bey Marlen gefangen. — Exc. Sp.

619. Belangent aber den christlichen glauben und die kirchen ordnung do zu moll, auch die gebeu der kirchen, wahr solchs auff solhe weyss geordnett und gebawen, und hatte S. Remigius, auch die kirch zu Metz, auffsehen auff dise statt und land. Und wuste man vom papst zu Rom nichts dan das man hörtte, es hette zu Rom auch ein byschoff wie in andren ortten. Die kirchen wahren finster und nuhr ein fenster gegen der thür über geordnett. Im ingang hing ein ampel domit sich niemant stiesse, und das meniglichen ohn hindernuss und zusehens sein gebett kunte vol bringen, und wardt kein einige bildnuss in keiner kirchen gesehen noch geleytten, ia man wuste nichts von bildren by den christen, wardt auch vir

Fol. 11ᵇ heidnisch gehalten.

Alle prister mit weib und kind wohneten ohn den kirchen. Es wahre kein gepreng noch zirung in der kirchen, allein 2 alterle auff 3 schuh lang und 2 breytt, doruff lage alle sontag brott und auss einem zinen oder glessnen kelch cumunicirt man meniglichen, wehr in der kirchen was, weib und man, doch iedes besunders mit beschlossner kirchen. Vor der cumunion geschahe ein predig, daruff ein bericht und ofne beicht, doruff die absolution. Hernach sange man psalmen in gemeiner sprach, hernoch gab man den segen und ging iederman heim. Die offentlichen sunder (so pussent) stunden hie aussen in besunderm ortt, kunten aber hinin sehen, Do wurde einer, noch dem er ein mol zwey bis zum dritten mol was ge-

warnett worden und nit abstän wolt, offentlichen in ban erkandt, weib und
man, als dan muste er ein monat zwen drey, darnoch die dathl wass, büssen,
und dorffte niemand kein gemeinschafft mit in haben. Wan er sich dan
bessertt und die zeyll rum was, wardt er widerum in die kirch beruffen.
Do bekante er seine sind, batte aum verzeihung, vor gott und der gemein,
alss dan fielle meniglichen mit weinen auff die erden, batten gott er welle
den bussenden sünder, der sich widerum zu sich bekertte, genedig verzeihen und zu genaden auff nemen. Noch gethonem gebett wardt er widerum zum sacrament gelossen und auff genomen.

Die prister gingen in erbaren kleyden, aber in der kirchen gingen sey
in langen weyssen leinwatt, hatten weysse hauben auff und lange har. Wan
einer oder iemandts sturbe, ehe man sey begrube kame das volck zu
samen und batten gott das er inen alle wolte geben das sie mochten in
solchem glauben absterben und dem abgestorbnen seine sünd vergeben
durch Christum, als dan begrub man in. Doruff kame das volck und opffert,
gelt, wein, brott, obs, duch und anders, das name der diacon von stund an
und gab es den armen die daruff warten. Solchs geschahe auch alle sontag,
mitwoch und freytag.

Starb ein priester so erwelte man von den diacon oder sunst von fromen burgern ein andren und stunde die wall bey der gemein. Do hortte
man der prister zeugnuss, die wurden dan vir den könig, fursten, grossen
oder obristen, gestelt, batten und zeygten alsso wie gelert, from und gotselig diser sein leben lang wehre erfunden worden, hette from weib und
kindt, die den armen und kranken dag und nacht alle hilf detten, ein ver-
schmeher weltlicher gutter, gebe sollis den armen und meniglichen trost-
lichen, der die sacramenten in hohen ehren hiellte, wehre dag und nacht
in der kirchen am gebett, batte er wolte ime solchen lossen gefallen und
zu seiner selen heil gebrauchen, alsdan wardt ir wall bestedigt.

Wan fremde prister kamen name man solhe in der priester, oder obristen als ein byschoff in sein behausung, wusche in die fuss, gingen in die
kirch betten und entpfingen das sacrament zu zeichen bruderlicher einig-
keytt. Alle iahr schickt der bischof von Metz seine diacon oder er selbs
4 moll in dise landt, die hielten visitation in der kirchen, und erforschte
der prister und der gemein glauben und leben, ober dem landtgraben der
bischof von Bisantz. Als dan wurden die bössen in ban, und die sich
besserten heruss gethon.

Die ehe ward durch beder seytt verwandten beschlossen, zugesagt und   Fol. 15^r
bewilligt. Alss dan gingen sey in die kirche und datten ir gebett, do sprach
der priester den segen über sey und gab sey nit weytters zu samen.

Man dauffte im iahr nuhr zweymol, ostern und pfinsten, doch darzwischen wan es die noturff erfordert, auch wan mans begerte. In der kirchen stunde ein grosse bütt oder von steinen gemacht, vol wasser. Mit den iungen kinden, ob sey schon reden kundten, kamen zwen zeugen, mit den alten nuhr einer, weib und man. Alss dan fragt sey der priester, bei sein der andren prister und gemeinem volck, was sey begerten, sagten sey, dass sey mochten durch den h. tauff in die gemeinschaff der christen auff genomen werden. Daruff sagt der bischoff ob sey den rechten christen glauben hetten, ob sey ihren glauben dem prister etlich mal ahn zeygt hetten, und von im recht underwissen wehren und verstunden, daruff sagten sey: ia. Doruff fragte man ob sey die iugent wolten zur christlichen kirchen haltten, alle heidnische tempel und bilder meyden und dem teuffel bis ahn ir endt wider stän. Item ob sey durch den tauff und den dott Christi abwaschung ihrer sund und dardurch hofften selig zu werden, ob sey allen menschen verzigen haben, den negsten lieben und in allen nötten helffen, und wan es die nott erfordert, ihren glauben mit dem dott bezeugen. Daruff gelopen und versprachen sey solhs, auch die zeugen, daruff kneit man nider, batte gott er wolle sey bis an ir endt in solchem glauben erhaltten. Daruff musten sey ihren glauben bekenen, und ahn statt der kinder die zeugen, und was solhs das Vatter unsser und der glauben, so man noch in altten buchern findt in allemanischer sprach:

Fol. 15ᵇ Fater ynser, tu in hümele, din namo verde gheiligott. Din ricko kome. Din vilo gskehe in erdo all in hümele. Ynser tagolicko brod kib ynss hiuto. Undto ynsere sculdo blatzo ynss alss wy belatzen ynser sculdige, unde in corunga nit leitest du unsich. Nun belose uns ich fone ubele. Dat ist wahr.

Credo.

Ick vedersatze den teuffelle undto allen sin wercken undto allen sin zirden, ewige. Ick kelowe an ein gott fater almachtigon, ain skefen hümelo ond erdo und al gskeflo gsicht und ongsicht. Ick kelowe an sin eine son unsern hare Jesum Crist. Ick kelowe an haligon gaist. Ick kelowe das do dry benante ain ware got ist, der ye was begang und vitter ist on ende. Ick kelowe dass dar salbe son gots geandatt war von dem haligo grosse gots botte Kabriel. Ick kelowe dass ye infange wort vone dem haligo gaist unde geboren vone Marien de raine magende, ware got ond wohre monsch. Ick gelowe dass ye an dero waellt was alss ein arme monsch, on dass ye niene gesynde. Ick kelowe dass ye an de dreyssgoten iore geduchet waere in de Jordane von de frome Johanse. Ick kelowe dass ye entrachten war von sine geminde ionger Judas. Ick kelowe dass ye gebonden war, von dy

Juda gespotte, gespuven, gehalste streckt. Ick kelowe das ye kenothafftot wart bi Pontion Pilaten unde bi imo gestachelt, an das querholtt gehanck, daran er storve sein menscheit unde nie de gotheit, met wunderung, ye war von de querholtt genommen, ze erdo begraven, do in lacke dry dag und dry neht. Ick kelowe das ye noch de dry dach und nacht von dote erstonte, ware gott und ware mensch, und erschine sine gemeinde, ionger und frunte. Ick kelowe das ye an de virgesten dah noch sine erstande ze hümele fure, zu gesicht seine ionger und allermenge da sie würdig war. Ick kelowe das ie setz zu de zeswure gotes sines fater, im eben gewalt und ewig. Ick kelowe konfftig an de leste dach, irteile ouver leben aldo dot noch ire wercke. Ick kelowe an christenheit gotlich alolichene gesamenunga und zehanene gemeine an haligen; ick kelowe belassung miner synden noch wore gerewe. Ick kelowe urstande mins libs und noch de leben ein ewiges leben. Ick kelowe das mir sale gelont werden noch minen wercken; den lon forchte ick sehre, dan ick dick gesindet have ond mit gedancke noch mere. Helff mir min gott, das tuon, ick keinero. — Exc. Sp.

Noch gethoner versprechung und bekautnuss (dorin man kein latin spirt) stunde ein grosse bütt mit wasser, darin stigen die getaufft solten werden, in weyssen hemden, do dauchte man sey 3 moll under in namen des vatters, sones und h. geist. Daruff schlugen sey andere kleyder aum, entpfingen das sacrament und gingen 3 dag lang in den weyssen hemdern und wurden von den frunden zu gast gehaltten.

Der konig Clodoveus ordnet auch allen bischoffen und pristern ihr narung vir weib und kind. Er liesz auch in alle kirchen die Evangelia schreyben, das gleichen auff die psalmen, der wahren numen zwelff. Die fürnemsten die sangen meniglichen mit den pristern in der kirchen. Deren bücher sind über zwey nit mehr virhanden, und stunde dise vorgeschrifft doruff

        auff dem evangelium   auff den psalmen[1].

In der ostern, pfinsten und carfritag oder sunst etwan heiligen festen, ist alles volck in weyssen kleydern und liechtern mit christlichen gesangen aum mitternacht zu den kirchen gangen, darinen ihre gebett gethon, alle in ordnung, und sind die iunckfrauen in weyss und in kreutzen mit liechtern voran gangen, sunst hatt man im dag keine liechter bey dem gotsdienst brant. Bey allen kirchen wahren spital vir die armen. Dises ist fast

---

[1]. Specklin voulait évidemment transcrire, ici déjà, les vers cités plus bas, au fol. 20ᵛ, puis a préféré les rayer pour le moment.

der gotsdienst und kirchen ordnung gewessen bis auff Carlo mangno. — Pp. Schn.

Fol. 17ᵇ **620.** (*Kloster Seltz.*) — Dahin verehrte der papst S. Peter's messer und trinckglass. — K.-S. G.

Fol. 18 **621.** (*Bischof Widerolf.*) — Hier war die Geschichte des Bischofs Widerolf und den Mäusen, nach einem alten Gemälde, das links beim Eingang des Münsters hing, geschildert, und das Gemälde abgezeichnet. Danach eine kleine, mit der Feder gemachte Skizze im K.-S. G. p. 571.

622. (*Clodoveus baut die Franckenburg.*) — Als Clodoveus das Elsass einnahme, so bauete er ein schloss im Weilerthal, Franckenburg genannt, und ein capelle, wie man dan dass alt fränkisch wapen noch in stein da findet, auch in kirchenfenstern von dickem glass, naemlich drey schwartze krotten in weissem feld, dan die alten nahmen gern in ihre schilde die allergreulichsten thiere. Aber als er ein christ wurde, aendert er das wapen, nam für die 3 krotten 3 guldene gilgen in blauer himmelfarb an, domit sein lieblichkeit dagegen anzuzeigen, schlug solches auch auff die müntz, begabet die statt Strassburg damit, welche sie heutiges tages auff ihr müntz schlagen. — Exc. Sp. — Cfr. Friese, *Hist. Merkwürdigkeiten*, p. 74.

Fol. 18ᵇ **623.** (*Gothuld baut S. Martinskirch.*) — Anno 513 bawte die fromm konigin Gothuld hartt an der statt Strosburg auch ein tempel in der ehren S. Martin des heiligen bischoffs zu Turin (*sic*), do datte sey ir gebett. Die ior zal ist noch uber der thur in stein in gehawen.

Es kamen erstmolen heilige mann auss Schotlandt die des glauben halb drin vertriben wurden, widerum heruss, die haben erstlichen ein clussen bawn zu dem alten castell do itzund S. Tomas kirch ligt. — Pp. Schn. — cfr. K.-S. G., p. 266.

624. (*Der abgott Crützmann.*) — Er (Clodoveus) bestedigt auch ihren alten christlichen glauben, den sey und ire bis ....¹ ettlich 100 iar gehapt, doch wahren der meiste theyll noch alles heyden. Der alte abgott Crützmann, so die Alamannen und Rœmer lang haben angebett, wardt zum gedechtnuss auffgehoben, der noch anno 1525 in S. Michelcapel im münster gewesen ist, welchen die Rœmer Hercules Alemannus genambt haben, die Alamanner narnten ihn Crutzmann, das was kriegsmann, oder gott des kriegs, wie auch Martus (*sic*). — Pp. Schn.

Fol. 19ᵃ **625.** (*Clodoveus baut ein Kirchen zu S. Gallen.*) — Desgleichen bawte

---

1. Passage détruit par le feu.

der konig ahn Konigshoffen statt auch ein kirchen, so itzundt S. Gallen stett. Er hielte sich aber im castell Trebesburg.

Er bawte auch die kirch zu Ell widerum uff, do S. Matern der erste apostel disen landen predig als er starb .... datte die abgotter Mercurius und Diana herauss, welche noch ausswendig in der mauren ingemauertt seind, verbessertt S. Materni grab, machts widerum zur christlichen kirchen. Desgleichen Ebersheimmünster so Novientum oder Mercurius tempel hiess. — Pp. Schn. — cfr. K.-S. G., p. 609.

626. (*Bischof Wernher zerstoert Ottmarsheim.*) — Anno 1005. (Bischof Wernher l. graff Botzo von Hapspurg und Egisaw son, Rapataus und Rudolffi bruder.)

Er zerbrache mit seinem bruder Rudolffen den heidnischen tempel oben im Elsass zum gott Marss genandt, wellis man Otmarss oder Ottmarzheim itzundt wurdt genandt, dan noch etliche opffer auff heidnisch dohin kamen, und bawte ein herlich closter ahn die statt dohin vir h. junckfrawen, zu der ehren S. Quirini, welcher abgott noch do vorhanden ist. — Pp. Schn.

627. (*Christlicher Gottesdienst.*) — Als nuhn die frommen christlichen prister in gottes dienst gantz eyfferig wahren, mit predigen, tauffen, sacrament reichen und betten, auch mit pflegung der armen. Es wahr kein gepreng in den kirchen, allein brante ein ampel darin (den man die kirchen gantz finster bawte) damit maenniglich ohne hinderniss das ander zu sehen sein gebett zu gott thun kunnte. Ein steiner gemurt alteren, etwan 3 schuch lang und 2 breytt, stunde bey dem fordern fenster, daruff lage alle suntag brott, klein gebrockt und ein glassen oder zinnen kelch, druss cummunicirtt man am suntag alles volck in beder gestalt. Doch waren die man und weiber jedes in sunders abgetheylt und sasse der bischoff oder lerer, wan er bredig, vorm altar gegen dem volck. Vor der communion geschahe eine gemeine beicht und absolution, zuletzt sange man ein psalmen in gemeiner sprach, doruff empfingen sey den segen und ginge jederman heim; vor solchem ginge kein mensch hinweg. Den pristern und andren wardt vom konig und volck sein narung geordnett wie auch vir ihre weib und kindt. — Ibid.

628. Im munster ordnett konig Clodoveus auff 30 heilige brüder die an der kirche wohnetten, gab in underhaltung, die betten dag und naht in der kirchen, daruss wurden auch vil bischoff oder obriste genommen. Er liess auch vil evangelien und den psalter in altfrenkischer sprachen schreyben und in alle kirchen geben; sind nit vil mehr (dan zwen noch) vorhanden. Doruff schrib er die ubergeschrift also auff evangelium:

Fol. 20ᵛ

Nu wil ich scriban unser heil
Evangeliono deil
So wir hiar bigunnan
In franckisga zungan.

Auff den psalmen, so man in den kirchen sange, deren waren 12:

«Hior hor es io zignote
Watz gott imo gebiote
Thotz wir imo hiar sungan
In franckisga zungan
Nu frowes sies alle
So wer so wolle walle
Joch wer si hollt in muote
Franckona thuto.» — Pp. Schn.

Fol 20ᵇ **629.** In krieg hatte er (Chlodoveus) auch ein sprichwortt damit er die jungen ritter behend und lustig mahte, zu den sproche er:

Zi wafane snalle
So sint dhie thegan alle.

Das ist: in waffen schnelle, sind die degen alle, dan was hurtig und manlich was, hiesse man ein degen oder degenhartt. — Ibid.

630. *Münster, Murbach,* Klausen. — Ibid.

Fol. 21 **631.** (*Einzug Bischof's Florentius.*) — ... Und haben ihn (Florentius) beyde koenige zu fuss bis in den alten burgstall, do jetzund S. Thomae ist, begleit.....

Es hatte aber koenig Dagobert S. Amando zu ehren den alten burgstall angefangen zu einem kloster zu bauen, das hatte ietzt koenig Childerich und Siegebert lassen vollenden, in der ehre gottes und S. Thomae. — SILBERMANN, *Lokalgeschichte,* p. 45.

Fol. 21ᵃ **632.** *Massmünster und Zabern.* — Pp. Schn.

Fol. 22ᵃ **633.** (*S. Amandus.*) Dagobert schickt Amandus nach Strassburg; dieser bringt mit St. Arbogast aus Aquitanien, Fidelis, Teodatus und Hildolffus. Diese wahren auss Schottland. Hasenburg; Ehenheim; Ottonszell; Schuttern. — Ibid.

Fol. 22ᵇ **634.** (*Kloster Schwartzach-Lichtenau* ward von koenig Conrad dem bistum Speyer einverleibt. — K.-S. G.

635. (*K. Konrad III.*) — Dessen rüstmeister zu Achen ass und tranck nur über den andern tag. — Ibid.

636. (*Haslach.*) — Haslacher klause durch S. Amandus gestiftet. Fol. 23ᵃ
— Pp. Schn.

637. (*S. Landolinus.*) — Anno 698 hatte sich ein heiliger bruder Lendelinus von den Schotten brüdern von S. Toman, auss ahndacht sampt dreyen andern brüdern in ein wildnuss begeben ins Brisgau ahn die Undis (sic) und do ein zell bawen die man Munchzell nante (do itzundt Ittenheim münster ligt) und do in aller gottes forcht ein einsam leben gefurtt. Und alss er ein mol holtz holett, hatt ein jeger do gejagt, der sagt er hette im das gewildt verjagt und schlug in zu dott. Ahn dem ort ist ein brunen entsprungen. Als seine brüder inen suchten haben sey ine am weg funden und in die zel vergraben. Ahn dem ortt des dottschlag ist in seinem namen ein schone kirch bawen, hernach ahn die zell ein closter so noch do stätt. — Ibid.

638. (*S. Justus.*) — Hatt ein herrlich combendium über das cantica Fol. 23ᵇ
canticorum Salomonis geschrieben, welches recht original noch zu Truttenhusen im closter ist. Er lebte nur 2 iahr und starb, ligt auff sein beger zu Haslach, in S. Amandi newe cluss. — Ibid.

639. (*Orgelspiel.*) 640. Das orgeln kam auch auff in der kirchen aber Fol. 24ᵇ
gar schlecht, nuhr mit ettlichen pfeiffen do mit man nuhr wie der orglett die andren singen domit das volck besser ahndechtige wehre. — Ibid.

640. (*Herzog Adalbert baut Kirchen zu Strassburg.*) — Anno 700, als hertzog Adelbrecht seine drey soehn, Leutfried, Eberhardt und Mosen verheurathet und dise auch vil kinder bekamen, begabe er sich auff gebaeuw, kirchen und gotteshaeusser zu bauen und ward mit der statt Strassburg und burgern zu rath (dann er zu Koenigshofen, auch in der statt im alten castell Trebesburg sein wohnung hatte), und dieweil S. Aurelien kirch, auch zum A. S. Peter in lustigen matten und gaerten, auch bey schoenen lustigen wassern, und die leuthe stets mit grosser andacht da hinauss gingen, gegen dem münster aber, da jetzund fast die müntz stehet, was ein porten hiess die Sattlerport, auch eine bey Kremergass, bey S. Martin, da man auch itzig in bett und predigt. Aber von der Sattlerport waren an garten zu beyden seiten haeuser gebauen biss zum A. S. Peter, die hiess die Oberstrass, wie sie noch heisst. Da ward endlichen beschlossen die statt weiter zu bauen mit hülff hertzog Adelbrechts. Da hube man an, an der porten, da jetzund die steinerne brucken am Rossmarckt ist, und den graben hinauf zum Weinmarckt, da jetzund die mang statt, biss zum A. S. Peter, zum Zollthor an die gedeckten brucken in die Preusch, also dass der Weinmarckt, auch der Rossmarckt, alles vor der statt gelegen ist

und von der Breusch hinab biss zu S. Steffan oder Trebesburg wehre das wasser. Do er sahe dass die ritter, auch burgerschafft, lustig zum bau waren und seine tochter bey seiner schwester S. Ottilien so heiliglichen verhielte, brache er die alte burg Trebesburg, damit wie sein vater und andre christliche koenige vor ihm den gottesdienst befoerderten, bawete er ein schoen closter und kirche dahin in der ehre des heil. Stephan, da ward sein tochter Atila eptissin. — Imprimé chez KŒNIGSHOVEN, éd. *Schilter*, p. 556.

Fol. 25¹   641. Stift Weissenburg. — Surburg. — Clingemünster — Pp. Schn.

642. Zell bey Strassburg, spaeter S. Arbogast. — Ebersheimmünster. — Ibid.

643. (*S. Pirminus.*) — Anno 725 kom S. Pirminus in's Elsass. Pipin gab ihm die insel Aw, so under Constantz im Bodensee ligt. Dohin bawte er ein closter mit hilff Pipini, ietzund die Reichenaw genant. S. Pirminus war der erste abt. Er hatte ein jünger, S. Amor genandt, der versahe das closter, er aber, S. Pirminus, zoge herum und bawte vil closter auff. Er vertrieb mit seinem gebett alle unreinen thier, desswegen findet man noch vil aberglaeubische leutt, wann sey essen wollen, sprechen sie :

Sanctificat nostrum Sanctus Pirminius escum
Pirmini dextra benedicat pocula nostra! — Ibid.

644. ... Hieruff liesse hertzog Eberhart S. Pirminio die alt zell Vicarium peregrinorum genandt (do itzund S. Catharina capell zu Marbach stett) oder Mortbach, do etliche brüder sindt von den Hunnen ermort worden. Solches bawte S. Pirminius zu einem schoenen closter auff S. Benedictiner ordens, in der ehren gottes, Petri, Pauli, S. Leodegardi, S. Mauricii, so hertzog Eberhartts vatter gewessen, mit einem abt und 8 edle monch. Er bawte auch Unsre frauen kirch und die grosse (*sic*) für einen probst und 4 thumherren. — Ibid.

Fol. 26¹   645. 734. Aber S. Pirminus bawte auch das verhergte und verbrante closter Newiller wider auff. Dessgleichen auch volent Gengenbach, Schuterzel, Münchzel und vil andre.

Diss iahr verzog Ruthard und sein gemahl Irmensidt (?) aus...., seit S. Pirminus ein schoen closter gestifft bey Rathsenhussen, S. Arnoldscapell, Benediktiner ordens. Agoadus der erste apt.

Diss iar kam S. Maurus sein iünger in dise landt, der bawte S. Leopardieszell und clusen zu einem closter S. Benedicti ordens. Von diesem Maurus ist es Maurusmünster genandt. — Ibid.

646. (*Closter Hornbach.*) — Anno 740. Domollen als bischoff Pirminus vil closter in disen landen gestifft, hatte er auss Pipini bitt auch Hornbach im Wasagawischen gebürg ahn gefangen und als er schier vollent, ist er do gestorben und ligt leibhafftig do begraben. — Ibid. Fol. 26ᵇ

647. (*S. Arbogast.*) — Anno 634 wohnet S. Arbogast in einer einoeden, der heilige wald genant, in einer zellen, da jetzo Hagenau ligt, und koenig Dagobert kam offt zu ihm und pflog seines rathes und weil er offt im forst iaget, bauet er ein burg nicht weit von Arbogastes zell an die Motter, darzu auch seine diener haeusser baueten, macht einen starcken hag darumb, davon es Hagenau genannt und setzet einen richter dahin; ward dreimal erweitert. — Exc. Sp.

648. (*Angisus.*) — Dieser hat Franckfurt bauen, auch die schloesser zu Mentz, Ingelheim, und Heydelberg und seinen sitz zu Wormbs gehabt. — K.-S. G. Fol. 27ᵃ

649. (*S. Amandus todt.*) — Anno 654, 8 idus februarii starb S. Amandus 98 ior alt, zu Haslach in seiner clussen begraben. Dohin bauten sodann S. Arbogast, S. Florentius, S. Adeodate, S. Ludolffo und andre ein closter. Koenig Hilderich und Siegbert und ihr vatter Dagobert wollten auch ein kloster dahin bawen, die heiligen maenner aber baten sie davon abzustehen, dass sie still konnten gott dienen. — Pp. Schn.

650. (*S. Arbogast.*) Anno 660 soll S. Arbogast am Saltzhofe über die Brüsch mit trucken fuessen gangen sein, dahin ein capell gesetzt worden ist, da ietzund S. Clauss kirchen stehet. — K.-S. G. Fol. 27ᵇ

651. (*Bischof Wigerius.*) — Er hub ahn Munchzell, do S. Landelinus erschlagen, auff zu bawen zu einem closter in der ehren gottes und Maria mit bewilligung Pipini. Dowil er aber vil mit richtung des bishtum zu thun, hatte er solches in seinem leben nit volent. — Pp. Schn.

652. (*Erhartscapell gebaut.*) — Als der heilig Erhart in eines priesters hauss bey dem münster zur herberg lag, hat herzog Attich gott zur dancksagung für arme leutt einen spittal und eine kirch zu S. Erhardt genant, gebaut. — Ibid. Fol. 28ᵃ

653. (*Epitaphium S. Amandi:*)

Praesul amavit oves proprias et pavit Amandus.
Idcirco superis semper Amandus erit.
Ille deum docuit ardenter Amandus amandum;
Et nobis igitur semper amandus erit.

Ad D. Thomae:

Pacis amatorem ferventer Amandus amavit
Ergo pacificus coelica regna colit.
Vota, preces, gemitus, lacrymas, suspiria, planctus
Fer, pater, ad superos, te deus audit enim.

Natus 550, 8 idus februarii obiit 654, eodem (anno) Haslaci sepultus. — K.-S. G.

Fol. 29ᵃ 654. (*Ettenheimmünster fertig gebaut.*) — Etto hube auch ahn Munchzell, so bischof Wigerius ahn gefangen hatt zu bawen, zu folfüren und nante solches noch ime Ettoheim münster und wurde der erste apt dorin. Vollendet das closter Ettenheim. — Pp. Schn.

Fol. 29ᵇ 655. Es befand sich hier ein Wappenbild des Bisthums Strassburg, mit der Inschrift *Thomstift Strosburg*, die heilige Jungfrau sitzend mit erhobenen, segnenden Armen, das Jesus-Kind im Schosse, vor sich das Wappen Strassburgs. — Ibid.

Fol. 30ᵇ 656. (*Hertzog Attich.*) — Diser bauete eine clausen da jetzo Meymünster ligt. — K.-S. G.

Fol. 32ᵇ 657. (*Kirche S. Thomae gebaut.*) — Koenig Hildeprecht und Sigebert liessen das alte castell der Breusch, so koenig Dagobertus S. Amando geben hatte, abbrechen und ein kirch und closter dahin bawen, St. Thomae zu ehren, und S. Florentio zur wohnung, gab auch Eckeboltzheim, und andere dörffer darzu.

Darauff solte wohnen ein schaffner, 2 schreiber, 1 priester, der siegrist, der organist, fuhrleut, handwerker und alle priester. — Ibid.

658. (*Bischof Arbogast.*) — Anno 666 als Sankt Arbogast kranck ward, kam eine arme wittwe zu ihm, klagte wie ihr sohn were unschuldig gehenckt und under den galgen begraben worden; da es sich jetzo aber befaende dass er unschuldig weil ein anderer den diebstal gethan, mit batt sie dass er befehlen moechte ihn ausszugraben und zu andern frommen christen zu legen. Darauff sagte er sie solle zufrieden sein, er wolle bald bey ihm liegen. Da nun S. Arbogast 668 sterben wolte, gebot er seinen brüdern und priestern seinen leichnam unter den galgen zu begraben. Weilen nun hierauff die St. Michels capelle dahin gebauen worden, und sein sarck in dise capell hinter den altar gestellt, so kam der wittwe sohn auch in die cappell. — K.-S. G. — Pp. Schn.

Fol. 33 659. (*Kloster S. Arbogast.*) — Anno 680 hub koenig Chilpert und

Sigebert an auss S. Arbogastes zellen an der Ill in dessen ehre ein closter zu bauen. — K.-S. G.

660. (*Bischof Adeloch.*) — Anno 828 alss Ehrnhaldus was sieben iar bischoff gewessen, ist er gestorben und im münster begraben. Auff in wardt von den brudern und thumherren erwelt Adelochus, ein sehr frommer und hochgelerter man, dessgleichen man kaum fande. Er wardt mit freiden koenig Ludwigs bestetigt, der in gern hortte seines gotseligen worts halben. Er wardt von den Schotten münchen zu S. Toman genomen. Der erbawte die kirch zu S. Toman, doch nuhr von holtz und stein, aber das chor bawte er von itel stein und gewoelbt, dorin er auch sein begrebnuss machte, welches noch zu sehen ist und in zwey iaren, anno 30, fertig gemacht, welches noch im bogen ahn der wandt zur lincken neben dem fronaltar stett. Er gab auch zu S. Toman zwelff grosse felder von acker und reben zu Gugenheim und Molssheim do hin. Er stunde dem bistum mit lehren und predigen wol vor bis ahn sein endt. Konig Ludwig hette ihn seines gottseligen wandels halben sehr lieb, hieltte sich mehrentheils zu S. Toman, do er von iungem auff gewohnett, auff. — Exc. Sp. — Pp. Schn. Fol. 34ᵃ

661. Ansoaldus, bischof 677, nur drei iahr. Ligt im münster. — K.-S. G. Fol. 34ᵇ

662. Magnus, bischof, † 686. — Ibid. Fol. 35ᵇ

663. *Hugo, Beronis sohn*, 8 werckschuh, 5 zoll hoch. — Exc. Sp. Fol. 36

664. (*Ettenheimmünster.*) — Anno 698, S. Landolinus aus Schotten, baute eine clause Münchszell an die Undis, ward von einem jaeger erschlagen, alda ein brunn entsprungen, hernach ein kirch in seinem nahmen gebauen, und aus der claussen das closter Ettenheimmünster. — Ibid.

665. Aldus, bischof drei iahr, † 689. — K.-S. G.

666. Garoynus, bischof, † 692. — Ibid.

667. Landelbertus, bischof 8 iahr, † 700. — Ibid.

668. (*Abtei Hugshofen.*) — Ein stiefbruder des herzogs Adelbert, mit namen Bataco, hatte einen sohn, Beron genannt, der bauete Beronstein, über Dambach. Dieser Beron hatte zwey söhne, Albrecht und Hugo. Hugo wohnte auf der veste Ortenburg und von ihm bekam das ganze Weilerthal den namen Albrechtsthal. Hugo bauete, bey der stadt Weiler, die abtei Hugoshofen. Diese abtei hat landgraf Hermann mit seiner gemahlin Hilca im iahr 1061 nebst den schlössern Franckenburg und Kestenholz, mit

allen rechten und einkünften dem münster zu Strassburg frei geschenkt.
— Texte modernisé par Friese, *Historische Merkwürdigkeiten*, p. 73.

Fol. 37ᵇ 669. (*S. Odilia.*) — Anno 707 (bauete sie ein kloster) zu S. Leodegarii, ihres vettern, chre, da ward ihre schwester Reswinda die erste aeptissin. — K.-S. G.

670. Rotharius, bischof, † 706; ligt im münster. — Ibid.

671. Radobaldus, bischof 6 iahr, † 712. — Ibid.

672. Magnebertus, bischof, † 717, 86 iahr alt; im münster. — Ibid.

673. (*Herzog Adalbrechts begraebniss.*) — Adelbrecht ward erschossen und zu S. Steffan zur rechten neben dem fronaltar begraben, dann seine beeden weiber Gerlundis, auch Batildis, dessgleichen seine beeden toechter, Savina und Luitgardis zur lincken hand liegen. — Ibid.

674. (*Dompeter.*) — Da hie ist S. Petronelle sarck, so von Rom kommen, gestellt worden. Darauff soll S. Peter mit eigener Hand geschrieben haben: Auree Petronelle dulcissime filie sue. — Ibid.

Fol. 38 675. *Gengenbach und Ettenheimmünster* anno 722 gebaut von herzog Ruthardo. — Ibid.

676. (*Maso.*) — Diser stifftet Massmünster anno 723. — Ibid.

677. (*Stiftung des Klosters Hohenburg.*) — Anno 684. — Ibid.

678. (*Murbach.*) — Dass closter gestifftet anno 724. — Ibid.

Fol. 38ᵇ 679. (*Pipin in Strassburg, 752*). — In dieser zeytt kam könig Pipinus gen Strasburg, begabte das münster hoch, hube an das chor zu bawen, alles von gewaltigen steinen, welches sein son Carlo hernach volent. Denn das alte gebeuw so künig Clodoveus bawen hatte, noch alles do stunde. — Pp. Schn.

Fol. 39 680. Lobiolus, bischof sieben iahr; † 724. — K.-S. G.

681. Gundoaldus, bischof 4 iahr; † 728. — Ibid.

Fol. 39ᵇ 682. (*Pipin's Ende.*) — Anno 769 hieltte kunig Pipinus einen landtag zu Wurms, berathschlagt sich mit allen herren und stetten, dan er ein grossen krieg woltte virnemmen wider die Aquitanier, Lamparter und Taselo hertzog auss Bayrn, der wahre abgefallen, wollte ihn vor keinen rechtmessigen konig erkennen. Daruff zoge er mit weib und kindt noch Strosburg, besahe seinen baw am münster, begabte die kirchen und closter, auch Ebersheimmünster, S. Otilia closter, donoch S. Steffan zu Strosburg, und zoge darnoch gen Selz, lag 7 dag still und hieltte ostern. Do befandt er sich etwas nit wol und ward schwach und starbe zu Seltz. Sin lib wardt noch Paris zu S. Denis gefurt. — Pp. Schn.

683. (*Kloster Schwartzach.*) — Die capell S. Arnolfes aw genant, in der ehren SS. Maria, Sebastian, Felicitas und ihrer 7 kinder. — K.-S. G.   Fol. 10

684. Gando, bischof 8½ iahr, † 735; im münster. — K.-S. G.

685. (*S. Bonifacius.*) — Anno 742 kam pfaltzgraf Pipinus wider von Rom, bracht einen moench Wunefrid auss Engelland bürtig, vom bapst Bonifacius genant, nach Strassburg. Der hube an alles zu aendern, brachte die bilder in die kirchen, mussten andere kleyder anthun, sonst giengen sie in weisser leinwatt, die lateinische sprach musste man singen und lesen, allenthalben liechter brennen, dass es schier einer andern religion gleich sahe. Doch hatte man nur ein crucifix in der kirchen und nit alle winckel voll bilder, war ihnen auch keine solche ehr bewiesen und darzu solten sie den bapst für das haupt der christen halten, wolte den priestern die ehe verbieten, das wollten sie nit thun, da muste Pipinus mit ihm fortzihen und behielten die priester ihre weiber. Vorhin wusste man von keinem haupt der christen, ohn allein Christum im himmel, und regiert ein ieder bischoff dass er traute gegen gott zu verantworten. Er schenckte ihme die statt Mentz und sin schloss daselbst, machte in do zu einem ertzbischoff. — Exc. Sp.

686. (*Kunig Carle in Strassburg.*) — Kunig Carle kam auch bald auss Italia gen Strassburg, da er den bischoffe Otto heimsuchte und das cohr am münster, so noch stett, und sin vatter abngefangen, liess aussbawn. Er begabte auch das münster mit vilem heilthum, so er von Rom broht, ein finger von S. Petter, die rechte handt Johannis Chrissostimi (wardt ime von Constantinopel geschickt), harr von der innckfraw Maria, ein stück vom rost doruff S. Lorenzius bratten worden ist, ein stück von der hirnschall Johannis des taeuffers und vil ander heiltum mehr, so er in andre kirchen und closter gab. Es ist darvor, auch darnoch, vil heiltum dohin kommen. Ein gross guldin krutz, so auf 280 pfund fein gold gehabt und auff 12 schuch hoch gewessen, soll koenig Carle auch dohin geben haben (etliche wollen sein son Ludovicus habe es gethan). Ist hernach hinweg kommen und ein hültzin verguldts ahn die statt kommen, die zeytt hab ich nicht funden — Pp. Schn.   Fol. 10ᵃ

687. (*Koenig Carl's froemmigkeit.*) — .... Was zu mehrung des gottesdienst, zur nutz den kirchen, aufbawung der closter, hatt keiner disem koenig Carle vir gethan. Er mehrett auch die bruderschafft auff dem   Fol. 10ᵇ thum und münster das ihr sollten 36 sin, gabe gross gefell und inkomens darzu. Es soll noch ein teutscher psalter vorhanden sein in altfrenkischer sproch, solle er uff's stifft geschenkt haben, welchen er selbs underschriben hatt. Er hatte die geistlichen und prister sehr lieb die sich ehrlich und christlich hielten. Er hatt zu chor oder in der kirchen helffen selbs singen. Alle naht war er gewehnett uff zu stan und ein stundt zu betten. Darumb hatt er grosse krieg gefurt, sunst ein gerechter herr, der gar vil und grosse almussen gab. — Pp. Schn.

688. (*Bischof Leypold.*) — Nach Bischof Gando ward erwaellet Leypold Uto, hielt sich nicht wohl. Disser starb anno 752, regiert 7 iahr, ligt im Münster. — K.-S. G.

Fol. 10ᵇ—11ᵃ   **689.** Wiltgernus, bischof 4 iahr, † 747; im münster. — Ibid.

Fol. 11ᵇ, 12   **690.** Wandelfridus, bischof zwei iahr, † 748 (765).

Fol. 11ᵇ   **691.** Alidolphus, bischof, † 783. — K.-S. G.

Fol. 15   **692.** (*Canones.*) — Anno 788 hat Carolus Magnus auff dem synodo zu Wormbs verschafft dass man in allen stifften und cloestern alle canones und decreta dess Nicenischen und anderer conciliorum und patrum einschreiben müssen, welche bücher noch in der bibliotheca vorhanden. — K.-S. G.

693. (*Heiligenbilder.*)

«Nam Deus est quod imago docet, sed non Deus ipsa :
Hanc videas, sed mente colas quod cernis in ipsa.
Gott wird allein durch's bild gelehrt
Wird darumb nit in's bild verkehrt :
Die bildnuss soltu sehen an,
Den sie bedeut, im hertzen han.» — Exc. Sp.

694. (*Hohenberg erbaut.*) — Anno 801 brachte kaiser Carolus Magnus einen herren mit auss Rom, Hoco, dem schenkt er ein stück land in Brissgaw, der bauete Hohenberg, so an die von Zeringen kam, hernach an Baden. — Ibid.

695. *Caroli Magni titulus.* — Ich Carle, auss verlihung gottes barmhertzigkeit ein koenig und regierer der Francken, ein eifferiger und nidertraechtiger helffer der goettlichen, christlichen kirchen und ordnung auss welttlichem gewalt, ehr, glück und heil, amen! — Ibid.

Fol. 17   **696.** (*Bischof Uto.*) — Anno 814 baute bischof Uto in seines vatters hauss, da ietzund das closter zu den Reuern ligt, eine capell. — K.-S. G.

697. Uto, bischof, † 821, ligt im münster. — K.-S. G. Fol. 18
698. Erlenhardus, bischof. — Ibid.
699. (*Schwarzach.*) — Anno 815 fundatio des closter's. — Ibid.
700. Adelochus, bischof, (stirbt) anno 840. — Ibid. Fol. B. 1ᵇ¹
701. Bernoldus, bischof, † anno 847; im münster. — Ibid.
702. (*Grosse theuerung und sterben.*) — Anno 851 war ein so grosse theurung zu Strassburg und anderswo dass die leuthe alles frassen was auss der erden waechst und viel apscheuliches dings, darauff erfolgte ein grausamer sterbott, dass man vermeint der halbe theil der menschen waere gestorben. Dorauff folgt noch eine grosse theurung, weil niemand dass feld bauen wolt noch einige arbeit thun. Viel arme besassen der reichen güter, keiner nam sich dess andern an. — Exc. Sp. (Cfr. Strobel, I, 172.)
703. Ratoldus, bischof, † 864. — K.-S. G.
704. Grimoldus, bischof, † 870. — Ibid.
705. Starke Erdbeben laengs des Rheins, 859. — STROBEL, I, p. 172. Fol. B. 2ᵃ
706. 876 (?). Damollen fiel ein grewliche pestilentz in alle landt, wert wol 5 iahr lang. Das gantz Elsass starb also aus dass man meint der 10. man lebte nimm. Viel stett und flecken stunden lehr. Daruff folgt ein solcher hunger, dass die menschen einander assent wie die welff. Das feld lag oede und ward nichts gebawen. Wehr nit starb lieff in ein andere landt, bis gott seinen segen widerumb gab. — STROBEL, I, p. 172. Fol. B. 2ᵇ
707. Radoldus, bischof, † 878. — K.-S. G.
708. Regenhardus, bischof, † 888. — Ibid. Fol. B. 3
709. Geschichte der Kaiserin Richardis. — STROBEL, I, p. 167. Fol. B. 3ᵃ
710. (*Aebtissinen von Andlau.*) — Haziga; disse hatt k. Friderich Barbarossa so siner schwester dohter gewesst, in gesetzt. Hatt 1167 das Closter Baumgarten helffen stifften. Fol. B. 4ᵃ
Sophia von Andlaw, die erste von edlem stamm. Die andern sind alle

---

1. La pagination régulière du manuscrit original était, semble-t-il, interrompue en cet endroit; les fragments suivants portent tous des côtes marquant une reprise de numération, du feuillet 1 au feuillet 28. Après quoi, nous retrouvons, sans grande interruption chronologique apparente, le feuillet 59 de la pagination primitive. Nous avons marqué cette seconde série intercalée par la lettre B.

furstin und gräffin gewessen, die hatt das bawfellig closter widerum uff bawen, starb 1444. Im chor (begraben). — Pp. Schn.

Fol. B. 6ᵃ 711. Baldramus, bischof 18 iahr, † 906; im münster. — K.-S. G.

712. (*Einfall der Ungarn.*) — Anno 908, 9, 10, haben die Ungarn abermalen gantz Teutschland verheeret, alles erschlagen und grossen schaden gethan. Als aber viel arme erschlagen wurden, auf der Hatt bey Dagostein (Dachstein) und graf Hugo von Pfird solches sehr trauret, hat er die gegene darum samt allen waeldern und gelegenheit den armen geschenckt, baute ein capell und clausen dahin wo jetzt Altorff ist, begab sey gott mit betten und almosen. Als er starb hat ihn sein sohn Eberhardt darinn begraben und anheben ein closter zu bauen und Altdorf genannt. — Pp. P. (Cfr. Strobel, I, p. 182.)

Fol. B. 7ᵃ 713. Otbert, bischof, ein graf von Hohenberg. — Strobel, I, p. 182.

Fol. B. 7 714. (*Bischof Otbert.*) — Anno 914 suchte bischof Otbert mit hülff bischofs Eberhard von Speyr die land unter sich zu bringen, aber bischof Eberhard wurde von graf Gebhard und Berchtold von Liningen gefangen und beyde augen aussgestochen. Bischof Otbert flohe nach Rotenburg, alda er verrathen und von seinen unterthanen erschlagen. — Exc. Sp.

Fol. B. 7ᵇ 715. Gottfrid, hertzog zu Dision, bischof. — K.-S. G.

716. Richwin, hertzog in Lothringen, bischof. — Ibid.

717. (*Hunnencastelle.*) — Damals seind über 80 castell gebauen und von den Hunen genant: Hunenburg, Hunenwihr, Hunenstat, Hunenkrone, Hunenstein, Hunenwiler, Hunensteinberg, Huningen, Hunenfels, Hunenwart und andere. — Exc. Sp.

Fol. B. 9ᵃ 718. (937) Hunneneinfaelle im Elsass. — Strobel, I, p. 188.

Fol. B. 12 719. (*Otto III.*) — Anno 941 schickt koenig Otto seinen vettern grafen von Eberstein nach Rom. Dieser kniet vor dem bapst da er ein guldene rose mit einem blauen saphyr weyhet, die schencket er koenig Ottoni. — Exc. Sp.

Fol. B. 13ᵇ 720. (*Barbenstein wieder gebawen.*) — Anno 965 ward Barbenstein wider gebawen und Hohen Hattstatt genant, von graf Hartmann von Kyburg von Egissheim. — Ibid. (Cfr. Strobel, I, p. 203.)

Fol. B. 16—17 721. *Pristerehe verbotten.* — Unter kayser Otto I kamen brieff vom pabst Johannes XIII von Rom, auch an den bischoff Baldus von Strassburg, darinnen er gemeldet, nachdem in Italia die prister keine eheweiber hätten, so solten sich die teutschen prister so über dem altar stunden,

auch keine eheweiber haben, noch sich mit weibern beflecken, solches
wär gantz heilig; dieweil sie mit denen heiligen sacramenten umgiengen,
solten sie auch heylig seyn. Solches bathe er alle bischöff ins werck zu
setzen. Bischoff Baldus von Strassburg wolte solches nit thun, schriebe
eine verantwortung wider den pabst mit bewilligung aller geistlichen, wie
dass er nit wüste, solches mit gutem gewissen zu thun, dan die jungen
prister so nit eheweiber hätten, sich würden mit unehelichen weibern
beflecken, dadurch gott mehr erzürnt würde, dan in rechter ehe zu leben.
Derohalben könte er die prister die gott ergeben, fromme weib und kinder
hätten, von ihrem ampt nit stossen, dan nit müglichen dass sich der mensch
enthalten könte, der nit sonderlich die gab von gott hätte. Er hätte nie
gehört, dass man gott im ehestand nit dienen könte. Er wolte mit göttlicher geschrifft beweisen, dass alle die gott gedienet und gelibt hätten,
die vereheligt waren, nie wären verworffen worden. Zu dem wären alle
prister das mehrere theil eitel prister kinder, und dieweil gott keinem
gerechten menschen den ehestand nie hätte verworffen, könte und wolte
er solches auch nit thun. Aber hurer wären allweg gestrafft worden. Den
iungfraunstand lobe er über alle ständ, wer den halten kan. Die gab aber
ist nit jedermann gegeben, darum kan mans nit jederman verbieten ausser
der ehe zu leben. Und zoge das Nicenische concilium an. Zuletzt sagte er,
ich kan mich jetzund in meinem alter im bistum wol mit gottes hülff enthalten, aber in der jugend hab ichs nit kunt, wie fast ich gott bate. Darum hab ich mich verehligt, wiewohl ich ein prister war, bin auch meines
ambts halben niemahlen darum angeredt, noch weniger verstossen worden, wie auch andere mehr, und hoffe, ich habe fromme kinder, die auch
gott, der kirchen, und den menschen dienen, die mir lieb sind über alles
was mir gott gegeben hat. Frey und nit getzwungen soll unser leben
gegen gott, auch aller gottesdienst seyn, doch in aller heiligkeit und
mässigkeit.

Und ward solchs gebott des pabstes damalen nicht angenommen, sondern von männiglichen verworffen, als eine ursach daraus viel schand
und laster möchte erfolgen. — Pp. Silb.

722. (*Troia Nova zerstoert.*) — Anno 983 Troia nova von koenig Lu-   Fol. B. 17
dovicus zum andernmal gaentzlich zerstoert. — Exc. Sp.

723. Wilderolf, ein hertzog von Engern, bischof. — K.-S. G.

724. Sein (Wilderolf's) leib zu Ebersheimmünster begraben. — Ibid.   Fol. B. 18

725. (*Hermann von Schwaben erobert Strassburg.*) — Als nuhn Hein-   Fol. B. 19
rich uss Bayrn, erstlichen von churfürsten zum koenig erwellt wurde und

die landt in ordnung hatte im reich, do legte sich hertzog Hermann von Swoben und Elsass wider die landgraffen im Elsass, vermeindte mehr ahnspruch zu haben, zoge in's Elsass, nam solches in, verzog die landgraffen. Als sich aber Strosburg auch wider in setzte, nam er die statt in, blundert alles, auch vil kirchen. Aber koenig Heinrich kame bald, nam im Schwoben und vil landt in, bracht in zu gehorsam, dass er alles widerum gab. — Pp. Schn.

Fol. B. 19   726. Altwicus, bischof, starb anno 1005; im münster. — K.-S. G.

Fol. B. 19ᵇ   727. (*Grosses wetter, 1007.*) — Am Johanny, im summer, kam ein sehr gross wetter über die stat Strossburg mit dunder und blixen. Do von finge das münster und S. Tomaskirche ahn zu brennen. Hiemit gingen die huesser in der statt auch ahn, und es brant die statt mer den der drittentheil ab, auch das münster und S. Tomaskirch bis auff den boden. Am münster beleybe nichts staen dan das hinder chor so Carlo magno bawen hatt, ober die gantze kirch von Clodoveus bawe wahr nur von holtz und stein erbawn, welche uff 500 ior gestanden was. Ahn S. Tomaskirch beleibe auch nichts den allein das chor so bischoff Adalochus bawen hatt. Es verbrannt den zu S. Toman alle ihre ornatte, brieff und sigel, und freyheitten; man kunte nicht loeschen, den menigliche mit dem seinen zu thun hatt, da uff 1000 heusser den dag und die nacht abbronnen.

Solcher schaden ging bischoff Wernhern hartt zu hertzen, richt ein gemein almussen und steur durchs gantze landt auff, domit zum fordersten die armen burger und handtwercker wiederum baweten. Die geistlichen legten gross gutt domit man die kirchen kunte widerum auffrichten, und überkamen gutte meyster. Do wardt ein visirung gestellt (ist noch uff Unser Frawen hauss zu sehen) und berohtschlogt dass solches werck sollte in 8 iare ahngriffen werden, hinzwischen die stein und alles gehawen und zugerichtt noch noturff.

Doruff hube man ahn gellt zu heischen Unser lieben frawen zu Strosburg; dar zu gabe der bischof Wernherr grossen abloss. Do samlett man auss allen landen ein solch gross gutt davon nicht zu sagen ist; alle welt wollt selig an dem baw werden. — Pp. Schn.

728. (*Münster zu Basel, 1008.*) — In diser zeytt hatte koenig Heinrich der 2, das münster zu Bassel auch ahngefangen (das zuvor von einem erdbideme verfallen war) also dass beede werck fast mit einander sind ahngefangen worden. — Ibid.

Fol. B. 20ᵃ   729. (*Münsterbau, 1015.*) — Nach bischoff Wernher virnemen hube man ahn das alt fundament so kunig Clodoveus gelegt hatt, hinweg zu raeumen and nach einem dieffen gutten fundament zu graben und solches mit erlen pfellen in's wasser zu schlagen und legen, und wardt alles wol versehen, den kein kosten gespartt wurde. Mit solchem raumen traff man viller voriger heiliger bischoff corper und sarck ahn, die hatt man in steine sarck gelegt, in kestliche leinwatt, was man noch sonde so etwas gantz was, und in andre heilige capellen gelegt biss man mit dem werck auff kam. Doch sind mehrtheil hernoch also doselbs erligen beliben. Doruff wardt von klaren gehawen quater bawe, welche man aus dem Cronthal fürte; das gantze landt fur dohin und holtten stein. Es kamen die furleutt uff 10—12 meillen und noch weytter her und fürtten stein, gott und Unser frawen zu ehren. Alle welt wolt selig werden und ihren sellenheil an dem baw verdienen und den abloss erhalten. Allen froenern gab man zu essen. Auff dem hoff do stunden grosse hutten, welcher noch der fronhoff heysst. Das werck ginge also von statt dass man anno 1028 under das dach kame. — Pp. Schn.

730. (*Kloster Embach gebaut.*) — Anno 1019 Humfrit von Kyburg baute dass closter Embach in Schwytz. — Exc. Sp. Fol. B. 20ᵇ

731. (*S. Thomaskirch gebaut 1034.*) — Domollen hube bischoff Wernher auch wiederum ahn S. Tomaskirch zu bawen, doch war er nit vil doran, dan ime das münster noch stets im sin lage, daran er sehr treybe, domit by seinem leben etwas statliches mechte vericht werden, wie dan auch beschehen ist. — Pp. Schn.

732. (*Kaiser Heinrich II in Strassburg.*) — Anno 1019 kam keysser Heinrich der 2. gen Strosburg den baw zu besichtigen. Bischoff Wernher, auch alle geistliche und weltliche, empfingen in mit dem cruz und heilthum gantz herlichen. Man schenkte im wie es sich geburt. Bischoff Wernher verehret im vil heilthum, welches er hoch hiellte. Darnoch batte er den bischoff Wernher mit ime hinuff gen Bassel zu reissen und ime den newen thum, so er do bawen hulffe zu weihen. Der bischoff zoge mit dem koenig hinuff und halff den thum zu Bassel in weihen. Der keysser verehret zu Bassel im thum vil golt, edelgestein und heilthum und zoge mit bischof Wernhern wiederum gen Strosburg, do beleybe er ein zeitt lang. Er ginge selbs zu chor und... (Chorkoenigspfrund.) — Ibid. Fol. B. 21ᵃ

733. Er (Heinrich II) gabe ettliche zoll und freyheitten ahn's münster, damit solches in baw mechte erhalten werden und zoge darnach hinweg. (Schuttern, Gengenbach) — Ibid.

734. (*Bischof Wernher.*) — Als bischoff Wernher im baw fortfure, hatt er darneben sehr wol geregirt und den armen vil guths gethon. Er Fol. B. 21ᵇ

liess jedermann recht zu komen, hielt sich freundlichen gegen der statt
und allen nachbauren. — Pp. Schn.

735. (*Bischof Wernher stirbt.*) — Anno 1028 bischof Wernher
gestorben auff Simon und Jude, ligt im münster vor unser frawen altar.
Sein stein ist bey unseren zeytten hinweg komen. — Ibid.

Fol. B 21ᵛ **736.** (*Bischof Wilhelm, 1028.*) — Daruff wardt einhellig vom capitel
erwellt Wilhelm herr zu Falkenstein, ein fromer und fleysiger her, der
hube von stund an S. Tomaskirchen, so von bischof Wernhern abngefangen,
gantz zirlichen auffzubawen und hoch begaben. — Ibid.

Fol. B 22ᵛ **737.** (*S. Thomaskirche, 1031.*) — Do hatte bischoff Wilhelm S. Tomaskirchen auffgefurtt und gedecket. Do hat er sey selbs gewihett und auss
keyser Heinrichs zulassung, so er bischof Wernher geben, machte er
auss den monchen zu S. Toman und auss den regularis (sic) brüdern im
münster weltliche thumherren. Do wurden iedem sin pfruond, kosten, wein,
brod, fleisch, eyer, saltz, schmaltz, erbis, habern, haus und hof und alles
andre geben und alles was in ein hausshaltung gehoert. Etliche zogen aus
dem Bruderhoff, ettliche nit. — Pp. Schn. — Pp. P.

Fol. B 23 **738.** (*S. Arbogast Kloster.*) — Anno 1031 seind etliche canonici regulares von D. Thomae dahin gezogen. — K.-S. G.

739. (*S. Georgen Orden gestifft.*) — Anno 1035 richten die ritterschaft
am Rhein und Schwartzwald S. Georgen orden an, bauten an dem wasser
Trisam S. Einbeth, die rittergrub und Adelhussen. — Exc. Sp.

740. (*Kirche zum J. S. Peter, 1035.*) — Als bischoff Wilhelm
S. Tomaskirchen alles ingericht und bawen (ohne die thürn) do hube er
ahn S. Columbanskirch und spitall, brach die kirch ab und bawte eine
schone newe kirch dohin zu der ehren S. Petters (wardt hernoch zum
Jungen S. Peter genandt, diewil die andere vil elter ist) und machte auch
ein stifft drauss und ordnett 8 thumherrenpfrůnden dohin, gab gross gutt
darzu. Der chor wardt erst hernach bawen. — Pp. Schn.

Fol. B. 23 ou 24 **741.** (*Bischof Hetzel, 1047.*) — Alss bischoff Wilhelm vil gebawen und
das bissthum sehr gebessert hatt, starbe er anno 1047 den 7. november,
als er 19 iar war bischoff gewessen, ligt zu Jungen S. Petter, so er bawen
hatt, im hinderbaw under dem ietzigen glockenthurm. Druff wardt zu
bischoff erwelt Hetzel, graff zu Dachsburg, ein fromer her. Sobald er
bischoff wardt, hatt er auch lust gehabt zu bawen und anders denck-
würdiges; er bawte die kirch zu Jung S. Petter noch wytter und stiffte

auch 8 pfründen und einen probst drin, also dass 14 thumherrenpfründen do sind, ohn die priesterliche und gabe auch vil guts darzu. — Pp. Schn.

742. (*Pabst Leo IX im Elsass, 1053.*) — Anno 1053 kam pabst Leo der IX von Rom heruss zum keyser Heinrichen (synodum zu Mentz, 42 bischoefe). Als nuhn die geistlichen und weltlichen von einander zogen, name papst Leo der IX den weg durch sein vatterlandt zu ziehen, demselbigen seinen segen mittzutheilen. Mit ihm zogen uff 34 bischoff und vil fürsten und herren. Als sey gen Strosburg kamen, empfinge sie bischoff Hetzel, sein vetter, mit allem heiltum, und wurden in's munster gefürt. Darnoch weihett der papst selbt die new kirch zum Jungen S. Petter, so sin vetter, bischoff Hetzel von Strosburg newlichen gestifft hatte und gab grossen abloss dohin, die auff den krumen mittwoche zu 12 uhren mittags ohnfahett biss auff den grünen dunderstag, mittnacht zu 12 uhren. Er schenckte den thumherren und dem stifft sein seydene papstliche hauben, seiner dabey zu gedencken, die man im grossen ehren do noch auff haltt und allen krumen mittwochen dem volck gezeygt wurd. Fol. B. 21ᵃ

Er gab den thumherren im münster grosse freyheitten und allen stifften. Er wihett auch S. Walpurgen capel unter den Kürssnern (statt in S. Barblen hoff inwendig) und wihett auch S. Michels capel under den Wagnern, so wol 400 ior was ungewihett gutt gewesen, und vil capellen und kirchen mehr. Donoch fur er mit grossen ehren hinweg mit allen bischoffen, auch bischoff Hetzel, gen Erstein. Do hiellte er ein synodum mit allen bischoffen und fur dernoch gen Altorff in's closter, (capel dort von seinem vater graf Hugo und mutter gestifft; diese dort begraben) Hohenburg, Ell, u. s. w. Hiemit fur man noch mit dem baw im münster auch fortt. — Ibid.

743. Er (Leo IX) weyhet auch Einhalden die capell, hernoch die kirch zu Ell. — K.-S. G. Fol. B. 21ᵇ

744. Sankt Steffan. Ansicht des Innern. — Pp. Schn.

745. (*Bischof Wilhelm stirbt.*) — Anno 1047 stirbt (bischof Wilhelm), ligt zum Jungen S. Peter, so er bawen hatt, im hinderbaw under dem itzigen glockenthurm[1]. — Ibid.

746. Anno 1061 ward das closter Lutterbach vom graffen von Lentzburg bauen.... Fol. B. 25

---

1. A côté de cette notice se trouvait dans le manuscrit original un dessin à la plume, représentant une pierre tombale avec une figure d'évêque. — Pp. Schn.

Cum valor rerum | privaret semine clerum
Ad Satanae votum | successit turba nepotum.

LUDOLPHUS, *Vita Christi*, c. 68. — Exc. Sp.

747. (*Bischof Hetzel.*) — Bischoff Hethel bessert das closter Eschau † 1065, 15 januarii.) Sein leib wardt zum Jungen S. Petter begraben wie sein vorfaren gelegt. Epitaphium. — Pp. Schn.

748. Lutenbach, Eschaw, Heilig Creutz gon Colmar. — Ibid.

749. S. Walpurg bey Hagenau. — Ibid.

750. Eberstehenmünster, Altorff, Schuttern, Gengenbach. — Ibid.

751. Wernharus der ander, bischof. Dessen bruder Rapato baute Neu-Habsburg im Ergau. — K.-S. G.

752. (*Kirchenbauten.*) — Anno 1069 wardt das new chor zu S. Arbogast fertig, das hatt bischoff Wernher selbs solches gewihett und vil darzu geben. Diss iar bawte er auch ein schoen capel zum Jungen S. Petter. — Ibid.

753. *Pabst Hildebrand thut bischöffe und kayser in bann.* — Anno 1075 hielte kayser Heinrich einen grossen landtag zu Strassburg mit den fürsten und bischöffen des reichs, do ward berathschlaget wie man die ungehorsame Saxen bekriegen wolte, und ward die endlich hülff beschlossen. Bischoff Werner war stets um den könig, dan er auch sein rathgeber was, dieweil aber damalen viel landstänt und geistliche über den bischoff Werner klagten, insonders verklagten ihn vor dem könig die mönch von Ettenheim Münster, Altorff, Schuttern, Gengenbach, Eberschenmunster und andere, von wegen etlicher güter so er den clöstern genommen, als den dinckhoff und kirchensatz, und solches seinem bruder Rapato geben, damit neue herrschafften zu kauffen. Der könig zog die antwort und bescheyd stets auf, dan ihm mehr am bischoff gelegen war. Zu dem schlug auch ohn das dazu, das pabst Hildebrand wolte: dass alle bischöff, aepte und geistliche ihre investur von ihm, und nit dem kayser empfangen solten, gebote dem kayser dass er viele bischöff solte vertreiben. (In margine: Der pabst will das alle geistliche ihr investitur von ihme haben sollen. Auch alle kayser und könige ihre crone.)

Ja der kayser und alle könige solten ihre kronen und bestätigungen vom pabst, als oberherr der gantzen welt, von ihme empfangen. Das wolten die fürsten, auch die bischöff in teutschland nicht leiden.

Darnach zog der kayser gen Mentz, dahin kamen die rheinische gesanden mit viel gaben, suchten um hülff an.

Darauf ward anno 1076 ein concilium zu Worms gehalten von den vornembsten bischöffen in teutsch und welschen landen, do ward des pabstes querel verdambt. Darauf that der pabst die bischöff in bann, des erschracken etliche. Do solches der pabst merckte, dass sein bann etwas gelte, thut er auch den kayser in bann, aber der kayser gab nichts auf seinen bann. Do verbate der pabst allen bischöffen des königs gemeinschafft. Da kam bischoff Werner betrübt vom könig widerum gen Strassburg, dan er gut königisch war.

Der pabst gebote auch den fürsten einen andern könig zu wählen, das thaten etliche meyneydege fürsten, hatten aber kein glück, und wurden wohl zwen neue könig erschlagen, und halffe gott alwegen dem rechten könig auf. — Pp. Silb.

754. (*Papst Gregor VII und Bischof Werner.*) — Unter kayser Heinrico IV. Nach dem concilio zu Worms. Indes kamen neue brieff vom pabst Hildebrand von Rom der pristerehe halber, und wurden alle bischoffe gehn Rom citirt, insonders bischoff Werner von Strassburg. Der pabst verbote allen pristern die ehe, und dass sie alle cheweiber von sich thun solten, oder aber sie solten für huren, und die kinder vor unehrlich gehalten werden. Das wolten die geistlichen nit thun, dan fast alle prister cheweiber hatten, von altem brauch her. Man ruffte dem pabst und den seinen auf den cantzeln den wein aus, wie er gut ohne ehe zu leben hätte, das könte man mit seinen huren und banckerten beweisen, er hätte nur den bann vor ihm und kein göttliche geschrifft und fuhren also fort. Darauf kamen die unterthanen sambt den pristern in bann, dan kein prister mehr das sacrament reichen und tauffen dorfften.

Da huben die burger an, und andere zu Strassburg, bestelleten fromme burger, die tauften die kinder, und reichten in todesnöthen die sacrament, wan es kein prister wolt thun, es gieng alles empor. An andren enden nahm man des pabsts gebott an, hielten alle aembter und eheliche prister vor nichts, thraten die heiligen sacramenten von pristern geseegnet, mit füssen, die kinder die sie getaufft, tauffte man noch einmahl, tauff, crysam, alle weyhewasser von ihnen geseegnet, schüttete man aus, verjagten sie von ihren weibern, kindern, hauss und hoff. Mord, raub, brand, todtschlag gieng empor. Allen meyneydigen und die alles args nur thaten, hatten ablass vom pabst, die frommen und die gottseelig lebten wurden dem teuffel übergeben, verjagt, erschlagen. Gantz Teutschland schwamm in allen lastern, der kayser kont nit wehren, dan er selbst im bann, und kein volck hatte. Das war dem pabst ein eben spiel, damit Teutschland gedämpt würde.

Hierauf ward bischoff Werner von Strassburg und seine geistlichen und andere widerum von neuem gehn Rom citirt, dieweilen sie die eheweiber nit von ihnen thäten. Darauf schriebe der bischoff und geistliche, wan der pabst, cardinäl und bischöff in Italien ihre huren von ihnen thäten, wolten sie ihre eheweiber auch von ihnen thun, und schriebe dem kayser um hülff.

Er zog heimlichen zum kayser in Italia, und vermochte ihn zu beredten, dass er wider in Teutschland käme. Er kame auch widerum gantz heimlichen in Teutschland, solches glückte dem kayser.

Fol. B. 27ᵇ **755.** Anno 1078 als bischoff Werner keine ruhe vor dem pabst hatte, auch viel geistliche ihre weiber von sich thäten, etliche behielten, und als ein beständiger freund vom kayser von jederman verhasst, waren viel herren solcher langen iahr her, des lermens übertrüssig; dieweil sie solches nit wenden kunten, nahmen ein pilgerfart für zum heiligen land, damit sie den jammer nimmer sehen, und hofften wan sie widerkämen, würde gott hiezwischen bessere mittel schücken, und bestellte bischoff Werner das bistum und capitel mit frommen leuthen, und fuhr mit vielen herren zum heiligen land. Der kayser gab ihm brieff an den kayser zu Constantinopel, derohalben sie wohl empfangen wurden, und als sie Constantinopel ausfuhren, ward dem bischoff Werner nit wohl, und starb in der nächsten insel, sein leib wurde widerum zurück geführt, und zu Constantinopel herrlich begraben. Der patriarch sambt andern schrieben solches an die geistlichen nach Strassburg.

In folgenten zeiten wurde bischoff Bruno abgesetzt, weilen er denen geistlichen die eheweiber nit nehmen wolte, damit sie nicht in andere unzucht fielen.

Auf ihn ward erwöhlt Gebhart von Saarwerden, ein graff, thumbprobst, war ein frommer man. Der hat die chepriester aus dem bistum gantz abgeschafft. Welche sie von ihnen thaten, die blieben bey dem ambt, welche es aber nit thaten, denen gab man ein gewinnst und traten ab. Und ist also biss anhero denen pristern die che nit mehr zu gelossen worden. — Pp. Silb.

Fol. B. 28ᵃ **756.** (*Marbach fundirt.*) — Anno 1090 wardt die grosse kirch S. Augustinus zu Marbach fundirt. — Pp. Schn.

Fol. B. 28 **757.** (*Zwietracht der Thiere, 1077.*) — In solchem wilden leben wurden die vogel und visch in mossen uch wild, stritten mit einander, dass man sy mit hauffen dott am landte fand. Es war alles wider einander. — STROBEL, I, p. 298.

758. (*Theobaldus, bischof*) starb 1084, liegt im münster. — K.-S. G.

759. (*Unruhen im Lande.*) — In solchem lermen wurden die zamen vogel, als hüner und gentz, alles wild, flogen in die weld. Es ging alles entpor. — STROBEL, I, p. 304. *Fol. B. 28ᵇ*

760. (*Croisades.*) — En 1095 l'empereur Henri tint une diète à Strasbourg pendant les jours de Noël. Une foule de nobles s'enrôlèrent dans les croisés. Au printemps 1096 plus de 80,000 hommes se réunirent à Strasbourg pour entrer en campagne. L'évêque Othon et le comte de Linange s'étaient mis à leur tête. — Pp. P.

761. (*Bischof Otto*) beschenkt die kirchen, 1095. — Pp. Schn.¹

762. *Grosses Sterben und Pabsts Bann.* — Ums jahr 1096 weil man bey dem heiligen land war, war ein grosses sterben in allen landen und ein grosser hunger, dass allein zu Strassburg auf 15,000 sturben. Man warf reich und arm zusammen in ein grub, und waren die leuth noch ins pabsts bann, und viel leuth verzweiffelten an ihrem end. Da bestelte pabst Urbanus den probst von Luttenbach (den man pfaff Mangold hiess) der zoge im land und allen stätten herum, hörte beicht, etwan auf 1000 in einer viertelstund, und war das die beicht: Ob sie bekennen dass sie ketzer seyen, und diese ketzerey begangen hatten, und aber jetzund widerruflten und bekenten, dass Heinrich der sich der IV. nent, kein rechter ordentlicher kayser sey, dan der pabst ein herr über alle welt sey, geistlich und weltlich, ihme von St. Peter gegeben. Item dass der pabst als rechter kayser und könig macht habe solches zu geben wem er wolle, auch macht habe auf- und abzusetzen, und ihme alle menschen sollen gehorsamen, er gebiete was er wolt, etc. Von Gott und Christo sagt er nit ein wort. Wan sie dan ja sagten; sie glauben alles, machte er ein creutz über sie, und waren absolvirt. Darnach hub man einen ganzen tag am beichtgeld auf. Als er hinweg zoge, erwischte ihn kayser Heinrich und liess ihn etliche jahr in einen keffich setzen. Er gab dem kayser, noch niemand kein gut wort. War ein muthwilliger gottloser pfaff, nahm stets, und gab niemand nichts, also, dass noch ein sprichwort ist : du bist kostfrey wie pfaff Mangold, der sod einmal ein ey, und gab die brü um gottes willen. — Pp. Silb. *Fol. 59*

763. (*Bischof Otto stirbt.*) — Anno 1100, 3 nonas Augusti starbe bischof Otto zu Strassburg, ligt im münster begraben. Daruff wardt erwelt Baldo-

---

1. Au bas de ce feuillet cessait la pagination du fascicule intercalaire. (N. B. Springt von fol. 28 auf 59 ; der Text aber geht fort.) Note de M. L. SCHNEEGANS.

win graff zu Namur, der wahr nur 6 wochen bischoff und starbe, ligt in seiner capell im münster begraben.

Daruff wardt wider der thumherren willen Anno (sic) von Sponheim von keysser Heinrichen den thumherren uffttrungen und bestedigt. — Pp. Schn.

Fol. 59ᵃ   764. (*St. Fides zu Schlettstadt von Bischof Otto erbaut*) noch aller ordnung wie er das heilig grab und kirch zu Jerusalem hatte abzeichnet, anno 1099. — Ibid.

Fol. 60ᵃ   765. Schenkung des domprobstes Burckhardt, nachher bischoff. — Ibid.

766. Anno 1106 war Ruffach groesser dann Strassburg. — Exc. Sp.

767. (*Kloster Baumgarten.*) — Burckhardt von Hürningen, thumprobst, hernach bischoff, bauet mere keller.
Bischof Cuno bawet Baumgarten. — K.-S. G.

768. 1118. In disen zeytten als hertzog Bechollf der 3. noch aln der statt Freyburg in Breisgaw bawte und solches mit mauren und thürnen umfieng (als das berkwerk sich gewaltig obermolle bey Freyburg erzeygte und der hertzog von Zeringen nicht wusste was er mit dem silber thun solte, den ime allein in einer wochen über 30 zentner wardt) hub er auch aln das schoene munster zu bawen, desglichen, noch dem strassburgischen, in Teutschlandt nit funden wardt (dowil domollen der Strossburger thurn noch nicht bawen wardt). Solches werck zu Freyburg wirdt vir das herrlichste geacht in allen landen; wardt bawen wie diser vers lert: anno millesimo centeno, bis quoque nono, Friburg fundator Bertholdus dux dominatur. Er schickte gute meyster gen Rom und alle landt, die schoensten kirchen zu besichtigen, domit er über alle die schoenste bawen wolt, wie auch geschehen, dan er silber im überfluss hatte. Und sind die hertzogen von Zeringen hirin hoch zu loben dass sey also gewaltig vil statt, schlosser, closter und kirchen bawen haben, sind auch vir die reichsten fursten in Teutschlandt geacht worden. Dise statt Freyburg ist anfencklich von berckwerck auch auffkomen, so vor langen iaren do hefftig funden worden. Ist ganz silberreich. — Pp. Schn.

Fol. 61ᵃ   769. (*Schenkung des Dompr bsts Bruno.*) — Bruno, graf von Lützelburg, der dechant, daruff thumpropst zu Strassburg, schenkt der kirche zu Strassburg seinen hof zu Scherweiler (1108). — Ibid.

Fol. 62ᵇ   770. (*Wahl Bruno's zum Bischof.*) — Bischoff Bruno von Strassburg ward der erste, der durchs papsts und der geistlichkeit wahl der kirchen zu Strassburg aufgetrungen wurde, dan alle vorige bischoffe durch clerici und gemein vom layenstand erwoehlt worden sind. — Pp. Silb.

771. *Pabst Calixtus behauptet den Gewalt über Kayser Heinrich IV.* — Fol. 63

Anno 1119, als kayser Heinrich V noch im bann war, und in Teutschland mord, raub, krieg, brand alles empor gieng, ward aus solchem jammer pabst Calixtus II erbetten, den bann aufzuheben, damit der christenzeit möchte fried gegeben werden, der schücke zu kayser Heinrich gen Strassburg einen bischoff und apt mit ihme zu unterreden. Der pabst zoge selbst in Teutschland, do ward zu Tribur bey Maintz das synodum gehalten von allen ständen Teutschlands. Da bewilligte kayser Heinrich alles zu thun was man wolte, damit der pabst frieden schaffen möge. Solcher ward vom pabst und dem kayser erhalten. Do ward auf St. Luxtag ein concilium angestellt mit 430 bischöffen und vättern. Kayser Heinrich hielte sich in der nähe und dorffte nit dahin, aber der bischoff Cadalaunus, den der pabst anfangs zum kayser gen Strassburg geschückt, und bischoff Cuno von Strassburg, und der apt Cluniacenser closters, die reyssten vom bapst und könig von einem zum andern, also dass nichts gäntzliehen beschlossen wurde, dan der papst nicht allein die investitur, sondern auch über den kayser den gewalt haben wolt, solche auf und ab zu setzen nach seinem gefallen. Darauf zoge der pabst auf Rom zu.

Anno 1120 do gebote der bischoff von Maintz im nahmen des pabsts, in Teutschland dem kayser nit zu gehorchen. Do ertzürnte der kayser, samlete ein gross volck im Elsass und am Rhein. Do solches der bischoff merckte, ward auf Michaelis ein tag gen Würtzburg gelegt.

Anno 1122, da nun der könig sahe, dass bey dem pabst nichts mehr erhalten werden möchte, und die freyheit der kayser und Teutschen dem pabst sollte übergeben werden, da ward auf den frühling 1122 ein tag gen Worms gelegt, do übergabe der kayser dem pabst die investitur und anders ewiglichen. Solches wurd geschworen, des pabsts legat absolvirte den könig und alle so mit dem könig waren gewesen, der Ostienser bischoff hielt die mess, empfiengen das sacrament, darauf führte man alles volck ins feld an den Rhein, do ward der vertrag verlesen mit frolockung alles volcks in allen landen.

Solcher vertrag und übergab wird am gantzen Rheinstrom und Teutschland publicirt. Bischoff Bruno (sic) schlug solches ans münster zu Strassburg auch im gantzen bistum an, also lautent:

Ich, Heinrich von gottes gnaden römischer kayser, mehrer des reichs. Von wegen der ehren und liebe zu gott, St. Petri und Pauli, auch der roemischen kirchen, und dem heil. unsrem herren pabst Calisti, zum heyl unserer seelen, übergib ich gott, seinen heiligen aposteln Petri und Pauli, und der algemeinen kirchen, alle investitur mit ring und stab, eine freye wahl und ein weyhung in allen kirchen, welche regalia von St. Peter besetzung kommen, welche durch meinen vättern und mich entnommen und aufgehoben sind worden, die gib ich wider dem heil. St. Peter und seinen nachkommen derselbigen römischen kirchen. Auch alles was ich hab, gib ich alles treulichen widerum, will auch verschaffen, dass alle possessionen und besitzungen aller kirchen der fürsten und herren, aller clericen und layen und mit hülff aller fürsten dahin handlen, dass solches der kirchen alles widerum zu gestelt werde. Ich gib auch wahrhafftigen frieden Calisto pabst der römischen kirchen und allen die auf seiner seyten sind, will auch mein hülff treulichen der römischen kirch erzeigen, worinnen sie meine hülff bedoerffen wird. Solches gelobe ich, etc.

Hergegen der pabst: Calistus, ein knecht der knechte gottes unsrem geliebten sohn Heinrico, von gottes genaden römischer kayser, mehrer des reichs, verliehe dass die erwäldung der bischöffe und aepte in Teutschland, so unter sein reich gehören, in deiner gegenwart ohne simonie frey mögen erwählt werden. So auch gewalt oder intrag und uneinigkeit (sich) zutrüge, dass du mit rath und hülff des erzbischoffs, des provintzials dem gerechten helffen, der erwählt, auch durch deinen zepter die regalia empfangen (ohne nachteil dass man weyss der römischen kirchen zuständig seyn) und was man dir darum schuldig, das von dem erwählten zu empfahen. Der aber von andren orten im reich zu einem bischoff oder apt ohn dein gegenwarth erwählt wird, solle seine regalia durch deinen scepter in 6 monaten empfahen. Was aber du mir vor klag (so vor mich gehören) wirst fürbringen, will ich mich der gebühr amts halben wissen zu verhalten. Ich gib dir wahren frieden, auch allen denen so in diesem zwitracht auf deiner seiten sind gewesen. Datum anno 1122, den 23. September. — Pp. Silb.

Fol. 63ᵃ 772. (*Gespenster im Elsass.*) — Anno 1123, alss die jar her grosse sterbott, vil zu Rom gestorben, und vil unschuldigs blutt vergossen worden und der teuffel gar aussgelossen war under den geistlichen, do sahe man alm allen enden, auch zu Strosburg, Molsheim, Freiburg, Colmar und im gantzen Elsasz grausame gespenst bey dag und nacht, etwan 10. 20. 50. 100 auch 4 oder 500 zu mollen, in harnischen, wahren auch zerhawen, wie sey im krieg wahren um kommen, batten auch das man mit messen singen, betten und almussen solte zu hilff komen, lieffen auch durch die stett, do von vil leutt sturben. Graff Emich von Leiningen so kurtz zuvoren im Wormsgaw erschlagen, liess sich mit vil 100 pferden sehen. Do wahr einer der bescheine sey und segnet sich, ging zu in, frogt wehr sey wehren.

Do sagten sey, wehren kein gespenst sunder der erschlagenen sellen. Ross harnisch und alles wahr itel feurig (wie wol mans nit sohe), batten heftig das man mit messen, opffer, betten und allmussen wolten zu hülff kommen, insonders batt graff Emich selb sehr mit seuffsen. — Gott wird solchen betrug offenbaren am iüngsten tag.

Daruff bawte man vil clussen, capelen, kirchen und closter und stifft vil messen, pfrunden und priester, spital und anders one zall. — Pp. Schn. — Pp. Silb.

773. (*Sankt-Johann bey Zabern.*) — Es baueten auch graff Peter von Lützelburg und Echo sambt seinem gemahl, das closter S. Johann bey Zabern, in der ehre gottes und S. Johann des tauffers, Benedictiner ordens, darein niemandts genommen wird dan edle iungfrauen. — Pp. Silb. *Fol. 64ᵇ*

774. (*Eine Schlacht bei Molsheim, 1123.*) — Do wurde hertzog Bertolff von Zeringen und graf Hugo, und wohl 1000 mann erschlagen. Den hertzog fuerte man in einem aussholten baum, und an beden enden zugespund und verbicht, zur begrebnuss von S. Peter uff dem Schwartzwald. — STROBEL, I, p. 353.

775. (*Bischof Bruno abgesetzt.*) — Anno 1125 als bischof Bruno den priestern die eheweiber nicht nehmen wolte, ward er des bistums vertrieben, kam zu bischof Adelberto gen Mentz und bey widereinsetzung versprach er die abschaffung, liess sie aber hernach bleiben wie zuvor, stellet sich unwissend. — Exc. Sp.

776. (*Landgraf Philipp in Albanien.*) — Anno 1191. Landgraf Philipps in Elsass, graf zu Flandern, der grosse, erschlug koenig Nobilirea in Albanien und nahme ihm den gülden schild mit dem schwartzen loewen und auff seinem helme die cron mit dem gulden loewen und schwartzen flügeln, mit einer rothen decken, und setzte es in das flandrische wapen. — Ibid. *Fol. 65*

777. (*Bischof Gebhart und die Priesterehe.*) — Anno 1129 hat bischof Gebehart die eheweiber der priester abgeschafft, so biss anhero nicht mehr zugelassen worden. — Ibid. *Fol. 66*

778. (*Brand im Münster.*) — Diss iar schluge das wetter in's münster, brandte und dat grossen schaden daran. (1130.) — Pp. Schn. *Fol. 66ᵃ*

779. (*Kloster Itenwiller.*) — Anno 1137 hatt herr Conradt von Dachspurg, thumherr der hohen gestifft, uffbawen das closter Itenwiller, etc. — Ibid.

780. (*Brand zu Rosheim.*) — Anno 1132 ward Rosheim verbrannt *Fol. 66ᵇ*

von Wahlen so auss Lothringen kamen, wegen verlust den sie anno 1120 von ihnen erlitten, da ihro beym wein über 1200 erschlagen worden. — K.-S. G.

781. (*Stürzelbronn fundirt.*) — Anno 1144 ward dass closter Stürtzelbronn auss der claussen Marienthal von hertzog Simon von Lothringen fundirt. — Exc. Sp.

Fol. 67ᵃ   782. (*Wetter in's Münster.*) — Anno 1140 schlug das wetter widerum in's münster und datt grosse schaden, als der vorige baw war wider erbawen worden. — Pp. Schn.

783. (*Bischof Gebhart stirbt.*) — Anno 1141 starb bischoff Gebhart und starbe alss er 19 iar war bischoff gewesen undt wardt in's münster begraben. Daruff wardt erwoellt herr Burckhart von Hürningen, von Elsass, ein frommer herr, der schenkte alsbald sein hauss und gartten an S. Erhardts spital, daruss hernach heusser bawen worden sind, und also den spital hoch begabt. — Ibid.

Fol. 67ᵇ   784. (*Seconde croisade.*) — Sous l'évêque Conrad en 1144, et sous l'évêque Burckhard, la seconde croisade fut prêchée en Alsace par Saint-Bernard. — Pp. P.

785. (*S. Thomaskirche verbrannt.*) — Anno 1144, im sommer, kam ein gross wetter und schluge in S. Thomans kirch, die verbrannt mit allen brieff und siglen und grossem gut. Druff bawte bischoff Burckhardt und ander frome leut die kirch und closter widerumb und gabe in der bischof die freyheitt, was die zu S. Thomae durch statt und land fürten, solte zollfrey sein. — Pp. Schn.

786. (*Koenig Conrad und die Zaehringer.*) — Anno 1144, als hertzog Bertolff und Conrad von Zeringen sich wider koenig Conrad legten, wurde ihnen Zürich und anderes in der Schweitz, auch die herrschaft Hochberg von Friederich Barbarossa genommen; der gab sie einem iungen herrn von Bern (Verona) auss Italia, der als ein geissel vertrieben war, davon die margrafen von Hochberg entstanden. — Exc. Sp.

Fol. 68   787. *Galgen zu Strassburg* errichtet anno 1159. — K.-S. G.

Fol. 68ᵃ   788. (*Münsterbrand.*) — Anno 1150 schluge das wetter widerum in's münster, brant und dat widerum grossen schaden. — Pp. Schn.

789. (*St. Johann zum Woerth.*) — Anno 1150 baute herr Wernher marschalk von Huneburg ein closter und kirchen im Grünen werd an der Illen und Brüsch in ehren der heiligen Dreyfaltigkeit und kamen auss S. Arbogast's kloster canonici regulares darin. — K.-S. G.

790. (*Wernher von Huneburg stirbt.*) — Do man zalt von der geburt Christi 1166 iar, starb und ward begraben der edele und wolgeborene herr, herr marchalk Wernher von Hunenburg, der diese kirch mit ihrem chor zu allererst hat gethan bawen, und wihen in der ehr der heyligen Dreyfaltigkeit, zu der zeit als man zalt 1150. bitten gott für ihn! — K.-S. G.

791. (*K. Friedrich zu Würzburg.*) — 1163 hielte koenig Friderich ein landtag zu Wurtzburg mit villen fursten und bischoffen. Do hatt er die herren zu S. Toman zu Strossburg in seinen schutz und schirm auffgenommen und inen widerum newe freyheyten (so in mit der kirchen und closter verbrannt wahr) widerum geben und mit villen gutern begabt. — Pp. Schn.   Fol. 68ᵇ

792. (*Bischof Burckhardt stirbt.*) — Er hatte kurz darvor den armen an dem spitall gross gutt geben, auch den herren zu S. Toman die kirch zu S. Aurelien mit ihren gefellen übergeben, mit bewilligung des papstes. — Ibid.

793. (*K. Friedrich zu Strassburg.*) — Der keyser bleybe zu Strassburg bis man bischof Burckharten begrube. Er was 22 iar bischoff, starb 1163, ligt vor S. Richardten altar begraben. — Ibid.

794. (*Walther von Geroldseck auf Schloss Lützelhart.*) — Anno 1160 hat der von Lützelhart Walther von Geroltzeck gefangen, so aber von Rübel dem thurnhüter erkannt und erledigt . . . . . . Die Rieble sind ietzt noch am leben. — Exc. Sp. — Pp. P.   Fol. 69

(Cfr. FRIESÉ, *Historische Merkwürdigkeiten*, p. 21—25, qui semble n'être qu'une paraphrase très délayée du texte perdu de SPECKLIN.)

795. (*K. Friedrich zu Hagenau.*) — Er baute das Schloss zu Hagenau, ist noch eine « schoene antiquitaet ».   Fol. 69ᵗ

Er bawte auch 3 colegia canonici regulares, einss zu Hagenau, zu Adelberg und zu Gelnhusen, domit man stets gelerte leutt solte darin uffziehen, die gott und der welt dienen kunthen, dan die ander closter solch nit ahten. — STROBEL, I, p. 415. — Pp. Schn.

796. *Schlacht im Ober-Elsass* zwischen Cuno von Horburg und Egelolf von Urselingen, 1178. — STROBEL, I, p. 422.   Fol. 69ᵇ

797. (*Brand im Münster.*) — Anno 1176, do brant vom wetter das münster aber gantz schedlichen, das was das viertte moll. — Pp. Schn.   Fol. 70ᵗ

798. (*Bischof Rudolf abgesetzt.*) — Anno 1179 bischof Rudolph abgesetzt, alss er 17 iar bischof gewesen. Den 20 December, ahn S. Tomas abent erwoellt her Conrat Wentzel von Falckenstein oder Hüneburg, in beysein des paepstlichen legaten und cardinall, des bischoff von Mantua. — Pp. Schm.

Fol. 71ᵃ **799.** (*Bischof Conrad stirbt.*) — Anno 1179 kirch zu Niedermünster von disem paepstlichen legaten geweiht. Anno 1180, auff S. Tomas abent starbe bischoff Conradt zu Strassburg alss er 1 iar lang wass bischoff gewessen. Eben auff denselbigen tag daruff wardt erwellt Heinrich... — Ibid.

800. (*Truttenhausen.*) — Anno 1181, do wardt das closter *Truhtinhussen* oder *Gotteshuss* (den *drutter gott* oder *unser getrewer gott* in alter allemanischer sproch geredt wurdt) buwen, des ordens canonici regulares, ahn S. Otilien berg von Heradt aeptissin auff Hohenburg oder zu S. Otilien, und von irem bruder, herr Günther von Weinheim und Landsperg. Und gaben auss ihrem eigenthum vil zins und gilten dohin, und den 18 aprilis anni 82 gewihett in der ehren gottes, Mariae und Nicolai (und wardt die eptissin in S. Otilien und Heradis namen) und sollen die herren den frawen auff dem berg in geistlichen und weltlichen sachen zu hilff komen. Dise aeptissin Heradt ist eine gelerte fraw gewesen, hat vil latinische bücher, auch vil verss beschryben, in gotlichen sachen, so noch vorhanden, und zu verwundern ist von einem weibsbildt, und sey gabe auch heilthum von S. Otilien dahin, desshalben auch eine grosse walfartt dohin ist mit bessen augen. Der papst und koenig Friderich liess ines sich wol gefallen und mit vil freyheitten bestedigt. — Ibid.

Fol. 71ᵇ **801.** (*Sankt-Niklauskirche.*) — Dise ist anfangs S. Mariae Magdalenae, Maurici et Nicolai capell genant und von dem edlen Walther Spender anno 1182 gebauet worden; hatte 12 capellanien, ist lange vor der reformation eine pfarrkirchen gewesen. Anno 1314 hat bischoff Johann von Dirpheim solche dem stifft S. Thomas als filial incorporirt. — K.-S. G.

802. (*Untergang der Welt gefürchtet, 1185.*) — Das folck erschrake über die mossen. Der bischoff flohe wol 50 meillen auss dem landt, wie andere grosse herren, geistlich und weltlich... Das volck flohe schir alles aus der statt, bawten ins erdrich vil 100 keller und gewoelb, rusten sich mit betten und husroht dorin, liessen daruff malen und kochen. Die handwercker lagen nider. Vil verkaufften ihre heusser und haussrath gantz wolffel, und wahr ein gross rusten. Als nun S. Michel dag kam, wahr es so schoen wetter als im gantzen iar und kam der ding keines. Noch sassen vil 100 narren noch im feldt, in den kellern, wollten noch nit heim. Zuletzt als sie sahen dass es nichts wass, kamen sy selbs, vor grosser kelte. Der prophet (der den untergang verheissen) kam hinweg, er wehre sunst zu dott geschlagen worden, und verdurben vil leut darüber. Zuletzt kam der bischoff und andere auch widerum. — STROBEL, I, p. 428.

803. (*Kirche zu Breisach, 1186.*) — Domollen ist die kirch zu Brisach von bischof Heinrichen gebawen und gewyhet worden. — Pp. Schn.

804. (*Brand zu Strassburg.*) — Anno 1187, mense maio, ist ein grosser brand geschehen, da über 160 haeusser verbrunnen. — K.-S. G.

805. (*Einnahme Jerusalem's*[1].) — Als das geschrei in Europa kam, dass Jerusalem erobert war, und das kreutz Christi durch Saladin hinwegkommen, da wollt jedermann solches wiederum helfen gewinnen.

Fol. 73

806. (*Sonnenfinsterniss, Pestilentz, warmer Winter.*) — Auf Johannis geschah eine grosse finsterniss, als man je gesehen hat, sechs stunden lang; darauf folget an allen orten eine grausame pestilentz, über die vorige, durch den ganzen winter: denn derselbige also warm war, dass um weihnachten die bäume anhoben auszuschlagen; im mai war die erndte, im july und august der herbst: solches achtete man in allem viel glückselig.

807. (*Dritter Kreuzzug.*) — Als nun Jerusalem verloren, haben die tempelherren ihren orden in Syria geordnet: aber Unser frauen ritterbrüder, so das heilige grab und porten behalten, und die pilger geleiteten, die gelobten, weil Jerusalem verloren, allein wider die unglaubigen zu streiten. Da war in Europa menniglicher auf Jerusalem wieder zu erobern: kaiser Friedrich I. mit dem kreutz gezeichnet, zog selbst mit, sammt einem gewaltigen grossen heer. Als sie in Syria kamen, ist kaiser Friedrich in einem schnellen wasser ertrunken, mit grosser klage alles volkes. Sein sohn Heinrich liess ihn gen Tyrus führen und begraben, darauf ward koenig Heinrich zum obersten geordnet. Der hat Jerusalem wieder erobert und alles wiederum aufgerichtet.

1190

Als man aber vor Acarun lag und viel kranke da waren, da nahmen etliche burger von baeumen vil laubes, und nahmen ein altes segel, machten ihnen hütten daraus, legten die kranken darein, und pflegten sie.

---

1. Avec le feuillet 73 commence la copie prise autrefois par M. le professeur Jung, et qui seule permet aujourd'hui de nous faire une idée de l'état véritable des *Collectanées* de Specklin, puisqu'elle comprend près d'un tiers de l'ouvrage. Elle s'étend jusqu'au feuillet 370 du premier volume du manuscrit autographe, et remplace un peu plus de quatre cents fragments de longueur diverse, que nous avions réunis déjà quand nous eûmes connaissance de l'existence de cette précieuse copie. Le manuscrit Jung nous ayant conservé le texte complet, il nous semble inutile d'indiquer ici la provenance variée des fragments retrouvés en dehors de lui et qui lui sont parallèles.

Als Jerusalem erobert, kamen sie auch dahin, da wurde ein orden daraus, hielten ihren convent zu Acarun und Jerusalem, und wurde herr Heinrich Walboth im Rheinlande erster meister. K. Heinrich begabte sie mit gütern, damit sie die kranken besser pflegen konnten; papst Coelestinus der VIII. bestätigt ihren orden, gab ihnen S. Augustini regel . . . .

808. (*Bischof Heinrich stirbt.*) — Dieses jahr, den ersten april auf Mariae verkündigung, gegen tag, starb bischof Heinrich von Hassenburg zu Strassburg, als er 10 jahre lang wohl hatte regiert. Ward in S. Andreas capell begraben im münster mit diesem grabstein[1].

Auf ihn wurde erwählt der dechant, herr Conrad der II genannt, war ein freiherr und marschalk von Hunenburg, und vom bischof von Maynz confirmirt.

809. (*Berthold von Zaehringen befestigt Breisach.*) — Anno 1191 baute herr Berthold V. von Zäringen zu Breisach, nachdem er die kirche vollendet hatte, den grossen thurm im schloss. Denn als kaiser Friedrich starb, nahm er solches zu seinen handen, baut es vest, wie andere orte mehr: denn sie stets krieg hatten ums herzogthum Schwaben, auch wider die Burgunder. In diesem thurm halten sich die waldrappen. Daran steht gehauen:

    Hanc dux Bertoldus portam struxisse notatur
    A quo pro fraude Burgundia depopulatur.

Er liess auch den tiefen brunnen durch den felsen machen.

810. (*S. Jacobs Capell in Sporergasse gebaut.*) — Dieses jahr ward S. Jacobs capell in der Sporer gasse gebaut von Jacob Zorn, edelknecht, an seinem hause; weil alle apostel capellen im münster, allein S. Jacob nicht, that er dem heiligen diese ehre an.

811. (*Des Herzog's von Zaehringen Fehden mit den Burgundern.*) — Denn er Burgund, das ist ganz Schweizerland bis Genf inne hatte, die thaten ihm viel leides, warfen das joch von ihnen, wie sie konnten, hatten stets krieg mit ihm. Sie sollen ihm auch seine beiden söhne, Adam und Burghard vergeben haben, die zu Solothurn liegen, damit kein erbe mehr vorhanden wäre — und sein gemahl auch zur unfruchtbarkeit gebracht haben. Zur schmach hat er das heimliche gemach an dem thurn zu Breisach gegen die Burgunder gekehrt, den bau und die lande darum dem reich

---

[1]. Ici se trouvait dans le manuscrit de Specklin une pierre tombale avec une crosse épiscopale et un H majuscule.

übergeben, damit sie gestraft würden. Also ist diese linie von Zäringen und Habsburg hier abgekürzt worden.

812. (*K. Heinrich in Deutschland.*) — Dieses jahr kam K. Heinrich widerum vom heiligen land gen Rom, empfieng vom papst Coelestino die krone, stillte etliche aufruhr in Italia und kehrete in Deutschland. (1192.) 1191

813. (*Aufruhr in Sicilien.*) — Dieweil koenig Heinrich in Deutschland war, und koenig Wilhelmus in Italia starb, unterwarf sich (aus geheiss des papstes) Crescentius die länder Sicilia, Calabria und Aquilia, und fielen von k. Heinrich ab. Da solches k. Heinrich in Deutschland erfuhr, rüstete er sich mit grossem volk sein erbland wiederum zu erobern, zog in Italia, brachte alles wieder zu gehorsam, nahm etliche bischöfe und andere zu geisseln oder bürgschaft, und zog wieder in Deutschland. Fol. 71 1193

814. (*K. Heinrich im Bann.*) — Als der papst koenig Heinrich nicht konnte zukommen, und die bürgen nicht entledigen, und koenig Heinrich ihm zu mächtig in Italia war, that er ihn in bann, absolvirt alle unterthanen von ihrem eid, gebot in Italia alles anzugreifen. 1194

815. (*K. Heinrich in Italien.*) — Als nun koenig Heinrich solches erfuhr, setzte er seinen bruder Philipp in Deutschland zu einem statthalter, zog mit grossem volk in Italia, brachte alle ungehorsamen in seine gewalt, erschlug Crescentium und alle seine anhänger; seinen sohn schickte er gen Hohenems in Deutschland und liess ihm die augen ausstechen und in ewige gefängniss legen, damit der papst, noch seine wittwe unruhe anrichte. Die königin Sebila, sammt ihrer tochter, auch viele fürsten und grafen, schickt er ins Elsass auf das kloster Hohenburg, darin sie ihr leben geendet und begraben liegen; aber Herena des königs von Sicilien wittwe (des kaisers von Constantinopel tochter), die gab er seinem bruder Philipp. Der hat hernach zu Augsburg mit ihr hochzeit gehalten. Der papst wusste keinen andern weg, denn dass er kaiser Heinrich in bann that, und allen fürsten in Deutschland schrieb, kaiser Heinrich wäre für keinen kaiser zu halten und ein anderer zu erwählen. 1195

816. (*Bischof Conrad publicirt den Bann gegen K. Heinrich.*) — Bischof Conrad von Strassburg publicirt allen seinen geistlichen solches mandat und gebot, insonderheit der obrigkeit in der stadt und allen von adel, so auf kaiser Heinrichs seite waren, die sacramente nicht zu geben, allein in todes nöthen. Als aber die burger in Strassburg kaiser Heinrich gehorsam geschworen und nichts aufs bischofs gebot geben wollten, und andere priester bestellten, die ihnen die sacramente und taufe mittheilten, 1196

that bischof Conrad sie alle in bann, insbesondere die ganze obrigkeit und
wollte sie mit gewalt von ihrem eid dringen. Da kein mittel half, nahmen
sie bischof Conrad in seinem hof gefangen. Da legten die geistlichen interdict auf alle kirchen. Da solches herzog Philipp zu Schwaben erfuhr,
eilet er auf Strassburg zu, damit solcher handel nicht anderswo auch ein-
reisse, verglich sich mit dem bischof, also dass er von seinem fürnehmen
abstund und der gefängniss ledig ward.

817. (*Der Papst thut Bischof und Stadt Strassburg zusammen in Bann.*)
— Da solches der papst erfuhr dass man seiner erkeuntniss nicht fleissig
nachkomme, that er bischof Conrad, auch die stadt Strassburg in bann,
sammt andern; gebot allen kurfürsten und andern, dass sie herzog
Berthold von Zaeringen oder hertzog Otto aus Sachsen, so der römischen
kirchen begehrten, gehorsam (seyen). Da solches kaiser Heinrich in Italia
erfuhr, übergab er seinem bruder Philipp das herzogthum Schwaben und
seinem andern bruder Conrad das herzogthum Franken.

818. (*Ermordung Conrad's von Franken.*) — Herzog Conrad rüstete
sich wider herzogen Berthold von Zäringen zu kriegen, also kam ein un-
rechter zu herzog Conrad zu Durlach, aus anstiftung herzogs Berthold,
sagt ihm von einem schönen weib, die seiner begehrt. Herzog Conrad war
sonst ein grosser bub, ging gern auf die buhlschaft: als er nun zu nacht
allein mit diesem gieng, hat dieser den hertzog erstochen. Sein leib ward
gen Lorsch begraben; also ging dieser krieg zurück.

819. (*Kloster zu Stürzelbronn.*) — Dieses jahr stiftete herzog Friedrich
von Lothringen aus den beiden haeuseln oder klausen Stürzelbronn, ein
kloster benedicktiner ordens in der Eschau (?), und ward zu einer abtei
geordnet. Dieses kloster liegt im Wasgau, in finstern wäldern und hohen
bergen, mit wasser umgeben, da die wilden pferde mit haufen laufen[1].

820. (*Sterben und Theuerung.*) — Als in aller welt eine lange zeit
grosses sterben gewesen, auch der bann viele unrichtigkeit machte, kam
eine solche theurung in alle lande dass ein firtel frucht eine mark silber
galt; viele menschen starben hungers, bis gott wiederum eine gute
erndte gab.

821. (*Philipp von Schwaben in Deutschland.*) — Damals kam herzog
Philipp von Schwaben aus Italia von seinem bruder kaiser Heinrich, welcher
stets krank war nach dem zug vom heil. lande; der hat einen jungen sohn

---

1. Ce passage a été ensuite effacé de la main même de Specklin. (Note de M. Jung.)

bekommen, und ihn zu einem könig Siciliens erklaert. Als nun Philippus in Deutschland kam, hielt er einen tag mit allen deutschen fürsten, setzte dem könig von Beham die krone auf, und öffnet seines bruders testament, darin kaiser Heinrich seinen sohn (der doch noch in der wiegen lag) zu einem könig nach ihm, und seinem bruder Philippus zu einem könig (ernannte), bis sein sohn Fridericus zu seinem jahren käme. Er, Philippus, brachts auch also weit, dass die fürsten solches testament für recht und gut erkannten und dem jungen könig huldigten.

822. (*K. Heinrich todt. Philipp in Strassburg.*) — Gegen den frühling zog herzog Philipp von Schwaben in Italia, wollte zu seinem bruder, kaiser Heinrich in Sicilien, ihm anzeigen was er in Deutschland hatte ausgerichtet. Als er bei Viterbio, kommt botschaft sein bruder kaiser Heinrich sei todt in Sicilien und in der panormitanischen kirche mit grossen ehren begraben. Da haben die Italiener bald einen aufruhr gemacht, also dass er gedrungen wieder nach Deutschland zu weichen; zog an den Rheinstrom, kam gen Strassburg und hielt den christtag zu Hagenau, bot alle stände des reichs gen Hagenau zu erscheinen und da helfen des reichs nutzen und ehren, auch friede zu berathschlagen. — 1198

823. (*K. Philipp und Bischof Conrad zu Hagenau.*) — Nach dem neuen jahr, als Philippus noch zu Hagenau lag, denn die kaiserlichen kleinode, als krone, szepter, apfel und anderes in der burg daselbst lag, wie sie sein vater kaiser Friedrich Barbarossa hatte dahin geordnet, als nun erstlich bischof Conrad von Strassburg, auch die stadt Strassburg und alle landstände dahin kamen, hat er bündnisse mit ihnen gemacht und bestätigt. — 1199

824. (*Papst Innocentius III bannt die Hohenstaufen.*) — Indessen stirbt papst Cœlestinus, Innocentius III wird papst: der liess von stund an bannbriefe in alle lande und welt ausgehen, verdammt kaiser Friedrich Barbarossa, auch alle seine brüder und kindskinder und das ganze geschlecht, welches wider gott und alles recht ist, dass die kinder der väter missethat sollten entgelten, (bevorab von einem solchen heiligen vater, wie er sich nannte), gebot allen fürsten und bischöfen, geistlichen und weltlichen bei dem bann und ewiger verdammniss, des geschlechts (der Hohenstaufen) müssig zu stehen, und herzog Berthold von Züringen oder Otto aus Sachsen zu einem könig zu erwählen.

825. (*Reichstag zu Hagenau.*) — Indessen kommt der könig von Böhmen, Heinrich von Meissen, sammt vielen fürsten und bischöfen gen Hagenau, auch die rheinischen stände. Da brachte Philippus seines bruders

testament wieder herfür, das seinen jungen sohn Friedrich zum könig erklärt, Philippus zu einem vormünder, bis der junge könig zu seinen tagen käme, geordnete. Dieweil sie, die fürsten, solches vormals geschworen, begehrte er solches anzutreten, damit dem reich und gemeinen nutzen möchte geholfen werden.

Fol. 76   826. (*K. Philipp unterhandelt mit dem Papst.*) — Solches rechtmässiges begehren billigten alle fürsten, aber von des papstes bann wollte sich niemand gern verbannt sehen, sahen wohl wie es kaisern und koenigen mit dem papst gienge, schlugen Philippo alle hilfe ab, bis er aus des papstes bann käme. Philippus bat den papst und alle fürsten sollten ihme anzeigen, was er oder sein junger vetter, so noch ein kind, gesündigt hätten wider die römische kirche. Da war niemand, denn allein dass sein vatter kaiser Friedrich Barbarossa die kirche verfolgt hätte. Doch gelobten ihm viele fürsten ins geheim ihre hilfe zu beweisen. Philippus schickt gen Rom nach der absolution, darauf der papst zuvorderst die burgen aus Sicilia, Neapolis begehrte, so doch solche den papst nichts angiengen, allein seinen jungen vetter. Doch liess er sie folgen, damit keine einige klage mehr vorhanden wäre. Darauf ihn der paepstliche legat absolvirt, ohne des papstes geheiss. Darüber kam er um sein bistthum und ward ins elend verwiesen. Darauf thut Innocentius Philipp von neuem in bann, sagt er wolle Philippo und seinen nachkommen die krone, oder sie müssten ihm die seinige nehmen. Man durfte auch bei dem bann dessen namen und geschlecht vor dem papst nicht gedenken. Er verbannte auch alle die, die mit ihm im bund, oder einige hilfe thaten, konnte jedoch keine ursache anzeigen, gebot allen fürsten einen andern könig zu wählen, Zäringen oder Sachsen.

827. (*K. Philipp und Berthold von Zachringen.*) — Darauf kamen Meynz, Köln, Trier, Sachsen, Böhmen, Pfalz zu Andernach zusammen, und erwählten herzog Berthold von Zäringen zu einem könig, und verkündeten ihm die wahl, und das reich anzunehmen, durch bischof Conrad von Strassburg und Albrecht von Dagsburg: doch sollte er den drei erzbischöffen 12000 mark silbers geben, dessen er genug hätte. Herzog Berthold nahm solches in bedacht. Da solches Philippus erfuhr, eilete er ins Elsass, hielt einen fürstentag zu Mülhausen, zog darnach gen Colmar. Da kam herzog Berthold von Zäringen zu ihm, empfing seine regalia von Philipp und huldigte ihm; übergab das reich Arle, auch Burgund, das ist ganz Schweizerland bis an Genf, auch Bern, dem reich und dem könig, damit er möchte genehm werden, und empfieng damit die reichs . . . . . . Schaffhausen und

des ganzen Rheines bis an Breisach und Schwarzwald; sollte 3000 mark silber herausgeben . . . . schickte gen Andernach, dankte den fürsten ihre wahl, zeigte an, was für unruhe im königlichen stand wäre, wollte lieber ein reicher fürst, denn ein armer verbannter könig seyn: denn er wohl sahe dass kein könig vor dem papst könnte aufkommen. Dazumal war der von Zäringen der allerreicheste fürst an geld und silber, denn kein könig in der christenheit. Denn man sagt dass er auf dem bergwerk alle tage auf 10 centner silber habe gehabt. Hiemit hat Philipp einen starken freund.

828. (*Otto von Sachsen zum Koenig gewaehlt.*) — Als die kurfürsten herzog Berthold's abschlag haben vernommen, erwählten sie einhellig herzogen Otto aus Sachsen, der sich in England aufhielt, denn seine mutter des königs schwester war, und verkündigten ihm die wahl, die er annahm. Da solches Philippus erfuhr zog er gen Hagenau. In dessen der bann auf dem bischof Conrad und der stadt Strassburg schwer lag, auch auf Philipp, kündeten sie ihm den bund auf, schlugen sich zu den fürsten, auch zur stadt Köln und andern. Damit erlangten sie die absolution. Deshalb drohete ihnen könig Philippus mit zerstörung der stadt und des landes. Darauf schickten die staedte Strassburg und Köln aus dem Elsass grafen Albrecht von Dagsburg und grafen Emichen von Leiningen nach könig Otto in England, sich aufs eheste an den Rhein zu begeben, wiewohl es winter war. Philippus blieb den winter zu Hagenau, wollte zusehen. —

829. (*Brand von Hohenburg.*) — Vor weihnachten fieng das fürstlich kloster Hohenburg an zu brennen; (das feuer) that grossen schaden, doch blieb die kirche errettet.

830. (*K. Philipp führt die Reichskleinodien von Hagenau auf Trifels.*) 1200 — Als Philippus noch zu Hagenau lag, ward er mit seinem cantzler, herrn Heinrich von Scharfenstein, der auch bischof zu Speyer war, heimlich zu rath, dass er alle des reichs kleinode, so zu Hagenau in der burg ganz wohl versorgt lagen, und darum sein vatter Friedrich die alte burg dazu wiederum hatte aufgebaut, (wie noch zu sehen), hinweg nähme, so von Carolo Magno her kamen, als krone, scepter, kugel, schwert, mantel, fahne, speer, ein grosses stück vom h. kreuz, und anderes mehr; flüchtete solches heimlich auf Dreyfels, in ein wohlverwahrtes schloss unter Weissenburg. Daneben schickten sie herzogen Walraff von Limpurg mit Heinrich Truchsess von Walburg an die stadt Achen, also ob könig Otto schon käme, Fol. 77 (er) weder die krone noch die stadt haben möchte. Die von Achen liessen aber niemand in die stadt.

831. (*Belagerung Aachen's. — Kroenung K. Philipp's.*) — Darauf kam könig Philippus, belagerte Achen, aber sie wollten ihn nicht einlassen, beriefen sich auf die wahl der kurfürsten. Da belagerte er sie so hart dass sie ihn einliessen und sich ergaben. Da ward er sammt seiner gemahlin Irene, des kaisers von Constantinopel tochter, gekrönt vom bischof von Lüttich; nahm die stadt zur huldigung, sammt vielen rheinischen staedten, liess auch besetzung mit dem herzogen von Limpurg und dem Truchsessen von Waldpurg; zog wieder ins Elsass.

832. (*K. Philipp belagert Haldenburg und andere Orte im Elsass.*) — Als er die stadt Strassburg und ihren bischof noch widerspenstig fand, konnte er die stadt nicht wohl belagern, er habe dann das land in gehorsam. Hierauf belagert er erstlich Haldenburg, eine halbe meile von Strassburg, etliche tage lang, denn es wohl gebauen war, mit tiefem graben, darzu hoch, und mit mauern und thürmen ganz fest; zuletzt mit dem sturm genommen; was nicht erschlagen, gefänglich angenommen. Darauf gewann er Eckwersheim, Wickersheim, Kronenburg; schleifte alles; gewann darnach Epfig, Molsheim, Ruffach, alles so dem bischof von Strassburg, auch der stadt zuständig war; er verheerte viele flecken, schlösser und dörffer, wald und wasser. Da kam herzog Berthold von Zäringen, macht einen vertrag, dass sich der bischof mit Philipp vertrüge, ihm huldige und seine regalia empfienge. Desgleichen alle städte im Elsass.

833. (*K. Otto und K. Philipp im Kampfe.*) — Am Lichtmess kam könig Otto mit den legaten aus England, zog den Rhein herauf auf Köln. Da solches Philipp erfuhr, sammelte er zu Hagenau ein grosses Heer. Dieweil war Otto gekrönt worden zu Aachen, das er belagert und eingenommen, und die ihren alle gesichert, und mit einem grossen volk bis gen Speyer gekommen. Philippus eilte ihm entgegen, da wich Otto, aber Philippus eilte ihm nach und schlug ihn an der Mosel. Landgraf Hermann von Thüringen, seiner schwester sohn war ihm auch stets zuwider: Philipp zog Otto nach bis in Sachsen; schlug sie alle aus dem felde, sammt dem könig aus Böhmen.

834. (*K. Philipp am Rhein.*) — Darauf kam könig Philippus wieder an den Rhein mit grossem volk, richtete alle dinge zur ordnung und zu frieden, wie wohl ihm Köln und Strassburg noch zuwider waren, des banns halben. Als er ihm aber viele staedte und fürsten anhängig machte, etliche mit güte, ein theil mit gewalt, und also mehr folg im reich hatte denn Otto, hätte er alles wohl können behaupten, wenn nur des papstes bann nicht wäre gewesen, dessen sich menniglich besorgen musste. Der-

halben auch Strassburg ohne des papstes bewilligung ihme nicht huldigen wollte.

835. (*K. Philipp belagert Strassburg.*) — Darauf zog könig Philippus den Rhein wieder herauf und fand dass ihm Strassburg noch zuwider war. Da hat er ein grosses volk gesammelt und die stadt hart belagert, auch alle wälder, wasser, dörfer, höfe und güter darum, alles verheert und verderbt. Als aber die vorstaedte voll haeuser stunden und einen grossen begrif innehatten, also dass Philippus mit allem volk darin sich wohl hätte erhalten können, nicht allein den sommer, sondern auch den winter, und sie von Otto und andern, so ihnen hilfe hatten zugesagt, keine bekamen und vergebens hofften, und die belagerung über 6 wochen gewährt, und viel ehrliche leute, auch unschuldige, zu allen seiten und im land erschlagen wurden, haben sie sich mit Philipp vertragen, welcher als ein gütiger herr sich des friedens bald bereden liess. Als er auf 6 wochenlang darum gelegen war, wurden auf beiden seiten von fürsten und herren etliche geordnet, die etliche artikel anstellten, in sonders wenn sie vom papst mit dem bann würden angefochten, dass sie Philippus und die unterhändler wollten des ortes vertreten: dessen gieng eine ganze gemeinde ein. Da zog er in die stadt mit 2000 pferden, that sein gebet im münster, darauf schwur ihm die stadt und burgerschaft hinfort beständig bei ihm zu bleiben.

836. (*Bischof Conrad streitet mit K. Philipp.*) — Aber bischof Conrad hatte alle königliche besatzungen zuvor wiederum aus den castellen getrieben, wider seinen eid, auch brief und siegel; die wurden wieder besetzt, und zog Philippus den Rhein wiederum hinab, liess allenthalben besatzungen hinter ihm, damit sich niemand widersetzte und kam in Sachsen.

837. (*Der Abt von Pairis bringt Heilthum aus dem Heil. Lande.*) — 1201
Damals kam der bischof von Mayntz und viele andere vom heiligen land heim. Der abt von Paris (Pairis), der bracht viel heilthum mit ihm heraus, als keiner, that solches ins kloster Paris.

838. (*Neue Streitigkeiten Bischof Conrad's mit K. Philipp.*) — Indess kommt bischof Conrad auch wiederum, denn er im krieg ausgetreten war, der wollte die besatzungen wiederum abschaffen, und mit Philippus als einem verbannten nichts zu thun haben. Da solches Philippus erfuhr, schrieb er dem bischof Conrad, auch der stadt, dass er kommen wollte und solche schmach rächen. Als aber bischof Conrad gen Strassburg kam, Fol. 78
ward ihm solches vorgehalten, ob er wollte mit dem verbannten könig nichts zu thun haben; sagt auch, man wäre ihm keinen glauben zu halten

schuldig, auf gebot des papstes. Da man ihn nicht mochte bewegen, und die stadt wohl sahe, was dem lande und ihnen daraus folgen würde, nahmen sie ihn gefangen. Da ward er gezwungen brief und siegel zu halten, musste bürgen geben, auch schwören solches zu halten, was er auch that: sonst wäre er des bisthums nicht allein entsetzt, sondern gefänglich behalten worden.

Indess hatten könig Philipp, auch Otto mancherlei kriege eine lange zeit mit einander geführt.

839. (*Festungsbauten zu Strassburg.*) — Als die burger von Strassburg gesehen hatten, was für schaden in der belagerung Philippi der stadt geschehen, auch was für vortheil der feind in den vorstädten gehabt, huben sie an bei den bedeckten brücken, am einfluss des wassers, zu bauen, dem wasser nach und fuhren zum Zollthor zu, von dannen zum Speyerthor, darnach zum Burgthor, Schilkenthor bis zum Judenthor an dem Rindshüter graben, und schütteten den graben vom Zollthor bis an den Rindshüter graben zu, wo jetzund der Weinmarkt ist. Also kam der Weinmarkt, Rossmarkt, jung S. Peter, alles zu der stadt, und brach man die alten stadtmauern von der porten am Rossmarkt ab bis ans ort, da jetzund der speicher steht. Die port im Rittergässele (jetzund der Schlupf bei dem lohnherrenhaus) stehet noch, wie auch im Hanauischen hof zwey thürne. Das Zollthor, Speyerthor, Burgthor baute bischof Conrad, weil er den zoll da hatte, und ist in 20 jahren vollendet worden.

840. (*Finkweiler.*) — Hernach hat man im Finkweiler dieselbe vorstadt auch herumgeführt bis auf den Guldenthurm bei der Krautenau, da S. Johann giessen in die Breusch kommt, wie gemeldet soll werden.

1202   841. (*Becholt von Neuenburg zieht zum Heil. Grabe.*) — Als nun keine ruhe in allen landen war, denn wer frieden wollte haben, kam demnechst in des papstes bann; es musste einer meineidig werden und wider alle billigkeit legen, sonst waren bald andere da: als aus verdruss verkaufte graf Becholdt von Neuenburg am Rhein und sein sohn ihre grafschaft an bischof Conraden von Strassburg um eine summe geld, mit geding, dass sie wollten zum heil. grab ziehen; kämen sie oder einer wiederum, sollte er solches vom stift Strassburg zu lehen empfangen; kämen sie nicht mehr, sollte solches des stifts Strassburg eigen seyn. Zogen darauf zum heil. grab.

842. (*Brand von Hohenburg.*) — Diesen sommer war ein grosser wind und hatte man auf Hohenburg das feuer nicht wohl versehen, und gieng ein feuer auf und verbrannte das kloster mit grossem gut, also dass

man das bauen hatte halb müde, da es vor zwei jahren auch ein brunst hatte gelitten.

843. (*Bau von S. Arbogast.*) — Herr Hans Engelbrecht, dechant des stifts zu S. Thomae hub dazumal eine kirch und klause an zu bauen bei S. Arbogast, an der brücken, zu ehren S. Marx des h. evangelisten, gab (wie andere auch), viel gut dazu; darein kamen erbare frauen oder klausnerinnen, die gott dienten. Und giengen die herren zu S. Thomae alle jahr auf S. Marx tag mit einer procession dahin, und ward dem stift zu S. Thomae einverleibt.

844. (*Bischof Conrad stirbt.*) — Dieses jahr starb bischof Conrad zu Strassburg, und wurde ganz erlich im münster in S. Andreas capell begraben, und weil man eben damals der stadt arbeitete und baute wie vorgemeldet, am Burgthor, hat man sein bildniss über die port gesetzt, wie noch zu sehen, daran steht gehauen:

Conradus de Hunnenburg fidelis Argentinensis episcopus [1].

845. (*Wahl Heinrichs von Veringen zum bischof.*) — Auf bischof Conrads absterben ward einhellig erwählt Heinrich der zweite, graf Wolffahrts sohn von Veringen, ein bruder von Hermanno Contracto zu S. Gallen, ein frommer, friedsamer, anständiger, gelehrter herr, der trat mit könig Philipp in seines vorfahren bündniss und empfieng von ihm seine regalia. Er konnte aber von dem bischof von Mayntz nicht bestätigt werden, da er vom papst Innocentio verbannt war. So zankten sich zween um das bisthum, die beide erwählt waren, als herzog Rudolf von Zaeringen, bischof zu Lüttich (?), und Conrad graf zu Wittelsbach; konnte also von keinem bischof confirmirt werden, und wurden zwei andere erwählt, also dass keiner bestätigt wurde. So wollte ihn der papst auch nicht bestätigen, weil er Philippo gehuldigt hatte. Seine weihung verzog sich auf fünf jahre lang; versahe doch das bisthum wohl, denn ihm die stadt in allem behilflich war; so hielt Philippus auch die hand über ihn.

846. (*K. Philipp in Thüringen.*) — König Philippus in Thüringen bezwang denselbigen landgrafen zu gehorsam; hatte viel zu thun, ehe er etliche konnte zum gehorsam bringen, denn Otto aus Sachsen dieselbigen lande inne hatte.

Fol. 79

1203

847. (*K. Philipp verhandelt mit dem Papste.*) — Als in allen kriegen so Philippus wider könig Otto, auch andere alle seine feinde, stets glück

1204

---

1. Dieses bildniss am thor abzuzeichnen. (Ist aber nicht geschehen.) (Notes de Specklin.)

hatte und der papst selbst sahe, dass gott hand über ihn hielte, da waren
viel fromme leute, die den papst etwas erweichten, denn der papst keine
andere ursache konnte einwenden, dann dass er kaiser Friedrich Barba-
rossas sohn war, welches geschlecht sie nicht leiden mochten. Darauf
schickte könig Philippus eine stattliche legation nach Rom um die absolution (und wusste doch niemand was er gethan hatte). Unter den legaten
waren das die fürnehmsten: Wolfgang, patriarch zu Aquileja, Gebhard
burggraf zu Madenburg, sammt vielen grafen und herren. Als sie gen Rom
kamen, ward um die absolution angesucht: der papst stellt sich erstlich
hart, ward jedoch bald bewegt auf einen bedacht, den man einschlug. Dieweil der papst Innocentius von schlechten eltern, arm, und ein bruder
hatte, hiesse Reinhard, den er kürzlich zu einem grossen gemacht, dem
schlugen sie königs Philippi tochter vor zu einem weibe, sammt der mark
Ancona, Spoleto und Hetruria. Da solches der papst vernahm, war alle
sünde verziehen und vergessen, bestätigt Philippo die wahl und alles,
schenkt den legaten grosse gaben, gab ihnen 2 cardinäle zu, als Leo cardinal S. Crucis zu Jerusalem und Hugo bischof von Ostia, und Johannem
Veltenser bischof, die karaen mit vollem gewalt in Deutschland über das
gebirg. König Philippus war eben damalen aus Sachsen gekommen, und
war zu Strassburg, als er erfuhr dass die päpstlichen legaten schon zu
Basel wären, konnte er nicht also geschwind ihnen stattlich entgegen
ziehen; eilte auf Speyer zu, liess seine abgesandten zu Strassburg, als wenn
sie von Speyer bis dahin entgegen gezogen wären. Diese empfiengen sie
zu Strassburg und begleiteten sie gen Speyer, da ihnen der könig selbst
entgegen ritt.

Fol. 80   848. (*Reichstag zu Speyer. — Verhandlungen mit Otto.*) — Dahin
wurden alle rheinischen stände erfordert, könig Philipps wahl bestaetigt;
Strassburg und bischof Heinrich von Strassburg kamen aus dem bann,
auch jedermänniglich so dieser zeit könig Philipp anhängig gewesen. Sie
sollten auch könig Otto mit Philipp vergleichen, damit friede würde. Deshalben citirten die legaten könig Otto auch gen Speyer, seine klage zu
vernehmen, aber er kam nicht, schickte auch keine legaten dahin. Als nun
keine klage kam, da ward könig Philipp aus des papstes acht und bann
gethan und empfieng vom cardinal das sacrament und die bestätigung
über das kaiserthum. Damit man könig Otto seinen willen erfüllte, dann
er könig Philippo nicht nachreisen wollte, wurde ein tag gen Nordhausen
in Thüringen gelegt, dahin Otto kommen sollte. Und zog könig Philippus
mit allen gesandten gen Nordhausen. Otto war in der nähe auf einem

schloss, wollte sich von dannen nicht begeben. Der patriarch und die cardinäle ritten ab und zu, konnten bei Otto nicht viel erhalten, weil er aus gebot des papstes auch der kurfürsten wahl, das reich angenommen hatte. Doch wurde gehandelt, dass Otto sollte mit ruhe seyn; könig Philippus sollte ihm seine andere tochter zur ehe geben, die Otto von Wittelsbach vorher versprochen gewesen, aber eines todschlages halber hatte er sie ihm nicht mehr geben wollen. Sie war könig Otto etwas verwandt, ward aber darüber dispensirt. Und ward also etwas frieden in Deutschland, weil der papst auch zufrieden war.

849. (*K. Philipp vor Koeln.*) — 1205 zog kaiser Philipp vor Köln, brachte die zu gehorsam, dann sie ihm noch zuwider waren, und wurde zu Achen von bischof Adolph von Köln recht gekrönt, und hiemit kam es zu frieden, allein mit Otto nicht.

850. (*Bischof Heinrich von Veringen geweiht.*) — Als bischof Heinrich von Veringen zu Strassburg seine confirmation auf 5 jahre lang und noch verzogen hatte, und noch zank im bisthum Maynz war, gab der papst dem bischof von Senis volle gewalt, wo die uneinigkeit zu Maynz nicht gerichtet würde, bischof Heinrichen zu Strassburg einzuweihen. Also kam der bischof von Senis von Maynz herauf mit könig Philipp von Strassburg; die wurden alle vom bischof und geistlichen hoch empfangen. Da ward bischof Heinrich zum priester geweiht und confirmirt, und sang seine erste messe auf pfingsten. Dieweil aber im ganzen bisthum in fünf jahren niemand war geweiht worden, hat er samstag nach pfingsten in beisyn könig Philipps und des bischofs von Senis, Speyer, Basel und anderer 500 geweihet, darunter 114 priester, die andern evangelier oder epistler. 1207

Als nun könig Philippus der stadt und dem bischof viel freiheiten gegeben, zog er wieder hinweg.

851. (*Brand in Sporergasse.*) — Da gieng bei dem münster in der Sporergass ein feuer aus und verbrannten über 50 haeuser. Fol. 81 1208

852. (*K. Philipp ermordet.*) — Als könig Philippus allein ungehorsam in Sachsen spürte, zog er gen Bamberg, da sich auf den krieg zu rüsten. Es war im junius, er hatte zu ader gelassen auf beiden armen, und nach essens ruht er eine weile, war niemand bei ihm, denn sein cantzler und Heinrich truchsess von Walpurg. Otto von Wittelsbach, eingedenk dass ihm Philippus seine tochter zugesagt und nicht gehalten, rüstete sich darauf, kam mit seinem knecht, der ein schwert barg, vor des königs gemach, klopfte an, begehrte ein wort mit dem könig zu reden. Der könig sagte: lass ihn herein. Als Otto solches hört, nimmt er das schwert, zieht es aus, 1209

lauft hinein, und haut dem könige die halsader ab. Heinrich truchsess läuft vor die thüre, da haut er ihm durchs gesicht, kommt durchs volk auf sein pferd und darvon. Davon viele wussten und halfen, besonders der bischof. Philipp wurde zu Bamberg mit grosser klag der seinigen begraben, aber sein vetter, könig Friedrich II liess ihn hernach gen Speyer zu andern königen begraben. Heinrich Kalthin von Klaw, des königs marschalk, eilet Otto nach und hat ihn nicht weit von Regensburg erschlagen. Und sind seine erben und kinder aus dem reich vertrieben worden. Die hielten sich über Rhein in wildnissen auf, diese sind hernach die Wild- und Rheingrafen genannt worden: ihr stamm währet noch in Westrich.

853. (*Wahl K. Otto's.*) — Darauf wurde Otto aus Sachsen ohne hinderniss zu Frankfurt in beiseyn des päpstlichen legaten zum reich berufen und erwählet. Es hatte aber herr Heinrich von Scharfenberg, bischof zu Speyer, welcher das bisthum Maynz auch inhatte, alle kleinode der kaiserlichen krone auf Dreyfels. Die wurden von ihm erfordert. Er aber wollte sie nicht herausgeben, er würde dann wiederum in seine alte ehre gesetzt, dass er des königs kanzler wäre wie bei Philippus. Dies wurde ihm bestätigt, und er gab die kleinode heraus.

854. (*Reichskleinodien zu Hagenau.*) — Allererst erfuhren die zu Hagenau, dass solche kleinode waeren hinweg gekommen aus der burg, die sie vermeinten noch da zu liegen, und hatten dieweil den kosten vergebens angeboten; aber auch die wallfahrt gieng noch fort und die grossen herren so gen Hagenau, und auch hernach kamen, haben sich selig geschätzt, wenn sie nur ein klein spänlein von dem trog mochten bekommen, darin das stück vom heil. kreuz gelegen ist. Man siehet solches noch auf den heutigen tag in der burg, welches eine schöne antiquität ist.

1210 855. (*Roemerzug.*) — Im frühling hielt könig Otto einen reichstag mit allen fürsten zu Würzburg. Dahin kamen fast alle geistlichen und weltlichen fürsten, da wurde von wegen des reichs nutzen und regierung gehandelt; zog darauf mit den fürsten gen Rom, nahm den weg den Rheinstrom herauf, kam gen Strassburg und wurde ehrlich empfangen. Mit ihm zog auch der bischof Heinrich von Veringen von Strassburg; er zog darnach auf Augsburg, kam vor Michaelis gen Rom, wurde von Innocentio gekrönt und richtete viel dinge in ordnung.

856. (*Bischof Heinrich bringt die Dominikaner von Rom.*) — Bischof Heinrich von Strassburg kam im november mit vielem heilthum wieder gen Strassburg, wurde herrlich empfangen. Er brachte die prediger mönche von S. Dominico, von ihm selbst erbeten, gen Strassburg, so wider

die ketzer sollten streiten. Diese waren die ersten, die in Deutschland kamen in S. Dominicus lobe, denn bischof Heinrich selbst mit ihm zu Bononia hatte geredet. Die sollten an allen orten predigen, denn während der papst den kaiser gebannt, rissen die ketzer sehr ein in allen landen.

857. (*Streitigkeiten zwischen Kaiser und Papst.*) — Der papst meinte weil viele fürsten wieder heim zogen, sollte kaiser Otto gleichfals auch wieder in Deutschland ziehen, aber er ward von den italienischen fürsten aufgehalten, dass er viele sachen richtig machte. Das wollte der papst nicht leiden, gebot ihm dass er sollte bei dem bann aus Italia weichen, welches er nicht thun konnte, geschäfte halben. Da gebot der papst abermals den deutschen fürsten, dass sie sollten einen andern könig wählen. Also kamen der könig von Böhmen, herzog aus Oesterreich, Bayern, und etliche bischöfe zusammen. Etliche erwählten Hermann, landgrafen zu Thüringen, andere aber, die fürnehmsten, Friedrich, könig in Sicilien, könig Heinrichs des VI. sohn, und thaten solches dem papst zu Rom zu wissen. Wiewohl der papst stets wider die herzoge von Schwaben und Sicilien gewesen, dennoch liess er ihm die wahl gefallen, damit man Otto aus Italia bringen möchte. Aber Otto blieb darin, verrichtete seine geschäfte, insbesondere war er auch wider Philipp aus Frankreich. Der papst versuchte alle mittel damit er aus dem land käme, denn man mehr auf Otto sahe, denn auf den papst; das konnte er nicht leiden.

Fol. 82

858. (*Landgraf Stephan baut ein Spital bei Brumath.*) — Als vor 8 jahren landgraf Stephan im Elsass bei dem papst Innocentius III war, in pilgerfahrt zu Rom, und eine grosse theurung und hunger da war, da hat ein armer fischer in der Tiber gefischt und 3 kleine kindlein gefangen, so böse weiber scham oder armuth halben, hatten darein geworfen. Die brachte er also todt vor den papst Innocentius in das schloss, aus erbarmung, bat den papst solchem uebel vorzustehen. Da baute von stund an der papst einen spital des heil. geist. orden, mit grossem gebot, dass alle armen weiber, so armuth oder scham halben ihre kinder nicht erhalten könnten, solche in die winde oder krippe legen, damit sie erzogen würden. Deshalb liess landgraf Stephan, als er wiederum ins land kam, dieses jahr einen gleichmässigen spital bei Brumath bauen durch den heil. geist. orden. Darin war der erste meister, herr Hans von Rumersheim, der starb 1236. Darin man noch die waisen und findelkinder aufzieht. Dieweil es aber das erste haus, hat es noch die oberste meisterei im ganzen Deutschland. Der hl. geistorden war vom papst Innocentius und dem kaiser bestätigt.

1211

859. (*König Otto im Bann. — Gegenkoenige.*) — Anno 1212 musste kaiser Otto aus Italia, denn der papst allen kurfürsten geboten hatte einen andern könig zu wählen, auch Otto in bann that. Kaiser Otto kam in Deutschland, hielt einen tag zu Nürenberg, beklagte sich aller schmach, so ihm der papst bewiesen, zog wider landgrafen Hermann von Thüringen, den ein theil wider ihn erwählt hatte. Die andern hatten könig Friedrich II aus Sicilien und Schwaben erwählt, schickten auch ihre gesandten nach ihm, als herrn Heinrich von Meissen und herrn Anselm von Justingen. Es hatte aber könig Friedrich schon einen jungen sohn, Heinrich genannt, mit des königs von Arragonia tochter. Der kam damals durchs Trenterthal auf Chur und Kostanz heraus. Da solches kaiser Otto erfuhr, eilte er an den Bodensee: aber könig Friedrich zog auf Basel zu, damit er den Rheinstrom möchte zum besten haben. Kaiser Otto zog über den Schwarzwald auf Breisach zu, damit er den pass über den Rhein haben möchte, ihn könig Friedrich zu verlegen. Herzog Berthold zu Zäringen liess alles geschehen, wollte sich zu keinem theil schlagen, sah zu eine weile, doch hielt er es mit Otto. Bischof Heinrich von Strassburg der auch, wie alle seine freunde, unter den herzogen von Schwaben ihre güter hatten, damit er könig Friedrich seinen dienst erzeigte, zog mit 500 pferden zu ihm gen Basel. Da ward ihm verziehen, dass er mit Otto in Italia gewesen und empfieng seine regalia. Dessen sich der könig hoch bedankt, da er sonst keinen reissigen zeug bei sich hatte, doch ziemlich zu fuss, aber nicht über 600 pferde. Sonst hob könig Friedrich an zu rathschlagen wie er mit Otto könnte zu stand kommen; die bischöfe von Basel, von Chur, der abt von S. Gallen halfen ihm, auch viele grosse, als Habsburg, Kyburg, Hohensax und andere, also dass er auf zehn tausend pferde zusammenbrachte.

860. (*Die Bürger von Breisach vertreiben K. Otto.*) — Als nun kaiser Otto zu Breisach still lag, da trieb sein volk mit den edeln, auch burger weibern und töchtern viel grossen muthwillen und war alles preis mit raub und . . . . ; des beklagten sich die burger oft gegen kaiser Otto, aber er gab schlechten bescheid, sagte: es gieng im krieg nicht anders zu. Da nun die burger verstanden, dass sie krieg und einen feind hätten, machten sie einen bund, liefen auf eine genannte stunde zusammen, schlugen kaiser Otto sammt allem seinem gesinde zum thor hinaus: darunter blieben ihm viele der fürnehmsten, auch vom adel todt. Als Otto den festen platz verloren und keinen aufenthalt mehr hatte, zog er wiederum in Sachsen mit grossem unmuth, denn sich niemand wollte seiner annehmen, dieweil er im bann und könig Friedrich in Deutschland war.

Fol. 83   861. (*K. Friedrich in Strassburg.*) — Wie nun könig Friedrich hörte dass Otto nicht mehr vorhanden, da Breisach nur 6 meilen davon gelegen, brach er zu Basel auf und zog mit vielen fürsten, als bischof Heinrich von Strassburg und bischof Ludolph von Basel auf Strassburg zu, durch alle städte im Elsass, nahm sie in pflicht und kam gen Strassburg, da er ganz herrlich empfangen wurde. Da begnadigte er die stadt und schwuren ihm die bürger. Aber Hagenau hieng Otto noch an: deshalb hat könig Friedrich Hagenau stark belagert; die haben sich hernach ergeben und ihm geschworen. Zog darauf gen Achen und wurde gekrönt, doch nicht von dem bischof von Köln. Zoge darnach gen Metz. Dahin kam könig Philippus aus Frankreich, mit dem machte er bündniss; zog dann gen Frankfurt.

862. (*Kinderkreuzzug*, 1212.) — Da erhub sich zu Strassburg und darum im ganzen lande ein grosses zusammenlaufen von männern, weibern, jungfrauen und kindern. Dieweil Jerusalem verloren, wollten sie es wiederum gewinnen, nahmen ein kreuz und fahnen, wollten übers meer wider ihrer eltern, obrigkeiten, bischöfe und aller verbote und willen. Die geistlichen straften sie hart darum, weil sie keinen beruf noch haupt hätten. Sie sagten dagegen: Die pfaffen wären geizig, man gäbe ihnen tag und nacht stets zum krieg zum heil. lande, richteten aber nichts aus. Es waere besser man gäbe ihnen, die ihr blut um Christi willen begehrten zu vergiessen, die christenheit zu mehren. Viel hundert jungfrauen zogen mit, gelobten einen orden zu Jerusalem anzurichten. Es zogen über 1600 allein von Strassburg mit kreuz und fahnen aus mit gesang. Die hie blieben, weinten, brachten also viel zuwege in allen landen, dass ihrer auf 20,000 wurden, kamen gen Rom, zogen darnach gen Ancona, begehrten zum heil. land. Der andere theil begehrte wiederum heim, meinten nicht, dass es also weit dahin wäre. Also wurden sie zu spott; viele wurden gefangen, verkauft, geplündert: die jungfrauen, so gott nicht daheim, sondern zu Jerusalem dienen wollten, wurden geschändet; kaum die halben kamen wieder heim mit grossem spott; man legte ihnen erst auch busse auf, und hatten Jerusalem nie gesehen.

863. (*Von den Waldensern.*) — Dieses nachfolgende ist aus einem alten buche so zu S. Arbogast gefunden worden, wird es gewiss ein mönch geschrieben haben, der solches verstanden, und diesen ketzern, wie man sie nannt, nicht gar zu wider gewesen seyn mag. Die 300 artikel sind dabei gestanden, aber aus dem buche gerissen worden; wäre zu wissen, ob man sie noch hat, sie konnten nicht also schlecht gewesen seyn.

Als bischof Heinrich mit gunst des papstes Innocentius den S. Dominicus 1212 ordens die ersten predigermönche hatte gen Strassburg gebracht, wohnten allenthalben zu Strassburg und im lande ketzer, die man Waldenser hiess. Diese ketzerei kam also her:

Im jahr 1160 war ein reicher burger zu Leon, Waldo genannt, der stand einmal bei andern guten freunden; da fiel einer jehlings nieder und war todt. Da betrachtete er dies vergängliche leben, gab sein gut um gotteswillen, legte sich auf göttliche schrift, und vertirte die ganze heil. schrift, altes und neues testament, in französische sprache, lass solche den leuten vor, welches viele leute wunder nahm. Darnach zog er alle fürnehmsten sprüche in heil. schrift aus, und befand darin, dass der papst zu Rom nicht über die engel im himmel und alle weltlichen reiche zu herrschen hatte, bewiess solches mit göttlicher schrift und widerlegte solches wohl mit 300 artikeln. Solches kam in allen landen und sprachen aus, und überkam diese ketzerei einen grossen anhang in allen ländern. Der papst verdammte nicht allein den Waldo, sondern alle seine bücher, alt und neu testament, welches er nicht hatte approbirt, gebot auch alle diese ketzer zu verbannen. Dieweil aber dem papst hatte geträumt, wie er sehe dass die kirche fallen wollte, haben sie zwei engel erhalten, der eine war S. Franciskus, der andere S. Dominicus, so beide dieses jahr noch gelebt haben, und von Innocentio wurden ihre orden bestätigt a. 1210. Die verglichen sich sammt dem papst diese ketzerei auszureuten mit diesem mittel: S. Franciscus und sein orden sollten verbieten, dass in seinem orden auch die laien nicht sollten in der göttlichen geschrift lesen, noch bücher haben, und ihre nahrung erbetteln; S. Dominicus und sein orden sollten nachfragen, ob jemand von laien göttliche bücher lese und stets dawider predigen, und was darwider thäte und der Waldenser secte wäre, alle solche bücher, keines ausgenommen, auch die ketzer verbrennen und ihr gut halb der oberkeit, halb dem orden anheim fallen: denn keinem laien gebüre zu wissen was in göttlicher geschrift stand, sollen auch nichts wissen, sondern glauben was man ihnen sagt.

864. (*Waldenser in Strassburg.*) — Darauf liess bischof Heinrich durch diese neuen predigermönche, so er mitgebracht hatte und seinen official eine visitation thun in der ganzen stadt Strassburg und land, und fanden auf 500 personen von der Waldenser sekte allein in der stadt, maenner und weiber, darunter sehr viele vom adel, priester und zelbrüder und sonst gemeinem volk. Dessen erschrack der bischof heftig, befahl man sollte erstlich gemach mit ihnen fahren und wer sich wiederum zur römischen kirche bekennt, dem busse auflegen, und alle bücher herfürthun. Darauf befanden sich arme leute die, wenn sie armuth halben bettelten,

heischten sie ihr brot durch gott, die hiess man: brot durch gott. Denn es
ein seltsam ding war dass man die almosen nicht durch S. Claus, S. Peter
oder zum höchsten um Unserer lieben frauen willen heischete. Da man
ernstlich mit ihnen handelte, fielen viele wiederum zu der römischen
kirche, diesen wurde das erste mal verziehen, mussten solches verschwören, und man legte ihnen schwere busse auf, mit anzeigung, wann sie
widerum darin begriffen würden, ohne alle urtheil zu verbannen. Sie
gaben auch alle bücher und geschriften von ihnen. Darunter fand man die
300 artikel. Sie bekannten auch dass sie drei oberste hätten, denen sie
gelt und anderes zuschickten, damit man den armen helfe. Der alleroberste
wohne zu Mailand, Rikhardus in Böhmen und Johannes, priester, hie zu
Strassburg, wiewohl zu Bern und in allen landen oberste vorsteher, wären
deren viel hundert; könnens nicht alle erdecken, hätten es vom hören
sagen.

Aber 80 personen, darunter 23 weiber, deren viele vom adel, sammt
Johann dem priester, und noch auf 12 priester auch, blieben beständig.
Als man Johannes in aller irem namen examinirt, zog er die göttliche
geschrift also an dass die neuen predigermönche nicht konnten antworten.
Allein es zeigten die mönche ihren gewalt und befehl, auch warum ihr
orden von S. Dominicus gestiftet und vom papst bestätigt wäre, und dass
es niemand gebühre, auch ihnen selbst nicht, aus göttlicher geschrift ohne
erlaubniss des papstes zu reden, der alle gewalt von Christo und S. Peter
habe, dem auch kein engel im himmel habe einzureden, geschweige ein
mensch, der ein ketzer ist; wollten sie ihren glauben beweisen, sollten
sie solches mit dem glühenden eisen thun. Johannes sagte: man solle
gott nicht versuchen weil man sein göttlich wort helle hätte; ob es wahr
oder nicht wahr wäre? denn gott trüge nicht wie wir menschen. Darauf
ward er verspottet, sagten, er fürchte, er verbrenne die finger. Johannes
sagte: ich habe gottes wort, darauf begehre ich nicht die finger, sondern
meinen leib lassen zu verbrennen. Als man viel mit ihnen gehandelt,
wurden sie verurtheilt als ketzer zu verbrennen, und der weltlichen obrigkeit übergeben solches urtheil zu exequiren. Ihre freunde, schwestern,
brüder und kinder hielten mit weinen an, aber sie wollten nicht bewegt
werden, also hart waren sie verstockt. Und als man sie zum tode wollte
hinausführen, wurden ihnen am frohnhof von der pfalz, jetzund die vordere schreiberstube an des bischofs hof, von oben herab, also vor einer
ganzen gemeine und grosser menge etliche verdammete artikel verlesen,
so sie glaubten und hielten, wie folgt:

Diese gegenwärtigen ketzer sind nicht allein wider unsern heil. vater, den papst und die heil. mutter, die römische kirche, sondern haben auch viel volk zu stadt und land und sich selber in ewige verdammniss gestürzt; sie laestern gott und die christliche kirche, und alle priesterschaft, alle cardinäle und die heiligen, wollen sich auch nicht weihen lassen, noch busse thun, sondern lehren mit verstocktem, trotzigem gemüthe nach ihrem kopf: damit männiglich höre ihre schreckliche lehre hat man aus befehl unsers allerheiligsten vaters, des papstes, auch unsers gnäd. herrn des bischofs, und gelehrten in geistlichen rechten des heil. ordens der prediger hie zugegen, von 300 artikeln, die alle verdammlich und des feuers werth sind, nicht mehr denn diese 17 ihnen vorzuhalten erkannt, welche die fürnehmsten sind.

Sie glauben und lehren:

1. Man solle und müsse gott allein durch Christum im geist und glauben anbeten, deshalben sind alle bilder und verehrungen zu verwerfen: ist eine ketzerei wider die heil. röm. kirche und ärgerlich zu hören.

2. Die jungfrau Maria und die heiligen begehren nicht dass man sie anrufe um hilfe, sondern weisen uns alle zu gott, deshalben haben sie ihre heiligen tage weder gefastet noch gefeiert. Ist eine ketzerey.

3. Das der papst ein haupt ül er die ganze welt und alle königreiche auf erden, auch über alle christen und gottes wort macht habe, dasselbige zu mehren oder zu mindern, glauben sie nicht. Ist eine ketzerey.

4. Glauben sie dass Christus seine kirche wohl könne regieren; bedarf keines hauptes hie auf erden, das sich über alles erhebe, auch über die engel und teufel, und in aller pracht und reichthum leben; Christus waere mächtig genug seine kirche zu erhalten. Mit dieser ketzerei wollten sie gern unsern heil. vater den papst verstossen. Ist eine ketzerei.

5. Der tauf kann wohl nach gottes wort, ohne oel und speichel geschehen. Ist eine ketzerey.

6. Das sacrament in beider gestalt den laien zu geben hielten sie für recht. Ist eine ketzerey.

Fol. 85

7. Jeder, er sei geistlich oder weltlich, ob er schon aus unwissenheit sich verlobt hätte (gelübde abgelegt), auch schon priester wäre, hätte aber die gnade von gott nicht keusch zu leben, der mag über sein gelübde wohl zur ehe greifen, wäre besser denn dass er in

hurerei und aergerniss lebte; deshalben etliche priester unter ihnen eheweiber hätten. Der jungfraustand wäre gut, wer ihn halten könnte, stünde aber zu gott und nicht in menschen gewalt. Ist eine ketzerey.

8. Kranke, und die armuth oder hungers halben sonst nicht haben zu essen, mögen ohne des papstes erlaubniss an verbotenen tagen wohl milch, butter, eier, ja auch wohl fleisch essen, doch ohne aergerniss. Ist eine ketzerey.

9. Des papstes ohrenbeicht, absolution und bann halten sie für unnöthig, denn menschen können lügen und trügen: der papst sei ein mensch, darum kann er irren. Ein frommer laie könnte besser absolviren, denn ein böser priester, denn gott spricht: Ich will fluchen ihrer benedeyung. Ist eine ketzerey.

10. Der priester messe käme den todten nicht zu nutzen; denn es könnte kein fegfeuer bewiesen werden. Allein der geiz hat solches erdacht, damit sie der welt güter zu sich bringen; denn sie weder für todte oder lebendige ohne gelt beten. Ist eine ketzerey.

11. So verwerfen sie alle gute werke, auch die heiligen orden, sagen: Christus habe das beste werk für uns gethan, weil er für unsere sünden gestorben ist. Das ist eine ketzerey.

12. Die heil. sacramente, wann sie ohne glaube und busse empfangen werden, verdammen sie den menschen, auch die sie verkaufen, kaufen und missbrauchen, sowohl die geistlichen als die laien. Das ist eine ketzerey.

13. Christus und seine jünger sind arm gewesen, haben der welt güter verschmähet: der papst nimmt mit gewalt aller welt güter zu sich, verthut alles schändlich, so doch solches den armen sollte gegeben werden. Das ist eine ketzerey.

14. Wer sich Christo gleich macht ist der Antechrist und verdammt; der papst macht sich nicht allein Christo gleich, sondern über ihn. Das ist eine ketzerey.

Die andern artikel sind fast alle wider die heil. röm. kirche, und hier zu lange zu erzählen; die nachfolgenden drei betreffen kurz ihr leben:

15. Erstlich damit sie ihrer ketzerei desto mehr anhänger machen, haben sie ihre güter unter einander gemein gemacht, davon sie ihren obersten, dem zu Mailand, Rikhardo, auch diesem Johannes

zugeschickt, solches gelt auszutheilen; damit sie die leute an sich kaufen und ihre ketzerei verstärken, damit sie hernach alle priester könnten unterdrücken und todtschlagen.

16. Zum andern haben sie heimliche sammlungen gehalten bei nacht, damit sie ihre buberei mit den weibern könnten vollbringen und dieselben gemein halten, wie auch die geistlichen, wie denn ein gemeiner ruf ist.

17. Zum dritten sprechen sie, sie seyen ohne sünde und begehen keine, so sie doch menschen sind; wollten sich gern gott gleich machen, und sagen, wenn man schon sündigt, so nehme das kreuz Christi alle sünden hinweg; deshalben soll man getrost sündigen, man bedarf keiner absolution, noch der beichte.

Das waren fast die fürnehmsten stücke ihrer ketzerei, so ihnen vorgelesen wurden, die andern verschwieg man. Darauf befragt, ob sie das geständen, Johannes der priester in aller namen sagte: Ja. Sie geständen alle artikel, und wollten sie dieselben mit der heil. schrift beweisen.

Allein die drei letzten hat Johannes zu verantworten, welches ihm zugelassen wurde, weil solche ihn selbst und nicht den papst angiengen. Darauf sagte er: Auf den fünfzehnten artikel, dass wir unsere güter verkaufen, geschieht nicht um unsere religion damit zu heben und zu stärken, und die leute an uns zu kaufen; gottes gaben lassen sich nicht kaufen, allein weil wir so viel arme unter uns, auch unter euch und anderswo verspürten, haben wir männiglichen (auch die unserer religion nicht waren) mitgetheilt und ihnen geholfen. Den armen sind wir schuldig zu geben, dieweil uns Christus solches heisst. Dagegen wir hoffen solches hundertfältig im himmel zu bekommen, da uns Christus gewiss die seligkeit damit geben wird; hoffen sonst keinen lohn. Aber eure armen müssen noch dem papst und den geistlichen, die alle weltgüter haben, darzu geben, ihr müsst alle gottes gaben von ihnen kaufen. Wir haben nie im sinn gehabt einen priester, geschweige einen laien zu beleidigen: weil wir begehrt haben männiglich zu helfen, warum hätten wir unsern meister beleidigen wollen? Das sei fern.

Den sechzehnten artikel, dass wir bei nacht, auch etwa in einöden sind zusammengekommen, ist nicht des laster halb geschehen, sondern dieweil ihr uns also streng verfolgt und nach unserm blut stehet; auf dass wir auch möchten gottes wort hören und die heil. sacramente empfangen, haben wir solche heimlichen sammlungen gehalten. Solche gemeldete laster, auch alle andern, sind weit abscheulicher bei uns; leiden sie nicht, sondern müssen mit schwerer busse und besserung gott solche abbitten. Wir bitten auch um gottes willen und der wahrheit zu steuer, ihr wollet unsere mitbrüder und schwestern, die jetzund in der verfolgung von uns abgefallen, ernstlich fragen, ob sie einige solche laster von uns gesehen oder vernommen haben. Wie könnten wir in solchen lastern den tod begehren zu leiden, oder nicht vielmehr das leben, damit wir gegen gott solche sünden möchten abbitten, weil doch gott selbst des sünders tod nicht begehrt, sondern dass er sich bessere und lebe.

Den siebenzehnten, dass wir keine sünden begangen, ist nicht recht verstanden, oder aber nicht recht ausgelegt worden: denn wir ja wohl wissen, dass kein mensch ohne sünde ist, weil wir beten: herr vergieb uns unsere schuld. Allein weil man uns für die grossen sünder ausruft, habe ich gesagt und sage es noch, dass wir hierin keine sünder sind, dieweil wir nicht allein auf den wahren lebendigen gott hoffen und seinen worten allein glauben, und seine gebote, so viel uns möglich begehren zu halten, der uns durch seinen heiligen guten geist zu Jesum Christum führt, der für unsere sünden am heil. kreuz gestorben ist, und bei gott, seinem himmlischen vater, uns die seligkeit erworben hat; darum wir auf einige menschenhilfe, noch gute werke nicht hoffen, noch glauben, und sagen noch, dass wir hierin keine sünder sind, dass wir selbst glauben, ob wir sonst wohl als sünder täglich erfunden werden. Wollte solches, so man es begehrt, mit gottes wort beweisen.

Dass wir aber lehren, man solle nur dapfer sündigen, das kreuz Christi nehme alles hinweg, verstehet man falsch: denn also habe ich gelehrt, wie man auch in meinen schriften findet, dass sich alle menschen vor sünden hüten und gott stets um hilfe anrufen, dieweil wir aber alle menschen sind und durchs teufels trieb in die sünde fallen, sollen wir in wahrer busse zu gott schreien dass er uns wolle gnädig seyn und nicht verzweifeln, und durch wahre busse uns des leiden Christi trösten, welcher an dem stamm des heil. kreuzes sein blut vergossen und den tod gelitten für alle armen sünder und in der gerechtigkeit wiederum auferstanden. Wenn du solches glaubst mit besserung deines lebens, wird dir gott um Christi willen gnädig seyn, bedarfst keiner erdichteten busse vom papst auferlegt, als sollte deine beicht die busse deiner sünden abnehmen. Auf welches kreuz, leiden und sterben Christi für uns arme sünder wir heute sterben wollen; haben auch keinen bessern trost und bitten gott dass auch euch eure sünden deshalben vergeben werden.

Darauf man ihnen antwortete: dieweil sie wider die mutter, die h. röm. kirche, auch wider unsern h. vater den papst, die heil. sacramente und orden lehrten, auch wider die gewalt, die Christus S. Peter gegeben, auch ihnen bei dem bann nicht gebürte ohne erlaubniss aus gottes wort und heil. geschrift zu reden, welches auch den geweiheten ohne erlaubniss nicht gebüret, darüber auf den vorgelesenen artikeln beständen, so sollte man sie aus befehl unsers h. vaters des papstes als ketzer sammt ihren büchern verbrennen, und ihr gut halb dem neuen orden der prediger, das andere halb der obrigkeit verfallen seyn. Darauf wurden die geweihten entweiht, den andern wurde das chrisam abgewaschen.

Man hatte aber das hochgericht so bey S. Aurelien stand, nicht weit von S. Michels bühl hinweggethan, an den jetzigen ort gesetzt. Da hat man eine weite, tiefe grube gemacht zum verbrennen, die man noch heutigstages die ketzergrub heisst, darein hat man sie geführt. Mit grosser klage ihre kinder und freunde baten sie möchten sich bekehren, aber sie bestanden steif, sangen und beteten mit grosser anrufung zu gott, sagten, sie könnten von gott und seinem werk nicht weichen, giengen selbst willig bis ins feuer, wurden mit holz umlegt und auf einmal zu pulver verbrannt; soll ihrer auf die hundert gewesen seyn.

Als solches zu Strassburg vorging, hub man an an allen orten die ketzer zu verbrennen, und gieng eine grosse verfolgung über die Waldenser. Diese ketzerei ist noch viel in Italia, nämlich Savoyen, und in Böhmen, und fast allen orten.

865. (*Von den Predigern.*) — Den predigermönchen wurde Heilmanns capelle eingegeben im Finkweiler und ein wohnhaus dazu gebaut, damit sie da ihre wohnung haben könnten; da fiengen sie an etliche jungen in ihren orden aufzunehmen, damit derselbe ausgebreitet würde und die ketzer allenthalben gedämmt würden. Man gab ihnen viel steuer und grosse hilfe, dass sich fast auf 100 erhalten konnten, denn bischof Heinrich von Strassburg dem papst und S. Dominico hatte zugesagt ihren orden zu pflegen.

866. (*S. Aurelien den Herren von S. Thomae übergeben.*) — Anno 1213 übergab bischof Heinrich die kirche zu S. Aurelien ganz und gar den herren zu S. Thomae.

867. (*Stift S. Leonhardt gegr.*) — Es hub auch graf Reinhart von Thengen, dompropst zu Strassburg aus der clausen zu S. Leonhard an S. Ottilienberg ein halb stift zu bauen, begabte es wohl und setzte priester dahin. Man begabte alle kirchen damit man rechte und fromme priester holen möchte, damit den Waldensern kein aergerniss gegeben würde: denn die ketzer ein frommes, gottseliges leben gegen den men-

schen führten, dass niemand konnte über sie klagen. Derhalben viele leute heimlich mitleiden mit ihnen hatten, durften aber, auch unter den geistlichen, sich nicht merken lassen: die es schon wussten, wollten aus erbarmung solche nicht angeben.

868. (*Bischof Heinrich baut Dachstein wieder.*) — Als die burg Dagostein (so könig Dagobertus gebaut hat) anhob zu verfallen, hat bischof Heinrich von Strassburg solche herrlich und stark, sammt einem grossen und starken thurn wieder aufgebaut, mit mauern, thurn und graben umfangen, wurde in die innere porten sein namen, wappen und jahrzahl eingehauen: 1214

> Anno incarnationis domini
> Millesimo ducentesimo decimo quarto
> Constructum est hoc castrum
> Ab Henrico de Faeringen Argentinensi episcopo.
> Qui alienaverit anathema sit.

Am thurn steht dieser vers auch.

869. (*Schloss zu Barr vom Teufel umgeworfen.*) — Dies jahr hielten die edeln zu Barr im schloss so Wölffelinus der landvogt gebaut hat, seltsam haus, die man die Wespermann nannte, also dass der teufel das schloss auf einmal über ein haufen warf, darin etliche umkamen, auch viele beschädigt wurden. Ist hernach wiederum gebaut worden.

870. (*Concil zu Rom.*) — Damalen hielt Innocentius der III. ein concilium zu Rom mit 412 bischöfen und sonst auf 800 väter. Dahin kamen die patriarchen von Jerusalem und Constantinopel, alle erzbischöfe und bischöfe, dahin zog auch bischof Heinrich von Strassburg, auch aller könige botschafter; da wurde meist gehandelt wie man das heil. grab wieder gewinnen könnte. Fol. 88 1215

871. (*Kreuzzug in's Heilige Land.*) — Papst Innocentius liess das kreuz predigen zu einem heerzug das heil. land zu gewinnen. Da waren schier alle fürsten und herren auf; viele bischöfe am Rhein zogen mit, als der von Maynz, der von Speyer, auch bischof Heinrich von Strassburg und der markgraf von Baden und viel bürger von Strassburg. Und nach zwei jahren kamen sie wiederum, hatten eben so viel ausgerichtet als zuvor die kinder und jungfrauen, auch allein das meer zu todt geschlagen, viel gelt verzehrt und böse kleider heimgebracht.

872. (*Herzog Berthold von Zaeringen stirbt.*) — 1218, im hornung starb herzog Berthold V, der letzte herzog von Zaeringen als er eben die

klöster Allerheiligen, Saldau (?), S. Ulrich, Gemmingen, Bernau und Nagelsbach auf dem Schwarzwald anfieng zu bauen. Er ward zu Freiburg in seinem münster begraben, dem ward dieser vers gemacht:

> Dum bis sexcentis ter senus jungitur annus
> In Friburg moritur Bertholdus, dux alamannus.

Diese von Zaeringen haben auf 70 städte, schlösser und klöster gebaut. Er hinterliess keine kinder, hat in der jugend mit seinem ersten weib, die liegen bei ihrer mutter zu Solothurn. Bern, Freiburg im Uechtland, Zürich, Solothurn, Rheinfelden und andere lande und städte fielen ans reich, auch an die grafen von Habsburg, Kyburg, Altenburg; diese nahmen Rheinfelden und anderes. Der bischof von Basel nahm Breisach, aber graf Rudolph von Habsburg nahm es ihm wiederum; Heinrich V gab ihm 1000 mark dafür.

Er verliess zwei schwestern, den gab er etwas landes; die eine, Agnes, hat graf Egon von Fürstenberg (geheirathet), der nahm Freiburg und Breisgau ein; die andere, Ursula, den grafen von Neuenburg, der nahm da oben einen theil des landes ein. Die grafen von Freiburg haben das kloster Tennenbach gestiftet und ausgebaut und ihr begräbniss dahin geordnet. Darnach haben sich die grafen von Freiburg genannt: die stadt wollte solches nicht zugeständig, sondern frei seyn, daraus viele kriege entstanden.

873. (*Rudolf von Habsburg geboren.*) — 1218, den ersten tag des mai, gebar graf Albrechts von Habsburg gemahlin einen sohn zu Limpurg an Rhein an der brucken, welches schloss er als zäringisches erbe besass, ward genannt Rudolfus, hernach römischer könig. Diesen jungen Rudolfus hat kaiser Friedrich II persönlich aus der taufe gehoben und hernach an seinem hof auferzogen. König Friedrich II hatte einen astronomicus am hof, der sagte, dieweil Rudolfus im höchsten grad der sonne geboren wäre, würde er in seinem höchsten alter ein könig werden, welches jedermann verlachte.

874. (*K. Otto IV. stirbt.*) — Als könig Otto viele abfälle hatte, und mit seinem vetter, dem könig von England bündniss wider Frankreich machte und eine schlacht in der Picardie wider die Franzosen verlor und sah dass er nirgends kein glück mehr hatte, zog er gen Braunschweig und legte sich nieder und starb vor grossem herzenleid; doch schickte er zuvor die krone, scepter und alle kais. kleinode dem pfalzgrafen Heinrich an den Rhein, des reichs vicarien.

1218   875. (*Franciskanerorden bestaetigt.*) — Dies jahr, als sich S. Dominicus oder der prediger orden sehr ausgebreitet, hat der papst S. Franciscus orden auch bestätigt; sie kamen auch allgemach herausgestrichen mit ihrem orden und bettelten.

876. (*Einfall der Lothringer in's Elsass.*) — 1219, nach des herzogs von Zaeringen tod kam der herzog von Lothringen mit grossem volk ins Elsass, wollte viel anspruch haben von des von Zaeringen wegen, ward aber vom landvolk, dessen hauptmann graf Albrecht war, zurückgetrieben.

877. (*Kloster Allerheiligen vollendet.*) — Nach herzog Bertholds tod hat frau Juta von Schauenburg das kloster Allerheiligen auf dem Schwarzwald hinter Oberkirch vollends ausgebaut, demselben alles ihr gut gegeben, fromme nonnen und einen propst darein gesetzt, Praemonstratenser ordens.

878. (*Provincial des Predigerordens stirbt zu Strassburg.*) — 1220 kam der erst gross provincial von Paris, war bürtig von Freiburg, und wollte den orden der prediger anrichten und reformiren wider ketzer, so allenthalben aufstunden, aus geheiss S. Dominici und bischof Heinrichs. Als er kam ward er krank und starb zu Strassburg, wurde begraben in der prediger kirche im Finkweiler.

879. (*K. Friedrich II gekroent.*) — Dies jahr ward könig Friedrich II zu Rom gekrönt mit seinem gemahel.   1220

880. (*K. Friedrich II im Elsass.*) — 1223 nahm kaiser Friedrich seinen jungen sohn Heinrich zu sich an das reich und gab ihm Agneta, herzog Leopolds tochter von Oestreich, zu einem gemahel. Der kam gen Strassburg, darnach gen Hagenau, und hielt sich eine zeit lang da.

881. (*Bischof Heinrich stirbt.*) — 1223 war ein grosses sterben, wohl ein jahr lang gewessen und den 5ten idus martii starb bischof Heinrich. Auch er wardt in S. Andreas capell im münster begraben[1].

882. (*Sein Bruder Hermannus Contractus.*) — Er hatte einen bruder,   Fol. 89 hiess Hermann, den man sunst Hermannus Contractus hiess. Der war von iugend auf an allen vieren lahm, dass man ihn hin und her tragen und legen musste; konnte kaum eine feder zwischen den fingern halten. Der kam jung in S. Gallen kloster, studirte sehr wohl, dass er die historia von kaiser Konrad und Friedrich geschrieben, auch herrliche bücher von der astronomie, geomancie, horologia, instrumentis, de musica, auch viel herrliche kirchengesänge, so der abt von S. Gallen dem papst zuschickte und in der kirchen sind angenommen worden, und die man noch singt;

---

1. Notta: ob ein Grabstein vorhanden ist. (Annotation de Specklin.)

auch den sequens: *ave praeclara maris stella*, so auch das *salve regina*, und die antiphon: *o gloriosum lumen*, auch prosae genug. Dieser Hermannus Contractus starb 1250; liegt in seiner herrschaft Aleshusen an Buchsee bei seiner mutter Hildrut begraben.

883. (*Bischof Berthold von Teck erwachlt.*) — Auf bischof Heinrichs tod ward erwählet Bechtolf, herzog zu Teck aus Schwaben, ein junger, frommer, geschickter herr. Er hatte wohl 3 jahre viel widerstand, er brauchte aber weisser leute rath, dadurch brachte er seine kirche zu frieden, hielt gut regiment und besserte das bisthum sehr; war wittwen und waisen ein vater. Er hat alles so er anfieng mit glück hinausgebracht.

884. (*S. Elsbeth begabt die Prediger zu Strassburg.*) — Als die predigermönche, die bischof Heinrich in Strassburg gebracht, noch in ihrer klause wohnten, und S. Elsbeth, eine geborene königin aus Ungarn, landgrafen Ludwigs aus Hessen gemahl, auf S. Ottilienberg gewesen und zu Strassburg S. Atila und viel heilige oerter besucht, hat sie vor 6 jahren zwei plätze erkauft, da die prediger, in dem einen vir männer, in dem andern vir frauen, sollten wohnen, und beide dem orden geschenkt. Aber da während des krieges nichts hat können vorgenommen werden, wurden a. 1224 beide klöster angefangen zu bauen, der herren kloster im Finkweiler, das andere zu Eckbolsheim unter der herren zu S. Thomae schutz und schirm; und ward das zu Eckbolsheim zur ehre Gottes, S. Elisabeth und zu S. Margarethen kurz genannt; das herrenkloster aber im Finkweiler zu der ehre Philippi, Jacobi und S. Elisabeth, und a. 1234 fertig und geweiht worden und beide mit vielen gütern begabt.

885. (*Brand auf Hohenburg.*) — Dieses 24 jahr gieng abermalen ein feuer aus auf S. Odilienberg zu Hohenburg und verbrannte einen grossen theil des klosters ganz schädlich, denn man ihm nicht so bald zu hilfe kam aus mangel an wasser.

886. (*Gebweiler zur Stadt gemacht.*) — Es wurde damals Gebolswiller zu einer stadt gebauen.

1225   887. (*Ablassbriefe kommen gen Strassburg.*) — Da kam gen Strassburg und in alle lande die allerersten ablassbriefe von Rom heraus, welchen erstlich sich niemand dawiderlegte denn die bischöfe und pfaffen selbst, denn sie hart verdross dass solches geld, so ihnen sonst zuständig, gen Rom kommen sollte. Der papst wandte vor, er wolle solches wider die ungläubigen brauchen, wie man denn bis anher wohl erfahren hatte. Doch gefiel solches dem gemeinen volk wohl, dass sie selbst vom papst mit brief und siegel in den himmel kämen.

888. (*Belagerung Freiburgs.*) — Als damals graf Ego der I. von Freiburg, der herzogs Bertolf des letzten schwester, Agnes, zur ehe hatte und viel ansprach allenthalben hatte, überfiel der graf von Ussenburg Freiburg mit raub und brand. Es wurde aber verglichen auf einen anstand.

889. (*Witterung.*) — 1228 war ein ganz warmer winter, darauf ein warmer frühling und sommer; im april hatten die reben verblüht und um Johannis zeitige trauben, und nach Jacobi war voller herbst; und war ein gutes jahr in allen dingen.

890. (*K. Friedrich im Heiligen Lande.*) — Als der papst dieses jahr viel gelt gesammelt, Jerusalem damit zu gewinnen, und aber solches nicht geschah, deshalb ihm oft verwiesen wurde, dass er solches geld auf die seinigen und anderswohin verwende, da zwang er den kaiser Friedrich, dass er musste zum heil. land ziehen, welches dieser auch bewilligt, mit allen fürsten, herren und bischöfen. Er liess also seinen sohn Conrad aus Schwaben als statthalter im reich, und setzte graf Ulrich von Pfirt zu einem landvogt im Elsass, und graf Egon von Freiburg jenseits des Rheins. Und als der kaiser übers meer kam, da gebot der papst allenthalben im reich den abwesenden kaiser anzugreifen, zeigt an, er wäre ein ketzer und im bann.

Fol. 90

891. (*Bischof Berthold greift den Kaiser an.*) — Ins besondere befahl er dem bischof Bertholf von Strassburg heftig bei dem bann dass man kaiser Friedrich den ketzer in seiner abwesenheit der römischen kirche unterwerfe. Da machte sich bischof Bechthold im november auf und belagerte Bærenstein, darin eine kaiserliche besatzung lag, und gewann es in 4 wochen, und nahm solches zu seinen handen, sammt was dazu gehörig; und nahm auch jedermann vom reich, denn es war alles preis. Da schickte herzog Conrad aus Schwaben hilfe von 14 reichsstädten aus Schwaben, welche ihm und kaiser Friedrich noch anhängig waren; die zogen zu graf Egon von Freiburg und graf Ulrich von Pfirt als landvogt. Da stärkte sich der bischof Bechtold mit hülfe der stadt Strassburg, so auf des papstes seite stand, und ward graf Albrecht von Habsburg oberster bannerherr der stadt Strassburg und kamen beide heere im obern Elsass zwischen Blodelsheim und Hirzfelden auf der Hardt zusammen, und geschah ein ernstlicher streit und wurde viel volk erschlagen. Aber der bischof und die stadt Strassburg erlangten den sieg: es wurden viel vornehmer leute gefangen und erschlagen und gute pferde und harnische erobert.

Beide grafen kamen davon; es lage ihnen hart an, und suchten neue hilfe bei herzog Conrad.

892. (*Der Papst schickt denen von Strassburg seinen Segen.*) — Da solches der papst erfuhr, schickte er den segen von Rom heraus, allen denjenigen von Strassburg, die dabei gewesen waren: sie empfiengen denselben im münster, da machte man jedem ein kreuz an die stirne, und schier alles volk wünschte des papstes kreuz an der stirne zu haben. Hingegen stärkte sich der herzog Conrad mit vielen fürsten und städten auch heftig.

893. (*Befestigung Strassburg's.*) — Da man sich eines scharfen krieges musste besorgen, da hob man tapfer an zu Strassburg, wie schon vormalen angefangen, aber liegen geblieben war, zu bauen vom Finkweiler bis an S. Elisabethen thor, bis an das Metzgerthor, im Entenpfuhl, an S. Johanns giessen, zum Golden thurn an der Breusch, und führte die mauern und thürne über sich so hoch man konnte mit zinnen, und hob auch an einen zwinger zu machen, damit man nicht an den graben kommen könnte; ward aber dieses mal der zwinger nicht fertig, ist hernach allgemach gebaut worden, wie man noch sieht.

894. (*Sonnenfinsterniss.*) — Dieses jahr, den 6 jenner, war eine finsterniss am tag an der sonne, dass man musste lichter anzünden und man die sternen am himmel sah. Sie währte morgens von 9 uhr an bis 6 uhr, das ist 9 ganze stunden. Darauf folgten in allen ländern sterben und krieg.

895. (*Johannismesse zu Strassburg.*) — Darauf wurde erstlich die kaufleut messe oder markt angefangen, 14 tage vor Johannis zu Strassburg gehalten, welche der papst mit vielen freiheiten und grossem ablass begnadigte, damit man sich seiner annehme und seinen geboten gehorsame.

896. (*Konrad von Schwaben kriegt im Elsass.*) — Das andere jahr, 1229, gegen dem frühling, da kamen herzog Conrad aus Schwaben, graf Egon und graf Ulrich ins Elsass mit einem grossen heer, wie man sich besorgt hat. Er nahm das ganze land ein, so dem bischof und der stadt Strassburg zuständig war, verbrannte alles auf den boden, haute bäume und reben ab. Desgleichen thaten der bischof und die stadt und ward das ganze land verheert und verderbt, denn es auf 3 ganze jahre währte. Es legten sich viel fürsten und herren dazwischen, bis der papst bei dem bann frieden zu halten gebot. Vorher hatte er bei dem bann zu krieg geboten, und war graf Albrecht von Habsburg stets in der stadt Strassburg, deren oberster er war. Doch war der papst etwas geschlachter worden, denn es kam botschaft Jerusalem wäre gewonnen, kaiser Friedrich richte das heil. land und Jerusalem wieder recht an und eile heraus. Er kam auch dies jahr mit vielen fürsten und herren wieder heraus; da ward er aus dem bann gethan, mehr aus furcht, denn aus gunst. Zudem wollte er wissen, womit er den bann verdient hätte, das konnte der papst nicht anzeigen.

897. (*Bischof Berthold schliesst Frieden.*) — 1230 wurde der friede angestellt und gab sich bischof Bechtold in frieden, hielt wohl haus, bauete und gab gross gut an kirchen, denn abermal sich die ketzer regten.

898. (*Abermals Waldenser Ketzerei.*) — Damalen kam abermalen die Waldenser ketzerei aus, und war der fürnemste, Johannes Gulden genannt, ein priester, zu Strassburg verbrannt; die andern in busse, im gefängniss oder der stadt verwiesen. Dieser Waldenser willen wurde vom papste das mehrertheil der barfüsser und prediger orden aufgesetzet, und zu ketzermeistern genannt; deshalb allenthalben klöster gebaut, die in kurzem zunahmen. Es baten auch der bischof und die beiden stifter zum münster und zu S. Thomae die von Zürich die prediger und barfüsser einzunehmen, welches der ketzer halben bewilligt wurde.

899. (*Graf Hugo von Egisheim stirbt.*) — Damolen starb graf Hugo der letzte von Egisheim, da wurde die obere landgrafschaft mit hilfe des bischofs, auch der stadt Strassburg, dem grafen Albrecht von Habsburg als des landes und der stadt Strassburg obrister einbehändigt; schrieb sich der erste von Habsburg landgraf im Elsass und fiel der grafentitel von Egisheim ab.

900. (*Graf Albrecht von Habsburg zieht in's Heilige Land.*) — Hierauf gelobte er eine pilgerfahrt zum heil. land, gott dank zu sagen; deshalben zierte er seinen helm mit dem heil. kreuz und 6 kronen im obern Elsass, und zog mit vielen herren und edelknechten zum heil. land. Von Strassburg aus begleitete man sie mit allen heilthümern, und sprach der bischof den segen über sie. Zu Erstein kam der bischof von Basel und viel landherren, die ihn segneten. Zu Limpurg am Rhein under brucken, da er gern wohnet, übergab er seine herrschaft, und zog in gottes namen fort. Er hatte 2 töchter, die eine nahm den grafen von Ussenburg, der bald starb; da nahm sie Otto von Ochsenstein. Die andere, Ursula, ward eine nonne zu Adelshausen bei Freiburg.

Im heiligen lande, bei Accum, wurde graf Albrecht von den Sarazenen überfallen und erschlagen und zu Accum begraben. Als solche böse mähre hierher kam, nahm graf Rudolf sein sohn diese lande zu seinen handen.

901. (*Baarfüsser Kloester im Elsass.*) — Dies 30. jahr kamen viel barfüsser mönche, so bischof Bechtolf gefordert, gen Strassburg, als S. Franciscus kaum 5 jahre todt gewesen. Unter denen war Hugo von Schletstadt, der über die sententia geschrieben hat. Man gab ihnen einen platz, dahin bauten sie ein kloster und kirche mit frommer leute hilfe, da es noch stehet, und ward zu einem obern, über andere barfüsser klöster in diesen landen geordnet, als Offenburg, Basel, Freiburg, Breissach, Colmar, Ruffach, Schletstadt, Zabern, Hagenau, Saarburg, Weissenburg und andere mehr. Diese sollten neben den prediger mönchen helfen des papstes kirchen erhalten, denn viel ketzer in allen landen aufstunden und man täglich mit ihnen zu thun hatte. Die predigermönche wurden als ketzermeister geordnet, die franciskaner sollten durch ihre willige armuth jedermann ein gut exempel vortragen.

902. (*S. Marx Kloster auf Metzgerau.*) — Dies jahr, als der frauen zu S. Marx kloster viele wurden und das kloster zu enge, suchten sie mit hilfe des bischofs einen andern platz. Mit erlaubniss der thumherren zu S. Thomae, ward der ihnen gegönnt auf Metzgerau, dahin sie ein schönes kloster bauten, wiederum zu der ehre S. Marx des evangelisten, und wurde viel gut dazu gegeben. Sie gaben ihre alte klause an der brücke an das kloster zu S. Arbogast, mit bewilligung der thumherren zu S. Thomae, die sich vorbehielten, wann ein thumherr zu S. Thomae stürbe, dass sie ihn mit vigilia und seelmessen begehen sollten, wie solches geschieht. Anno 1241 war das kloster fertig und geweihet, auch die grosse procession auf S. Marx tag wurde dahin verlegt.

1230   903. (*Friede zwischen K. Friedrich und dem Bischof.*) — Damals als der anstand aus war mit dem könig und dem bischof von Strassburg, ist endlichen könig Heinrich und der bischof von Strassburg vertragen worden und aller schaden so ihnen in 3 jahren geschehen, verglichen und verziehen worden. Darauf kamen alle geistlichen zusammen und dankten gott für den frieden.

904. (*Tod der heiligen Elisabeth.*) — 1231 starb die königin S. Elisabeth, landgräfin zu Hessen.

905. (*S. Marx Kapelle kommt an S. Arbogast.*) — Magistra et conventus monasterii S. Marci, cederunt capellam S. Marci apud portam S. Arbogasti monasterio S. Arbogasti (a. 1230).

906. (*Der Ketzermeister Droso.*) — A. 1232 war ein predigermönch, bruder Droso genannt, gab sich für einen ketzermeister aus wider die Waldenser, hatte einen jungen vetter bei sich, der sah nicht wohl, sagte aber, er kenne die leute, so ketzer wären, im gesicht, und hatte einen brief wohin er kam, dass der ketzer gut halb seyn, das andere der obrigkeit wäre. Dardurch wurden viel reiche, unschuldige leute gemartert und

verbrannt. Sie nahmen auch bruder Conrad, der S. Elisabeth landgraefin (die eben dies jahr gestorben) beichtvater, zu sich. Damit hat ihr schelmenwerk ein grosses ansehen, und bezeugten auch den grafen von Wyed, der reich war, dass er ein ketzer waere. Der fromme graf wurde von dem bischof von Mainz examinirt: da hatte er einen bessern glauben denn der ketzermeister. Solches schrieb der bischof von Mainz dem papst, wie sie ihren orden missbrauchten. Da antwortete ihm der papst, dass man die ketzermeister solle gefänglich einziehen. Da floh bruder Conrad wieder nach Hessen, ward aber bei Marburg von einem edelknecht, von Derenbach, dessen bruder er hatte verbrennen lassen, erwischt und todt geschlagen. Bruder Droso ward zu Strassburg von Heinz von Müllenheim, den er auch für einen ketzer wollte ausgeben, erstochen. Der junge blinde schelm entlief, ward zu Freiburg erhenkt. Also nahmen sie ein end wie sie gehandelt hatten. Darauf wurde den predigern befohlen mit lehren das volk zu unterweisen, und nicht stracks unverhört die leute zu verbrennen. Denn viele leute wurden der ketzerei beschuldigt, die nicht wussten was der ketzer glaube wäre. Hiemit nahmen die predigermönche an gut sehr zu, solches wollte die obrigkeit nicht gestatten, es wäre denn einer seiner ketzerei geständig und wollte darauf bleiben. Es wurde den predigermönchen geboten, dass sie müssten im kloster bleiben, bis ein ketzer offenbar würde, dann zeigte man es ihnen an, und examinirte ihn: war dann ihnen ein ketzer kund, so musste die obrigkeit ihn ohne alle widerrede verbrennen.

907. (*Kalter Winter.*) — Anno 1234 da war ein solcher kalter winter, wie nie gewesen, nicht allein alle wasser froren zu, sondern baum und berg sprangen vor kälte auseinander; alle reben und bäume erfroren, auch viel gewild und leute, und man hörte dass man zu Venedig zu fuss ein und aus der stadt reiste.

908. (*Graf Friedrich von Pfirt ermordet.*) — Domalen wurde graf Friedrich von Pfirt von seinem sohn Grimsel erschlagen; die ursache wurde nicht geoffenbart: er floh in Frankreich.

909. (*Graf Sigmund von Dagsburg ermordet.*) — Desgleichen ward auch graf Sigmund von Dagsburg unschuldiger weise von seinem diener erschlagen, und sein leib auf S. Ottilienberg ins kloster begraben, wie sein epitaphium ausweist:

Anno domini 1234 Simund comes de Dagespurg, ortu generosus, nomine famosus, princeps corruit ense sine culpa.

910. (*Brand des Kloster's Schwarzach.*) — Damalen verbrannte das

kloster Schwarzach bis auf den grund ab: da zog bischof Bechtold zu kaiser Friedrich und erlangte dass es wieder an den ort möchte gebaut werden; solches hat der kaiser ihm, sammt vielen freiheiten gegeben. Da kam kaiser Friedrich gen Strassburg und zog das land hinauf.

911. (*K. Heinrich stirbt.*) — 1236 starb könig Heinrich, da nahm sich Conrad aus Schwaben, als der nächste des reichs geschäfte an, anstatt des jungen Friderici sohnes.

912. (*Hartmann von Kyburg vermacht seine Länder dem Stifte Strassburg.*) — 1237 hatte graf Hartmann von Kyburg (zum weibe) eine gräfin von Savoyen; mit der hat er eine tochter Elisabeth, die gab er graf Eberhard von Habsburg, und war kein männlicher erbe mehr da, denn seines bruders sohn, auch Hartmann genannt. Die gaben alle ihre herrlichkeiten, nichts ausgenommen, dem hohenstift Strassburg um gottes willen, als ein geschenk, und empfiengen es von bischof Bechtolf wiederum zu lehen auf weib und mann: als Kyburg, Baden, Winterthur, Uster, Windeck, Wendelburg, Schoneis, Cuwenburg, Liebenburg, Mensburg, Fingen im Ergau, Steckborn und anderes mehr, mit wassern, weine und weide. Und geschahe solche uebergabe zu Herbolzheim, in beysein herrn Reinharts von Dengen, dompropsts zu Strassburg, herrn Heinrichs von Klingenberg, domherr zu Chur, Reinhart's chorherrn zu Münster, Cuno graf zu Freiburg, Ulrich graf von Klingen, Balthasar und Reinhart von Ussenburg, Reinhart von Wörth, Hartmann von Tengen, Ulrich von Wazigkon, und andere mehr. Hierin ward gedingt, dass die frauen von Töss durch diese herrschaft fürter gefreit seyn sollten. Als beide grafen hernach bald starben, fielen oberzählte herrschaften an das stift Strassburg. Als aber der abt von S. Gallen vertröstung empfieng solches lehens, behauptete doch hernach graf Rudolf von Habsburg solches mit gewalt, als der bischof wollte die stadt Strassburg bekriegen. Nach dem tode jener Elisabeth, des grafen Hartmanns tochter, hat graf Rudolf, Hartmanns schwester sohn, mit gewalt alles zu seinen handen genommen.

913. (*Landgraf Heinrich stirbt.*) — Damals starb landgraf Heinrich von Elsass, und weil er keinen erben hatte, wollte der bischof und andere solches zum reich nehmen. Solches wollte sein bruder Stephan nicht zugeben, da er seines bruders erbe war. Dieweil man aber auch ihn abweisen wollte, begab es sich, dass des landgrafs Heinrich seligen weib einen jungen sohn und erben zur welt brachte, Philippus genannt; der machte den frieden.

1238   914. (*Bischof Berthold stirbt.*) — Als bischof Bechtolf 15 jahre war bischof gewesen, starb er zu Strassburg und ward in S. Andreas capell zu seinen vorfahren gelegt. Er hat allen klöstern, kirchen und dem land viel gutes gethan; deshalben ihn viel für heilig hielten. Und bohrte man ein loch in die bahre, darein stiessen die leut die finger, dass sie von geschwüren und warzen heil sollten werden, und riefen ihn um hilfe an, mit viel opfern.

915. (*Bischof Heinrich von Stahleck.*) — Darauf ward erwählt Heinrich graf von Stahleck ob Bacharach am Rhein, ein frommer herr, und wurde vom bischof von Mainz confirmirt.

916. (*Sonnenfinsterniss.*) — Damals war eine finsterniss am tag an der sonne, dass es also finster ward, dass man mehr denn 100 sternen am himmel sah.

917. (*Erdbeben.*) — 1239 geschahe ein grosses erdbeben zu Strassburg.

918. (*Graf Rudolf von Habsburg zieht in's heilige Land.*) — Dies jahr zog graf Rudolf von Habsburg von Strassburg aus mit vielen rittern und knechten gen Jerusalem. Mit ihm zogen Claus Bock, Hermann Münch, Hans Duschmann, Claus Meerschwein, Heinz von Müllenheim der jung, Heinrich Langle, Hans Beyer, Hans von Eptig, Jost Lienhart, Hans Engelbrecht, Claus Spender, Ulrich Rebstock, Conz von Winterthur, Fritz Zorn, alle burger zu Strassburg, auch andere mehr, mit ihren dienern.

Er besuchte zu Accum seines vaters begräbniss, stiftete ein grosses allmosen dahin, für seinen vater und ihn zu beten. Im andern jahr hernach kamen sie fast alle gesund wiederum heim. Darauf nahm er Anna des grafen von Hohenberg und (Hohenlag) tochter, (deren mutter war landgraf Ulrichs tochter dahier aus dem Elsass; die hatte von ihrem vater das ganze Willerthal, das damals von Rudolf auch mitgegeben war), bekam mit ihr das ganz Willerthal von den letzten landgrafen vom Elsass. Mit dieser hatte er viele kinder. Darauf kam er an könig Odoacer's von Böhmen hof, wurde bald nach seinem wohlverhalten zum hofmeister geordnet. Als sein bruder in Italia wegen kaiser Friedrichs gefangen wurde, kam er in kurzer zeit wieder zu seiner herrschaft.

919. (*Kloster Schuttern verbrannt.*) — 1240, den 20 mai, verbrannte das kloster Schuttern auf den boden ab und, geschahe grosser schaden. Und kamen darauf die predigermönche mit ihrem provincial vor das hohe stift und zu S. Thomae und baten, dass die zu Zürich, Bern und andern orten da man die prediger aufnahme, dass dieselben unter denen von Strassburg und ihrem provincial stehen sollten, welches bewilligt wurde.

920. (*Kloster S. Marx von allen Schatzungen befreit.*) — 1241 ist das kloster zu S. Marx von allen collecten und schatzungen von bischof Bechtolf (sic) und dem domcapitel befreit worden, laut eines briefes.

1242 **921.** (*S. Catharinen Kloster gebaut.*) — Da ward S. Catharina kloster im Entenpfuhl gebaut, bei S. Johanns giessen, von frommen bürgern und erbaren leuten und erbare frauen darein giengen. Im zweiten jahr darnach von bischof Heinrich geweihet zu der ehre S. Catharinae, der heiligen jungfrau.

922. (*S. Georgen Kapelle im Münster gebaut.*) — Dies jahr ward auch gebaut S. Georgen capell im kreuzgang im münster und von bischof Heinrich selbst geweihet.

Fol 93 **923.** (*Graf Rudolf von Habsburg in Strassburg.*) — 1242, als graf Rudolf von Habsburg 23 jahre alt war, zog er erstlich seinen harnisch an, kam mit vielen herren gen Strassburg, und erbote sich den dienst seines vaters zu übernehmen. Dies wurde mit freuden angenommen und ihm die obere landgrafschaft vom bischof und der stadt zu erhalten, zugesagt. Er war erstlich nicht reich, aber er suchte stets anspruch an seine nachbaren und griff sie mit krieg an: damit brachte er allerwegen etwas davon.

924. (*Die heilige Hedwig von Polen stirbt.*) — Damolen starb die wittwe S. Hedwig, herzogin in Polen und Schlesien; sie ist markgraf Bechtolfs von Baden und Margaretha von Rochlitz tochter gewesen. Der papst hat sie 1266 hernach canonisirt.

925. (*Hohenburg brennt abermals ab.*) — 1244 verbrannte abermals das fürstliche kloster Hohenburg. Solche brändte haben dem kloster sehr wehe gethan.

926. (*Papst Innocenz IV beschenkt drei Nonnenkloester zu Strassburg mit neuen Privilegien.*) — 1245 hat papst Innocentius IV die klöster S. Marx, S. Elisabeth und S. Johannis des evangelisten, darinnen nonnen gewesen, welche Augustiner ordens waren, aber doch der inspection predigerordens befohlen, privilegirt und confirmirt sub datis literis Lugduni 2. id. junii, indict. II., pontificatus anno 2. und 4 non. julii, indict. II. anno pontificatus 3[1].

1246 **927.** (*Absetzung K. Friedrich's. Gegenkoenig.*) — Als kaiser Friedrich vom papste entsetzt worden, wiewohl er sich genugsam gewehrt, da gebot der papst in allen bisthümern dass man das salve regina wider Friedrich

---

1. « Dieses Ereigniss ist von einer andern Hand eingeschoben. » Note de M. Jung.

singen solle, so Hermann von Veringen, Contractus genannt, gemacht hatte, liess auch das kreuz wider ihn predigen und gebot den kurfürsten einen andern könig zu wählen. Da kamen die erzbischöfe von Mainz, Köln, Trier, neben andern bischöfen, als Strassburg, Metz, Speyer, zu Würzburg zusammen. Die wählten landgrafen Heinrich von Hessen, S. Elisabeths sohn. Der legte sich vor Frankfurt. Da kam könig Friedrich's sohn Conrad aus Schwaben vor Frankfurt; da geschah auf Oswaldi eine schlacht, und Conrad lag unter.

928. (*Bischof Heinrich kriegt im Elsass gegen den Kaiser.*) — Da machte sich bischof Heinrich auf im namen könig Heinrichs und nahm das ganze land ein, so Friedrich anhieng: man wehrte sich, half aber nichts. Er behielt alles für sich selbst, und zwang mit gewalt Illwickersheim, Kronenburg, Haldenburg, Andlau und schleifte solches. Er gewann auch Hagenau, Colmar, Kaisersberg, Mülhausen und andere. Bei Colmar geschah eine schlacht, darin er siegte. Er legte sich auch vor Schletstadt, konnte es aber nicht gewinnen. In Oberehnheim brach er die burg nieder. Da hoben sie an und machten eine neue an Oberehnheim, und ward erstmalen zu einer stadt gemacht. Der papst sprach das interdict, aber man hielt messen allenthalben wo man Friedrich anhieng.

929. (*Bischof Heinrich kriegt jenseits des Rhein's.*) — Hernach zog bischof Heinrich über den Rhein, gewann Malberg, Gengenbach, Ortenberg, Offenburg, Oberkirch, Zell, Haslach, Hausen und das ganze Kintzingerthal, und behielt es zum bisthum. Baden, Würtemberg und jedermann, was ihm werden mochte, war alles preiss. Darauf ward könig Heinrich vor Ulm erschossen.

930. (*Frauenhaus gebaut.*) — Da ward Unser frauen haus von dem bischof gebaut, am fronhof und brach man zwei häuser gegen die Flachsgasse ab, damit die gasse desto weiter würde. Darin sollten wohnen ein schaffner, 2 schreiber, ein priester, der siegrist, der organist, fuhrleute, handwercker und alle priester. 1247

931. (*Kloster S. Agnes gebaut.*) — Da wurde auf der Metzgerau, neben S. Marx closter, von erbaren, frommen leuten ein schönes kloster gebaut für fromme, erbare jungfrauen, und geweiht zur ehre gottes und S. Agnesen, und wurden viel gülten dahin gegeben. Fol. 94 1248

932. (*Wilhelm von Holland Gegenkoenig.*) — 1249 starb der neue könig Heinrich, dieweil kaiser Friedrich und Conrad noch lebten in Italia. Darauf wurde erwählt Wilhelmus graf in Holland.

1250   933. (*Kaiser Friedrich stirbt.*) — Dies jahr starb auch kaiser Friedrich zu Torento, seines alters 57 jahr alt. Wilhelm, graf von Holland blieb römischer könig.

934. (*Wilhelm von Geroldseck gefangen.*) — Damalen fielen die grafen von Freiburg gen Lahr, und fiengen herrn Wilhelm von Geroldseck sammt seinem Heinrich, im schloss, führten ihn gefänglich gen Freiburg. Dieser herr hat der kirche zu Strassburg viel geschenkt, denn sein sohn Walther war domherr zu Strassburg, welcher nachher bischof wurde.

935. (*Neues Predigerkloster gebaut.*) — 1251, als die predigermönche grosse heiligkeit vorgaben, und als sie in ihrem kloster zu S. Elisabeth, so vor der stadt lag, etlichen zu weit waren, auch die kirche ziemlich klein, da gab graf Friedrich von Ha.. a, der dompropst und herr Ulrich von Dalmasingen und herr Hans von Olben, stiftsherren, ihre höfe und gärten samt anderm in der stadt, und auf 8000 gulden wurden ihnen zins und gülten dafür gegeben, und schlugen viele burger boden- und ewige zinse auf ihre haeuser, höfe und güter. Und ward die kirche mit den vier gewölben in 2 jahren und 6 monaten fertig (ohne das chor), und führte man sie aus S. Elisabethkloster in dies neue kloster. Darunter war auch Ulrich Engelbrecht, der eine summa über die heil. geschrift, so man noch hat, herrlich beschrieben hat. Bischof Heinrich gieng mit: die kirche ward geweiht, und die erste messe von bruder Hugo, cardinal und päpstlicher legat darin gesungen. Und liegen vorgemeldete herren alle im chor vor dem hohen altar begraben: aber im jahr 1536, als man das chor änderte, hat man dieser herren grabstein zum gedächtniss in den kreuzgang gelegt, wie noch zu sehen.

In ihr anderes kloster im Finkwiller zu S. Elisabeth, kamen fromme klosterfrauen, und ward ein nonnenkloster daraus.

1252   936. (*S. Nikolai in undis — S. Johann in undis.*) — Da waren vier reiche wittfrauen und andere erbare leute, die haben angefangen zu bauen in der Krautenau in undis zwei schöne klöster, das eine (dieweil S. Claus klause am Rheingiessen vom Rhein hinweggefressen worden, wurden dieselben frauen in ein anderes in undis gethan) ward gebaut zur ehre S. Matthiae und S. Nicolai. (Es stand zuvor eine capelle da, genannt zu Unserer frauen in den grünen matten, darin auch klausnerinnen wohnten); das andere zu Curbaw, ward gebaut zur ehre S. Johannis. Bischof Heinrich legte an beiden klöstern den ersten stein; darnach alle domherren, und begabten sie wie andere hoch, und kamen schier eitel vom adel und burgerinnen darein; denn ein jedes geschlecht wollte eine nonne haben. Und im jahr 58 sind sie erst geweiht worden und vollendet. Sie wollten auch des ordens seyn wie die prediger und barfüssermönche, hoben an die weiber zu bekehren mit ihnen zu predigen, doch privatim, nahmen sie in ihren orden, darin sie mussten busse thun. Hiermit gieng das verdienst der heil. messen und fürbitten der lieben heiligen mit gewalt an, und das fegfeuer wurde für die römische kirche geordnet. Und liessen sich viel geister sehen die um hilfe mit messen und almosen begehrten: aber der ketzer wollten sich keine sehen lassen, da sie im höllischen feuer sitzen, da keine erlösung ist.

937. (*S. Andreaskirche gestiftet.*) — 1252 wurde auch S. Andreas kirche und klause von den Rathsamhausern und den Marxen gestiftet und hoch begabt.

938. (*Klausnerinnen S. Francisci Ordens.*) — Es nahmen auch etliche jungfrauen und frauen S. Francisci regul an, stifteten 2 klausen, eine zu S. Jacob am Weinmarkt und S. Barbara in der kleinen einigung an der Thomasbrücke. Und waren dies die allerersten meisterinnen und schwestern, fast alle von adel:

Zu S. Jacobi:

Margaretha Erbin, die meisterin.

Gerdrut Niederlandina (?)
Anna von Bietenheim
Margaretha von Gottesheim
Margaretha Rosenkranzin } Schwestern
Barbara von Hall
Brigitta von der Gans
Barbara aus Krautenau
Anna Negelin

Zu S. Barbara:

Katharina von Wangen, meisterin.

Elisabeth von Wangen
Aurelia von Struss
Aurelia von Ingweiler
Margaretha von Randt
Anna von Landau
Magdalena von Strassburg
Kunigunde von der Wantzenau.

Da aber beide klöster und kirchen keine kirchhöfe hatten, haben sie ihr begräbniss zu S. Stephansfeld gehabt.

939. H. (Heinricus) episcopus Argentinensis declaravit capellam S. Marci pertinere ad monasterium S. Arbogasti, quae fundata olim fuit per Engelbertum decanum S. Thomae Argent.[1]   Fol. 95 1253

940. (*K. Wilhelms Gemahlin gefangen.*) — 1255 wollte könig Wilhelms gemahl, weil der könig zu Worms lag, gen Triefels reiten, aber

---

1. Von einer andern Hand eingeschrieben. Note de M. Jung.

Heinrich von Rietberg fieng sie sammt dem grafen von Waldeck, führte sie gen Rietberg gefangen, nahm alle kleinode, hielt sie lange gefangen, bis ihm der könig das seine erstattete, dann liess er sie ledig.

941. (*Koenig Conrad stirbt in Italien.*) — 1254 ward könig Conrad in Italien mit gift vergeben von des papstes legaten. Er hinterliess einen sohn Conradinus, der hatte viel beistand, aber der papst wollte keinen Schwaben mehr haben, und war dem ganzen geschlecht feind.

942. (*K. Wilhelm im Elsass.*) — 1255, als Wilhelm aus Holland und Friesland zum könig erwählt worden, zog er den Rhein herauf, kam auch gen Strassburg, Breisach, Colmar bis in Burgund, und liess ihm schwören. Indess fielen die Friesländer ab, da musste er heim, und wurde im andern jahr erschlagen.

943. (*Alphons von Hispanien und Richard von England erwachlt.*) — Darauf ward erwählt Alphonsus, könig aus Hispanien, der wollte das reich nicht annehmen. Darauf erwählten sie Richard konig, aus England, herzog zu Cornubiae, des königs bruder, der wollte es auch nicht; sahen alle wohl dass der papst keinen könig, sondern knechte und esel haben wollte, deshalben blieb das reich ohne haupt. Da war jedermann meister, wer der staereckste war, nahm dem andern das seine. Das währete bis auf 20 jahre, bis auf Rudolf von Habsburg.

944. (*Kaempfe um Basel.*) — Es standen noch viele auf könig Conrads seite, und zogen die von Basel und viele städte und grafen wider einander, und kam bei Seltz (?) viel volk um. Darauf fiel graf Rudolf dem bischof zu leide bei nacht zu Basel in die vorstadt, die es mit dem papst hielt, und plünderte das kloster zum Stein. Deshalb kam er in den bann, gab aber nichts darauf, und machte seine sache bald richtig.

945. (*Schloss zu S. Amarin zerstoert.*) — Damalen wurde das schloss zu S. Amarin erstiegen und verstört, aber der abt Thiebold von Murbach erbaute solches wieder; doch wurde es bald wiederum zerbrochen.

946. (*Reicher Herbst.*) — Dies jahr war ein solcher reicher herbst in allen landen : in Strassburg galt ein saum wein vom Breisgau, das sind 3 ohmen, 14 pfennige, und gab man 4 mass guten wein um einen pfennig. Viele weine blieben auf den reben stehen, oder wurde ausgeschüttel, wenn er nicht gut war.

947. (*Die Kolmarer siegen über die von Ruffach.*) — 1256 hatten die von Colmar und Rufach einen harten spaan, also dass sie zu Diefenbach

einander schwerlich schlugen; kam viel volk um, und behielten die von Colmar das feld.

948. (*S. Gregorii Kapelle im Münster gebaut.*) — Damalen hat auch bischof Heinrich S. Gregorii und S. Blasii kapelle im kreuzgang gebaut und geweiht.

949. (*Staedte- und Fürstenbund am Rheinstrom.*) — Als nun mord, raub, brand im reich alles verstörten, da machte bischof Heinrich und die stadt Strassburg einen bund mit einander, sich vor unbillichem gewalt zu beschützen. Zu solchem schlug sich bald die stadt Basel mit ihrem bischof, bald alle staedte im Elsass, darauf schier der ganze Rheinstrom, und an 60 staedte und 24 fürsten und bischöfe und grafen. Graf Rudolf von Habsburg war der stadt oberster bannerherr, wie sein vater gewesen, welches dem land sehr nützlich war. Herzog Ludwig von Bayern ward als ein oberster an ihn geordnet, der verstörte viele raubschlösser, und stellte den muthwillen ab, besonders am Rheinstrom.

950. (*Nasser Sommer.*) — Da war ein solcher fauler, nasser sommer, dass die früchte, auch das heu im felde verfaulten, die trauben wurden nicht zeitig; darauf folgte eine grosse theurung.   1258

951. (*Johanniter in Schlettstadt.*) — Dis jahr zogen die Johanniter aus dem tempelhof von Schlettstadt.

952. (*Kloster Klingenthal gebaut.*) — 1259 zogen die nonnen zu   Fol. 96 Hausen und Rufach mit erlaubniss des bischofs Heinrich aus ihren klausen hinweg ins thal unter Seckingen; da hatten ihnen die herren von Klingen eine wohnung gebaut. Aber sie verkauften's an graf Rudolf von Habsburg, zogen gen Basel und bauten die herren von Klingen zu Basel das kloster Klingenthal.

953. (*Einer von Homburg ermordet.*) — Damalen wurde herr Walter (?) von Homburg betrüglicher weise von den seinen ermordet.

954. (*Koenig Richard kommt nach Deutschland.*) — Als man könig Richard, herzog zu Cornubia aus England, so vormals zu einem römischen könig erwählt war, etliche mal gebeten, das reich anzunehmen, war er dies jahr bereit, zog über meer, kam gen Köln. Da empfiengen ihn die rheinischen fürsten, begleiteten ihn gen Frankfurt; da hielt man einen tag, und wurde berathschlagt, wie man das reich wiederum in eine ordnung bringen möchte, und schworen ihm alle städte und fürsten am Rhein. Er hielt sich ganz königlich, und wurde ihm erstlich viel hilf und steuer zugesagt. Er hielt etliche tage am Rhein und zog wieder den Rhein hinab.

955. (*Bischof Heinrich von Staheleck stirbt.*) — 1260, den 4 martii, starb bischof Heinrich zu Strassburg als er 22 jahr war bischof gewesen. Wurde ins münster, in S. Andreas kapelle gelegt zu seinen vorfahren. (Inschrift seines Grabsteines:)

Anno Domini MCCLX, quarto nonas martii,
Obiit episcopus Heinricus de Stahleck.

Fol. 97 **956.** (*Bischof Walther von Geroldseck erwachlt.*) — Hierauf kamen alle domherren zusammen : da wurden durch den alten von Geroldseck grosse schenkungen und gaben ausgegeben, auch im capitel viele heimlich bestochen, also dass nach langem rathschlagen herr Walther von Geroldseck jenseits des Rheins, dompropst und ritterbruder S. Johannsen ordens, einhellig erwählt wurde am palmabend. Wider diese wahl war herr Heinrich von Geroldseck im Wasgau, domsänger, allein streng, sagte öffentlich, er kenne ihn und seinen unruhigen kopf besser denn sie alle, man werde es hören, dass er das ganze bisthum, stadt und land werde in jammer und noth bringen. Es hatte aber sein vater, herr Diebold von Geroldseck, welcher sehr reich war an silber und gold, auch mehrere bergwerck hatte, grosse gaben angegeben, damit seinem sohn das bisthum werden möchte. So war sein anderer sohn, herr Hermann, landvogt zu beiden seiten des Rheins, von Basel an bis gen Selz, auf 20 meilen lang und breit. Sein dritter sohn Heinrich hatte eine von Ochsenstein, hernach eine von Veldenz. Der vierte sohn Conrad war domcustos zu Strassburg. Er hatte auch zwei töchter: die eine, Sophia, nahm einen herren von Kirkel; diese liegt mit ihrem gemahl im predigerkloster. Die andere, Adelheid, war achtissin zu Andlau, wohin der von Geroldseck das herrliche grosse goldene kreuz machen liess. (Es kam 1525 im bauernkrieg gen Strassburg.)

957. (*Dieboll von Geroldseck gründet das Stift zu Lahr.*) — Hiemit meint er das ganze land auf sich und seine kinder zu wenden, da ein jeder vom reich nahm was er konnte, weil kein könig war. Als nun der alte von Geroldseck seine söhne und töchter wohl versehen, baute er, gott zur danksagung, das stift zu Lahr, darin er 1277 gestorben und begraben wurde. Als er vor seinem ende aller seine kinder glück gesehen, so hat er auch ihr unglück erlebt, wie folgt.

958. (*Bischof Walther weiht die Kirche zu Gengenbach.*) — Den 13 april zog bischof Walther über Rhein in sein vaterland, und weihete viele kirchen, in sonderheit die neue grosse kirche in Gengenbach.

959. (*S. Claren Kloster auf dem Rossmarkt gebaut.*) — Dies jahr wurde von erbaren leuten S. Claren kloster auf dem Rossmarkt gebaut und gestiftet, dieweil S. Clara noch auf erden lebte, und kamen fromme frauen darein.

960. (*S. Margarethen Kloster in die Stadt gezogen.*) — Desgleichen ward dies jahr auch S. Margarethen kloster von Eckbolsheim in die stadt gezogen, denn ihnen ihre klause zu eng war, sie auch viel von krieg und überfall litten. Deshalben kauften sie vom abt zu Altorf sein haus und garten, und gaben fromme leute auch viel dazu, dass sie mit dieser hilfe ein schönes kloster bauten[1].

961. (*Ruffach verbrannt.*) — Damalen durch eingelegtes feuer ward schier die ganze stadt Rufach verbrannt.

962. (*Wundergeburt.*) — Dies jahr hat eine frau zu Rathsamhausen 4 knaben lebendig zur welt gebracht und ward bei Basel, zu Haertern, ein bein, wie eines menschen bein, gefunden, war auf 30 schuh lang.

963. (*Grosses Wasser.*) — Im frühling waren der Rhein und alle wasser also gross, als man in allen landen je erhört hatte. Es ertranken viele leute und geschahe im lande allenthalben unmässiger schaden.

964. (*Orgel im Münster.*) — Dies jahr liess herr Ulrich Engelbrecht, ritter, mit grossen unkosten die grosse orgel im münster machen.

965. (*Bischof Walther reitet in Strassburg ein.*) — 1261, den 1. februar, an Unserer frauen lichtmess abend, ritt bischof Walther mit vielen fürsten, grafen und herren mit grossem pracht (in die stadt). Der abt von S. Gallen, herr Bechtolf von Falkenstein auf dem Schwarzwald, kam mit 1000 pferden mit ihm, der abt von Murbach mit 500 pferden, sammt seinem vater, brüdern und freunden. Die bürger empfiengen sie mit 400 pferden. Er hatte auf 3500 pferde mit ihm. Alle geistlichen empfiengen ihn mit den heilthümern und führten ihn ins münster. Darnach beschenkte ihn die stadt, wie auch alle fürsten und herren. Und ass jedermann in's bischofs hof. Man war tag und nacht in harnisch dass kein geschölle würde. Nach drei tagen, sonntag Sexagesimae, zogen die fürsten und herren wieder hinweg. Fol. 98

966. (*Kapelle in der Judengasse gebaut.*) — Damalen wurde die kapelle in der Judengasse fertig, die weihete der bischof Walther selbst, zur ehre des Johannes des täuffers und evangelisten.

---

1. Diese Geschichte wiederholt Sp. A. 1322 mit der Note: «Steht auch 1260, zu sehen welches recht ist». Dieselbe Note findet sich 1260, aber durchgestrichen. Note de M. Juxa.

967. (*Geissler in Strassburg.*) — Darauf kamen von Rom und aus Italia auf 1200 geissler, je zween und zween neben einander, liefen von einer kirche zur andern und geisselten sich. Zu Strassburg schlugen sich auf 300 zu ihnen. Aber sie hatten weiber unter ihnen, und trieben sonst auch buberei mit andern weibern. Da man das erfuhr, gab man ihnen nichts mehr; da liefen sie aneinander, und jagte man sie zur stadt hinaus. Also zergieng zu Strassburg die grosse geisselfahrt, davon man weit und breit von ihrer heiligkeit sagt.

968. (*Das Bisthum Metz wird geplündert.*) — In dem jahr stirbt bischof Jacob von Metz. Weil kein advokat noch schirmherr da war, noch kein rechter könig im reich, grif ein jeder zu wie allenthalben. Der von Salm nahm Senis (?) und anderes ein, herr Siegmund von Lichtenberg nahm Neuweiler, schleifte die mauern und das schloss, plünderte die stadt, zeigte an, es wäre sein eigenthum und sei ihm von den von Metz mit gewalt vorenthalten worden; liess die steine auf den berg führen, befestigte das schloss Herrenstein damit. Hiermit griff bischoff Walther auch mit zu, nahm in Westrich viel staedte und flecken ein, dem bisthum Metz und Lothringen zustaendig. Dazu half ihm sein bruder Herrmann.

969. (*Lothringer und Burgunder kriegen im Elsass.*) — Als aber bischof Philippus zu Metz erwählt wurde, rief er um hilfe hertzog Friedrich von Lothringen. Der graf von Bains, der von Navarra und Burgund schickten ihm eine grosse hilfe. Die zogen dem bischof und dem von Lichtenberg mit raub und brand in die lande, also dass sich die von Strassburg auch eines krieges besorgen mussten.

Bischof Walther mahnte die von Strassburg ihm zu hilfe zu ziehen und proviant aus der stadt folgen zu lassen. Das ward ihm abgeschlagen von wegen dass sie es selbst bedurften. Darauf begehrte er alle früchte aus der stadt, die er, die geistlichen und die vom adel hatten. Solches schlug man ihm auch ab, aus vorgemeldeter ursache. Darauf er den bischof von Trier, sein vetter Ludwig II, geboren von Vinstingen, dessen mutter des alten von Geroldseck war, den abt von S. Gallen, den von Murbach, grafen Rudolf von Habsburg und auch andere anrief; als er sich aber zu schwach befand gegen Burgund, Lothringen und Metz, hat er sich mit dem bischof von Metz und dem herzog von Lothringen vertragen. Desgleichen musste der von Lichtenberg auch thun, musste Neuweiler auf eine summa gelds empfangen, die mauern wiederum bauen und sich mit andern auch vertragen.

970. (*Streit Bischof Walther's mit Strassburg[1].*) — Nach ostern forderte bischof Walther von Strassburg schwere artikel an die stadt, und erstlich beklagt er sich, dass man ihn und das ganze bisthum hätte in noth stecken lassen, keine hilfe bewiesen, auch den proviant nicht folgen lassen, sondern in der stadt behalten, mit anzeigung dass die stadt ihm zugehörig und des bischofs eigen, mit zoll, steuer und anderes aufzulegen, waere auch die münz und wechsel — die wollte er vor allem haben, auch alle zehnten auf dem markt, das halsgericht, und recht zu sagen und zu ordnen, auch keine ausburger anzunehmen, das ihm zustaendig; und noch viel mehr harte dinge forderte er mit gewalt: zeigte solches waere von könig Ludwig seinen vorfahren geschenkt worden, und anderes mehr.

Die stadt brachte dagegen, dass könig Chlodovaeus vor 700 jahren das münster erst als eine christliche kirche baute, und es waeren damals, wie auch zuvor die geistlichen unter dem bischof zu Metz gewesen, da hätte Chlodovaeus wie auch Dagobertus die stadt nicht beschwert, sondern von einem herzog, so da gewesen, lassen regieren; und die herzoge im Elsass allwegen oberherren in der stadt gewesen bis sie frei geworden, und wüssten von keinem andern herrn. Dagobertus hätte vor 600 jahren S. Amandus, S. Arbogastus, S. Florenz und andere heilige bischöfe hier geordnet, die haben sich der geringsten weltlichen geschäfte nie nichts angenommen, ob man ihnen schon solches angeboten hätte, und hätte Dagobertus die stadt von herzogen regieren lassen, bis auf könig Ludwig, Caroli Magni sohn, der hätte die stadt um ihrer treuen dienste und vieler gutthat willen gantz befreiet, dass sie sich selbst durch ihre ritterschaft regierte, welches bis auf diesen tag von allen königen bestätigt worden, darüber sie briefe und siegel hätten. Wann solches könig Ludwig dem bischof hätte geschenkt, wie denn Adelochus ein heiliger frommer bischof, damals im leben er mit dem könig oder der könig mit ihm nicht kein wort wird gedacht haben, auch nicht erhört dass ein bischof solche forderung je gethan, sonst hätte sie könig Ludwig nicht gefreit, sondern zu knechten oder in dienstbarkeit gebracht. Was die bischöfe (für recht) an die stadt hätten, wäre ihnen als gottes diener gegeben worden, sonst hätten sie sich der weltlichen sachen in der stadt nicht beladen; bäten er möge von solchem fürnehmen abstehen, und der stadt ihre freiheiten lassen.

---

[1]. Le récit de Specklin s'est évidemment inspiré de celui de Kœnigshoven (éd. Hegel, II, p. 652—663), mais assez librement pour que nous ne voulions pas supprimer ici sa narration, pour renvoyer simplement au texte de Kœnigshoven.

Der bischof blieb auf seinem fürnehmen, dazu halfen ihm viel geistliche und andere mehr.

Da zogen die barfüsser und andere geistliche zum bischof hinaus, mit grosser bitte um einen frieden. Aber des bischofs vater und bruder haben solches hart widerrathen, denn sie sehr reich waren an silber und gold und hofften die stadt und auch das land zu zwingen.

971. (*Vorbereitungen zum Kriege.*) — Darauf hub man sich zu beiden seiten zum krieg zu rüsten; viele fürsten und herren, auch städte legten sich dazwischen, es wollte aber kein theil dem andern weichen, und ehe darüber sterben denn ihre freiheiten lassen. Deshalb bauten sie an der stadt schütten, bollwerk, kotzen, thürme und anderes. Als sich der bischof bei fürsten und herren um ein grosses kriegsvolk bewarb, fürchtete die stadt, er möchte Haldenburg besetzen; damit konnte er über die stadt und land sehen. Es konnte auch keiner der stadt weder ab noch zu reisen, er sähe es denn, wie er schon über Rhein gethan hatte und allenthalben schaden zufügte, wo er konnte.

972. (*Haldenburg gebrochen.*) — In den pfingstfeiertagen waren die handwerker auf mit werk- und brechzeugen, nahmen Haldenburg ein und verschleiften es auf den boden, — denn man konnte darauf sehen, wer gen Zabern, Hagenau, Hochfelden gieng, und alle strassen darum, — und füllten den tiefen weiten graben auf dem berg darum zu, und machten es eben. Das verdross den bischof höchlich.

Fol. 99   973. (*Die Geistlichen fahren aus der Stadt.*) — Darauf gebot der bischof bei bann und verlust aller pfründen und einkommens allen geistlichen, domherren, pfaffen und schülern, klein und gross, dass sie keinen gottesdienst mehr thun sollten der stadt und alle hinaus ziehen. Die gehorsamten alle und fuhren aus der stadt; allein der domdechant, herr Bechthold von Ochsenstein, der war alt und krank, und der sänger, herr Heinrich von Geroldseck im Wasgau, der war wider den bischof, schon als man ihn erwählt; der wollte nicht aus der stadt, denn er gern bei den burgern ist gewesen sein lebenlang. Da die andern aus der stadt fuhren, da fuhren die beamten und die lehen hatten vom bischof, alle mit, als die Beger, Kagenecker, Burggrafen und viel andere mehr, auf die 60. Doch ehe sie auszogen, da inventirten sie ihre hab und güter, haus und hof, wein und korn. Denn sie meinten, wenn ihnen schaden daran geschehe, die burger müssten es theuer genug bezahlen. Aber silbergeschirr und was sie an harschaft hatten, das nahmen sie alles hinweg. Es legte der bischof auch interdict auf die stadt, dass niemand kein kind taufen sollte, sacrament reichen, noch zu kranken gehen durfte. Da brachten die burger drei pfaffen zuwegen, die nicht unter dem bischof gehörten, die tauften und verrichteten allen gottesdienst wozu man sie bedurfte. Da waren die burger auf, nahmen und raubten alles was die herren und amptleute und alle vom adel die gewichen waren, hatten, und theilten das unter ihnen aus, und zerstörten aller pfaffen, amtleute und adels höfe und haeuser, und brachen sie auf den grund ab. Der domherren höfe blieben stehen, doch wurde alles geplündert; jedermann lief hin und brachen alle schlösser und riegel ab, was man abreissen konnte.

974. (*Des Bischofs Bundesgenossen.*) — Da mahnete der bischof das ganze land auf. Der bischof von Trier, sein vetter, kam zu ihm mit 1700 gewaffneten; graf Rudolf von Habsburg und der abt von S. Gallen. Der abt kam deshalb dem bischof zu hilf, in hoffnung Winterthur und anderes mehr in der Schweiz, so dem bischof von Strassburg als ein lehen, sammt der grossen grafschaft Kyburg von graf Hartmann dem letzten, heimgefallen war, damit zu verdienen; aber auss grossem schaden, da er viel volk dem bischof zustellte, ward ihm doch nichts. Denn graf Rudolf von Habsburg war auch daran mit seiner hilfe; da er sah dass der abt ihm sollte vorgehen, schlug er sich hernach vom bischof aus dem felde.

Der abt von Murbach, auch viele grafen und herren und städte, alles was auswendig, war wider die stadt, die kamen alle mit einem grossen volk; allein graf Otto von Ochsenstein, herr Walter von Girbaden und die Rheingrafen waren mit der stadt.

975. (*Der Bischof belagert die Stadt.*) — Da zog der bischof auf Holzheim zu und belegt die burg Lingolsheim und gewannen diese mit solchem geding, dass die darin sollten in die stadt ziehen mit allem was sie hatten. Darnach belagerte er die stadt und legte sich zwischen Eckbolsheim und Königshofen, mit samt dem bischof von Trier. Demselbigen heer gieng ein wagen nach, der war mit köstlichen rüstungen beladen. Da war ein versuchter und erfahrner mann in der stadt, genannt Hildenreich Bitterpfeil, edelknecht, der nahm etliche gesellen zu ihm und fuhr aus der stadt, und nahm den feinden den wagen und führte ihn in die stadt. Da man dies im heer erfuhr, da nahm des von Trier hauptmann viele pferde, und mit ihm die herren von Lichtenberg und den marschall von Hünenburg und die ritten bis ans thor bei S. Aurelien. Da waren viele, die hüten sollten am thor, zum imbis gegangen essen, da war niemand denn herr Reimbold Lang und der Liebenzeller, genannt Firnkorn, die hauptleute und die brodbäcker, denen die porte befohlen war. Die stürmten mit gewalt in die

stadt; die innen setzten sich zur wehr, dass den feinden mehr den 60 pferde erstochen wurden, aber den reitern geschah nichts. Da wurden von bürgern drei erschlagen, und wurde gefangen herr Reimbold Lang und seines bruders sohn, und ein bäcker, und ein sieber und etliche mehr, die in die gärten gegangen waren, dass sie des bischofs heer beschauten. Das geschah auf S. Margarethen tag.

976. (*Ein Anstand gemacht.*) — Den andern tag, dieweil es in der erndte war, und das arme volk klagte, wurde zu beiden seiten ein anstand gemacht von etlichen geistlichen bis nach dem herbst. Da lagerte man das volk gen Geispolsheim und auch auf den Kochersberg und darum. Doch der mehrtheil legte sich gen Molsheim, Dachstein und darum, also dass nichts in die stadt käme; hiezwischen redeten viele leute der herren und der stadt dazwischen. Man konnte aber zu beiden seiten nichts ausrichten, denn kein theil dem andern etwas nachlassen wollte.

Fol. 100   977. (*Rudolf von Habsburg verbündet sich mit der Stadt.*) — Da man nichts anrichten konnte und graf Rudolf von Habsburg sah dass der bischof keine rechte sache hätte und nur aus muthwillen die stadt also plagte, wie er die andern städte hätte eingenommen, insonders die städte im Elsass, die ihm besser gehoerig, wie er sagte, dann dem bischof, dieweil er landgraf im Elsass war, (auch sahe dass der bischof dem abt von S. Gallen viel mehr geneigt die herrschaft Kyburg, Winterthur und anderes zu leihen, als ihme), desshalben graf Rudolf von Habsburg, der hernach könig geworden, und sein vetter graf Hartmann von Kyburg, graf Conrad von Freiburg, graf Heinrich von Welsch-Neuenburg, der hernach bischof zu Basel wurde, die Rheingrafen, graf Otto und graf Burkhardt von Ochsenstein, herr Walther von Girbaden, mit ihren reitern und dienern zogen aus dem felde, kamen gen Strassburg. Da laeutete man die sturmglocke und kam alles volk und burger in der stadt auf den fronhof. Do schwuren alle vorgenannten herren der stadt beholfen zu seyn wider alle ihre feinde, den bischof und alle seine helfer. Darauf schwuren die bürger den herren herwiederum desgleichen. Da liess der bischof den herbst, keinen tropfen wein, noch frucht in die stadt kommen. Deshalben galt 1 ohmen wein auf dem land 4 pfennig; in der stadt war kein bresten den ganzen krieg hindurch, denn es galt 1 mass guten wein 1 pfennig und 1 fiertel korn 4 schilling.

978. (*Die Strassburger verheeren des Bischof's Land über Rhein.*) — Die burger waren lustig, dass sie auch hilfe hatten, zogen darauf über Rhein, verheerten und verbrannten des bischofs vater, dem von Gerolds-

eck, viel flecken und dörfer, desgleichen denen von Lichtenberg, den grafen von Wördt und denen von Rathsamhausen, und allen die feinde waren. Der bischof verderbte den burgern alle ihre güter im ganzen land und gab sie seinen dienern, dass sie ewig ihnen sein sollen, haeusser, aecker, reben und matten.

979. (*Bündniss Bischof Walther's mit dem Bischof von Basel.*) — Darauf machte bischof Walther ein bündniss mit bischof Bertolf von Basel, dass er graf Rudolf's land beschädigen sollte, damit er ihn von Strassburg wegbrächte, welches auch geschah. Der bischof Bertolf dachte aber nicht, dass er einen feind auf sich lade, wie auch geschehen ist.

980. (*Die Strassburger nehmen Breuschwickersheim.*) — Nach Martini dieses jahres zogen die vorgenannten grafen und herren mit den burgern aus Strassburg auf Breuschwickersheim, denn die ritter daselbst viel schaden der stadt aus der burg darauf thaten; die wollten sie schleifen. Da hat der bischof seine wacht, und geordnet, wenn man zu Molsheim mit der grossen glocke stürmte, dass man dann in den nächsten dörfern auch laeutete, und also bis gen Rheinau, Schlettstadt, Zabern und Hagenau; da kam dann alles volk zusammen. Das geschah darnach auch. Da nun das volk aus der stadt kam gen Wickersheim, da kam der bischof bis gen Kolbsheim auf die burg und hätte die herren und die bürger gern angegriffen, denn er stark war und ein grosses volk bei sich hatte, aber er konnte nicht über die Breusch; kamen also nahe, dass sie mit einander reden konnten. Da solches die burger sahen, zogen sie wiederum zurück. Ihrer viele wollten nicht mit ihnen, sassen bei dem guten wein und soffen sich voll. Wohl 60, die erwischte ein theil des bischofs reiter, die durchs wasser gekommen waren, hauten ihnen hand und fuss ab, schlugen sie darnach zu todt, deren waren auf 15. Ehe aber die herren und burger heim zogen, verbrannten sie unterweges Wickersheim, Achenheim, Wolfisheim und Schaeffolsheim und kamen heim.

981. (*Einfall der Bischoeflichen in's Weilerthal.*) — Es hatte aber graf Rudolf von Habsburg mit seinem gemahl Anna von Hohenberg zum heirathsgut bekommen von seinem schwäher, von dem von Hohenberg, Heigerloch und Hüningen, von dem alten landgräflichen geschlecht das ganze Albrechts- oder Willerthal, und auf den letzten december am neuen jahresabend, hatte des bischofs bruder, herr Hermann von Geroldseck der landvogt, drei haufen gesammelt und fiel ins Willerthal, und am morgen früh, am neujahrstag, zündete er die dörfer und haeusser an; auch fiel des bischofs volk aus dem Breuschthal auf die andere (seite), da graf Rudolfs

Fol. 101

land, verbrannte Still, Blienschwil und zum neuen schloss und anderes mehr. Es fiel ein grosser schnee in der nacht, das arme volk floh in den wald; man eilte ihnen nach, schlug sie zu todt. Es sassen auf 30 arme leute schier nackt im walde bei einander, die schlugen sie auch zu todt, ohne alle gegenwehr. Man schonte des heiligen tags nicht. Der Strassburger und graf Rudolf's gesind hielt gleichfalls auch haus, griffen auch den bischof an mit raub, mordt und brandt. Es geschah im land grosser schaden: es gieng alles über die unschuldigen armen.

982. (*K. Richard von den Kurfürsten in's Reich gerufen.*) — In solchem lärmen baten die kurfürsten, insonderlich die am Rhein, den könig Richard aus England, den sie zuvor zu einem röm. könig erwählt hatten, das reich anzunehmen und solches in frieden zu bringen, welches er zuletzt bewilligt, mit anzeigung sich auf den frühling übers meer zu begeben, und die krönung zu Achen zu empfangen; wie auch geschah.

1262

983. (*Einnahme Kolmar's.*) — Als aber der bischof Colmar, Kaysersberg, Mühlhausen und andere staedte mit gewalt innehatte, die doch zum reich gehörten, und aber damals kein kaiser war, da war zu Colmar der alte schultheiss, hiess Johannes Rösselmann, von des bischofs amtmann, dem von Rathsamhausen, vertrieben. Der klagte graf Rudolf und seinen

Fol. 102 helfern zu Strassburg seine noth, und zeigte hiemit wege an, wie man möchte die stadt Colmar zu wegen bringen. Den anschlag nahm graf Rudolf an, zog heimlich hinauf nach Ensisheim und bestellte alle dinge. Indessen liess sich der vertriebene Johannes in einem fass, in Colmar führen, in eines domherren hof, der sein vetter war und um den handel wusste. Der versammelte seine freunde und zeigte ihnen den handel an, dass man sollte in der nacht um die stunde eine porte öffnen. Da nun die nacht kam, da ward graf Rudolf auf zwei ackerlängen mit vielen pferden vor der porte, mit ihm war graf Gottfried von Lauffenburg. Da wurde das thor heimlich aufgethan von dem schultheissen und zündete man eine welle stroh an einem speren, zum wahrzeichen. Da rannten sie zum thor ein in die stadt gewaltiglich. Da wurden in allen gassen wellen stroh gelegt, die zündete man an, auf dass man desto bass sehen möchte; und rannten in allen gassen herum mit blossen schwertern, und schrien: Habsburg! Habsburg! Hiemit wardt Colmar gewonnen und des bischofs gesinde ausgetrieben. Also nahmen sie grafen Rudolf von Habsburg zum herrn an. Des bischofs schultheiss, der von Rathsamhausen, 7 ritter und 10 reiche bürger mit ihrem gesinde flohen davon. Hernach ergab sich Kaysersberg auch an graf Rudolf.

984. (*Mülhausen gewonnen.*) — Also waren die zu Mülhausen auch zweiig und in zwo parten getheilt, denn die stadt damals auch dem bischof von Strassburg war. Deshalben schickte die eine part, die wider den bischof war, als sie hörten wie es zu Colmar gegangen, heimlich auch nach graf Rudolf, liessen ihn auch bei nacht ein und nahmen ihn zu einem herrn an. Denn der bischof hatte eine burg oder schloss in Mülhausen, und darauf einen schultheiss sitzen, der drängte das volk gar sehr; deshalb belagerten die burger und graf Rudolf die burg 12 wochen lang und gewannen sie zuletzt, und fiengen alle die darauf waren, und schleiften die burg bis auf den boden. Also war das ganze land mit den von Strassburg; allein Rufach und der bischof nicht.

985. (*Bischof Walther versucht Kolmar wieder zu gewinnen.*) — Indessen berieth sich der bischof mit den seinen von adel, wie er möchte Colmar mit gleichem vortheil gewinnen: also trugen die vertriebenen bürger aus Colmar und der adel darum gleichmaessig mit etlichen bürgern an, dass ihnen bei nacht auch eine porte geöffnet wurde. Dazu half ihnen der herr von Weineck bei Katzenthal, der des herrn von Horburg schwestersohn war, und am morgen früh da ward das Steinbruckerthor geöffnet von ihren freunden. Da rannten mehr denn 100 pferde hinein, in alle gassen mit blossen schwertern und schrien: bischof von Strassburg! Da das schultheiss Johannes erfuhr, wappnete er sich und viele bürger und stritten ritterlich wieder sie. Da ward der schultheiss Johannes erschlagen, aber die bürger behielten die oberhand, und trieben sie mit gewalt hinaus zu derselben porten, und schlugen sie zu. Der bischof kam mit vielen pferden selbst an die port, meinte hinein zu kommen; sie war aber schon geschlossen. Und als er den lärmen in der stadt hörte und den seinigen nicht konnte zu hilf kommen, zog er mit grossem seufzen wiederum zurück. Was in der stadt blieb wurde alles erschlagen, und bürger und andere, die gefangen, wurden auf räder gesetzt. Also gewann der bischof Walther Colmar nicht wieder.

986. (*Barfüsserkapitel zu Strassburg.*) — Da hielten die barfüsser ein grosses kapitel zu Strassburg; darauf kamen auf 500 barfüssermönche. 1262

987. (*Die von Strassburg brechen den Thurm von Mundolsheim.*) — Am mittwoch nach Reminiscere in der fasten zogen die von Strassburg aus, zu ross und fuss, mit vielem kriegszeug und allen maurern und steinmetzen und zimmerleuten, und brachen den grossen thurn und kirchhof ab zu Mundolsheim; denn die mauern, hoch, gross und stark, waren von steinwerk. Sie fürchteten, der bischof möchte volk darein legen, dass

niemand sicher aus der stadt gen Zabern, Hochfelden, Brumath und Hagenau kommen könnte, weil er daraus alle strassen verlegen könnte. Da solches der bischof erfuhr, liess er abermals sturm schlagen zu Molsheim und im ganzen land, und eilte ganz heftig von Dachstein aus, also dass er seines volkes nicht die halben erwartete, denn er nicht mehr denn 300 pferdt hatte und 5000 zu fuss. Und eilte auf die stadt zu, auch ob er die zu Mundolsheim noch möchte daselbst erwischen: denn alle seine gedanken standen dahin, dass er wollte dem krieg mit einer schlacht ein ende machen, und es gereute ihn sehr, dass er zu Breuschwickersheim nicht mit ihnen hatte streiten können. Er sagte allwegen, er wäre den burgern über die massen stark genug. Deshalben eilte er jetzt auch, damit sie ihm nicht entflohen.

988. (*Schlacht bei Hausbergen.*) — Da sie dies zu Mundolsheim erfuhren, schickten sie geschwind botschaft in die stadt, wie der bischof vorhanden wäre. Die boten liefen in der ganzen stadt herum und riefen aus, wie der bischof vorhanden und auf die bürger zu Mundolsheim zöge. Da stürmte man in der ganzen stadt und zogen die bürger aus, gewaffnet mit ihren bannern. Da zogen die von Mundolsheim auf den berg gegen Haldenburg mit aufrechtem banner. Als sie die bürger sahen aus der stadt ziehen, zogen sie bei Mittelhausbergen herab den andern entgegen, und wollten durch Oberhausbergen, und zogen unten um den berg, denn sie nicht straks konnten fortziehen. Da schien es als wollten sie in die stadt ziehen. Da meinte der bischof sie würden ihm abermals entweichen, wie sie schon zu Wickersheim gethan, und schwur der bischof und sein volk, sie flieheten.

Da hielt der bischof mit seinem volke bei des Stubenwegs baumgarten, und da er meinte, die bürger entflichten, zog er den berg herab ins obere feld mit dem reisigen zeug. Die zu fuss waren, hielten hinter der höhe allernächst und konnten doch so geschwind nicht bei ihm seyn. Indem hatten die bürger den graben umgangen und kehrten sich gegen den bischof. Und machte ihr hauptmann Reinbold Liebenzeller eine spitze, denn sie waren kaum eine ackerslänge vom bischof. Indem kam herr Claus Zorn, ritter, mit den andern burgern auch zu ihnen. Da sprach der Liebenzeller: «Herr Zorn, ich sehe euch keinen tag mehr so gern als jetzt auf diesen tag!» Er wählte noch mehr hauptleute unter ihnen, sprach den bürgern zu und sagte: «Liebe freundt und brüder! heute auf diesen tag könnt ihr und eure weiber und eure kinder frei werden, wenn ihr ritterlich streitet für euer vaterland und deren freyheiten. Denn gott wird uns

in dieser gerechten sache helfen und beistehen: deshalben rufet gott an.
Wo ihr aber nicht ritterlich streitet, werdet ihr und eure nachkommen zu
ewiger zeit knechte seyn und bleiben müssen. Solches kann gott und eure
faust auch dieses mal wenden und zu ende bringen. Ich will auch der erste
an der spitze stehen, mein blut und leben gern lassen, unsern nachkommen
zum besten!»

Darnach ordneten sie zween erbare bürger, herr Hug Kuchenmeister
und herr Heinrich Eiche, sie sollten das fussvolk führen; denen gelobten
die bürger gehorsam zu seyn. Die hiessen alle schützen besonders auf
beide seiten ordnen (vom fussvolk), deren waren 300. Die sollten des bischofs fussvolk letzen, wenn es zum bischof zog. Wann die halben schös-
sen, so sollten die andern halben ziehen, also dass man stets schösse und
nicht aufhörte; damit könnte das volk aufgehalten werden, dass es nicht
zum streit könnte kommen zum bischof; darzu, wenn sie noth litten,
könnten sie zu ihm kommen. Das übrige fussvolk, welches das nächste
war, ordnete der Liebenzeller in zween haufen, hinter die reisigen: also
wann der feind und die freunde zu ross einander angriffen, sollten sie zu
beiden seiten einfallen und die pferde erstechen; so könnte man gefangene
zuwegenbringen, denn sie könnten nicht laufen im harnisch, als wenn
sie zu ross wären, da müssten sie bleiben; lägen sie unter, hätten sie die
stadt und hilfe an der hand.

Der bischof hatte verstaendige leute auf seiner seite, die mehr kriegs-
kunst hatten, die widerriethen dem bischof mit so wenig volk die bürger
anzugreifen, bevorab so nahe bei der stadt. Es gienge welchen weg es
wollte, könnte die stadt ihren bürgern zu hilf kommen. Aber der bischof
spottete ihrer und sagte, wann sie sich also übel fürchteten, sollten sie
nur heim ziehen, denn er würde mit ihnen nicht viel gewinnen. Da blieben
sie schanden halber.

Indess kam des bischofs fussvolk auch dazu, auff 6000 mann. Als der
bischof sein fussvolk sah, zog er mit dem reisigen zeug voran, und hatte
eine gute ordnung gemacht gegen die bürger. Da war unter den burgern
ein edelknecht, Marx von Eckwersheim, der rannte der erste gegen den
feind mit einem gleven, da rannte einer aus des bischofs heer gegen ihn
und trafen einander so tapfer, dass beide speere brachen, ross und mann
zu boden fielen und beide rosse todt blieben. Da eilten die bürger ihrem
Marxen nach, halfen ihm auf ein anderes pferd. Der andere ward erschlagen, wie wohl ihn des bischofs volk auch mannlich entsetzten. Da kamen
beide haufen zusammen und stritten mannlich zu beiden seiten. Da meinte
der bischof sein fussvolk sollte kommen, dieweil es so nahe war, aber sie

konnten nicht vor den schützen kommen; die hielten sie mit dem strengen schiessen auf. Indess kamen die zween haufen bürger hernach, umzogen das heer, fielen zu beiden seiten ein, und erstachen freunde und feinde pferde, also dass sie schier alle zu fuss kamen, denn also hat sie der Liebenzeller geheissen: denn wann der feind zu fuss käme, könnte er nicht weichen und müsste bleiben; gewönne er schon die schlacht, so könnte er die bürger nicht sobald hinwegbringen; man könnte ihnen nachjagen; der bischof hätte weit zu seinen städten und schlössern zu fuss; die bürger aber näher zur stadt. Und stritten also zu fuss, dass sie einander in der nähe nicht wohl erkennen mochten. Es wurden zwei pferde unter dem bischof erstochen, da stritt er ritterlich zu fuss eine lange zeit; er hielt sich männlich und wohl. Zuletzt kam er auf ein drittes pferd und hub an zu weichen, und da er sahe dass er übermannt war, riss er aus und flohe mit zwei rittern, die auf ihn warteten, davon. Der eine hiess herr Burkhard von Murnhart, der andere Wölffele Meygenriss. Da die bürger ihn fliehen sahen, schrien sie: Halt! halt! herr bischof, halt! eilten ihm nach, mochten aber zu fuss nicht hernach kommen, da er zu pferd ganz geschwind war; die pferdt eilten ihm nach, vor den gartten bis auf den berg, konnten ihn nicht ereilen. Da kehrten sie wieder um auf die wahlstatt, da wurde schon geplündert und alle nackt ausgezogen, und wardt viel volks erschlagen (auf 1300) von armen leuten. Und unter des bischofs reisigen wurden auch viele erschlagen, und es waren allein über 80 ritter vom adel todt geblieben. Es ward auch erschlagen herr Hermann graf von Geroldseck, des bischofs bruder, der landvogt war im ganzen Elsass, von Basel an bis gen Seltz, zu beiden seiten des Rheins, und graf von Thierstein, des bischofs vetter, ein Waffeler und seine zwei söhne, alle ritter, drey brüder von Eckwersheim, drey Schölmen von Egisheim, der rotte Burggraf, ein Beger, ein marschalk von Hünenburg, zwei von Fürdenheim, Hans von Büttenheim, ein Quels (?), etliche von Landsberg, einer von Ecersberg, und viel mehr ritter und vom adel. Das gemeine volk ward nicht gezählt, deren blieben viel von den schützen. Es wurden viele gefangen, unter denen waren 80 ritter und vom adel, die wurden gebunden mit stricken, die sie mit ihnen gebracht hatten, damit sie die bürger, einen theil henken, die fürnehmsten gefangen fortführen wollten. Und also gebunden mit ihren stricken wurden sie in die stadt geführt. Unter den gefangenen wardt der landtgraff in Elsass von Wördt, der marschalk von Hünenburg, drey von Landsberg, etliche von Andlau, viel stattliche von adel; die andern waren erschlagen und viele entflohen.

989. (*Hermann von Geroldseck erschlagen.*) — Als herr Hermann, des bischofs bruder, mit dem pferd fiel und unterlag und die flucht schon geschehen, kam einer (als man die wahlstatt plünderte) und fand ihn noch lebend, wollte ihn ausziehen und plündern. Da sprach herr Hermann zu ihm: ach hilf mir, und bringe mich an einen sichern ort, ich will dich hoch begaben. Er war unter dem angesicht sehr wund, auch voll blut, also dass man ihn nicht erkannte. Der andere fragte: wer bist u? Er sagte: ich bin herr Hermann von Geroldseck, der landvogt, und des bischofs bruder. Da sagte der andere: du bist eben der rechte, ich wollte eher sterben, denn dich leben lassen. Und schlug ihn zu todt, und als er ihm den harnisch und panzer auszog und sahe, dass er beide hände voll gold und edelgestein hatte und die nicht herabbringen mochte, hieb er ihm beide hände ab, stiess sie in bussen, warf ihn und noch zween andere in ein loch und deckte sie mit grund zu.

Fol. 105

990. (*Einzug in die Stadt.*) — Unter den bürgern kam nicht einer um, denn allein ein metzger, genannt Bilgerlin; den hatten die flüchtigen mitgenommen gen Geistpolsheim. Da sie hörten wer alles umgekommen war, schlugen sie den guten mann auch zu todt; konnten sich sonst nicht rächen. Die bürger zogen mit grosser ehre und freude in die stadt, mit den gefangenen, man laeutete alle glocken, und giengen ins münster, knieten nieder und dankten gott um den sieg.

Die gefangenen führte man im münster auf den dorment auf dem kreuzgang, die wurden gar wohl bewacht und versorgt, dass niemand entfliehen mochte.

In dieser schlacht sind die burger allein, und keine herren vom bunde bei ihnen gewesen, allein der von Ochsenstein und der von Girbaden.

991. (*Die Strassburger verbrennen Lingolsheim.*) — Als die erschlagenen in der nacht auf dem felde lagen, hatte der bischof heimlich geboten, dass man bei nacht alle erschlagenen sollte auf der wahlstatt holen. Dies geschahe von ihren freunden und den unterthanen, die begruben sie. Den andern tag zogen die bürger aus vor Lingolsheim, und fanden die burg leer, da verbrannten sie es. Sie brannten auch Nordhausen gar ab. Das ganze bisthum fürchtete die stadt und begehrte jedermann sich mit ihr zu vertragen.

992. (*Bischof Walther bittet um Frieden.*) — Des andern tags schickte der bischof etliche geistliche, die warben um frieden: er hob das interdict auf, erlaubte wieder zu singen und bat, man wolle die gefangenen wohl halten, insonderheit seinen bruder, herrn Hermann den landvogt, den meinte er dass er noch im leben sey.

993. (*Hermann von Geroldseck aufgefunden.*) — Da man hörte, dass des bischofs bruder auch gefangen seyn sollte, suchte man ihn unter den gefangenen, denn sie froh waren, wenn sie ihn gefangen hätten; man konnte ihn aber nicht finden. Da gedachte man., es hätte ihn etwa ein bürger heimlich, der würde etwa geschenke nehmen und ihn ledig geben. Da gebot man öffentlich, wer ihn hätte und den bürgern nicht lieferte, der sollte leib und gut verfallen seyn, dazu sein ganzes geschlecht ewig von der stadt verwiesen. Wer ihn aber herausgäbe der stadt, dem wollte man 100 mark silbers geben. Da kam der arme burger aus furcht hertür und sagte, er wäre erschlagen und im graben in einem loch begraben, sammt zween bey ihm, und zeigte beide hände, die er abgehauen, und das gold und die edelgestein, die er angehabt. Da suchte man ihn und fand ihn ohne hände, wie der gesagt hatte. Das wurde dem bischof berichtet; der liess ihn gen Dorlisheim führen mit grossem leid, und da in der kirche ins chor begraben. Und gab man dem mann, weil er die wahrheit gesagt, 100 mark silbers.

994. (*Bischof Walther sucht umsonst Hülfe.*) — Nach herr Hermanns tod ist sein bruder der bischof nimmer mehr fröhlich geworden, sondern hat sich hart darüber bekümmert, da er ihn sehr geliebet. Sein vater, der alte von Geroldseck, suchte viele hilfe, wie auch der bischof, fanden aber wenig beistand, da sich die stadt mit graf Rudolf von Habsburg, auch vielen andern grafen und herren mit bündnissen sich stärkten, wodurch vielen das herz entfiel.

995. (*Strassburg abermals mit dem Interdikt belegt.*) — So blieb doch der bischof seiner meinung, vermeinend endlich seine sache zu behaupten. Da nun viele herren und städte den krieg mit der stadt und dem bischof nicht konnten verrichten, weil viele leute dazwischen redeten, da gebot der bischof wiederum interdict auf die stadt, verbot singen und allen gottesdienst. Da legte man alle gefangenen an eiserne ketten und verwahrte sie noch besser. Der bischof war schier allein, es wollte sich niemand seiner mehr annehmen. Die auf dem lande gaben nicht viel auf sein gebot, deshalben vertrugen sie sich mit der stadt, zogen aus und ein, kauften und verkauften, und fragten nichts nach dem bischof. Aber etliche städte, flecken und dörfer die trotzten der stadt, wie sie konnten. Das liessen die bürger geschehen bis nach der erndt, da fuhren sie aus und verbrannten Ober-Ehnheim (das war noch nicht ummauert), darnach Igmarsheim, Bischheim, Dorlisheim und viele andere dörfer mehr, die verbrannten sie bis auf den boden. Da sie gen Molsheim kamen, gaben die eine summe geld, dass man sie nicht brannte; darnach verbrannten sie Dachstein, Ernolsheim, Kolbsheim, Büttenheim, Sulz, Wolksenheim, Holzheim und viele andere staedte und dörfer mehr die zum bisthum gehörten, die schleiften sie ganz. Darnach zogen sie über Rhein vor viele gute haeusser, insonderlich Willstätt; da hatten die von Lichtenberg viel leides der stadt daraus gethan, das war stark mit mauern und graben. Sie gewannen und schleiften es, und zogen heim mit freuden.

996. (*K. Richard im Elsass.*) — Da versöhnte sich die ganze landschaft mit der stadt, damit friede würde. Und da es also währte bis gegen den herbst, kam könig Richard aus England von der krönung von Achen den Rhein herauf als ein römischer kaiser. Der bestätigte der stadt ihre freiheiten, und sie empfieng viele ihrer lehen von ihm. Zog das land hinauf gen Basel, liess die stadt huldigen, zog aber aus mangel an geld bald wieder herab, kam gen Hagenau und beschickte beide parteien auf die klage bischof Walthers und verhoffte die stadt und den bischof zu vergleichen. Da kam die stadt mit 60 verdeckten rossen gen Hagenau auf klag und antwort. Es sprach könig Richard und andere fürsten einen gütlichen spruch der beiden theilen lei lich war. Es wollte aber bischof Walther nit weichen, zeigte an, er wäre ein geistlicher, die weltlichen sollten den geistlichen weichen. Hingegen wollte die stadt so den sieg in händen, demselben noch viel weniger etwas vergeben. Und da der könig nichts mochte verrichten, da stiess der bischof eine unbedachte rede im zorn aus gegen die von Strassburg und sagte: was er darnach frage, wenn es hier nicht vertragen würde, es solle, ob gott will, nicht lange anstehen, er wolle seine gefangenen bald alle ledig haben.

997. (*Fluchtversuch der Gefangenen.*) — Da die bürger der rede nachdachten, nahmen sie keinen urlaub, eilten heim und giengen vor abend noch zu den gefangenen und beschauten ihrer einiger bande und ketten und befanden, dass sie alle subtil durchfeilet waren. Da suchten sie mit fleiss nach den feilen, die fanden sie mit allerlei werkzeug und seilen, da aber sie noch nicht eigentlich wussten, wo sie aus möchten kommen. Da kamen sie zu einem meister Conrad von Schuttern, der lag auf dem bett, stellte sich ganz schwach, sagte, wo man ihn nur bewegte, müsste er von stund an sterben. Daran kehrte man sich nicht, hoben ihn auf sammt dem bett; da fanden sie ein grosses loch darunter, das gieng in den keller, darein giengen sie allernächst unter dem dormenter, an

einem seil, das war voller knöpfe; sie fanden ein grosses loch im keller, das war durchgebrochen gegen den bruderhof. Dadurch war Conrad von Schüttern oft zu nacht gegangen, und hatte schon schiffe bestellt. So waren sie alle nahe daran davon zu kommen, hätte der bischof geschwiegen.

Darauf legte man den Conrad von Schuttern in einen thurn, und machte die löcher stark zu, und wurden die gefangenen besser besorgt denn vorher und stark angefesselt und bewacht.

998. (*Die Gefangenen schwoeren Urfehde.*) — Da die gefangenen sahen, da sie nicht entrinnen möchten, auch nicht ledig werden, giengen sie die artikel ein, die man ihnen vorhielt: dass sie ihr lebenlang nichts wollten wider die stadt thun, niemand beistehen in keinem krieg oder anders, denn der stadt Strassburg, ob sie schon von andern belehnt wären, des bischofs ganz müssig seyn; dies schwuren sie, gaben briefe und bürgen über sie. Da wurden sie ledig gegen etliche ranzionen, so sie geben mussten. Der landgraf und andere herren machten mit der stadt bündnisse auf 20 jahre lang.

999. (*K. Richard befiehlt Bischof Walther die Reichsstaedte im Elsass.*) — Darauf befahl könig Richard von England als ein römischer könig dem bischof Walther die reichsstädte im Elsass, als einem landvogt, weil sein bruder todt war. Der könig zog den Rhein hinab; unterwegs nahm er herrn Philipps von Falckenstein schwester zur ehe, wegen ihr überaus schöne halben, hielt einen reichstag und hochzeit zu Worms, da ihm sein weib gestorben war.

1000. (*Die Strassburger verbrennen Bischweiler.*) — Am 12ten tag hernach zogen die burger aus und verbrannten Bischweiler und die burg, die wollten sich nicht mit der stadt vergleichen, schleiften es, und zogen wieder heim. Hierauf wurde es im lande etwas still.

Hiemit haben die burger zu Strassburg sich und ihren nachkommen grosse freiheiten erworben zu ewigen zeiten; wären sie unterlegen, so wären sie zu eigenthum geworden, wie andere mehr.

1263   1001. (*Bischof Walther stirbt.*) — Da nun der krieg gewährt bis in die fasten und der bischof sahe, dass er sein land also verderbte und viele fromme leute, auch seinen bruder um leib und leben gebracht hatte, und das stift in grosse noth, wurde er von herzeleid tödtlich krank und starb am schürtag in der fassnacht zu Dachstein, bat vor seinem ende, man möchte ihn zu seinem bruder legen gen Dorlisheim, welches auch geschah. Gott wolle ihm gnädig seyn und verzeihen; er hat die drei jahre weil er bischof gewesen über stift und land, übel hausgehalten.

1002. (*Der Friede geschlossen.*) — Als bischof Walther gestorben, da Fol. 107 schickten die domherren und geistlichen um ein geleit in die stadt Strassburg; dazu wurden eitel friedliebende männer zu beiden seiten erboten, die den handel zuvor etwas verglichen. Darunter war auch herr Heinrich von Geroldseck im Wasgau, domsänger, erbeten, der den ganzen krieg hindurch in der stadt geblieben war. Da ward erstlich gehandelt, dass aller zorn und unwillen sollte aufgehoben seyn, und einander verziehen und kein theil an das andere um nichts ansprechen, noch das andere antwort darum geben, es wäre zu gute noch zu recht, und jedes theil seine kosten tragen, wer gewänne der hätte, wer schaden hätte, sollte ihn auch haben, und jedes theil in seinen alten stand treten bis auf weitere handlung. Solches ward von beiden seiten beschworen, verbrieft und besiegelt.

Die 4 hauptleute, so in diesem krieg das beste gethan, als herr Reinbold Liebenzeller, herr Claus Zorn, ritter, herr Hug Kuchenmeister und Heinrich Eiche, die wurden, nachdem sie der stadt freiheiten erhalten, ewiglich gefreit, auch ihre haeuser und wer darin würde wohnen, auch durchs ganze reich und vom könig bestätigt und wurden vor ihre haeusser 4 könig von stein gehauen gesetzt, bey S. Claus, in der Schiltgass, zum Hasen und in Kalbsgasse, so noch da stehen.

Darauf kamen alle domherren, priester, geistliche, auch schüler wieder in die stadt, die in zwei jahren nicht waren darin gewesen, und sangen wiederum, aber nicht so laut als vor.

Darauf folgten auch die edeln. Und fanden die pfaffen und die edeln ihre haeuser geplündert und zerrissen, auch ein theil auf den boden geschleift, das war ihr gewinn, dass sie dieselben wieder bauen mussten. Durften auch laut des vertrags kein wort dazu reden.

Darauf hob man an ernstlich capitel zu halten und wurde die wahl zurückgestellt bis man sich in vielen artikeln auch mit der stadt verglichen. Da ward erkannt dass alle ansprache so bischof Walther selig gethan (dieweil es keine gerechtigkeit, sondern eine vermeinte ansprache) sollte man fallen lassen. Es sollte auch das capitel der stadt wider den bischof, noch dem bischof wider die stadt in solchem nicht behülflich seyn, sondern dem papst und dem könig, der seyn würde zu recht, oder den man dazu ordnen sollte, anheim stellen. Unser frauen haus oder gefälle sollte kein bischof mehr einnehmen, denn sie nehmen das gefäll und lassen den bau zu grund gehen, sondern sollte hinfort in der domherren und des capitels händen stehen; und etliche artikel mehr, so sie mit der stadt verglichen. Darauf schwuren sie alle, wer bischof würde, solche stets zu halten, und keine ansprach nimmermehr zu erheben. Solches ward von allen theilen geschworen, verbrieft und gesiegelt. Also endete sich der krieg wie der poet spricht:

Pugna suam finem, cum jacet hostis, habet.

Hiedurch ward die stadt gestärkt und bekam viele freiheiten, denn nicht allein die bischöfe damalen, sondern alle fürsten und herren damalen unterdrückten die städte und machten sie zu knechten: der stärkste schob den andern in den sack. Das machte alles des papstes bann, und dass kein könig im reich war, und konnte keiner seyn, da der papst stets mit dem bann auf den kaisern lag.

1003. (*Wahl des Bischof's Heinrich von Geroldseck.*) — Als nun der lärm gestillt, hob man an gross capitel zu halten und von der wahl eines neuen bischofs zu handeln. Da kan.en die edeln und bürger von stadt und land, baten um gottes willen, dass sie wollten gott zu ehren und dem armen verheerten land zu gutem einen frommen, friedliebenden herrn erwählen, damit sich die armen im lande möchten wieder erholen, baten hiemit hoch, wo möglich, herrn Heinrich von Geroldseck im Wasgau aufzunehmen. Dieweil aber ohne das die domherren herrn Heinrich wollten haben, war es ihnen desto lieber, dieweil er männiglich angenommen war. Darauf wurde er einhellig zum bischof erwählt und ins chor geführt und empfieng possess. Darüber frohlockten männiglich in stadt und land. Er liess den armen und verderbten etliche jahre an zinsen und gülten nach, und lieh ihnen noch dazu, denn er überaus ein frommer, gottesfürchtiger herr war. Da erholte sich das land wieder, dass aller schaden in kurzem vergessen wurde.

1004. (*Bischof Heinrich's Gewohnheiten.*) — Er hielt sich stets sein leben lang in der stadt, hielt eine kleine, ordentliche, kostfreie haushaltung, war niemand beschwerlich; gab viermal mehr um gottes willen armen leuten, denn ihm in seiner haushaltung aufgieng und hatte doch alle zeit überflüssig genug. Er hatte lust dass er viele heilthümer in gold und silber zu fassen und solches an stifter und kirchen, auch grossen herren verehrt. Er liess auch viel köstliche ornate machen, so noch im münster vorhanden sind. Er speiste durch seinen spendator alle imbis über 100 arme leute und gab grosse almosen. Er erneuerte alle spitäler und ordnete den armen ihre nothdurft zu geben.

1005. (*Grosser Brand.*) — Dies jahr 1263 gieng ein feuer aus am holzmarkt, am orthhaus bei Schöneck, herüber bis zum Langenkeller und das gässele zum Geyer an Flachsgass, auf der andern seiten Curbengass, bis an die steinerne säule, im Spittelgässele. Bei der Schindbrücke am Bubeneck herum verbrannten auf 53 haeuser; that grossen schaden.

1006. (*Augustiner zu Strassburg.*) — Da kamen zuerst die Augustiner, nachdem ward ein platz ihnen gegeben bei S. Michaels kapel unter den Wagnern. Die hoben mit frommer leute hilfe eine kirche und kloster zu bauen, und ward bald fertig und ward ihnen grosses gut gegeben. In diesem ist gewesen Thomas, der scharfsinnig, der in unserm vaterland erst die sentenz beschrieben hat, auch das compendium über die heilige geschrift, wie auch etliche wollen, dass sie Hugo Reupelin, predigerordens, zu Strassburg soll gemacht haben. Fol. 108
1265

1007. (*Pilger in's Heilige Land.*) — Dies jahr zog eine gesellschaft aus Strassburg und aus dem Elsass an 500 personen in das heilige land, in der fasten; kamen in zwei jahren wieder.

1008. (*Die Schloesser Ehenheim und Ettenheim zerstoert.*) — Bischof Heinrich liess das schloss Ehenheim einreissen, auch das schloss Ettenheim, denn man stets darin zankte, und die von Geroldseck stets spänn darin hatten. 1266

1009. (*Bischof Heinrich und sein Klerus.*) — Bischof Heinrich vertrieb alle priester so concubinen und beischläferinnen hatten aus dem land, die sie nicht wollten von ihnen thun; denen aber die solches machten, nahm er ihnen die pfründen, setzte andere priester an ihre statt, also dass sie sich mussten halten wie sie gelobt; und hielt steif darüber, so lange er lebte; darnach gienge (es) wie vor.

1010. (*Die Hausgenossen zu Strassburg.*) — Anno 1266 sind das die edeln geschlechter der bürger zu Strassburg gewesen, die man die hausgenossen nannte, die ins bischofs salbuch eingeschrieben wurden und das recht an der münz hatten und nicht zu rath gezogen wurden: denn der bischof solches recht verlieh an der münz und wechsel. Und mochte hausgenoss werden, der da wollte, doch musste er der stadt geben eine mark fein gold, dem münzmeister 20 neue groschen und jedem hausgenossen 10 groschen. Und waren das die geschlechter der hausgenossen, so das recht empfiengen. Es waren oft 5, 8 und 10 in einem geschlecht.

Duschmann und Richter führen Ein wappen.
Die Spender, Jung und Häuffel führen Ein wappen.
Die Freiburger und Süssen Ein wappen.
Die Dannaisser und Schilde Ein wappen.

— 122 —

Die Liebenzeller, Virnenkorn	Die Hattstatt	Die Voltzen
Weirich	Rebstock	Wolfgansheim
Götz	Straub	Pfaffenlapp
Wissager	Kageneck	Söllen
Zorn	Wetzel von Marsilien	Brunig
Ror Enderle	Schanterlin	Wickbreter
Hatten	Rufin	Rösselin
Stubenweg	Berger	Mörschwin
Phamphile	Lamparten	Baldener
Nopen	Lemlin	Bergheim
Fegersheim, Weisbrötlein	Dritter	Hadersider
Lemzle	Schussen	Glaselin
Firnkorn	Billinger	Knorsheim
Knobloch	Herlin	Utenheim und
Banuwe?	Mutzig	Wormeisser
Blumenau	Rosheim	Umgegerten
Hechingen	von Still	von Berer
Pfettisheim.	Nussbaum	v. Marlenheim
	Erlin	Zoller
	Buzlin	Böcklin
	Kolmar	Bessel
	Kamher?	Battendorf
	Winterthur	Kerner
	Köllin	Engelwart
	Truschen	Roschwiller
	Walter	Zabern.
	Zum Riet	
	Kornbysser	
	Sarburg.	

Fol. 109   1011. (*Inschriften.*) — [Enthält eine Abschrift der Grabschriften der Bischöfe Wilhelm von Falkenstein und Hetzel Graf von Dagsburg, in der Jungen S. Peterkirche, welche Speckel früher p. 23 und 25 besser gegeben hatte, so wie auch eine Inschrift des Altars des heil. Columba, von 1263, die Mieg, *Monumenta*, II, 441, besser gegeben hat. — Note Jung.]

Fol. 110   1012. (*Theuerung.*) — Dies jahr war eine solche theurung am ganzen
1267   Rhein und in Deutschland, dass ein brot, so gross als ein taubenei, 3 pfenning galt.

1013. (*Konradin von Schwaben*[1].) — Damals als herzog Conradinus aus Schwaben zu männlichem alter kam, und der papst ihm seine königreiche Sicilien und Neapolis unverschuldeter weise nahm, und Carolo von Frankreich übergab und ihn zu Rom krönte, da zog könig Conradinus sammt dem jungen herzoge von Oesterreich mit grossem volk hinein (nach Italien); sie wurden aber fälschlich von Carolo gefangen und durch des papstes urtheil zum tod erkannt. Conradinus machte sein testament, übergab dem von Walburg, seinem truchsessen, etliches land in Schwaben, und als er der letzte herzog aus Schwaben war, schenkte er ihm seinen siegelring sammt dem wappen mit den drei schwarzen kreuzen. Sonst führten die truchsessen drei goldene tannzapfen im blauen felde. Beide herzogen wurden zu Neapolis mit dem fallbeil gerichtet. Also war der herzoge von Schwaben ende, und war die ansprach, so sie stets ans Elsass hatten, aufgehoben. Sicilien blieb dem Franzosen, doch als ein lehen. Hiemit lud der papst und der Franzose von den Deutschen eine grosse ungunst auf sich.

1014. (*Burggrafschaft zu Nürnberg.*) — Dies jahr starb der letzte burggraf zu Nürnberg und fiel solche burggrafschaft dem reich heim, blieb aber also ersitzen, dieweil kein römischer könig im reich war, der sie verliehe.

1015. (*Albertus Magnus, Bischof zu Regensburg, kommt nach Strassburg.*) — Da übergab Albertus Magnus das bisthum Regensburg, damit er desto fleissiger studieren könnte, und that sich nach Köln. Unterwegs kam er gen Strassburg zu bischof Heinrich. Da ward er von allen geistlichen wohl empfangen, hat auch in der fronfasten auf pfingsten mit erlaubniss bischof Heinrichs 500 personen geweihet, darunter 100 priester; und hat auch zum Jungen S. Peter, als damals das chor gebaut wurde, S. Columban altar auf dem lettner geweiht, wie auch andere kirchen und kapellen und altäre. Als das kloster Schuttern, kirche und chor, nach dem brand wieder gebaut war, hat er in beiseyn des bischofs Heinrich, das kloster, die kirche und etliche altäre auch wieder geweiht, den 14. juni. Bischof Heinrich hat ein kreuz darin heilthum, von gold und silber dahin verehrt. Unter seinem bildniss daran steht geschrieben: 1268

Heinricus episcopus argentinensis dictus de Geroldseck in Alsatia.

Hernach ist Albertus Magnus nach Köln gezogen, nachdem er sich eine zeitlang zu Strassburg aufgehalten.

---

1. Dieser Paragraph scheint durchstrichen. (Note de M. Jung.)

1016. (*Gross Wasser.*) — Dies jahr waren der Rhein und alle wasser so gross, dass sie schier alle brücken hinweggeführt haben, viel dörfer, vieh und leute ertranken, mit grossem schaden.

1017. (*Graf Rudolf von Habsburg.*) — In diesen zeiten als graf Rudolf von Habsburg der stadt Strassburg oberster fender und führer war, wie sein vater Albrecht auch, und wann er geld bedurfte, so half ihm die stadt Strassburg stets, und er viel zu ihrem rath kam und dieser war ihm auch behilflich: das wollten seine nachbarn nicht verstehen, sondern waren im stets zuwider, in sonders die pfaffen und bischöfe. Da suchte er allweger seltsame ansprachen auf, dass er geld von ihnen herausbrächte, insonders an den von Basel (der hatte geld, gab aber und liehe niemand nichts), trachtete stets nach land und leuten, das that der bischof auch: so glaubte graf Rudolf, es gehörte ihm billiger, als einem weltlichen, zu. Also suchte er gelegenheit dass ihm der bischof von Basel auf einmal gab 1000 mark silbers, bald 900 mark, bald wiederum 2000 mark. Anno 1270 forderte er wieder 2000 mark, einer ansprach halben, das wollte der bischof nicht thun, bewarb sich mit etlichen grafen, die ihm halfen, zog ins Elsass, verstörte Rheinfelden, Hostenburg, Otmarsheim, Blodelsheim und andere. Graf Rudolf hatte krieg mit dem abt von S. Gallen, musste frieden machen, zog auf den von Basel; der gab geld, wurde ein friede gemacht, aber nicht lange gehalten. Graf Rudolf war überaus ein verständiger herr, hatte viele kriege versucht, war auch lang des königs von Böhmen hofmeister gewesen.

1018. (*Reichenstein belagert.*) — Damals zogen die stadt Strassburg, Colmar, Schlettstadt und andere städte im Elsass, mit grafen Rudolf von Habsburg vor die burg Reichenstein bei Reichenweyer und ward sie erobert und die darauf, so die leute beraubten, gefangen genommen, darunter zwei Gossen von Strassburg, und ward die burg verstört.

Fol. 111
1270

1019. (*Spital im grünen Woerth gegründet.*) — Da stiftete Kunz von der Magd einen spital zu S. Johann im Grünen Wörth für 12 arme alte frauen, die gott tag und nacht dienen sollten. Dies jahr zogen auch die von Eckbolsheim in ihr neues kloster zu S. Margarethen.

1020. (*Das Haupt S. Pantaleonis zu Strassburg.*) — Damals kam das haupt S. Pantaleonis, der Rauracker bischof, von Köln gen Strassburg, der mit den 11 tausend mägden und papst Cyriaco war erschlagen worden. Man empfieng es mit allen priestern und heilthümern und führte es nach Basel zu.

1021. *(Mülhausen belagert.)* — Der bischof von Strassburg und der von Basel haben auf Petri und Pauli Mühlhausen belagert, sechs tage lang; als sie aber hörten dass graf Rudolf von Habsburg käme, zogen sie ab.

1022. *(Ein Huhn zu Wolfach.)* — Diesen frühling hat ein huhn zu Wolfach im Kinzigthal 3 tage lang alle tage zwei eier nach einander gelegt: sobald sie die eier gelegt, sind auch junge hühnlein herausgeschlüpft und haben gelebt.

1272

1023. *(Wegelnburg gebrochen.)* — Da kein haupt im reich war, geschahe den burgern von Strassburg viel leid von der burg Wegelnburg mit raub; da zog die stadt Strassburg aus (mit) dem landvogt von Ochsenstein, gewann Wegelenburg und brach es.

1024. *(Graf Egon von Freiburg.)* — Damals baute graf Ego von Freiburg das schloss Burghalden ob Freiburg, und that ihnen (den Freiburgern) viel leides daraus. Er verstörte auch das kloster Gotnau von wegen etlicher zins und gülten halb. Auf Margarethen zog graf Rudolf von Habsburg ins Breisgau vor Neuenburg. Aber der bischof von Basel kamen ihnen (den Neuenburgern) zu hilf; graf Rudolf verderbte die erndte, der bischof und die von Neuenburg verbrannten ihm Otmarsheim und viele dörfer darum.

Es war alles frei, das reich gieng zu grunde, jedermann, auch die kurfürsten, nahm was er konnte, wie auch die geistlichen. Der papst in Italia nahm dem reich was er konnte, damit er herr bliebe: denn das reich war ohne haupt.

ENDE DES ZWEITEN BUCHES.

ANFANG DES DRITTEN BUCHES.

1025. (*Zustände im Reiche.*) — Als nun in der ganzen welt schier jedermann freien willens lebte, auch niemand sich des römischen reiches vor dem papste wollte annehmen, da wurde raub, todschlag, brand, meuterei das beste handwerk, in sonderheit in Deutschland, denn jeder herr war.

1273   **1026.** (*Bischof Heinrich's Tod.*) — Als bischof Heinrich 10 jahre lang ganz gottselig regierte, wohl und friedlich haus gehalten hatte, starb er zu Strassburg mit grossem leid, und ward ins münster vor S. Richardis altar begraben.

1027. (*Wahl Conrad's von Lichtenberg.*) — Auf ihn ward einhelliglichen gewählt herr Conrad II (etliche nennen ihn den III.), ein herr von Lichtenberg, ein schöner herrlicher mann, als man finden mochte im lande. Der ward vom bischof von Maynz, herrn Wernher von Falkenstein zu Strassburg confirmirt, der ohne das nach Rom wollte, sein pallium oder andere geschäfte da zu verrichten. Der suchte bei graf Rudolf von Habsburg um ein geleit an durch seine lande: der graf führte den erzbischof von Strassburg aus zehrfrei durch seine ganzen lande, persönlich, bis an das welsch gebirge.

1028. (*Mülhausen abermals belagert.*) — Damals belagerte bischof Conrad von Strassburg abermals mit hilfe des bischofs von Basel, Mühlhausen, sie bekamen die stadt aber nicht; da ihr graf Rudolf zu hilf kam, mussten sie abziehen.

Darauf zog graf Rudolf zu S. Gregorienthal und nahm solches mit gewalt.

1029. (*S. Thomaskirche abgebrochen.*) — Damals brach man S. Thomaskirche ab, denn sie war von holz; sie wurde von eitel steinen aufgeführt, aber nicht gewölbt, sondern mit einem hölzernen boden.

1030. (*Der Papst befiehlt einen neuen Kaiser zu waehlen.*) — Als der erzbischof von Mainz zu Rom seine geschäfte verrichtet hatte und heim wollte, klagte er dem papst was muthwill, raub, mord und feuer in Deutschland fortgieng, weil kein könig vorhanden, daran er, der papst schuldig wäre, da er keinen (i. e. des reiches) fürsten wollte annehmen, noch auch einen ausländischen, daher kein gehorsam mehr vorhanden, weil alle könige von den päpsten viele jahre her seyen gebannt worden: damit ist ihnen aller gehorsam entzogen, schande und laster gestärkt und jedermann nach seinem muthwillen zu leben erlaubt.

Da gebot ihm der papst und den andern kurfürsten dass sie ein haupt und könig wählten, damit das reich versehen wäre, oder er werde das reich anders versehen mit einem ausländischen. Als der erzbischof von Mainz wieder von Rom kam, forderte er die kurfürsten zu Frankfurt zusammen, und zeigte ihnen des papstes gebot an, dass man einen könig wählen sollte, da das reich schier an 20 jahre ohne haupt gestanden, und jedermann herr wäre.

1031. (*Rudolf von Habsburg gewaehlt.*) — Nachdem man lange disputirt, brachte der bischof von Mainz an, und erzaehlte wie graf Rudolf ein gewaltiger, verständiger herr wäre, von jugend auf wohl erzogen, des königs [aus] Böhmen hofmeister, wo man ihn aber so übel fürchte als den könig, auch in kriegen hoch erfahren, und wäre seines gleichen jetzund nicht in deutschen landen; zudem wäre er der religion und gottesdienst sehr geneigt; aufrichtig, was er gesagt hatte er steif; solches hätte er an ihm selbst als er ihn von Strassburg aus durch seine lande bis an das welsche gebirg geleitet, persönlich erfahren. Darauf wurde er einhelliglich zu einem römischen könige erwählt und wurden ihm etliche artikel vorgeschlagen anzuzeigen, und solche wurden dem erzbischof von Madenburg übergeben, sammt etlichen grafen und herren mit ihnen die wahl zu verkündigen. Ist geschehen auf Michaelis

Fol. 112

1032. (*Graf Rudolf von Habsburg vor Basel.*) — Graf Rudolf lag eben damals vor Basel und belagerte die stadt. Die gesandten kamen gen Strassburg: da fuhren die von Strassburg in aller stille mit ihnen hinauf. Als die legaten ins lager kamen, wusste niemand was es wäre. Da eröffneten die legaten ihre werbung und grüssten ihn als einen römischen könig. Er nahm die artikel an, schwur sie zu halten, das reich wieder in einen weg zu bringen und zu mehren. Darauf wurde friede im ganzen lager, und alle gefangenen wurden loss. Da kamen die von Basel heraus ins lager, wünschten ihm glück. Da begabte er die, zog ab und machte allenthalben frieden. Hernach hat er seine töchter den kurfürsten und denen die ihm die botschaft gebracht, verheirathet.

Unter den gesandten war graf Friedrich von Zollern, der Rudolfs schwester hatte; der heischte ihm erstlich das botenbrot. Dieweil aber damals die burggrafschaft Nürnberg abgestorben, gab sie ihm könig Rudolf zu lehen. Hernach hat könig Siegmund dem burggraffen von Nürenberg die kur und mark Brandenburg um 200,000 ducaten auf dem concilium zu Constanz verliehen: also sind die grafen von Zollern an die burggrafschaft und kur zu Brandenburg gekommen, bis auf diese zeit.

1033. (*K. Rudolf kommt nach Strassburg.*) — Den 15. dezember kam k. Rudolf zu wasser mit 1200 personen, auch mit vielen pferden gen Strassburg; der wurde als ein könig, ganz herrlich empfangen mit allem heilthum, geistlich und weltlich. Er brachte viele bischöfe, fürsten und herren und seine söhne mit ihm. Man schenkte ihm 160 fuder wein, 10 ochsen, 200 fiertel habern, 25 centner fische; eine güldene schüre, darin 2000 goldgulden waren und alle nothdurft. Ueber drei tag kam sein gemahl von Basel auch hernach mit seinen töchtern. Man beschenkte sie auch herrlich. Darnach fuhren sie zu wasser, auch viele zu land den Rhein abe, zur krönung gen Achen. Die von Strassburg schickten ein grosses schiff mit fleisch, wein, brot, mehl, auch viele edelknechte mit ihm, zu ehren, so auch bischof Conrad von Strassburg. Sie wurden allenthalben wohl empfangen.

1274   1034. (*Kroenung zu Achen.*) — Zu Mainz kamen die herzoge von Sachsen, Brandenburg, Bayern, mit 1000 pferden ihm entgegen, haben ihn bis gen Köln geleitet und da weihnachten gehalten. Auf der heiligen Dreikönige abend ward er zu Achen gekrönt sammt seinem gemahl. Da hat man ein weisses kreuz am himmel gesehen, das man sagt, bedeute frieden, weil es nicht roth war, und eine glückliche regierung.

Darnach nahm er alle städte am Rhein in huldigung, zog den Rhein wieder herauf, sammt allen fürsten und herren. Der hat das alte Waremundische fränkische verfallene geschlecht wiederum in die höhe gebracht, in tugend und dem kaiserthum.

1274   1035. (*K. Rudolf kommt abermals nach Strassburg.*) — Auf lichtmess kam koenig Rudolf wieder von Achen mit seinem gemahl, söhnen und töchtern gen Strassburg, mit vielen fürsten, grafen und herren, und dieweil er allwegen der stadt obrister im krieg gewesen war, wurde er desto herrlicher empfangen. Der bischof und alle geistlichen giengen mit dem heilthum, gesang und kerzen entgegen, man schenkte ihm und allen fürsten und herren ganz köstlich, und als er drei tage dagelegen war, zog er das land hinauf.

1036. (*K. Rudolf fordert alle Reichslehen zurück.*) — Nach diesem gebot k. Rudolf im ganzen reich, dass alle die etwas vom reich genommen, sollten's wieder dazu geben (er selbst gab Colmar, Mühlhausen und alles andere zurück). Etliche thaten's, etliche empfiengen es zu lehen. Markgraf von Baden, Wirtemberg und auf 24 grafen weigerten sich: aber er bezwang sie alle, dass sie es mussten geben. Da kam Odoacer aus Böheim, empfieng sein reich von ihm zu lehn, und widerrief darauf solches. Es fielen auch Oesterreich, Kärnthen zum reich, aber der könig von Böhmen nahm solches ein.

1037. (*Streit des Bischofs mit Murbach.*) — Dies jahr wuchs guter wein, und wurde der herbst erst nach Martini eingebracht. Der bischof von Strassburg befahl dem amtmann von Rufach, auch dem ganzen Mundat, dass man dem abt von Murbach alles einkommen nehmen sollte, da er ihm viel schuldig und nicht zahlen wollte: solches wollte das convent nicht gestehen; doch wurde es vertragen.

1038. (*K. Rudolf und Gregor XII zu Lausanne.*) — Damals zwang kœnig Rudolf viele grafen zum reich. Er belagerte auch Freiburg und viele staedte. Im october zog er mit seinem gemahl, kindern, auch vielen fürsten und herren gen Lausanne. Dahin kam papst Gregorius XII von dem concilium zu Lyon. Da wurde gehandelt dass koenig Rudolf auf pfingsten künftig mit mehr denn 2000 pferden sollte die krone holen. Er liess sich auch mit dem kreuz zeichnen, dass er sollte das heil. land gewinnen, dazu er grosses gut verhiess, auch die constantinopolitanische kirche unter die römische bringen; und sollte dem könig zur steuer 12,000 mark silbers gegeben werden vom zehenten von den geistlichen in Deutschland; auch von jedem haupte oder menschen alle jahr ein pfennig durch alle lande. Darin war bischof Conrad von Strassburg, auch die geistlichen; auch die orden kauften sich nicht allein zu Strassburg, sondern in allen landen um eine gewisse summe gelds vom ab. König Rudolf gab darzu viele städte in Italia. Darzu ward bestellt solches einzufordern bruder Heinrich von Basel, barfüsser ordens.

K. Rudolf wurde vom papst confirmirt. Deshalb, als er das geld überkam, dachte er der römischen krone nicht mehr, auch nicht an Jerusalem; kam also mit grossem frieden vom papst wieder heraus ins land, doch behielt der papst das geld auch.

   Bis sexcenti septuaginta tres que stetere
   Anni: Lausannae dum rex et papa fuere.

1039. (*Sulzbach erbaut.*) — Damals wurde das schloss und stadt Sulzbach in S. Gregorienthal erstlich erbaut.

Im kloster Alsberg (?) ist diese zeit eine nonne gewesen, die in 11 jahren nichts getrunken hat.

1040. (*Der Bischof von Speyer auf Fleckenstein gefangen.*) — Vor dieser zeit hatte der von Fleckenstein dem bischof von Speyer lange gedient, aber nichts vor sich bringen können, deshalben er den bischof gefangen und auf Fleckenstein geführt. Da solches k. Rudolf erfahren, zog er mit den von Strassburg auf den von Fleckenstein, aber der ergab sich dem könig, wurde vertragen und der bischof ledig gemacht.

1041. (*Münsterbau.*) — Dies jahr wurde die kirche, die jetzund das münster heisst fertig, und hub man an mit steinen und anderm einen vorrath zu machen, künftig den grossen thurn, so noch steht, zu bauen.

1042. (*Ein Abentheurer zu Neuss.*) — Damals hielt sich einer zu Neuss, gab vor er wäre könig Friedrich; sah ihm ganz ähnlich, zeigte an er wäre lange jahre in Neapolis gewesen bei einem guten freund; er käme nun vor seinem ende noch sein vaterland zu besehen, und fiel ihm viel volk zu, und huldigten ihm viele herren und städte. Man sagte oft zu koenig Rudolf, er solle zu der sache thun, aber er verlachte solches nur. Zuletzt entbot er k. Rudolf gen Strassburg, die hatten den könig oft gewarnt, aber er hat es stets verlacht. Da sahe k. Rudolf, dass es ernst wäre, machte sich mit vielem volk auf, zog ihm nach gen Friedberg, und erwischte ihn zu Wetzlar. Da belagerte er die stadt, und sie gaben den betrüger heraus. Da bekannte er alles: hiess sonst Thilo Kolup, zeigte auch an wer ihm geschworen und hilfe thäte; er wäre sonst lang an kaiser Friedrichs hof gewesen und hätte alles erkundigt. Den liess k. Rudolf selbst dritt verbrennen: da entlief sein hofgesinde.

1043. (*Koenig Rudolf kriegt im Elsass und gegen Freiburg.*) — Darnach kam k. Rudolf wieder gen Strassburg; da hatten Colmar und viele staedte und herren dem betrüger auch geschworen. Da bezwang er Colmar, die mussten ihm 4000 mark silbers geben. Darnach bezwang er auch Hagenau, Durlach, Zürich, Bern, und viele, die ihm zuwider waren, und dem betrüger beigestanden. Er zog auch mit den von Strassburg vor Freiburg wider den grafen und gewann es, that grossen schaden. Da ergab sich der graf, und befreite die von Freiburg vom grafen. Daraus hernach viele kriege entstanden und bezwang auf 24 grafen sonst noch.

1044. (*K. Rudolf zieht gegen Boehmen.*) — Damals zog k. Rudolf erstmals wider den könig von Böhmen, mit grossem volk von Strassburg und dem Elsass.

1045. (*Grosse Theuerung.*) — Dies jahr war ein missgewachs in früchten also dass ein grosser hunger unter der gemein war. Doch konnte man in Strassburg wohl brot überkommen, aber zu Basel, Colmar, Schlettstadt, Breisach, Freiburg war oft in acht tagen kein brot gesehen. Sobald die erndte kam, war genug vorhanden.

1046. (*Münsterbau.*) — Am lichtmess, als bischof Conrad die kirche am münster hatte fertig gemacht und den vordern thurn wollte höher haben, und Unserer frauen fürbitte und segen dazu, da hielt man eine messe von Unserer lieben frauen auf ihrem altar, darnach gieng man in der procession mit allen domherren und geistlichen, und gieng dreimal um den platz, da der thurn hin sollte kommen, der war umsteckt. Da nahm der bischof eine schaufel und warf drei würfe heraus, dies thaten die andern domherren auch, da hielten die arbeiter zu, die darauf warteten, huben an zu arbeiten. Da wollten zwei an des bischofs ort mit seiner schaufel arbeiten, wurden uneis und schlug einer den andern mit der schaufel zu todt. Das erschreckte den bischof: er bot neun tage lang die arbeit wieder ab, bis man den platz wieder geweihet und Unserer frauen von neuem angerufet. Und als der platz wieder geweihet und geräumt war, bis genugsam zum fundament, und erlen pfaehle geschlagen waren, da wurde auf Urbani vom bischof und den domherren der erste stein gelegt. Erwinus von Steinbach hat die visirung zum thurn gestellt, die noch vorhanden ist, wie auch noch am vordern thurn eingehauen ist:

Anno Domini 1277 in die beati Urbani hoc gloriosum opus inchoavit magister Erwinus de Steinbach.

Der bischof gab grossen ablass zu dem werk, da wollte jedermann selig werden an dem werk, man fuhr gott und Unserer frauen zu ehren auf 10, auch 12 meilen her, holte steine in Kronthal in Unserer frauen grub. Man gab auf dem fronhof den fuhren zu essen; man sammelte in allen landen zu dem werk, bei amtleuten und pfaffen, stellte büchsen in die kirchen und heischte auf alle vier frauen tage also: liebe freunde, steuert Unserer frauen, zu ihrem bau gen Strassburg; wer irgend hat, es sei gestohlen, geraubt und unfertig gut, der lege es darein, der hat hiemit vergebung der sünden; es ist Unser frauen ein guts gut. Wenn dann die büchse voll war, brachte man sie auf Unser frauen haus, gab man dem bringer ablass und zu essen: er nahm dann die büchse wieder mit, aber leer.

1047. (*Bischof Conrad's Charakter.*) — Dieser bischof Conrad war eine herrliche, schöne person, den weibern lieb, bei denen er viel war, sonst gerecht, wahrhaft, der einen herrlichen stand führte, half seinen freunden sehr wohl auf. Denn nicht allein diesen herrlichen thurn zu Strassburg er baute, sondern noch viel treffliche sachen mehr er mit grossem lobe vollführte.

1048. (*Die Predigermoenche ziehen aus der Stadt.*) — Da brachten die predigermönche vom papste zuwegen, dass sie ihre freunde, vater und mutter, brüder und schwestern erben möchten, als wenn sie weltlich wären, das auch zuvor nicht gebräuchlich war. Das wollte ein rath nicht thun; sagte, wann sie wollten erben, wäre billig, dass man sie auch erbte, sonst würden alle güter an die klöster kommen. Das wollte die stadt haben, oder ihre briefe sollten nichts gelten. Das wollten die mönche nicht thun; da gebot man dass niemand zu den predigern gehe, noch opfere oder gottes rechte da empfahen sollte. Das nahmen die mönche nicht an, und zogen aus, zwei und zwei in procession, mit dem kreuz aus der stadt; liessen ihre kirche offen stehen.

1049. (*Krieg mit Lothringen.*) — Damals zog der bischof von Metz wider den herzog von Lothringen, darzu half ihm bischof Conrad von Strassburg. Es wurden aber dem bischof von Strassburg 12 der besten wagen genommen und abgejagt. Darnach hat man frieden gemacht, und er zog mit seinem volk wieder heim.

1050. (*K. Rudolf und der Kaufmann zu Strassburg.*) — 1278 kam k. Rudolf gen Strassburg und lag bei einem kaufmann zur herberge und verrichtete viele haendel und geschäfte. Der fragte einmal den kaufmann, wie er seinen handel führte, und was er für gewinn auf den waaren hätte. Er sagte dem könig, er gewinne gar nichts und verliere stets auf allen waaren, er greife es an, wie er wolle, so wäre ihm stets das glück zuwider und könne kein glück haben, er könne nichts gewinnen, denn alles jetzt wohlfeil wäre, und hätte er theuer eingekauft. Der könig fragt wie wohlfeil alle dinge zu Strassburg wären? Da antwortet jener, wie auch wahr war: Es gelte

1 fürtel	waitzen	4 schilling	item 14 eier 1 pfenning
1 »	roggen	20 pfenning	ein gutes altes Huhn 2 pfenning
1 »	gerste	14 »	8 Häring 1 pfenning
1 »	habern	8 »	der wein ziemlichen kaufs.

K. Rudolf sagte: Dieweil du dem glück nachlaufst und kannst es nicht erwischen, so lege 500 gulden, so will ich auch 500 legen, und was du verlierst, will ich bezahlen, du musst aber mir und nicht dir folgen. Das sagte ihm der kaufmann nun zu. Da sagte der könig: Gehe und kaufe häringe und führe sie gen Köln, verkaufe sie und kaufe wein daselbst, und führe ihn herauf. Der kaufmann sagte: Herr könig, das ist doch gar widersinnig. Der könig sagt: Folge mir! Der kaufmann that es, kaufte häringe, und als er damit gen Köln kam, war der haeringfang missrathen, und er gewann wohl zwei gulden auf jede tonne über alle kosten; und kaufte wein daselbst und führte ihn herauf. Da erfroren alle reben auf Urbani tag, dass ein maass wein 8 pfenning galt, und 1 fürtel habern auch 8 pfenning. Da gewann er noch ein grosses am wein, also dass er reich wurde. Da kam er zu k. Rudolf, brachte ihm sein hauptgut und gewinn; der wollte aber keines, schenkte solches seinem weib und kindern, und sagte: Also muss man dem glück vorlaufen, mit einem solchen rang, wann es nicht still will halten und das hinderste zum vordersten kehren. Doch solle er solches nicht viel brauchen, denn es nicht allwegen geräth. Also war der kaufmann wiederum reich.

Der k. Rudolf ist über die massen ein verständiger, kurzweiliger herr gewesen: er war überaus eine schöne lange person, hatte aber zu der grösse und länge ein kleines haupt, mit einem langen, falben haar und bart.

1051. (*K. Rudolf zieht nach Boehmen.*) — Damals ist k. Rudolf in Böhmen gezogen; aus dem Elsass zogen 6000 mann mit ihm auf Mainz zu; der graf von Pfirt und der von Mümpelgart führten hernach noch 10000 wohlgerüstete knechte ihm zu. Er eroberte Oesterreich; der k. Ottocarius von Böhmen wurde den 26. augustus im Gensfeld bei Wien mit 14 tausend erschlagen. Die Grafen von Freiburg zerbrachen dieweil Zäringen und Breisach, und nahmen denen von Offenburg viele pferd.

1052. (*Gemar genommen.*) — Auf S. Andreas abend zogen die von Strassburg vor Gemar, denn viel raubens und muthwillens ihnen daraus geschah, gewannen burg und stadt und vertrieben daraus die so sich da hielten.

1053. (*Bischof Conrad baut Rufach.*) — Bischof Conrad von Strassburg baute in solchem lärmen das schloss Rufach fest, und hat es mit graben unterschieden und getheilt.

1054. (*Zusammenkunft zu Kolmar.*) — Darauf kamen k. Rudolf, der bischof Conrad und die von Strassburg in Colmar zusammen, da wurde viel gehandelt der predigermönche halben zu Strassburg, aber nichts verglichen. Da wurde der anlass und spruch zu bischof Conrad gesagt: Du sollst beide parteien genugsam verhören, und was göttlich und ihm recht deuchte zwischen den predigern und der stadt Strassburg sprechen. Fol. 115

1055. (*Brand auf dem Holzmarkt.*) — Damals gieng abermals ein schädlich feuer am holzmarkt aus, und verbrannten viele haeuser, denn man damals oft von holz mit überhängen baute, welches nicht wohl zu löschen war.

1279　　**1056.** (*Kaempfe um Freiburg.*) — Damals fiel Freyburg ohne noth von ihrem herrn graf Conrad ab und vom reich: aber herzog Albrecht, des königs sohn, sammt etlichen staedten belagerten Freyburg, brachten's wiederum zum recht unter den grafen. Bischof Conrad von Strassburg war mit in der belagerung und machte die rathung und gab die stadt dem jungen grafen Egon von Freiburg, dessen mutter war Katharina von Lichtenberg, bischof Conrads schwester.

1057. (*Burg Hohenack gebaut.*) — Damals wurde die innere burg Hohenack von herrn Siegfried gebaut, aber der von Rappoltstein fiel darein, wie auch gen Munweiler, plünderte solches und führte den raub gen Colmar. Darauf bauten die herren von Geiersberg Türkheim zu einer stadt und verbrannten Weiler.

Bischof Conrad von Strassburg verbrannte Durlach und Bludentz (?).

1058. (*Landfried von Landsberg erstochen.*) — Damals wurde Landfried von Landsberg zu Strassburg erstochen vom grafen Conrad von Freiburg, wie sein vater vor 13 jahren auch. Auf solche handlung zog herzog Albrecht, könig Rudolfs sohn, mit 20 grafen wider graf Conrad von Freiburg, nahmen ihm viel land ein und brachten ihn zum vertrag.

1059. (*Krone zu Niedermünster gestohlen.*) — Damalen wurde zu Niedermünster die alte königliche krone der Allemannier könige, so noch da vorhanden, auch das kreuz mit dem heillthum, gestohlen. Die diebe wurden gefangen und gehenkt.

1060. (*Mauer zu Zabern umgefallen.*) — Zu Zabern fiel eine alte mauer um und schlug 54 menschen todt.

1061. (*Die Landgrafen vom Elsass.*) — Damals war landgraf Hans im Elsass, der mit Agnes von Lichtenberg hat einen sohn Hans bekommen. Sie ist die letzte landgräfin in dieser linie gewesen. Sein bruder Ulrich hat auch ein weib, Clara von Freiburg, Egon's und Friedrichs schwester, mit der hat er Hansen, den letzten landgrafen gezeugt. Der dritte bruder, Philipp, war ein domherr zu Strassburg. Der liegt mit sammt seinem bruder Ulrich zu Strassburg im Wilhelmer kloster. Aber ihr bruder Hans, sammt seinem sohn Hans, liegen zu Schlettstadt zu den barfüssern[1].

Fol. 121
1280　　**1062.** *Rudolf von Sachsen heirathet Agnes von Habsburg.* — Damals nahm Rudolf kurfürst zu Sachsen kaiser Rudolfs von Habsburg tochter Agnese genannt.

---

1. Die alte Pagination springt hier von 83 auf 89; eine neuere, von 115 auf 121. Was könnte fehlen? (Note de M. Jung.)

1063. (*Strassburger Bürger gefangen.*) — Im april fiengen die herren von Lobgassen etliche burger von Strassburg: da zog bischof Conrad mit 200 pferden auf Rufach zu; da man solches hörte, liessen sie die gefangenen bürger wieder los.

Der von Rappoltstein nahm aus dem bisthum auch einen grossen raub, musste sich mit dem bischof Conrad auch vertragen.

1064. (*Wallfahrt im Leberthal.*) — Damals war im Leberthal zu S. Egidii und in Mariakirch eine grosse wallfahrt: es geschah aber viel bubenwerk da. Als aber Unsere liebe frauen niemand darum strafte, wurde die wallfahrt gen Strassburg gelegt und hörte daselbst auf.

1065. (*Der Streit mit den Predigermoenchen beendet.*) — Damals auf langes anhalten der predigermönche von Strassburg, auch aus befehl des papstes und des römischen königs, nach langem verhör, da sprach der bischof zu recht: dieweil gott den geistlichen güter und eigenes nicht hätte verboten, warum sollte ein geistlicher was ihm von gott und seinen eltern gebürt, nicht empfangen? Die stadt meinte dagegen, dass die freunde der geistlichen diese auch erben sollten, oder man sollte ihnen ein genanntes geben. Der bischof aber sprach: «Die geistlichen güter, einmal gott ergeben, könnten nicht mehr in weltliche hand kommen. Deshalben die geistlichen, insonderheit die mönche sich mit gott nicht könnten dahin verbinden, wie die stadt an sie forderte.» Da ward von der stadt wegen herr Claus Zorn, ritter, zu den predigermönchen geschickt, sie zu holen, der führte sie mit dem kreuz wieder in ihr kloster, als sie auf 3 ½ jahr waren ausgewesen. Das vertheidigte unter ihnen ein geistlicher predigermönch, Hilderich genannt, sehr hoch gelehrt, der war lange jahre des Albertus Magnus jünger gewesen zu Köln. Er lebte aber nicht einen monat im kloster, nachdem sie wiederum eingekommen, und starb. Diesem mönch starb zu Köln sein lehrmeister, Albertus Magnus, auch. Dem folgte sein jünger, Thomas von Aquino nach; der stiftete mit gebot des papstes, dass man das sacrament in monstranzen alle jahr müsse umtragen in der procession. Dies wurde erstlich in Köln, hernach am Rhein, zuletzt in allen landen angefangen.

1066. (*K. Rudolf kriegt in Burgund.*) — König Rudolf zog damals wider den grafen (*sic*) von Burgund, belagerte Bisantz (Besançon), gewann die stadt, gab sie zum reich, bezwange den herzog zu gehorsam, sammt vielen herren mehr.

Fol. 122
1281

1067. (*Grosse Wasser.*) — Gegen den frühling kam ein solch gross gewässer, dass es schier alle mühlen und brücken hinweg nahm; bei Gebweiler fiel ein berg ein; zu Seltz lief das wasser über das schloss.

1068. (*K. Rudolf kriegt im Elsass und in der Schweiz.*) — Damals sperrten sich die von Colmar, Hagenau, Zürich, Bern gegen k. Rudolf, meinten sie wären frei, wollten ihre freiheiten so verstehen, dass sie ihm nichts dürften geben. Der kaiser bracht sie zu gehorsam, nahm ihnen ihre freiheiten und entsetzte den schultheisen zu Colmar, und setzte den von Ochsenstein, seiner schwester sohn, zum landvogt ins Elsass, und zog k. Rudolf mit dem bischof von Basel vor Brundrut, da mussten sie sich ergeben, und wurden wieder dem bischof zugestellt. Als aber der entsetzte schultheiss von Colmar dem neuen landvogt etliche schmach bewiess aus seinem schloss Hohenlandsburg, hat solches schloss der von Ochsenstein auf Nicolai mit gewalt, im namen des königs, eingenommen und den schultheissen vertrieben.

1069. (*Der Bischof von Strassburg und die Herren von Giersberg.*) — Die herren von Giersberg bauten auch ein schloss, dem bischof von Strassburg zum trotz; aber der bischof zog darfür und schleifte solches auf den boden ab, und wollte auch den von Rappoltstein überzogen haben, wäre nicht vorher friede geworden.

1070. (*Sein Kampf mit Baden.*) — Bischof Conrad von Strassburg zog wider den markgrafen von Baden, denn er sich wider den könig, auch den bischof setzte, und ihnen etliches land jenseits des Rheins wegnahm. Da schickten die von Basel dem markgrafen 500 mann zu hilf: als aber viele von des bischofs volk gefangen, ward friede gemacht.

1071. (*Hagel bei Kentzingen.*) — Damals kam bei Kentzingen ein grosser hagel, der erschlug vieh und leute.

1072. (*K. Rudolf's Gemahlin stirbt.*) — Damals starb zu Wien k. Rudolfs gemahl, die wurde gen Basel geführt, ganz königlich: man gieng ihr entgegen mit allen geistlichen und mit 2000 lichtern; drei bischöfe waren zugegen die messen hielten. Man that den sarg auf, damit sie männiglich sehen konnte. Sie war balsamirt, hat einen ganz gelben seidenen rock an mit gold; ein weisses seidenes tuch auf dem haupte, darauf von gold und edelstein eine krone war. Sie wurde hinter dem altar in ein erhobenes grab zu ihren kindern gelegt.

K. Rudolf hatte sonst mit seinem gemahl Anna von Hohenberg zehn kinder, die zu ihren tagen kamen, 4 söhne und 6 töchter:

Albrecht, hernach römischer könig;

Hartmann, ertrank zu Rheinau auf S. Thomas abend; mit ihm 18 vom adel;

Rudolf, herzog zu Schwaben, hat des königs von Böhmen tochter;

Karl, starb jung.

6 töchter:

Mathilde, nahm pfalzgrafen Ludwig, kurfürst;
Agnes, herzog Albrecht von Sachsen, kurfürst;
Hedwig, markgraf Otto von Brandenburg, kurfürst;
Katharina, Otto könig zu Ungern, herzog in Bayern;
Guta, Wenzeslaus, könig zu Böhmen;
Clementia, könig Karl zu Neapolis und Ungern.

1073. (*Die Strassburger brechen Gemar.*) — Damals geschah denen von Strassburg viel leids von der burg Gemar; da zogen die von Strassburg abermals vor Gemar und gewannen die burg mit gewalt und schleiften sie auf den boden, und hieben etlichen den kopf ab. Aber den von Rappoltstein und etliche schickten sie dem k. Rudolf gefänglich. Darauf belagerte könig Rudolf die burg Schöneck und Reichenstein im Elsass gleicher raeuberei halber und schleifte sie auf den boden.

Fol. 123
1282

1074. (*Ruffach kauft sich vom Bischof ledig.*) — Die stadt Rufach kaufte sich ledig vom bischof Conrad von Strassburg, auch von allen frondiensten und andern, damit sie darnach sich möchte ganz frei vom bischof machen. Darauf sie dann hernach viel muthwillen anhoben, und vermeinter sie wären ganz frei.

1075. (*Herzog Rudolf's Vermaehlung.*) — Damals heirathete herzog Rudolf, k. Rudolf's sohn, der herzog in Schwaben war, könig Ottokar's von Böhmen tochter. Ihre morgengab war die herrschaft Kyburg und Ergau. Mit derselben zeugte er herzog Hans, der hernach den könig Albrecht erschlug.

1076. (*K. Rudolf haelt einen Landtag zu Strassburg.*) — Damals hielt k. Rudolf einen landtag zu Strassburg, in beiseyn des königs von England botschaft. Da fuhr sein sohn Hartmann auf dem Rhein herab und wollte zu seinem vater dem könig. Als sie gen Rheinau kamen, zerstiess das eis das schiff und er ertrank sammt 14 grafen und herren mit ihm, an S. Thomas abend. Man führte ihn mit grossem leid gen Basel zu seiner frau mutter, und ward begraben in beiseyn von vier bischöfen. Er war erst 18 jahr alt und mit des königs von England tochter versprochen.

Fol. 121
1283

1077. (*Hausgenossen zu Strassburg.*) — Damals zählte man abermals die ritter und bürger so das müntzrecht hatten und hausgenossen zu Strassburg waren. Und waren das die geschlechter:

Duschmann	Rebstöck	Butzlin
Spender und Hüffel	Folschen	Baeumlin
Reiplin	Eberlin	Hartingen
Freiburger und Süsse	Straub	Mengenwin
Götz	Kageneck	Hochmeier
Wissager	Vogelin	Bock
Zorn	Wetzel von Marsilien	Flach
Ror Enderle	Schanterlin	Kollen
Dannaiss	Berger	Tietscher
Waldner	Rufin	Dambach
Schilte	Lamparten	Wetter (?)
Pamphile	Ebelin	Zu Riet
Fegersheim	Kretser	Kerbisser
Lemple (?)	Russer	Hagenau
Frauenwald Lemple	Abbott	Bischof
Knobloch	Harlin	Zabern
Pfettisheim	Rosheim	Roppenheim
Hattstatt	Zum Stall	Wolfgansheim
Hechingen	Nussbaum	Weissbrötle
	Erlin	Loucher
	Stubenweg	Berer
		Nopen.

1078. (*Zug gegen Pruntrut.*) — Damals wollten die von Bruntrut auch ledig seyn von ihrem bischof, wie die von Rufach. Deshalben belagert k. Rudolf, der bischof von Basel und bischof Conrad von Strassburg die stadt sechs wochen lang, gewannen sie. Sie wurde dem bischof von Basel für eigen gegeben. Und schleiften das schloss Milan, und zog der bischof von Strassburg mit dem volk gen Rufach und bezwang dieses wieder von ihrer freiheit, so sie von ihm kürzlich erkauft hatten, zum gehorsam, denn sie ihre freiheiten zu viel misbrauchten.

1079. (*K. Rudolf hilft den Strassburgern.*) — Koenig Rudolf kam gen Strassburg, da beklagten sich die von Strassburg wie ihnen die herren von Lichtenberg viel drang thaten, denn die von Lichtenberg viele freiheiten daselbst hatten. K. Rudolf war ein guter Strassburger allwegen, der kaufte den von Lichtenberg ihre gerechtigkeit ab, und schenkte solches der stadt. Damit wurden sie frei von ihnen.

1080. (*Ein Haffner zu Schlettstatt erfindet das Glasiren der Toepfe.*) — Damals starb zu Schlettstadt ein hafner, der zum allerersten die kunst erfunden hat, dass man die häfen kann glasiren.

1081. (*S. Gallen gestiftet.*) — Damals stiftete herr Gosele Kirnagel, ein ritter bei S. Thomas zu Strassburg, eine klause, genannt zu S. Gallen, in Königshofen, mit vielen guten pfründen. Darein kamen klausnerinnen, doch mit vorwissen der domherren zu S. Thomas, denen er's auch übergab.

Fol. 125
1284

1082. (*Generalkapitel der Barfüsser zu Strassburg.*) — Nach ostern war zu Strassburg das erste und grosse general-kapitel von den barfüssern gehalten. Dahin kamen Ducio oder Bona gratia genannt, der zehnte general-obrist, mit 33 provinzialen, und Rudolf, des röm. kaisers sohn, bischof Conrad von Strassburg, Probus der Tullensisch bischof, zuvor provinzial in Alemannia, bischof Heinrich von Issna zu Basel, hernach zu Mainz, Albertus bischof der Inseln, sammt 750 barfüssermönchen. Da ward viel von ihrem orden gehandelt. Zuletzt ward auch beschlossen, dass männiglicher glauben und lehren sollte, bei dem bann, dass ihr vater S. Franciscus die fünf wunden Christi gehabt hätte. Und wiewohl solches Franciscus in seinem leben nicht geoffenbart hatte, war doch solches etlichen brüdern im traum vorkommen in den 50 jahren weil er todt, hattens auch nach seinem tod an ihm befunden. Dieser entschluss ist vom papst bestätigt und aller welt zu glauben bei dem bann auferlegt worden.

1083. (*Der Papst fordert zu Würzburg den vierten Theil alles geistlichen Einkommens.*) — Darauf kam der tusculanische bischof, ein cardinal, vom papst gesandt, gen Strassburg. Dahin kam auch der röm. könig. Da begehrte der bischof im namen des papstes, dass der könig alle bischöfe und praelaten zu Würzburg erfordern sollte, welches geschah. Und zog der könig selbst mit vielen bischöffen auch gen Würzburg. Da kamen alle geistliche dahin, und forderte der legat, im namen des papstes, vier jahre lang den vierten theil alles geistlichen einkommen. Da man ihn aber befragte, wozu der papst solches grosses gut brauchen wollte, konnte er solches nicht anzeigen. Da stieg der bischof von Tull (er war von Tübingen gebürtig und lange zu Constanz lesemeister gewesen) auf den taufstein und appellirte wider diese forderung, in ihrer aller namen, wider den papst und legaten. Der könig sagte: herr bischof, wer hat euch solcher appellation befehl gegeben? da sagt der: niemand! ich weiss aber wohl, dass keiner hier ist, der begehrt einen pfenning zu geben. Der könig lachte und giengen alle darvon. Also zog der legat hinweg und wurde ihm nicht ein pfenning bewilligt.

1084. (*Vertrag mit Freiburg.*) — Damals ward ein vertrag und stillstand mit der stadt Freiburg und ihrem grafen gemacht, bis zur vergleichung. Da sollten die von Freiburg ihrem grafen im stillstand alle jahr 100 mark silbers geben, bis man einmal eine gewisse vergleichung treffen möchte.

1085. (*Ochsensteiner Fehde.*) — Walther von Hohenstein, vitzthum zu Strassburg, sammt dem bischof, hatte etliche spänn mit dem von Ochsenstein. Es war aber Hans von Eckirch des von Ochsenstein diener, der erschlug herrn Walthers von Hohenstein bruder, dem bischof zu leid, dessen diener jener war. Da zog herr Walther von Hohenstein vor Eckirch und gewann es und schleifte es. Darauf zogen der bischof und der von Hohenstein vor Ochsenstein, und gewannen es. Darauf wurde vom kaiser friede geboten und gehalten.

1086. (*K. Rudolf vermachlt sich wieder.*) — An der fastnacht nahm k. Rudolf ein ander weib, des grafen Otto von Burgunds tochter, Elisabeth zu Romelsberg. Nach pfingsten hielt er hochzeit zu Basel, in beysein vieler fürsten und herren. Sie war nicht über 15 jahre alt, gar schön; er aber auf 66 jahr alt.

Fol. 126
1285

1087. (*K. Rudolf kriegt im Elsass.*) — Im mai lehnte sich Colmar wider k. Rudolf auf; er zog davor, brachte es wieder zu gehorsam, und verbrennte die dörfer darum, als er es fünf tage lang im julio belagert hatte. Zog darnach vor Hagenau, brachte solches auch wieder zum gehorsam mit grosser strafe: denn sie auf pfingsten den von Ochsenstein aus der burg gestossen, hatten ihn für keinen landvogt mehr (halten), noch dem könig wollen gehorsamen.

1286

1088. (*Das Deutsche Haus in Strassburg gestiftet.*) — Als vor 70 jahren der deutsche adel, so sich Unser frauen ritterbrüder nannten, unter k. Friedrich II. wider die unglaubigen in Preussen und Liefland glücklich stritten und eroberten, da ward von papst und kaiser ein orden aufgesetzt, S. Maria orden zu Jerusalem genannt. Darein kam niemand, denn deutsche von adel, oder so sich ritterlich hielten. Dieweil sie aber die armen und kranken pflegten, im kriege und anderswo, wurde durch alle lande ihnen viel almosen gegeben, auch spitäler gebaut, nicht allein vor die armen, sondern auch wenn sie alt und krank worden; auch wenn sie hin und wieder reisten, ihre nahrung hatten. Darein that man geistliche brüder des ordens,

— 141 —

die nannte man Marianer oder Mariae brüder, dass sie die kranken pflegten. Deshalb haben die edeln von Blumenau zu Strassburg im Königshofer bann, bei S. Aurelien, ihr schloss und alle gerechtigkeit übergeben, und eine kirche dahin gebaut zur ehren gottes, Mariae und des ritters S. Georg, auch einen solchen spital für die deutschen ritter, mit vielem einkommen, so noch das Deutsch-Haus. Sie hatten einen commenthur darin, waren aber damals nicht von adel, wie jetzund, sondern auch priester darunter, die die pilger pflegten mit essen und trinken. Jetzund giebt man niemand mehr etwas, sondern was der commenthur nicht alles verthut, wird nach seinem tod hinweg genommen, wie auch im Johanniterorden.

1089. (*Das Schloss Lichtenberg gebaut.*) — Damals hob bischof Conrad von Strassburg an auf dem schloss Lichtenberg ein schönes haus und eine kapelle zu bauen, damit er, wenn er hinkam, seine wohnung hätte. Welcher bau oder steinerne stock noch da steht mit einer steinernen stiege und zwei thürmen. Es gieng auch ein gang bis auf das obere schloss. Fol. 127

1090. (*K. Rudolf bezwingt Lauterburg.*) — K. Rudolf kam gen Strassburg mit grossem volk, zog hinab und belagerte Lauterburg, welches abgefallen war vom bischof, und vielen muthwillen trieb. Die bezwang er und er erlaubte dem von Zweibrücken, dass er aus Bergzabern wieder eine stadt baute.

1091. (*K. Rudolf erkrankt zu Strassburg.*) — Als er wieder gen Strassburg kam, griff ihn eine schwere krankheit an, also dass er sich seines lebens besorgte, befahl gott seine seele, machte sein testament, ordnete sein begräbniss gen Speyer. Jedermänniglich lag tag und nacht in den kirchen, baten gott um verlängerung des königs leben, welches gebet (als man gewiss hoffte) gott erhörte, den könig in einem monat wieder gantz frisch und gesund machte. Hierauf er alle gotteshäuser mit grossen gaben hoch verehrte.

1092. (*K. Rudolf macht Reichshoffen zur Stadt.*) — In diesem jahr starb der letzte herr von Ettendorf, da fiel etliches dem reich als lehen heim, auch Reichshoffen. Da baute k. Rudolf Reichshofen zu einer stadt und gab es seinem schwager, herrn Otto von Ochsenstein, sammt vielen flecken, dörfern und freiheiten. Darauf zog er den Rhein hinab, des reichs geschäften halben.

1093. (*Der von Rappoltstein verbrennt S. Bilt.*) — Nach ostern, im april, rüstete sich der von Rappoltstein mit vielem volk und überfiel S. Bilt, und verbrannte es auf den boden. Als die kirche brannte, hob der 1287 pfaffe an zu tanzen, der ist jählings gestorben. Darnach zog er übers gebirg und verbrannte dem von Lothringen auf 150 dörfer¹.

1094. (*K. Rudolf belagert Rappoltstein.*) — Der von Rappoltstein wollte seine herrschaft mit seines bruders kindern nicht theilen, sondern jagte sie aus dem lande, wiewohl ihm der könig solches oft geboten. Deshalb belagerte er Rappoltstein drei tage lang. Als aber dem könig nach dem leben gestellt wurde, zog er ab. Der von Rappoltstein stärkte sich mit hilfe seines vetters, des grafen von Blankenberg, brachte viel volk ins land und that grossen schaden. Darauf schickte der könig den herrn von Baldeck mit grossem volk, sammt denen von Strassburg, Colmar, Kaysersberg; sie verbrannten Bergheim und viele dörfer. Der Rappoltstein that dagegen auch viel schaden, insonderheit denen von Horburg, Reichenweier und andern flecken. Deshalb der könig Rappoltstein wieder belagerte und einnahm. Darauf ergab sich der von Rappoltstein, und ward friede gemacht.

Fol. 128

1095. (*Weitere Kaempfe im Elsass.*) — Darnach hat er den herrn von Horburg auch angegriffen, aber der von Horburg hat aus Zellenberg dem von Rappoltstein etliches volk erlegt, und gieng allenthalben krieg im land auf. Da haben die von Strassburg verordnet, dass alle edeln und bürger 2000 pferde erhalten müssten, damit man gerüstet wäre alle zeit.

1096. (*Bauten am Münster. Sabina.*) — Als bischof Conrad zu Strassburg den vordern thurn am münster aufführte, nach der visirung, so noch vorhanden ist, die Erwinus von Steinbach gestellt, der eine tochter hatte, Savina genannt, hat diese S. Johannes bildniss auf der gräte, so ob der thüre steht, mit eigener hand ganz künstlich von stein gehauen, daran sie diese verse gehauen hat:

    Gratia divinae pietatis adesto Savinae,
    De petra dura per quam sum facta figura.

Es stehen auch zwei künstliche bilder mehr da, als Fides und Lex. Fides spricht:

        Mit Christi blut überwind' ich dich.
    Lex spricht: Dasselbig blut, das blindet mich.

Fol. 129
1288

1097. (*S. Helenenkirche gestiftet.*) — Damals bauten und stifteten herr Günther von Landsberg, vitzthum, und seine hausfrau Adelheit von

---

1. «Nota: Vid. *Annales Domin. Colmar.*» Annotation de Specklin.

Dahn, eine schöne kirche zu S. Helenae genannt, bei der rothen kirche, und mit vielen pfründen begabt und versehen.

1098. (*Grosser Wind.*) — Um lichtmess kam ein grosser wind, der warf viele häuser und bäume um.

1099. (*Hermann von Rappoltsteins erobert Hohenack.*) — In diesem jahr hat Hermann, herr zu Rappoltstein, Hohenack belagert und mit verrätherei überkommen, als er ihm viel zusagt und nicht viel hielt. Also auch Nonnenweier.

1100. (*Der Blitz beschaedigt Schloss Rappoltstein.*) — Den 6. juli hat ein donnerschlag das schloss Rappoltstein schier zu boden verschlagen.

1101. (*Die Juden im Elsass klagen bei K. Rudolf.*) — Damals hielten die juden im Elsass einen tag und beklagten sich bei k. Rudolf, wie die christen auf 40 juden in kurzer zeit hätten umgebracht. Hergegen bewiesen die christen, dass die juden an einem charfreitag hätten in einem keller heimlich (ein kind?) umgebracht. Darauf k. Rudolf ihre rabby und die frömmsten gefangen nahm, aber die juden erhielten so viel vom könig, dass er von ihnen 20,000 mark silber nahm und sie wieder ledig liess. Er befahl dem erzbischof von Maynz dass man dem volk wehrte dass sie den Wachener Hanss(?) so die juden umgebracht hatten, nicht anbeten sollten, da ihn das volk als einen heiligen anrief, sondern den corpus verbrennen sollte, welches auch geschah. Als der erzbischof solches zum erstenmale verkündigte, fürchtete er, die menge möchte ihn zu todt schlagen der juden halben, deshalb bestellte er auf 500 juden in harnisch, die ihn wider die christen bewachten, bis er solches verrichtet hatte.

1102. (*Warmer Winter. — Erdbeben. — Gute Ernte.*) — Diesen winter war es stets ganz warm, also dass am neuen jahr die bäume blüheten, um Hilarius die reben ausschlugen, und die jäger im wald erdbeeren fanden; die hühner und vögel am heil. Dreikönigstage anfiengen zu brüten, und das junge volk im wasser badete. Auf solche wärme kamen auf einen tag fünf erdbeben, also dass sich die saeulen im münster bewegten, und viele leute entflohen, fürchtend das münster möchte einfallen. Es that an der stadt, auch an haeusern sehr grossen schaden.

Fol. 131¹
1289

Darauf folgte eine gute erndte, dass 1 fürtel waitzen 2 schill. galt, roggen 16 pfennig, gerste 14 pfennig und wurde aller dinge genug.

1103. (*K. Rudolf bezwingt die von Mümpelgart und Burgund.*) —

---

1. Le feuillet 130 est resté en blanc.

Damals zog k. Rudolf zu Strassburg aus, mit ihm ein grosses volk aus dem Elsass, bezwang den von Mümpelgart, den von Burgund und den von Savoyen; brachte sie alle zum gehorsam, die ihm nicht wollten gehorsamen.

Fol. 132 1104. (*Hochzeit des Grafen Egon von Freiburg.*) — Damals durch
1290) unterhandlung bischof Conrads von Strassburg hat der herzog von Lothringen seine tochter dem grafen Egon von Freyburg, dem jungen, gegeben, welcher bischof Conrads schwester sohn war, und ihm eine herrliche hochzeit gehalten.

1105. (*Stift zu Rheinau.*) — Damals als der Rhein den domherren von Honau noch grossen schaden that, haben sie sich allgemach nach Rheinau begeben, denn er schier den ganzen flecken hinweg nahm, sammt dem ganzen kloster mit der kirche, die in den Rhein fielen; bauten deshalb ein anderes kloster und stift zu Rheinau, und zogen dahin mit bewilligung des bischofs. Da sind sie lange jahre geblieben und bauten ein neues stift und kirche sammt wohnungen.

1106. (*Der Graf von Veldenz kriegt im Elsass.*) — Der graf von Veldenz kam damals mit vielem volk ins Elsass wider den von Rappoltstein, der aber trieb sie wieder aus dem land.

1107. (*Münsterbau.*) — Damals huben die domherren zum Jungen S. Peter an, ihr chor zu bauen, denn es zuvor nur eine kirche ohne chor war, auch nur schlecht gedeckt. Deshalben die domherren im münster ihr chor auch schon gern gedeckt hätten, aber es war kein geld da: denn die jungen domherren, so darüber gesetzt waren zu bauherren, verthaten das geld in andere wege, und gieng der bau schier zu grund, was kirche und chor anbetraf. Deshalb die alten frommen domherren solches den jüngern vorhielten, dass sie mit Unserer frauen werk und einkommen nicht recht umgiengen, ihr nutzen darin suchten, und wo sie länger zusähen, würde solcher bau zu grunde gehen, wie er dann zuvor, als es die bischöfe in handen gehabt hatten, auch verwahrlost waere worden. Schickten deshalb nach meister und rath zu Strassburg, zeigten ihnen die fehler und mängel an, baten sie dass sie Unser frauen werk und haus sammt dem einkommen wollten zu ihren handen nehmen, und solches werk im bau erhalten, und mit schaffnern und pflegern versehen. Auf solches der erbaren domherren bitten und begehren nahm ein ersamer rath solches werk und haus zu seinen handen, erboten sich auch (jedes) jahr, wann der schaffner (rechnung) thäte, dabei zu seyn, damit sie sehen möchten, dass sie erbar mit Unser frauen gut umgiengen. Dieweil es ein christlich gut und einkommen war, haben die allwegen einen priester zu einem schaffner gesetzt, sammt einem kaplan als schreiber. Es haben alle handwerker die am münster arbeiten, ihren kosten da oben (auf dem frauenhause) gehabt, wie auch andere pfründner, denn man jedem sein lebenlang zu essen gab, wenn er sein gut und habe Unserer frauen schenkte und übergab. Haben es also bis auf diese stunde behalten.

1108. (*Bergheim überfallen.*) — Damals hat Cuno von Bergheim feindschaft mit dem bischof von Strassburg, auch mit herren Herrmann von Rappoltstein. Deshalb der von Rappoltstein mit vielem volk Bergheim bei Andlou zu nacht überfiel, aber der von Bergheim war nicht da, sondern zu Sermersheim, da neben gerüstet. Er zog vor Sermersheim, die haben sich mannlich gewehrt, haben etliche erschlagen, und viel verwundet; hat also wieder müssen abziehen.

Fol. 153
1291

1109. (*Ein Fund zu Hallstadt.*) — Damals hat man zu Hallstadt auf dem kirchhof, als man gegraben hat, eine hand ganz unverwest (wiewohl der leib ganz verwest) gefunden; die sollte falsch geschworen haben. Als man sie wieder wollte begraben, hat sie sehr geblutet, also hat man sie in der kirche zum gedächtniss aufgehängt.

1110. (*Gemar wieder gebaut.*) — Damals hat der von Rappoltstein das schloss Gemar (so die Strassburger geschleift hatten) wieder angefangen aufzubauen; und hob an münze zu schlagen, die gut war.

1111. (*Kolmar belagert.*) — Die von Colmar rüsteten sich zu aller nothdurf, denn der von Geiersberg ledig wurde, und wurden viele ritter und knechte aus der stadt getrieben und der herr von Hunaweiler erschlagen. Bischof Conrad von Strassburg belagerte Colmar, aber vergebens, da sie in Colmar auf 3000 gerüstete mann hatten.

1112. (*Albertus von Steinbaum begraben.*) — Den 18. april starb Albertus, edler herr von Steinbaum, domherr und erzdiakon des hohen stifts zu Strassburg. Den hat man gen Schuttern ins kloster geführt, wo er zuvor eine schöne begräbniss hatte machen lassen, auch dem kloster 1000 centner (?) silbers geschenkt, auch die kirche zu Füssenheim dem kloster einverleibt.

1113. (*K. Rudolf kommt nach Strassburg.* — *Reichstag zu Frankfurt.*) — Damals als k. Rudolf etwas schwach begann zu werden, seines alters 73 jahr, und 18 jahr römischer könig gewesen, das reich in eine ordnung und guten frieden gebracht, auch mit allen königen in bündniss, auch was fürsten, grafen, herren und städte innegehabt, fast alles wieder aus reich gebracht hatte, kam er gen Strassburg, von da beschriebe er die fürsten des reichs gen Frankfurt, und zog mit seinem sohn Albrecht auch dahin. Da beklagte er sich seines alters, mit der bitte, dass sie seinen sohn Albrecht wollten zum röm. könig aufnehmen, den er des reichs würdig achte; so wollte er sich hinfort zur ruhe begeben.

Die fürsten gaben zur antwort: sie bäten gott, dass er dem könig sein leben wolle lange erhalten, und Ihr. Maj. zu gutem geruhigem alter; sie wären nicht gesinnt in seinem leben einen andern könig auf und anzunehmen. Wenn es aber gott gefällig, so wollten sie seines sohnes nicht vergessen, von wegen der grossen treue, so er dem reich und allen ständen bewiesen hat.

1114. (*K. Rudolf kehrt nach Strassburg zurück.*) — Darauf zog der könig wieder nach Strassburg, und nachdem er auf etliche zeit oben in's land gezogen, kam er bald wieder gen Strassburg. Da beschickte er den rath und die vornehmsten bürger, sagte ihnen grossen dank um ihren gehorsam, auch vielen gutthaten, die sie ihm bewiesen, und dieweil er sich etwas krank oder schwach befinde, wolle er nach Speyer und sein begräbniss zurichten und da gottes willen erwarten. Darauf dankten sie dem könig um alle gnade und gutthaten die er der stadt lange bewiesen.

1115. (*K. Rudolf stirbt zu Germersheim.*) — Als er auf acht tage lang da still lag, begehrte er hinweg: aber sie baten den könig mit weinenden augen, noch länger bei ihnen zu verharren. Aber er begabte sie, bat für ihn zu beten und fuhr zu wasser hinweg. Da haben ihn viele ritter und knechte gen Speyer begleitet. Im schiff ward er etwas schwächer, also dass sie mit zu Germersheim blieben. Da starb er den dritten tag im september, ward gen Speyer geführt und ganz herrlich neben könig Philipp, so zu Bamberg erschlagen worden, begraben. Auf seinem grab ist geschrieben:

> Anno domi MCCXCI pridie kalendis octobris obiit
> Rudolphus de Habsburg romanorum rex.

Dieser leidige fall ist im ganzen reiche urkundig geworden und allenthalben des königs leibfall begangen. Die zu Strassburg haben ihm einen solchen königlichen leibfall gehalten, mit vielen fürsten und grafen, als wäre er selber da begraben worden.

1116. (*Münsterbau.*) — Damals baute bischof Conrad ganz streng am münster fort, und als man die vier columnen und streben auswendig aufführte, da wurde mit des bischofs bewilligung, von dem rath erkannt, dass man alle fürnehmsten könige, so stadt und land die grossen gutthaten gethan, ihre bildnisse auf triumpfpferde setzen sollte, welches geschehen und noch zu sehen ist. Am vordern pfeiler gegen den Salzmarkt sitzt auf einem pferd könig Chlodoveus, so erstlich das münster erbaut, und den christenglauben hat angenommen, mit goldener krone und szepter.

Am andern pfeiler sitzt könig Dagobertus mit einer krone und szepter, auch auf einem pferd, der erstlich das bisthum gestiftet, die stadt gefreit und dem land viel gutes gethan und das bisthum hoch begabt.

Auf dem dritten sitzt könig Rudolf von Habsburg auf einem pferd mit goldener krone und szepter, welcher stadt und land viel gutthaten bewiesen, auch viele freiheiten gegeben und vor dem bischof erhalten, sonst wären sie eigene leute geworden. Darüber in einem bogen, so ledig, ist mit goldenen buchstaben geschrieben:

> Rudolphus de Habsburg rex romanorum.

1117. (*Synode zu Aschaffenburg.*) — Nach solchem hielt der bischof von Mayuz einen synodum zu Aschaffenburg mit vielen bischöfen und fürsten. Dahin kam bischof Conrad von Strassburg, Basel, Chur, Constanz, Speyer, Mainz, Eichstadt, Bamberg, Würzburg, Hildesheim, Regensburg und andere. Da wurde viel von der wahl eines röm. königs gehandelt. Bischof Conrad bat heftig für herzog Albrecht, der ihm sehr günstig war, von wegen seines frommen vaters, königs Rudolf. Und war schier einhellig etwas da beschlossen, und die sache nach dem neuen jahr aufgeschoben.

1118. (*Bischof Conrad nimmt das Elsass ein.*) — Indessen, ehe man einen römischen könig hatte, nahm bischof Conrad das ganze Elsass ein, und liess in allen staedten schwören keinen andern herren anzunehmen, denn wen die kurfürsten zu einem könig geben würden. Er schickte deshalb seinen bruder, herrn Friedrich von Lichtenberg, den dompropst, solches zu verrichten, neben herrn Otto von Ochsenstein, dem landvogt, welcher k. Rudolfs schwestersohn war. Aber sie meinten gewiss die wahl würde herzogen Albrecht treffen.

Fol. 131
1292

1119. (*Geschoell zwischen den Zorn und Kageneck.*) — Damals ist der schultheiss Claus Zorn zu Strassburg um etlicher scheltworte willen, sammt seinem anhang in rüstung aufgewischt gegen die edeln von Kageneck, und ist ein grosser auflauf worden, doch wiederum gestillt worden.

1120. (*Wahl Adolf's von Nassau.*) — Indem kamen die kurfürsten zu Frankfurt zusammen einen röm. könig zu wählen. Da brachte bischof Conrad von Strassburg so viel zuwegen, dass herzog Albrecht ins Elsass kam mit 1500 pferden, damit er mit ihnen stracks gen Achen auf die krönung ziehen wollte, denn sie für gewiss achteten, er werde könig werden.

Indessen kommt botschaft, wie die kurfürsten nicht ohne grossen zank grafen Adolfe von Nassau, welcher sonst ein mannhafter, verständiger herr war, zum röm. könig erwählt hätten, auf den heil. Dreikönigstag. Darauf zog herzog Albrecht stracks wiederum zurück. Der neue könig Adolf bestätigte den bischof von Strassburg, auch den von Ochsenstein. Die landvogtei im Elsass übergab er Diebolt von Pfirt; über Rhein setzte er seinen schwager, den grafen von Katzen-Ellenbogen zu einem landvogt, der an seine statt ordnete herrn Hermann von Geroldseck. Diese wahl haben herr Albrecht, der bischof, auch die stadt Strassburg höchlich verschmähet, von wegen k. Rudolfs seligen gutthaten.

1121. (*Die Deutschen Herren zu Freiburg.*) — Den 19. mai haben die Deutschen herren zu Freyburg um einer schmach willen graf Egons diener die augen ausgestochen. Darauf fielen der junge graf Egon und etliche bürger ins kloster, jagten sie daraus, zerschlugen und plünderten alles darin.

1122. (*Hermann von Rappoltstein im Gefaengniss.*) — Herr Hermann von Rappoltstein war bürger zu Strassburg, der hatte einer armen frau von Strassburg eine schmach bewiesen. Da ward ihm erkannt, ihr einen abtrag zu thun, oder man werde ihm fehdebriefe zuschicken und bekriegen. Da kam er gen Strassburg, wo man klage und antwort, auch zeugen verhörte, wurde er den 4. juni in gefängniss gelegt, bis er sich mit der frau vertrug.

1123. (*Kindermord zu Kolmar.*) — Damals haben die Juden zu Colmar einen knaben von neun jahren umgebracht.

1124. (*Der Gerbergraben abgebrannt.*) — Damals ist der Gerbergraben zu Strassburg abgebrannt.

1125. (*Ortenburg genommen und Ramstein gebaut.*) — Es nahm der bischof damals das schloss Ortenburg ein im Weilerthal; damit man aber solches, wenn es noth thäte, möchte beschirmen, baute der von Ochsenstein ein schloss zu Scherweiler, und ward das schloss Ramstein bei Ortenburg auch deshalb gebaut und dem von Utenheim zu bewachen gegeben, aus befehl herzog Albrecht's von Oesterreich.

1126. (*Kalter Winter.*) — Damals war ein kalter winter, dass alle reben erfroren, und kam die frucht auf 13 schilling. Da gaben reiche leute den armen etliche 100 fürtel um gotteswillen; über acht tage war kein brot mehr in der stadt und wollten die bäcker nicht backen, auch war ihnen kein brot mehr feil und hatten doch viel frucht, meinten es sollte noch theurer werden. Da wurden die handwerker also zornig, dass sie alle brodbänke in der ganzen stadt abbrachen und den bäckern ofen und fenster einschlugen und sagten: wenn sie nicht backen wollten, würden sie solches mit gewalt nehmen. Da bucken sie wiederum.

1127. (*Die Juden zu Rufach ziehen nach Kolmar.*) — Damals zogen die Juden von Rufach gen Colmar, denn der bischof eine grosse schätzung auf sie gelegt hatte; das wollten sie nicht geben. Sie nahmen ihr gut auch mit.

1128. (*Zwei Schiffe gehen unter.*) — Auf Unser frauen abend sind zwei schiffe, eins zu Strassburg und eines bei Breisach, untergegangen und über die 70 personen ertrunken.

1129. (*Die von Kolmar müssen Herzog Albrecht schwoeren.*) — Damals haben die von Colmar sich gefürchtet dass der bischof von Strassburg und die von Ochsenstein Colmar mit gewalt möchten einbehalten, haben herrn Heinrich von Rappoltstein in der nacht mit vielem volk eingelassen im namen k. Adolfs. Darauf der schultheiss in Colmar herrn Anshelm von Rappoltstein berief und ihn gleichmässig einliessen von wegen herzog Albrecht. Der stiess seinen bruder Heinrich aus der stadt und nahm ihm alle seine güter. Da mussten die von Colmar dem herzog Albrecht von Oesterreich zuschwören.

1130. (*Belagerung und Einnahme Kolmar's.*) — Als k. Adolf solches hörte, kam er mit grossem volk ins Elsass und kam auf Michaelis gen Rappoltsweyer, und auf den 10. oktober hat er Colmar belagert. Er liess S. Gregorienthal, auch die höfe bei Hohenack abbrennen, durch Cuno von Bergheim, nahm Schlettstadt ein, auch Rappoltstein ergab sich. Da verbrannte er den flecken, nahm auch Gemar ein, und den von Colmar nahm er das wasser, legte gen Winzenheim, Ungersheim und alle ende volk, damit nichts nach Colmar einkam auf alle art. Aber Cuno von Bergheim war obrister im kriegsvolk, der wusste alle gelegenheit im lande.

Die bischöfe von Köln, Mainz, auch Basel, schickten viel volks und waren auch persönlich dabei. Der herzog von Burgund kam und empfieng seine lehen und bot seinen dienst an. Er mahnte auch den herzog Albrecht auf, aber der schickte keine hilfe, sagte, wenn die fürsten in der belagerung abfielen, wolle er ihm helfen; er sei stark genug. Sie hatten speise in Colmar genug, allein mangel an mehl, deshalb sie mit stampfmühlen sich behülfen. Er nahm alles herum im lande ein, und geschah dem bischof von Strassburg, auch der stadt grossen schaden.

Auf des königs seite ist niemand vornehmes umgekommen, denn sein truchsess und sein marschalk, und ein vornehmer von adel. Der bischof von Strassburg schickte noch 2000 gerüstete, die sollten heimlich bei nacht in Colmar eingebracht werden und den bürgern helfen. Aber sie haben sie nicht wollen haben, doch ist der herr von Lichtenberg, des bischofs von Strassburg bruder, hineingekommen. Aber da haben die bürger die schlüssel schon zu den porten gehabt und den könig einlassen wollen. Da ist der von Lichtenberg bei nacht selb 10 über die mauer davon gekommen. Der schultheiss und der von Rappoltstein haben sich in das predigerkloster begeben. Da haben sie die bürger geholt und in gefängnisse gelegt, und in der nacht als der könig sechs wochen die stadt belagert, hat man ihm den von Rappoltstein geliefert, aber der schultheiss Rösselmann entrann, und floh auf Egisheim zu. Aber er wurde im walde von den dienern des bischofs von Basel erkannt, die führten ihn auf Schwarzenburg. Als solches der könig erfuhr, hat er dem boten 100 pfund geschenkt und ein rad auf einen karch gelegt und Walther Rösselmann, den schultheissen, hinter den karch die rechte hand über sich, gebunden, als hätte er falsch geschworen, und den von Rappoltstein mitgeführt nach Gemar. Da hat er des von Rappoltsteins gut in 3 theil getheilt; das eine theil gab er herrn Heinrich von Rappoltstein, das andere seines bruders kindern, das dritte behielt er für sich. Walther Rösselmann starb vor schmerzen, aber sein sohn ward erst nach könig Adolf's tod von dem gefängniss ledig. Herr Anselm von Rappoltstein wurde auf einen wagen geschmiedet und gen Breisach geschickt, hernach auf das schloss Achlen (?) im Wirtemberger land zu ewiger gefängniss gebracht. Er hatte jährlich auf 300 mark silber einkommen, und hielt sich doch untreulich gegen alle seine freunde und nachbarn.

1131. (*K. Adolf vor Erstein. — Er bedroht Strassburg.*) — Als der könig im Elsass alles hatte verrichtet, zog er von Gemar auf Erstein zu, denn daraus war ihm viel leid geschehen, wie Cuno von Bergheim angezeigt. Deshalben er die herren von Erstein (so landgrafen im Elsass) haben wollte, oder die stadt belagern. Es haben die von Strassburg den könig ernstlich darum gebeten (unter anzeigung des gehorsams die stadtmauern von Erstein ringsum abzubrechen), er möge das königliche kloster und die nonnen verschonen, aber der könig wollte nichts hören, man rotte dann seine feinde in dem land aus, oder vertrüge sich mit ihm.

Er nahm deshalb Word ein, darin sich der landgraf vom Elsass hielt, verbrannte das schloss und schleifte es zu boden. Als die von Strassburg in grossen sorgen standen, da der könig alles wollte in seiner gewalt haben, da baten sie um einen anstand. Den bewilligte er. Da man sich aber berathschlagte, meinten viele, man sollte sich dem könige widersetzen, es würde ihm nicht gelingen wie zu Colmar, denn er hier ein anderes regiment hätte.

Aber die gesandten zeigten an, wenn sich der bischof und die stadt nicht mit dem könig versöhnten, würde es gewiss die stadt beklagen; wie viel tausend pferde und knechte, so gute kriegsleute wären, habe er bei sich, auch proviant genug, wann er sollte das land verwüsten, den Rhein und die Ill, auch alle wege verlegen, mit hilfe der fürsten, so hätte er stets frisches volk und müssten wir alles arme volk, männer, weiber und kinder aus der stadt thun, wenn wir uns erhalten wollten; auch würde er Rufach, und was des bischofs ist, für eigen zu seinen händen ziehen. Deshalb hat man den bischof, auch den landgrafen von Wörd und die von Lichtenberg gebeten, sich in königliche gnade persönlich zu begeben.

Und wie wohl es schwerlich nahe gieng, kamen doch bischof Conrad, der landgraf von Woerd oder Elsass und die herren von Lichtenberg, der dompropst, und haben gnade vom könig begehrt, mit beistand der bischöfe von Mainz und Köln, auch anderer fürsten, die den ganzen krieg hindurch bei dem könig waren. Da wurden sie begnadigt; doch nahm er herrn Friedrich von Lichtenberg, den dompropst und den landgrafen von Wörd mit sich, bis dass alles, was sie geschworen, gehalten worden, und der friede aufgerichtet und die landvögte bei ihren rechten gelassen; welches geschah.

1132. (*Streit zwischen den Koenigen von Frankreich und England.*) — In dieser zeit hatten der könig von Frankreich und England spann mit einander, dass er wohl hilfe bedurfte.

1133. (*Graf Egon von Freiburg vertraegt sich mit der Stadt Freiburg.*) — In solchem hat sich Ego graf zu Freiburg, der Katharina von Lichtenberg, des bischofs von Strassburg schwester hatte, mit der stadt vertragen (doch ist es nicht lange gehalten worden von beiden theilen) am freitag Bartolomeus 1293, in beiseyn hernach gemeldeter herren, und mit 18 siegeln bestätigt:

Conrad, bischof zu Strassburg, herr zu Lichtenberg;
Heinrich und Rudolf, markgrafen zu Hochberg;
Heinrich und Walther, herren zu Geroldseck;
Hesso von Usenburg;
Hans von Schwarzenberg;
Die Städte Basel, Colmar, Mülhausen, Schlettstadt, Neuenburg, Breisach.

Ego der jung, der Katharina von Lichtenberg, bischof Conrads von Strassburg schwester sohn, nahm sich der regierung an, der hatte noch einen bruder, Friedrich genannt, und waren beide noch jung.

Fol. 137
1294

1134. (*Synode zu Strassburg.*) — Als sich der schwere krieg in diesen landen etwas gelegt und bischof Conrad von Strassburg viel geld aufgegangen, auch viel unkosten am münster verbaut, hielt er deshalb einen synodus zu Strassburg, und zeigte seine beschwernisse an, auch in welche schulden er gekommen war. Darauf wurde ihm von allen stiften in der stadt, auch im ganzen bisthum vier jahre lang der vierte theil alles einkommens bewilligt, gütlich und aus keiner gerechtigkeit. Solches nahm er mit dank an. Er erhob in jener zeit einen grossen schatz, hielt einen grossen fürstlichen staat, besonders jetzt, da krieg war, ritt er stets mit 300 oder 400 pferden; dabei viel drauf geht.

1135. (*Landfrieden.*) — Auf Urbani hatte herr Otto von Ochsenstein als landvogt auf zwei jahre lang einen frieden mit denen von Zürich und etlichen Schweizern gemacht von wegen des hauses Oesterreich, darin die stadt, der bischof von Strassburg und andere mehr einbegriffen; denn sein vetter herzog Albrecht viel zu thun hatte mit könig Adolf, deshalb er frieden mit allen nachbaren machte; da er die königliche hoheit begehrte mit der zeit zu erlangen.

Fol. 138
1295

1136. (*Das Kœnigreich Arelat von Frankreich genommen.*) — Damals hatte der könig von Frankreich viel spenn mit dem von England, und konnte England keine rechte hilfe bekommen. Indessen stirbt das königreich Arelat ohne erben ab, da will es der könig von Frankreich als ein erb einnehmen. Es war aber dem römischen reich heimgefallen, deshalb es seine legaten zu kœnig Adolf schickte und sich in seinen schirm ergab: er sollte das reich einnehmen. Da aber kœnig Adolf mit krieg und anderem in Deutschland so viel zu schaffen hatte, konnte er solches reich nicht versehen, befahl den gesandten sich, so gut sie möchten, zu versehen, schrieb auch dem könig von Frankreich, er möge des reichs Arelat müssig seyn: aber der könig von Frankreich drohete ihnen mit krieg, wenn sie sich nicht wollten ergeben; also wurden sie bezwungen.

1137. (*Erdbeben. — Wundergeburt.*) — Den 5 april ist ein grosses erdbeben in ganz Elsass gewesen. Im Albrechtsthal oder Weilerthal hat in einem haus in einer nacht die frau zwei kinder gewonnen, und 2 kühe jede zwei kälber, die katze junge gemacht und der hund junge geworfen, und die moor zwölf junge ferklein. Alda kam der bauer zu vieh und leuten in einer nacht.

1138. (*K. Adolf verbündet sich mit England.*) — Nachdem der könig von England hörte dass der könig von Frankreich dem röm. reich das königreich Arelat mit gewalt entzogen, hat er legaten zu kœnig Adolf geschickt mit bitte ihm beizustehen, dass er das seinige vom könig bekommen möchte; so wollte er ihm darnach wieder helfen das königreich Arelat zu erobern; welches kœnig Adolf bewilligt. Damit dieser ein grosses volk zusammenbrächte, gab er ihm 100 tausend mark silber. Kœnig Adolf schrieb darauf ins Elsass an den grafen Diebolt von Pfirt, volk anzunehmen und im Niederland dem könig von England zu helfen. Der schickte seinen sohn (hiess auch Diebolt) und Conrad von Hattstadt mit 10 tausenden nach Frankreich. Als sie aber in den englischen städten lagen, und viel muthwillen trieben mit weibern und anderes, haben sie heimlich bei nacht des königs von Frankreich volk eingelassen, die haben sie alle erschlagen, auch die von Pfirt und Hattstadt, und also dem könig mehr verloren denn gewonnen; darnach hat der Franzose die obersten in denselben städten zum dank auch erschlagen.

1139. (*K. Adolf abermals im Elsass.*) — Da solches könig Adolf hörte, zog er mit vielem volke den Rhein herauf auf Hagenau, darnach neben Strassburg auf Schlettstadt zu. Als er aber an den grafen von Pfirt begehrt hatte mit grossem volk wider Frankreich zu ziehen, und des bischofs von Strassburg land sehr schädigte, hat der bischof bestellt, wenn der könig nach Colmar fortzöge, ihn gefänglich anzugreifen. Als der könig weder vor sich noch hinter sich konnte, ist er mit wenigen bei nacht nach der seite von Schlettstadt auf Breisach gezogen, hat sich da unbekannt in ein schiff gesetzt, den Rhein hinab bis gen Germersheim gekommen, und also dem bischof entronnen.

1140. (*K. Adolf laesst den Koenig von England sitzen.*) — Der könig schrieb aber dem landvogt, grafen Diebolt von Pfirt, dass er mit dem volk nach Frankreich fortziehen sollte, welches er gethan. Als er hinein kam und vielen schaden that, nahm er 4000 mark silber, und zog wieder ab. Desgleichen kaufte könig Adolf mit dem englischen geld etliche grafschaften, auch die mark Meissen kauft er damit, und liess den könig von England also sitzen. Darüber sich der könig bei allen kurfürsten und ständen des reichs, auch dem papst, als eines meineidigen beklagte, welches dem könig Adolf hernach auch stets hinderlich gewesen, viel abfall bekommen, bis er zuletzt gar erschlagen ward.

1141. (*Schloss zu Barr vom Teufel zerstoert.*) — Damals hat der teufel herrn Wöfelmann zu Barr sein schloss auf den boden zerrissen und zerschleift.

1142. (*Gross Wasser.*) — Der Rhein ist damals auch also gross gewesen und hat also grossen schaden gethan, davon nicht zu sagen, und hat also Breisach ganz vom Elsass abgeschieden, und ins Breisgau gelegt, wie noch zu unsern zeiten.

1143. (*Der von Rappoltstein des Gefaengnisses ledig.*) — Damals ist herr Anshelm von Rappoltstein seines gefaengnisses wieder ledig geworden. Darauf wurde das schloss Geiersberg vom bischof von Strassburg wieder aufgebaut.

1144. (*Predigerkapitel zu Strassburg.*) — Damals wurde zu Strassburg ein grosses capitel von den predigermönchen gehalten, im prediger kloster. Da ward Nicolaus von Trevis zu einem generalobersten des ordens von 800 brüdern erwählt, nachher vom papst zu einem cardinal des titels S. Sabinae gemacht, hernach ist er bischof zu Ostia, zuletzt papst Benedictus XI geworden.

1145. (*Italienische Geissler.*) — Darauf kamen auf 80 geissler aus Italia, darunter viele grosse herren waren, die hatten weisses beuteltuch über ihr angesicht und weisse kleider an, die geisselten sich um alle kirchen und laeutete man mit allen glocken. Das thaten sie in allen städten und zogen hernach auf Achen zu.

1146. (*Bitsch kommt an Zweibrücken.*) — Als aber damals der letzte herr von Bitsch starb und herzog Friedrich von Lothringen Bitsch als ein lehen einnahm, jedoch es ihm zu entlegen war, da hat er einen tausch getroffen mit dem grafen Eberhard von Zweibrücken. Der herzog gab ihm die herrschaf Bitsch, hergegen gab ihm der von Zweibrücken drei aemter im Westrich als Mörsberg, Saargemünd und Linde. Also kam Bitsch an die von Zweibrücken, und es nahm ihn als einen schirmherrn an.

1147. (*Kaempfe im Elsass.*) — Auf Margarethae belagerte bischof Conrad von Strassburg Maasmünster, ellicher schmach halben. Darauf vertrieb der landvogt von Pfirt den herrn von Lichtenberg aus Egisheim. Darauf hat der schultheiss von Colmar, Cuno von Bergheim, viele bürger, so gut aufs bischofs und Oesterreichs seite waren, aus der stadt vertrieben.

1148. (*Kaempfe mit den Grafen von Freiburg.*) — Damals hat des grafen Hugo von Freiburg bruder, Friedrich, bischof Conrads von Strassburg schwiegersohn, so propst zu Constanz war, alle jahre zu Colmar auf 60 mark silber einkommen, das nahm ihm Cuno von Bergheim auch. Darauf der graf von Freiburg etliche königliche gefangen nahm und raubte ihnen das ihrige. Darauf der von Pfirt als landvogt und Cuno von Bergheim ins Breisgau zogen und dem grafen grossen schaden thaten, und das Glotterthal verwüsteten, und mit den Freiburgern ein bündniss machten wider ihren herrn, damit sie sich erwehrten. Also warfen sie sich abermals von ihrem herrn ab, weil sie einen rücken hatten, und zerbrachen ihm seine burg ober Freiburg. Solches erfuhren der graf, auch bischof Conrad ganz hart, konnten aber diesmal nicht anders, denn solches leiden, bis auf bessere, gelegene zeit.

1149. (*Die von Strassburg belagern Hagenau.*) — Nachdem der bischof, auch die stadt Strassburg vielen schaden von koenig Adolf erlitten, da sie auf Albrechts und Oesterreichs seite standen, von wegen koenig Rudolfs, seines vaters, der der stadt und dem land viel gutes gethan, aber Hagenau und andere städte wider herzog Albrecht und seinen anhang waren, und auf Unser frauen lichtmess 5 krämer von Strassburg aus giengen, da fiengen sie die von Hagenau. Die von Strassburg schrieben an Hagenau ihnen ihre bürger ledig zu lassen. Das wollten die von Hagenau nicht allein nicht thun, sondern streiften noch mehr auf den bischof und die stadt, aus befehl koenig Adolfs. Hierauf rüstete sich der bischof und die stadt in aller eile, und belagerten den 5 hornung die stadt Hagenau, konnten aber kälte halber nicht viel ausrichten; es fielen die burger heraus, und wurden zu beiden seiten etliche erschlagen. Darauf brannten sie denen von Hagenau zwei vorstädte ab, und zogen wieder zurück, bis auf bessere zeit.

Fol. 141
1298

1150. (*Weitere Kaempfe im Elsass.*) — Als der landvogt, der von Pfirt, solches erfuhr, mahnte er die reichsstädte eilends auf, zog vor Rufach, und verheerte die vorstadt auf den boden, auch das thal Sulzmatt und alles wurde verbrannt. Auf S. Veltens tag wurde das schloss aufgegeben. Da wurden die kirchhöfe zu Lieshofen(?), auch Gebersweiler verschleift, allen fässern die böden ausgestossen, auch Morschweiler, Sentheim und das deutsche haus und anderes mehr verwüstet. Darnach zogen sie nach Heiligkreutz, belagerten es, hauten den wald ab und schleiften schloss und kloster zu boden. Das kloster ist nachher von graf Ludwig von Leiningen wieder aufgebaut worden.

Die von Egisheim haben ihre vorstadt selbst verbrannt: als aber in Rodisheim ein auflauf wurde, ist der bischof von Strassburg gekommen und hat solchen gestillt. Es verbrannten die von Kestenholz, Kiensberg und Kiensheim; da verbrannten die von Hagenau, so koenig Adolf beistanden, Kestenholz auf den boden ab.

1151. (*Die von Strassburg ziehen gegen Cuno von Bergheim.*) — Da aber kein aufhörens seyn wollte, machte die stadt Strassburg und der bischof sammt andern einen bund, und da Cuno von Bergheim viel muthwillen trieb, zogen sie vor seine burg Bergheim bei Andlau und gewannen die burg Krax, schleiftens auf den boden, zogen darnach vor das städtlein Sermersheim ob Benfelden, das auch dem von Bergheim gehörte, gewannen solches, schleiften die mauern, da viel muthwillen daraus entstanden war, und führten die steine zu wasser hinweg, und bauten das städtlein und schloss Lichtenau, damit sie über Rhein auch einen pass hätten wider den könig und den markgrafen. Aber bald darauf haben die von Strassburg ihren halben theil herrn Ludemann von Lichtenberg zu kaufen gegeben, etliche gerechtigkeit sich vorbehaltend.

1152. (*Bischof Conrad klagt über K. Adolf.*) — Cuno von Bergheim schrieb dem koenig Adolf mehr dann es war. Der rüstete sich mit grossem volk. Dagegen zog bischof Conrad gegen Mainz, klagte heftig über koenig Adolf und seine amtleute, wie er nur seinen nutzen suche, wie auch in des königs von England handlung, darüber land und leute zu grunde giengen; denn er böse leute in aemter setze, die nähmen geld, liessen alles fortgehn, dadurch kämen geistliche und weltliche fürsten in grosse verachtung; die fürsten sollten solches abwenden, wo nicht, würden sie sammt herzog Albrecht einen bund machen und die sache anders angreifen.

1153. (*Wahl K. Albrecht's.*) — Da solches die kurfürsten hörten, kamen sie zu Mainz zusammen. Da kam grosse klage von allen orten wider koenig Adolf und wurde beschlossen ihn zu entsetzen und herzog Albrecht anzunehmen, schrieben deshalb an herzog Albrecht von Oesterreich, er möge auf Philippi und Jacobi gen Mainz kommen, schrieben auch dem papste, solche ihre wahl zu bestätigen. Herzog Albrecht schickte deshalb seinen vetter, den grafen von Hohenberg und Haigerloch gen Rom. Der papst nahm 16 tausend mark silber, that koenig Adolf in den bann, entsetzte ihn des reichs und übergab es dem herzog Albrecht aus Oesterreich, und gab ihm darüber brief und siegel, die der von Haigerloch dem herzog Albrecht brachte. Indessen zog herzog Albrecht mit den Ungarn, Oestreichern (durch) Bayern die Donau herauf. Hierauf gebot koenig Adolf dass er dem von Haigerloch sein land verwüste, welches geschahe. Denn der herzog von Bayern hatte koenig Adolfs tochter. Dennoch zog herzog Albrecht fort. Der von Haigerloch verwüstete das Schwabenland, so herzog Albrecht zuwider war: er wurde aber erschlagen.

1154. (*K. Adolf belagert Ruffach.*) — Koenig Adolf kam mit grossem volk ins Elsass und belagerte Rufach, so des bischofs von Strassburg war, und zogen auf einen tag aus Colmar 800 wagen mit rüstung und proviant.

Aber Rufach war wohl besetzt mit redlichen leuten, die fielen oft heraus und thaten grossen schaden. Einmal fielen sie heraus und erschlugen dem könige auf 300 vornehmer leute und eroberten und erschlugen auf 1000 pferde.

1155. (*Bund zu Strassburg.*) — Indessen machten die herren und städte einen bund zu Strassburg, darin wurden eingeschlossen herzog Albrecht und alle seine lande, die landvogtei Unter-Elsass, bischof Conrad und die stadt Strassburg, die herren von Lichtenberg, die grafen von Bitsch, Zweibrücken, Ochsenstein, Freiburg, Haigerloch, viele fürsten und staedte mehr. Indessen verbrannten und schleiften die von Hagenau alles was den von Strassburg zuständig war, denn sie dem könig Adolf beistanden. Die von Kestenholz schnitten den pass ab, so auf Schlettstadt lauft. Da zogen sie hinaus, verbrannten Kestenholz. Die von Kestenholz nahmen die welschen zu hilf und verheerten Kunigsheim und wurden viele zu beiden seiten erschlagen. Da wurde das schloss Gemar verbrannt.

1156. (*Tag zu Mainz.*) — Auf Philippi und Jacobi kamen die fürsten zu Mainz zusammen, entboten beiden, dem koenig Adolf und dem herzog Albrecht vor ihnen zu erscheinen. Darauf schickten sie ihre legaten. Koenig Adolf meinte nicht schuldig zu seyn zu erscheinen, verachtete auch des papstes brief.

1157. (*K. Adolf kriegt im Elsass.*) — Als er aber vor Rufach nichts schaffen mochte zog er ab, auf Barnabae, und belagerte Egisheim mit grossem volk. Da kam hertzog Albrecht mit seinem volk gen Walscheid, und zog über den wald auf Freiburg zu. Aber die Freiburger wollten ihn nicht einlassen mit solchem volk, allein seine person mit 1000 pferden. Da solches koenig Adolf erfuhr, zog er von Egisheim auf Viti Modesti ab, machte sich geschwind über den Rhein mit einem grossen volk, und nahm Kentzingen ein, welches des grafen von Ussenburg war. Dem gab er geld für solchen kriegsschaden. Er besetzte auch S. Gregorienthal mit dem schloss Flitschburg.

1158. (*Die beiden Koenige bei Kentzingen.*) — Hertzog Albrecht zog mit vielem volk von Freiburg herab, auch bei Kentzingen: bei ihm waren der bischof von Konstanz, die grafen von Wirtemberg, von Freiburg, und andere. Die Elz war aber so gross, dass beide heere nichten konnten zusammen kommen. Koenig Adolf war mehr als noch einmal so stark als hertzog Albrecht. Beide heere waren trefflich wohl gerüstet. Indem kommt bischof Conrad zu ihm mit 800 wohlgerüsteten pferden. Darauf zogen 10 tausend zu ross und fuss von Strassburg. Hernach als könig Albrecht seine zelte und lagerbette aufgeschlagen, also dass sie zusammen reden konnten, begehrt er einen tag stillstand. Dann liess er alles volk in der nacht heimlich auf Rheinau ziehen, und zündete das lager an, und rückte nach. Da waren schiffe, darin fuhr der herzog nach Strassburg mit etlichen fürsten, u..d kam das kriegsvolk hernach auch gen Strassburg. Etliche eilten hernach, die wurden erschlagen, darunter des königs marschalk, Hilbrand von Pappenheim genannt.

1159. (*K. Albrecht in Strassburg.*) — Als er gen Strassburg kam, wurde er empfangen als wenn er schon könig wäre. Das bündniss gieng er ein und schwur solches zu halten. Er lag bis in die 5 wochen da still, dann er weder hinter, noch für sich konnte; zuletzt ist er mit 30 grossen schiffen und proviant hinweg gefahren nach Mainz, und ist das volk eilends zu land nachgezogen, und belagerten Alzenheim. Da solches koenig Adolf erfuhr, zog er mit einem gewaltig grossen volk hernach, entsetzte Alzheim, und auf S. Johann des täuffers abend, wurde herzog Albrecht zum röm. könig von einem theil der kurfürsten erwählt und koenig Adolf als ein unnützer, verbannter vom reich entsetzt. Darauf stärkte sich koenig Adolf noch mehr, denn sein tochtermann, der pfalzgraf, auch die städte Frankfurt, Oppenheim, Worms, Speier kamen ihm zu hilf.

1160. (*Schlacht bei Goellheim.*) — Indessen zog herzog Albrecht zu Mainz mit den fürsten und kriegsvolk das land hinauf. Da solches k. Adolf erfuhr, eilte er gegen ihn bis gen Worms und kamen bei dem dorf Geilheim und dem kloster Rosenthal zusammen, schlugen beide lager gegen einander auf. Da befahl herzog Albrecht seinem volk sich zum streit zu rüsten. Da solches k. Adolf sahe, eilte er auch zum streit und befahl seinem sohn und räthen gute achtung zu haben, und nahm er des königs panner zu sich, und hatte die königliche krone auf, sammt allen königlichen zierden an ihm. Herzog Albrecht machte drei haufen damit er des königs volk trenne; und that eben als wann er flöhe, und zündete das lager an. Da ihm gerathen nachzueilen, k. Adolf meinte, er würde ihm abermals entfliehen wie bei Kentzingen, eilte mit dem königlichen panner herzog Albrechts panner nach, und kam also zu weit von seinem. Da wandte sich herzog Albrecht sammt allem volk und kamen mit vollem streit an des königs volk. Da solches könig Adolf sahe dass sein volk weit von ihm wäre, erschrack er, durfte doch ehrenthalben nicht entweichen, und sagte zu seinem sohn: Weiche zum andern volk, denn hier muss ich bleiben, oder herzog Albrecht. Also kamen beide fürsten ohne hinderniss mit ihren fähnlein zusammen. König Adolf erschlug bald den, der das fähnlein des herzog Albrecht vorführte, da aber kamen beide persönlich zusammen. König Adolf hatte die königliche krone auf dem helm auf. König Albrecht war ein starker herr, der sprach: Herr, hier werdet ihr mir das reich oder leben lassen. König Adolf sagt: Das steht in gottes hand. Und fuhren stark zusammen. Da hieb könig Albrecht dem könig Adolf durchs visir eine wunde ins hirn bei dem linken auge, darnach eine wunde am hals; als er aber nicht fiel, sprang einer vom pferd, der haute das ross vornen lahm und er fiel. Da stach könig Albrecht ihm das schwert in die seite; der andere, der abgestiegen war, that ihm den helm ab, und schlug ihn vollends zu todt. König Albrecht nahm die krone von könig Adolfs helm und sagte: Diese gehört mit recht und der wahl der kurfürsten auf mein haupt. Er befahl auch dass man niemanden mehr erschlagen sollte, denn nur die pferde sollte man erstechen, auf dass man sie lebendig fangen möchte. Sind also nicht über 100 personen erschlagen worden, aber auf 3000 pferde todt geblieben. Da hob die flucht an; es war aber ein solcher warmer tag und ein solcher grosser streit, dass viele erstickten. Es erstickten im streit könig Adolfs oberster pannerherr, der graf Friedrich von Eisenburg, auch der von Ochsenstein, des könig Albrechts vetter und pannerherr. Herr Hermann von Geroldseck, landvogt über Rhein, ward bei könig Adolf auch erschlagen. Es wurde könig Adolfs sohn mit 60 grafen und herren gefangen, sammt vielen von adel. Diesen abend wurde die ganze wahlstatt geplündert, und zog könig Albrecht in den flecken, wo seiner die bischöfe warteten.

Den andern morgen frühe zog könig Albrecht mit allen fürsten, herren und bischöfen auf die wahlstatt, und als sie könig Adolf fanden, lag er faden nackt auf der erden. Da ihn der bischof von Mainz, Gerhard von Eppenstein, sahe, der sein vetter war und doch wider ihn geholfen, hub er an überlaut zu weinen, und sagte: Hier liegt der frömmste herr und herz, so in der welt gewesen ist!

Fol. 113

Da solches könig Albrecht hörte, schwieg er still; er fürchtete der bischof möchte von ihm abfallen; auch sagte er ihm: Ich lasse euch nicht von mir bis meine sache geendet ist. Welches auch geschehen, bis er gekrönt worden.

1161. (*K. Adolf begraben.*) — König Adolf wurde balsamirt und in das kloster Limpurg gestellt, aber nicht begraben, denn er im bann war. Hernach ist er durch könig Heinrichs befehl, wie auch könig Albrecht zu Speyer, neben einander begraben worden. Und wurde dieser vers gemacht:

> Anno millenis trecenis bis minus annis
> In Julio mense rex Adolfus cadit ense
> In manus Austriaci processi et Martiniani. (sic)

1162. (*K. Albrecht zu Aachen gekroent.*) — Darauf eilte könig Albrecht mit allen bischöfen und fürsten auf Achen zu; da wurde er vom bischof von Köln gekrönet, den 18 julii, und von Bonifacio VIII bestätigt, und im heraufziehen nahm er alle herren und städte in pflicht, durch den ganzen Rheinstrom herauf. Er zog eilend fort, damit keine unruhe einfalle.

1163. (*K. Albrecht zu Strassburg.*) — Nach Jacobi kam könig Albrecht von Hagenau herauf gen Strassburg vor die burg. Man empfieng ihn ganz herrlich, mit allen geistlichen und dem heilthum, mit vielen fürsten und herren und grossem volk. Der könig hatte 1000 pferde, alle mit köstlichen decken und kleidung, alle zu gleich. Darauf sassen eitel grafen und ritter. Darauf folgten 800 speerknaben, alle in gleicher kleidung, von adel. Darauf folgte der könig mit 12 fürsten. Nach ihm kam bischof Conrad von Strassburg mit 300 von adel, alle in gleichen rothem kleide, und 500 andere gesinde, beritten, alle dem bischof zuständig. Darauf folgten die Ungarn, gleich gerüstet mit 690 pferden, könig Albrecht zuständig. Die ritten auf schnellen pferden, alle gleich gerüstet, in langen blauen röcken, darüber ein rock von hanf und schnüren, ganz fest, darüber panzer, dadurch konnte kein pfeil noch schwert gehen. Sie hatten eiserne hüte auf, lange haare und zöpfe, wie die weiber; sie hatten alle bogen und pfeile, kein wasser war so tief, sie schwammen durch. Das andere hofgesind, auch 10 tausend zu fuss, lagen auf den dörfern um die stadt. Die beurlaubte der könig hernach und bezahlte sie wohl. Es waren 800 weiber mit, die allein dem volk kochten und ihre kleider wuschen. Die hatten einen hauptmann, dem musste ein jedes weib alle woche 1 pfenning geben, neben seiner besoldung, der hand über sie hielt.

Darauf wurde dem könig und allen fürsten ganz herrlich von der stadt geschenkt. Nach dem sass der könig auf einem hohen goldenen stuhl auf der graetten, mit seiner krone und scepter, von eitel gold und silber bedeckt. Auf solches kam bischof Conrad in seinem ornat. Vor ihm giengen 46 fürsten und grafen. Da empfieng bischof Conrad seine regalia vom könig, ganz herrlich. Darauf die fürsten, hernach die grafen, ritter und edeln schwuren in die stadt und burger. Darauf setzte er zum landvogt im Elsass herrn Johann von Lichtenberg, des bischofs bruder, ins Elsass; und ueber Rhein, in Schwaben seinen vetter, herrn Otto's von Ochsenstein sohn, so im streit erstickt war; es war herr Herrmann von Geroldseck gewesen, der war aber mit könig Adolf erschlagen worden. Und richtete viele sachen aus, so dem reich nöthig waren, schuf allenthalben frieden, und wurden die im streit gefangenen, mit allen vertriebenen mehrentheils ledig. Er nahm fast allen gefangenen grafen und herren, welche löwen in ihrem schild führten solche kleinode und gab ihnen rothe wunden in die schilte, als Hanau, Rheineck, Königstein, und sehr vielen mehr. Hanau führte damals (sechs gelbe kreutze und einen gelben löwen im schwarzen feld); jetzund führen sie 3 wunden in gelbem felde[1]. Er hatte des von Katzen-Ellenbogen schwester.

1164. (*Judenverfolgung.*) — Als er zu Strassburg war, da war ein edelknecht in Franken, der Rindfleisch genannt, der schlug viele juden zu todt weil sie mit dem heil. sacrament waren schmählich umgegangen, wollte auch an alle juden, deren er viele 100 erschlagen hatte. Da kamen viele fremde juden, auch die zu Strassburg, und baten den könig, er wolle sich ihrer unschuld erbarmen, und vor diesem unglück seyn. Da gebot könig Albrecht bei leibesstrafe, dass niemand mehr hand an die juden legen sollte. Da wurde es gestillt. Hierauf schenkten die juden dem könig ein stück feines gold; das hat 120 mark gewogen.

1165. (*Grosser Brand zu Strassburg.*) — Als könig Albrecht auf 3 wochen war zu Strassburg gewesen und seine geschäfte verrichtet hatte im ganzen lande, zog er an Unser frauen himmelfahrt morgens früh, während man metten sang, hinweg. Da hatte ein reiter am Fronhoff im stall das licht brennen lassen, davon gieng der stall an und verbrannten die häusser am Fronhof, Kurbengasse, Holzmark, Krämergasse, und bei S. Ehrhardt kapelle; die Sporergasse, tuchlaube, drechsler und alle häusser um's münster, 355 hofstätten, und fieng das seil an der winden am münster auch an zu brennen, darauf niemand achtung gab. Davon gieng das münster auch an und verbrannte alles, denn es noch nicht gewölbt war. Da verbrannte der glockenstuhl, die orgel, das ganze dachwerk und viele schöne zierden. Das blei von der decke lief vor grosser hitze bis in die Breusch; viel steinwerk versprang vor grosser hitze. Viele rechneten es für eine straf über das an könig Adolf begangene, dieweil sie dazu geholfen hätten.

Fol. 111

1166. (*Neubau des Münsters.*) — Darauf gebot man, dass wer bauen wollte, nicht mehr denn einen ueberhang machen sollte, und wie weit ein ueberhang seyn sollte, war das maas am münster auf der grätten in die wand gehauen, welches noch da steht. Zuvor machte ein jeder (die ueberhaeng) wie viel und wie lang er wollte, und baute man am münster alles wieder mit grossen kosten, und es wurde viel schöner gemacht. Auch

---

1. Ici Specklin avait figuré le double écusson des comtes de Hanau. M. Jung n'en a pris qu'une fugitive esquisse.

wurden die obern fenster um den neuen gang gemacht. Daran hat ein steinmetz, gegen dem predigtstuhl über, an einem capitäl damals gehauen, wie noch zu sehen, einen seltsamen possen, damit er der geistlichen andacht vermeldet, wie man einen fuchs zu grab trägt, ein wolf das kreuz, ein wildthier messe hält, eine katze hält das licht, ein esel ohne maul singt das evangelium, ein baer giebt das weihwasser, wie hier verzeichnet.
(Die zeichnung fehlt[1].)

1167. (*Gott straft die welche K. Adolf umbringen helfen.*) — Die den könig Adolf haben umgebracht, oder dazu geholfen, davon ist keiner rechten todes gestorben. Ist schon ein fehler an ihm gewesen, so hat darum denen so ihm zugeschworen, nicht gebührt einen solchen könig umzubringen, denn es ihn auch verschmähet dass man ihm nicht viel gehorsamen wollte. Daran die bischöfe sehr schuldig waren, insonderheit der von Mainz und der von Strassburg. Sie haben geholfen ihn in bann zu thun, wie dann gott seine strafe gezeigt: denn der von Mainz starb jählings im sessel, der von Strassburg wurde vor Freiburg von einem metzger erstochen, graf Otto von Ochsenstein erstickte im streit, der von Haigerloch wurde erschlagen, der von Leiningen wurde unsinnig, der von Zweibrücken ertrank in der Bleysse. K. Albrecht selbst ward erschlagen, dem von Strassburg brannten 3½ hundert haeuser ab und das münster.

1168. (*Bischof Konrad kriegt im Elsass.*) — Als nun k. Albrecht aus dem land kam, gedachte bischof Conrad auch an die schmach, so ihm graf Diebold von Pfirt, Werner von Hattstatt und Cuno von Bergheim bewiesen. Derhalben zog er mit gesammeltem volk auf den von Pfirt; der rief um hilfe, es war aber keine vorhanden. Da legte sich der junge herr Otto von Ochsenstein dazwischen, des königs vetter, der gab graf Diebold von Pfirt seine tochter, Katharina, und ward friede gemacht. Die andere tochter, Sophia, gab er dem grafen Ulrich von Wirtemberg, davon kommen alle die von Ochsenstein und von Wirtemberg. Sein sohn, graf Ulrich, nahm Katharina von Burgund.

Dem von Hattstatt nahm der bischof alles; wollte er es wieder haben, musste er es zu lehen empfangen. Die von Ruffach mussten dem bischof, wie andere auch, 4 pfenning 4 jahre lang geben von ihrem einkommen, und ihm von neuem schwören. Die andern mussten sich alle nach des bischofs willen vertragen, wollten sie anders frieden haben. Hiemit wurde im ganzen lande wiederum ruhe gemacht.

---

1. Note de M. Jung.

1169. (*Reichstag zu Nürnberg.*) — Auf Martini zog der k. Albrecht gen Nürnberg; dahin kamen alle kurfürsten und empfingen ihre lehen. Dahin zogen der bischof Conrad und die von Strassburg auch. Da wurde die königin gekrönt. Der könig von Böhmen sass auf einem pferd, das ward um 1000 mark silbers geschätzt, sammt dem zeug.

1170. (*Ochsensteinische Hochzeit zu Kolmar.*) — 1299 auf den heil. Fol. 145 dreikönigstag kam herr Johann von Lichtenberg und der von Ochsenstein, beide landvögte, sammt ihrem frauenzimmer gen Colmar, und hielt die von Ochsenstein hochzeit mit dem von Pfirt. Er hatte königlichen geschmuck an, er hatte einen hut auf mit eitel gold und edelstein, und trug einen köstlichen mantel von gold und seide; darüber einen gürtel, der wog 40 mark goldes, alles voll edelstein.

1171. (*Kaempfe um Freiburg.*) — Als nun graf Egon von Freiburg mit seinen burgern zu Freiburg nicht einig werden konnte, und vor zwei jahren ihm das Glotterthal eingenommen worden, mit dem von Pfirt als landvogt, und Cuno von Bergheim, auch seinem bruder, dem propst zu Constanz die gefälle zu Colmar, und viel schmach bewiesen worden, und fremde bündnisse wider sie machte; die bürger, die ganz frei seyn wollten, thaten ihm viel zu leid, und zerbrachen sein schloss Burghalden ob Freiburg. Da rüstete er sich zum krieg. Dazu half ihm bischof Conrad von Strassburg und herr zu Lichtenberg, der ihrer mutter bruder war. Die kamen mit grossem volk und belagerten Freiburg, auf 12000 mann stark und sechs wochen lang, und setzten ihm hart zu.

1172. (*Bischof Konrad erschlagen.*) — Einmal fielen die Freiburger mit gewalt heraus ins lager, die im lager waren auf, machten einen haufen und gegenwehr. Bischof Conrad auf einem pferd reitet um das volk, wie ein obrister und ermahnte sie zum streit. Er hatte keinen harnisch an, nur ein rothes seidenes wamms, und als er auf einen mit dem schwert zurannte, lief ein metzger von Freiburg herzu und stiess einen spiess durch den bischof und lief den nächsten weg in die stadt zu, und zeigte solches an. Indessen wichen die bürger wieder der stadt zu. Da eilet ihnen niemand nach vor grossem leid; man zog ab und führte den bischof zu wasser gen Strassburg, wo er am vierten tag an der wunde starb, auf S. Petri ad vincula tag. Da wurde er mit grossem leid zu Strassburg in der Johannis kapelle begraben. Das hielten viele für eine strafe wegen des an k. Adolf begangenen. Also kamen die von Freiburg der belagerung ab, sonst wäre es anders hinaus gegangen, da noch mehr hilfe kommen sollte.

1173. (*Sein Epitaphium.*) — Des bischofs epithaphium ist also:

Anno 1299, 9. kalend. augusti obiit dominus Conradus secundus, de Lichtenberg genere natus, Argentinensis episcopus, hic sepultus qui omnibus bonis conditionibus quae in homine mundi animali debent concurrere, eminebat. Nec sibi visus similis est in illis. Sedit autem annos 25 et menses sex. Orate pro eo.

1174. (*Die Freiburger schliessen Frieden.*) — Dieser bischof Conrad war eine so herrliche, schöne person, als man sie finden mochte, auch hoch verständlich und freundlich. Er hat seinen freunden viel gutes gethan und befördert, darüber er auch sein leben gelassen hat. Nach seinem tod, als graf Ego von Freiburg zu schwach war, haben sich die von Freiburg vertragen; sie kauften sich frei, auch die herrschaft Badenweiler, da der graf begraben liegt. Die freikaufung, auch die herrschaft kostete die Freiburger auf 20 tausend mark silber. K. Albrecht erlegte das mehrertheil geld, damit sind sie in schutz der herzoge von Oestreich gekommen.

1175. (*Wahl eines neuen Bischofs.*) — Den heil. kreuzabend, was der 15 september, war die wahl eines neuen bischofs zu Strassburg angesagt. Da solches k. Albrecht hörte, kam er mit dem bischof von Constanz, und vielen herren, geistlichen und weltlichen, mit 1200 pferden gen Strassburg, hielt ohne das einen landtag da, mit allen rheinischen fürsten. Dahin kam auch Gerhard, erzbischof zu Mainz, auch mit grossem volk. Da ward einhelliglich erwählt der dompropst, herr Friedrich von Lichtenberg, des vorigen bischofs Conrads bruder. Des freute sich k. Albrecht hoch von wegen seines bruders seligen getreuen diensten. Er war aber ein überaus frommer herr, der sich seiner tage keiner weltlichen händel angenommen hat, keine pracht getrieben. Derhalben schlug er die wahl und bisthum streng ab, wollte solches kurzum nicht annehmen. Den nächsten tag nach heil. kreuz waren könig Albrecht und die bischöfe von Mainz und Constanz selbst im capitel, und zwangen ihn mit grosser bitte das bisthum anzunehmen, denn er des friedens sein lebenlang beflissen gewesen. Darauf wurde er ins chor geführt und laudamus gesungen. Er empfieng possess, und ward von den bischöfen von Mainz und Constanz eingeweiht und confirmirt. Darauf sagte er seine erste messe, und sass k. Albrecht in seiner krone und ornat zugegen; er empfieng seine regalia vom könig. Das geschahe alles an einem morgen und tag, welches keinem bischof niemals wiederfahren ist. Alle bischöfe und fürsten assen bei dem könige, und über etliche tage zogen sie wieder hinweg.

1176. (*Grosses Wasser.*) — Am Oswaldi war der Rhein also gross, dass es keinem menschen nie gedacht; man fuhr in schiffen im ganzen land, von Neuenburg bis gen Freiburg.

1177. (*Jubeljahr ausgeschrieben.*) — Damals schrieb papst Bonifacius VIII aufs jahr 1300 das erste jubeljahr aus, so dass es alle hundert jahre einmal kommen sollte. Als bischof Friedrich des papstes brief empfieng, verkündigte er solches in der stadt und dem ganzen bisthum. Nach ostern hielt er eine messe im münster und sprach den segen über alle, so gen Rom wollten. Da zogen geistliche, viele von adel und bürger, weib und mann, über 850 personen, von der stadt allein fort. Aus dem bisthum ein grosses volk. Jedermann wollte seiner sünden los seyn, wie die im alten gesatz ihrer leiblichen knechtschaft. Viele kamen nicht wieder heim.

1300

1178. (*Abermaliges Verzeichniss der Hausgenossen.*) — Den 10 april, da hat man abermals die edelknechte und bürger, so bischöfliche lehen hatten, eingeschrieben (nicht die handwerker), und so das münzrecht hatten, und waren das die hausgenossen. Ein geschlecht hatte oft viele personen:

Fol. 147

die von
{
Spender, Hüffel, jungen, ist ein geschlecht.
Riepelein
Wierich
Zorn
Rorenderle
Schilte Diewolt
Waldner
Pamphile
Fegersheim
Duschmann
Lemzel
Knobloch
Rebstock
Voigtelin
Kageneck
Berger
Wetzel von Marsilien
Schanterlin
Lemlin
Baumann
}

Rosheim
Stubenweg
Nussbaum
Burzlin
Kränchen
Bäumlin
Saumost
Mengenwein
Erlin
Schmuztüchlin
Winterthur
Hochmeyer
Walter
Mansen
Klosener
Folschen
Spiegel
Pfaffenlab
Rentenburg
Schöneck
Berer
Rosselin

Mörschwein
Rörmlin (?)
Colmar
Bergheim
Gloselin
Kenthen
Schwarber
Barr
Müllenhein
Lentz
Bussen
Hürtigheim
Böckel
Körner
Engelwart
Zabern
Roppenheim
Weissbrötlin
Ellenhart

Hagenau
Tigenfeld
Melber
Grosstein

Zusammen
71 (*sic*)
geschlechter.

1179. (*Thomaskirche weiter gebaut.*) — Damals wurde der vordere thurm zu S. Thomas angefangen und nur zwei gaden hoch aufgeführt.

1180. (*Wohlfeiler Wein.*) — Dies jahr war der wein also gut und wohl gerathen dass man ihn umsonst hinweg gab, auch ausrief, dass man um gottes willen den wein umsonst holete, dass nur die fässer leer würden.

1181. (*Die Utengasse gebaut.*) — Damals soll von S. Agnesen am metzgerthor Utengass, bis zu S. Catharina gebaut worden seyn.

1182. (*Streit zwischen Papst Bonifacius VIII und K. Albrecht.*) — Damals als könig Albrecht etwas zu ruhe kam, damit er auch etwas zu thun hatte, auch dem papst Bonifacius VIII die zeit lang wurde, schrieb dieser den kurfürsten und verwarf ihre wahl des k. Albrechts (da er doch zuvor k. Adolf verbannt und geld genommen und Albrecht hatte heissen erwählen), dieweil sie ihn erwählt hatten ohne seine stimme, denn ihm nicht allein die wahl, sondern auch alle reiche der welt zugehörten, auch beide schwerter, geistlich und weltlich, in seiner hand stünde, er auch die macht den engeln und teufeln zu gebieten, von Christo und S. Peter empfangen. Als nun k. Albrecht und die kurfürsten ihre legation um bestätigung nach Rom schickten, schlug er solches ab, und weil es ein jubeljahr war und viel volk da war aus allen landen, liess er sich eines tages vor die gesandten und alles volk zu S. Johann de Lateran tragen, in seiner päpstlichen krone, mit allem heilthum und cardinälen, in grosser herrlichkeit. Den andern tag ist er zu fuss dahin gegangen mit einer kaiserlichen krone und ornat, vor ihm trug man zwei blosse schwerter, scepter, apfel, speer und fahne und andere kaiserliche kleinode. Und als er sich vor S. Peters münster hat in einen goldenen sessel gesetzt, liess er ausrufen: Ecce duo gladii hic! mit anzeigung dass man sehe wer kaiser waere. O lieber S. Peter, du hast deine fische und ablass viel zu wohlfeil gegeben!

Fol. 118
1301

1183. (*Ein Landfrieden zu Strassburg aufgerichtet.*) — Nach diesen schweren kriegen wurde damals ein gemeiner landfriede aufgerichtet, und zu Strassburg beschworen. Darin waren begriffen k. Albrecht, seine brüder und verbündeten, auch Habsburg, Kyburg, die bischöfe von Basel und Strassburg, auch alle staedte im Elsass und der Schweiz.

1184. (*Papst Bonifacius und K. Philipp von Frankreich.*) — Damals errichtete könig Philippus pragmatica sanctio in ganz Frankreich, dieweil er sah wie der papst die güter der welt also schändlich missbrauchte. Damit er den papst Bonifacius also erzürnte, dass er den k. Albrecht bestätigte, welches dieser zuvor weder mit grosser bitte, noch geld konnte zuwegen bringen. Er entsetzte auch k. Philipp und schenkte ganz Frankreich dem k. Albrecht, doch sollte er es einnehmen. K. Albrecht liess solches anstehen; er verstand wohl, dass er solches nicht würde zuwegen bringen. Er war zufrieden dass er dadurch bestätigt wurde.

1185. (*Streit im Münster.*) — Damals wurde zwei bürger, so neid zusammen hatten, Hans Harwart und Johann Zittwa, im münster, im chor vor dem hohen altar misshellig, also dass Hans Zittwa verwundet wurde; da hörte man auf zu singen, weil die kirche entweihet war. Drei wochen nach ostern hat sie bischof Friedrich selbst wieder geweiht und grossen ablass dazu gegeben.

Fol. 119
1302

1186. (*Bischof Friedrich straft die Geistlichen.*) — Darauf gebot er dass alle geistlichen ihre concubinas und beischläferinnen von sich thun mussten, bei verlust ihrer pfründen, die er vielen nahm. Er legte grosse strafe darauf und vertrieb alle unehlichen weiber aus dem ganzen lande. Wenn ein priester wieder begriffen wurde, strafte er ihn am leibe, nahm ihm die pfründe, und verwiess ihn aus dem lande.

1187. (*Die Wilhelmiter kommen nach Strassburg.*) — Damals kamen auch die Wilhelmiter, des ordens Heremitorum, nach Strassburg. Es hatten die von Müllenheim vor zwei jahren eine kirche gebaut in der Krutenau über S. Steffans brücke, die wurde ihnen gegeben. Landgraf Ulrich, und Hans, und Philipp aus Elsass gaben ihn die kirche Elly (Illkirch) und viele andere gerechtigkeiten und einkommens, stifteten auch das chor mit vielen pfründen, wie sie denn auch darin begraben liegen. Der herr Walther von Geroldeck stiftete den hohen altar mit einer guten pfründe, wie sein wappen noch mitten im fenster ist[1].

1188. (*Bischofswahl zu Speyer.*) — In dieser zeit starb der bischof von Speier, darauf wurde erwählt herr Siegmund von Lichtenberg, domherr zu Strassburg und dahin erfordert.

1189. (*K. Albrecht zieht an den Rhein.*) — Dieweil sich viel raubens und muthwillen im Niederland erhoben, und die kurfürsten aus gebot des papstes zu Rems und Koblenz zusammen kommen wollten, einen neuen röm. könig zu erwählen, denn der papst stets darauf hielt, jeden kaiser, könig und andere die nicht von stund an thaten was er begehrte, alsbald mit dem bann drein zu schlagen, und damit alles preiss gab, worauf aber k. Albrecht nicht viel gab, wie auch der könig von Frankreich, — da zog k. Albrecht aus dem oberland, kam gen Strassburg, sammelte ein grosses

---

1. Ici se trouvait un croquis des armoiries des Geroldseck.

heer und zog mit gewalt den Rhein hinab und brachte sie zu gehorsam.
Insonders trieb er den kurfürsten am Rhein einen schrecken ein, als Pfalz,
Mainz, Köln, Trier, die aus geheis des papstes einen bund gemacht hatten,
weil er den könig in Frankreich nicht bekriegen wollte. Aber die kurfürsten wurden hiemit gestellt, da er Bingen, Ehrenfels, Scharfenstein und
Selz, und sonst mehrere städte und schlösser einnahm, und sie mussten
geloben von ihrem vornehmen abzustehen.

Fol. 150
1303

1190. (*Schloss Geiersberg an Bischof Friedrich gegeben.*) — Damals,
als die herren von Geiersberg keine ruhe haben mochten vor den von
Freiburg und Rappoltstein, übergaben sie dem bischof Friedrich das
schloss Geiersberg, mit allem zubehör, denn viele darauf und darin
erschlagen wurden. Da wurde mit dem von Rappoltstein gehandelt, dass
er ihnen das schloss Stein im Steinthal und andere herrlichkeiten dabei
gab, und also friedens halber mit einander tauschten. Die haben später
dem von Rathsamhausen das schloss Stein sammt den herrlichkeiten für
eigen zu kaufen gegeben.

1191. (*Trockener Sommer.*) — Diesen sommer hat es gar nicht geregnet, deshalb alle wasser eintrockneten; der Rhein war also klein, dass
man zwischen Basel und Strassburg, auch noch weiter, an vielen enden
durch gehen konnte. Man konnte nicht mahlen, das brot war sehr theuer,
aber die frucht wohlfeil.

Damals zogen die von Strassburg vor Wimmis ins Siebenthal, sammt
denen von Basel, Bern, Solothurn und Freiburg. Aber man zog unverrichtet wieder ab. Denn alle diese städte hatten einen bund wider die
raeuber gemacht, welches nach ablass allgemein war, und die herren von
Weissenburg solches sehr brauchten.

Fol. 151
1304

1192. (*Papst Bonifacius stirbt.*) — Darauf begehrte k. Albrecht vom
papst Bonifacius die bestätigung, er hat sie ihm vielmal abgeschlagen, da
er doch zuvor hat von k. Albrecht 16000 mark silbers genommen, k. Adolf
in bann gethan und den kurfürsten geboten hatte k. Albrecht zu erwählen.
Als aber k. Philippus sich wider den papst auflehnte, und niemand war der
sich von seinetwegen wehren konnte, denn k. Albrecht, da bestätigte er ihm
ungeheissen, noch gebeten, seine wahl und krönung, that Philippum in den
bann, gebot dem k. Albrecht Frankreich als ein der kirche heimgefallenes
lehen einzunehmen. Aber k. Philippus fieng den papst zu Ananginan (*sic*),
führte ihn gen Rom, wo er am dreissigsten tag in dem gefängniss starb.

Fol. 152
1305

1193. (*Opferstoecke aufgerichtet.*) — Damals richtete papst Clemens V.
zu Strassburg und in allen landen stöcke auf. Welcher mensch alle monat

4 pfenning darein legte, durfte an den freitagen des monats eyer essen; wer aber alle wochen 4 pfenning legte, erhielt noch ablass dazu. Etliche reiche leute kauften — weil der markt vor der thüre war — auf 10 oder 12 jahre lang diese freiheit; denen gab man briefe dazu. Es trug dieses jahr in diesem bisthum ein grosses geld ein. Es war ein geiziger papst; er beschloss mit dem könig aus Frankreich, dass man alle tempelherren auf einen tag zu todt schlug, nur dass er ihr gut überkam.

1194. (*Brand zu Ebersheim.*) — Auf den grünen donnerstag gieng zu Ebersheim ein feuer auf, und verbrannte auf 50 haeuser.

1195. (*Brand zu Strassburg.*) — Auf den karfreitag, nach essenszeit, als die leute in der kirche waren, machte ein kleines kind ein feuerle auf dem herd. Es war aber ein grosser wind, der warf das feuer in einen stall zu S. Helenae, da hub es an zu brennen, und brannten 15 haeuser und 14 ställe ab, weil niemand daheim war.

1196. (*Brand zu Dürningen.*) — Auf den heil. ostertag, während die leute in der kirche waren, lief in Dürningen eine junge sau durchs feuer auf dem herd, hub an zu brennen, und lief ins stroh und verbrannten auf 18 hofstätte.

1197. (*Brand zu Stotzheim.*) — Am dritten tag nach ostern gieng ein feuer auf in Stotzheim und verbrannte auf 20 hofstätte.

1198. (*Brand zu Kaltenhausen.*) — Am pfingsttag gieng zu Bitsch die stadt Kaltenhausen an, und verbrannte auf den boden.

1199. (*Zug vor Wimmis.*) — Damals hat der herr von Weissenburg in Siebenthal den landfrieden gebrochen; darauf zogen die von Strassburg, Basel, Bern, Solothurn, Delle vor Wimmis, gewannen es und schleiften die mauern.

1200. (*Ein berühmter Predigermoench stirbt.*) — Damals starb der heil. vater Iconius zu Strassburg, liegt in einem erhabenen grab; wie sein epitaphium lautet, das darauf gehauen:

Anno domini MCCCV obiit reverendus pater et dominus, dominus Iconius, ac dominus missae, episcopus Sardicolanus, professor hujus collegii praedicatorum.

1201. (*Bischof Friedrich stirbt.*) — Den 20. december, auf S. Thomae abend, starb bischof Friedrich zu Strassburg, als er über 7 jare war bischof gewesen, ein frommer herr. Er ward zu seinem bruder, bischof Conrad, in S. Johanns kapelle gelegt, mit grossem leid und ehren, in beiseyn vieler geistlichen, auch bischofs Siegbalt von Speyer, seinem vetter, welcher auch ein geborner herr von Lichtenberg war.

1202. (*Streitige Bischofswahl.*) — Nach dem neuen jahr, als alle domherren zusammenkamen und anhuben von einer neuen wahl eines bischofs zu handeln, da fuhren sie einander heftig mit worten an, und trennten sich in etliche parteien. Es wurden etliche tage damit zugebracht, so dass es zuletzt vier gleiche parteien gab, die erwählten vier bischöfe: erstlich herrn Johann von Fleringen, den dompropst, die andern herrn Johann von Ochsenstein, den scholaster, die dritten herrn Herrmann von Thierstein, die letzten herrn Johann von Ehenberg, den erzdiaconen. Daraus erfolgte ein grosser unwillen und zwietracht. Indessen stirbt herr Johann von Fleringen; da hatte man hoffnung, es möchte besser werden. Da erwählte dieselbe partei an des abgestorbenen statt herrn Johann von Sirk, bischof zu Toul, der auch domherr zu Strassburg war.

Indessen schoben es herr Johann von Ochsenstein und der von Ehenberg vor den bischof von Mainz; solches wollten die andern zwei nicht thun, als herr Johann von Sirk und herr Herrmann von Thierstein, die zogen nach Rom (*sic*), ihren handel vor dem papst Clemens V auszutragen; das war vorher nie gehört worden, da es ein freies stift ist.

1203. (*K. Albrecht mischt sich in die Händel. — Botschaft nach Rom.*) — Da aber könig Albrecht hörte, dass die von Sirk und Thierstein ihren handel zu Rom vor dem papst wollten ausrichten, schickte er von wegen des von Ochsenstein, der geschwisterkind mit ihm war, seinen kanzler herrn Johann von Dirpheim, bischof zu Eichstaedt, und herrn Philipp von Rathsamhausen, abt des klosters Pairis, hieher Kaisersberg, beide der heil. geschrift doctoren und fromme männer. Und als sie gen Rom kamen, wurden sie herrlich als königliche gesandten vom papst empfangen, und als sie von wegen des königs für den von Ochsenstein des bisthums Strassburg halben baten, und ihre rede, als treffliche gelehrte leute, vom könig und dem von Ochsenstein alles lobe enthielte, welchem der papst und alle cardinäle mit allem ernst zuhörten, und sich verwunderten, dass man also gelehrte leute in Deutschland hätte; und die von Sirk und Thierstein auch anhielten, hiess man sie in ihre herberge gehen. Ueber drei tage wurden sie alle vom papst in seinen palast zu gast geladen, und als man am tische sass, brachte man zwei päpstliche bullen besiegelt: die eine gab man herrn Johann von Dirpheim, bischof zu Eichstaedt, des königs kanzler, darin er als bischof von Strassburg bestätigt wurde und confirmirt; die andere gab man herren Philipp von Rathsamhausen, abt zu Pairis, darin ward er zum bischof von Eichstaedt bestätigt. Die anderen sassen alle darneben. Sie beide erschracken, wussten nicht, was den papst zu solchem bewegt, insonders lag ihnen hart an, dass der könig und andere möchten gedenken, sie hätten für sich selbst geworben. Der papst aber schrieb an den könig, auch an den bischof von Mainz und das kapitel, dass man zufrieden wäre.

1204. (*K. Albrecht belehnt Joh. von Dirpheim als Bischof.*) — Als sie heraus kamen, fanden sie den könig zu Rheinfelden, zeigten ihre sache an und übergaben des papstes schreiben. Der könig freute sich so wohl, als wenn es seinem vetter geworden wäre, verlieh ihnen die regalia, und schrieb solches alles gen Strassburg, auch an das kapitel. Als man solches hörte, war jedermann zufrieden, nur dass ein anderer, als die vier, die darum zankten, das bisthum bekam. Damit haben sie sich einen bösen eingang gemacht, denn mit ihrem zanken hat der papst es schier für eine gerechtigkeit haben wollen.

1205. (*Bischof Johann zieht in Strassburg ein.*) — Als nun Johann von Dirpheim angenommen war, hat ihn könig Albrecht mit einem grossen reisigen zeug nach Strassburg geschickt. Da wurde er von den geistlichen und den bürgern ganz herrlich empfangen, und ihm posess gegeben.

1206. (*Sein Lebenslauf.*) — Dieser bischof Johann von Dirpheim ist unehelich geboren von einem edelknecht und ritter, genannt Johann Schenk von Wildeck, bei Zürich gelegen. Dieweil er aber in einem dorf Dirpheim geboren und erzogen worden, hat er sich von Dirpheim genannt, damit er seinen eltern und deren freunden keine unehre bewiese, hat auch deswegen kein mal geführt, allein nur ein gemerk seines namens[1].

Er hat zu S. Gallen im kloster, wo ihn sein vatter gethan, von jugend auf also wohl gestudirt, dass er doctor der theologie und in den rechten geworden ist, ein frommer gerechter mann. Darnach ist er propst der kirche zu Zürich geworden, denn ihm der mönchsstand, seiner geschicklichkeit halb, widerrathen worden, darnach k. Albrechts kanzler, darnach bischof zu Eichstaedt, zuletzt bischof von Strassburg, wie gehört.

1207. (*Predigerkirche weiter gebaut.*) — Damals hub man an das grosse chor zu den predigern zu bauen, da legte bischof Johann den ersten stein, nach ihm alle domherren und andere, und gaben viele edle

---

1. Ici Specklin avait tracé le monogramme de Jean de Dirpheim, composé d'un I, d'un V et d'un D majuscules, entrelacées.

und bürger grosse steuer dazu; es ist aber erst hernach überlang geweihet worden.

1208. (*Die Karmeliter kommen nach Strassburg.*) — Bischof Johann brachte auch zuerst die Karmeliter in die stadt Strassburg. Es wurde ihnen aufs Bundegässelein ein platz eingegeben, darauf bauten sie ein kirchlein und ihre wohnung, und hielten sich eine weile da.

Fol. 155
1308

1209. (*Landgraf Hans stirbt.*) — Im märz starb der jung landgraf Hans im Elsass, des jammert den alten landgrafen also sehr, dass er den 5 idus maji aus leid auch starb. Er ward zu seinem gemahl, sammt dem sohn, zu Schlettstadt bei den barfüssern begraben. Er hatte noch zwei brüder, Philippus, ein domherr zu Strassburg, und Ulrich, der hatte einen sohn Hans, der letzte.

Epitaphium zu Schlettstadt[1].

1210. (*Jerusalem wieder verloren.*) — Dieses jar wurde Jerusalem wiederum verloren, und von den Saracenen und Türken bis auf diesen tag innbehalten.

1211. (*K. Albrecht zu Rheinfelden.*) — Damals lag k. Albrecht zu Rheinfelden und zu Baden im Ergau, und weil er sehr viele kinder hatte, nämlich 6 söhne und 15 töchter (doch waren 10 gestorben, auch etliche schon verheirathet), derhalben war er auf der königin getrieb etwas karg und trachtete stets nach land und leuten. Er begehrte auch das alte alemannische reich wieder aufzurichten, und zu einem fürstenthum zu machen, kaufte was er konnte, nahm auch vielen herren und adeligen ihre güter, auch dem von Palm, Wart und Eschenbach, die doch seine diener waren. Dem herzog Hans, seines bruders sohn, hielt er seine ganze landschaft ein und wollte ihm nichts folgen lassen, nämlich Schwaben, Kyburg und anderes mehr. Er kaufte auch Luzern dem abt von Murbach ab, um 2000 mark silber, und gab ihm im Elsass vier flecken dazu, als Gebweiler, Issenheim, Wattweil und Aufholz. Doch behielt der abt die gefälle und was geistlich war. In solchen geistlichen sachen gebrauchte er seines kanzlers, herrn Johanns bischofs von Strassburg, rath, der deshalb stets bei ihm war, zu Baden im Ergau. Doch widerrieth dieser dem könig dass er keinem etwas mit gewalt nehmen, noch vorenthalten sollte; denn der könig viel rüstung machte und den landen und städten in der Schweiz alles nehmen wollte, auch zum theil schon hatte.

---

1. Specklin n'a point trouvé, paraît-il, l'occasion de copier l'inscription, car la place est restée en blanc.

1212. (*Herzog Hans haelt um sein Erbe an.*) — Indem sprach herzog Hans, des königs brudersohn, den bischof Johann von Strassburg an, er wolle mit dem könige seinethalb reden, mit grosser bitte sein väterliches erbe ihm zu geben, oder sonst ihn mit einem fürstenthum begaben, damit er auch seinen fürstenstaat führen möchte und nicht als wie ein diener dem könig nachziehen müsste. Desgleichen bat auch der von Palm, Wart und Eschenbach, dass sie das ihrige wieder vom könig bekommen möchten; wo nicht, wollten sie es gott befehlen und ihren faeusten. Bischof Johann bat sie um gottes willen nichts wider könig und die seinigen vorzunehmen; sie sollten ihm vertrauen, er wollte das beste mit dem könig reden, welches sie ihm ohne das als einem frommen herrn vertrauten.

Vor dem mittagessen als der könig und bischof Johann von Strassburg in der kammer und allein waren, hob der bischof von wegen herzog Hans und der andern zu reden, bat den könig, deren begehren welches ganz billig wäre, zu willfahren. Der könig wollte nicht, sagte: was ihnen mangelt? hätten sie doch von ihm was sie wollten! Bischof Johann zeigte an, es begehre ein jeder das seinige, die gnade so sie vom könig hätten schätzten sie für ihre treuen dienste, die sie thäten, und bat den könig ihnen hierin zu folgen; den herzog Hans sonst mit einem andern fürstenthum zu begaben, denn ihm Kyburg und anderes von seiner mutter zugefallen; die andern etwa sonst mit guten lehen zu versehen, damit solches gegen ihre güter möchte verglichen werden; würde ihm der könig hierin, wie ers treulich mit ihm und seinen kindern meinte, folgen, so würde ihm solches zu grossem nutzen gereichen, wo nicht, so seyen sie freche junge leute, die ihr leib und leben oft für des königs gut und blut gesetzt hätten, wie viel mehr würden sie solches für ihre eigenen güter thun; und etwa einen krieg und zwietracht gegen den könig und seine kinder erwecken; insonders weil sie den könig schon oft hätten mündlich desshalb angesprochen und gebeten: er bat eine gutwillige antwort.

Der könig sagte: wenn herzog Hans die 500 helme in Böhmen führen wollte, auch die von Palm, Wart und Eschenbach, die reise, wie sie versprochen, leisten wollten, werde er ihre bitte gewähren. Bischof Johann fragte: ob er solches ihnen aus des königs munde anzeigen dürfe? Der könig sagte: ja! Die reise in Böhmen war, weil der junge könig Wenzeslaus keinen tribut bezahlen, auch dem k. Albrecht, seinem lehnherrn nicht schwören wollte, und dieser gesinnt war seinen sohn Rudolf in Böhmen einzusetzen.

Hierauf berief der bischof Johann den herzog Hans und die andern alle in sein gemach allein, lobte und zeigte des königs guten willen an, sagte,

wie ihn der könig so gnädig angehört, auch alles bewilligt was sie nur
begehrten. Doch sollte herzog Hans ihm die 500 helme oder glefen,
sammt den andern, wie sie verheissen, nach Böhmen führen, welchen
dienst der könig zuvor haben wolle. Als sie solches hörten, wurden sie
fröhlich, sagten, sie wollten alles thun, was sie zugesagt; allein dass der
könig auch hielt und nicht hernach, wie oft geschehen, ihrer spotte. Insonders wenn der bischof nicht zugegen, wäre dann alles anders. Der
bischof gab ihnen guten trost, des waren sie zufrieden, wenn es nur kein
schimpf wäre; denn wenn der bischof sich entfernt, gebe der könig auf
ihr wort nicht viel.

Fol. 156

Als man zu nacht gegessen hatte, erzählte der könig selbst dem herzog
Hans in beiseyn aller andern, was er mit dem bischof heute von ihnen
geredet; was er versprochen, wolle er halten, doch sollten sie auch stets
thun, was sie versprechen; welches sie mit dank annahmen.

1213. (*K. Albrecht scherzt mit Herzog Hans.*) — Den andern tag, es
war Philippi und Jacobi, den ersten mai, nach der messe, ass er beizeiten
zu morgen, da er noch gen Rheinfelden wollte, und sass bei dem könig
zu tisch, Johann bischof von Strassburg, herzog Leupold der junge, sein
sohn, herzog Hans, sein vetter, der graf von Castel, der von Thierstein,
der von Palm, der von Wart, der von Eschenbach und einer von Pappenheim; er hatte gern viel leute an der tafel, mit denen er gespräch hielt.
Ueber tisch sagte er: Es ist heute 90 jahr, dass mein herr vater könig
Rudolf geboren ist worden; es sollte ein jeder mensch 90 jahre alt werden,
aber es werden oft vater und sohn zusammen kaum so alt. Indem brachte
man dem könige etliche kränze auf einem silbernen teller, von allerhand
wohlschmeckenden blumen, wie es am mayen tag gebräuchlich ist. Da
nahm der könig die kraenze und setzte sie einem jeden selbst aufs haupt,
sagte zu herzog Hans und zu den von Wart und Palm: «Liebe leute, diese
kränze zieren euch viel besser, denn land und leute.» Da solches herzog
Hans hörte, legte er den kranz vor sich auf den tisch, mochte vor schmerz
weder essen noch trinken, desgleichen die andern auch. Bischof Johann
erschrack ob solcher rede sehr. Als man aufstand, sagten sie zu ihm: Jetzt
hört ihr selbst dass man uns nichts halten wird; wir haben keine hoffnung
mehr! Der bischof tröstete sie, er wolle den könig vermögen alles zu
halten, sie wüssten doch wohl dass er gern scherze.

1214. (*K. Albrecht wird ermordet.*) — Als der könig aufsass und nach
Rheinfelden zu der königin reiten wollte, und bischof Johann noch einmal
mit ihm deshalb rede hielt, lachte er, sagte nichts und sass auf, und hatte

nicht über 300 pferde bei sich, und als sie bei Windisch an das wasser, die Reuss genant, nicht weit von Habsburg kamen, fuhren herzog Hans, die von Palm, Wart und Eschenbach, sammt ihren dienern zuvor hinüber, ritten auf die höhe, ins ebene feld, und beschlossen ihren rath kurz. Indem fuhr der könig hernach, sass auf und ritt ihnen nach, und redete mit graf Hans von Castel. Indem hielten die vordern still, als wenn sie auf den könig warteten, da wandeten sie sich jählings auf den könig. Da sagte der von Wart: «Jetzund wollen wir unser begehren zu end bringen!» Der könig erschrack, sagte: «Was begehrt ihr denn?» Indess fiel Rüseling, des von Warts diener, dem könig in den zaum: da hieb herzog Hans den könig in den hals, der von Palm hieb ihm durchs haupt, an dem linken auge herab, daran er ohne das blind war, und der von Wart stiess das wehr in ihn. Da fiel der könig vom pferd. Eine gemeine frau, die dem hof nachgezogen war und beherzt war, empfieng den könig in dem arm bis auf die erde; aber er verschied von stund an in ihrem schoss, und sie behielt ihn also bis man ihn hohlte. Da ward ein grosses geschrei; der von Castel und andere eilten wieder zurück. Als bischof Johann solches hörte, hatte er des königs sohn, herzog Leupold, bei sich, sie fuhren eben im schiff über das wasser. Sie flohen alle zurück wieder auf das schloss Ober-Baden. Aber das andere volk ritte zum todten könig.

1215. (*Strafe der Moerder.*) — Die tödter flohen alle davon, man eilte ihnen nach. Den von Wart und seinen knecht Rüseling hat man ausgespürt, dass er durch Basel ins Elsass kam. Da wurden sie, als sie über das gebirg wollten, gefangen, bei seiner base, da er sich wollte aufhalten, aber niemand wollte solches auf sich laden, und sie wurden wiederum zurückgeführt. Unterwegs zu Ensisheim, bekannte Rüseling alle dinge wie es gegangen war. Da hat man ihn lebendig zu Ensisheim gebraten, doch nicht zu tod, hernach gerädert und lebendig auf ein rad gesetzt. Den von Wart führte man wieder durch Basel; daselbst hatte er viele gute freunde, durch die er hoffte ledig zu werden; aber es nahm sich seiner niemand an. Zu Winterthur ward er mit einem pferd zur wahlstatt geschleift, gerädert und lebendig auf ein rad gesetzt. Seine hausfrau blieb drei tage und nächte unter dem rad, bis er starb. Er sagte: Er habe keinen könig, sondern einen mörder, der seinen eigenen herrn erschlagen hatte, umgebracht! Zu Altbeuren wurden 60 geköpft, die ihm wollten davon helfen. Es wurden etliche hundert personen desshalb gerichtet und viel unschuldiges blut vergossen. Die rache war zu streng, da man ganze geschlechter die unschuldig, ausrottete.

Herzog Hans kam zum papst, begehrte gnade, der ward sein lebenlang in ein kloster eingeschlossen zu büssen. Der von Palm starb bald in einem kloster zu Basel vor grossem herzeleid. Der von Eschenbach kam unbekannter weise in's Wirtemberger land, wurde auf 35 jahre lang ein hirte; als er sterben wollte, hat er sich erst zu erkennen gegeben, wer er gewesen.

Fol. 157 **1216.** (*Das Kloster Koenigsfeld gestiftet.*) — Die königin Elisabeth baute auf der wahlstatt ein herrliches kloster und nannte es Königsfeld; der fronaltar ist gesetzt an den ort, wo der könig erschlagen worden.

Als man räumte fand man viele goldene römische münzen und gemaeuer der alten stadt Windisch, welche weit hat um sich gegriffen. Befanden das kloster Töss und das bruderhaeusle zu gewaltig ein kloster gemacht (?).

Bischof Johann hat die kirche und den altar geweiht und die erste messe darauf gethan.

1217. (*K. Albrecht's Begraebniss.*) — König Albrecht wurde aber gen Wettingen an der Lindmatt im kloster begraben, hernach von k. Heinrich gen Speier nebst k. Adolff, den er erschlagen hat, gelegt.

Und ist höchlich zu bewundern das urtheil gottes, wie könig Albrecht mit eigener hand seinen herrn, könig Adolf, hat umgebracht, also ist er an ähnlichen wunden auch erschlagen worden, bei dem linken auge ins hirn gehauen, gleichmässig am hals und auf derselben seite durchstochen worden. Gott verzeihe ihnen allen! denn keiner eines rechten todes starb, der zu k. Adolfs tod geholfen hatte. Da wurde der vers gemacht:

Annis completis octo cum mille trecentis
Rex est Albertus gladiorum morte peremtus
Mense majo, Jacobi festo, sanctique Philippi.

Auf einer tafel in der von der königin erbauten kirchen lautet die stiftung auf deutsch also :

Anno dom. MCCCVIII, am tage Philippi und Jacobi der heil. apostel, ist erschlagen worden der durchlauchtigste fürst und herr Albrecht, römischer könig, ein sohn herren Rudolfs, röm. königs, von Johann seines bruders sohn, an dem ort da der hohe altar steht, welcher herr Albrecht am tage seines todes 10 lebendige kinder verlassen hat, nämlich den durchlauchtigsten fürsten Friedrich, jetzund römischer könig, und die durchlauchtigen herren Leupold, Albrecht, Heinrich und Otto, herzoge von Oesterreich, die durchlauchtigen frauen, frau Agnes, königin zu Ungarn, Elisabeth, herzogin zu Lothringen, Anna, herzogin zu Presslau, Guta, gräfin zu Oettingen, und Catharina, herzogin zu Calabria. Nun aber zu hilfe und trost seiner seele hat die durchlauchtige frau Elisabeth, des herzogs Meinhart von Kärnthen tochter, gemeldeten königs Albrecht hinterlassene wittwe und gemeldeter herzoge und kinder rechte frau mutter, mit hilfe und bewilligung derselben, gebaut, gestiftet und begabt diese zwei klöster der Minoriten und schwestern S. Clarae ordens, sämmtlich mit kirchen, chor und allen gebäuden, wie zu sehen.

1218. (*Wahl Heinrich's von Lützelburg.*) — Im september nach könig Albrecht's tod kamen die kurfürsten zu Rems[1] zusammen, und dieweil kein gestandener herr vom habsburgischen stamm vorhanden, wählten sie Heinrich, grafen zu Lützelburg, Balduin's des erzbischofs von Trier bruder, einen weissen, verständigen und streitbaren herrn, der nahm das reich zu regieren in seine hand, nahm auch von stund an kriegsvolk an, und überzog viele herren und städte und brachte sie zu gehorsam. Sie haben ihn mit grossem volk gen Achen begleitet und ihn da gekrönt, mit Margaretha des herzogs aus Brabant tochter, welche bald hernach starb, auf S. Catharinen tag.

1219. (*Ein Geschoell zu Strassburg.*) — Damals stand alle gewalt zu Strassburg an den edeln und konnte vor ihrem zank niemand zum recht kommen. Insonders waren viel, die schneidern, schustern und andern keine zahlung machten: wer sein geld forderte, wurde gescholten, auch oft dazu geschlagen: doch waren viele fromme von adel, die männiglich das ihre gaben; darum machten viele handwerker mit vielen edeln einen vertrag, dass sie ihnen hülfen, damit sie von den andern bezahlt werden möchten, und machten sich zu unterthanen, wie andere bauern und gaben ihnen schirmgeld, auch in gülten und habern, darnach einer handel hatte. Davon hatte mancher von adel von den handwerkern auf 300 oder 400 fürtel habern einkommen, ohne das geld.

Auf mittwochen nach Jacobi sassen viel bauern bei dem wein und redeten viel von der unbilligen gewalt, so ihnen die von adel anthaten, insonders den widertrutz so ihnen herr Claus Zorn, der schultheiss, bewiesen: denn sie nahmen fleisch, brot, holtz, tuch, fische und anderes alles aufs kerbholz, und wenn sie geld forderten, wurden sie nicht bezahlt, sondern oft darzu geschlagen. Als sie (die bürger) toll und voll waren, machten sie einen bund, wüschten auf, nahmen ein panner, und eilten dem Hohensteg zu, da die edeln sassen und auf ihrer trinkstube tranken. Solches hatten etliche erbare leute erfahren, wollten dem unglück zuvorkommen

---

1. « Eine weitere Redaktion hat: Frankfurt. » (Note de M. Jung.)

und warfen die brücke bei dem Pfennigthurn ab. Als sie kamen und nicht hinüber konnten, eilten sie mit dem panner an das Barfüsserkloster und wollten über die brücke dem Hohensteg gegenüber, und stellten sich in eile an das brücklein. Gegenüber stellten sich die vom adel mit bewehrter hand und der schultheiss herr Claus Zorn voran, und wer hinüber wollte ward erschlagen. Als die handwerker sich genugsam gestärkt hatten, fielen sie hinüber und jagten die adlichen zurück. Da wurden 16 der handwerker erschlagen, auf 30 verwundet, auf 80 gefangen, denen verbot man die stadt ewig; das ward die grosse acht genannt. — (Cfr. KŒNIGSHOVEN, *éd. Hegel*, p. 774. 775.)

1220. (*Die Juden zu Ruffach.*) — Damals waren viel juden zu Rufach unter dem bischof von Strassburg, und hatten eine grosse synagoge da, und weil sie stark waren machten sie viele meutereyen und zogen schier alle bürgergüter an sich mit gewalt. Und als sie so fortfuhren, machten die bürger einen lärm, jagten sie zur stadt hinaus, schlugen sie zu todt, nahmen ihnen ihre güter und wurden der vornehmsten viele gefangen und verbrannt. Die andern flohen nach Colmar, Ensisheim und andere Orte, wo sie unterschleif hatten, forderten ihre güter mit recht und fanden mit ihrem geld einen grossen beistand. Bischof Johann legte sich in die sache und sie ward gütlich vertragen, doch viele ihrer misshandlung wegen gestraft.

1221. (*Gutes Jahr.*) — Dieses jahr galt ein fürtel frucht und ein fürtel rüben gleiches geld, jedes 3 schilling.

1222. (*Meerfahrt nach Jerusalem.*) — Damals ward eine meerfahrt zum heil. land, Jerusalem zu gewinnen, berathschlagt, aber es gieng hinter sich und wurde nichts daraus.

Fol. 158
1310

1223. (*Graf Egon von Freiburg stirbt.*) — Damals nach langen kriegen, so graf Ego von Freiburg hatte gehabt und wobei bischof Conrad von Strassburg war umgekommen, starb graf Ego; darnach auch sein gemahl Katharina von Lichtenberg, und wurden zu Freiburg begraben, hinterliessen zwei söhne, Ego und Friedrich.

1224. (*K. Heinrich zu Speyer.*) — Im frühling, als könig Heinrich seinen sohn zum könig von Böhmen gemacht hatte, auch den von Wirtemberg und auf 72 reichsstädte bezwungen und zu gehorsam gebracht, die krone zu Achen geholt, den Rhein herauf zog und nach Rom wollte, die krone zu holen, kam er gen Speier. Und als er da war, besah er der alten römischen könige und kaiser begräbnisse. Da befahl er, dass man könig Adolf, der noch zu Rosenthal zu Limpurg im kloster unbegraben lag, holen sollte und in Speier begraben, denn da er erschlagen wurde, war er im bann, welches auch geschehen ist, den 29. augusti.

Während der kaiser Heinrich zu Speier war, kam dahin des königs Wenceslaus von Böhmen tochter, Elisabeth, empfieng das lehen und ward mit des kaisers sohn vermählt, und hochzeit gehalten.

1225. (*Die Gesandten Strassburg's bei K. Heinrich.*) — Weil die von Strassburg nicht wussten, welchen weg der kaiser nach Rom nehmen würde, schickten sie ihre gesandten zu ihm nach Speier, die sprachen den könig an und sagten, es hätten sie ihre herren von Strassburg hieher geschickt mit der bitte, ihre gnaden wollten ihnen ihre alten freiheiten bestätigen. Der könig gab ihnen keine antwort und zog das land herauf. Und als er gen Hagenau kam, sprachen die ihn gleichmässig an; er gab ihnen aber keine antwort. Darnach kam er nach Strassburg, da ward er herrlich von geistlichen und weltlichen, auch vom bischof Johann empfangen. Da sprachen sie den könig gleichmässig wieder an, er gab ihnen aber noch keine antwort. Er zog fort, da kamen die strassburgischen gesandten abermals, und zogen ihm nach mit bitten bis gen Colmar. Da sagte des königs kanzler ins geheim zu ihnen, sie sollten ihre herren von Strassburg vor dem könig nicht herren heissen, denn er ihr herr wäre. Da sie nun wieder zum könig kamen, sagten sie: «Gnädiger herr könig, es schicken uns euer gnaden unterthänige diener und bürger zu euer gnaden, mit bitte, ihnen ihre alten freiheiten zu bestätigen». Der könig sprach: Ich habe vormals nicht können verstehen, wen ihr gemeint, da ihr sagtet, meine herren von Strassburg, da ihr aber saget, meine diener und bürger von Strassburg, die kenne ich gar wohl und sind mir liebe leute; man soll euch thun und geben was ihr wollt. Und sie wurden darauf ganz wohl abgefertigt. Da sprach er sie an, dass sie ihn wollten nach Rom auf die krönung begleiten. Das wurde bewilligt, und wurden 12 glefen und 80 pferde von stund an ihm nachgeschickt auf der stadt kosten. Bischof Johann, auch viel kurfürsten und herren zogen gleichfalls mit dem könig nach Rom. — (Cfr. KŒNIGSHOVEN, *éd. Hegel*, p. 460, 461.)

1226. (*Der Tempelorden zerstoert.*) — Als vor 200 jahren von herzog Gottfried Jerusalem gewonnen, waren etliche, die aus heiligkeit den tempel und das heilige grab hüteten, und die pilger beherbergten und gutes thaten. Bald ward ein orden daraus, die tempelherren genannt, und vom papst Gelasio II bestätigt. Solcher orden bekam bald, dass man ihm durch alle lande klöster und spitäler baute, die man tempelhöfe hiess. Sie trugen weisse mäntel, darauf ein rothes Jerusalem's kreuz. Sie wurden zuletzt so reich, dass sie sich fürstmässig hielten. Aber als Jerusalem vor zwei jahren wieder verloren ward, haben sie sich mit den Saracenen verbunden, damit sie ihre güter behielten. Ihr oberster hochmeister aber, weil Jerusalem verloren, hielt sich in Frankreich, Jacobus, burtig aus Burgund, genannt. Sie hatten grosse güter. Da hielt dies jahr Innocentius V. (sic) mit könig Philipp aus Frankreich ein concilium zu Leon. Da wurden heimliche bullen in alle welt geschickt, dass der ganze orden auf einen tag erschlagen ward. Der hochmeister wurde mit vielen zu Paris verbrannt. Die starben darauf, dass ihnen unrecht geschähe: viele sagten, es geschähe darum, weil sie grosse güter hätten. Der papst und der könig nahmen das beste alles hinweg, die andern güter wurden dem neuen ritterorden zu Rodies, S. Johannsspital, vorbehalten, wie auch der tempelhof im Elsass zu Bergheim, so noch da steht, sammt Burgheim und die güter zu Schlettstadt und andere den Rhodiserrittern übergeben worden sind: hernach sind sie an das Johanneshaus zu Strassburg gekommen, das sie noch hat.

1227. (*Tempelhof zu Dorlisheim und Schloss Girbaden.*) — Der tempelhof zu Dorlisheim wurde auch ledig, denn nachdem die herren von Gierbaden waren abgestorben, haben sie die herrschaft Gierbaden den tempelherren übergeben, welche auch darauf haben gewohnt. Es hatten aber die tempelherren nach ihrer vertreibung diese herrschaft ganz verlassen müssen. Weil aber bischof Johann solche güter nicht wollte annehmen, da sie nicht rechtmässig, noch mit ehren an ihn gekommen waren, deshalben hat der abt von Altorf einen mönch zu S. Johann von Dorlisheim gesetzt, mit des bischofs bewilligung, und auch einen mönch gen Strassburg in die klause zum Grünen Wörd. Solches liess der bischof alles geschehen, sagte, es wäre unfertiges gut, und wollte sich niemand dessen annehmen, bis Bechtold von Bucheck bischof wurde, der nahm Gierbaden ein, bauete und besserte solches schloss wiederum. Als aber Clauss von Rathsamhausen, herr zum Stein, bei Dorlisheim und Gierbaden viele rechte und gerechtigkeit hatte, verlieh ihm bischof Bechtold das schloss Gierbaden als lehen, wie sie solches noch haben. Es hat noch viele heidnische antiquitäten da oben, insonders viele alte starke thüren und mauern, so die Römer wider die Allemannier gebaut haben, auch einen grossen alten heidnischen tempel. Er ist aber eingefallen, nur die mauern stehen noch; darin ist noch ein kaplan.

1311   **1228.** (*Bischof Johann mehrt das Bisthum.*) — In diesen zeiten, auf den frühling, kam bischof Johann wieder aus Italia von Rom. Der könig blieb in Italia. Es hielt der bischof wohl haus, denn er friedsam war, deshalben er das bisthum sehr besorgte mit gebäuden und anderm. Er hielt die geistlichen im zaum, dass sie ihrer kirchen und ämter warten mussten. Er machte und baute viele märkte und flecken zu schönen städten, insonders hat er diese städte gebaut, die man jetzt noch weiss, als: Zum heil. Kreuz bei Colmar, Markolsheim, Benfelden, Dambach, Börsch, Dachstein, Molsheim, mit dem schloss und spital, Mutzig, Schirmeck, und über Rhein Oberkirch, Gengenbach und andere mehr.

1229. (*Phynenspital gestiftet.*) — Dies jahr stiftete mit des bischofs willen herr Hans in der Kalbsgasse, ein ritter und jungfrau Phine, seine schwester, S. Barbara zu ehren ein spital in Hoernecks gässlein für 10 arme verlebte personen, und für einen priester, mit seinem gesinde, die der armen pflegten und zu ewigen zeiten möchten erhalten werden, und wurde frau Phynenspital genannt.

Fol. 159
1312

1230. (*Stadtbefestigung.*) — Man hub auch an, den äussern metzgerthurn zu bauen, zu S. Catharinen im Entenpfuhl an S. Johanns giessen, auch die innere mauer höher mit den zinnen, und einen neuen gang zu machen, rings um die stadt. Doch führte man mehr den graben aus, und liess es liegen.

1231. (*Pestilenz und Theurung.*) — Damals fiel ein solch grosse pestilenz und sterbend in allen landen ein, also dass zu Strassburg auf die 15000 starben; und währte mehr denn zwei jahre. Darauf folgte eine solche schwere theurung, dass es kein mann glaubt: denn viele dörfer und flecken gar ausstarben, und niemand das feld baute und nichts vorhanden war. Ein fürtel frucht galt 30 schilling, auf dem land 2 pfund. Niemand wollte etwas thun, warteten alle des todes. Die theurung war also gross und auch der hunger, dass an etlichen enden die todten, auch die übelthäter an dem hochgericht gefressen wurden, darauf noch mehr starben. Da fiel ein solch grosses geld von den opfern für die todten, auch von den messen und anderes, dass die kirchen und klöster sehr reich wurden. Man konnte auch schier keinen menschen mehr in der stadt begraben, und war der spital und die begräbnisse zu S. Erhart viel zu klein, also dass man auf der Metzgerau einen neuen platz machte zur begräbniss, bei Unserer frauen brüder kloster. Manchen tag starben auf 100 personen. Da machte man bei der steinhütte auf dem Fronhof auch einen kirchhof. Es folgte auch ein so grosses viehsterbend, dass man schier kein fleisch, noch anken haben mochte. Es war eine greiffliche strafe gottes in allen landen. Daher der vers:

Fol. 160
1313

Ut lateat nullum tempus famis, ecce CVCVLLVM. (= 1315).

1232. (*K. Heinrich in Italien.*) — Als könig Heinrich in Italia vor Pisis war, kam herzog Hans, der den k. Albrecht erschlagen hatte, zu ihm, und begehrte gnade. Der wurde sein lebenlang in ein kloster verstossen, seine sünde zu büssen.

1233. (*K. Heinrich stirbt.*) — Hierauf kam botschaft aus Italia, wie k. Heinrich gestorben, denn ihm ein predigermönch im sacrament vergeben hatte, zu Pisis auf Unserer frauen himmelfahrt. Der predigermönch hiess Bernhard. Der kaiser wurde zu Pisis begraben. Der mönch wurde gefangen und von könig Hans von Böhmen, von dem erzbischof von Trier, des königs bruder, von bischof Johann von Strassburg und andern verhört, dass er nicht geläugnet hat. Er konnte nichts anführen. Darnach kam er aus, und die fürsten mussten wiederum heim.

1234. (*Streitige Königswahl zu Frankfurt.*) — Darauf kamen die kurfürsten zu Frankfurt zusammen; Mainz, Trier, Böhmen, Brandenburg erwählten den herzog Ludwig den jüngern aus Baiern; Köln, Pfalz, Sachsen wählten den herzog Friedrich aus Oesterreich. Aus dieser uneinigen wahl ist in diesen und andern landen viel bluts vergossen worden.

1235. (*Hans von Böhmen gewählt.*) — Der papst gebot einen andern könig zu wählen; da erwählten etliche den könig Hans von Böhmen, könig Heinrichs sohn, von Luxemburg; aber er wollte nicht, dankte ab und hielt fest zu Ludwig. Dieweil aber der pfalzgraf, k. Ludwigs bruder, ihm stets in der wahl zuwider gewesen, hat der könig seinen bruder aus der Pfalz vertrieben. Der floh nach England, wo er auch gestorben ist.

1236. (*Raubschlösser im Elsass gebrochen.*) — Damals hielten sich viele raeuber und andere gesellen, darunter auch viele vom adel, auf etlichen schlössern. Dies unterhielten mehrtheils die von Fleckenstein, und andere. Da zogen die von Strassburg aus, da ihnen der meiste schaden geschah, sammt denen von Hagenau, und zerbrachen den thurn zur Eichen, und dann auf Bärbelstein, und lagen fünf wochen davor, gewannen es und verstörten das schloss, das ein festes haus war, und fiengen 30 mann darauf und schickten sie gen Strassburg. Darnach zogen sie vor Sulz und lagen 3 wochen davor, gewannen solches auch und fiengen 26 mann darauf, die schickten sie auch gefangen gen Strassburg, und verbrachen das schloss; zogen darnach gen Beinheim; da war jedermann schon entflohen. Da verbrannten sie das schloss und städtlein, und zogen wieder heim.

1237. (*Neues Spital zu Strassburg.*) — Als das grosse sterben noch währte und alle kirchhöfe voll lagen, desgleichen die theurung auch währte,

ward ein ersamer rath verursacht, mit bewilligung der geistlichen, dieweil
S. Erharts kapell und spital viel zu eng war, und während des sterbend
grosses gut dahin gegeben wurde, ein anderes spital vor die stadt auf die
Metzgeraue zu bauen, bei Unserer frauen brüder kloster.

1238. (*Kirchen und Haeuser umgebaut.*) — Es wurden auch die kirchen in diesem sterbend sehr reich, also dass man S. Klaus, so die Spender gebaut, S. Martin, Alt S. Peter und Jung S. Peter und andere, grösser, weiter und mit hübschen hohen thürnen baute.

Es wurden auch die haeusser fast alle wieder gebaut, nach dem grossen brand, wie auch das münster. Da wurde damals die heil. geist glocke aufgehängt, damit man die todten zu grabe laeutete.

1239. (*Reuerinnenkloster gestiftet.*) — In diesem sterbend, auch hernach, da war einer, bruder Heinrich von Homburg genannt, der bekehrte viele sünderinnen und gemeine frauen, dass sie von ihrem sündlichen leben abständen, und sammelte viel gut. Damit baute er eine wohnung und kapelle in der ehre gottes und Mariae Magdalenae, der büsserin oder reuerin, auswendig bei der Spittelgruben, damit sie sich mochten aufenthalten. Es wurden viel messen darin gestiftet; da huben viele frauen an grosse reue zu haben ob ihren sünden; die hiess man die reuerinnen oder büsserinnen, und sie fiengen durch bruder Heinrich einen orden an, der ward vom papste Paulo bestätigt und vom kaiser hoch befreiheitet, dass alle die reue trägen, in dem orden vergebung aller sünden haben sollten, und wurde ein klosterleben angerichtet: sie wurden die an der pönitenz genannt.

1240. (*K. Friedrich haelt Hochzeit.*) — Damals kam der neue könig Friedrich von Oesterreich mit grossem volk gen Basel, mit herzog Leopold seinem bruder, und hielten beide hochzeit da. Der könig nahm des königs von Aragonia tochter, so nahm herzog Leopold des von Savoyen tochter. Es kamen viel fürsten und herren dahin, auch die bischöfe Johann von Strassburg, der von Basel und andere mehr, und f t alle am Rh instrom. Dahin kamen die kaiserlichen kleinode, als krone, szepter, schwert, apfel und anderes. Solche kleinode gebrauchte k. Friedrich an seinem hochzeitstage.

1241. (*Bischof Johann erweitert Molsheim.*) — Als nun bischof Johann sehr wohl haus hielt und viele staedte und schlösser baute und das land sehr besserte, hat er die stadt Molsheim erweitert, und das starke schloss da gebaut, auch einen herrlichen spital mit grossem gefälle und fünf geistlichen pfründen, für arme alte leute, die ihr brod nicht mehr gewinnen konnten. Er liess auch sein begräbniss dahin bauen, wie er denn auch da begraben liegt. Ueber der thüre des spitals ist in einem stein eingehauen: «Zur ehre gottes und der heil. jungfrau Maria ist dieses hospital gestiftet worden von dem ehrwürdigen herren Johannes, dieses namens der erste bischof zu Strassburg, im jahr Christi MCCCXVI, den 6 tag septembris ». Er hat die bibel, altes und neues testament, mit eigener hand geschrieben, welches buch noch in dem spital ist. Er ist ein gerechter, friedliebender herr gewesen, und hatte jedermann genug bei seinen zeiten. Alle geistlichen so unter dem schein hurerei trieben, wurden abbestellt, die kirche gepflanzt, wittwen und waisen viel guts gethan: dadurch wurde das bisthum sehr reich, und hatte der bischof glück und segen.

1242. *Bund der Eidgenossen.* — Nachdem die herzoge von Oesterreich wider die Schweizer stets händel hatten, damit sie solche möchten in gehorsam behalten, sie aber des jochs ungewohnt waren, da haben sie, nämlich Ury, Schwytz, Unterwalden, den ersten bund zusammen geschworen, den mit dem eid bestätigt, einander insgemein beizustehen. Davon wurden sie eidgenossen genannt.

1317   **1243.** *Ketzerei der Beghärden.* — Da kam abermals eine ketzerei auf, schier wie die Waldenser, also dass es schier das ganze Elsass einnahm und viel disputierens gab über die geistlichen. Diese ketzerei soll von den Beghärden hergekommen seyn. Die armen bettelten ihr brod um gottes willen, aber schier niemand wollte ihnen etwas geben, weil sie es nicht durch einen heiligen heischten. Sie wurden Questrones (?) genannt. Zu ihnen schlugen sich viel geistliche, auch eheleute, so heimlich ihrer religion waren. Und waren dies ihre fürnehmsten irthümer:

1. Sie hielten nichts von dem ablass, den man um geld kaufen musste, sondern sie glaubten alle sünden seien durch Christum vergebens geheilt worden, und nicht um geld zu verkaufen.

2. So zweifeln sie am fegfeuer, weil nichts in der geschrift davon steht. Darzu nehme der papst geld für die seelen im fegfeuer, und könne doch nicht beweisen, dass sie erlöst sind, obschon die seelen erscheinen, und anzeigen sie seyen erlöst; sei zu besorgen, der teufel betrüge die leute, weil nichts davon in gottes wort gemeldet wird.

3. Sollte man keinen um geldschulden in bann thun, noch das sacrament entziehen, vielleicht um ein schlecht geld.

4. Halten sie alle priester für unselig und verdammt, die messe hielten, wenn sie gleich betrunken, und mit unehlichen weibern haus hielten.

5. Dass im heil. sacrament der leib Christi wäre, aber das brot bleibe brot, und würde nicht zu fleisch, wie man es fürgebe, oder ein voller pfaffe haben wollte.

6. Ist es gefährlich wenn man einen andern weg in himmel will, denn durch Christi tod. Sie wollten in allen dingen geschrift haben.

Als nicht allein die gelehrten, sondern auch die laien davon disputirten, und solche einen grossen beifall überkamen, hat bischof Johann den erzbischof von Mainz hart angehalten, dass er einen synodum zu Maynz hielte mit 24 bischöfen. Da ward erkannt, dass man niemand darum tödten sollte, sondern diese ketzerei mit dem bann bestrafen, wer nicht abstehn wollte, mit gefängniss strafen; doch sollte man drei sonntage nach einander auf allen kanzeln solches verkündigen. Die geistlichen sollten sich erbar und priesterlich verhalten, oder ihres amtes entsetzt werden. Als bischof Johann heim kam, hat er solches, wie es erkannt worden, lassen verkünden. Also nahm die ketzerei bei dem gemeinen mann ab, aber der geistlichen gebot nahm bei denselbigen zu.

1244. (*Ludemann von Lichtenberg wohnt zu Strassburg.*) — Damals begab sich herr Ludemann von Lichtenberg gen Strassburg, und wohnte da mit seinem gemahel, einer gräfin von Leiningen, und ihren söhnen herrn Ludemann und herrn Siegmund, und zwei töchtern, Agnes und Adelheid.

1245. (*Wohlfeile Zeiten.*) — Dies jahr galt ein sester korn, ein sester rüben, ein sester kraut, ein sester zwiebeln, ein sester aepfel, ein sester birnen, ein sester nüsse gleiches geld, jedes 3 pfennig.

1246. (*Meister Erwin von Steinbach stirbt.*) — Den 16 februarii starb der künstliche meister Erwin von Steinbach, so das fundament am thurn am münster hatte gelegt, die visirung gestellt und ziemlich weit aufgebaut. Sein sohn Johannes kam an seines vaters stell. Als der starb, hat Johann Hilz von Köln (fortgebaut), dann noch einer aus Schwaben. Sie liegen alle im kreuzgang an S. Johannes capell, wie das epitaphium ausweisst, das an der säule gehauen:

 Anno domi 1316, 12. kal. augusti obiit
  Domina Husa, uxor magistri Erwini.
 Anno domi 1318, 16. kal. februarii, obiit magister
  Erwinus, gubernator fabricae ecclesiae argentinensis.
 Anno domi 1339, 15. kal. aprilis obiit magister Johannes
  Filius hujus Erwini.

1247. *Brand in der Sporergasse.* — Damals verbrannte die Sporergasse in Strassburg ganz schedlich, uber die 40 hofstatte.

1248. *Krieg zwischen K. Friedrich und K. Ludwig.* — Damals erhob sich schwerer krieg zwischen könig Friedrich und könig Ludwig; da Friedrich die bestätigung vom papste bekam, so wollte Ludwig nicht weichen, sagte, er waere ordentlich erwahlt. Dadurch wurden land und leute verheert.

1249. *Das Karthäuserkloster gestiftet.* — Damals waren drei vornehme bürger zu Strassburg, herr Johann von Meyssen, herr Gebhard von Sachsen und herr Wernher von Hessen. Die kauften ob Strassburg im Königshofer bann viel aecker und lustige matten aus ihrem eigenthum, und nicht weit von Eckbolsheim luden sie an ein schönes kloster zu bauen, an der Breusch für die Karthaeuser. Sie gaben auch, wie andere mehr, vieles gut dazu. Als es ausgebaut und der orden darein kam, ist er erst von bischof Berthold anno 1340 geweihet worden, wie soll gemeldet werden.

1250. *Jung S. Peter fertig geworden.* — Dieses jahr ist auch die kirche und das chor zu Jung S. Peter ganz fertig geworden, und wurde von bischof Johannes geweiht.

1251. *Herzog Leopold kriegt am Rhein.* — In solcher zeit fielen viele staedte auf konigs Ludwigs seite, besonders am Rhein. Speyer ergab sich auch zu ihm. Solches schrieb herzog Leopold aus dem Elsass seinem bruder, dem k. Friedrich, dass er eilends käme und den Rheinstrom behauptete, daran ihm nicht wenig gelegen waere. K. Friedrich enthot ihm: er werde bald mit kriegsvolk kommen, er möge dieweil die sache angreifen. Darauf versammelte herzog Leopold ein grosses volk, belagerte Speyer. Diese baten k. Ludwigen um hilfe; als er gen Speyer kam, hatte sich herzog Leopold mit vielem volk versteckt, und als Ludwig vorkam, fiel er ihm an; aber der könig riss aus und kam kaum davon; er wäre sonst erschlagen oder gefangen worden. Doch blieben viele todt. Ludwig wich zurück und stärkte sich heftig; kam wiederum. Da solches der herzog erfuhr, wich er zurück, enthot seinem bruder, k. Friedrich, eilends zu kommen; er vetheerte alles, was dem k. Ludwig anhieng, aber dieser zog ihm nach, das land herauf, bis ins Elsass und forthin.

1252. *K. Ludwig kommt nach Strassburg.* — Es waren aber in Strassburg die zwei gewaltigen geschlechter, die Zornen und die von Müllenheim. Die Zornen hatten k. Friedrich als ihrem herrn geschworen, das wollten die von Müllenheim nicht thun, da diese beiden geschlechter stets wieder einander waren.

Indessen kam k. Ludwig gen Strassburg, mit dem könig von Böhmen, den bischöfen von Mainz und Trier. Da wurde er von den von Müllenheim herrlich empfangen, die schwörten ihm im münster. Das wollten die Zorn nicht thun, erboten sich zu recht. Darauf zog k. Ludwig wieder aus der stadt in sein lager, dann er auf 4000 helme und auf 32 tausend zu fuss hatte.

1253. *Herzog Leopold zieht in's Elsass.* — Als herzog Leopold es erfuhr, sammelte er ein grosses volk, zog in das land, vermeinte sein bruder wäre schon über Rhein und schickte den grafen von Pfirt voran. Zu dem kam der bischof von Strassburg auch mit vielem volk, da er des königs Friedrichs vaters kanzler gewesen war. König Ludwig nahm Schafflolsheim und Achenheim, eine meile von Strassburg ein, behielt die Breusch zum vortheil. Deshalb herzog Leupolds volk über die Breusch auf Holzheim zu weichen musste. Ludwig legte sich aber in die burg Schafflolsheim.

1254. *K. Ludwig verhandelt mit K. Friedrich.* — Ehe aber k. Friedrich gekommen war, hatte man berathschlagt, dass k. Ludwig sich schlagen sollte, bevor herzog Leupold sich verstärkte. Darauf sagte k. Ludwig: «In allen treffen und schlachten steht es zu gott und dem glück, und ob ich schon das glück hätte, so kämen doch viel ehrliche leute ums leben, und ich hätte den rechten hauptsächer, Friedrich, nicht. Wäre dann mir das glück zuwider (denn es ist schon mehr geschehen, dass der kleine haufen den grossen geschlagen hat), so käme ich um das reich, auch etwa um leben und alles. Es ist nichts besser denn des feindes glück, gelegenheit und vortheil wahrzunehmen; ich will warten und meines feindes fürnehmen erstlich sehen, wo er hinaus will, alsdann kann ich mich darnach richten.» Dieweil schickte er zu k. Friedrich, liess ihn fragen, worauf die sache beruhete, und was sein fürnehmen jetzund wäre.

1255. *K. Friedrich zieht in's Elsass.* — Als aber herzog Leupold nicht wusste was er thun sollte, und im sinn hatte zu weichen, da ihm Ludwig zu stark war, kam k. Friedrich bei Rheinau über den Rhein, mit grossem volk auf Benfelden zu, und stracks bei Strassburg bei S. Arbogast über die Ill, und eilet zu seinem bruder ins lager. Dieweil aber beide heere bei einander lagen, meinte k. Friedrich es wäre ein lager und eilte fort, und hätte er nicht von ungefähr das baierische banner gesehen, so wäre er selbst ins baiersche lager verschlossen. Herr Walther von Geroldseck führte damals k. Friedrich hauptbanner.

Da er aber ins lager kam und das volk hernach zog und ihm herzog

Leupold sah, ward grosse freude im lager. Leupold fiel ihm mit weinen um den hals und sprach: Ach lieber herr bruder, warum lasset ihr mich so lange in grosser noth!

Als man aber viel und mancherlei berathschlagte, da kam zu herzog Leupold ein junger frecher mann, ein diener des bischofs von Strassburg, der unterstand sich den k. Ludwig umzubringen und den krieg also zu vernichten. Er kam mit list in könig Ludwigs lager, auch bis zu des königs gezelt, da war einer der kannte ihn, dass er bei dem bischof von Strassburg war und zuvor schon solche freche thaten mehr begangen hatte, der griff ihn an und sagte dem könig wer er wäre. Da befand man die that an ihm; er bekannte und man führte ihn vor die zelte und hieben ihm den kopf ab.

1256. (*Die Strassburger speisen beide Heere.*) — Als nun beide ganz stark gegen einander zu felde lagen vor Strassburg, hatte man beide heere auf 76 tausend zu ross und zu fuss geschätzt, ohne den tross. Da schickten die Zorn dem könig Friedrich in sein lager wein, brot, fleisch und anderes überflüssig genug.

Hingegen schickten die von Müllenheim dem könig Ludwig und seinem volk ebenmässig alles genug in sein lager und den andern nichts. Das hat hernach, als k. Ludwig das reich behauptete, denen von Müllenheim hoch genützt, da sie von k. Ludwig viel lehen und grosse gutthaten empfiengen, der sich dankbarlich erkannt. Und diese einigkeit machte dass der stadt Strassburg von beiden königen kein leid widerfuhr.

1257. (*Verhandlungen der beiden Könige.*) — Es berathschlagten sich damals k. Friedrich und Leupold und andere auch, wie sie wollten die sache gründlich fürnehmen. Zuletzt beschlossen sie ihren rathschlag und schickten mit diesem einen herold zu k. Ludwig, schriftlich und auch mündlich. Der zeigte an: nachdem sie beide zu königen erwählt und keiner dem andern weichen wolle, dadurch das reich in unruhe stände, land und leute zu grunde giengen, so hoffe k. Friedrich, demnach seine vorältern das reich wieder in ordnung gebracht haben, und ihm solches nicht allein vertraut worden, sondern auch vom papst, als Christi statthalter übergeben worden, dieweil aber solches (dieweil keiner dem andern weichen will, dem glück muss zugestellt werden), so könne kein besseres mittel getroffen werden, denn eben diese zeit, da sie an volk, gewalt und macht gleichförmig sind: dazu platz, gelegenheit und zeit vorhanden wäre.

K. Ludwig hörte den boten selbst und gab zur antwort durch herrn

Heinz von Müllenheim, ritter, von Strassburg, dessen rath er pflog in allen diesen sachen: «Sage deinem herrn, meinem vetter, sein bedenken sei nicht allein rechtsam, sondern auch löblich, indem er gleich gesinnt ist wie ich auch. Ich auch seye nicht allein gerüstet zum streit, sondern es seye auch zeit dass man der sache einen ausweg mache und sie zu ende bringe, damit dem reich ruhe erschafft werde. Morgen nach der frühmesse um acht uhr will ich gerüstet seyn, wem es dann gott gönnt, der wird des andern herr seyn», und liess sich für sein anbieten höflich bedanken.

Als nun der herold k. Friedrich die botschaft bracht und anzeigte was k. Ludwig für antwort gegeben hatte, und dass er morgen nach der frühmesse um acht uhr gott und dem glück alles befehle, darauf war männiglich fröhlich.

1258. *(König Ludwig zieht eiligst ab.)* — Da nun k. Ludwig hörte, dass sein feind k. Friedrich lustig zum streit wäre, dünkte es ihm diese zeit nicht rathsam zu seyn, insonders weil sein volk nicht mehr lustig dazu war. Er befahl deshalb den abend mit allen wagen und gezeug einzufallen und die nacht alles fort auf Hagenau durch den forst zu führen. Morgens früh zog er selbst dem haufen nach; liess etliche im lager die trompeteten, und also den feind aufhielten, und zog hernach alles weiter.

1259. *(König Friedrich rüstet sich zur Schlacht.)* — Am morgen frühe nach der messe liess k. Friedrich im ganzen heer gebieten alle pferde abzusatteln und sollte jedermann stiefel und sporen von ihm thun, damit männiglich stehen und nicht entfliehen möchte, und machte seine schlachtordnung von drei haufen. Den vordern führte herzog Leupold, den andern der von Pfirt, den dritten k. Friedrich selbst. Und nachdem sie also lange in der ordnung gestanden, zogen sie zuletzt über die schiffbrücken, deren zwölf waren, bei Holzheim. Und als sie alles volk wieder in ordnung gebracht, nahm sie wunder dass sie nicht mit schützen und pferden angegriffen worden: dann erst sah man dass niemand mehr im lager war. Herzog Leupold wurde schier unsinnig, liefen alle dem lager zu, warfen sich auf die pferde, und eilten k. Ludwig mit grosser eile nach, wohl auf zwei tagreisen. Aber k. Ludwig zog schnell fort, nahm alle speisen und verbrannte die dörfer. Da konnten sie nicht mehr nach, mussten also des proviant halben einen andern weg zurück ziehen, und kamen wiederum ins Ober-Elsass. Da gabe herzog Leupold den seinen urlaub. K. Friedrich zog mit dem andern volk durch Schwaben in Oesterreich und tha. in Beyern grossen schaden.

1260. *Der Johanniterorden.* — 1320 kam der ritterorden S. Johanns des tauffers auf, die um das heil. land wieder fechten wollten, auch wider die Turken, denen sie die insel Rhodus abgewonnen, und setzten ihren sitz darein, oder ihren hochmeister, welches der papst und der kaiser bald bestätigten. Da ward ihnen allenthalben der vor 10 jahren erschlagenen tempelherren güter eingeräumt und übergeben. Also nahmen die ritter im Elsass den tempelhof Bergheim und das haus zu Schlettstadt ein, wie anderswo auch, S. Johann zu Dorlisheim, S. Johann zu Kastel. Jedermann wollte solchen leuten, so um Christi ehr und uns heil. land stritten, helfen, damit wurden sie reich und zogen grosse güter an sich¹.

Von 1320 bis auf 1356 jahr.
Danielis Specklin's Collectanea in usum Chronici Argentinensis, N. B. b².

1261. *Die Zorn und Müllenheim.* — Damals als beide geschlechter Müllnheim und Zorn das regiment in handen hatten, und selbst unter einander uneinig waren, also dass sie ihre kinder nicht wollten zusammen heirathen lassen, darzu etliche unter ihnen sahen wie sie das regiment allein in ihre hand bekamen, da beide parteien sich auf ihren könig verliessen, und die Mullnheim auf k. Ludwigs seite fast die stärksten waren; doch waren die Zorn in mehr geschlechter getheilt, wie hier zu sehen.

Zorn 32; Müllnheim 24³.

Als nun jede partei wollte regieren und meister sein, da aber ein Zorn meister ward, beklagte er sich hoch, in was für gefahr er und die seinigen im rath sässen, denn die pfalz war am fronhof (jetzund die vordere schreiberstube), und die Müllnheim sassen stets gewaffnet auf dem Mühlstein, ihrer trinkstube, und wann ein geschell und auflauf im rath war, wären die von Müllnheim von stund an bei der hand, sein geschlecht aber zu weit am Hohen Steg wäre, und sich die von Müllnheim auf solche hilfe verliessen, und viele dinge im rath mit gewalt durchsetzten, während er und die seinigen nicht dörften in den rath gehen.

Da ward erkannt eine neue pfalz oder rathhaus zu bauen in der mitte zwischen beide trinkstuben: da hub man an vom Mühlstein und dem

---

1. « Le feuillet 168 est resté en blanc. » Note de M. Junga.
2. Ici commençait évidemment un nouveau fascicule primitif du manuscrit autographe, dont l'enveloppe s'était conservée, bien qu'il n'y eût pas là le commencement d'un livre nouveau.
3. Specklin avait sans doute l'intention d'énumérer ces différentes branches, mais il n'a noté que le chiffre total dans son manuscrit.

Hohen Steg zu messen, und kam bei S. Martin am Fischmarkt zusammen; da baute man die pfalz hin und baute auf jeder seite eine stege. Es wurde beiden parteien bei ihrem eide geboten, dass die einen, die von Mullnheim, gegen S. Martin zu, auf und abgiengen, die andern, die Zorn, sollten gegen der münze zu, auf und abgehen. Also war es auch mit beiden thüren in der rathstube geordnet.

1262. *Bau des Pfennigthurmes.* — Damals wurde auch erkannt dass man das thor am Rindshütter-Graben abbrach, und einen grossen, gewaltigen thurn dahin baute, mit starken gewölben und alles wohl versehen, darauf man der stadt schatz legen sollte, der ward der pfennigthurn genannt, und wurden von beiden geschlechtern und einer von den handwerken darauf geordnet, die alle woche ein- und ausgabe mit dem rath verrechneten, damit gemeiner nutzen in keine gefahr käme und männiglich wusste, wo er seine zahlung holen sollte. 1322

1263. *Strassburger Stadtrecht zusammengestellt.* — Als die pfalz fertig war, dass man konnte zu rath sitzen, hatte man noch kein geschriebenes recht oder gesetz, sondern auf klag und antwort und der zeugen sage sprach man zu recht, wie man verhoffte gegen gott und menschen zu verantworten, und solche urtheile verzeichnete man in zedel. Wann etwa ein gleicher fall vorkam, und man nach alter gewohnheit aus den zedeln das urtheil sprach, und man sich auf dieselben berief, konnte man sie nicht finden: deshalb sah man für gut an dass man ein stadtbuch machte, darin man alle rechte verzeichnete, daraus man urtheil sprechen könnte, und in eine ordnung in dem buch zusammenschriebe. Fol. 171

Darauf besah man alle freiheiten, so man von altem her von königen und kaisern hatte, indem sie befanden dass sie macht hätten ihren nutzen und ihr recht zu bessern, so sie getrauten bei ihren eiden zu verantworten. Und nach langem rathschlage erkannte man, dass man 12 weisse männer und fromme ritter erwählen sollte, diese sache vorzunehmen und in eine ordnung zu stellen, was sie bei ihren eiden nützlich und recht bedünkte.

Es wurden aus dem rath 12 erwählt, darunter zwei obmänner zu an- und ausspruch. Dies waren herr Reinhold Hüffel, ritter, herr Götz von Grostein, ritter; die mussten schwören dass sie am dritten tag ins kloster zu S. Johannes im Grünen Wördt gehen wollten, und keinen fuss vors kloster setzen, sie hätten denn eine ordnung angestellt, daraus man recht sprechen sollte, gott zu ehren, der stadt zu nutz, und dem armen wie dem reichen nach allen satzungen, welche sie machten.

Als sie aber einen monat im kloster waren gewesen, zeigten sie an dass sie fertig wären, und bei ihren eiden, so gut als sie es verständen, alles geordnet hätten. Darauf gieng der rest zu S. Johann, entschlug sie ihres eides und führte sie auf die neue pfalz. Da wurde das buch dem ganzen rath ordentlich vorgelesen, und wurde alles für nützlich, recht und gut erkannt. Darauf schwur der ganze rath solches zu halten, und darnach recht zu sprechen. Und es war das stadtbuch genannt. Es sind aber hernach viele artikel besser erklärt worden, und auch noch mehr dazu gekommen.

1264. *Päpstliche Bulle.* — Daneben schickte papst Johannes der XXII. bullen heraus, darin er allen zollbrüdern und beginen gebot in weltlichen kleidern zu gehen, dies wurde allenthalben angeschlagen und verkündigt. Er forderte auch den zehnten von allen pfründen in stadt und land, und in allen bisthümern; damit wollte er eine meerfahrt errichten. Er behielt aber solches geld und machte damit seine freunde reich.

1265. *Schlechte Witterung und Seuchen.* — Dies jahr war es ganz nass und feucht, daraus folgte ein grosses viehsterben. Dies währte wohl 3 jahre, daraus grosser mangel an fleisch und anken folgte.

1266. *Tod des Predigermönches Wernher zu Strassburg.* — Damals starb bischof Wernher im predigerkloster, den man für heilig hielt, wie an seinem epitaphium zu sehen, an einem erhabenen grab:

Anno domini MCCCXXII, die Barnabae aprilis, obiit venerabilis dominus frater Wernherus dominus coquinarius argentin., Naconine (?) episcopus Mirmoranensis. Ora pro nobis. Praedicatorum ordinis vir, frater sinceritatis, socius virtutis, ora pro ordine; nostra salus Argentinae natus est, episcopi status Marmorensis. Ora pro nobis.

1267. *Weitere Kämpfe im Elsass.* — Die ganze zeit über vertrugen sich beide parteien, noch übel, denn viel krieg war und raub. Und that herzog Leupold im Elsass allen denen, so auf könig Ludwigs seite waren, grossen schaden. Darauf stärkte sich könig Friedrich in Oesterreich mit Ungern, und vielen fürsten und herren, brachte einen gewaltigen haufen zusammen den könig Ludwig in Baiern heimzusuchen. Er schrieb deshalben seinem bruder Leupold ins Elsass; dieser brachte im Elsass etliche tausend zu ross und zu fuss zuwegen; insonders zogen die Zorn mit 100 pferden von Strassburg zu ihm. Herzog Leupold sollte nach Baiern, dort würde der sache ein ende gemacht werden.

1268. (*Schlacht bei Mühldorf.*) — Dieser eilte auch mit grossem volk nach Baiern; als solches k. Ludwig erfuhr, saumte er sich nicht, er stärkte sich gewaltig, zog dem feind entgegen, aber als er erfuhr dass herzog Leupold noch nicht weit war, rückte er in seinen vortheil. König Friedrich meinte, er wurde ihm abermalen entweichen, wie bei Strassburg, that sich aus seinem vortheil muthwilliger weis und eilte zur schlacht. Dem könig Ludwig wurden widerrathen einen solchen mächtigen feind anzugreifen; er sagte: er habe drei gute wege, die ihm nicht mehr geboten wurden, herzog Leupold wäre noch nicht da, könig Friedrich wäre aus seinem vortheil, er selbst sei in seinem lande; es gienge wie es wolle, so hätte er überall aufenthalt. Indessen eilte könig Friedrich und gab sich muthwillig in die grosse gefahr. Als nun die schlacht angienge, war man hitzig; in solchem wurde könig Friedrich gefangen, und da man den hatte, hob die flucht an und wurde viel volks erschlagen. König Ludwig führte den gefangenen auf das schloss Traunstein. Da solches herzog Leupold erfuhr, der nahe herzu gekommen, wurde er schier unsinnig, zog in grossem zorn zurück, verbrannte alles, was k. Ludwig und den seinigen gehörte, und kam wieder ins Elsass. König Friedrich wurde gefänglich auf das schloss Traunstein mit starker hut gelegt, k. Ludwig aber eilte an den Rhein, kam gen Strassburg und beschickte die landstände.

1269. (*Die elsaessischen Staedte schlugen sich zu K. Ludwigs.*) — Da man solches erfuhr, da schlugen sich alle städte auf k. Ludwigs seite. Im Elsass schlugen sich die landgrafen und sonst viele herren zu ihm, auch die städte Strassburg, Schlettstadt, Kolmar, Mühlhausen, Kaisersberg, Rosheim, Oberehnheim, Hagenau, Weissenburg, Landau, Speier und andere mehr. Die alle nahm k. Ludwig in seinen schutz und schirm und befahl solches herrn Hans von Lichtenberg, der sein landvogt war in Elsass.

Bischof Johann von Strassburg hielt sich ganz still, wollte sich nicht erklären und begehrte, dass frieden in dem bisthum erhalten würde.

Es hatte aber pfalzgraf Rudolf, k. Ludwigs bruder, der stets auf k. Friedrichs seite gewesen wider seinen bruder, und der aus seinem lande vertrieben, in England gestorben war, drei söhne hinterlassen, Rudolf, Ruprecht und Adolf. Diese begehrte der könig zu sehen, und sie wurden nach Strassburg gebracht. Als sie genade begehrten, sagte er ihnen: Euer vater hat wider mich gesündigt, und nicht die kinder; das sei fern von mir, dass die unschuldigen kinder ihres vaters missethat sollten tragen! Er befahl auch dass man ihnen die ganze Pfalz wieder einräumte, auch in Baiern Amberg, und setzte ihnen vormünder bis zu ihren tagen. Und zog wiederum nach Baiern.

1270. *Herzog Leopold von Oestreich im Elsass.* — Als herzog Leupold gen Ensisheim kam, streifte er auf alle städte im Elsass, so königl Ludwig anhiengen, und liess einen reisigen zeug in Ensisheim liegen, zog über Rhein, durch Breisgau auf Selz zu, da er nicht sicher durchs Elsass kommen konnte, und bei Hugolsheim und Beinheim mit dem volk wiederum über den Rhein und belagerte Selz. Denn solches war von seinem bruder dem markgrafen versetzt worden, aber wieder auf k. Ludwigs seite gefallen. Die stadt wurde genöthigt sich zu ergeben, da die andern schon davon abgezogen waren. Darauf zog er durch's Elsass bei Strassburg wieder heraus, verheerte alles so k. Ludwig anhieng, that dem landgrafen grossen schaden, belagerte St. Pilt, das dem landgrafen zuständig war und die stadt dem k. Ludwig anhieng. Er gewann die stadt mit gewalt, verbrannte sie und schleifte die mauern, und schenkte sie dem bischof von Strassburg.

1271. *K. Ludwig kauft Wickersheim.* — Dieweil aber k. Ludwig unterhalb Speier keinen pass über den Rhein hatte, kaufte er vom grafen von Leiningen Wickersheim, um 3400 pfund heller, baute und besetzte solches mit volk.

1272. *Fürstentag zu Rense.* — Darauf ward ein tag gehalten zu Rens bei Cobelentz am Rhein; da kamen herzog Leupold, der könig von Frankreich, der papst und alle kurfürsten ein theil und des andern theils gesandten dahin, und wollten einen andern könig machen, den aus Frankreich, oder herzog Leupolden. Aber herr Bechthold von Bucheck, commenthur deutschen ordens war bei seinem bruder Matthias erzbischof von Mainz, der hinderte solches von wegen grosser unruhe.

1273. *Streit zwischen K. Ludwig und Papst Johann XXII.* — Indem also Ludovicus römischer könig war, wollte solches der papst Johannes XXII. nicht leiden, auch nicht dass er sein amt als kaiser versehe, er hätte es ihm zuvor erlaubt. Aber Ludwig fuhr fort, befahl in Deutschland, auch in Italien, ihm gehorsam zu seyn. Da schickte der papst Berchtrandum den römischen priester und predigermönch, und Philippum Valesium, die richteten in Italien grossen mord, raub und brand an, thaten alle in bann die Ludwig anhiengen. Der Rheinstrom war dem könig geneigt, man ermahnte ihn seines amts vor gott und den fürsten sich zu gebrauchen.

Als der papst sah dass man auf seinen bann nicht wollte gehen, wie er es begehrt, auch viele herrliche männer und gelehrte dem kaiser beistanden, als Marsilius Patavinus, Johannes Gandavensis, Lupold von Babenburg, Andreas Landensis, Ulrich Hangenove, Johannes de Jandino, Wilhelmus Ockam, Michael Cesenas, der minoritengeneral, bruder Bonagratia dentes, Franciscus Petrarcha, und andere mehr, die nahmen sich des kaisers an, schrieben heftig wider den papst und vertheidigten den kaiser, dass er eine obrigkeit von gott und nicht vom papst wäre, wie man davon ganze bücher und anderes mehr findet. Dess wollte der papst nicht geständig seyn, liess deshalb in alle lande und städte eine bulle ausgehen und anschlagen, auch zu Strassburg, die lautete also:

1274. (*Paepstliche Bulle wider K. Ludwig.*) — Johannes, ein knecht aller knechte gottes, unsern söhnen, die gehorsam sind dem apostolischen römischen stuhl und nachkommen des heil. Petri, unsern segen, und thun euch berichten. Nachdem das römische reich durch unsere vorfahren von den Griechen auf die Deutschen gewendet und Carolo Magno zu treuen handen ist befohlen und übergeben worden, so soll diese hohe ehre für eine besondere gnade des papstes gehalten werden, denn also ist es beschlossen, dass wann die deutschen fürsten einen könig wählen, ihre wahl dann erst kraft habe, wenn der römische papst, als ein vater und fürst der ganzen christenheit, sein jawort dazu giebt. Es soll auch kein könig, ob der gleich auf einem kaiserlichen reichstag durch der fürsten stimme einhellig erwählt worden, macht und gerechtigkeit haben sich des regiments und kaiserlichen titels zu unterziehen, es habe ihn denn der papst als der göttlichen majestät legat mit seiner gnade beholdigt und für gut erkannt. Dazu steht auch die höchste gewalt und das reich, wenn es kein haupt hat, bei dem papst, von dem es herkommt. Desgleichen wenn die sieben kurfürsten auf dem reichstag nicht einhellig sind, so soll keiner könig seyn, der römische bischof als ein gemeiner vater aller menschen, mag das regiment und obrigkeit zu Rom nach seinem gefallen verwalten, wenn er mangel an regenten findet. Gleich wie die seele herrschet, und der leib ihr, als von der er das leben hat, dienen soll, also muss männiglich erkennen, dass es in der christenheit wohl steht, wenn sich das vergängliche dem ewigen, das unheilige dem heiligen und das leibliche dem geistlichen unterwürfig macht und gehorsam ist, welches alsdann geschieht, wann der papst beide aemter in seinen händen hat und führt, und der kaiser ihm als des himmlischen kaisers verweser auf erden mit eid zugethan und verpflichtet ist. Dieweil dann auch nach kaiser Heinrichs VII tödtlichem abgang, ihrer zwei, nämlich Fridericus und Ludovicus zu königen erwählt worden, sind sie beide (als die ohne erlaubniss aufgeworfen) nicht werth dass sie zu solchen hohen ehren steigen sollen. Die verwaltung des kaiserthums so jetzund entledigt und zertrennt ist, steht uns von rechtswegen zu. Darum hat sich Ludovicus zu seinem grossen verderben, und nicht zu geringem nachtheil der römischen kirche selbst, ehe er von uns dazu tüchtig erkannt worden, den königlichen namen angemasst und sich freventlicher weise des regiments unterstanden, und hält es noch täglich in Welsch- und Deutschland ein. Denn die markgrafschaft hat er seinem sohn wider recht und ohne vorbitte übergeben. In Welschland hat er Galiacio und seinen brüdern, welche ketzerei halber verdammt sind, hilfe geleistet; derhalben wir ihm, kraft unsers amtes, so uns gott vertraut, Ludovico befehlen, dass er innerhalb drei monaten auf den königlichen namen, regierung, amt und verwaltung des gemeinen nutz gänzlich verzichte, und alles was er bisher verhandelt, wiederum abschaffe, und sich hinfort ohne unser geheiss und befehl dieser gewalt nicht unterwinde. Wird er hierin sich nicht gehorsam erzeigen, so gebieten wir allen patriarchen, erzbischöfen, bischöfen, priestern, fürsten und städten, dass sie seiner müssig gehen, und ihn zwingen, dass er uns gehorsam leiste. Gegeben und publicirt zu Avinion, den 8 octobris im achten jahre unseres bisthums, nach Christi geburt 1323.

1275. (*Reichstag zu Frankfurt.*) — Darauf hat der kaiser bei allen hohen schulen und gelehrten, oben gemeldet, sonderlich zu Bononia und Paris raths gefragt, die haben alle sammthaft (geantwortet), dass die sache und das vornehmen des papstes, auch diese lehre, weder in göttlichen noch weltlichen rechten, auch nicht in heiliger geschrift, gegründet, und des papstes eigenen canonen entgegen, derhalben solches durch eine gemeine reichsversammlung der fürsten und städte, geistliche und weltliche solle verworfen und abgeschafft werden. Darauf ward ein reichstag gen Frankfurt gelegt; dahin kamen Johannes, könig in Böhmen, könig Heinrichs VII sohn, auch der könig von England persönlich. Da ward behandelt und beschlossen was dem kaiser und dem reich nützlich und verständlich war, und des papstes hochmuth über alle reiche, dessen sich England auch beklagte, abgeschafft; denn der papst habe alles von den kaisern.

1276. (*Graf Ulrich von Pfirt stirbt.*) — Damals starb der letzte graf Ulrich von Pfirt, und war kein männlicher erbe da, allein 4 töchter. Die eine hatte den von Ochsenstein, die andere den grafen von Wirtenberg; diese wurden ausgekauft. Da waren noch zwei ledige töchter, denen fiel die grafschaft anheim; Johanna nahm den herzog Albrecht den jungen von Oesterreich, der gab seiner gemahlin schwester, Ursula, für ihren antheil an der grafschaft, 3000 mark silber; also kam Pfirt an Oesterreich.

1277. (*Herzog Leopold von Oesterreich und der Papst.*) — Dieweil könig Friedrich noch gefangen lag, und der papst, wie auch herzog Leupold viele anschläge machten ihn mit gewalt zu erledigen; denn k. Ludwig wollte ihn nicht ledig lassen, er verzichtete denn des reiches. Das wollte der papst nicht, sondern that k. Ludwig ganz hart in bann, aber man gab nichts darauf. Auch hatte herzog Leupold die kaiserlichen ornaten, krone, scepter und alles noch in händen, dies wollte er keinem geben, denn seinem bruder von dem er es hätte. Er nahm viel weg für ch, damit er seinen bruder möchte ledig machen, es wollte aber alles nichts helfen, darüber er schier von sinnen kam.

Indessen kamen des papsts gesandten zu ihm, die fragte er sogleich, was sie für ein urtheil vom papst brächten, damit sein bruder möchte ledig werden? denn er ihn gar sehr lieb hatte. Die gesandten sagten, der papst wüsste kein ander mittel denn dass er seinen bann gebrauche; der herzog solle dagegen das schwert gebrauchen.

Darauf sagte herzog Leupold: Kann euer herr, der papst, dem teufel und den seelen aus der hölle und dem fegfeuer helfen, und könnte meinem bruder nicht aus dem gefängniss helfen? Ich glaube, wie das eine kann, also kann er das andere auch. Sagt euerm herrn vater, dem papst, dieweil mein bruder nicht kann ledig werden, soll er befehlen einen andern könig in Deutschland zu erwählen, dem will ich mit dem schwert beistehn. Er mag den bann brauchen wie er will; es giebt niemand etwas darauf.

1278. (*Herzog Leupold und ein Schwarzkünstler.*) — Indem sich herzog Leupold also hat bekümmert, kam ein pfaffe gen Ensisheim zu ihm, tröstete ihn und sagte, wenn er ihm folgen wollte, würde er seinen bruder wohl ledig machen, und zeigte ihm an dass er solches mit der schwarzen kunst wollte zuwegen bringen; sie müssten aber allein seyn. Herzog Leupold liess sich solches gefallen, und sie giengen allein in eine kammer. Der pfaff machte seine creatur und einen kreiss darin sie standen. Indess kommt der teufel in gestalt eines alten pilgrims, hatte einen bösen rock und zerbrochene schuhe an, mit triefenden augen, und trug einen stab in den händen. Herzog Leupold sagte zu ihm: Kennst du mich? Der böse sagte: Ja, gar wohl. Darauf fragt jener: Kanst du mir meinen bruder herbringen? Der böse sagt: Ja, wenn er mir folgen will, so soll er in einer stunde hier seyn. Er hatte ein weites tuch oder sack am halss hängen, und sagte: Er muss in das tuch sitzen, so will ich ihn ohne schaden herbringen. Doch sollte er ihm solches schreiben. Herzog Leupold schrieb: Lieber herr bruder, folge was dich dieser mann heisset, so wirst du in einer stunde ledig ohne schaden; sonst kann ich dir nimmer helfen.

Der bote nahm den brief, kam in Baiern zu könig Friedrich in das gefängniss, giebt ihm den brief. Als er den gelesen, sagte der böse feind, er sollte auf das tuch sitzen. Das wollte könig Friedrich nicht thun, wollte zuvor wissen, wer er wäre? Der bote sagte: Frage nicht lange, sitz auf! Es grauselte aber dem könig, er segnete und befahl sich gott, und sagte: Also begehre er nicht ledig zu werden. Da verschwand der bote, kam wieder zu seinem meister und dem herzog Leupold, zeigte ihnen an, könig Friedrich hätte nicht aufsitzen noch folgen wollen; er wisse nun nicht zu helfen, dieweil er also nicht wolle ledig seyn. Nahm also seinen abschied mit erbietung, wozu sie seiner bedürften, behilflich zu seyn. Herzog Leupold wurde unlustig.

1279. (*Bündniss Leopold's mit dem Papst. — K. Friedrich ledig.*) — Hierauf machte herzog Leupold mit dem papst und allen österreichischen landen einen starken bund: darüber mussten sich alle städte im lande fürchten, die k. Ludwig anhiengen, da ihnen befohlen wurde den bann mit dem schwert zu exequiren.

Zuletzt ward doch könig Friedrich ledig auf grosse bürgschaft und musste schwören, so lange Ludwig lebe, das reich nicht anzunehmen, ob es schon der papst und fürsten haben wollten.

Fol. 176
1325

1280. (*Unruhen in Hagenau.*) — Damals begab sich zu Hagenau viel unruhe, da die 12 schöffen unter sich selbst uneinig waren, und ein jeder ein handwerk an sich hieng damit seine sache zu behaupten; sie nahmen zoll, umgeld, steuer und alles ein, thaten niemand rechnung, wurden reich, bauten schöne häuser, und wollte einer den andern unterdrücken. Die beiden geschlechter, die Bogner und die Rossbaum hiengen sich an die stadt Strassburg, sich dadurch zu stärken, wie auch geschehen. Als aber könig Karl IV hernach über etliche jahre gen Hagenau kam, und solche klage vernahm, ordnete er noch von jedem handwerk zwei mann zu ihnen, das ist 24 zu den schöffen in den rath, und einen landvogt und schultheissen, die stadt und land, so zum reich gehörig, handzuhaben, und solle keiner von Strassburg nach Hagenau zu einem landvogt genommen werden. Darauf sind in mittlerer zeit viel geschlechter abgegangen[1].

---

1. Note Specklins: Und sind das zuvor und noch landvögte gewesen. Von späterer Hand: Besiehe das 116. Folio dieses Buches. Folio 116 ist aber übersprungen. (Note de M. Jung.)

1281. (*Der Staedtebund.*) — Da sich der krieg nicht legen wollte, auch die städte die k. Ludwig anhiengen von dem papst im bann waren und stets in furcht waren, da machten die städte Strassburg, Basel, Constanz, Ueberlingen, Freiburg, Mühlhausen, Colmar, Schlettstadt, Hagenau, Speier, Worms, Mainz und andere einen bund mit einander, wider alle unbillige gewalt einander mit leib und gut beizustehen. Zu ihnen schlugen sich viele fürsten, grafen und herren, auch noch mehr städte. Darob sich viele entsetzten und sie zufrieden liessen. Ramstein wollte sich widersetzen, wurde deshalb genommen und zerbrochen.

Fol. 177
1326

1282. (*Karmeliterkloster gebaut.*) — Damals als die Karmeliter, so man Unser frauen brüder nennt, eine zeitlang auf dem Runkengässel gewohnt und ihnen ihre klause und kirche zu eng wurden, gab man ihnen einen platz ein, bei der Spital-Grube. Da zogen sie hinaus und bauten ein schönes kloster dahin, allgemach mit frommer leute hilfe. Die kirche ist erst 1351 angefangen und anno 71 geweihet worden. Da sind sie vollständig hinausgezogen.

1283. (*Grosse Orgel im Münster.*) — Damals wurde auch die grosse orgel im münster wieder ausgemacht, nach dem grossen brand. Sie kostete 500 pfund pfenning.

1284. (*Brand der Jung S. Peterskirche.*) — Am maiabend schlug das wetter zum Jungen S. Peter in den glockenthurn, und es verbrannte der thurn mit den glocken, und konnte die kirche kaum erhalten werden. Darauf hub man an und baute einen starken steinernen thurn, der noch steht.

Fol. 178
1327

1285. (*Brand in der Stadelgasse.*) — Damals gieng hinter den barfüssern in der Stadelgass ein feuer auf, und es verbrannten alle häuser daselbst herum; es kam auch über den Rindschüttergraben, und verbrannte der ganze graben, auf 46 häuser.

1286. (*Roemerzug K. Ludwig's.*) — Als k. Ludwig vom papst Johannes oft gemahnt worden nach Avinion zu kommen, und die krone zu holen, aber auch gewarnet worden, zog er nach Rom mit seinem gemahl und liess sich vom cardinal Stephanus de Columna krönen. Dies verschmähet hoch der papst, und mit rath herzog Leupolds warde er in bann gethan.

1287. (*Strassburg mit dem Interdikt belegt.*) — Als nun die stadt Strassburg und die andern im bund auf könig Ludwigs seite treulich zusammen hielten, dabei auf des papstes bann nichts gaben, auch sie niemand

Fol. 179
1328

angreifen durfte, da legte der papst interdict auf die stadt, dass man nicht mehr singen noch messe hören, noch etwas geistliches thun durfte. Des wollten die Augustiner vor andern gesehen seyn, und waren die ersten die aufhörten als gehorsame, und fuhren aus der stadt, blieben draussen bis nach könig Ludwigs tod, wohl auf 17 jahre; dadurch sie in grosse armuth kamen. In etlichen klöstern sangen die brüder nur schlecht (gott erbarm's), etliche mit beschlossenen kirchen. Die Barfüsser hörten auch auf, blieben aber in der stadt; aber die Prediger sangen fort. Das brachte bei vielen eine irrung, derhalben die Barfüsser auch wieder anhoben und fortsangen. Darauf über lang hörten die Prediger auf. Da stellte man sie zu rede; dieweil sie nun etliche jahr im bann, auch über ein halb jahr im interdict gesungen hätten, warum sie jetzt erst aufhörten? Sie sagten reimens weis:

> Darum ist es nicht gethon,
> Denn man muss fürchten bösen lohn.

Da gab man ihnen zur antwort:

> Ihr sollet fort singen
> Oder aus der stadt springen.

Da nahmen sie ihr kreuz und zogen aus der stadt, wohl auf 4 jahre. Da solches der papst erfuhr, machte er auch ein carmina; lautet auf deutsch also:

> Zu denen die bleiben und singen — weislich aber unrecht;
> Zu denen die aufhörten und auszogen — unrecht aber weislich.

1288. (*K. Ludwig's Milde.*) — Koenig Ludwig, auch die fürsten und städte thaten keinem geistlichen was, er stände bei wem er wollte; er zwang auch niemand die lehen von ihm zu empfangen, sondern was sich gütlich ergab, nahm er zu gnaden auf.

1289. (*Neues Spital zu Strassburg gegründet.*) — Damals kaufte Diemer Rogner, ein burger zu Hagenau ein grosses haus und hof um hundert pfund pfennige, das schenkte er der stadt, dass man ein spital sollte daraus bauen für arme leute, mit der ordnung, wie die zu Strassburg ist; welches auch geschehen.

Fol. 180 **1290.** (*K. Ludwig zieht nach Italien.*) — Im frühling zog k. Ludwig in Italien, holte die krone zu Mailand, darnach zu Rom, und setzte mit den Römern einen neuen papst, Barfüsser ordens. Die von Müllenheim, von Strassburg, sammt andern zogen mit 120 pferden mit ihm nach Rom.

Als er Italien, Mailand und anderes befriedigt, zog er wieder nach Deutschland. Der papst fuhr mit seinem bann fort, aber es achtete niemand darauf.

1291. (*Das Stift Allerheiligen zu Strassburg gegründet.*) — Damals als herr Heinrich von Müllenheim, ritter, ein burger zu Strassburg, vom heil. land wieder heimgekommen war, baute er gott zu danksagung eine schöne kirche und kaufte viele häuser und gärten dazu für priesterliche wohnungen, und ward die kirche geweihet in der ehre gottes und aller heiligen, wie sie noch zu Allerheiligen heisst; und stiftete 5 priesterliche pfründen dahin, wie noch über der kirchthüre geschrieben und in stein eingehauen ist:

>Dies münster ist gewidmet auf (fünf)
>Priester, von herr Heinrich von Müllenheim,
>Einem burger zu Strassburg.

Darauf stifteten auch die andern von Müllenheim 9 pfründen dazu, also dass 14 geistliche pfründen da sind; kauften noch mehr häuser und gärten, und ein ganzes stift wie ein kloster, dass man es zu nacht konnte auf allen seiten mit thoren beschliessen.

1292. (*Bischof Johann von Strassburg stirbt.*) — Den 8 idus novembris starb der fromme hochwürdige herr Johannes, bischof zu Strassburg, als er etliche tage zu Molsheim krank gelegen war und auf 28 jahre bischof gewesen. Er hielt guten frieden in seiner regierung; bei seiner zeit ist das bisthum zum höchsten und zum reichsten gewesen, und alles abgelösst, und das ganze land wohl erbaut, da er allein über 10 oder 12 städte gebaut hat. Er ward nach seinem befehl in seinen neuen spital und begräbniss zu Molsheim, so er gebaut hat, gelegt, mit grossem leid und weinen vieler grosser herren und armer leute. Ueber seinem grabe im bogen steht mit goldenen buchstaben:

>Anno domini MCCCXXVIII octavo idus
>Novembris obiit venerabilis Dominus Johannes
>Episcopus argentinensis primus fundator et
>Constructor huius hospitalis.

1293. (*Wahl eines neuen Bischofs.*) — Nach bischofs Johanns tod war von stund an ein grosses postulieren nach Avinion zum papst. Weil viele im kapitel, die könig Ludwig anhängig waren, und ein theil fürchtete dass etwa davon einer zum bisthum kommen möchte, deshalb eilten auch die domherren und kamen den 24, am S. Catharinae abend, zusammen von einer neuen wahl zu reden. Viele schoben mit list die wahl länger auf. Indessen kam post vom papst mit bitte den bischof von Speier aufzunehmen. Es war aber bischof Bechtolf, herren Heinrichs von Bucheck, des landgrafen in Burgund, sohn. Dieser hatte drei söhne, Hugo, Matthias und Bechtolf. Hugo war ein tapferer kriegsmann, der viel in Italien bei kaiser Heinrich gethan hatte; die andern beiden Matthias und Bechtolf wurden geistlich. Matthias wurde erstlich abt zu Murbach, dann bischof zu Konstanz, hernach bischof zu Mainz, durch hilfe des papstes, weil er auch wider Ludwig war. Herr Bechtolf war ein commenthur des deutschen ritterlichen ordens, erstlich zu Sumiswald bei Zürich, hernach meister des ordens. Da zog er gen Basel und baute das teutsche haus und wohnte da. Er war eine herrliche schöne person, als man finden mochte, kühn, geweckt und wahrhaft, seines gleichen fand man nicht gegen feinde und freunde. Und durch hilfe seines bruders, Matthias, erzbischofs zu Mainz, wurde er mit hilfe des papstes, bischof zu Speier, anno 1326. Als aber bischof Johann zu Strassburg starb, hielt er heftig bei dem papst um das bisthum Strassburg an, welches ihm der papst zum bisthum von Speier zugesagt, durch fürschub seines bruders Matthias. Auf S. Antonien abend musste er schwören wider koenig Ludwig zu seyn. Der papst schrieb gen Strassburg mit bitte vor allen andern den bischof von Speier aufzunehmen. Bischof Bechtold verspricht allen domherren, jedem insonderheit, 500 mark silber, auch den fürnehmsten im rath und kapitel bis in die 4000 mark.

1294. (*Bechtold von Bucheck erwählt.*) — Den 21. Dezember, es war S. Thomas abend, da griff man vollkommen zur wahl, da wurde herr Bechtold von Bucheck, bischof zu Speier und deutsch-ordensmeister einhelliglich zu einem bischof von Strassburg erwählt; ohne des papstes und anderer fürbitte wäre herr Ludwig von Thierstein erwählt worden. Er behielt auch das bisthum Speier, deshalb er sich bischof zu Strassburg und administrator zu Speier schrieb. Er war mild und freigebig gegen arme und reiche, liess keinen unbegabt von ihm, sonderlich die ihm wohl dienten brachte er hoch herfür.

1295. (*Bischof Bechtold reitet zu Strassburg ein. — Verfolgt die Juden.*) — Bischof Bechtold wurde vom papst und dem bischof von Mainz confirmirt, mit geding wider koenig Ludwigen zu seyn. Nachdem er seinen eintritt ganz fürstlich, mit vielen fürsten und herren, geistlich und weltlich, gehalten, mit hertzog Leupold von Oesterreich, mit dem markgrafen von Baden, Wirtemberg und andern herren, und das bisthum sehr reich war, da bischof Johann alle schulden abgelösst und wohl hausgehalten, legte er eine schatzung erstlich auf die juden zu Rufach und im ganzen bisthum, und begehrte 3000 mark silber. Die juden hielten einen tag und schlugen ihm die schatzung ab. Weil aber bischof Bechthold heimlich in grossen schulden stack, und niemand solches klagen durfte, denn die domherren ein jeder ihn heimlich mahnte seiner zusage eingedenk zu seyn, da nahm er einen andern weg für sich und liess alle juden im bisthum gefangen legen. Da sie erfahren, dass sie alle gefangen lagen, erboten sie sich die 3000 mark silber zu geben, das wollte er nicht; wollten sie ledig werden, müssten sie 6000 mark geben.

1296. (*Knabenmord zu Mutzig.*) — Indem sie ledig wurden, haben die juden in der marterwoche einen knaben zu Mutzig mit vielen wunden ertödtet und in die Breusch geworfen. Den fand man an der mühle. Als man die juden fieng, bekannten drei an der marter, wie es zugegangen, dass sie ihn ermordet hätten; sie wurden um 2000 mark gestraft und alle aus dem bisthum verwiesen. Da zogen die von Rufach gen Colmar.

1297. (*Der Bischof legt eine Schatzung auf.*) — Als er noch nicht geld genug hatte, hub er an und legte auf alle geistliche in stadt und land collecten und eine schatzung, auch auf die domherren, doch etwas leidlicher. Da kamen die domherren zusammen und forderten den rath von Strassburg zu ihnen, und beklagten sich: dass nachdem bischof Johann das bisthum reich gemacht und alle schulden bezahlt, und einen grossen schatz hinterlassen, bischof Bechtold jetzund nicht allein ein grosses geld von den juden bekommen, sondern auch auf alle geistliche eine grosse schatzung lege; wenn sie solche bezahlten, würde er hernach auch über den gemeinen mann ausgehen. Auch wüsste niemand was er mit solchem schatz thun wolle. Sie kamen also mit dem rath überein, dass sie ihn deshalb wollten anreden. Und als er zu ihnen kam in das kapitel redeten sie ihn also an, über die zwölf tausend mark silber, so er allein von den juden aufgehoben und wie er jetzund für eben so viel auf die geistlichen in stadt und land als collecte lege, und begehrten, er möge ihnen anzeigen, da das bisthum in keinen schulden stecke, wofür er dieses grosse geld brauche.

Hierauf bischof Bechtold die herren ganz freundlich bat, geduld zu haben bis morgen um diese stunde, wann sie dann wieder erschienen, wollte er ihnen sein begehren bei einem pfennig anzeigen, wohin es gehöre.

Am morgen als alle herren bei einander waren, auch die von der stadt, hub bischof Bechtold an, widerholte kurz den gestrigen vortrag, und weil sie wunder nähme, wo er mit solchem geld hinkäme, habe er solche schatzung aus grosser noth und nicht aus überfluss aufgelegt: er müsse besorgen noch mehr dazu zu entlehnen. Denn, sagte er, als mir das bisthum Strassburg vom papste war zugesagt, waret ihr alle wider mich. Habe ich es also behaupten wollen, habe ich es von jedem von euch insonderheit kaufen müssen, und ich hätte euch wahrlich noch mehr gegeben, ehe ich es dahinten gelassen hätte. Hättet ihr mich nicht geschätzt, so wollte ich wahrlich euch auch nicht schätzen. Er hatte einen zedel in der hand und hub am domprobst an, was er ihm geben müsste, und also einem nach dem andern, auch vielen im rath; zuletzt summa summarum lief es sammt den unkosten mit dem eintritt, so er noch schuldig war, auf 18 tausend mark silber. Und sagte: liebe herren, es ist wahrlich ein grosses geld, wenn ich auch mehr glauben halber, denn ihr mich tag und nacht plagt, meinen worten kraft zu geben, das will ich bei meiner ehre thun, und darum muss ein anderer helfen, damit ihr alle bezahlt werdet.

Die herren sahen einander an, es konnte keiner leugnen, es wusste auch keiner von dem andern, und jeder meinte er wäre allein, der zu fordern hätte. Darauf wurden sie zu rath, baten ihn, er wolle nur schweigen und solches geheim halten; sie wollten ihm die schatzung gern geben. Darauf sagte er: thut das, liebe herren, so will ich euch alle sammt von stund an ehrlich bezahlen bei einem pfennig, denn ich weiss euch sonst sobald nicht zu bezahlen. Solches ist auch geschehen.

Fol. 182 **1298.** (*Bischof Bechtold's Regierung.*) — Als bischof Bechtold aus den schulden los kam, hub er an und hielt wohl haus, hielt sich freundlich gegen stadt und land und war männiglich angenehm; insonders that er den armen viel guts. Er besserte das bisthum sehr und bauete die städte, so sein vorfahr bischof Johann hatte angefangen, als Kaisersberg, Dambach, Börsch, wie in letzterer stadt noch eingehauen steht:

> Als man zahlt 1328 jahr,
> Zum bischof erwählet war,
> Bechtold von Bucheck hoch geacht,
> Hat Börsch das dorf zur stadt gemacht.

1299. (*Ein neuer Bischof zu Speyer gewählt.*) — Als nun bischof Bechtolf aus des papstes befehl das bisthum Speier noch in handen hatte, da suchten die von Speier bei dem papst Johannes an, wieder um einen eigenen bischof, welches ihnen gegönnt wurde. Sie erwählten Walram, grafen von Veldenz, zum bischof von Speier, dem stand der markgraf von Baden, sammt dem grafen von Wirtenberg bei, und der morgkraf nahm dem bischof Bechtolf Brüssel mit gewalt weg.

1300. (*Streit um Horburg.*) — Da bischof Bechtolf solches erfuhr, nahm er kriegsvolk an. Da die herren Walter und Burghard von Horburg keine kinder hatten, hatte bischof Johann von Strassburg diese herrschaft von beiden herren um 7000 mark silber an die kirche von Strassburg gekauft, und sie wieder ihnen und ihren erben zu lehen gegeben. Der von Wirtenberg war der nächste erbe, aber bischof Bechtolf unterstand sich die herrschaft Horburg mit gewalt einzunehmen, und zog auf Ostheim. Als Burckhard, der letzte herr von Horburg, ihm nicht widerstehen konnte, nahm er noch 600 mark silber und räumte dem bischof die herrschaft ein, mit allen gerechtigkeiten. Dadurch wurde der von Wirtenberg sehr erzürnt und mit dem markgrafen von Baden that er dem bischof alles leid an. Denn dieser hatte sich auch vor Zellenberg, das Wirtemberg zustand, sechs wochen lang gelagert und zuletzt die stadt zu gehorsam gebracht.

1301. (*Staufenberg eingenommen.*) — Bischof Bechtolf hatte an seinem hof einen ritter, Albrecht von Auwe genannt, der theil hatte an der burg Staufenberg. Aber herr Reinhold von Staufenberg, der des markgrafen rath war, stiess den von Auwe aus der burg und wollte ihn keinen theil an derselben haben lassen. Das klagte er seinem herrn, dem bischof, dass Reinhold ihn ausgestossen, weil er des bischofs diener. Da zog der bischof mit den bürgern von Strassburg vor Staufenberg; aber herr Reinhold entfloh daraus zu dem markgrafen und dem von Wirtemberg und klagte ihnen solches. Als der bischof acht tage vor Staufenberg lag, haben die in der burg das schloss aufgegeben; es wurde geschleift, aber der markgraf und der von Wirtemberg bekriegten den bischof mit raub und brand.

1302. (*Erzbischof Mathias von Mainz stirbt.*) — Auf unser frauen geburtstag starb der erzbischof Mathias von Mainz, der bruder bischofs Bechtolfs von Strassburg; der lies ihm im münster einen herrlichen leibfall halten.

1303. (*Die Strassburger kriegen wider den Markgrafen von Baden.*) — Nachdem markgraf Rudolf von Baden zu Pforzheim mit vielem volk auszog an den Rhein, und auch Reinholt von Staufenberg auf der andern seite alles verheerte was dem bischof und der stadt Strassburg war, da zogen der bischof und die Strassburger vor Stollhofen und Baden; gewannen aber keines von beiden, verbrannten jedoch dem markgrafen das land. Dieser stärkte sich, und zu ihm kam der von Wirtemberg mit 400 pferden. Der bischof und stadt zogen ab.

Fol. 138
1330

1304. (*Friedensverhandlungen bei Landau.*) — Indessen kam herzog Otto von Oesterreich mit dem koenig von Böhmen gen Speier; diesen klagte der bischof Walram, dass Bechtolf von Strassburg schier sein ganzes bisthum mit gewalt inne hielt. Da wurde ein tag angestellt zu Hergesheim (?) bei Landau; dahin kamen alle fürsten und herren, auch der koenig von Böhmen, Karl, und wurde bischof Bechtolf vorgefordert auf geleit. Der kam mit 200 pferden; das kriegsvolk hatte er in des markgrafen land liegen. Es kam auch der bischof von Constanz dahin, die sache zu vertragen. Er verrichtete aber nichts, und bischof Bechtolf zog bei nacht heimlich nach Lauterburg, das ihm noch anhieng, dann gieng er wieder zu seinem kriegsvolk durch des markgrafen land und verbrannte alles was er antraf.

1305. (*Bauten an der S. Thomaskirche.*) — Dieses jahr wurden an der kirche zu S. Thomae die pfeiler aufgeführt, die ganze kirche gewölbt; das chor hat bischof Adelochus zuvor gebaut und gewölbt.

1306. (*Benfeld eingenommen.*) — Dieweil Colmar noch dem koenig Ludwig anhieng, trieb bischof Bechtolf dass herzog Otto mit dem koenig Karl von Böhmen die stadt sollten belagern. Dazu wollte er seine hilfe thun, und liess ein grosses kriegsvolk annehmen und beschied solches gen Mutzig. Der bischof lag über nacht zu Benfelden. Da solches der von Wirtemberg erfuhr, der mit dem koenig Ludwig nach Hagenau gekommen, zog er mit 600 pferden bei nacht, vor Strassburg vorbei, nach Benfelden zu, und wartete des bischofs an einer haltstell, da er meinte derselbe würde auf Strassburg zu ziehen, und wüsste von solchem nichts. Und als der bischof hinaus war, hatte er nicht über 100 pferde bei sich. Er zog von Benfelden auf westen, durch den wald, auf Molsheim zu. In dem ward dem von Wirtemberg die zeit lang, und er schickte zwei gen Benfelden zu sehen, ob der bischof noch da sei, und mit 20 ritt er allgemach nach wider das thor. Die zwei kamen wieder und sagten, der bischof sei morgens frühe hinweg auf Molsheim; es sitzen die bürger zu gericht unter der laube und sei niemand am thor. Da nahm der von Wirtemberg die stadt ein, und trieb alles volk hinaus, plünderte die stadt und hielt sie auf sechs wochen lang inne. Da ward eine rathung gemacht, dass bischof Bechtolf sollte dem von Wirtemberg die herrschaft Horburg zu lehen lassen als einem erben; hingegen sollte dieser dem bischof 4000 mark silber für den schaden geben, und des orts vertragen sein; der andere handel mit Speier und dem markgrafen sollte hierin nicht begriffen sein.

1307. (*Kolmar belagert.*) — Darauf wurde Colmar von herzog Otto von Oesterreich und dem könig von Böhmen und herzog Leupold belagert. Dahin kamen der bischof Bechtolf und der bischof von Basel auch mit vielem volk: die von Colmar riefen könig Ludwig um hilfe an, der auch bald kam.

1308. (*Friedensverhandlungen im Elsass.*) — Als könig Ludwig kam, da schlugen sich der könig von Böhmen und andere fürsten ins mittel zu vertragen, welches sich alle theil gefallen liessen, und wurden mit hilfe der fürsten artikel gestellt und dem könig von Böhmen übergeben zum ausspruch, darein willigten könig Ludwig und der von Oesterreich. Da ward zu recht gesprochen, dass der abgestorbene könig Friedrich, auch alle herren von Oesterreich, sollten von der ansprach, die sie vermeinten von den kurfürsten zu haben, von dem reich abtreten, so lange könig Ludwig lebte, auch ihre regalia von diesem empfangen. Hingegen sollte könig Ludwig alles dem verstorbenen könig Friedrich zugehörige, ohne alle entgeltniss freilassen, und denen von Oesterreich, Breisach, Newenburg, Rheinfelden zu einem pfund schilling geben, und helfen dass er aus dem bann käme. Solches gefiel jedermann, allein dem herzog Leupold und dem bischof Bechtolf nicht. Es zog jedermann wiederum aus dem land heim.

1309. (*Abschluss des Friedens.*) — Als nun diese lande in grossem schaden standen, von wegen könig Ludwig, da ihn der papst kurzum nicht zu einem könig haben wollte, und meinte man sollte herzog Otto von Oesterreich oder könig Karl von Böhmen zum könig wählen, und auch diese beiden gen Hagenau kamen, da ward von meister und rath geordnet dass man die thore beschliessen sollte, da sie tag und nacht offen standen; da musste man mit hauen und pickeln die ketten hinweghauen und die riegel schmieren, dass man sie könnte auf und zu thun. Herzog Otto zog vor Colmar, so könig Ludwig anhängig war, belagerte solches mit grossem volk, und hatte die von Glaris und Schwyz, auch seine lande, zu hilfe. Aber könig Johannes von Böhmen kam zu ihm, machte die rathung, dass Oesterreich auf die königliche wahl verzicht that, weil könig Ludwig lebte. Damit sollte ihm könig Ludwig 12 tausend mark silber geben. Da aber nicht so viel geld vorhanden, ward Oesterreich vom reich zum pfand gegeben Schaffhausen, Laufenburg, Rheinfelden, Sickingen, Newenburg, Breisach und anderes, und damit friede gemacht.

1310. (*Versuchte Ueberrumpelung Oberkirch's.*) — Nach diesem haben Conrad und Hans von Schauenburg, genannt von Wintersbach, mit dem markgrafen von Baden und dem von Wirtemberg, einen anschlag gemacht, dass die von Schauenburg dem bischof Bechtolf wollten Oberkirch

Fol. 181
1331

nehmen, das dann der markgraf von könig Ludwig als lehen empfangen
sollte. Dazu halfen auch die von Speier. Und als sie bei nacht in den stadtgraben und die leitern hatten angeworfen und hinaufstiegen, da brach ein
sprossen und fiel einer in den graben. Das hörten die wächter und riefen
um hilf: also ward aus ihrem fürnehmen nichts. Als solches bischof Bechtolf erfuhr, hat er nicht allein (diese), sondern alle von Schauenburg,
deren er doch etliche am hof hatte, vertrieben und ihnen alles genommen, was sie an lehen von ihm hatten. Dadurch etliche zu grosser armut
kamen.

1311. (*Die Bischoefe von Strassburg und Speier soehnen sich aus.*) —
Damalen reisste herzog Leupold von Oesterreich mit bischof Bechtolf gen
Speier, und vertrugen sie sich völlig und übergaben dem bischof Walram
von Veldenz das bisthum Speier; dann reisste bischof Bechtolf zu dem
erzbischof Heinrich gen Maynz, und brachte so viel zuwegen dass ein
synodus gen Speier ausgeschrieben wurde. Dahin kamen viele bischöfe,
fürsten und grafen könig Ludwigs halben. Aber herzog Leupold, wiewohl
sein bruder todt war, war noch stets wider könig Ludwig, dem schein
nach, weil er im bann wäre, und practicirte mit allen einen neuen krieg
anzuheben.

1312. (*Herzog Leopold in Strassburg.*) — Er war etwas blöd im haupt,
deswegen ward ihm gerathen, dass er nach Strassburg zöge, und sich mit
schönen frauen und anderer kurzweil ergötzte. Er kam gen Strassburg,
und kehrte in der von Ochsenstein hof in der Brandgasse ein, und war
bei seinem vetter zur herberg, den man jetzt den Hanauischen Hof heisst.
Hier kam er gar von sinnen und starb den 16. Martii. Sein leib wurde gen
Königsfelden geführt, und da begraben. Er verliess zwei töchter mit der
von Savoyen. Die eine tochter nahm den herzog von Schweidnitz in
Schlesien, die andere einen herrn von Conzen aus Frankreich, von dem
hernach dem lande grosser schaden widerfahren ist. Er schrieb sich von
gottes gnaden Leupold, herzog zu Oesterreich, Steiermark, Schwaben
und Merani, herr zu Karnialy, Portus Naonis, graf zu Habsburg und Kyburg, landgraf in Ober Elsass.

Als aber viele herren gen Speier kamen, die gern frieden im reich gesehen hätten, und es nur an dem lag dass könig Ludwig aus dem bann
kommen möchte, da viele bischöfe deshalb nichts mit ihm zu thun haben
wollten, und bischof Bechtolf sich rund erklärt, er wolle von könig Ludwig
seine regalia nicht empfangen, eher wolle er das bisthum übergeben und
wiederum in seinen deutschen orden treten; da huben gelehrte leute an

über des papstes handel und gewalt zu disputieren, ob er das kaiserthum habe, oder ob er, was er habe, vom kaiser habe? Auch wer das recht hätte den andern zu entsetzen, und welcher herr über den andern wäre? Und es wurden viele dinge zu gunsten des königs Ludwig geschrieben, und mit göttlicher geschrift, wie auch aus den rechten bewiesen.

1313. (*Wahl Karl's von Boehmen zum Koenig.*) — Damals als könig Ludwig etwas in ruhe war, kam abermals botschaft vom papste, dass man den könig Karl in Böhmen zu einem römischen könig wählen sollte, welches auch am Rhein geschah. Da solches könig Ludwig erfuhr eilte er an den Rheinstrom, daran ihm viel gelegen war. Es hatte aber bischof Bechtolf Rheinau und Oberkirch wohl besetzt mit kriegsvolk; dies that Offenburg, Gengenbach, Zell, Ortenberg und andern reichsstädten, die vom reich dem markgrafen versetzt waren, vieles zu leidt. Da aber der bischof dem von Wirtemberg die stadt Reichenweier einnahm, und viel wein daselbst hinweg führte (denn der bischof von Metz, und Finstlingen, auch Saarwerden, ihm auf 4000 mann zu ross und zu fuss zuschickten), da kam könig Ludwig gehlingen gen Hagenau; der von Wirtemberg belagerte Rheinau und eroberte es mit dem von Oesterreich. Darin lag Heinrich von Stein mit vielem volk, die alle zu todt geschlagen und die stadt verbrannt wurde. Der bischof, dieweil sein volk alles wieder in Westreich gezogen war, wich mit etlichen pferden auf den Kochersberg, zu sehen wo es hinaus wolle.

1314. (*Schlettstadt angefallen.*) — Damalen hat herr Rudolf von Ochsenstein etliche des bischofs helfer zu sich genommen, da er gut österreichisch war und wider Ludwig, und die von Schlettstadt überfallen, und ihnen ihr vieh und pferde vor den thoren, auf 500 stück, alles hinweg getrieben, auf Dambach zu. Darauf schickte er die reiter von sich, sie sollten zu Ebersheimmünster und zu Dambach die fröhliche botschaft anzeigen. Als die reiter meist von ihm entfernt, eilten die von Schlettstadt hernach, schlugen alle zu todt wen sie erreichten, und nahmen ihr vieh alles wieder und triebens heim.

Fol. 185

1315. (*Koenig Ludwig in Strassburg.*) — König Ludwig kam von Hagenau nach Strassburg, wo er als könig empfangen wurde; er hatte kein kriegsvolk bei sich, dann etwa auf 600 pferde. Von da zog er den Rhein ab, wieder auf Speier zu. Und wollte bischof Bechtolf seine lehen noch nicht empfangen: aber des königs landvogt, der von Kirkel und der von Lichtenberg, griffen den bischof an, desgleichen thaten auch die reichsstädte im Elsass.

1316. (*Ein Stern am Himmel.*) — Auf heil. Kreuztag, und eine lange zeit, sahe man einen sternen am himmel am morgen bis um 10 uhr und um 2 uhr sah man ihn wiederum.

Fol. 186
1332

1317. (*Verzeichniss der Hausgenossen.*) — Auf den heil. Dreikönigstag da hat man abermalen die Hausgenossen, so burger und geschlechter waren, und das münzrecht hatten, ins salbuch eingeschrieben, damit man in diesen unruhigen zeiten wüsste wer burger wäre. Und waren dies die bürger, so in dem rath noch nicht gesessen.

Die Hüffel	Rossheim	Bolmann
Riepelein	Erlin (Herlin)	Bergheim
Zorn	Burzlin	Schwarber
Ror Enderle	Bäumlin	Müllenheim
Bietter	Twinger	Menselin
Lentzlin	Winterthur	Luitten
Kunloch	Zum Rich	Sünlin
Jope	Manssen	Böcklin
Kerbisser	Folschen	Zaberen
Kolin	Pfaffenlab	Roppenheim
Rebstock	von Rothenburg	Sicken
Holbeck	von Schöneck	Weissbrötlein
Berger	Berer	Engelhardt (Ellenhart?)
Schenterlin	Rösselin	Tegerfeld
Lemlin	Mörschwin	Grostein
Bawmann	Kerner	

Doch waren oft in einem geschlecht auf 30, 40 oder mehr personen.

1318. (*Streitigkeiten im Rathe.*) — Damals als könig Ludwig viel anhang hatte, und seinetwegen die Zorn ganz hart wider die von Müllenheim waren, da sie Ludwig mit allem seinem anhang für einen verbannten hielten, und daraus im rath viel unwillen entstand, wurde gehandelt, dass sie um friedens willen sollten den rath meiden, bis man sehe wie es mit dem könig hinaus wolle, doch unverletzt ihrer ehre. Und ordnete man dieses jahr nachfolgende zum rath, damit man einmal möchte beide geschlechter vergleichen. Und war

herr Götz von Grostein zum ohmann erboten.

Die 4 meister:

herr Wilhelm Beger, ritter,	herr Johann Sick, der jung,
herr Jost Marx, ritter;	herr Rulman Schwarber, ritter.

Und die im rath waren, diese von adel:

Rulin Rewlenderle,	Claus Ott Friedrich,	Reinwolt Seuss, der alte,
Hug Sturm,	Claus Zorn, der jung,	Peter Schwarber,
Claus Maller,	Heinrich Renner von Grostein,	Hans Kolbelin,
Reimbolt Reimboltlin,	Reimbolt Hildenbrand,	Otto Küsse,
Hans Waldner,	Eberlin von Schiltigheim,	Hug Weissbrötlein,
Rudolf Stubenweg,	Sigelin Schild,	Hetzlin von Sarburg,
Otto Bulgerlin,	Cunz Winterthur,	Herman Wierich.

1319. (*K. Ludwig appellirt wider den Bann.*) — Dieweil aber nicht allein zu Strassburg, sondern an viel enden mehr, dieser zank währet, des bannes halben darin könig Ludwig war, liess könig Ludwig zu Strassburg und in dem ganzen Elsass, und allen städten am Rhein eine appellation geschriftlich an kirchen und rathhäusern anschlagen, darin stand also:

Wir Ludwig von der gnade gottes römischer kaiser, etc., thun kund männiglich: Nachdem ich mit ordentlicher wahl zum reich gekommen und frieden darin schaffe, und aber Johannes, papst der römischen kirche, allen frieden hasset, und das testament Jesu Christi umstosset, der da spricht: «Meinen frieden gebe ich euch und liebet einander alle zeit.» Diesen frieden und liebe hat papst Johannes also getrübt, als wenn er geschworen solchen zu betrüben, mit grossem hochmut, und gedenkt nicht, woher ihm solche ehre und gewalt kommt, nämlich vom gott des friedens und dem heil. kaiser Constantino, der dem heil. papst Sylvestro, der sich in einem andern gottseligen wandel verhalten hatte (?) und von Carolo und Ludovico und andern unsern vorfahren. Es ist aber Johannes dem römischen reich und dessen königen ganz undankbar, von dem er alle herrlichkeit dieser welt empfangen hat, welche er jetzund ganz trotzig wider die römischen kaiser und könige misbraucht, mit verkleinerung alles gottesdienstes und weltlicher oberkeit. Wir hoffen es werden alle christen den bann, den er wider mich und die meinigen führt, für nichtig und kraftlos halten; mich auch unverschuldet des römischen reiches (das doch nicht sein ist, sondern mir von gott und der fürsten wahl gegeben) absetzen will und gebietet. Deshalben wir uns berufen auf ein rechtmässiges christliches concilium, auch vor alle kur- und fürsten, geistlichen und weltlichen standes vom ganzen römischen reich.

1320. (*Hanemann von Lichtenberg wird Bischof von Würzburg.*) —

König Ludwig hatte einen kanzler und rath, herrn Hanemann von Lichtenberg, herren Ludovicus sohn, domherrn zu Strassburg, den machte er zum bischof von Würzburg wider Otto Wolfskeel, A° 1333; der wurde aber mit dem könige vom papst in den bann gethan. Da er sahe dass viel uneinigkeit daraus erfolgen wollte, trat er über zwei jahre freiwillig ab und übergab das bisthum herrn Otto Wolfskeel, friedens halben, anno 1335.

Fol. 187   1321. (*Geschöll der Zorn und Müllenheim*[1].) — Da nun der rath (in Strassburg) also besetzt war, und man hoffte beide geschlechter, Müllenheim und Zorn würden sich vergleichen, hatten die edeln den brauch, dass sie 4 wochen nach ostern ein banket hielten, welches man die martsch oder rundtafel hiesse. Dahin kamen alle edeln geschlechter mit frauen und jungfrauen, zu essen und zu tanzen, in einem hof in der Brandgasse, so man jetzund der Sturmen hof nennt. Und nach dem essen erhob sich der alte neid, so beide geschlechter zusammen hatten, die einander viel dinge im trunk verwiesen, also dass ein geschöll wurde und sie zu den wehren griffen. Da wurden Zorne von den Müllenheim erschlagen, auch ein Fölsch und einer von Wasselnheim. Auf der Zornen seite wurden 7 erschlagen: herr Hetzel Marks von Eckwersheim, einer von Hochfelden, einer von Epfich, ein Hüffel, ein Süsse und einer von Holoch, und Frawenlob, des schultheissen knecht. Und wurden auf 40 personen hart verwundet. Da bat herr Götz von Grostein um gottes willen um einen frieden, nur dieselbige nacht. Der ward angelobt und gehalten. Das frauenzimmer lief alles mit grossem geschrei heim zu, die ganze stadt war auffregig, lief auf die zünfte, hielt die ganze nacht wache, und schickten die ältesten von den zünften zusammen, die hielten rath[2].

1322. (*Einschreiten der Zünfte.*) — Den andern morgen, da warben gute freunde um einen anstand, dass man beide parteien möchte verhören. Es hatten aber beide parteien um hilfe ausgeschrieben, und stärkten sich also, dass viele hundert gewaffnet in die stadt geritten kamen. Da fürchteten die handwerker dass nicht allein die edeln, sondern auch sie (in gefahr

---

1. Le récit suivant s'est évidemment inspiré de celui de Kœnigshoven (éd. Hegel, p. 776—779), mais en le paraphrasant et en y ajoutant certains détails. Nous n'avons donc pas cru devoir le supprimer ici.

2. Schneegans nous a également conservé une copie des pages relatives à la révolution de 1332. Son texte porte ici l'addition suivante : «Das geschah, wie noch an «einem stein zu S. Toman geschrieben staet : Cædes inter partes civitatis Argent., «scilicet Zorn et Müllenheim, facta est anno MCCCXXXII, KL. IVNII». Peut-être M. Jung a-t-il sauté ces lignes en copiant l'original.

stünden), wenn die stadt also sollte übersetzt werden, und jede partei vom bischof, grafen und herren, von städten und vom land hilfe bekämen. Deshalb etliche bürger und handwerker rath hielten, und giengen zu dem jungen Sicken, der meister war und andern vom adel, die im rath sassen, und zeigten ihnen die grosse gefahr an, so in der stadt vorhanden wäre, baten, dass man ihnen die stadt vertrauen sollte zu bewachen, begehrten deshalben die schlüssel zu den thoren, auch das insiegel und der stadt banner, bis sich beide parten verglichen hätten. Hiezwischen wollten sie gute sorge haben, und ihnen alsdann die gewalt wieder zustellen. Solches alles ward ihnen auf ihr begehren zu treuen händen gestellt.

1323. (*Bewachung der Stadt.*) — Da die burger und handwerker allen gewalt in händen hatten, beschlossen sie alle grossen porten und liessen niemand aus noch eingehen, sie besuchten ihn, ob er nicht briefe, harnisch, panzer oder wehren den parteien zubrachte. Desgleichen wurden alle wasser aus und im fluss versehen.

1324. (*Neuwahl des Rathes.*) — Als alle wachten, porten, bei tag und nacht ordentlich versehen waren, da nahmen die bürger und die fürnehmsten von den handwerkern den handel vor sich, und erwählten einen neuen rath von bürgern und handwerkern, und durfte kein bürger in den rath kommen, er wäre denn von den handwerkern darein gezogen, er wäre so weise und fromm er seyn möchte. Und zogen die handwerker einen ammeister, das war herr Burkard Twinger, der sollte sein leben lang regieren, dessen eid sollte vor andern gehen, auch (sollte er) macht haben den rath zu fordern, so oft er wolle, welches zuvor nicht bräuchlich war, denn ein meister nur die macht hatte die schöffen zu fordern.

Sie erwählten auch 4 meister, dies waren herr Rulman Schwarber, herr Rudolf Judenbreter, herr Hans Schöneck und herr Hans Knobloch.

1325. (*Ein Schwoerbrief.*) — Darauf ward ein brief gemacht, dass der dritte theil vom adel, der zweite theil von handwerken sitzen solle, und die edeln die chur verschwören. Und alle vierteljahr sollte allwegen ein meister regieren, also dass sie in einem jahre alle regierten, der ammeister aber sein lebenlang, und sollte man den brief alle jahr ins bischofs garten lesen. Darauf solle der ganze rath, hernach die burgerschaft schwören.

Nota: Der Brief[1].

---

1. SPECKLIN se réservait sans doute de transcrire cette pièce plus tard, mais il n'en a pas eu le temps.

Dieweil man den rath besetzte und alles ordnete, da standen die handwerker in ihren panzern und harnischen mit wehren um die Pfalz. Darauf forderte man alle bürger und handwerker ins bischofs garten, las ihnen den brief vor und schwuren meister und rath, auch alle handwerker, solches stets und fest zu halten, und erlaubte man den bürgern wieder heim zu gehen, doch waren die wachten stark.

1326. (*Entwaffnung der Geschlechter.*) — Darauf gieng man in alle haeuser beider parteien, und nahm ihnen alle wehr, waffen und harnisch bis zum vertrag, und gebot beiden parteien über gesetzte ziel nicht zu gehen. Und war das ihr ziel: Von der Pfalz an bis zum Alten S. Peter, die Oberstrasse hinauf bis zum Weissen thurn, und dann durch die Sporergasse und Judengasse bis zur S. Andreaskirche und thörlein, und sollten die von Müllenheim über die seite, da ihre trinkstube ist zum Mühlstein; die Zorn sollten auf die seite, da ihre trinkstube ist zum Hohensteg, und keiner bei leib und gut, noch bei ihren eiden, nicht zusammen kommen über gesetzles ziel bis zu austrag des handels.

Fol. 188   **1327.** (*Vorsichtsmassregeln in der Stadt.*) — Es gieng damals keiner zu rath, noch daraus, oder wann er auf der gasse gieng, hatte er seinen panzer und wehr an, auch zwei und drei die aufwarteten, wie auch alle wachten, die man besichtigte bei tag und nacht, zu ross und zu fuss. Man machte auch an alle thore schloesser und schutzgattern aus- und inwendig, und brach alle haeuser an den mauren und thürmen ab, dass es zum wenigsten zehn schuh rein darum war, und machte alle stegen an den thürmen inwendig, zuvor standen alle stegen auswendig; zu nacht ritt man mit lichtern herum zu allen wachten, und fragte, ob auch ein rathsherr bei ihnen wäre.

1328. (*Thorglocke.*) — Man ordnete, dass man alle morgen und abend eine glocke läutete, damit man wüsste wann man die thore auf und zu thun sollte, auch wann man zu rath gehen sollte, und sass man zu rath morgens und zur vesper, im panzer und wehr, auch mit der wacht um die Pfalz.

1329. (*Stadtthore verändert.*) — Man vermauerte auch etliche thore an der stadt, als des bischofs Burgthor, und auf den Hunden auch ein thor, auch S. Elisabethenthor; das bei Stolzeneck, bei Rossmarkt, bei Utengasse, bei Finkweiler, auch S. Andreas, die machte man alle enger. Man baute auch die Gedeckten Brucken, und die spitzen von den thürmen gegen die Breusch hinauf, und machte erker darauf. Man fieng auch an die stadtmauer im Finkweiler bis zu S. Elisabethenspital und Metzgerthor, bis vor an die Utengass zum Goldenthurm (an S. Johanns Giessen), an die Breusch. Und wurde dieses in 19 jahren, anno 44 vollendet und ausgebaut.

1330. (*Die adligen Trinkstuben abgebrochen.*) — Darnach brach man den edeln ihre trinkstuben ab, erstlich die *Zum Hohensteg*, die stand über dem Rindschüter graben, stiess an das Barfüsser kloster; die ward hernach herüber gebaut, da wo sie noch steht. Die *Zum Mühlstein* stund auf dem wasser über der Breusch, die brach man auch ab; die *Zum Brief* im Tränkgässlein, die *Zum Schiff* gegen den Langen keller an S. Claus bruck, die brach man alle ab. Doch sind ihre stuben hernach wieder anders gebaut worden.

1331. (*Errichtung neuer Zünfte.*) — Darnach machte man mehr handwerker die zuvor constoffler waren, als die schiffleute, kornkaeuffer, seiler, wagner, gremper, kiefer, obser (obsthändler), und da alles fertig und geordnet war nach nothdurft, da nahm man der von Müllenheim und Zorn handel vor die hand, und hörte klag und antwort, und der zeugen sage. Nach demselbigen urtheilten meister und rath und setzten besserung und strafe auf, nachdem der handel war, und mussten viele aus der stadt fahren, einer kurz, der andere lang, nachdem er verwirkt hatte, und fuhren auf S. Claren tag aus der stadt.

1332. (*Landgrafen im Elsass.*) — Damals waren noch drei landgrafen im untern Elsass, welche auch die letzten sind gewesen. Ulrich hatte einen sohn, Johannes der letzte, der war ein domherr, und Philipps, der hatte keine kinder. Dieser starb dieses jahr, den 3. juli, liegt zu den Wilhelmern im chor, der unterste. Er war ein domherr zu Strassburg. Landgraf Ulrich gab herren Haneman und Ludeman von Lichtenberg die stadt Brumath zu kaufen, sammt dem kirchensatz, als . . . . . .¹, Griess, Weiler, Weitbruch, Kurzenhausen, Breuschheim, Rotelsheim, Eckendorf, Altorf, Ringendorf, Schalkendorf, Niffern, Mutzenhausen, Gumbrechtsdorf, Zinsweiller, Reipertsweiler, Oberndorf, Diefenbach, Reinigshofen, Rittershofen, Hatten, Morsheim, mit allem gericht und gerechtigkeit, um 2500 mark fein silber, Strassburger gewicht. Herr Ludeman hatte drei söhne und eine tochter; der eine sohn nahm eine Helfenstein, der nahm solches land ein, die andern zwei wurden domherren zu Strassburg.

1333. (*Die Strassburger ziehen vor Erstein.*) — In dieser zeit hatte

---

1. Ici M. Jung a laissé en blanc un nom qu'il n'a pu déchiffrer.

Herr Walther Tübingen, Herr von Geroldseck pfandweis ein von den landgrafen von Elsass, Erstein. Dieweil aber viele staedte, besonders die obern, als Zürich, Bern, von wegen könig Ludwigs im bann waren, geschahe den von Strassburg viel leids daraus mit raub, und man sich darüber schier nicht wundern durfte, da es auf des papstes befehl geschah.

Am grünen donnerstag zogen die von Strassburg aus vor Erstein, und als sie sich nicht wollten gutwillig ergeben, that man am karfreitag einen gewaltigen sturm daran mit 800 mann, und auf der andern seite mit 1200 mann, und die stadt wurde mit gewalt erobert, und wurden der Ersteiner viele erschlagen und gefangen und mit gewalt aus der kirche und dem kloster genommen. Man besetzte die stadt mit guten leuten, zerriss die mauern, und zog am osterabend wieder heim.

1334. (*Belagerung von Schwanau.*) — Der herr Walther von Geroldseck hielt sich in der veste Schwanau nicht weit vom Rhein, und streifte auf die in Erstein, und verübte raub, brand und auch mord. Dieweil aber Schwanau die stärkste und beste vestung im ganzen lande war, mahnten die von Strassburg den bund, als Basel, Freiburg und andere auf; es schickte auch bischof Bechtolf seine hilfe. Es zogen die von Strassburg auf S. Marx tag vor Schwanau, mit wurfzeug und gewerken; herr Rulin Schwarber war obrister. Dahin kamen auch die bundesstände mit ihrer hilfe. Es waren aber auf 60 von adel und andere in Schwanau. Die hielten sich ganz wohl, also dass man auf 6 wochen davor lag. Die in Schwanau sagten: Wir wollen einen anstand machen auf zwei tage und die feinde mit fleiss ins schloss lassen, wenn sie sehen dass wir also wohl proviantirt und gerüstet sind, auch so fest gebaut, werden sie abziehen, welches geschahe, und man nahm Claus Carle, der stadt baumeister auch mit hinein. Als man alles besichtigt und achtung hatte wo das mehl und proviant lagen, lagerten sie sich auf die andere seite, und baute meister Claus Carle eine schiffbrücke über den Rhein, dass man hinüber und herüber konnte. Er trieb hohe katzen vor Schwanau auf und warf mit den werken viele tonnen ulmergrien darein, auch koth und stinkend aas, damit verwüstete er in der festung den brunnen, dass sie vor gestank ihn nicht brauchen konnten, sowie auch das mehl und anderes. Er warf auch grosse steine hinein, auch feuer; damit verbrannte er ein grosses, schönes haus, das einem ritter zuständig war, mit proviant. Das feuer drängte sie, dass sie mussten auf einen grossen hohen thurn weichen. Als aber das feuer nach kam, wurden sie gezwungen die feste aufzugeben, den 1. Juni. Da war

gethädigt um leib und gut. Als sie die burg aufgaben, da bürgten sich 7 aus;
das war herr Walter, sein weib und sohn, 2 töchter und 2 jungfrauen,
7 personen, die zogen zu fuss, was sie tragen mochten, stracks über den
Rhein. Die von adel und sonst andere, wurden 52 enthauptet, ein altes
männle und ein junges edelskindt ward dem nachrichter befohlen ledig zu
lassen. Drei werkmeister, so in der festung waren, darunter ein zimmer-
mann und ein schmidt, die führte man heraus, setzte sie in tonnen mit
ulmergrien und warf sie in die feste, und schleifte die burg auf den
boden ab.

1335. (*Zug gegen den Markgrafen von Baden.*) — Bischof Bechtolf
von Strassburg, dieweil er mit im bund war, zog derweilen über den
Rhein wider den markgrafen von Baden und nahm grosses volk, und die
von Strassburg mit ihm, und verbrannten Steinbach, gewannen auch
Yburg und noch drei schlösser darum, die verbrannte er. Darnach zogen
sie wieder heim, als sie viel schaden gethan hatten.

1336. (*Zug gegen den von Geroldseck.*) — Darnach zog man über den
Rhein auf den von Geroldseck, stürmte Schuttern und gewann es mit
dem sturm, verbrannte das schloss und die stadt. Davon gieng auch das
kloster an und verbrannte alles auf den boden, und schleiften die mauern,
verbrannten und verheerten dem von Geroldseck sein ganzes land jenseits des Rheins. Darauf zog nach verrichteten sachen jeglicher wieder
heim.

1337. (*Neuwahl des Rathes zu Strassburg.*) — Als man um Jacobi in
der aehren wiederum heim kam und das jahr herum war, dass man einen
neuen rath setzen sollte, da machte man dass nur zwei meister seyn
sollten, jeder ein ½ jahr. Das waren herr Rulmann Schwarber und herr
Rudolf Judenbreter, die sollten also um einander meister seyn, bis an ihr
ende. Aber herr Burkard Twinger sollte ammeister bleiben bis an sein
ende. Auch war der brief so man ins bischofs garten schwur, etwas
gebessert, der edeln kur halben, so sie verschwuren nicht mehr zu fordern. Auch wenn ein feuer ausgienge, dass man sollte gewaffnet ans
münster kommen. Und war dies der erste neue rath, den man damalen
erwählte.

herr Rulmann Schwarber) 2 meister	herr Hans Knobelouch
Rudolf Judenbreter)	Wölfelin von Giege
Burkard Zwinger ammeister	Wernher Küsse
Heuselin von Schöneck	Hans von Rosheim

herr Paulus von Mosung　　　　herr Klaus Winterthur
　Conrad Gürtler　　　　　　　　Henselin Knobelouch
　Klaus zur Scheuren　　　　　　Gosse Sturm
　Jacob zur Hellen　　　　　　　Kunz Pfaffenlapp
　Fritsch von Heiligenstein　　　Henselin Volsch
　Klaus Rebstock　　　　　　　　Bechtold Manse
　Bechtold zum Rich　　　　　　Walther Knoblouch
　Klaus Schwan　　　　　　　　Hans Baumann,
　Reimbolt zum Trübel　　　　　alle edelknechte.

Von handwerken:

krämer . . . . Klaus Mosung
brodbäcker . . . . Burkhard Biller
metzger . . . . Wilhelm Metzger
kürschner . . . . Rulin Kürner
salzmütter . . . . Jockle Salzmutter
wollschläger . . . . Ottmann von Dunzenheim
schneider . . . . Klaus Hug
zimmerleute . . . . Heinz Zimberlin
steinmetzen . . . . Hans Winlin
kiefer . . . . Gerlin Kiefer
gartner . . . . Philipps Wölfelin
gerber . . . . Hans Kleinherr
schmiede . . . . Hans Sporer
schuhsuttern . . . . Cunz Detweil
fasszieher . . . . Walther Fasszieher
schiltern . . . . Ulrich Baldesser
müller . . . . Amberg Zoller
weber . . . . Eberlin Priger
scherer, bader . . . . Cunz zum Ueberhang
schiffzimmerleute . . . . Eberlin vom Mauerloch
schiffleute . . . . Eberlin Wolxheim
weinruffer und messer . . . . . . N. Ysinger
kornkäufer . . . . Peter Lemlin
fischer . . . . Jacob Zeyssolf
weinleutt . . . . Hans Runting.

1338. (*Schloss Winstein gewonnen.*) — Damals that der von Schmallenstein von der burg Winstein dem land grossen schaden. Da zogen der bischof Bechtolf und die von Strassburg und Hagenau vor Winstein, und als man auf 10 wochen davor gelegen, haben sie es gewonnen, und verschleiftens. Darnach ist Neu Winstein gebaut worden.

1339. (*Gewoelb zu S. Thomae gebaut.*) — Dies jahr baute man zu S. Thomae das gewölb unter dem thurm und machte die orgel dahin.

1340. (*Grosser Herbst.*) — Es wuchs auch viel und guter wein, dass man nicht fässer genug haben konnte, auch ein fass um das andere füllte.

1341. (*Ein neuer Papst.*) — Papst Johannes stirbt, Benedictus der zwölfte wird papst: da hoffte jedermann auf besserung.

Fol. 190
1334

1342. (*Schuttern abermals zerstoert.*) — Damals hat der von Geroldseck die stadtmauer um Schuttern wieder aufbauen lassen: da zogen die von Strassburg hinaus und rissens bis auf den boden ein.

1343. (*Sammlungen zur Eroberung des Heiligen Landes.*) — Damals gebot papst Benedictus der XII dass man 6 jahre lang den zehnten von allen geistlichen gütern geben sollte, damit das heilige land zu gewinnen. Solches einsammeln was nun wohl acht mal auf einander gefordert worden, wenn eines aufhörte, hub eine neue forderung an. Es wurden courtisanen gen Strassburg und ins bisthum geordnet, die solches geld einnehmen sollten. Da hielten die domherren und alle geistlichen im ganzen bisthum einen synodum zu Strassburg und schätzten sich selber: wer eine mark gold einkommen hat, gab 1 schilling; wer eine mark silber hatte gab 1 pfennig, und sie nahmen dasselbige geld und protestirten damit wider den papst, denn er mache nur seine freunde damit reich und es werde an keine meerfahrt gedacht. Also zogen die welschen pfaffen hinweg, und kam keiner mehr.

1344. (*Bischof Berthold fordert Steuer von der Geistlichkeit.*) — Hierauf begehrte bischof Bechtolf, dieweil er viel geld verkriegt hatte, an die geistlichen, dass sie ihm gutwillig eine steuer gäben, er wolle sie hinfort nicht mehr beschweren und gab ihnen dafür brief und siegel, dass sie solches gutwillig gethan hätten. Also gaben sie ihm mehr weder er begehrt hatte gutwillig und aus keiner gerechtigkeit. Er konnte mit zehn worten geld zusammen bringen: wenn er hatte gab er, insonderheit den armen, gerne, bezahlte jedermann mit dank, und war freigebig.

1345. (*Bischofswahl zu Würzburg.*) — Diese zeit starb der bischof von Würzburg, da wählte ein theil Otto von Wolfskeel, aber durch könig Ludwigs fürbitte wardt herr Hanemann von Lichtenberg, domherr zu Strassburg, bischof zu Würzburg.

1346. (*Kalter Winter.*) — Dies jahr war ein so kalter winter, dass alle reben im ganzen land erfroren.

1347. (*Wahl eines neuen Meister's.*) — Damals starb der erste meister aus dem rath, Rulmann Schwarber. Das wollte etwas eine aenderung bringen und sich etliche eindringen, die meinten die wahl der meister aus ihnen zu behalten, damit solche nicht aus den handwerkern genommen würden; aber es wurde solches verhindert; bischof Bechtolf kam selbst gen Strassburg dem übel zu begegnen, desgleichen landgraf Ulrich aus dem Elsass. Da ward ein brief gemacht, dass wenn ein meister stirbt, so sollen die andern zwei meister, sammt den 25 von den handwerken, so im rath sind, von den andern bürgern und edeln einen andern meister erwählen. Der sollte meister seyn und bleiben sein leben lang, wie der andere auch und sollen die edeln alle solche kur abtreten. Der brief ward besiegelt und beschworen; neben diesen siegelten auch bischof Bechtolf, landgraf Ulrich, 50 ritter und 13 edelknechte, sammt den burgern von Maynz, Worms, Speier, Basel, Freiburg, so herzu erboten und gezogen waren; auch mit der stadt grossem insiegel verwahrt, datum den nächsten tag nach Galli, anno 1334. Darauf ward einhellig erwählt an Rulman Schwarber's statt, sein bruder Bechtolf Schwarber, der stadt und land ein nutzer mann war. Unter ihm ist aufgekommen, wann man in reisen zog, dass die handwerker zu wagen fuhren; zuvor gieng man zu fuss.

Fol. 191
1335

1348. (*Ramstein und Drachenfels gebrochen.*) — Damals als bischof Bechtolf mit könig Ludwig nicht einig war, und viel raub und mord auf allen seiten im Elsass geschah, und von der burg Ramstein hinter Arnsperg, auch von Drachenfels denen von Strassburg und andern viel mutwillens geschah, zogen die von Strassburg aus vor Ramstein, gewannen und verbrannten es; zogen hernach vor Drachenfels, gewannen und zerbrachen es auch. Indessen bischof Bechtolf viele flecken zu städten baute, des krieges halben, da bewilligte könig Ludwig seinen landvögten im Elsass, als herrn Sigmund und herrn Hanemann von Lichtenberg, dass sie auch städte bauten, gab diesen grosse freiheiten mit jahrmärkten und andern. Da baute herr Sigmund aus Ingweiler eine stadt und herr Hanemann aus Brumat und Wördt auch städte.

1349. (*Truttenhausen vom Zehnten befreit.*) — Bischof Bechtolf befreihete die geistlichen und klöster hoch, insbesondere machte er Truttenhausen des zehnten frei, den sie von ihren gütern gaben und schenkte ihnen noch mehr dazu.

1350. (*Grosser Wind.*) — Auf allerheiligen tag kam ein grosser wind, der warf viel haeuser und scheuren um, auch thürme und viel 1000 bäume, und versenkte viele schiffe auf dem Rhein; that grossen schaden.

1351. (*Bischof Berthold zieht wider Schlettstadt und Eckkirch.*) — Damals als könig Ludwig noch hart im bann war, und viele sich seiner gemeinschaft entzogen, und bischof Bechtolf sich sehr stärkte, brachte er auf 4000 zu fuss und 400 pferde auf, wider die von Colmar und Schlettstadt, denn ihm eine schmach widerfahren war, das wollte er rächen und zog vor Schlettstadt. Damit aber der von Lichtenberg, als landvogt, verhindert würde, belagerte er auch Neuweiler, mit denen von Zabern und andern. Es schickte aber der von Wirtenberg 300 glefen auf den bischof auf Schlettstadt zu. Der bischof zog aber in's Leberthal, und wollte Eckirch belagern, denn ihm viel schmach daraus geschah. Die andern aber zogen dem bischof nach und verbrannten Leberau, und wichen zurück. Der bischof eilte ihnen nach; als aber die von Eckirch auch herausfielen, und oben mit steinen herab warfen über die berge in die engen wege, hiess der bischof sein volk eilends zurück weichen. Als sie eilten, meinten die andern, er gebe die flucht; als aber etliche erschlagen wurden, stieg des bischofs volk auf die berge, und denen von Eckirch wurden viele erschlagen und verjagt. Die andern konnten nicht nach, des weges enge halben, auch weil des bischofs volk die höhen inne hatten. Als sie nun wieder zurück zogen, ist der bischof denen vor Neuweiler zu hilfe gekommen.

Johann von Durckelstein, der ihm entgegen zog, wurde erschlagen. Darauf folgte graf Nicolaus von Salm und herr Conrad von Kirckel, und wollten denen oben zu hilfe kommen, aus dem Steinthal. Aber der bischof ereilte sie bei Ober-Ehnheim; die fielen auch heraus, und wurden viele erschlagen. Darauf verwüstete der bischof denen von Schlettstadt, Colmar und andern alle bänne und reben, und brannte ihnen ihre höfe und dörfer ab. Darauf zogen die von Schlettstadt und Colmar aus, und verbrannten dem bischof Pfaffenheim, Gebersweiler und anderes.

Der abt von Murbach, und Berthold Waldner, des bischofs amtmann zu Rufach, stärkten sich und trieben sie wieder zurück.

1352. (*K. Ludwig in Kolmar und Strassburg. — Reichstag zu Speyer.*) — Indessen kam könig Ludwig in's Elsass gen Colmar: da wurde ein anstand gemacht, und wurde bischof Bechtolf von Strassburg, auch Johann Senn von Munsingen, bischof von Basel, bischof Bechtolfs schwester sohn, und andere alle auf geleit gen Colmar zu könig Ludwig erfordert; aber sie wollten sich mit dem könig nicht einlassen noch vertragen, dieweil er

noch im bann war. Hierauf wurde ein tag gen Speyer gelegt, und sollte
der von Mainz seine geistlichen, bischöfe, auch alle fürsten dahin beschreiben; welches geschah. Und als könig Ludwig herab zog, kam er gen
Strassburg, mit dem könig von Böhmen, dem er Kaisersberg, sammt den
städten derselben vogtei versetzt hatte. Er handelte mit der stadt Strassburg
dass man den bischof möchte zur güte bewegen, dass er sich eines andern
erzeigte, und zog auf Speyer zu. Dahin kamen fast alle bischöfe und
fürsten, als Heinrich von Vinnenburg, bischof zu Maynz, Augsburg, Chur,
Eichstaedt, Speyer, Worms, Wirzburg, Regensburg, Pfalz, Sachsen, und
noch viel geistliche und weltliche herren. Die erklärten sich rund, dass
sie könig Ludwig für ihren herrn erkennen, schwuren ihm, und erhielten
ihre regalia von ihm.

1353. (*K. Ludwig befiehlt denen von Strassburg den Bischof zu bekriegen.*) — Darauf entbot man auch den bischof Bechtolf von Strassburg,
aber er wollte nicht kommen, hielt stark am papst. Darauf gebot könig
Ludwig der stadt Strassburg, dass sie, neben andern, den bischof bekriegen sollte.

Da giengen die zu Strassburg zu rath und entboten dem bischof
Bechtolf, nachdem er nun lange jahre her oft war gemahnt und gebeten
worden sich mit könig Ludwig zu vertragen und dem land ruhe zu verschaffen, aber nichts bei ihm habe verfangen, so erbieten sie ihm hiemit,
dass er in monatfrist sich mit dem könig vertrüge; wo nicht, solle ihm
hiemit widersagt seyn, mit feuer und schwert.

1354. (*Bischof Berthold erbietet sich abzudanken.*) — Bischof Bechtolf
erschrack ob dieser botschaft, begehrte einen stillstand; aber man fuhr
fort, nahm volk an, und rüstete sich das ganze land zum kriege wider
den bischof. Als er solches hörte, fürchtete er, es möchten alle städte und
schlösser von ihm abfallen (wie auch geschehen waere). Darauf kam er
gen Strassburg, beredete sich mit dem rath und capitel und allen land-
ständen, zeigte an, er könne mit könig Ludwig keinen bund machen,
denn es wider den papst waere. Ehe er solches thue, wolle er dem bisthum
Strassburg, auch ihnen ruhe verschaffen und von solchem abstehen, und
wider in seinen alten deutschen ritterorden treten. Dessen war man zufrieden; er sollte nur zuthun dass dem land ruhe möchte geschafft
werden.

1355. (*Bischof Bechtold zu Speyer.*) — Darauf zog der bischof nach
Speyer zu dem könig und den andern fürsten. Als er zu Speyer war,
wandte er des papstes bann für: darauf handelte man so viel mit ihm,

dass er in die kirche gieng und messe hörte, da der könig auch in war, auch mit ihm speisete. Zuletzt bewilligte er, dass er neben andern auch an den papst schrieb, damit er könig Ludwig aus dem bann liesse, oder ihn seines eides, den er dem papst gethan, entschlüge. Er versprach auch, dass wenn die legaten kämen, und könig Ludwig nicht aus dem bann käme, wollte er ihm als schwören und seine regalia von ihm empfangen.

1356. (*Gesandtschaft nach Avignon.*) — Da nun kein hinderniss des reichs mehr vorhanden war, denn nur dass man die absolution vom papst bekäme, da sandte man eine legation mit schriften vom könig und reich gen Avinion zum papst Benedickt XII und den cardinälen. Dieses waren Ulrich, bischof zu Chur, Gerlach, graf zu Nassau, Rudolf von Andlau, ritter, des bisthums Strassburg vitzthum, welcher die sprachen auch wohl konnte. Als sie hinein kamen, waren des königs von Frankreich, Neapolis, Sicilien, nordische botschaften auch da, die alle wider könig Ludwig waren. Als sie auch dem papst und cardinaelen ihre reverenz hatten gethan und die briefe übergeben, wurden sie am dritten tag wieder vor den papst berufen. Die zeigten an wie könig Ludwig dem papst, den cardinälen, auch der ganzen römischen kirche so wohl gewogen, und sie in grossen ehren hielte, nichts unchristliches fürnehme, die geistlichen, auch die kirchen hoch begabte und alles gottesdienstes befleissige, wittwen und waisen und männiglich zu recht hälfe, und von dem vorigen papst unschuldig in den bann gekommen sei, darüber viel christenblut vergossen, und ihm gott allweg den sieg verliehen, und ihm in allen sachen beistehe; die fürsten im reich ihm alle gehorsamen, und allein von seiner heiligkeit der bann vorhanden. Hierauf begehre könig Ludwig, so er etwa wider den römischen stuhl hätte gesündigt, wolle er sein leben bessern, und sei ihm solches leid, begehre wie der verlorene sohn, der heil. vater wolle ihm verzeihen und wieder in den schoos der christlichen mutter, der kirche einschliessen; solches würde gott gefallen und der ganzen christenheit höchlich nütz und erspriesslich seyn, insonderheit weil alle menschen solches von herzen begehrten.

Fol. 193

1357. (*Antwort des Papstes.*) — Der papst sagte: wie er könig Ludwig gantz geneigt sei und von herzen verzeihe, er dürfe ihn aber nicht aus dem bann thun, dieweil er ihn nicht hätte darein gethan; er wisse auch nichts das könig Ludwig unrechtmässiges wider die kirche gethan, sondern man hätte mehr wider ihn gethan; er lobte den könig sehr: hätte er aber wollen papst werden, so habe er den bann wider Ludwig müssen bestätigen; könne ihn ohne des königs aus Frankreich wissen nicht aus dem bann thun, denn er ihm sonst, wie auch allen cardinälen, den tod geschworen: es sollte ihm ärger gehen denn Bonifacio von seinem vorfahren widerfahren wäre. Hub an und beweinte seinen und könig Ludwig's unfall sehr, dass er ihn nicht absolviren dürfe.

1358. (*Gespraech des Papstes mit Rudolf von Andlau.*) — Darauf sagte herr Rudolf von Andlau, der die sprache wohl kannte: Heiliger vater! Wer ist papst? Eure heiligkeit oder der Franzos! Der papst sagte: Er hätte nur den namen, aber der Franzose wäre herr auch über ihn.

Darauf sagte herr Rudolf: wenn das unser könig Ludwig thäte, wäre er billig im bann: alle die eurer heiligkeit gutes gönnen und gehorsame söhne sind, die verbanne man; die ungehorsamen sind liebe kinder. Die Franzosen hielten jetzund dem reich das königreich Arelat vor, hülfen gern zum unglück, und erfreuten sich allweg über der Deutschen unglück, und hülfen darzu; richten alle ihre sachen mit lügen aus; was sie reden waere nichts, und verderbten auch in der noth ihre eigenen sachen mit lügen; sagten viel zu, dass nichts waere, begehrten immer mehr als sie im sinn hätten zu halten. Hergegen wären die Deutschen also wahrhaftig, alles was sie redeten würde wahrhaftig gehalten, und solche tugend wäre insonders an könig Ludwig zu finden; er bäte um gottes und der ganzen christenheit willen den könig Ludwig zu absolviren; wo das geschähe, würde der könig Ludwig seine heiligkeit vor aller gewalt beschützen.

Der papst redete sich mit dem Franzosen stets aus, gab könig Ludwig, auch den gesandten den heiligen segen, und entliess den bischof Bechtolf von Strassburg des bannes, wenn er schon mit dem könig Ludwig gemeinschaft hätte, doch nichts wider den römischen stuhl handelte.

1359. (*Die Gesandten kehren nach Speyer zurück.*) — Als sie unverrichteter sache wieder herauszogen, liess sie der papst mit verehrungen bis gen Losanne begleiten. Sie kamen über Basel und Strassburg gen Speyer, da sich der könig und andere hielten, und zeigten alle sachen ordentlich an. Es wurden aber die fürsten des reiches auf den papst sehr unlustig, dass er den frieden hindere.

1360. (*Bischof Berthold von K. Ludwig zu Speyer belehnt.*) — Als nun bischof Bechtolf von Strassburg angemahnt wurde, dieweil er nun des papst bann nicht mehr fürchten dürfe, auch versprochen habe, wenn die gesandten ohne absolution wieder kämen, wollte er dem könig schwören und seine regalia empfangen, hub der bischof an solches zu läugnen, sagte, er habe allwegen den papst vorbehalten, ohne dessen geheiss er nichts thun wolle. Da man ihn aber seiner rede überwiess, empfieng er vom koenig Ludwig vor dem dom zu Speyer seine regalia in beiseyn von zwölf bischöfen und aller fürsten und herren: doch behielt er sich stets des papsts auktoritaet vor.

1361. (*Bischof Berthold's friedliche Verwaltung.*) — Nach diesem ist bischof Bechtolf wieder gen Strassburg gekommen; er hat sich sein leben lang ganz friedlich gegen stadt und land verhalten; es ist ein guter hausvater geworden und hat das ganze bisthum gemehrt und gebessert und einen grossen schatz zusammen gebracht.

1362. (*Streitschriften gegen den Papst.*) — In dieser zeit stunden Ockam und viele gelehrte leute auf, die vor den könig und wider den papst schrieben, und zeigten an dass das kaiserliche und päpstliche recht alles vorschribe der obrigkeit gehorsam zu seyn, wie auch Christus; die kaiser und obrigkeit wären von gott und ehe denn der papst gewesen; item die wahl der könige stände den fürsten zu und nicht dem papst; Deutschland gehöre den deutschen fürsten und nicht dem papst: dieser hätte nur den bann und kein recht gegen sie u. s. w.

1363. (*Reuerinnenkloster neu gebaut.*) — Dieses 36. jahr, als das klösterlein zu den Reuerinnen bei dem spital gar zu enge wurde, denn viele arme sünderinnen bekehrten sich, und thaten busse, da ward ihnen ein anderer platz gegeben auf Waseneck. Dahin bauten sie ein schönes kloster mit frommer leute hilfe, wiederum zu der ehre gottes und Mariae Magdalenae; und kamen abermals viele gemeine frauen darein, die pönitenz darin thaten im orden. Der papst und der kaiser habens hoch befreiet.

1364. (*Herr Johann von Rumersheim stirbt.*) — Damals starb zu Stephansfeld der erste meister des heil. geist ordens, aufgesetzt durch ordnung des papstes und bischofs, der hiess herr Johann von Rumersheim[1]. Zuvor wurden sie spital-herren oder schaffner genannt, die waren laienbrüder.

1365. (*Judenverfolgung.*) — Damals da die juden unter dem bischof von Strassburg nach Colmar geflüchtet und ihnen viele gar gehässig waren, da sammelten zwei edelknechte, einer N. von Boehmen, der andere Zimberle von Andlau (die nannten sich könig Arm Leder) viel volk zu Dorlisheim und zogen im mai aus und wollten alle juden verbrennen. Sie zeigten viele schmach an, so sie dem christen glauben und menschen bewiesen, kamen vor Colmar, forderten die juden heraus mit grosser

---

1. Am Rande steht folgende Anmerkung SPECKEL'S: «Dünkt mich, es sei nicht recht, und soll 1236 stehen.» (Note de M. Jung.)

drohung, belagerten auch Colmar. Aber die von Strassburg, als ihre bundesgenossen wurden berufen; die kamen bald vor Colmar. Als jene solches vernahmen, flohen sie davon und so zergieng dieser judenkrieg.

1366. (*Fehden im Unter-Elsass.*) — Desgleichen griffen damals herr Hess von Falkenstein und seine helfer, herrn Siegmund und herrn Hermann von Lichtenberg, als des königs landvoegt, mit feuer und schwert an. Aber beide von Lichtenberg stärkten sich, und sie schlugen miteinander bei Niederbronn, und lagen die von Lichtenberg ob, und wurde der von Falkenstein gefangen. Wollte er ledig werden, so musste er sich neben seinen brüdern und grosser bürgschaft verschreiben, wider die von Lichtenberg nichts mehr zu thun, und ihnen viel landes zu lehen einräumen.

1367. (*Jung-Sankt-Peter abgebrannt.*) — Damals schlug das wetter zum Jungen S. Peter ein, und verbrannte ganz schädlich, und wurde hernach alles wieder von neuem erbaut.

1368. (*Der Bischof reformirt die Geistlichkeit.*) — Als nun im ganzen lande stille war, nachdem sich der bischof von Strassburg mit den fürsten, auch mit dem könig Ludwig verglichen, hub er an wohl haus zu halten und zuvorderst seine kirche zu reformiren. Er gebot deshalb dass alle geistlichen, es wären domherren, grafen, fürsten und herren, auch in allen stiftern, kirchen und klöstern, vicarien, hohen oder niedern standes, die geistliche pfründen, kirchen, kapellen, altäre inne hätten und genössen, und dieselben etwa durch andere schlechte priester um ein geringes gelt zu zeiten versehen liessen, dass sie sich selbst zu priestern sollen weihen lassen: er wollte ihnen sonst solche pfründen nehmen, und sie anderen personen, die er selbst versehen, übergeben. Da widersetzten sich das hohe stift, auch das stift zu S. Thomae, hielten rath und widersetzten sich dem bischof. Doch herr Ulrich von Sigenaw, bischof Bechtolds schwester sohn, hielt es mit dem bischof, seinem vetter; aber der dompropst, herr Gebhard von Freiburg, herr Conrad von Kirckel, custos, herr Johann von Lichtenberg und seine brüder, und andere mehr hielten zusammen wider den bischof. Dieser fuhr aber fort und mehrte den neid.

1369. (*Der Domprobst Gebhard von Freiburg stirbt.*) — Auf S. Petronellentag, starb herr Gebhard von Freiburg, dompropst des hohen stifts. Da wurden an die propstei zwei erwählt: herr Johann von Lichtenberg, der dem bischof zuwider war, und herr Ulrich von Sigenaw, custos. Dieser wurde vom bischof, weil er ein priester war und sein freund, bald confirmirt. Aber herr Johann von Lichtenberg fuhr zum bischof von Mainz und wurde von ihm auch confirmirt. Da aber berichtet wurde dass er nicht priester war, wurde solches widerrufen und der von Sigenaw bestätigt. Das mehrete den unwillen noch mehr, insonderheit weil bischof Bechtolf mit seinem gebot fortfuhr. Deshalb waren capitel und bischof getrennt und standen in grosser feindschaft.

1370. (*Bischof Berthold gefangen.*) — Den 3. september that bischof Bechtolf mit etlichen wenigen eine wallfahrt gen Hasselach zu S. Amando und S. Florenzen: solches hatten herr Johann von Lichtenberg, herr Conrad von Kirckel und herr Nicolaus, propst zum Jungen S. Peter, erfahren, und mit des von Kageneck schwager, herrn Rudolf von Hohenstein und andern einen bund gemacht, und sind um mitternacht gen Hasselach gekommen, und haben in des propstes hof den bischof aufgehoben, und die nacht noch gefänglich auf Waldecken geführt. Den andern tag hat man ihn, ehe man es gewahr worden, still auf die burg Kirckel geführt. Da hat man ihn und die andern ganz ehrlich und wohl, nicht wie gefangene, doch mit grosser hut verhalten.

1371. (*Der Bann wird gegen die Frevler geschleudert.*) — Sobald man solches gewahr wurde, hat der von Siegenaw, der dompropst, von stund an zu Johann Senne von Münzingen gen Basel geschickt, welcher auch Bechtolfs schwester sohn war. Von da gieng die post eilends nach Avinion zum papst Benedict und zeigte an: Nachdem bischof Bechtolf seine kirche hat wollen reformiren, waere der hirt von seinen schaefelein gefangen worden, und begehrte den bann über alle, die ihn gefangen hielten, bis zu seiner erledigung. Der papst Benedictus zückte demnächst das schwert der vermaledeiung über alle die an bischof Bechtolfs gefängniss schuldig waren, liess die bannbriefe anschlagen, und sollten das interdict halten bis der bischof ledig würde, und sollte bischof Johann von Münzingen zu Basel administrator und verwalter des bisthums sein bis zu seiner entledigung.

1372. (*Haltung Strassburg's.*) — Aber die stadt Strassburg wollte sich des geistlichen kriegs, auch nicht des bannes, annehmen; also thaten andere auch, da man des bannes also gewöhnt, dass geistliche und weltliche auf des papstes oder des bischofs bann nichts gaben, sondern liessen die die sachen, die sie nichts angiengen, selbst vertragen.

1373. (*Rudolf von Andlau auf des Bischof's Seite.*) — Da solches herr Rudolf von Andlau, ritter und des bisthums vitzthum sahe, dass man auf den bann nichts gebe, ritt er in alle aemter und städte und liess schwören dass sie keinem fremden herrn geloben noch schwören würden, während der bischof gefangen liege, welches auch geschahe. Er gebot auch das interdict zu halten.

1374. (*Herzog Albrecht von Oesterreich im Elsass.*) — Als man in der stadt und auf dem lande schier in der hälfte der kirchen das interdict hielt, kam herzog Albrecht von Oesterreich, der solches erfahren hatte, von Aachen von einer wallfahrt, mit grossen tagreisen gen Strassburg, denn bischof Bechtolf war allwegen gut östreichisch gewesen, und noch im bündniss mit ihm war. Er versammelte ein grosses volk und wollte Neuweiler und andere staedte, die herrn Johann und herrn Siegmund von Lichtenberg zustaendig waren belagern. Der von Kirckel, der am meisten schuldig war, machte sich von Strassburg hinweg. Der herzog mahnte den ganzen bund, auch alle städte auf; aber der bund und die städte schlugen die hilfe ab und zeigten an, dass nachdem sie vor kurzen jahren einen bund aufgerichtet wider allen unbilligen gewalt, hätten sie bischof Bechtolf oft gebeten sich mit ihnen zu verbinden, solchen bund hätte er aber nicht allein abgeschlagen, sondern alle verbündeten mit feuer und schwert verfolgt, deshalben seyen sie nicht schuldig sich in fremde sachen zu legen.

1375. (*Verhandlungen über Befreiung des Bischof's.*) — Indessen kam herr Rudolf von Andlau, der vitzthum und des bischofs rath und zeigte an, was mit dem bischof, auch mit den parteien gehandelt, und standen die sachen also in gutem vertrag, dass der bischof in kurzem mit ehren konnte ledig werden, die parteien zum frieden kommen und dem lande kein schaden daraus entstehen würde. Dessen erboten sich die von Strassburg, und die Zorn und von Müllenheim, so die fürnehmsten waren, gleichmässig darüber zu handeln. Dessen war herzog Albrecht zufrieden, und zog das land hinauf.

1376. (*Streit wegen der Probstei zu St. Thomae.*) — Indessen starb der propst zu S. Thomae; da wurden zwei erwählt, herr Siegmund von Müllenheim und herr Ulrich Süsse. Da baten die von Müllenheim bei dem bischof, der den propst zu confirmiren hatte; aber die Zorn baten für den Süssen. Da confirmirte bischof Bechtolf den von Müllenheim; das verdross die Zorn, verschafften auch also viel dass dem bischof von der stadt keine hilfe geschah, so lange er gefangen lag. Dieweil aber damals viele fürsten und herren könig Ludwigs halb beisammen waren, da wurde mit des bischofs bewilligung mit den parteyen gehandelt damit er erledigt würde, wiewohl der bischof den könig als seinen lebensherrn, nie wollte um hilfe anrufen, sondern er hieng den kopf auf des papstes seite. Deswegen nahm sich könig Ludwig seiner auch nicht an, und liess alles hingehn und sah durch die finger.

1377. (*Der Bischof verträgt sich mit seinen Gegnern.*) — Gegen den heiligen christag vertrug sich endlich bischof Bechtolf mit allen seinen anklägern, ohne vorwissen und bewilligung seiner freunde, des bischofs von Basel und des von Siegenaw. Als sie solchen vertrag erfuhren, wollten sie ihn nicht gutheissen, sondern widerriefen alles, aber der bischof stillte sie bis auf bessere gelegenheit. Und waren dieses die vornehmsten artikel: Erstlich sollte der gefängniss nimmer gedacht werden; alles verziehen, der bischof an seinen lehen und geistlichen gerechtigkeiten ohne nachtheil seyn, aller zorn ab seyn. Zweitens sollte der bischof dem von Lichtenberg 1000 mark silbers geben und die thumpropstei, der sollte dem von Siegenaw die 1000 mark dafür geben.

3) Dem von Kirckel sollte er 500 mark silber geben, und 400 pfund pfennig auf den insiegel zu Strassburg und die kirche mit rath in geistlichen und weltlichen händeln berathschlagen mit ihnen.

4) Dem von Hohenstein sollte er 300 mark silbers geben, die er ihme vor langem versprochen hat.

5) Herrn Siegmund von Lichtenberg die cantorei sammt dem insigel des capitels, welches einem cantor zuständig ist. Welches geld der bischof nicht im schatz hatte, dafür gab er genugsame bürgen, brief und siegel.

Er ward ledig gestellt, nachdem er 16 wochen gefänglich gehalten worden, und gen Wolschheim begleitet, mit starker hut. Als er ledig war, hat er alles was er versprochen, gehalten; hiemit seine burgen entlediget; und nahm der von Lichtenberg die thumpropstei und gab dem von Siegenaw die 1000 mark dafür. Den andern erlegte er alles was er versprochen hatte, also dass damals keine klage mehr da war.

1378. (*Judenverfolgungen.*) — In diesem 37. jahr hat ein jude von Strassburg ein junges mägdelein, Elisabeth genannt, in sein haus gelockt und ermordet, und das blut aufgehoben. Solches kam aus schickung gottes wunderbarlich aus, der jude wurde gefangen gelegt, das mädchen wurde in der S. Andreas kirche begraben. Bald rief man es für heilig aus, und das volk lief mit opfern und wachslichtern zu seinem grab: aber dies währete nicht lang. Der jude wurde hart gepeinigt, aber er wollte niemand weiter angeben, der darum wissens trüge; also ward er in eine sau-haut genähet, durch die stadt zum hochgericht geschleift, arme und schenkel abgestossen, auf ein rad gelegt und verbrannt.

1379. (*Reichstag zu Frankfurt.*) — Damals hielt könig Ludwig einen

Fol. 197
1338

reichstag zu Frankfurt, da dankte er mit guten und gerechten argumenten, auch aus geistlichen und weltlichen rechten des papstes gewalt ab. So wurde erkannt, auch geboten solchem muthwillen zu widerstreben und anders mehr, und im ganzen reich publicirt.

1380. (*Bischof Berthold kommt nach Strassburg.*) — Auf lichtmess kam bischof Bechtolf nach Strassburg; da wurde er ehrlich von den geistlichen und der stadt empfangen. Er brachte vor: Warum sie ihren geistlichen hirten haetten unschuldig fangen lassen? die geistlichen sagten: Dieweil er etliche spaen mit den thumherren gehabt, hätten sie nicht gewusst was sie beträfe. Die stadt zeigte an: ihr gebühre nicht ohne erlaubniss sich in geistliche haendel zu legen. Aber die schmähliche gefängniss steckte ihm noch im kropf.

1381. (*Der Bischof schleift Hohenstein.*) — Er fuhr zu, nahm etliches volk, zoge den von Hohenstein vor die burg Hohenstein, plünderte, verbrannte und schleifte sie auf den boden. Er gab vor die von Hohenstein waere seine lehensmaenner, und hätten die burg zu lehen von ihm; sie hätten das lehen verwirkt, und er habe die burg als sein eigenthum geschleift, weil der von Hohenstein wider seinen eid seinen lehensherrn meuterisch gefangen hätte. Er habe in austhedigen seiner gefängniss wegen, seine geistliche und weltliche jurisdiction vorbehalten, und er gebiete, was zu seiner kirche besserung dient; darauf citirte er auf befehl des papstes auch alle geistlichen, hohen und niedern standes, auf pfingsten zu erscheinen und priester zu werden und sich weihen zu lassen.

1382. (*Des Bischof's Streit mit dem von Kirkel.*) — Darauf fordert bischof Bechtolf das insiegel wieder von dem von Kirckel, da doch solches einem custos zuständig ist. Der von Kirckel weigerte es zu geben und da der bischof es ihm nicht abgewinnen konnte, liess er ein neues machen mit seinem wappen und einem stab dadurch, und gebot dass alles mit dem neuen siegel besiegelt werden sollte, und legte solches, sammt einem neuen gericht in seinen hof, da die alt pfalz war, das jetzund das vordere gericht, und vordere schreiberstube noch ist. Er legte das hintere gericht und schreiberstube nieder: Aber man hub an an beiden enden zu siegeln und ward viel irrung daraus; doch währet solches noch. Dieweil aber viele bürger irrig wurden, wenn man handveste oder siegeln sollte, da kam man in der stadt und vor rath überein, dass alles, es geschehe unter welchem siegel es wolle, sollte kraft haben. Solches liess der bischof geschehen.

1383. (*Der Bischof bannt die widerspenstigen Geistlichen.*) — Als die

pfingsten kam und man alle geistlichen, die nicht priester waren, weihen
lassen sollte, da eschien nicht der dritte theil, insonderheit in der stadt
kamen gar wenig, da legte er interdict auf und nahm allen vicarien und
anderen ihre pfründen. Aber die vicarien appellirten wider des bischofs
gebot und sangen fort. Darauf nahm der bischof im ganzen bisthum nicht
allein, sondern verbot männiglich alles so ihm zugehört, als gülten und
gefälle, auch die praesenz zu geben. Darauf wurde schier in drei jahren
nicht viel mehr gesungen. Zuletzt ergaben sie sich zur strafe; die (strafe)
nahm der bischof ihnen ziemlich ab, dass er wohl wieder sein gelt, womit
er sein gefängniss gelöst, bekam. Darauf absolvirte und weihete er sie,
und sie huben wieder an zu singen.

1384. (*Seine glückliche Verwaltung des Bisthum's.*) — Nach solchem
hat bischof Bechtold männiglich sich wohl gehalten, insonderheit gegen die
armen, war friedsam und freundlich, war mit dem ganzen land und allen
städten in gutem frieden, und brachte deshalb einen grossen schatz zusammen. Er baute Darnbach, Börsch, Kaysersberg vollends zu städten;
er löste auch an das bisthum vom markgrafen von Baden, dem es vom
reich verpfändet war, mit bewilligung des kaisers und des kurfürsten,
Offenburg, Gengenbach, Zell, Ortenberg und auf 80 flecken und dörfer
dazu, um 44000 goldgulden. Er versetzte ihm dagegen den zoll zu Strassburg bis er ihm das geld erlegte. Er half dem bisthum wohl auf, machte es
reich, und beförderte seine freunde; alle die ihm wohl dienten, beförderte
er und brachte sie zu grossen ehren.

1385. (*Klemens VI. wird Papst.*) — Damals starb Benedictus zu Avi- Fol. 198
nion und Klemens VI. kam an seine statt. Der verbannte den könig Ludwig 1339
und alle andern, mehr denn seiner vorfahren keiner. Deshalb kamen grausam viel briefe heraus, also mit hauffen dass man meinte, es wären nicht
schreiber genug bei dem papst. Da wollten die von Strassburg und andere
keine solche briefe annehmen, denn die siegel von wachs verschmolzen,
verdrückt und zerbrochen waren; dass man nicht sah was es war. Da
kamen andere briefe, die hatten siegel von blei, die waren gantz; von
diesen sagte man, sie sollten von wachs sein: man gab auf wachs oder
blei, eins wie das andere. Bischof Bechtolf und die geistlichen nahmen
wohl die briefe an, gaben aber eben so viel darauf, als wenn sie keine
empfangen hätten: männiglich war der briefe und des bannes man schon
zwanzig jahre her gewohnt, und man lachte wenn wieder briefe kamen.

1386. (*Streit um Freiburg.*) — Damals hatte graf Friedrich von Freiburg viel händel mit der stadt Freiburg, so dass er sogar von Freiburg

vertrieben wurde, worauf er bald starb. Er hinterliess keinen männlichen erben, nur eine tochter, frau Clara, die hatte den pfalzgrafen Götz von Tübingen, die nahm alle gerechtigkeit in Freiburg und da herum ein, als gerichte und wage, zoll und anderes, so eigenthümlich und erblich war. Dies wollte auch ihres vater bruder, graf Ego von Gostän (haben); der zog könig Ludwig nach und empfieng es zu lehen, ob es gleich kein lehen war, daraus viel zank und uneinigkeit entstand. Zuletzt wurde gethätigt durch bischof Bechtolf und die stadt Strassburg und andere, so dass graf Ego der frau Clara sollte die burg Lichteneck und Newenburg im Breisgau und was dazu gehört eigenthümlich lassen und zu handen stellen, und 1000 mark silber darzugeben, und alle schulden entrichten; welches geschah. Sie blieb aber in Freiburg, und starb anno 1356, und liegt bei den predigern (begraben). Ihr sohn Conrad, pfalzgraf von Tübingen, nahm solches zu seinen handen, und hat es behalten. Davon kamen die jetzigen grafen von Tübingen und Lichteneck im Breisgau bei Kentzingen.

1387. (*Meister Johann von Steinbach stirbt.*) — Dies jahr starb M. Johann von Steinbach, M. Erwin's von Steinbach sohn, werkmeister des grossen werks zu Strassburg am münster, wurde zu seinem vater und mutter in den kreuzgang hinter S. Johann's capelle begraben. An seiner statt wurde das werk, welches damals schier bis zum wächterhaus vollendet war, Johann Hültz von Cöln befohlen, der fuhr mit dem werk auf die vier schnecken zu.

Fol. 199
1340

1388. (*Die Karthause zu Strassburg fertig gebaut.*) — Als vor zwanzig jahren die Carthause von drei burgern, wie gemeldet, angefangen, aber durch krieg und anderes etwas liegen geblieben, ist sie dieses jahr fertig geworden. Darein haben viele fromme leut grosses gut gegeben, wie auch bischof Bechtolf, der sie geweihet. Darein kamen gelehrte mönche, insonders war der erste prior Leutolf[1] der ein buch wider den bann, so jetzt allenthalben auf fromme unschuldige leute gelegt würde, geschrieben, auch ein buch wider der geistlichen unordentliches leben, welche bücher noch vorhanden sind.

1389. (*Erscheinung eines Kometen.*) — Im frühling liess sich einen ganzen monat lang ein comet sehen mit einem schweif.

1390. (*S. Katharinenkapelle am Münster gebaut.*) — Damals hub bi-

---

1. Der Satz «Leutolff, eines cardinals beichtvater, der hat ein buch vom leiden Christi geschrieben» — ist später von dem Verfasser ausgestrichen worden. (Note de M. Jung.)

schof Bechtolf im münster zu Strassburg gegen mittag eine schöne grosse capelle zu bauen an, zur ehren S. Catharinae, darein verordnete er sein begräbniss zu hauen. Einmal sagte er zum meister: Wie wird mein grab? Der sprach: Herr, es wird schön, wie wenn unser herr gott selbst darin liegen sollte. Der bischof gieng dahin, und besahe es; sagte: Das soll nicht seyn, dass mein grab schöner soll seyn denn unsers herren grab. Und gab deshalb solches grab zu unsers herren grab, da man am charfreitag unsern herrn darein legt. Zuvor stand unsers herrn grab im kämmerle über der stegen, wenn man in die gruft unter dem chor gehen will, bei S. Erharts altar. Er befahl, man sollte es schön machen, und liess hernach sein eigenes grab viel schlechter machen, mit dem epitaphium, wie noch zu sehen. Er stiftete auch S. Catharinen-altar darein mit vier guten priesterlichen pfründen, und verordnete dass man den schülern, die am grünen donnerstag bei unserm herrn und seinem grab singen, die röcke gebe und viel anderes mehr.

1391. (*Burg zu Quatzenheim gebaut.*) — Damals baute erstlich herr Walther von Müllenheim, sänger zum Jungen S. Peter, den man Pfaffenzan hiess, die burg zu Quatzenheim.

1392. (*Der Predigermoench Johannes Tauler.*) — Damals hub ein predigermönch zu Strassburg an göttliche lehre zu predigen. Solches hat er bis in die zwanzig jahre gethan. Er hiess Johannes Tauler, gebürtig von Cöln. Bischof Bechtolf hat ihn viel und gern gehört mit verwunderung; denn das predigen ein selzsam ding war, dass man die evangelia auslegte. Er schrieb viel herrliche bücher, so noch vorhanden sind. Er war hart wider den bann, dass man das arme, unwissende volk liess also unschuldig im bann sterben; er stellte viel trostschriften, die man dem gemeinen volke vor ihrem end sollte zusprechen, und die sacramente reichen; deshalb viele priester ganz fromm wurden, sich nach seiner lehre richteten, sich zusammenhielten und der gemeinde viel nutzen schaffen.

Fol. 200
1341

1393. (*Herr Rudolf Judenbreter stirbt.*) — Damals starb herr Rudolf Judenbreter, der erste meister; an seine statt wurde herr Gosse Sturm geordnet[1].

1394. (*Befestigung Strassburg's.*) — Damals hub man an den bau, der vor zehn jahren eilig betrieben worden, auszurichten, und den graben von S. Agnes bei dem Metzgerthor und vor der Utengasse bei S. Catharinen an S. Johannsgiessen an den Gulden thurn bis an die Breusch zu führen, und zu vollenden.

Fol. 201
1343

---

1. Auf der einen Seite, unter 1342, rechts. (Note de M. Jung.)

1395. (*Grosses Feuer.*) — Auf S. Alexiustag gieng ein feuer aus in der Kurbengass, da verbrannte die ganze gasse, der Holzmarkt, Flachsgasse, Spittelgasse, Schneidergraben, bis an die Metzig, auf 53 haeusser.

1396. (*Grosse Ueberschwemmung.*) — Auf Jacobi war der Rhein vom regen im Oberland jählings also gross, wie es kein mensch nie erhört: die ganze stadt stand im wasser, es fielen viele stadtmauren ein, viele menschen und vieh ertranken; alle brücken und mühlen, auch vier dörfer fuhren hinweg. Die haeuser und klöster vor der stadt standen von 6, 8 bis 10 schuh tief im wasser; man führte alle mönche, nonnen und anders volk in schiffen in die stadt, bis das wasser fiel; man fuhr mit schiffen die voll brot waren, oft zwei auch drei meilen um die stadt, half den armen leuten die schier hungers starben in den haeusern, die im wasser standen. Es verderbte die crudte, that unsäglichen grossen schaden. Nachdem es wieder gefallen, gab es einen bösen geschmack von leuten und vieh, die ertrunken waren und allenthalben lagen. Darauf folgte ein grosses sterben durch alle lande.

Am Bartholomeo kam wiederum ein grosses wasser, that grossen schaden, dem vorigen aber nicht gleich.

1397. (*Zuchtung der Hausgenossen.*) — Auf Matthaei Apostoli, als man wieder einen neuen landfrieden wollte machen, darein sich bischof Bechtolf auch begeben, erfarte man die hausgenossen, die theil an der müntze hatten, und nicht in den rath gezogen wurden, weil sie nicht vollkommene bürger waren:

Hüffel	Rossheim	Rolmann
Riepelin	Erlin	Berkheim
Zorn	Bueztlin	Schwarber
Ror-Enderle	Bäumlin	Müllenheim
Rietter	Twinger	Menselin
Lenzlin	Winterthur	Lütten
Kunloch	Zum Riett	Sümlien (*sic*)
Nopen	Manssen	Böcklin
Kürbissen	Folschen	Zabern
Kolin	Pfaffenlab	Ropenheim[1].

---

[1]. Dans le manuscrit de M. Jung cette liste est suivie d'un tableau synoptique des noms contenus dans les listes précédentes des *Hausgenossen*, mais il nous semble appartenir plutôt au savant professeur qu'à Specklin. Nous ne le reproduisons donc pas ici.

1398. (*Grosse Ueberschwemmung.*) — Um Jacobi waren der Rhein und die Ill also gross, dass es keinem menschen gedachte; that grossen schaden an mühlen und brücken; es ertranken viel 100 personen[1].

1399. (*Ein neuer Landfrieden im Elsass.*) — Als der papst mit dem bann männiglich plagte, und viele des bannes halb, die sonst neid gegeneinander hatten, einander unter dem schein des bannes alles verheerten, da machten alle landstände im Elsass wieder einen neuen landfrieden, denn der alte aus war. Dazu begab sich bischof Bechtolf von Strassburg auch. Da kamen alle herren und städte zu Strassburg zusammen, und war dies der landfrieden[2]:

1400. (*Brand von Erstein.*) — Damals hatte man zu Erstein das feuer nicht recht versehen, da verbrannte das herrliche, fürstliche kloster, und auf 200 haeusser; nur allein die heilthumcapelle vor dem chor blieb stehen, wie noch[1].

Fol. 209
1344

Die nonnen hielten sich sehr übel, trugen kinder und hielten sich wie in einem gemeinen frauenhaus; die geistlichen, die solches wehren sollten, waren selbst schuldig daran, derhalben das herrliche und fürstliche kloster, welches auf 36 städte, flecken und dörfer besass, mit solchem unordentlichen leben in grosse schulden kam. Nach dem brand wurden noch mehr verderbt, vieles wurde verkauft und versetzt; niemand wollte mehr sein kind darein thun; ein theil der nonnen wurde weltlich, ein theil begab

---

1. Cette notice nous montre la façon de travailler de Specklin; c'est la donnée primitive de la grande inondation de 1313, qu'il a développée plus haut, sans songer à supprimer cette note plus succincte.

2. « Die im Urtext folgende Urkunde ist nicht von Specklins Hand, sondern scheint erst in dem Archiv ausgeschrieben worden zu sein. Diese Urkunde ist abgedruckt in Wencker, *de Usburgeris*, p. 53, und in Lünig's *Reichs-Archiv*, pars specialis, Contin. I, Fortsetz. II, p. 13. Sie ist datirt « den ersten zinstag vor dem schönen Nontag ». Siehe Pilgram, *Calendarium medii aevi*. Viennae, 1781, 1°, p. 178.

Der *schöne Nontag* ist der Aufersteh ungstag, von der Nona genannt die am Mittag gesungen wird, in der Stunde da Christus gen Himmel gestiegen sein soll; auch Koenigshoven, *Chronik*, ed. Schilter, 155, 169, 301, hat diesen Ausdruck. Scheurz leitet den Namen davon ab, weil es dies *Nona est ante vigiliam Pentecostes*, der neunte Tag vor der Pfingstvigilie. Diese fällt 1313 auf den 31. Mai, also ist der 22. Ascensio. Donnerstag; Dienstag = 20. Mai. » (Note de M. Jung.) Nous avons jugé inutile de réimprimer un document que Specklin n'a pas copié lui-même et qui manquait également au manuscrit de M. Jung.

Fol. 202

3. Nach einer Bemerkung Speckel's hätte dieses sich 1313 zugetragen. (Note de M. Jung.)

sich in andere klöster. Zuletzt hat sich das hohe stift solches durch kauf
unterzogen, dabei es noch ist.

1401. (*Landgraf Ulrich stirbt.*) — Den 16. octobris starb landgraf
Ulrich; er hinterliess eine tochter, die hatte den grafen Ludwig von Oettingen zum mann, und sie behielt das land, so noch übrig war, zu handen.
Er wurde in Strassburg zu den Wilhelmern im chor begraben, wo sein
begräbniss noch vorhanden ist.

    Auf dem grabstein oben herum steht:

        Anno Domini MCCCXLIIII, XVI Calendis
        Octobris ∅ honorabilis Dominus Ulricus,
        Landgrauius Alsatiae. Orate pro eo.

    Auf dem rand steht:

Meister Wölvelin von Rufach, ein burger zu Strassburg, hat dies werk
gemacht.

    Auf landgrafen Philipps stein:

        Anno Domini MCCCXXII. III Cal. Julii
        ∅ Phillippus Landgrauius Alsatiae, canon.
        Majoris Ecclesiae Argentinensis.

1402. (*Graf Ludwig von Oettingen.*) — Graf Ludwig der junge von
Oettingen schrieb sich auch landgraf vom Elsass von wegen seiner mutter,
doch hat er hernach dem bischof Johann von Strassburg, dem von Lichtenberg (das landgrafenthum), und das riet dem von Fleckenstein verkauft, und verzicht auf den titel gethan, mit bewilligung könig Carls IV.
Allein war noch landgraf Hans im leben, der letzte.

1403. (*Bischof Bechtold schreibt eine Schatzung aus.*) — Damals als
bischof Bechtolf viel verkrieget, viel verbauet, viel gekauft, viel abgelösst
und an's bisthum gebracht, begehrte er ein colatten oder schatzung von
den geistlichen; denn er auf die armen unterthanen nichts auflegen wollte.
Dawider legten sich die geistlichen und appellirten vor dem papste. Der
bischof sagte, er begehre nicht wider brief und siegel zu handeln, da er
versprochen keine schatzung aufzulegen; er begehrte allein des bisthums
nutzen damit zu erhalten. Darauf gab man ihm zur antwort: er habe des
bisthums nutzen geschaft, aber viel und gross gut auf krieg und anderes
ohne noth, verwendet. Sie begehrten, dieweil sie ihm zuvor viel aus
freiem willen gegeben, und er brief gegeben dass er keine schatzung mehr
auflegen wolle, möge er es dabei lassen. Der bischof gab es zu bedenken.
Da wurden herr Rudolf von Andlau, ritter und vitzthum, von des bischofs

wegen, herr Johann von Lichtenberg von des capitels wegen, und herr Peter Schwarber von der stadt wegen, dazu erbeten; diese erforderten noch drei unparteiische, und übergaben ihnen hierin gütlich zu sprechen. Da sprachen zwei zu recht, dass die stifter solches nicht schuldig waeren diese schatzung zu geben nach laut der briefe und siegel, so bischof Bechtolf hievon über sich gegeben hatte. Da man dem bischof den spruch anzeigte durch ermeldete herren, sagte er: sie hätten recht gesprochen; wenn man ihn selbst dazu genommen, hätte er bei seinem eide müssen sagen: sie wären es nicht schuldig. Aber er bedürfe jetzund solches, und bat sie wollten ihn nicht verlassen. Darüber liess er selbst briefe und siegel aufrichten. Dieweil er aber so gutwillig war, gaben sie ihm auch aus gutem willen, nämlich die drei stifte aus gemeinem säckel 1200 mark silbers; der hohe stift 600 mark, S. Thomas und Jung S. Peter jeder 300 mark. Dafür sagte er ihnen dank, mit begehren, sie sollten ihn also oft bedenken; es käme ihnen doch alles wieder zum besten, und blieben die briefe in ihren kräften, einen weg wie den andern, denn er begehre nichts wider die briefe zu thun, sobald sie ihm helfen, wenn er es bedürfte.

Dies jahr ward auch das chor zu den predigern ausgebaut und mit grossen ehren und andacht von bischof Bechtolf geweihet.

1404. (*Herr Burkhard Twinger stirbt.*) — Damals starb herr Burkhard Twinger, der allererste ammeister, nachdem er 13 jahre war ammeister gewesen. Er wurde mit grosser ehre in's münster vor den predigtstuhl gelegt; auf seinem grabstein steht mit messingenen buchstaben (auch das schild) geschrieben:

Fol. 211
1346

    Anno Domini 1346. 17. cal. Junii obiit
    Burkhardus Twinger, magister scabinorum
    Civitatis Argentinensis.

Dieser grabstein steht jetzund vor dem thürle bei der steinhütte.

Nach ihm ward erwählt herr Peter Schwarber, ein verständiger mann.

1405. (*Koenig Karl von Boehmen zu Frankfurt ausgerufen.*) — Damals gebot der papst, dass man könig Carl von Böhmen, weil Ludovicus noch lebte, wiewohl er den wolf am schenkel hatte, in das reich und die regierung setzete. Die kurfürsten, weil sie könig Carl lang zuvor erwählt hatten, konnten nicht weiter, erforderten könig Carl gen Rense an den Rhein zu kommen, auf den 19. julii. Da gelobten sie ihm gehorsam und liessen ihn zu Frankfurt als römischen könig ausrufen. Aber könig Ludwig hatte die strassen verlegt, worauf sie Carl gen Bonn führten, da wurde er von dem bischof von Cöln gekrönt, den 25 november, seines alters 29 jahr.

Er hatte Blanca, des grafen von Angiens tochter. Er zog hernach den Rhein wieder herauf. Der papst bestätigte von stund an seine erwählung, und gebot allen fürsten und städten am Rhein ihm zu gehorsamen und von Ludovicus abzustehen. Aber Carolus konnte zu keiner regierung kommen, so lange Ludwig lebte. Er zog mit seinem vater, könig Hansen, wiederum nach Böhmen. Dieser hatte grosse schmerzen an den augen, war schon blind an dem einen auge; als er heim kam wurde er ganz blind. Er wollte gen Rom zur krönung ziehen, wie es der papst haben wollte, aber könig Ludwig liess ihm den weg übers gebirg verlegen.

Fol. 212
1347

1406. (*Das Frauenhaus neu gebaut.*) — Damals brach man Unser frauen haus ab, das alt war, und nahm noch zwei haeuser im Flachsgässle dazu, damit es grösser würde, und wurde das schöne neue bild an's eck gesetzt, dass man siehet. Solches geschah als Heilmann von Nördlingen schaffner war.

1407. (*Koenig Ludwig stirbt.*) — Damals zog herzog Lupold's wittwe aus dem Elsass und übergab dem bischof Bechtolf von Strassburg alle ihre lande bis herzog Albrecht könig würde. Sie wollte nach Oesterreich ziehen und kam zu könig Ludwig gen München, ob sie ihm gleich feind war; sie soll dem könig einen trank aus ihrer flasche gebracht haben, die hatte zwei röhren; darauf er sich von stund an beklagte. Er ritt auf die jagd, und hoffte solches aus zu arbeiten, ist aber den 11. october bei Fürstenfeld vom pferd gefallen, hat gott seinen geist befohlen, und ist zu München in Unserer frauen kirche, die er gebaut, herrlich begraben worden vor dem hohen altar, in erhabenem grab, wie noch zu sehen ist. Etliche wollen diese frau fürsprechen, ich aber glaub es wohl, denn sie ihrem herrn bruder, herzog Otto, und seinen beiden jungen söhnen auch vergeben hat. Als herzog Albrecht kam, nahm er den von Stauffen im Breisgau viel land, zerbrach Münster, Scharfenstein und anderes, und nahm es zu seinen handen.

1408. (*Günther von Schwarzburg zum Koenig gewaehlt.*) — Da machte sich könig Carl aus Böhmen heraus an den Rheinstrom, da er vom papst und etlichen vor langem erwählt worden. Etliche wollten den von Engelland, der wollte aber nicht annehmen; da wählten sie den markgrafen Friedrich von Meissen, der nahm 10000 mark silbers, und wich könig Carl. Von den andern kurfürsten wurde graf Günther von Schwarzenburg erwählt, der zog nach Frankfurt, wurde aber von einem arzt vergeben: als er solches befand, nahm er 22000 mark silbers und wich könig Carl, und starb bald, als er keine sechs wochen könig war.

1409. (*Grosse Erdbeben.*) — Auf Pauli bekehrung sind nicht allein in diesem lande, sondern allenthalben grosse erdbeben gewesen, dass viel städte und schlösser verfallen sind.

Fol. 213
1348

1410. (*Koenig Karl haelt Hochzeit.*) — Als könig Carl einmal zur ruhe gekommen, hielt er zu Würzburg hochzeit mit Anna, des pfalzgrafen am Rhein tochter, denn ihm vor einem jahr Blanca, sein vorig gemahl gestorben war. Da brachte er vor, wie er die krone zu Rom holen wollte: er rüstete sich und zog an den Rhein und liess sich von den städten huldigen. Da wurden ihm auch die königlichen kleinode eingehändigt, krone, zepter, schwert, mantel, apfel, ein stück vom kreuz Christi, nagel, speer, ein tischtuch so Christus zum abendmahl brauchte, das alles Carolus Magnus geordnet hatte. Er verglich sich mit den kurfürsten am Rhein, dass sie in der wahl nicht ihn allein, sondern auch seine kinder bedenken wollten; gab ihnen hiemit die zölle am Rhein, die zum reiche gehörten, nicht allein, sondern richtete auch neue auf, zog dann den Rhein hinauf, liess überall sich schwören; bei ihm war der päpstliche legat.

1411. (*Koenig Karl kommt nach Strassburg.*) — Indessen brachte Markwart von Randeck, dompropst von Bamberg, seinem herrn dem bischof (Friedrich) von Bamberg, graf von Hohenlohe, briefe vom papst von Avinion, dass er alle die ihre sünden bekennen, und dem könig Ludwig waren angehangen, absolviren sollte. Diese kamen mit dem könig gen Strassburg, wo er als ein könig mit allen fürsten und herren empfangen wurde. Man schenkte ihm und allen herren ganz stattlich. Ueber etliche tage ward am Fronhof, auf der grätten, wo man bei der uhr ins münster geht, ein hoher königlicher stuhl aufgerichtet, alles mit gold und sammt überdeckt und ringsum behengten. Darauf sass könig Carl in einem guldenen stuhl mit edeln steinen, auf seinem haupt eine krone, in seiner hand ein schwert und goldener apfel. Zu dem bringen zwei bischöfe und etliche fürsten den bischof Bechtolf von Strassburg, in seinem ornat, mit infül und stab. Der empfieng vom könig seine regalia, hernach kamen viele geistliche. Drauf trat des papstes legat, der bischof von Bamberg, herfür, und las in einem lateinischen brief vor, dass weil sie ihre sünde bekenneten, dass sie könig Ludwig dem ketzer angehangen waren, und gnade begehrten und verschwörten solches nicht mehr zu thun, sie absolvirt würden. Hernach stand der rath und alle bürger am Fronhof, und als sie alle da standen, da hub der legat an und verlass eine lange bulle, fast auf diese meinung: Nachdem viele abtrünnige dem k. Ludovicus von Bayern angehangen waren, wider den process, sentenz und bann papst Johannis XXII, Benedicts XII, und Clementis des VI., der ein wissenhafter ketzer wider die kirche gewesen ist, indem er ohne befehl des apostolischen stuhls sich einen kaiser genannt, so befehlen wir allen denen, die ihm anhangen, und sich wieder mit der kirche versöhnen, und solches verschwören, nachdem sie absolvirt, folgendes zu bekennen:

1) Dass sie hiefort dem päpstlichen apostolischen stuhl treu seyn wollten, und keinem kirchentrenner beistehen, wie Ludwig gewesen ist.

2) Dass sie glauben, dass kein kaiser macht habe, obschon der papst gottloss wäre, einen papst zu entsetzen und einen andern zu wählen, sondern ein verdammter ketzer sei.

3) Dass man keinen kaiser annehmen, noch ihm gehorsam leisten solle, er sei denn vom päpstlichen stuhl approbirt und bestätigt.

4) Dass man Ludwigs wittwe, ihren söhnen und kindern keinen beistand thun solle, sie seyen denn mit dem heiligen stuhl und der kirche verglichen.

5) Dass sie Carolo dem römischen könige, von der kirche bestätigt und angenommen, gehorsamen sollen.

6) Wer solches nicht alles glaubt, oder wiederum in solche ketzerei fällt, oder eines dieser stücke thut, der soll wieder in die pön des bannes gefallen seyn.

1412. (*Absolution des Rathes von Strassburg.*) — Hierauf fragte der bischof den rath und die gemeinde, ob sie die absolution begehrten; der artikel halben, fragte er aber nicht viel, weil er zu Worms deshalb von den bürgern in schwere noth gekommen war. Darauf sagte herr Peter Schwarber im namen aller: ja! Hierauf las der bischof, vor dem kaiser stehend, etliche lateinische worte der absolution, im namen des papstes, man zündete etliche lichter an, er machte das kreuz über das volk, das heim lief, und war jedermann, der er vorher auch gewesen. Bischof Bechtolf sagte zu herrn Peter Schwarber: Herr Peter Schwarber, ihr habt mich helfen zwingen könig Ludwig dem ketzer zu huldigen, jetzt haltet ihr ihn selbst vor einen ketzer, da er todt ist. Herr Peter Schwarber antwortete: Gnädiger herr bischof, ich habe nie den könig Ludwig vor einen ketzer gehalten. Der bischof sagte: Habt ihr doch ja! gesagt vor dem könig und dem bischof von Bamberg, wie auch die andern herren mehr. Herr Peter sagte: Der bischof von Bamberg hat gefragt, ob sie die absolution begehrten? Da habe ich in aller namen ja! gesagt; hätte er gefragt, ob sie die artikel halten und glauben wollten? wollte ich wohl eine andere antwort gegeben haben.

1413. *(Koenig Karl zieht nach Basel.)* — Im anfang des novembers fuhr könig Karl mit vielen fürsten und herren das land hinauf, liess alle städte ihm huldigen und kam gen Basel. Der bischof von Bamberg, päpstlicher legat, richtete nichts aus zu Basel, weil sie den könig Ludwig für keinen ketzer halten wollten, und gehalten hätten. Deshalben wurden sie absolvirt über alle bekenntniss. Der könig blieb zu Basel.

1414. *(Auflauf zu Basel.)* — An S. Stephanstag als sich des königs gesind mit weibern und anderen zu Basel nicht wohl hielt, und der könig einen auflauf besorgte, halfen ihm die von Basel heimlich in ein schiff; er fuhr den tag noch bis gen Burgheim am Rhein, blieb da, zog dann auf Ober-Ehnheim zu. Sein volk ist mit grosser gefahr ihm durch das Elsass nach. Da sind viele städte wieder abgefallen; Breisach fiel auch wieder vom haus Oesterreich, samt andern; aber der könig wollte sie nicht annehmen. Also ergaben sie sich wieder an Oesterreich. Der könig kam gen Molsheim, zum bischof Bechtolf; darnach nach Hagenau, Weissenburg und Speyer.

1415. *(Thurm von S. Thomae gebaut.)* — Dieses jahr wurde auch der grosse thurm über dem chor zu S. Thomae gebaut, mit dem gewölb, umgang und schnecken.

1416. *(Burg Frundsberg zerstoert.)* — Im anfang des august sind etliche schwäbische kaufleute im frieden, oben im Elsass, von der burg Frundsberg beraubt worden. Da wurde der bund gemahnt, und die von Strassburg und Basel zogen vor Frundsberg, gewannen und verbrannten es, die gefangenen wurden los.

1417. *(Zollstreitigkeiten am Rhein.)* — Nach dem neuen jahr, als die von Strassburg und andere den Rhein hinab wollten fahren, wollte man sie nicht passiren lassen, sie erlegten denn die neuen zölle neben den alten, die könig Karl gegeben hatte. Des beschwerte sich eine stadt Strassburg, schickte zu allen kurfürsten am Rhein, mit bitte sie bei den alten zöllen bleiben zu lassen, in ansehung dieweil keine stadt am Rhein ihnen mehr nützlich wäre, denn sie; zeigten hiemit ihre alten freiheiten von kaisern und königen an. Man gab ihnen für antwort: man wolle die neuen zölle neben den alten haben, und gebe ihnen deswegen kein gut wort, es müsse seyn. Als die gesandten unverrichtet heim kamen, beschloss man den rath kurz, nahm alle pässe ein, die auf ihrem grund und boden sind, und überschlug den Rhein mit zwei reihen eichenen pfählen und zog grosse doppelte ketten dadurch; dass niemand mehr den Rhein auf und abfahren konnte. Daraus entstand am Rheinstrom grosser mangel an wein und frucht, und brachte eine theurung am ganzen Rhein; hie oben machte es eine wölfle und man liess es also stehen.

1418. (*Erdbeben. — Sterben.*) — Im vorigen jahre waren viele erdbeben; um den herbst erhob sich ein solches grosses sterben in aller welt, das nicht zu sagen ist. In Asia und Afrika starben viele städte aus; doch war es in Deutschland nicht also stark als in andern landen. Dennoch starben zu Strassburch auf 16000 personen, in Basel auf 14000, und war doch nichts gegen andern orten zu rechnen. Am ufer des meers fand man nicht allein viele leute todt, sondern es kamen auch schiffe mit gütern, da niemand drin war dann ein, zwei oder drei todte; die anderen hatte man hinausgeworfen; man hielt es für eine strafe gottes.

1419. (*Sterben in Strassburg.*) — Es waren viele kirchen in Strassburg und war der brauch, dass wenn eines starb, so trug man's in die kirche, und hielt seelmesse über den todten. Oft kamen 10, 20 zusammen, also dass man nicht messen genug haben konnte; da wurde verordnet dass man keinen todten mehr über nacht im hause durfte behalten, sondern musste ihn noch denselbigen tag begraben, und sollte man die seelmessen, vigiliae, leibfälle, alles lassen anstehn, bis nach dem sterbent, da sollte jeder thun was er wollte. Da es am meisten starb zu Strassburg, das waren 1712 personen in einer woche, fast alle an der pestilenz. Man konnte schier niemand mehr begraben, darum nahm man vor dem thor am Spital einen garten, machte etliche grosse gruben, darein man sie begrub. Die wurde hernach die Spitalgrube genannt. Es war auch der brauch, wann einer starb, dass ihn seine freunde selbst zu grab trugen, das konnte aber damals nicht geschehen, denn oft keine leute so gesund waren, dass sie die anderen begruben; viele waren geflohen, so dass oft mancher von adel von bauern und armen begraben wurde, oft auch zusammen in ein loch geworfen, und kirchen und kirchhöfe ganz voll lagen.

1420. (*Wallfahrten und Opfer. — Verdacht auf die Juden.*) — In solcher trauriger zeit rief man gott wenig an; jedermann lief zu den heiligen wallfahrten, und setzte man Unser frauen neue gesänge und neue namen auf; S. Sebastian, S. Rochus und andern heiligen wurden grosse opfer gebracht, viele messen gestiftet, das heilthum und das weihwasser wurden an alle enden getragen. Da alles nicht helfen wollte, gieng ein geschrei aus, dass niemand anders an dem sterbent schuld habe dann die Juden. Da fiel auf diese alle ungunst, und in aller welt fiel man auf sie, sie zu verbrennen. Die Juden hatten bei niemand schutz, allein zu Avinion beim papst.

1421. (*Verfolgung der Juden.*) — Zu Bern, Zofingen und an andern orten däumelte man die Juden also hart, dass sie bekannten etlichen Christen geld gegeben zu haben, dass sie die brunnen vergifteten, und soll man daselbst, und sonst nirgends, das gift in säcklein gefunden haben. Es wurden etliche Christen gefunden, die solches gethan haben sollten, und die aussagten, wie die Juden ihnen geld gegeben, und etliche worte über sie gesprochen haben, davon sie in solche unsinnigkeit gekommen seyen, dass sie gern alle Christen umgebracht. Solches schrieben die von Bern und andere mehr gen Strassburg, Basel und alle städte am Rhein und anderswo. Da gieng es an allen orten an ein verbrennen und todtschlagen der Juden, als wenn man es geboten hätte. Zu Strassburg verschloss man alle brunnen, that die einer herab, gebrauchte nur das fliessende wasser; das that man darnach fast im ganzen lande.

1422. (*Anklagen zu Strassburg.*) — Da erhub sich zu Strassburg, Basel, Freiburg ein auflauf von den burgern wider die obern, dass sie auch ihre Juden verbrennen sollten wie die Schweizer. Die burger zu Basel zwangen ihre herren, dass sie schwören mussten die Juden zu verbrennen und in 200 jahren keine mehr aufnehmen; welches geschah.

Die burger zu Strassburg wollten kurzum ihre Juden todt haben, wie anderswo auch; da ward ein tag gemahnt gen Benfelden, dahin kamen alle städt, Strassburg, Basel, Freiburg, und alle im lande, auch der bischof von Strassburg, herr Bechtolf. Da war im rathe beschlossen, dass man die Juden alle verbrennen sollte. Das wollten die von Strassburg nicht bewilligen, insonders sprach herr Peter Schwarber: dieweil bei ihren Juden keine bosheit gefunden wäre, da man die brunnen untersucht, auch viele zeugen darüber gehört worden, dünke sie unrecht ohne schuld einen menschen zu tödten, er wäre wer er wollte. Zudem hätte man kürzlich eine grosse summe geld von ihnen genommen, und sie ihrer leib, habe und güter versichert, und darüber ihnen kräftige briefe und siegel gegeben; sie wüssten von keinem gift in den brunnen; aber das wäre der Juden gift, dass sie reich sind, und die burger und handwerker ihnen viel schuldig, das wollten sie gern mit ihrem tod bezahlen. Sie aber drängen darauf, dass man das ihnen zugesagte halten sollte, ob sie schon Juden wären, so gebüre Christen nicht eidbrüchig zu werden.

1423. (*Verbrennung der Juden im Elsass.*) — Darüber wurden sie verspottet, und man fragte sie: warum sie denn die brunnen verschlossen hätten? Darauf erkannte der bischof und die andern, dass man die Juden in allen städten und landen verbrennen sollte. Da wurden in allen städten viele verbrannt; viele entliefen; ein theil Juden verbrannte sich selbst, mit haus und hof, weib und kind, hab und gut, damit niemand reich würde. Auch wurden viele von den bauern erschlagen, die ihnen schuldig waren.

1424. (*Fremde Gesandte in Strassburg.*) — Da die bürger von Strassburg, die den Juden viel schuldig waren, ihre Juden wollten kurzum auch todt haben, da verwehrte man die Judengasse an allen enden und ordnete gewapnete leute dazu, bis man rathschlüge, was mit ihnen zu thun wäre.

Da kamen viele gesandten von städten, auch vom bischof, die auf tödtung der Juden drangen. Dem widersetzten sich die drei vornehmsten im rath, herr Cosse Sturm, ritter, herr Contz von Winterthur, die meister, und insonders herr Peter Schwarber, der ammeister. Der sagte, man habe gross geld von den Juden genommen vor der zeit, und sie ihres leibes und gutes gesichert und briefe und siegel gegeben, das sollte man halten und warten bis man ursachen wider sie beibrächte. Wollte man aber dass man dem bischof und den städten hierin folge, so sollten die gesandten auch versprechen, auch ihnen in billigen sachen zu folgen. Das wollten die gesandten aber nicht bewilligen.

1425. (*Aufstand der Handwerke.*) — Da die handwerker hörten, dass die drei herren nicht in der Juden tod einwilligen wollten, sagten sie, sie hätten grosse gaben und geschenke von den Juden genommen, dass sie ihnen also wider männiglich beiständen, und machten viel unruhe. Auf montag vor S. Veltens tag, nach dem imbiss, begehrten etliche handwerker auf der Pfalz von herr Peter Schwarber zu wissen, was ihm die Juden gegeben hätten? Auf solche schmach wollte herr Peter Schwarber diese leute auf der Pfalz behalten, aber einer kam darvon und schrie: man solle sich bewaffnen. Da bewaffneten sich die handwerker und zogen vor das münster mit ihren bannern. Denen entgegen waffneten sich die edeln. Als dies die meister erfuhren, kamen sie auch vor das münster, und baten die handwerker, sie sollten zufrieden seyn und heim gehen; morgen sollten sie auf die Pfalz kommen, da sollte ihrem begehren ein genügen geschehn. Darauf zogen die handwerker heim; indessen die metzger blieben und wollten nicht weichen. Zu ihnen traten die gerber mit ihrem banner. Da dies die andern handwerker erfuhren, kamen sie wieder. Die metzger sagten den meistern: sie wären zu mächtig, man müsse ihnen ihre gewalt nehmen und mindern. Sie wollen sie nicht mehr zu meistern haben, und fernerhin vier meister haben, deren jeder ein vierteljahr meister wäre, und einen ammeister für das ganze jahr, der richten sollte wie zuvor.

Da dies die meister hörten, nahmen sie die obersten von den handwerkern, und giengen zu S. Georgen capelle und baten sie, dass sie mit den handwerkern redeten, sie möchten heimziehen bis morgen. Aber man konnte nichts von ihnen erhalten. Da zogen die meister davon.

Nach der vesper nahmen die handwerker von jedem handwerk zwei männer, und von den edeln und burgern die obersten, und giengen in den Gürtlerhof vor dem münster und beschlossen einen kurzen rath. Und giengen auf die trinkstuben hinter dem münster, und riefen den Sturm und den von Winterthur herab. Da sie da standen, hob Klaus Lapp an, und fragte die handwerker, ob es ihr wille wäre, dass er reden sollte? Da sagten sie: ja! Da sprach er zu den meistern: Nun fordere ich von euch, von wegen der handwerker, dass ihr sie ihrer eide ledig schlaget, mit denen sie euch zugethan sind, und euer meisterschaft aufgebet und davon abtretet.

Darauf gaben sie ganz bescheiden zur antwort: Sie hätten die mühe nur gern gehabt den burgern und handwerkern zu gute, mit allem fleiss für sie und die stadt das beste gethan; wenn sie gewüsst, dass man sie nicht gern zu meistern gehabt, wollten sie gern abgetreten seyn, sie erböten sich nun daneben alles guten. Da waren die handwerker mit ihnen wohl zufrieden.

Herr Sturm sagte weiter: Ich habe das grosse insiegel nicht bei mir, will aber darnach schicken, und wir wollen derweilen zum herrn ammeister gehen, denn was einer thut, soll der andere auch mitthun. Da sie vor seinen hof kamen, riefen sie herrn Peter Schwarber heraus. Nun forderte Klauss Lapp wie zuvor, dass er die handwerker von ihrem eide den sie ihm geleistet, heimlich und öffentlich entschlüge; denn es gieng viel redens, dass er viele handwerker heimlich genöthigt habe, dass sie ihm schwören mussten; dazu sollte er das amt hiemit aufsagen. Er wollte wissen weshalben, und was er gethan habe. Da sprach Gross Hans Marx: Ihr berietet die handwerker heimlich, und widerriefet was auf der Pfalz im rath beschlossen worden. Das wollte er verantworten. Da sprach aber Gosse Sturm: Hieher gehört keine antwort. Wir zwei haben das amt aufgegeben, das sollt ihr auch thun. Da hiess der ammeister die briefe herabbringen, die er über die stadt hatte, und gaben sie ihnen, wie auch die schlüssel zu den porten und glocken.

1426. (*Einsetzung eines neuen Rathes.*) — Da sie nun die drei meister entsetzt hatten, blieben sie die ganze nacht in ihrer rüstung vor dem münster wachend. Indessen that sich herr Peter Schwarber hinweg, denn es liefen viele vor sein haus; hätten sie ihn gefunden, es wäre ihm nicht wohl gegangen, weil er verhasst war beim adel und allen burgern; dies mussten die andern zwei guten meister entgelten. Das geschah am montag.

Am zinstag setzte man einen ganz neuen rath und vier stättmeister: herr Klaus von Bulach, ritter, herr Gross Engelbrecht, herr Johann zum Thürlin, herr Klein Fritzsch von Heiligenstein, die sollten jeder ein vierteljahr stättmeister seyn, und einen ammeister, meister Hans Bechtold (sic), der metzger, der sollte ein jahr lang richten. Da der rath gesetzt war, hiess man die handwerker von dem münster heimziehen. Das war der erste ammeister von den handwerkern.

(Hierzwischen gehört der neue rath, der aber fehlt[1].)

Am mittwoch schwur der neue rath und auch die handwerker.
Am donnerstag schwuren die handwerker dem neuen rath.

1427. (*Verurtheilung Peter Schwarber's.*) — Am freitag verurtheilt man den alten ammeister, herrn Peter Schwarber, über leib und gut, und theilte mit seinen kindern ab, als wenn er todt wäre. Da wurden dem rath zugetheilt 3,400 gulden, das theilte man den herren im rath zu; doch gaben ihrer viele dem herrn Peter Schwarber wieder ihren antheil, etliche seinen kindern. Er ward verurtheilt sein leben lang vier meilen weit nicht an die stadt zu kommen. Da zog er gen Benfeld, wo er blieb bis an seinen tod. Die herren auf dem land hatten ihn sehr lieb, denn er sonst ein verständiger mann war, und wurde sehr viel rath bei ihm gesucht. Die andern zwei meister, Sturm und der von Winterthur, die sollten in zehn jahren nicht in den rath gesetzt werden; doch blieben sie bei der stadt, und man brauchte sie in vielen heimlichen und wichtigen sachen.

1428. (*Judenbrand.*) — An diesem freitag, als man die meister verurtheilte, nahm man auch die Juden gefangen, und führte die vornehmsten aus ihrer gasse an den staden in ein haus. Auf ihrem kirchhof, das man jetzt das grüne Bruch heisst, wurde ein grosses gerüst von holz gemacht und mit holz und steinen unterlegt. Am samstag, ihrem sabbath, S. Veltenstag, führte man die Juden, auch die welche am staden gefangen lagen, zum feuer. Viele liessen sich jetzt taufen, die andern blieben standhaft, viele zeigten auch an, dass wenn sie etwas gutes von der Christen lehre hätten gesehen, hätten sie sich auch taufen lassen. Man zog sie alle nackt aus, denn sie viel geld, edelsteine, und grossen schatz in die kleider genähet hatten, damit es mit ihnen verbrennen sollte. Also wurden auf ein-

---

1. Note de M. Jung.

mal 1800 Juden verbrannt[1]. Etliche liefen aus barmherzigkeit ins feuer und nahmen den müttern die jungen kinder von den brüsten und aus den händen, und liessen sie taufen. Die zahl dieser kinder war an 500. Etliche entliefen, davon wurden viele erschlagen; die andern bestanden willig den tod im feuer. Die asche schüttete man ins wasser; etliches blieb liegen. 1884 Juden, weiber und männer, wurden verbrannt und auf 900 kinder. Schöne jungfrauen und frauen, und die sich taufen liessen kamen davon. Es war ein jämmerlicher spectakel; Gott verzeihe ihnen allen!

Darauf ward erkannt, dass in hundert jahren keine Juden sollten nach Strassburg kommen.

1429. (*Vertheilung der Habe der Verurtheilten.*) — Von stund an, als die Juden verbrannt waren, gab man den burgern und handwerkern ihre schuldzettel und andere pfänder frei und ledig; es war dies eine grosse summe. Der rath nahm das übrige alles, was sie hinterlassen, und theilte es unter sich, und jedem wurde ein grosses gut. Dies war das gift, welches die Juden ums leben gebracht. Etliche wollten solches gut nicht, gabens an Unser frauen werk, etliche um gottes willen, nachdem jeden die andacht traf. — (Cfr. KŒNIGSHOVEN, *éd. Hegel*, p. 759—764.)

1430. (*Loos der Juden im übrigen Elsass.*) — Der bischof und andere handelten ebenso, und behielten der Juden gut alles. Also kam das gift aus den brunnen! dies war eine unmüssige woche, da so viel ungerechtes in sechs tagen in einer stadt sich zutrug.

Herzog Albrecht von Oesterreich hat alle Juden zu Ensisheim und in seinem land behalten, wie auch der bischof von Maynz, nur sollten sie sich taufen lassen; als man die sachen nachher erfuhr, wurden sie auch verbrannt.

1431. (*Die grosse Geisselfahrt.*) — Nachdem die Juden verbrannt waren, da kam die grosse geiselfahrt nach Strassburg, doch waren anfangs ihrer nicht über 200; sie nahmen aber in Strassburg sehr zu. Und wer ihre buss vollbringen wollte, der musste 34 tage dabei bleiben und 11 schillinge 4 pfennige haben, das war alle tage 4 pfennige, damit sie niemand beschwerten. Sie durften keine herberge heischen, ausser wenn man sie einlud; sie durften auch mit keinen frauen reden; wer solches brach, der legte sich vor den meister zur busse, und dieser schlug ihn mit der geisel auf den rücken, und sagte zu ihm: Stehe auf zur reinen Maria (*sic*) ehre;

---

1. « 1800 Juden ist gestrichen. » Note de M. Jung.

Und hüte dich vor sünden mehr! Sie sagten, sie hätten die freiheit, dass sie auch pfaffen aufnehmen könnten, aber nicht in ihren geheimen rath, damit man ihr schelmenwerk nicht merkte.

Als sie kamen, trug man ein kreuz voran, und giengen 10 mann an zwei enden; aber zehen hatten köstliche decken von sammet und kerzen in händen; die trug man ihnen voran; darnach ein fahnen, dann giengen allwegen 2 und 2 nach; sie hatten alle mäntel an und rothe kreuze daran, und auch auf den hütlein; und man läutete wo sie hin kamen mit allen glocken, ihnen entgegen, und sangen zwei voran, und die andern alle nach ihnen.

1432. *Der Geissler Gesang.* — Und war das ihr lied und gesang:

Und ist hie die betefahrt,
    Da Christ gen Jerusalem kahrt,
Er führt ein kreuz in seiner hand;
    Nun hilf uns der heiland!

Nun ist die betefahrt also gut,
    Hilf uns, herr, durch dein blut,
Das du am kreuz hast vergossen,
    Und uns im elend gelossen.

Nun ist die strass also bereit,
    Die uns zu Unser frauen treit,
In Unser lieben frauen land;
    Und helfe uns der heiland!

Wir wollen die buss an uns nehmen,
    Dass wir Gott desto bass ziemen,
Fort in unsers vaters reich,
    Des bitten wir dich alle gleich,
So bitten wir den heiligen Christ,
    Der aller welt genädig ist.

Sobald sie in die kirche kamen, knieten sie nieder; dann sang ihr oberster:

    Jesus ward gelabt mit gallen,
    Dass sollen wir an ein kreuz fallen.

Alsdann fielen sie kreutzweise auf die erden, als wenn sie der schelm geschlagen hätte. Wenn sie eine weile so lagen, sang ihr oberster wieder:

    Nun hebet auf eure hände,
    Dass Gott das grosse sterben wende.

1433. *Die Geissler auf der Metzgeraue.* — Alle tage geisselten sie sich zweimal, am morgen und gegen abend; da giengen sie auf die Metzgeraue vor das thor; man läutete mit allen glocken, und es lief ein grosses volk hinaus. Die weinten und gehuben sich übler als die geissler selbst. Sie giengen allwegen zwei und zwei, wie in der ersten prozession und sangen allerhand seltsame lieder, die sie dichteten.

Wann sie hinaus kamen, zogen sie sich aus; sie hatten unterkleider an, und legten weisse kittel an. Sie waren oben nackt. Da legten sie sich neben einander in einen grossen ring, und zeigte ein jeder, welche sünden er gethan: der ein mörder war, schlug mit der faust auf den boden; der ein dieb war, that die hände auf und zu; der ein ehebrecher war, legte sich auf den bauch; der meineidig war, hob drei finger auf; etliche sperrten das maul, die gern frassen und soffen; in summa, was einer gethan, das zeigte er an; dann schritt ihr oberster über einen nach dem andern, und rührte ihn mit der geissel an, und sprach zu jedem:

Stand auf durch der reinen martel ehr
Und hüte dich vor sünden mehr!

Darauf giengen sie heim und geisselten sich dass sie bluteten, denn in den geisseln stacken knöpfen und nadeln; und sangen seltsame lieder; sie gaben vor dass grosse zeichen geschähen, wenn sie sich geisselten. Einmal trugen sie ein todtes kind um den ring, und wollten es wieder lebendig machen; aber es geschah nicht.

1434. *Ein Brief vom Himmel.* — Zuletzt las einer einen brief, den, wie sie sagten, ein engel von dem himmel gebracht. Darin stand geschrieben, wie gott über die welt erzürnt gewesen, und sie habe wollen untergehen lassen; da sei er aber von seiner mutter und den engeln erbeten worden, dass er sich der armen welt erbarmen möchte. Da weinte das volk sehr, wenn es den brief ansah. Darauf zogen sie mit ihren kreuz und fahnen wieder in prozession in die stadt; man lud zu gast, die reichen bürger jeder 8 oder 10, und sie hatten zu essen genug.

Das verdross die priester und pfaffen, dass man auf die geissler mehr denn auf sie hielt; sie fragten die geissler, wer ihren brief besiegelt hätte! Diese gaben zur antwort: wer die evangelien besiegelt hätte?

Da kamen in Strassburg noch auf 1000 geissler zu ihnen, und war das ganze land voll. Darnach huben die weiber auch eine geisselfahrt an; zuletzt die knaben, mädchen und kinder; und es kamen jede woche neue. Als man aber dawider predigte, dass der brief falsch sei, und es schier ein halbes jahr gedauert, ward man ihrer müde, und läutete ihnen nicht mehr mit glocken entgegen und lud sie nicht mehr zu gast. Auch verboten der papst und der kaiser solches, da sie mit lug und trug umgiengen. Als man nichts mehr auf sie halten wollte, kamen sie mit spott wieder heim.

Man gebot im bisthum, dass wer sich geisseln wollte, dieses heimlich in seinem haus thun sollte. Also zergieng die geisselfahrt in einem halben jahr, ob sie gleich gesagt, sie solle 33½ jahr währen, so lang nämlich Christus auf erden gewesen. Also nahm das geisseln ein ende, das auch der henker hätte verrichten können. (Cfr. KŒNIGSHOVEN, ed. Hegel, p. 764—768.)

[350] **1435.** (*Bischof Johann und Tauler.*) — Es waren aber Litulphus, prior der neuen Karthause, Thomas, augustiner-general und Johannes Taulerus, prediger-ordens, noch im gemeinen bann. Denn der papst hatte dem bischof Johann von Strassburg geboten, ihre bücher zu verbrennen, und sollten weder die geistlichen noch die layen solche bücher unter strafe des bannes nicht lesen. Der bischof liess die bücher aufheben, sie selbst aber sollten weichen. Da hielten sie sich in der neuen Karthause heimlich auf, und schrieben noch mehr, nachdem sie es vorher unterlassen hatten. Als sie der könig und der bischof vorforderten, und ihr bekenntniss lasen, wurden sie schier selbst ihrer meinung. Deshalben der könig, und alle bischöfe nichts gegen sie unternehmen durften; nur gebot man ihnen wider die christliche kirche und den bann nichts freventliches zu thun. Insonders wurden ihnen zwei artickel, die aus ihren schriften gezogen waren, verboten und als ketzerisch erkannt.

1436. (*Die Artikel aus Tauler's Schriften.*) — Der erste war (nachdem männiglich im sterbent, noch im grossen bann war, wegen des königs Ludwig, arm und reich, jung und alt, frau und mann, schuldig und unschuldig), dass sie an alle priester geschrieben, wenn sie zu kranken und sterbenden kämen, dass sie dieselben trösten sollten auf das bittere leiden und sterben Jesu Christi, welcher für ihre und der ganzen welt sünde, gegen gott ein genügen gethan habe, den himmel geöffnet habe, und uns alle vor gott vertrete; der papst könne aber vor armen sündern, die unschuldig im bann sind, den himmel nicht zuschliessen; wer deswegen die absolution seiner sünden und das heilige sacrament begehre, dem sollten sie solches reichen und ihn trösten. Es wäre mehr auf Christi und der apostel wort zu gehn, denn auf den bann, welcher allein aus neid und weltlichem ehrgeiz gesprochen werde. Sie brachten es auch dahin, dass die leute fröhlich starben und den bann nicht hoch mehr fürchteten, da sonst viele tausende zuvor ohne beichte, in grosser verzweiflung gestorben sind.

Zum andern hätten sie eine gemeine schrift, nicht unter dem gemeinen mann, sondern unter den geistlichen und unter gelehrten vätern lassen ausgehen, dass zweierlei schwerter wären, ein geistliches, welches wäre gottes wort, das andere die weltliche obrigkeit, und hätte keines mit dem andern zu thun; dieweil sie alle beide von gott wären, könnten sie nicht unter einander seyn, sondern das geistliche versieht sein amt und gottes wort und vertheidigt die obrigkeit. Die obrigkeit hingegen vertheidigt gottes regiment und die frommen, und strafet die bösen. Dieweil nun die frommen, welche gottes wort predigen sollen, von weltlicher gewalt nach gottes ordnung vor den bösen beschirmt werden, warum sollte denn die obrigkeit von ihren geistlichen verdammt werden? Denn also würde gott sein werk selbst verdammen. Wo aber ein weltlich haupt sündigt, gebührt dem geistlichen den sünder auf den rechten weg zu weisen, mit grosser demut, und gott tag und nacht mit zähren anliegen, dass der sünder wieder von seinem weg umkehre, zur wahren bekenntniss seiner sünden komme, da gott nicht den tod des sünders begehre, sondern dass er sich bekehre und lebe.

Dass aber Christus, die apostel und die kirche befehlen, wenn sich der sünder nicht will von seinem bösen wege, nach vielem ermahnen bekehren, ihn in den bann einzuschliessen, bis er sich bekehrt und bessert; dann aber soll man ihn auch zu gnaden wieder aufnehmen. Noch viel weniger gebühre einem christlichen hirten, wenn einer des bannes schuldig geworden, dass man unschuldige, arme leute, die den schuldigen nicht kennen, noch je gesehen haben, ja ganze länder, städte, dörfer, alles ohne unterschied, verbanne und verdamme, welches weder von Christo, noch von den heil. aposteln und concilien befohlen, sondern aus eigenem angemasstem gewalt geschieht. Derhalben gehöre dem papst zu, die sünder auf den rechten weg der seligkeit zu weisen.

Dass aber alle die vor dem papst müssten ketzer seyn, die ihm die füsse nicht wollten lassen, oder dass solches ein artikel des glaubens sey; und der ein abtrünniger von der kirche wäre, welcher durch ordentliche wahl der kurfürsten sich könig oder kaiser nennt, und sein amt versieht, dass auch alle die welche jenen als einer von gott verordneten obrigkeit gehorsam leisten, wider die kirche sündigen und ketzer seyen, könnte mit göttlicher geschrift nicht beigebracht werden.

Obrigkeit ist ein stand von gott, dem man in weltlichen sachen soll gehorsamen, auch die geistlichen, es sei wer es wolle. Der kaiser ist die höchste obrigkeit, darum ist man ihm gehorsam schuldig; regiert er nicht recht, so muss er gott rechenschaft darum geben, und nicht die armen unterthanen, so wenig als gott von den armen unschuldigen unterthanen für ihre böse obrigkeit wird rechenschaft fordern, also wenig kann man arme unschuldige unterthanen von wegen ihrer obrigkeit weder bannen noch verdammen. Derhalben alle die den wahren christlichen glauben halten, und allein an der person des papstes sündigen, sind keine ketzer, sondern der wäre ein ketzer, der nach vielem ermahnen halsstarrig wider gottes wort handelt, und sich nicht bessern will; denn kein mörder, dieb, schelm, ehebrecher, die mit grosser reue und busse durch Christum verzeihung begehren und sich bessern, können aus der kirche geworfen werden.

Daraus ist zu schliessen, dass die in unrechtem und unschuldigem bann sind, vor gott nicht verdammt sind, denn ihre vermaledeiung kehrt sich zur benedeiung; ihren bann und unterdrückung wird gott erhöhen. Derhalben sich Christus nie wider die weltliche obrigkeit gelegt; denn er sprach: «Mein reich ist nicht von dieser welt.» Er hat der obrigkeit gehorsamet, ob er schon gottes sohn war, und befohlen, dass man gott geben soll, was gott gehört, und dem kaiser was dem kaiser gehört. Unsere seele gehört gott, der leib und gut dem kaiser.

1437. *Verbot dieser Lehren.* — Darauf gebot könig Karl, der bischof Johann und die commissarien des papstes, dass sie sich solcher geschriften mässigten, und bei dem bann sollten unterdrücken, und mit offenem schreiben widerrufen; aber sie fuhren fort, machtens noch besser, wie ihre schriften noch vorhanden sind. Hiemit war alles verrichtet, und zog jeder wieder heim.

1350   **1438.** *Wahl eines Ammeisters.* — Da ward dieses jahr zum ammeister gewählt herr Hans Geier.

Fol. 121   **1439.** *Streit des Grafen von Habsburg mit Zürich.* — Damals hatte graf Hans von Habsburg, wohnhaft auf Rapperswyl, alte spenne mit denen von Zürich. Der graf und der von Toggenburg hatten einen anschlag gemacht auf S. Matthis die stadt zu überfallen. Es waren viele dabei; aber in der nacht wurde solches verkundschaftet; der von Toggenburg ertrank, graf Hans wurde gefangen und viele erschlagen. Darauf zogen die von Zürich vor Rapperswyl, gewannen stadt und schloss, und verbrannten sie; den grafen hielten sie in schwerer gefängniss. Da aber die Waldner zu Sulz bürger zu Strassburg waren, auch bischof Bechtolf und die habsburgischen lehenleuten aufgerufen wurden, den grafen Hans frei zu machen, und viele Zürcher fiengen und schädigten, traten die von Zürich aus dem bund den sie mit Strassburg, Basel und andern hatten, und machten ein bündniss mit andern orten in der Schweiz, als Luzern, Uri, Schwytz, Unterwalden; den nannten sie den ewigen bund. Darauf machten herr Albrecht von Oesterreich, der bischof und die stadt Strassburg, Basel, Solothurn, Colmar, Mühlhausen, Schlettstadt, Freiburg, Breisach, und andere mehr, auch einen neuen bund.

1440. (*Strassburger Wallfahrer von Zürich gefangen.*) — Indessen gieng eine grosse wallfahrt gen Einsiedeln zu Unserer frauen, zu ihrem opfer. Dahin kamen viele frauen, und als sie pilgersweise wieder heim wollten, wurden viele zu Zürich aufgehalten, darunter man die vornehmsten herausnahm, die wohlhabend waren, die andern liess man ziehen. Doch wurden nur von zwei orten pilger aufgehalten, nämlich 70 von Strassburg und 100 von Basel; an diesen wollten sie allen schaden erholden, und schätzeten sie sehr hoch, forderte auch in vertragsweise unmögliche dinge. Als sich ihrer hilfe niemand annahm, bevor man hörte, was sie mit ihnen anfangen wollten, liessen die von Zürich alle gefangenen los. Doch mussten sie schwören, der anforderung ein genügen zu thun, oder sich wieder einzustellen, und auf bürgen heimgelassen, sich eines tages vergleichen.

1441. (*Frauenbrüder Kloster und Kirche gebaut.*) — Damals huben Unserer frauen brüder, die Carmeliter, ihr kloster und kirche bei der Spitalgrube zu bauen. Sie hatten sich derweilen mit ihrem kirchlein im Bunten gässlein beholfen. Man gab ihnen viel, Unserer frauen wegen, und gieng der bau tapfer von statt, mit grosser hilfe; denn sie den sterbent und auch den judenbrand wohl genossen hatten, und ihnen viel war gegeben worden.

1442. (*Ammeisterwahl. — Rheinfahrt wieder eröffnet.*) — Dies jahr wurde ammeister erwählt herr Claus Schnider.

Damals als der Rhein auf drei jahre zu Strassburg noch beschlossen war, und wein und frucht in hohem werth, und die kurfürsten weder die alten noch die neuen zölle bezogen, liessen sie öfters durch den von Eberstein und andere die von Strassburg angreifen. Da sie aber nichts ausrichten konnten, haben sie gesandte an die stadt geschickt, sich freundlich mit ihr zu vergleichen; sie haben nun die neuen zölle alle fallen lassen, die ihnen könig Karl gegeben hatte. Da thaten die von Strassburg den Rhein wieder auf, und auf den 1. Maii gieng die alte gewohnheit wieder an. Da fuhren viel hundert schiffe in einem monat, und die fürsten hatten in einem monat mehr nutzen, denn vorhin in 2¾ jahren, und dies brachte eine wohlfeilheit am ganzen Rhein.

1443. (*Tag mit Zürich zerschlägt sich.*) — Als getaget wurde und die Zürcher unleidliche dinge forderten, wurde solches nicht angenommen, und der tag zerschlug sich. Es stellten sich alle gefangenen, wie sie gelobt, wieder gen Zürich, in hoffnung auf gute vertröstung. Hierauf mahnten herzog Albrecht, der bischof und die stadt Strassburg, Basel, Colmar, Mühlhausen, Schlettstadt, Freiburg, Brisach und andere, ein grosses volk auf, Zürich zu belagern. Da solches die von Zürich und ihr bund vernahmen, und sich zu schwach bedünckten, schickten sie alle gefangenen von Strassburg und Basel mit geleit wieder heim, ohne alle entgeltniss. Do sie kamen, gieng der zug diesmal von Zürich zurück; darauf vermehrten aber die von Zürich ihren bund; daraus zu nehmen war, dass sie noch etwas im sinn hatten.

1444. (*Bund Strassburgs mit den Fürsten erneut.*) — Hierauf erneuerten herzog Albrecht, bischof und stadt Strassburg, Basel und andere ihren bund auf 5 jahre lang, und waren das die bundsgenossen:

Fünf fürsten: herzog Albrecht von Oesterreich,
Ludwig, markgraf zu Brandenburg,
N., burggraf zu Nürnberg,
herr Friedrich von Teck,
herr von Urslingen.

Fünf bischöfe: Strassburg, Basel,
Würzburg, Chur,
Bamberg.

Grafen: von Rottenburg, Pettnang,
Nellenberg, Kirchberg,
Fürstenberg, Werdenberg,
Habsburg, Thierstein,
Kyburg, Neuenburg,
Niedau, Arburg,
Froburg, Zollern.
Mattburg (?),

Acht städte: Strassburg, Solothurn,
Basel, Schaffhausen,
Bern, Colmar,
Freiburg, Neuenburg.

1445. (*Neuer Zug gegen Zürich.*) — Als man nun anzog, Zürich zu belagern, welches im herbstmonat war, handelten die von Zürich und

andere um einen frieden, nahmen aber doch das thal um Glaris, das
Oestreich zuständig. Die von Strassburg schickten 500 zu fuss und
200 pferde. Indessen wurde um frieden so viel gehandelt, dass man den
anlass vor die königin Agnes von Ungarn, herzog Albrecht's schwester,
so zu Königsfelden im kloster war, schob. Da legten sich die Strassburgischen und andere gen Baden; die von Baden mussten 56 mann als bürgen
geben. Es wurde verhandelt dabei zu bleiben. Als aber hernach die thäti-
gung laut der sentenz fiel: dass sie keine ussburger, die östreichisch
waren, annehmen sollten, und die östreichischen unterthanen nicht von
ihren herren zum ungehorsam abwenden, als die Züricher dieses erfuhren,
hätten sie gern ihre bürgen loss gehabt, um den vertrag nicht annehmen
zu müssen. Sie fielen deswegen auf den christtag zu nacht gen Baden und
verbrannten die bäder. Morgens begegnete ihnen Burkhard von Ellenbach,
der obrist, da geschahe ein hartes treffen. Es blieben auf beiden theilen
an 500 mann, darunter auf 380 Züricher. Sie behielten den stand, denn
ihnen im treffen noch mehr hilfe kam; drei banner von den Oestreichi-
schen wurden verloren. Der krieg wurde wintershalb auf diesmal eingestellt.

1446. (*Propst Johann von Lichtenberg Stiftsverweser in Trier.*) —
Damals wurde herr Johann von Lichtenberg, dompropst von Strassburg,
zu einem administrator und vicarius im bisthum Trier geordnet, an des
alten statt, der noch lebte. Nachdem er solches angenommen, ist er doch
bald wieder nach Strassburg gezogen, denn es ihm besser gefiel daselbst
zu leben. Er hatte auch von bischof Bechtolf vertröstung an das bisthum
Strassburg; welches auch geschah.

1447. (*Bischof Bechtold und das Domkapitel.*) — Bischof Bechtolf
war alt und oft krank, da kam er vor das kapitel und zeigte an sein alter
und blödigkeit, und so wie er allwegen des stiftes und des kapitels nutzen
gesucht, und wie er auch dasselbe sehr gemehrt und gebessert, so begehre
er dass auch nach seinem leben friede und einigkeit möchte erhalten
werden und dass nicht durch eine unhellige wahl das bisthum möchte
schaden erleiden; denn während seiner tage habe die unhellige wahl des
kaisers und die uneinigkeit des stiftes grossen schaden gebracht; deswegen
bitte er, sie wollten neben ihm einen curator erwählen, dem wolle er allgemach das bisthum übergeben, damit hernach friede und einigkeit
möchte erhalten werden. Auf solches hielten sie rath und hätten gern
herrn Johann von Lichtenberg, den dompropst, vorgestellt, denn er war
ein verständiger frommer herr, aber da er stets wider den bischof ge-

wesen, auch an seiner gefängniss schuldig war, fürchteten sie, er möge solches als eine schmach aufnehmen. So wurden sie zu rath dem bischof anzuzeigen, dass sie diesmal niemand wüssten, und ihn zu bitten, er wolle selbst als der älteste und verständigste einen ernennen: sie meinten er würde seiner schwester sohn, den von Siegenau sich ausbitten.

1448. (*Wahl Johann's von Lichtenberg als Coadjutor.*) — Da ihm also die kur war anheimgestellt, zeigte er an, er wüsste keinen bessern, nützeren, erfahrnern und frömmern für sich und das stift, dann herrn Johann von Lichtenberg, den dompropst. Das nahm sie alle gross wunder, dass er seinen steten feind erwählte, doch sahen solches männiglich gern, ob sie gleich ihm solches nicht zugemuthet hatten. Aber der bischof war allwegen eines aufrichtigen gemüths, und hat weder feind noch freund angesehen; er genoss auch bei kaisern, königen und fürsten deswegen eines grossen ansehens. Herr Johann von Lichtenberg hielt sich zu ihm wie zu einem vater, und der bischof gab alle städte, schlösser und amp- teyen in seine hand, damit nach seinem tode keine uneinigkeit entstünde. Doch behielt er den bischöflichen namen und das halbe einkommen. Da- rüber wurde der bischof von jedermann hoch gelobt.

Fol. 221
1352

1449. (*Ammeisterwahl.*) — Es wurde zum ammeister erwählt herr Hermann in der Kirchgasse.

1450. (*Uhrwerk im Münster.*) — Damals hub man an das künstliche uhrwerk im münster zu machen mit den heiligen drei königen, und es wurde in zwei jahren vollendet.

1451. (*Abermaliger Zug vor Zürich.*) — Es rüstete sich herzog Al- brecht abermals mit gewalt Zürich zu belagern, und ermahnte seine bundsgenossen, als Strassburg, Basel, Colmar, Breisach, Freiburg und andere mehr. Die von Strassburg schickten 300 pferd und 500 zu fuss, die auf wagen sassen, 6 auf einem wagen mit zwei gespannen. Den 15. july belagerte herzog Albrecht Zürich mit 20000 zu fuss und 2000 pferden, 5 bischöfen, 5 fürsten und 26 grafen. Darauf ward ein vertrag gemacht, dass die von Zürich den grafen Hans von Habsburg ledig gaben. Doch musste er eine grosse lösung bezahlen, welche die äbtissin zu Zürich, Anna von Bonstetten und ihr bruder Hermann, abt zu S. Gallen, erlegten; hingegen mussten die von Zürich für die 16 bürger zu Baden 1700 gulden bezahlen, und versprechen des herzogs unterthanen nicht zu bürgern aufzunehmen (das sie ja doch nicht hielten). Darauf zog jedermann wieder heim.

1452. (*Brand in der Spoerergasse.*) — Den 3. october gieng ein feuer

aus in der Sporergasse, alles, auch der Schneider graben zu beiden seiten,
bei S. Martin, um die Pfalz und Münze herum verbrannte; und das feuer
that grossen schaden. Da wurde erkannt, dass man keinen überhang mehr
machen sollte, da mehrentheils die häuser mit überhängen augingen.

1453. *(Tag zu Strassburg wegen des Landfriedens.)* — Damals kam
pfalzgraf Rudolf, als der reichs vicarius, samt dem landvogt, herrn Hugo
von Hohenburg, samt den herren und städten im Elsass zusammen in Strassburg um einen landfrieden aufzurichten. Die herren und städte im lande
wollten nicht mehr zulassen, dass allwegen der bischof und die von Strassburg die oberhand hätten in gerichtshändeln, sondern, dass sie den städten
übergeben werden sollten, aber der bischof und die stadt Strassburg
wollten eine solche alte gewohnheit nicht aus händen lassen, und so wurde
nichts aus dem landfrieden.

1454. *(Fehde zwischen dem von Finstingen und Hagenau.)* — Da
solches Herr Rudolf von Fegersheim, rüstmeister zu Strassburg erfuhr,
machte er einen anstand mit denen von Finstingen, der diener er vor
jahren gewesen war und griff die von Hagenau mit gewalt an. Die mussten
sich durch vermittlung guter freunde mit ihm vertragen. Die ursache war,
dass sein bruder Hesse von Fegersheim und Hans von Wolfsgangsheim vor
zwei jahren etliche pilger, die aus Engelland gen Rom auf's jubeljahr
ziehen wollten, im forst niedergeworfen und beraubt hatten, ungeachtet
des geleites und landfriedens. Es wurde aber der von Fegersheim von
denen von Hagenau gefangen; der von Wolfsgangsheim kam davon. Es
baten aber auf anrufen herrn Rudolfs von Fegersheim viele ritter und
knappen, auch edle frauen für Hans von Fegersheim, auch viele herren im
Elsass: es half aber alles nichts, sie schlugen ihm den kopf ab. Solches
wollte dazumal Rudolf rächen.

1455. *(Hanemann von Lichtenberg und Liese von Steinbach.)* — Fol. 125
Damals hatte herr Hanemann von Lichtenberg eine fromme gemahl, Maria,
gräfin zu Leiningen, mit der hatte er etliche söhne und töchter; die stiess
er von sich und hieng sich lieber an eine genannte frau Liese von Steinbach
(sie war eine unehlige Bockin); mit dieser bekam er etliche söhne und
töchter. Deren töchter eine, Agneta, gab er herrn Götz von Hohenstein,
ritter und burger zu Strassburg, und gab ihm zu ehesteuer den flecken
Hattmatten und 500 mark silber; und hielt seine unehlichen kinder viel
besser denn seine rechten. Solches verschmähte graf Emich von Leiningen,
der frauen bruder und herrn Heinrich von Lichtenberg ihren sohn, und
thaten achtung dass sie frau Liese erwischten. Sie legten sie in verwahrnuss

und fanden im rath etliche ursachen, dass sie ledig würde, doch musste sie einen harten eid thun, dass sie die ganze herrschaft Lichtenberg meiden und nicht mehr zu herrn Hanemann kommen wollte.

Sobald sie ledig geworden und aus der herrschaft geleite, kehrte sie stracks durch heimliche wege wieder auf Lichtenberg zu herrn Hanemann und klagte ihm alles. Da stiess er sein ehliches weib, samt ihren kindern aus und nahm das unehliche weib und ihre kinder an als erben. Darauf machten graf Emich von Leiningen und Heinrich von Lichtenberg der sohn mit etlichen einen pact, und an einem morgen früh nahmen sie Lichtenberg ein, mit ihren helfern, fingen herrn Hanemann und frau Liese. Diese warfen sie zu einem fenster hinaus über einen felsen zu todt. Herr Hanemann rief um hilfe, aber es wurde gethätigt, und wollte er ledig werden, so musste er sich hoch verbürgen und verschreiben, solcher gefängniss und schmach nicht mehr zu gedenken, noch seine söhne und töchter zu enterben, und sein eheweib bei sich zu behalten. Das alles gieng er gutwillig ein, nahm sein weib zu sich und behielt sie bis an sein ende. Doch verheirathete er seine unehliche kinder fast alle, das konnte ihm niemand verwehren. (Cfr. KŒNIGSHOVEN, éd. *Hegel*, p. 803—804.)

1456. (*Ammeisterwahl.*) — Es wurde zum ammeister gewählt herr Rulin Krämer.

1457. (*Baarpfennige und Leimer.*) — Dieser Rulin oder Rudolf Krämer war ein wohlhabender mann. Er hatte einen bruder, der hiess Hans. Dieser war kostfrei, so dass er, wenn er geld bedurfte, zu seinem bruder kam und sagte: bruder leihe mir! Weil Rulin viel baarpfennige hatte und seinem bruder nur lieh, kam ihm der name Baarpfennig, wie auch seinen nachkommen. Seinen bruder Hans hiess man nur den Leihmir, wie auch seine nachkommen. Der letzte Baarpfennig auf S. Elisabethengasse ist gestorben 1550, und der letzte Leimer, herrn Georg Leimer's des ammeisters sohn, Karl genannt, am Rossmarkt, ist in Frankreich gestorben, im jahr 156... und also sind beide geschlechter im mannesstamm ausgestorben.

1458. (*Streit zwischen Strassburg und Bern.*) — Damals erhob sich eine spann zwischen der stadt Strassburg und der stadt Bern. Darein legten sich alle städte im land, und man errichtete wieder einen landfrieden im Elsass auf 3 jahre lang, und wurden 15 (sic) richter gesetzt, einer von wegen des königs, 2 von wegen des bischofs, 2 von wegen der stadt Strassburg, 3 von wegen der reichsstädte im Elsass, 1 von dem übern landgrafen, 1 von dem herrn von Lichtenberg, 1 von den von Ochsenstein, 1 von den von Geroldseck im Wasichen, 1 von wegen des abt von Murbach, 1 von dem Baseler bischof, 1 von Rappoltstein, 1 von Yssenburg, 1 von Geroldseck in der Ortenau. Und es wurde die sache zwischen Bern und Strassburg zu Basel vertragen.

1459. *(Bischof Bechtold erkrankt.)* — Damals legte sich bischof Bechtolf zu Molsheim nieder, krankheit halber, und herr Johann von Lichtenberg obwaltete das bisthum als wenn er schon bischof wäre. Als solches könig Karl erfuhr, fuhr er den Rhein herauf, mit ihm die erzbischöfe von Mainz und Trier, samt anderen bischöfen, fürsten und herren.

1460. *(Koenig Karl kommt nach Strassburg.)* — Er besuchte alle stifte und sammelte viel heilthum und kam nach Strassburg, wo er ganz herrlich empfangen wurde, samt allen fürsten und herren. Man gab ihm auch heilthum von S. Amando, Arbogasto und S. Aurelien. Die herren von S. Thomae gaben ihm von S. Florenzen heilthum, so sie bei ihnen haben. Darnach fuhr er samt allen herren gen Molsheim und besuchte bischof Bechtolf in seiner krankheit, und blieb zwei tage bei ihm.

1461. *(Koenig Karl in Hasbach.)* — Indessen kam S. Florenzen fest, da reiste der könig und alle fürsten gen Hasslach. Man brach dem könig zu ehren S. Florenz sarg auf, der von lauterm gold und silber war und an 400 jahre da gewesen, seit bischofs Recho zeiten. Von dem gab man ihm auch ein stück. Da baten die domherren zu Hasslach, dass ihnen der könig möchte zeugniss geben, dass er S. Florenzen haupt ganz mit seinem körper daselbst gefunden habe; denn die domherren zu S. Thomae sagen, als bischof Recho S. Florenzen körper von ihnen habe wegtragen wollen, haben sie sein haupt und einen grossen theil seines körpers behalten. Das haupt zu S. Thomae ist grösser denn das zu Hasslach; S. Florenz ist über 200 jahr bei ihnen gelegen, und auch bei ihnen gestorben.

1462. *(Antwort des Koenigs Karl.)* — Da auch kein notarius vorhanden war, wurde er mit den bischöfen zu Maynz, Trier und andern zu rath, machte etliche notarien und gab ihnen briefe und siegel und zeugniss, dass er S. Florenzen körper und heilthum selbst ganz gefunden habe. Die zu S. Thomae schickten aber zu dem könig ihm zu sagen, dass sie S. Florenzen heilthum hätten, und ihm davon überliefert. Der könig dankte ihnen, und sagte ihnen, er wüsste jetzt gewiss, dass er S. Florenzen heilthum besässe, wäre es nicht das eine, so wäre es das andere.

1463. *(Koenig Karl zu Andlau und Erstein.)* — Darnach kam er wieder gegen Molsheim zu bischof Bechtolf, segnete ihn und andere herren und zog das land hinauf, kam gen Andlau, besah S. Richarden grab, und that den goldenen sarg auf, darin S. Lazarus lag, den Christus von den todten auferweckt hatte und nahm ein stück davon. Darauf zog er nach Erstein, besahe S. Irmengarden, der kaiserin, und S. Rugenden ihrer tochter begräbniss, und öffnete S. Urban goldenen sarg, der noch nie geöffnet worden. S. Urban war ein pabst gewesen und anno 216 des christen glaubens willen enthauptet worden. Der papst hatte ihn, samt Sixti, Andocii und S. Caecilien haupt der kaiserin verehrt für ihr neues kloster.

Fol. 227 **1464.** *(Koenig Karl zieht nach dem Ober-Elsass.)* — Darnach zog er das Elsass hinauf in alle klöster und nahm heilthum, und sammelte zu Ebersheim von S. Diebold, zu Ruffach von S. Velten, zu Murbach von S. Leodegardis, von S. Damasio, S. Sophia, S. Mauro, S. Ludolf: in summa des heilthum über die massen viel, denn viele heilige körper in diesem lande lagen. Darnach kam er wieder gen Strassburg, Hagenau, Weissenburg und Speier. Da setzt er den landvogt Hugo von Hohenburg ab, von wegen etlicher klagen, die über ihn kamen.

1465. *(Koenig Karl führt seine Heilthümer nach Boehmen.)* — Die heilthume aber führte er mit sich heim nach Böhmen und liess sie köstlich in gold und edelsteine einfassen. Insonders in der hauptkirche liess er einen schönen altar von gold und edelsteinen machen: darauf steht mit goldenen buchstaben: hierin liegt S. Florenzen heilthum, eines bischofs von Strassburg.

1466. *(Grosser Wind.)* — Vier tage vor allerheiligentag kam ein so grausamer wind, der warf viele glockenhäuser, thürme, häuser und scheunen um, zeriss und warf viele bäume um, und ertränkte viele schiffe und leute auf dem Rhein und anderswo, und that sonst grossen schaden.

1467. *(Bischof Bechtold stirbt.)* — Auf S. Catharinen abend starb bischof Bechtolf von Strassburg zu Molsheim ganz seliglich. Den andern tag auf S. Catharinen tag, wie er es begehrt hatte, führte man ihn gen Strassburg zur begräbniss mit grossem leid. Die geistlichen empfiengen gantz herrlich mit grosser klage; man legte ihn nach gehaltenem gebet in seinem bischöflichen ornat, inful und stab in sein neues begräbniss in S. Catharinen kapelle im münster. Auf S. Catharinentag war er geboren, zum bischof erwählt (und gestorben): darum hat er der S. Catharina zu ehren diese kapelle gebaut.

Epitaphium latein, zu deutsch:

Anno dom. MCCCLIII, auf S. Catharinen, der h. jungfrauen tag, ist der ehrwürdige Bechtolf von Bucheck, des landgrafen sohn in Burgund, dieser kirche bischof, der dieselbe 25 jahre weislich regiert hat, in diese kapelle, die er selbst zur ehre der jungfrauen Catharina hat bauen lassen, begraben worden. Betet für ihn!

1468. (*Wahl eines neuen Bischofs.*) — Auf S. Andreas abend wurde einhellig zum bischof erwählt herr Johann von Lichtenberg, domprobst, zuvor curator; er war ein frommer, demüthiger, eifriger herr, der alle gottesdienste, priester- und kirchenweihen, und was einem bischof zusteht, selbst verrichtete.

1469. (*Guter Herbst.*) — Dies jahr war ein sehr guter herbst, dass viele reben ungelesen blieben, und um Luciä noch viele trauben gut abgelesen wurden. Ein fass wein das 30 schilling galt, konnte man um 20 schilling kaufen.

1470. (*Wahl eines Ammeisters.*) — Es wurde zum ammeister erwählt herr Johann Heilmann.

Fol. 228
1354

1471. (*Koenig Karl in Metz.*) — Nachdem sich könig Karl den winter hindurch am Rhein aufgehalten hatte, zog er um Lichtmess gen Metz, hielt da einen reichstag und machte viel gute ordnungen. Dahin kamen viele fürsten und herren. Er machte aus der grafschaft Lützelburg ein herzogthum und aus der grafschaft Ba.. (*sic*) eine markgrafschaft und half den von Horburg, der erzbischof von Trier geworden, einsetzen. Und weil die könige und kaiser bisher die krone und alle kleinode immer mit sich führten, woraus viel zank entstand, hat er des grossen kaisers Karl krone, und allen ornaten, damit ein könig gekrönt wird, in die stadt Nürnberg geordnet, wo sie sollten aufgehoben werden. Er machte auch noch viel gute ordnungen, insonders die goldene bulle, wie hinfort ein römischer könig mit allen cärimonien sollte erwählt werden. Es mag jedoch ein kaiser oder könig wohl eine krone und ornat mit sich führen, aber bei der wahl, krönung und kurfüsten versammlung, muss die rechte krone zu Nürnberg geholt werden.

1472. (*K. Karl an S. Odilien Grab.*) — Hernach zog er ins Elsass, hielt ostern in Kaisersberg, von da zog er nach Schlettstadt, gab den bürgern viele freiheiten, kam den 3 mai auf das fürstliche kloster Hohenburg und Niedermünster, mit bischof Johann von Strassburg, und that S. Ottilien grab auf, welche noch ganz da lag, nahm ein stück von ihrem rechten arm, und schloss das grab ganz beheb wieder zu.

1473. (*K. Karl in Strassburg. — Kaempfe mit Zürich.*) — Von da kam er mit vieler herrschaft gen Strassburg. Dahin kam auch herzog Albrecht aus Oestreich, und klagte heftig über die von Zürich, von wegen der ussburger und was sie dem reich für abbruch thäten, da sie von Glarus und Zug, die des reichs unterthanen sind, als bürger aufgenommen. Als könig Karl des reiches gerechtigkeiten forderte, gaben sie schlechten bescheid, also dass der könig und der herzog mit vielem volk vor Zürich zogen. Die von Strassburg, als bundesgenossen schickten 400 zu pferd und 400 zu fuss, die fuhren allwegen sechs auf einem wagen. Als man auf 7 wochen davor gelegen war, und kein mittel war, als dass man stritt, da wollten die Schwaben nach altem gebrauch den vorstreit haben, das wollten die andern nicht zugeben. Da zog der bischof von Konstanz mit seinen Schwaben davon aus dem feld, und die andern mussten nun auch abziehen, und die von Strassburg kamen wieder heim.

1474. (*Rüstungen zu Strassburg.*) — Auf solchen anlass und die forderung der Züricher machte bischof Johann von Strassburg mit könig Karl und andern auch einen bund wider Strassburg, und gebot der könig denen von Strassburg dem bischof seine aussburger und andere gerechtigkeiten, die er begehrte, zu übergeben. Das wollten die von Strassburg nicht thun, doch mussten sie fürchten, dass wie gegen Zürich der bund möchte zu mächtig werden. Sie huben deshalb an und rüsteten sich mit solchem gewalt, wie wenn man eine belagerung verhindern, oder streiten müsste, und bewarben sich um etliche bundsgenossen. Da aber der bischof solchen gewalt sahe, musste er sich noch viel mehr fürchten: er kam nach Strassburg, erzeigte sich freundlich, entsagte allem bundniss, und hielt sich sein lebenlang zur stadt, welches ihm sehr nützlich war. Dadurch bekam er von den bürgern was er begehrte, insonders hatte er grosse gunst wegen seiner demut und hilfe an die armen; er gieng in schlichter kleidung, war ganz mässig im essen und trinken; seine brüder und enkel, deren viel waren, hat er ehrlich ausgesteuert und wohl versorgt, da er sie sehr liebte. Auch liebte er die geistlichen sehr, welche sich wohl hielten.

1475. (*Ammeisterwahl.*) — Zum ammeister gewählt herr Jacob Freiburger.

1476. (*K. Karls Roemerzug.*) — Auf den frühling rüstete sich könig Karl in Rom die kaiserliche krone zu holen. Er zog mit grossem volk und seinem gemahl dahin, wurde in Rom wohl empfangen und den 5. april gekrönt. Darnach zog er wieder nach Deutschland, nachdem ihm die Italiener viel schmachthum bewiesen.

---

1. En blanc. Note de M. Jung.

1477. (*Aufhebung des Bannes. — Kuno von Falkenstein zu Mainz.*) —
Damals wurde, neben könig Karl, zum commissarius geordnet herr Johann
bischof von Strassburg, da alle die noch nicht absolution empfangen hatten,
entledigt werden sollten; denn es waren noch sehr viele die es nicht begehrten, insonders herr Cuno von Falkenstein, domprobst zu Maynz, der
herrn Johann von Virnenburg, erzbischof von Maynz seinen herrn treulich
bei könig Ludwig erhalten, auch dahin gebracht hat, dass während Cuno
und könig Ludwig, auch der von Virnenburg lebten, kein bannbrief im
ganzen stift Maynz kommen durfte; denn er hatte allen, die solche bannbriefe brachten, nasen und ohren abgeschnitten, zuletzt ertränkt und
erhängt, also dass keiner mehr kam. Auch nach seines herren tod, bis der
von Nassau bischof wurde, alles einkommen des bisthums treulich aufbehalten, nämlich auf 40 tausend fürtel frucht im vorrath, und auf 4000 fuder
wein, und eine übermässige summe geldes. Als nun zum könig Karl,
zum erzbischof von Mainz und dem von Nassau, und bischof Johann von
Strassburg, und anderen fürsten und herren, Cuno von Falkenstein, auf
geleit, gen Strassburg kam, wurde ihm durch den könig und die päpstlichen
kommissarien angezeigt, wie halsstarrig er als ein ketzer wider den christlichen glauben und die kirche gehandelt, und ein verbannter, noch im bann
sey, wie er die heilboten der kirche ermordet und umgebracht habe, alle
päpstlichen briefe verbrannt und zerrissen und dem von der kirche abtrünnigen Ludwig von Baiern alle hilfe und beistand gethan, und nie den
fluch und ewigen zorn gottes gefürchtet.

Darauf sagte herr Cuno von Falkenstein, man müsse die artikel in
glaubenssachen, die einen zum ketzer machen, neben den privathändeln
unterscheiden: nun hätte er den wahren kathofischen glauben so gut
als der papst, kaiser und alle andern mehr, und mit wahrheit könnte
auch nicht anders bezeugt werden. Aber betreffend die privatsachen,
die wir menschen unter einander haben, da habe er könig Ludwig
als seinem lehnherrn und weltlichen obrigkeit geschworen treu und
hold zu seyn: solches habe weder papst noch bischof niemals verboten.
Darum habe er könig Ludwig bis zu seinem tod treu und glauben gehalten, und wollte solches gern noch thun, wenn er am leben wäre, denn
er mehr gottesfurcht bei ihm gespürt hätte als bei dem papst. Weil er
aber todt und aus göttlicher gnade Carl von den fürsten als könig erwählt
worden, sei er erbötig ihn als die von gott gegebene obrigkeit zu gehorsamen, und wenn der könig ihm die regalia verleihe und bestätige, wollte
er seinen leib und gut bei dem könig beisetzen, und seinem bischof, dem
von Nassau, alles einräumen und die absolution erwarten, wo nicht, werde

er bei seinem vornehmen verbleiben, da er nicht wider gott und den glauben handle, und man die leute nicht unschuldig und anderer sachen wegen verdammen dürfen, die solches nicht angehen. Hier steh ich: will mir der könig die regalia leihen, so will ich als gehorsamer solches empfangen; will mich der legat absolviren, so will ich dem erzbischof den schatz liefern, wie ihn kein bischof je gefunden hat: wo nicht so will ich ihn unter die armen leute austheilen.

Da man aber herrn Cuno's von Falkenstein vorige handlung und seine jetzige beständigkeit bemerkte, auch dass er einen grösseren anhang als der bischof selbst habe, von jedermann geliebt sei und bei papst, kaiser und curtisanen in grosser gunst stehe, wurde ihm folgender vorschlag gethan und von ihm mit dank angenommen:

1. Sollte alles vergeben seyn und er absolvirt werden.
2. Wollte ihm der könig seine lehen und regalien bestätigen.
3. Sollte er dem bischof von Maynz alle schlösser und städte, samt dem vorrath einhändigen.
4. Dagegen sollte ihm der bischof die probstei bestätigen und 40 tausend gulden dazu erlegen.

Solches wurde angenommen und hiermit alles verrichtet.

1478. (*Erzbisthum Trier ledig.*) — Nach diesem wurde das erzbisthum Trier ledig, da wurde solches vom papst, könig und andern herrn Cuno von Falkenstein übergeben.

1479. (*Schwoerbrief.*) — Dies jahr ward der brief, so die bürger und der rath aufschwören, das letzte mal in des bischofs garten verlesen, und erkannt vor dem münster ihn zu lesen, worüber sich der bischof beschwerte, dass seine räthe vor dem münster schwören sollten[1].

1480. (*Von den Landvoegten im Elsass.*) — Von den landvögten im Elsass zu Hagenau und im Ober-Elsass, als die landgrafen abgestorben, und sich die kaiser und könige als ein reichslehen von wegen der landgrafen unterzogen, weil solche abgestorben und dem reich (das amt) heimgefallen war: und sind diese anstatt der landgrafen im obern und untern Elsass geordnet worden.

Der erste von wegen könig Karls:

---

1. Hier folgt ein eingelegtes, nicht paginirtes doppeltes Blatt, von Speckels Hand. (Note de M. Jung.)

1351. Herzog von Oestreich und Strassburg.
1352. Von der H. Wid. . (sic).
1354. Vom herzog von Oestreich.

Hiernach folgen die landvögte :

1308. Herr Heinrich von Vinstingen und Albrecht Humel zu Lichtenberg.
1325. Herr Lupolt von Oestreich als kein könig war.
1325. Rudolf, margraf zu Baden.
1328. Rudolf, herr zu Ochsenstein, chorbischof zu Strassburg.
1328. Wurden alle drei landvögte, Rudolf, Hans, Otto, herren zu Ochsenstein.
1330. Ulrich, graf zu Wirtemberg.
1350. Hugo, graf zu Hohenburg.
1354. Hug von Dirmstein.
1355. Disslach von Witmül.
1357. Rudolf, herzog zu Oestreich; an seiner statt Martin Biber.
1359. An herzog Rudolf statt, herr Ulme von Pfirt, darauf Friedrich, herzog von Tecl., von herzog Rudolfs wegen, darauf wiederum Dischlach von Weitmüll.
1363. Herr Hans von Vestenberg.
1366. Herzog Wenzel von Lützelburg; an seiner statt Heuwart zu Elten, und Heinrich von Remangen.
1367. Herzog Wenzel selbst; darauf Ulrich zu Vinstingen und Heuwart zu Eltern (sic).
1370. Ulrich, herr zu Vinstingen.
1373. Burkhard Münch von Ladenstein.
1374. Rudolf, graf zu Habsburg.
1376. Dischlach von der Wittmüll.
1377. Ulrich, herr von Vinstingen.
1378. Wenzel von Beham, herzog zu Lützelburg.
1381. Klaus von Grossstein.
1382. Ulrich, herr zu Vinstingen.
1384. Volmar von Wickersheim.
1386. Dischlach von der Wittmüll.
1390. Rudolf, abt zu Murbach und Peter von S. Diebold.
1392. Simon Wecker von Lützelstein und Peter von S. Diebold.
1393. Habart Haltenburger.
1395. Markgraf Jost von Mähren, Emich graf von Leiningen und Wecker von Bitsch.

1397. An graf Emichs statt der Burssbaum von Schwimwer und Dietrich von der Wittmüll.
1399. Friedrich von Leiningen.
1400. Als könig Ruprecht könig, ward Hannemann von Syckingen.
1401. Schwarz Reinhard von Sickingen.
1408. Herzog Ludwig von Baiern.
1410. Walther von Dahn.
1412. Graf Burkhard von Eberstein.
1420. Herzog Steffan von Baiern.
1427. Friedrich von Fleckenstein.
1429. Herzog Steffan von Baiern.
1436. Emich, graf zu Leiningen.
1445. Reinhard von Yberg.
Friedrich, pfalzgraf.
1457. Herr Rheingraf kam hinweg, darauf Peter von Dahlheim. Darauf Götz von Alotzheim. Darauf kam der Rheingraf wiederum.
1471. Friedrich, herr zu Bitsch.
Darauf ward von kaiser Ludwig von Baiern, graf zu Sponheim landvogt im untern Elsass, aber die obern städte woll' .n nicht annehmen.
1490. Graf von Holoch.
1493. Jacob von Falkenstein, hofmeister, und im untern Elsass landvogt.
1506. Peter von Mörspurg.
1514. Hans Jacob von Mörspurg.
Caspar von Mörspurg.
1531. Schenk Jörg von Erbach.
1538. Conrad von Rechberg.
1544. Friedrich, pfalzgraf, kurfürst.
1545. Heinrich von Fleckenstein.
1555. Otto Heinrich, pfalzgraf, setzt Eberhard von Erbach.
1558. Hans Diebold Waldner.
König Ferdinand löste die landvogtei wieder von herrn Otto Heinrich, pfalzgrafen und kurfürsten, und ordnete seinen sohn
1561. erzherzog Ferdinand zum landvogt; der setzte herrn Nicolaus von Bollwill zum landvogt.
1566. Hat kaiser Maximilian auf dem reichstag zu Augsburg seinen bruder zum landvogt vollkommen geordnet, der hat sich samt herrn Nicolaus von Bollwill als statthalter der landvogtei präsentiren und schwören lassen, in beiseyn der commissarien, durch

Jacob, graf zu Bitsch, und graf Ulrich von Montfort, als oberlandvogt, wie auch die obere landvogtei.

Nicolaus von Bollwill starb 1588; darauf ward von erzherzog Ferdinand zum landvogt geordnet herr . . . . . von Königseck[1].

Von 1356 bis 1413. Collectanea Danielis Specklins in usum Chronici Argentinensis. N° C. c.[2] Fol. 233

1481. *(Ammeisterwahl.)* — Dies jahr ward Götz, Wilhelm, zum ammeister erwählt. Er war bei den metzigern. Fol. 235 1356

1482. *(Zaehlung der Hausgenossen.)* — Die hussgenossen wurden auf Jacobi von neuem wieder eingeschrieben, und waren diese nach folgenden :

Zorn I. II. III. IV.	Butzlin I. II. II. IV.	Rosslin II. III. IV.
Ripelin I. II. III. IV.	Bäumlin I. II. III. IV.	Meerschwin II.III.IV.
Duschmann I. II. IV.	Twinger III. IV.	Schwarber II. III. IV.
Lenzel II. III. IV.	Winterthur II. IV.	Müllenheim II.III.IV.
Knobloch I. II. III. IV.	Spiegel II. IV.	Bock II. III. IV.
Rebstock I. II. III. IV.	zum Rich I. III. IV.	Ellenhart II. III. IV.
Erlin I. II. III. IV.	Mansen II. III. IV.	Grostein II. III. IV.
Berger I. II. III. IV.	Folschen I. II. III. IV.	Maler II. IV.
Kageneck IV.	Pfaffenlab II. III. IV.	Nopen II. IV.
Wetzel I. II. IV.	Rottenberg II.III.IV.	Kerbisser I. III. IV.
Eberlin I. IV.	Schöneck II. III. IV.	Strauben[3]
Rossheim I.II.III.IV.	Berer I. II. III. IV.	Epfig

Lemlin von Frankfurt I. II. III. IV.

1483. *(Basel durch ein Erdbeben zerstoert.)* — Auf S. Luxtag, den 18. october, kam ein grausam erdbidem vor Basel. Da verfiel das münster zum theil, mit dem chor und fronaltar, und ward die stadt Basel sehr beschädigt an kirchen, klöstern und häusern; viel hundert menschen giengen zu grund; es gieng auch ein feuer aus und verbrannte die stadt heftig. Das erdbidem liess sich schier ein ganzes jahr merken, auch zu Strassburg. Man zog von Strassburg und allen enden hinauf raumen zu helfen, und führte viel proviant und essensspeise hinauf, da jedermann mit den

---

1. Les feuillets 232—234 sont en blanc. (Note de M. Jung.)
2. N° C. c., c'est-à-dire troisième cahier du manuscrit original. Le premier, A. a. commençait au fol. 1, le second, F. b., au fol. 169. (Note de M. Jung.)
3. Die Zahlen beziehen sich auf die Zählungen: I. 1283. — II. 1300. — III 1312. — IV. 1343. (Note de M. Jung.)

unschuldigen mitleiden hatte. Es verfielen auch 60 burgen und castelle, auch die stadt Liechtstall. Davon gab man die luxröck aus; auch hier zu Strassburg.

Darauf ward die jahrzahl gemacht:

, das ist
MCCCLVI.

Ein ring mit seinem dorn,
Drei rosseissen auserkorn,
Ein zimmeraxt und der beuge zall[1],
Verfiel Basel überall.

1357   **1484.** *(Ammeisterwahl.)* — Ward zum ammeister erwählt herr Conrad Pappen; er war bei den schiffleuten.

1485. *(Zug vor Seltz.)* — Dies jahr zogen die von Strassburg und andere, aus geheiss könig Karles, vor Selz, dem markgrafen zu leid, dem es vom reich verpfändet stand. Es war befohlen die stadt zu zerschleifen, ausgenommen das stift, und sollte nimmermehr gebaut werden; aber über kurze jahr, als der kaiser da lag, baute er es selbst wiederum.

1486. *(Erdbeben zu Strassburg.)* — Darauf kamen gen Strassburg auch grosse erdbidem. Auf S. Sophientag, im mai, kam ein grosses erdbidem. Da erschracken die leute und flohen aus der stadt, fürchtend es gienge wie zu Basel. Da gebot man, dass niemand weichen sollte, sondern sollten einander in der noth beholfen seyn. Doch die welche gärten und plätze hatten, schlugen zelte auf und hütten. Den schwangern frauen erlaubte man zu gehen, wohin sie wollten. Das erdbidem währte schier das ganze jahr. Es fielen etliche thürme, giebel und kamine ein, also dass man nicht durfte auf der Pfalz zu rath sitzen, sondern in des bischofs garten. Man verbot männiglich gold und silber zu tragen, allein den rittern nicht. Man gieng alle donnerstag mit der procession herum. Es geschah im ganzen lande grosser schaden, denn über 60 schlösser einfielen.

Auf S. Luxtag kam ein solches erdbidem mit donnern und krachen im erdreiche, dass man meinte, es falle alles ein; da war ein solches schreien, dass man dabei schier verzagen sollte und des jüngsten tages erwarten.

---

1. Beucke, tympanum, Trommel. (Note de M. Janz.)

1487. (*Bittgang auf S. Luxtag eingesetzt.*) — Da wurde aufgesetzt, dass zu ewigen zeiten auf S. Lux tag meister und rath, auch alle burger, barfuss sollten mit dem heil. sacrament um das münster gehen, in grauen langen röcken, mit gugeln in der procession und pfündige brennende kerzen in den händen tragen; dieselben Unserer lieben frauen opfern. Darnach gieng man in S. Lux hof, da hielte man eine mess, darnach wiederum ins münster, von dannen in Unser frauen haus, da ass der ganze rath, und gab man spende aus.

Darnach lud man arme zu gast und gab ihnen die grauen röcke um gottes willen, und gab die stadt dann fünfzig fürtel frucht, die buck man, und gab das brod den armen um gottes willen.

Fol. 236

1488. (*Grosses Sterben.*) — Darauf folgte ein grosses sterbet, dass man bei der steinhütte einen neuen kirchhof machen musste.

1489. (*Neue Zaehlung der Hausgenossen.*) — Nach dem grossen sterbet wurden wiederum nachfolgende hussgenossen, da man sonst so bald keine gemacht hätte, von edeln geschlechtern:

1358

Gürtler	Ehnheim
Buchsbaum	Molsheim
Blenklin	Helgenstein
Gutterheim	Sturm
Diemeringen	Mosung
Hengelin	Reissen
Cristian	Hessmann
Hempracht	Hessmann Hanwart
Blümlin	Wirnag
Sigelin	Still
Rosheim	Werlin von Luttenberg.

Diese begaben sich zu mitburgern, und waren weder hussgenossen noch constoffler:

Marx von Ewersheim	Kers von Kogenheim
Wittersheim	Schwaben
Ott, Friedrich	Korsbach
Wasselnheim	Zum Weg
Dannbach	Obertzheim
Woleben	Bylsenheim.

1490. (*Ammeisterwahl.*) — Dies jahr wurde herr Claus Schnider wieder meister, und war das schwören auf den brief ins bischofs garten, für das münster gezogen, denn die burgerschaft zu gross wurde.

1491. *(Neues Kaufhaus gebaut.)* — Damals ward das kaufhaus am Salzmark gebauen. Da zeigte man den fremden kaufleuten an, ihre waaren darein zu legen. Das wollten sie lange nicht thun, also dass man sie schier dazu zwingen musste. Denn zuvor hatten sie ihre waaren in den herbergen, da geschah zu viel schaden mit stehlen und anderm, dass eine obrigkeit viel mit zu thun hatte, auch viel noch anderes hören musste.

1492. *(Kaempfe in Apulien.)* — In dieser zeit nahm könig Rupertus in Apulia viele städte ein, dem reich zuständig. Darauf schickte könig Carl den bischof Johann von Strassburg und den bischof von Prag zum papst gegen Avignon, könig Ruprechten zu gebieten die städte wieder zu geben, oder in den bann zu thun. Der papst schlug solches ab, sagte: könig Ruprecht wäre sein lehensmann und diener, was er hätte gehörte zur kirchen. Also kamen sie vergebens wieder heim.

1493. *(Bischof Johann kauft viele Staedte an das Bisthum.)* — Es kaufte der bischof Johann von Strassburg dieses jahr von landgraf Hans dem letzten (seiner tochter, die grafen Ludwig von Oettingen hatte), zum bisthum S. Pilt, Frankenburg, Erstein und viele städte, schlösser und andere gerechtigkeiten mehr, so dem landgrafen zustanden, und versetzte dagegen wiederum viel, dass schier besser gewesen (er hätte) nicht gekauft.

1494. *(Verkauf der Landgrafschaft Elsass.)* — Auf Unser frauen (mess) der jüngern, verkaufte weiters landgraf Hans in Elsass die landgrafschaft seinem schwager herrn Siegmund von Lichtenberg, der seine schwester hatte, die reichslehen um eine summe gelts.

1495. *(Geburt zweier jungen von Lichtenberg.)* — Herr Sigmund von Lichtenberg überkam die zeit zwei söhne, Ulrich und Sigmund genannt. Diese taufte bischof Johann von Lichtenberg selbst; diese wurden hernach beide domherren zu Strassburg.

Landgraf Hans that sich gen Biswiller zu seinem schwager, da er auch sein leben geendet hat.

1496. *(Bischof Johann baut das Kloster zu Dachstein.)* — Darauf baute bischof Johann das Augustiner kloster zu Dachstein mit regulirten herren oder pfründen, und begabte es reichlich mit zinsen und gülten; darum mussten ihm viele pfründen, als vicarien und caplane colecten geben, welches zuvor nicht bräuchlich gewesen[1]. Er hielt sonst wohl haus und

---

1. In einer Note, fol. 233 b. setzt Speckel hinzu: Doch bei seinem leben nicht gar zu ende gebracht, doch also weit, dass er schon etliche darein gesetzt hatte. (Note de M. Jung.)

hot nichts vom bisthum verthan, allein dass er Ruffach versetzte und dasselbe geld herrn Sigmund von Lichtenberg, seines bruders tochter zur ehesteuer gab, denn er solches versprochen hatte.

1497. (*Ammeisterwahl.*) — Dies jahr ward herr Peter Eble zum ammeister erwählt; war bei den schiffleuten. *Fol. 237*
1359

1498. (*Zug vor Seltz.*) — Da gebot könig Karl dem reich im Elsass auf: sie zogen für Selz[1].

1499. (*Fruchtpreise.*) — Auf S. Ulrichs tag galt ein fürtel frucht 1 pfund, haber zehn schilling und über vier tag galt ein fürtel frucht sieben schilling, haber drei schilling.

1500. (*Zug vor Hagenau.*) — Damals hatten die von Hagenau stets spenne mit dem herren von Lichtenberg um etliche gerechtigkeiten, wollten sich nicht weisen lassen und bewiesen bischof Johanns diener in Hagenau mit schlagen viel schmach. Da zog bischof Johann von Lichtenberg mit den burgern von Strassburg vor Hagenau. Die von Hagenau hieben alle bäume um die stadt um. (Die Angreifer) zerbrachen den graben und die brunnenleitung in die stadt, verbrannten auch viele höfe darum und was zur stadt gehörig. Desgleichen thaten die von Hagenau denen von Lichtenberg. Da man acht tage davor gelegen, wurde ein anstand gemacht und zogen ab.

Da solches kaiser Karl erfuhr, zürnte er sehr, darum dass sie eine stadt ohne sein vorwissen belagert hätten. Aber die sühne wurde ihm angezeigt und abgebeten, da war er zufrieden.

1501. (*Ritter Hans von Hüneburg stirbt.*) — Damals starb ritter Hans, marschalk von Hünenburg, der letzte seines geschlechts. Da lieh bischof Johann von Strassburg Hünenburg herrn Ulrich von Lichtenberg und Bieteln und Hördt herrn Simon von Lichtenberg, samt anderen gütern zu lehen.

1502. (*Ammeisterwahl.*) — Dies jahr war zum ammeister erwählet herr Johann von Rossenburg; war bei den Freyburgern.

1503. (*Stiftung der Elendenherberge.*) — Damals fieng herr Ottele von Uttenheim, vicarius im münster, an geld zu sammeln zu einer elenden herberg für arme und auch pilger; da bekam er bald so viel geld, dass er von stund an eine herberg baute auf S. Elisabethengasse. Es war aber den pilgern übel gelegen, deshalb zog er solche auf den Weinmarkt, und wurde noch dieses jahr gebaut. Ist jetzund die mang da. 1360

1504. (*Nicolaus Spender will ein Kloster zu S. Gallen bauen.*) — Als

---
1 Not t: Ob dies Jahr sei?

die clusen zu S. Gallen viel schwestern überkam und zu enge wurde, da hub herr Nicolaus Spender, propst zu S. Thoman an ein kloster dahin zu bauen, und als es im werk war starb er. So ward nichts daraus, wie wohl er schon ein haus gebaut hatte.

1505. (*Streit mit Schlettstadt.*) — Als noch der alte neid vom vorigen krieg gegen den bischof in denen von Schlettstadt stack, thaten sie dem bischof und bistum zu leid was sie möchten, und fiengen damalen einen schreiber, dem bischof zuständig, auf dessen herrlichkeit und setzten den auf ein rad, dem bischof zu leid. Solches erzürnte den bischof Johann höchlich, mahnet das land auf und belagerte Schlettstadt mit gewalt, hieb ihnen die reben ab und verbrannte ihnen auswendig alles. Da kamen die von Strassburg und andere, legten sich dazwischen, vertrugen die sache und war aller schaden gleich aufgehoben.

1506. (*Baden befestigt.*) — Dieses jahr wurde die niederstadt Baden mit mauern und thürmen (umgeben), damit man vor überfall der feinde versorgt wäre.

1507. (*Ammeisterwahl.*) — Da ward zum ammeister erwählt Rulin Kremer, war bei den kremern.

1508. (*Feldmaeuse.*) — Dies jahr assen die mäuse auf dem feld die frucht mehr denn halb ab, und galt doch der weizen ein fürtel 4 schilling; roggen 28 pfennig und die gerste 20 pfennig.

1509. (*K. Karl besiegt Oestreich und Würtemberg.*) — Damals mahnte kaiser Carl das reich auf wider Wirtemberg und Oesterreich. Markgraf von Baden und der bischof von Strassburg wollten nicht ziehen, damit Oesterreich nicht ursache nehme ihr land anzugreifen. Aber Oesterreich wurde gezwungen, auch Wirtemberg, dass sie sich des herzogstitels: Schwaben und Elsass mussten verzicht thun und dem reich gehorsamen. Desgleichen der pfalzgraf die gerechtigkeit, so er im Elsass vermeinte zu haben, musste er auch verzicht thun; denn im span mit kaiser Ludwig hatte ein jeder an sich gerissen, was er konnte oder mochte. (Zudem weil der landgraf Hans alles verkauft hatte.)

1510. (*Selz genommen.*) — Es ward auch Selz belagert und gewonnen und geschleift, dem markgraf von Baden zu leid, da es vom reich zu lehen stand, und geboten solches nicht mehr aufzubauen.

1511. (*Unordnung im Lande.*) — Denn weil die landgrafschaft im Elsass abgestorben war, wollte ein jeder sich des titels anmassen und die lande ihm zueignen, auch sah man einem jeden zu, was er vom reich nahm, welches man leicht vom kaiser konnte mit geringem gelt zu wege bringen, da er allein auf gelt und sein reich zu Böhmen sah.

1512. (*K. Karl vermaehlt sich wieder.*) — Es war kaiser Carl's vorig gemahl gestorben, darauf nahm er seine dritte, namens Anna, herzogs Bolislaus tochter von der Schweiniz. Die gebahr ihm damals in Nürnberg den 28. september einen jungen herrn, Wenzeslas genannt; die kaiserin aber starb an der geburt.

1513. (*Ammeisterwahl.*) — Dies jahr war herr Johann Heilmann ammeister. Er war bei den tuchern.   1362

1514. (*Neue Handwerker gemacht.*) — Darauf wurden auch mehr handwerker gemacht, die zuvor constoffler waren, als die goldschmiede, kiefer, tuchscherer. Doch machte man keine neue zunft aus ihnen, sondern sie wurden zu anderen zünften eingetheilt.

Es wurde auch geordnet, welcher von handwerken war und erbar, der sollte ewig zu den handwerken dienen, er sei so erbar und reich er immer wolle, ob er schon eines ritters tochter bekäme, das zuvor nicht bräuchlich gewesen war, denn zuvor sind viel handwerker also reich aufgekommen, die jetzt reiche, gute bürger und edele geschlechter sind. Derhalben wurden alle ritter und edelknecht und geschlechter wiederum von neuem in ordnung gebracht, dass alle so hussgenossen sind und theil an dem münzrechte haben und in dem saalbuch eingeschrieben werden, sollten eine mark gold aufs saalbuch legen, dem münzmeister 20 silber- und jedem hussgenossen 10 silbergroschen erlegen.   Fol. 239

1515. (*Hausgenossen.*) — Und waren das die hussgenossen:

Hüffel	Erlin	Schwarber
Ripel	Butzlin	Müllenheim
Zorn	Baeumlin	Böcklin
Rorenderle	Twinger	Zabern
Duschmann	Spiegel	Weissbrötle
Lenzel	Riet	Ellenhart
Knobloch	Manssen	Degenfeld
Rebstock	Volschen	Grostein
Berger	Pfaffenlab	Maller
Schenterle	Rottenberg	Kollin
Lemlin	Schoneck	Nope
Baumann	Berer	Clösner
Kageneck	Rosselin	Kürbisser.
Wetzel	Meerschwein	
Rosheim	Kornle	

1516. (*Rittergeschlechter zu Strassburg.*) — Diese nachfolgenden von rittern, edelknechten und geschlechtern, so mit den constofflern dienten, doch nicht hussgenossen waren, noch theil an der münze hatten:

Treybel	Wegwag
Gürtler	Reisser
Bussnan	Werle
Blenckle	Lutterburg
Claus Rosheim, Letzeherr	Förster
Blumele	Halle
Gottesheim	Marx von Eckwersheim
Treistein	Schiltigheim
Diemeringen	Lösselin
Humpracht	Wickersheim
Hugelin	Still
Sigele	Schaube
Ehnheim	Rümle von Weschenheim[1]
Molsheim	Dambach
Heiligenstein	Wolleben
Hessen	Kussen
Hessen zum Hauert	Heuwart
Sturm	Schwaben
Zur Magd	Engelbrecht
Mosung	und andere mehr.

1517. (*Kapitel der Baarfüssermoenche zu Strassburg.*) — Damals ward ein grosses capitel der baarfüssermönch gen Strassburg gelegt und gehalten worden. Dahin kam der 22. generaloberst von S. Francisco, der hiess Marcus Viterbiensis, und der gross-provincial war Albertus Marpachius. In diesem capitel waren die ehrwürdigen väter barfüsserordens bei einander 830; bischof Johann und jedermann that ihnen grosse ehre an. Da ward abermals von den wundern S. Francisci gehandelt, dass man bei dem bann solche glauben sollte; denn es wollten etliche nicht glauben, dieweil im leben S. Franciscus solches verschwiegen hätte. Da huben die baarfüsser an solche wunder S. Francisci nicht allein wahrhaftig zu bestätigen, sondern machten ihn auch fast Christo gleich, schrieben und predigten auch die passion von ihm, wie von Christo selbst, auch noch mehr wunderwerke; setzten ihn auch im himmel neben Christo, über alle engel,

---

1. A côté de ce nom un écusson, dessiné à la plume, et portant indication de trois bandes de couleur superposées, *rouge*, *jaune*, *blanc*. (Note de M. Jung.)

apostel, propheten und martyrer, hatten auch so viel verdienst, dass sie den überfluss verkauften, sagten man müsse alles einfältig glauben und nicht disputiren: denn sie selbst nach Francisci regel nicht dürfen studiren, sondern alle einfältig glauben.

1518. (*Ammeisterwahl.*) — Dies jahr ward erwählt Johann von Mundolsheim. Er war bei den goldschmieden.

Fol. 210
1363

1519. (*Schwere Kriege in Frankreich.*) — Diese jahre waren schwere kriege in Frankreich, also dass der von England grossen schaden darin thäte und in die lande streifte, also dass man sich musste besorgen, wenn etwa wiederum eine niederlage sollte beschehen, etwa in diese lande auch kommen möchte, denn der von Cusin, dessen mutter eine herzogin von Oesterreich gewesen, stets sein mütterliches erbe forderte von herzog Albrecht von Oesterreich; wo nicht, drohete er dem ganzen lande, solches mit feuer und schwert auszurotten.

1520. (*Tag zu Strassburg.*) — Darauf kamen alle landstände zusammen und ward zu Strassburg ein tag gehalten; dahin kamen die bischöfe von Strassburg, Basel, der von Gurck von wegen des herzogen von Oesterreich, der abt von Murbach, die grafen von Habsburg, Fürstenberg, Lauffenberg, Geroldseck, Lichtenberg. Item die städte Strassburg, Basel, Freiburg, Breisach, Nürnberg, Mühlhausen, Colmar, Schlettstadt, Kaisersberg, Münster, Reichenweyer, Oberehnheim, Rosheim, Hagenau, Weissenburg und andere mehr. Da ward beschlossen einander behilflich zu seyn wider alle ihre feinde. Das wurde mit 24 siegeln bekräftigt und beschlossen.

1521. (*Der Koenig von Cypern kommt zum Papst.*) — Damalen kam der könig von Cypern zum papst Urbano dem V., zu werben eine meerfahrt im heil. land. Dabei war auch der könig von Frankreich; der gelobte dem papst die meerfahrt. Dies geschah in der charwoche zu Avignon.

1522. (*Der Koenig von Cypern in Strassburg.*) — Den 20. julius kam Petrus Lusignan, könig aus Cypern vom papst und könig aus Frankreich von Avignon, von Basel herab gen Strassburg. Es kamen viel grafen und herren mit ihm; der bischof und die stadt empfiengen ihn ganz herrlich; man schenkte ihm ein fuder rothen, 1 fuder weissen, 1 fuder neuen wein, 16 pfund fische, 100 fiertel habern. Man turnierte auf dem rossmarkt, und war viel hofirens mit tanzen und schönen frauen; er besahe die ganze stadt. Er suchte bei dem bischof, der stadt und allen grafen und herren um hilfe an, Jerusalem und das gelobte land ihm helfen zu gewinnen, als sein erbland. Darauf versprach man ihm hilfe, wenn andere fürsten und herren auch mitziehen würden.

Ueber drei tage zog er zu wasser wiederum hinweg nach Achen: da wollte er eine wallfahrt thun, darnach zum kaiser ziehen. Das folgende jahr schlug ihn sein bruder zu tod, von wegen dass er viel verthan hätte auf der reise.

1523. (*Das Büchsenschiessen erfunden.*) — In dieser zeit ward das büchsenschiessen erfunden von Bechtolf Schwarzen, einem mönch, einem alchymisten. Erstlich schoss man zu Strassburg, darnach zu Augsburg, darnach zu Venedig mit büchsen.

1524. (*Grosses Erdbeben.*) — Den neunten tag nach singichten nach der metten, um die frühmesse kam ein grosses erdbidem.

1525. (*Blankenburger Fehde.*) — Damalen hatten herr Heugelin von Bulach und Oberle Weydenkopf etliche spenn mit den grafen von Blankenburg (denn sie ansprüche zu ihm hatten und zu keinem recht kommen konnten), und nahmen etliche helfer zu ihnen und fiengen ihn in seinem eigenen lande, und führten ihn auf die burg Hohenfels und bewahrten ihn mit grosser hut.

Der von Bulach war ein burger zu Strassburg; damit denen von Strassburg kein unfall damit begegnet, denn sie dessen kein wissen hatten gehabt, schickten sie viel reitendes volk aus und berannten die burg Hohenfels. Da ward gethedigt, dass sie versprachen den von Blankenburg gen Strassburg zu stellen; das geschahe. Indem kam ungefähr der herzog von Brabant von Hagenau, denn er war des reichs vicarius, und war herr Ulrich von Finstingen an seiner statt landvogt; er war den Finstingern viel schuldig von wegen niederlag bei Gülch, dass der von Finstingen in verderben kam. Er wollte derhalben Hagenau und die städte schätzen, aber sie wollten ihm nichts geben. Deshalb musste der von Finstingen land und leute, hab und gut versetzen und verkaufen, denn viele im Elsass ihm gedient hatten. Darauf zog der herzog von Brabant gen Strassburg; dahin kam auch der herzog von Lothringen und andere fürsten und herren mehr zu ihm und wurde ihm herrlich geschenkt.

Die halfen den grafen austhedigen, also dass der von Bulach nicht sollte zu schaden kommen, dieweil er ein burger zu Strassburg war, und sollte dem Weydenkopf für seine ansprüche 5000 gulden geben: das geschah und ward darauf ledig.

1526. (*Herzog von Brabant zu Strassburg.*) — Der herzog von Brabant trieb eine solche grosse pracht, dass er zu Strassburg alles sein silbergeschirr verkaufen musste: er zog wieder auf Hagenau zu und darnach auf Brabant.

1527. (*Grosser Komet.*) — Dieses jahr erschien ein grosser comet, schier durch das ganze jahr; darauf kam den 2. juli, als man metten sang, ein gross erdbidem.

1528. (*Wahl eines Ammeister's.*) — Dies jahr ward Götz Wilhelm ammeister erwählt. Er war bei den metzigern.

Fol. 211
1364

1529. (*Blankenburger Fehde.*) — Da nun der graf von Blankenburg ledig war, erfuhr er, dass der von Hohenstein und seine gesellschaft (als der Bulach und Weydenkopf) in Hangenbietenheim bei einander waren. Da überfiel er sie heimlich: aber die edeln flohen mit den frauen in die burg, beschlossen sie, und kamen hintenaus heimlich davon. Da stellten sich derweilen die bauern zur gegenwehr; als sie die burg eroberten, war niemand mehr darin und alle hinweg. Es wurden aber auf 60 bauern erschlag.. und viele gefangen, alles geplündert und auf den boden verbrannt. Das mussten die armen entgelten.

1530. (*Bischof von Speyer stirbt.*) — Gerhard von Kronberg, bischof zu Speyer, starb damals; nach ihm wurde erwählt Lamprecht von Büren, aus dem Elsass gebürtig. Er war abt zu Gengenbach.

1531. (*Kalter Winter.*) — Dieses jahr von weihnachten an bis Georgi war also kalter winter, dass die reben, bäume und alles erfror; die wasser und der Rhein gefroren also hart und streng, dass man mit lastwagen darüber fuhr; dadurch entstand grosser mangel an holz; da ward erstlich aufgesetzt, wie man das holz geben sollte. Aus mangel musste man das holz bei dem ziegelofen verkaufen und unter die bürger vertheilen.

1532. (*Schlechter Sommer.*) — Der sommer war auch also kalt, dass man vier tage vor Johanni singichten eis fand, darauf ein ungeschlagter sommer folgte: die frucht war theuer und der wein gar sauer, dass ihn niemand trinken wollte.

1533. (*Der Koenig von Daenemark in Strassburg.*) — Dieses jahr an einem abend spät kam der könig aus Dänemark gen Strassburg, ganz still; am morgens war er frühe auf und reisste davon, dass man nicht recht erfuhr wie er hinweg kam: er eilte gen Avignon zum papst.

1534. (*Grosses Erdbeben.*) — Auf den 1. september, auf S. Gilgen tag geschah ein grosses erdbidem zu Strassburg. Darauf kamen noch zwei erdbidem; darauf liess sich ein grosser comet sehen; nach dem kamen so viel heuschrecken, dass man musste sturm gegen sie schlagen; es half nichts: sie verderbten das ganze land.

1365   **1535.** (*Ammeisterwahl.*) — Ward zum ammeister erwählt herr Albrecht Schalk, war bei den schiffleuten.

1536. (*Waltenheimer Fehde. — Brandlegung.*) — Die herren von Waltenheim hatten viel spenn mit denen von Strassburg und thaten ihnen viel schmach an aus der burg Hochatzenheim. Da zogen die bürger aus und brachen die burg ab. Da bestellte der von Waltenheim 6 arme knechte und gab jedem 3 pfund pfennig. Die kehrten bei S. Claus ein, in Sempach's haus, in pilgers weise, welches die beste herberge war, an der grossen fastnacht. Da gieng einer hinten in den stall, als wollte er seines weges gehn, und legte heimlich ein feuer ein; über eine weile gieng der stall an und das ganze haus verbrannte. Da erfuhr man, dass es die pilger gethan hatten. Da wurden vier von ihnen gefangen, sie verjehten die that und wurden auch verbrannt.

1537. (*K. Karl kommt nach Strassburg.*) — Auf Georgen kam kaiser Carl gen Strassburg: da standen alle handwerke und burger gewaffnet vom jungen S. Peter bis ins münster. Er wurde von den geistlichen und der stadt herrlich empfangen und beschenkt. Er zog aber bald hinweg zum papst gen Avignon und gen Rom. Da empfing er die krone, und kam auf Petri und Pauli wiederum gen Strassburg, zog zu schiff gen Selz, und blieb da still liegen und baute die stadt wiederum.

1538. (*Die Englaender.*) — Indess hatte der krieg zwischen Frankreich und England ein ende, und das kriegsvolk hiezwischen nichts zu thun. Sie hatten einen hauptmann genannt Springhirz, ein ritter, den nannten sie den erzpriester. Der war zuvor auch schon einmal ins Lützelburger land gekommen, aber Boemundus, bischof zu Trier, hatte ihn mit vielen herren zurückgeschlagen. Er war sonst ein rechter erzpriester, denn als der papst ihn samt anderen bischöfen nach Frankreich geschickt, frieden zu machen, und aber die Littauer von dem hochmeister in Preussen, herrn Heinrich von Knipenrott, dem 18. hochmeister, waren abgefallen und grossen schaden thaten, hat er den papst und kaiser um hilfe angerufen. Da hat der papst diesem erzpriester Springhirz befohlen, wer in Preussen ziehen wollte aus Frankreich von diesem volk, den sollte er mit dem kreutz zeichnen und ablass geben, dessen er eine bulle hatte, auch mit des kaisers wissen. Die von Strassburg schrieben dem kaiser gen Selz, da er damals lag und die stadt baute.

1539. (*Bündniss Arnold's von Cervola mit dem Herrn von Coucy.*) — Springhirz hatte ein bündniss mit dem von Cusin, war sein obrister, und zogen aus befehl durch Frankreich und Lothringen. Diese schätzten die leute, raubten und nahmen alles wo sie hinkamen.

Als Boemundus, erzbischof von Trier, solches volk inne ward, versammelte er ein grosses volk mit Cuno von Falkenstein, Wenzel herzog zu Lützelburg, Waldemar zu Sponheim, Veldenz, Starkenburg, auf 20 tausend. Aber weil sie vormals von ihnen waren geschlagen worden, eilten sie durchs Westrich fort aufs Elsass zu [1].

1540. (*Einzug der Englaender in's Elsass.*) — Die woche nach S. Ulrichs tag zogen sie zu ross und fuss ganz wohl gerüstet, 60 tausend stark, über den Zaberner steeg stracks auf Strassburg zu, und kamen noch die nacht bis gen Königshofen in die vorstadt unter die wagner. Davon erschrack das ganze land; man flüchtete in die stadt, auch anderswohin, was man konnte.

1541. (*Sie liegen vor Strassburg.*) — Am morgen hielten sie mit einem gewaltigen haufen bei dem galgen, erboten in die stadt, sie wollten mit ihnen streiten auf dem felde. Da schlug man sturm; da kamen alle burger zu ross und fuss vors münster. Da meinten die metzger, sie wollten hinaus mit ihnen zu streiten; das wollten die burger und handwerker kurzum nicht, denn ihrer viel waren, mehr denn man damals wusste. Sie waren auch wohl bewaffnet mit harnisch und lanzen, und hatten lange köstliche kleider an, auch beingewand, das sind hossen und lange spitze schuhe und hohe hüte auf. Solches hat man zuvor nie gesehen; das gemein volk gieng ziemlich nackt und barfuss.

1542. (*Verheerungen um die Stadt.*) — Da man nicht hinaus wollte zum streiten, zündeten sie Königshofen an und verbrannten viele häuser, zogen hernach ins land, stürmten viel schlösser und städlein, verbrannten auch das kloster Truttenhausen. Die armen flüchteten was sie konnten oder mochten, sie verbrannten und raubten alles, fiengen viel volk und schätzten sie alle umb geld, rosseisen, leder, gewand und anderes was sie bedurften. Aber man liess solches nicht aus der stadt kommen, damit sie solcher dinge mangeln mussten.

1543. (*K. Karl kommt nach Strassburg.*) — Da mahnte man den ganzen bund im lande auf, auch kaiser Carl, der in Selz lag mit seinem sohne und baute Selz wieder, das er zuvor geschleift hatte, sahe eine weile

---

[1]. Cfr. avec le texte de Königshoven, éd. Hegel, p. 186 ss.

zu, eingedenk etlicher sachen, die sich unter könig Ludwig zugetragen.
Doch kam er gen Strassburg mit vielen fürsten und herren, auch grossem
volk und legte sich bei S. Arbogast und Eckbolsheim. Da kam so viel volk,
dass man den Englischen stark genug war. Da ward ein geschöll im lager,
denn einer von Strassburg hatte sich mit einem von des kaisers dienern
entzweit; da ihm nämlich des kaisers diener nicht weichen wollte, hatte
er ihn in den koth geworfen. Da wollte der kaiser ins strassburger lager
fallen und sie erschlagen; da bat ihn der bischof Johann von Strassburg
mit einem fussfall: doch liess er dem thäter den kopf abschlagen.

1544. (*Die Englaender ziehen aus dem Lande.*) — Nach dem lag er
noch 8 tage still, da sprachen der bischof und die stadt, warum man dem
bösen volk nicht nachjage und es aus dem lande triebe. Da sprach der
kaiser, er warte auf mehr volks, denn die feinde lagen zu Dambach,
Ebersheim, Benfeld, Schletstadt und in allen flecken darum. Da zog man
auf sie. Als sie solches hörten, zogen sie fort, raubten und verbrannten
alles, viele klöster und kirchen im ganzen lande. Man zog ihnen nach bis
vor Colmar, aber sie beraubten Ruffach, verbrannten auch alles darin,
schlugen zu todt wen sie ankamen, schändeten weiber und kinder, und
zogen eilends fort, in einem tag wohl so weit als die unsern in zwei
tagen; gaben vor, sie wären auf forderung des kaisers herausgekommen;
doch gab man dem keinen glauben.

1545. (*Theurung und Sterben.*) — Da man sie nicht ereilen mochte,
zogen die bundesstände und der kaiser wieder zurück, und thaten die
freunde eben so grossen schaden schier als die feinde, denn es in der
ernte war, und mit den pferden viel verwüstet wurde. Es hatten auch die
mäusse das korn auf dem felde wohl halb abgegessen; darauf folgte eine
theurung wohl 6 jahre lang, dass ein fürtel auf 12, auch 14, bis in die
16 schillin, galt; darob ein grosses sterbet erfolgte. Da hatte man etwas
neues gesehen, da hub man an und trug auch beingewande oder hosen
und lange socken und spitze schuhe, auch kappen die sonst die nonnen
trugen.

1546. (*Bischof Johann stirbt.*) — Als die Englischen solchen grossen
schaden im lande gethan hatten und die armen ihr elend tag und nacht
dem bischof Johann klagten, war er ihnen beholfen was er konnte und
mochte. Es gieng ihm aber solcher jammer zu herzen, dass er von grossem
leid krank wurde, starb also vor grossem herzenleid auf S. Creuztag im
herbst, als er 12 jahre bischof gewesen, und ward zu Strassburg in
S. Johanns capell bei seinen vätern von Lichtenberg begraben, die auch

bischöfe zu Strassburg gewesen waren. Nach seinem tod meinten viele leute er wäre heilig und thäte zeichen, denn ihrer viele riefen ihn an, die bald darauf gesund wurden, die machten ein gross geschrei. Zehand brachte man ihm viele opfer, und ward sein grab mit wachs, kerzen und andern opfer beschenkt. Ehe ein jahr herum kam, hatte man seine heiligkeit und wunderzeichen vergessen und kam niemand mehr.

1547. (*Streitige Wahl eines neuen Bischofes.*) — Darum kamen die domherren zusammen und erwählten abermals zwei an das bistum, herrn Haman von Kyburg, den dompropst, und herrn Johann von Ochsenstein, den dechanten. Sie waren auf beiden seiten stark genug, deshalben wollte keiner dem andern weichen: es wollte aber einer dem andern grossen vortel thun, wenn er weichen wollte, das wollte aber keiner thun: daraus erfolgte viel krieg, zank und widerwillen das ganze jahr aus.

1548. (*Münsterthurm gebaut.*) — Dies jahr ward der thurm am münster bis oben an den helm bei den vier schnecken verfertigt und erbaut.

1549. (*Ammeisterwahl.*) — Dies jahr ward zum ammeister erwählt Contz Müller; war bei den kornkäufern.

1550. (*K. Karl nimmt sein viertes Weib.*) — Kaiser Carl hat sein viertes weib genommen, herrn Boleslaus von Stein tochter, Elisabeth, des königs von Polen schwester tochter, die gebar ihm den 15. februar zu Prag einen sohn, Siegmund genannt, der hernach könig in Rom wurde.

1551. (*Johann von Lützelburg Bischof.*) — Als die unhellige wahl und spenn zwischen beiden erwählten bischöfen noch währte und keiner weichen wollte, da bat kaiser Carl IV den papst für seiner schwester sohn Johann graf von Leine und S. Paul, der war ein Franzoss[1]. Das bewilligte der papst, schickte dem kaiser die briefe und confirmation zu, gebot dem capitel und allen domherren diesen anzunehmen, und sollten diese beiden abstehen, die darum zankten; da ward abermals friede gemacht und ward keiner nichts.

1552. (*Einritt des Bischofs zu Strassburg.*) — Johann graf von Leine und Lutzelburg, der that seinen einritt den 11. juni, 14 tage vor Johannis des täufers; mit ihm kamen die päpstlichen und kaiserlichen legaten; alle geistlichen, auch die stadt, empfiengen ihn herrlich, wider ihren willen.

---

1. Johannes Lutzelburgius, Gallus cognominatus ac comes Lignûe, quod in Gallia educatus esset et pater ejus comitatum Lyniensem gubernasset. (Note de Specklin, accompagnée d'un écusson dessiné à la plume.)

1553. (*Wesen und Verwaltung des neuen Bischofs.*) — Er war eine herrliche schöne person, als man finden mochte. Er war aber zum regieren nichts nutz, die fünf jahre die er bischof war, versah er nichts, er liess alles seine räthe und amtleute verwalten, die versahen alles nach ihrem nutzen, nahmen ein und gaben aus; er fragte nach nichts; alles sein thun stund darauf, dass er ruhige tage haben möchte mit essen und trinken, das musste köstlich zugerichtet seyn. Morgens früh, sobald er aufstund, und ehe er einiges vornahm, musste er eine gute suppe haben, ein ganzes huhn, fisch, vogel, wildpret oder gans; das ass er allein auf; das trieb er hernach den ganzen tag, das war seine grosse arbeit. Um seiner lüderlichkeit wegen nannte man ihn bischof Leilach, auch etliche den kappenfresser, dann er sie gern ass. Er liess alles gehn, wie es ging; er fragte nach niemand; es war ein jeder, woher er kam, fremd oder heimisch zu ihm, so er sagt, er wolle ihm dienen, war er mit ihm wohl zufrieden, befahl ihm zu geben, was er wollte; er begehrte keine rechnung, fragte auch nicht, wo es herkäme; essen und trinken war ihm das liebste, das trieb er bis in die nacht. (Chr. Koenigshoven, *ed. Hegel*, p. 675—676.)

1554. (*Freiburger Fehde.*) — Damals stund graf Ego von Freiburg mit der stadt Freiburg noch in langwierigem krieg; darauf machten sie bündniss mit der stadt Basel, Neuenburg, Breisach und andern mehr. Darauf nahmen sie dem grafen das schloss Berekhalten ob der stadt ein und zerbrachen es; fanden viel gut, auch viel heiligthümer darin, das thaten sie in die kirchen. Welches den grafen verschmähet, und unterstand sich die stadt zu gewinnen, und kriegten sehr auf einander. Und einmal um mitternacht, an Unserer frauen abend, wollte er durch verrath die stadt einnehmen, ward aber durch einen der den anschlag hörte, gewarnet, und er holte dazu hilfe seiner mutter brüder, herr Mathes von Schwanau und markgraf Rudolf von Hochberg.

1555. (*Zwei Strassburger von Adel erschlagen.*) — Da zogen die von Freiburg aus und gewannen die burg Weiher und fiengen zwei junge von adel darauf, die waren von Strassburg, ein Zorn und ein Maller, die hatten gar nichts mit ihnen zu thun, die nahmen sie gefangen, und schlugen sie in dem gefängniss unschuldiger weise zu tod wider alles rechte, da sie doch im bunde mit ihnen waren; zogen hernach mit dem bund vor Endingen, das des grafen von Isenburg war und belagerten solches.

1556. (*Auszug der Zorn und ihrer Verbündeten gegen Freiburg.*) — Da das herr Berthold Zorn zu Strassburg, des knaben vater, erfuhr, wollte er solchen mord rächen. Er war ein frommer vornehmer ritter, und beschrieb seine guten freunde von allen enden; da kamen auf 500 pferde zu ihm; es kam auch der markgraf von Baden, der markgraf von Hochberg, die grafen von Salm, H. von Lichtenberg, Leiningen, Zweibrücken, Finstingen, Ochsenstein, Yssenburg, auf 5000 zu ross und zu fuss, zogen zu graf Egon, der unschuldigen mord und der Freiburger troz zu rächen.

1557. (*Die Freiburger werden besiegt.*) — Als sie ins Breisgau nach Endingen kamen, denn die von Freiburg lagen um Endingen, samt den Baselern und ihren bundesgenossen (wollten die) nicht zwischen den herren und der stadt bleiben, zogen auf eine höhe dem Rhein zu, nahmen den vortheil ein, dass sie frei möchten streiten. Da geschah auf S. Lux tag der angriff und lagen die von Freiburg hernieder mit ihrem bund und wurden geschlagen. Man jagte ihnen über den Kaiserstuhl nach bis vor Breisach ans thor; es wurden auf 1200 erschlagen und auf 400 im Rhein ertränkt, und viel hundert gefangen. Der Baseler blieben allein auf 800 tod. Sie fielen ins Breisgau, nahmen Sulzberg ein. Fol. 244

1558. (*Friedensverhandlungen.*) — Da ward ein anstand begehrt und legten sich die herzoge von Oesterreich samt andern dazwischen, und wurden viele tage gehalten. Es wurde auch ein tag gegen Strassburg gelegt und zu unterhändlern erbeten. Die von Freiburg nahmen den bischof von Constanz und den bischof von Basel; der graf Ego von Freiburg nahm den bischof von Strassburg und den markgrafen von Baden, Oesterreich und Wirtemberg als mittelmänner, samt vielen grossen herren und städten mehr; denn viel schaden durch solche spenn geschehen und noch geschehen möchte, und ward einmütig gefunden, dass viel weger die stadt und der graf von einander kamen, dieweil eben die herrschaft Badenweiler abgestorben, da sollte die stadt Freiburg ihrem herren diese herrschaft dafür kaufen und ledig zustellen, hiergegen sollten sie auch ledig von ihm sein. Solches ward zu beiden theilen angenommen und bewilligt. Sie kauften also diese herrschaft desto theurer, und liehen an 20 tausend mark silbers. Dieweil sie aber einen schirmherrn haben mussten, schlug man ihnen 3 vor, Oesterreich, Baden, Wirtemberg: also nahmen sie Oesterreich, das ihnen auch das meiste geld geliehen hatte, nämlich Albrecht und Leopold. Graf Ego zog gen Badenweiler, wo er und seine nachkommen begraben liegen. Doch behielt er den titel: graf von Freiburg. Hiermit ward friede. (Cfr. KŒNIGSHOVEN, *éd. Hegel*, p. 793—795.)

1559. (*K. Karl kommt abermals nach Strassburg.*) — Hierauf kam Carolus wiederum gen Strassburg, mit seinem jungen sohn Wenceslaus; freute sich, dass der feind aus dem lande war; zog den Rhein hinab, bis in Holland, ward mit herzog Albrecht von Bayern, graf zu Holland und Seeland, könig Ludwigs sohn, freundschaft gemacht; der gab seine tochter Johanna kaiser Carl's sohn, Wenceslaus, zur ehe, und wurde das beilager hernach anno 70 an dem 18. november zu Newenburg gehalten.

1560. (*Ammeisterwahl.*) — Dies jahr ward ammeister herr Johann Heilmann. War bei den tuchern.

1561. (*Thurm zu S. Thomae ausgebaut.*) — Damals ward der grosse thurm zu S. Thomae ausgebauet und vollendet.

1562. (*Ammeisterwahl.*) — Dies jahr war Rudolf Wasicher ammeister. Er war bei den schiffleuten.

1563. (*Die Juden werden wieder in die Stadt gelassen.*) — Damals kam viel mangel und klage, dass man sagte, die Juden hätten den leuten und handwerken geholfen, wenn man etwas bedurft hatte: da kamen rath, schöffen und amann zusammen, und ward erkannt, dass man die Juden wiederum in die stadt empfangen sollte. Solches geschah, da man doch vor 20 jahren so unbillig sie mit grossen martern verbrannt hatte und das ihrige genommen, den rath geändert und die meister entsetzt hatte.

1564. (*Grosse Theuerung.*) — Solches wiederbegehren der Juden machte die grosse theurung, welche am ganzen Rheinstrom war, also dass ein brot, eines taubeneies gross, galt 3 pfenning und ein fürtel frucht galt 2 mark fein silbers, und man konnte es doch nicht dafür bekommen. Da sagte man, die Juden hätten zu ehren der handwerke geld geliehen. Solche theurung machte die Juden wieder gut, von wegen ihrer anleihen: sie wurden mit conditionen wieder eingelassen, doch mussten sie 20 tausend gulden der stadt geben, damit sie schutz und schirm der stadt gegen männiglichen haben möchten.

1565. (*Krieg in Schwaben.*) — Damals hat sich ein grosser spann, der der stadt Strassburg hernach übel bekam, zwischen graf Eberhard von Wirtemberg und den reichsstädten in Schwaben erhoben, weil sie seine unterthanen zu bürgern empfingen, das wollte er nicht leiden, sagte, er habe deswegen freiheiten von kaisern und königen. Hiegegen zeigten die städte, als Weil, Reutlingen, Esslingen und andere mehr, dass sie auch freiheiten hätten von kaisern und königen, und solcher macht. Darauf griff der von Wirtemberg die städte an, raubte, brannte, und hieb ihnen bäume und reben ab. Die städte hinwiederum nahmen ihm das vieh und anderes, wo sie konnten. Dieser krieg währte 3½ jahr, und wurden auf 1400 menschen erschlagen und viele gefangen, und auf 1500 dörfer in den landen verbrannt. Der von Eberstein überfiel den von Wirtemberg im Wildbad, aber er kam davon. (Cfr. KŒNIGSHOVEN, éd. *Hegel*, p. 832—833.)

1566. (*Ammeisterwahl.*) — Dies jahr ward erwählt zum ammeister herr Johann Kürnagel; war bei den Freyburgern.   1369

1567. (*Neue Kirche zu S. Claren auf dem Woerth.*) — Damalen huben die nonnen zu S. Claren auf dem Wörd an ihr kirchlein abzubrechen und eine schöne kirche und kloster zu bauen. Die wurden in 6 jahren fertig und geweihet.

1568. (*Strassburger dem Kaiser nach Italien geschickt.*) — Damals schickten die von Strassburg 20 gleven, das ist 80 gerüstete pferde, kaiser Carlo zu hilfe in Italia, da er aus geheiss des papstes den herzog von Mailand bekriegte (denn von wegen könig Ludwig, der herzog von Mailand auch im bann war) und Lomparten einnehmen sollte. Als es aber vertragen, kamen sie dieses jahr wieder heim.

1569. (*Papst Urban bannt den Kaiser.*) — Da solches papst Urbanus vernahm, dass kaiser Carolus den herzog von Mailand nicht erschlagen, noch vertrieben und das land eingenommen hatte, that er ihn auch in den bann, gebot den fürsten einen andern könig zu wählen, da Carolus ein ketzer wäre an der kirche und den christenglauben nicht hätte, und gebot allen fürsten und städten, arm und reich: man suchte alle verantwortung so könig Ludwig gethan hatte, wieder herfür. Dieweil aber der papst bald darauf starb, wurde solche unruhe vermieden und blieb kaiser Carl mit ruhe an dem reich.

1570. (*Theurung.*) — Dies jahr waren alle dinge am ganzen Rheinstrom theuer.

1571. (*K. Karl in Hagenau.*) — Kaiser Carl kam von dem churfürsten den Rhein herauf mit seinem sohn Wenceslaus und ordnete zu Hagenau und im ganzen lande viel gute ordnungen, damit das reich mehr in gutem wesen erhalten würde. Herrn Ludemann von Lichtenberg gab er Obermodern und anderes zu kaufen, wie auch andern vom reich. Der von Blankenburg, mit bewilligung des kaisers, verkaufte dem Lichtenberg Ernolzheim, Griesheim, Utweiler und anderes mehr. Herr Siegmund von Lichtenberg kaufte von Siegfried von Fürdenheim und Bechtolf von Wilsperg, Dossenheim, Dettweiler und einen theil von Herrenstein; das haben die von Strassburg hernach von ihm gekauft. Hochfelden gab er der Pfalz, kam hernach im krieg an Ochsenstein; darnach wieder an das reich.

1572. (*Ammeisterwahl.*) — Dies jahr ward herr Johann Kantzler ammeister erwählt; er war bei den goldschmieden.

1573. (*Bau der Stadtmauern*). Im frühling hub man bei S. Catharinen an die stadtmauern mit zinnen zu erhöhen, und mit einem steinernen umgang zu machen bis hinauf vor das Finkweiler am einfluss der Breusch, damit in feindesnöthen die handwerker darauf stehen könnten.

1574. (*Ochsenstein genommen.*) — Damals geschah denen von Strassburg viel schmach von herrn Rudolf von Ochsenstein von der burg Klein-Ochsenstein. Da zogen die burger und handwerker aus und gewannen Klein-Ochsenstein und besetzten solches mit volk. Da aber also viel kosten wollte drauf gehen, und man besorgte, es möchte mit gewalt wieder eingenommen werden, haben sie solches zerbrochen. Es ist wieder gebaut worden, desgleichen geschah hernach mit Hennenberg (?) auch.

1575. (*Johann von Strassburg wird Erzbischof von Mainz.*) Damals starb der bischof zu Mainz, da warb kaiser Carl IV bei dem papst, dass der bischof Johann von Strassburg, sein vetter, möchte bischof da werden, wie er denn zuvor brief und siegel vom papst erhalten, und er wurde auch bischof zu Mainz. Aber Haman von Kyburg besorgte, der von Ochsenstein möchte ihn abermals hindern (wiewohl bischof Johann noch bischof war), da trug herr Hamano von Kyburg, dompropst, und mit seinen brüdern auch graf Bechtold von Küssergad, herr Reinhard von Windeck und Heinzmann von Neuenburg, Hugelin von Lörrach, Paulus von Steinbrunn, Hans von Ort, Claus Bucklinger, Oberlin Röderer Eberhardt Zollen von Sickingen, ein Zenger und andere mehr, an (dass sie den dechant von Ochsenstein fiengen)[1].

1576. (*Entführung des Domdechanten von Ochsenstein.*) — Die kamen bei nacht, nach der dritten wachtglocke in die Brandgasse in der von Ochsenstein hof (so jetzt der Hanauische hof ist); da zeigte einer an, er hätte einen brief, müsste ihn dem herrn dechant, Johann von Ochsenstein, selbst geben. Der herr versah sich nichts böses, sobald er kam, fielen ihm die andern alle an, verhielten ihm den mund und trugen ihn ohne gegenwehr geschwind durch's Richtersgässle, so man jetzt den Schlupf nennt, nahe bei des lohnherren haus durch. Da stand ein schiff im graben, darauf bestellt, fuhren mit ihm auf die Breusch, zur stadt hinaus auf dem Rhein davon.

---

1. Les mots entre parenthèse ont été ajoutés par M. Jung. En copiant Kœnigshoven, Specklin les avait oubliés.

Der junge rief (denn die diener assen) und ehe sie ihre waffen nahmen, waren sie schon hinweg. Sie liefen in die gassen um zu suchen, kamen zu herrn Hans Kantzler, dem ammeister, baten um hilf; auch zu den andern meistern. Die waren auf, suchten ihn die ganze nacht in der stadt. Morgens war man zu ross und fuss auf, fragte und suchte auf allen strassen; kein mensch konnte nichts erfahren, und ritten deshalb wieder heim.

Der dompropst hatte sich verborgen, dass man meinte, er wäre nicht in der stadt, damit kein argwohn auf ihn käme. Am dritten tag kam botschaft, wie der von Ochsenstein auf Windeck wäre, und hätte der von Windeck solches aus geheiss des dompropsts von Kyburg gethan. Darauf ward angezeigt, dass der von Kyburg heimlich in einem haus im Oelgässle bei S. Stephan in eines priesters haus verborgen läge. Da nahm der ammeister etliche herren vom rath und die diener, und fiengen den dompropst und legten ihn gefangen in einen thurn am Weinmarkt. Es waren stets zwei vom rathe und seiner diener auch zwei bei ihm, dieweil er gefangen lag.

1577. (*Die von Strassburg belagern Windeck.*) — Da also der herr dechant auf Windeck gefangen lag, verschmähet es die stadt sehr, dass wider ihre freiheiten ein mann mit gewalt gefangen und aus der stadt geführt worden: denn wer gefangen würde, sollte es durch meister und rath werden, und bei ihren eiden ins gefängniss gelegt werden. Als der von Windeck den von Ochsenstein zu recht nicht ledig stellen wollte, zogen die burger und handwerker aus vor Windeck, und lagen auf 14 tage darvor. Dieweil redeten viele herren dazwischen, dass ein anstand des kriegs gemacht wurde, und hoffte jedermann der herr dechant würde ledig werden. (Cfr. KŒNIGSHOVEN, *ed. Hegel,* p. 805—806.)

1578. (*Ammeisterwahl.*) — Da ward wieder ammeister Götz Willhelm; war bei den metzigern.

Fol. 247
1371

1579. (*Lamprecht von Büren zum Bischof erkoren.*) — Als nun beide herren, der dompropst von Kyburg und der dechant von Ochsenstein noch gefangen lagen, und man keinen bischof ohne sie wählen konnte, da bat könig Karl den papst abermals für den bischof von Speyer, Lamprecht von Büren; der war eines schiltigen ritters sohn aus dem Elsass, Wilhelm von Büren genannt. Der war erstlich ein mönch zu Neuweiler, darnach abt zu Gengenbach, darnach bischof zu Brixen, darnach 14 jahre bischof zu Speyer, ward wider Eberhard von Landeck bischof von Speyer, von Urbano V. und Carolo IV. eingesetzt; hernach bischof zu Strassburg, und verhinderte die wahl, dass die herrn gefangen lagen. Er war ein frommer und hochgelehrter herr. Der papst und der kaiser gaben ihn dahin wider aller domherren wissen und willen. Da war alles in uneinigkeit. Darauf kam bischof Lamprecht von Buren von Strassburg hinweg und ward erzbischof von Mainz, auch aus vorschub des papstes und des kaisers. Den hatten die domherren eben so gern, wie die von Strassburg.

1580. (*Windecker Fehde.*) — Als man lange gethädigt und den dechant nicht konnte ledig machen und der von Windeck darauf drang, dass man den dompropst sollte zuvor ledig geben, worauf auch der dompropst drang, das wollten etliche domherren, auch die stadt nicht thun. Deshalben machten die von Strassburg eine schiffbrücke über den Rhein und huben auch an und schlugen mit pfählen eine brücke über den Rhein erstmalen und führten das volk zu ross und fuss hinüber, und verbrannten dem von Windeck das ganze Bühlerthal und was er darum hatte. Darauf verheerte der von Windeck denen von Strassburg was er vermochte.

Da nun der krieg auf jahr und tag gewährt hatte, ward der dechant von Ochsenstein durch seine freunde ausgethädigt und musste dem von Windeck für den schaden 4000 goldgulden geben und 60 pfund für den az, und ward darauf ledig.

Hierauf wurde dem von Windeck die stadt Strassburg sein lebenlang verboten, bei leib und gut. Der dompropst lag aber noch wohl ein jahr lang, so dass er 2 jahr und drei wochen zu Strassburg gefangen lag. Zuletzt wurde er ausgethädigt, ohne alle engeltniss, musste aber 400 pfund pfennig für den az geben.

Da nun der von Ochsenstein ledig war und dem von Windeck die stadt verboten, konnte der von Ochsenstein solche schmach nicht wohl rächen: deswegen trug er mit einem fremden ritter an, der nahm den von Windeck gefangen, und musste sich um 2500 gulden lösen, und während er gefangen lag, liess ein knecht auf Windeck ein licht im stall fallen, davon gieng die burg Windeck an, und verbrannte mit allem was darin war. Darnach baute herr Rienwalt von Windeck die burg wieder auf. Solches gönnte ihm der von Ochsenstein wohl, denn er ihm viele schmach ohne ursach gethan hatte. (Cfr. KOENIGSHOVEN, *éd. Hegel*, p. 806—807.)

1581. (*Einritt des Bischofs in Strassburg.*) — Auf Unserer frauen abend der jünger, es war der 7. september, ritt bischof Lamprecht ein zu Strassburg, und empfiengen ihn die domherren und die stadt, wider ihren willen. Er war ein verständiger, gelerter mann, aber zum kriege hatte er gar keine lust, liess vieles um des friedens willen geschehen; darum hassten ihn die domherren und die ganze ritterschaft, gaben auch nicht viel auf ihn, seines niedern standes halb.

1582. (*Grosses Sterben.*) — Dies jahr war ein gross sterbet, darum ward S. Nicolaus capelle über der Breusch also reich, dass sie die kirche grösser und auch den hohen thurn bauten.

1583. (*Johanniter in Strassburg.*) — Dies jahr sollen die Johanniter erstlich in S. Johanns kloster gekommen seyn.

1584. (*Erdbeben.*) — Den 1. Juni und auf Unserer frauen tag geschahen zwei grosse erdbeben zu Strassburg.

1585. (*Eine Aenderung des Rathes.*) — Es starb auch der ammeister herr Götz Wilhelm. Da ward wiederum eine aenderung des raths, dieweil die ammeister so kurz regierten, und machte man 4 meister und einen ammeister, die sollten 10 jahre an einander regieren. Und waren das die meister, herr Hans Zorn, herr Heinz von Müllenheim, herr Hans Schilt und Gross Fritsch von Heiligenstein, und ward ammeister Heinrich Arg, ein weinmann, der blieb 7 jahre lang und starb. Darauf hub dieselbe ordnung wieder an und wurde ein neuer brief gemacht, den man schwören sollte, wie folgt. (Cfr. KŒNIGSHOVEN, *éd. Hegel*, p. 781.)

1586. (*Schwörbrief von 1371.[1]*)

In gottes namen amen. Wir die meister, der rath, die ritter, die knechte, die burger, die handwerke und die gemeinde, beide reiche und arme zu Strassburgk verjehend an diesen gegenwertigen briefe, dass wir gemeinigliche und einmütikliche überein sind khomen und uffgesetzt handt ein gemeine gerichte: gott zu ehren und der stätte Strassburg zu nutze und frommen, und auch gleich zu richtende dem armen als dem rychen, in alle wiese, also hienach geschrieben staht, und ist das gerichte zu dem ersten.

So sollend die ethe und zwentzig, die von den handwerk wegen in dem rath sind, und der ammeister in den achten tagen, eh der rath abzäth, einen ammeister kiesen, der ein handwerkmann ist, den sie trauwent uff yren eidt, der der stat zu Strassburgk, arm und reiche und aller menniglich, aller nutzest wegest und allergilchest sei, und soll och der nit langer ammeister seyn, danne ein jahr. Were aber dass der ammeister in dem jahr abgienge, dovor gott sey, so sollent die vorgenanten ethe und

Fol. 248

---

1. Die Abschrift ist zwar in dem XVI. Jahrhundert geschrieben, aber nicht von Specklins Hand; der Abschreiber hat manches verschrieben, und die Orthographie vernachlässigt. (Note de M. Jung.)

zwentzig, die von den handwerk wegen in dem rath, einen andern handwerkmann kiesen zu einem ammeister, den sie truwent uff ihren eidt, der der stat zu Strassburgk, arme und reiche, und der gemeinde allergleichest, nützest und wegest si, ohn alle geverde und arge list, und soll ouch der neuwent den rath untz (sie) ammeister sein und bleiben. Zu gleicher wise were es dasz der ammeister siech würde, so sollent ouch die vorgenanuten ein und zwentzig einen andern an seiner stabt kiesen und setzen; und soll ouch der ammeister sein, alle die weil untze dasz der ammeister genieset; darnach so soll der rath gemeinliche vier erbare unversprochene biedermannen zu vier meistern des vorgenannten unserer stat zu Strassburg kiesen: sie seint von rittern, von knechten, von burgern oder von handwerkleuten, die sie truwent uff ire eidt, die der stat zu Strassburg, beide reiche und arme und der gemeinde aller nutzest, best und gemeinest seind, und sollent ouch die nit lenger meister sein, denn jeglicher ein viertel jahrs, den rath uss; und soll noch je ein rath in den acht tagen eh er abgeht, einen andern rath kiesen, denn sie ouch uff ihren eidt der stat zu Strassburg, reiche und arme, und allermenniglich allernutzest, wegest und allergleichest sei; und sollent von rittern und von knechten eyliffe gekosen werden in den rath, und siebenzehn von den burgern und von den handwerken ehtwe und zwentzig, und sollent von denselben sechs und fünfzehn vier meister gekosen werden, die der stat zu Strassburg, arme und reiche, allernutzest und gleichest seint; man soll auch schwören, dem vorgenannten ammeister und den vier meistern und dem rath und ihrem gerichte gehorsam zu seinde, und getrewlich zu rathen und beholfen zu sinde gegen allem denen die sich gegen ihnen und ihrem gerichte setzend oder setzen wollent, doch soll des ammeisters eid vor allen dingen vorgehen. Der vorgenannte ammeister und die vier meister und der rath sollent ouch schwören den rittern und den knechten, den burgern und den handwerken, und der gemeinde, arme und reiche getrewlich zu behuthende und zu verwarende, also ferne sie könnent und mögent mit liebe und mit guette und gleich zu richtende, dem armen also dem reichen ohne alle geverde. Wir hant ouch verschworen die kuren, die wir hättent an den rath, dass wir die nymmer gefordernt und geschaffent geforderte werden, in dheinen weg ohne alle geverde. Wenn ouch ein knabe achtzehn jahr alt wird, er sei von rittern, knechten, burgern oder von handwerkleuten, der soll schwören diesen brief stets zu haltende, und soll man auch den bürgern, meister und rath bei dem eidt, wo man es weiss oder befindet, dass er nit geschworen habe und wolle nit schwören, das soll meister und rath erkennen, wie er es bessern soll.

Und soll man ouch diesen brief alle jahr schwören, stets zu habende, wenn ein rath abgeht, darnach in den achten tagen, so der neuwe rath geschworen hat. Es soll auch der ammeister, noch die vier meister, die zu meister gesetzt werdent, noch dheiner in den rath, noch niemand von ihrenwegen dheinerlei schlechte miete nehmen noch mietewon, in dheinem weg bei dem eidt, den sie darumb geschworen hant, alle dieweile sie in dem rath sint, und wer die miete nehme, der soll meineidig sin, und wo es meister und rath befindet, die dann meister und rat sint, die sollent es rechten bei dem eidt ohne alle geverde. Wäre ouch, dass gott wende, dass ein geschelle würde, so soll sich niemand waffenen, es wär denn dass man die mortglocken leute, und soll ouch niemand heissen leuten, denn ein ammeister, der dann ammeister ist, und wenn man sie also leutet, so soll menniglich zu fuss vor das münster, und da bei dem ammeister und den andern meistern bleiben, und wenn sie der ammeister und die meister heime heissen ziehen, so sollent sie bei dem eidt unverzügenlich heimziehen. Wäre aber, dass ein feuer ausgienge, so sollent sich die handwerker waffnen und für das münster ziehen zu dem ammeister und den meistern, und sollent die ritter, die knechte und die burger sich nit waffnen, es wäre denn dass der ammeister und die meister nach ihnen sendend, so sollen sie sich waffnen un[d] zu ihnen kommen, bei ihrem eidt, und was sie sie dann heissent thun; das sollent sie gehorsam seint zu thunde, ohne alle geverde. Wäre es ouch dass ein erbar mann ungeverlich komme ritende vor das münster, der soll das pferd wieder heim schicken unverzogenlich, ohne alle geverde. Wer auch der wäre, der wider diesen vorgeschriebenen brief und wider das gerichte thäte oder wider einen artikel, der darin geschrieben stat, oder schuffe (dass) dawider gethan werde, und das kundlich würde meister und rath, die zu den zeiten meister und rath sint, der soll meineidig sein und soll sein burgrecht verloren haben; und soll nymmermehr zu Strassburg in den burgbann kommen, noch burger werden, und sollent auch seine lehen den herren ledig sein. Ist es dass meister und rath urteilend dass sie ledig sollen sein und soll sein lehen und gut meister und rath gevallen sein, und soll sich auch meister und rath alles seines gutes underziehen und nehmen, es sie in dem lande oder in der stat, also ferne sie vermoegent bei dem eidt, ohn alle geverde. Und (sollen) ouch meister und rath dies gut nit wiedergeben bei ihren eidten, und welich meister und rat dies nit richtend, von dem, oder von den die dies verbrechent, die sollent meineidig seyn und erlos, und sollent nymermehr meister noch rath zu Strassburg werden.

Fol. 250

Und der vorgenannten dinge zu ewiger ganzer bestätigung so ist unserer stette gross insiegel zu einer urkund an diesen brief gehenkt, mit der ritter, knechte, burger und handwerkleute insiegel, die hernach geschrieben stehen:

Wier 1. Claus Zorn von Bulach,   2. Gosse Engelbrecht,
3. Johans Zorn der elter,   4. Hans von Grossen,
5. Johans von Müllenheim,   6. Erbe Loselin,
7. Eberlin von Müllenheim,   8. Johans Albrecht Rulendrelin,
9. Bechtold Zorn,   10. Claus Knobloch, ritter
11. Johans Schilt,

die herzu gekosen wurden von der rittern und knechten wegen diesen brief zu siegeln,

und wir 1. Cuntze Bocke,   2. Claus von Heiligenstein,
3. Wernher Sturm,   4. Johans Mollesheim,
5. Johans Merswein,   6. Johans Lentzelin,
7. Peter Rebstock,   8. Eberlin von Schönnecke,
9. Bechtold Manse,   10. Cunz zum Treybel,

die herzu gekosen wurdent von der burger wegen,

und wir 1. Hans Cantzler,   2. Johans Heilmann,
3. Rulin Barpfennig,   4. Götze Wilhelm,
5. Johans Kurnagell,   6. Johann Monnelsheim,
7. Conrad Müller,   8. Rudolf Lumbar,
9. Claus Nellesheim,   10. Hanse Carle,
11. Heintze Arge,   12. Walther Waszicher

und Hanneman Schiler, die ouch herzu gekosen wurdent, diesen brief zu besigelnde von der handwerker wegen, verjehent dass wir unsere insiegeln zu einem wahren urkundt der vorgehnden dingen an diesem gegenwärtigen brieff, zu der stätte insiegel zu Strassburg hant gehenkt. Der wart gegeben an dem ersten montags vor sanct Agnes tage, in dem jahre da man zalte von Gotts geburde dreyzehn hundert jahr sibenzig und ein jahr[1].

1587. (*Rulman Merswin und der Bau des Johannisklosters.*) — Dies jahr 71, als der bau der regulirten herren im Grünen Wördt ziemlich in abgang gekommen war, kam der wördt darum in des abtes von Altdorf händen, da kaufte es herr Rulmann Mehrschwein, ein burger von Strass-

---

1. Eine spätere Hand hat darüber geschrieben: achtzig. (Note de M. Jung.)

burg, dem abt von Altdorf ab (einen grossen platz zum alten kloster, denn ihm sein weib Gertrud von Rutenheim dies jahr starb und da begraben liegt) zu einem gotteshaus; baute eine schöne kirche dahin (die noch da steht, hart neben die alte kirche, also dass beide chor neben einander stehen, aber die beiden kirchen sind nur eine kirche, und baute solches in der ehren Johannes des täufers und des evangelisten. Der hat es den geistlichen ordens S. Johannis geschenkt, mit vielen gütern hoch begabt. Er selbst ist sein lebenlang darin geblieben, hat viel gute bücher geschrieben, und solches 1378 auf Simon und Judä vollendet.

1588. (*Rulman Merswin's Tod.*) — Rulmann Schwarber (*sic*) starb 1382 den 15. calendas augusti, liegt neben S. Johanns altar mit seinem weib begraben. (Cfr. Koenigshoven, éd. Hegel, p. 733.)

1589. (*Neubau des Johanniterklosters.*) Nachdem aber vor 50 jahren die Tempelherren alle erschlagen und die güter den neuen ritterbrüdern S. Johannis orden zuertheilt worden, und hernach die comthuren zu Schlettstadt dem haus zu Strassburg in pfandweis eingeben worden, welches sie noch in handen haben, wiewohl die ritter solches von ihnen jetzt wieder begehren und also im rechten darum stehen, da hub man an das alte Johanniterkloster zu Dorlisheim, so die Tempelherren hatten, wieder aufzubauen, denn es alt war, und (wurde) von den nachbauern zu Molsheim und andern sehr gebessert und schön gebaut und den Johannitern von diesen übergeben.

Fol. ?
1372

1590. (*Erdbeben.*) — Freitag vor S. Velltens tag morgens geschah ein grosses erdbeben.

1591. (*Sterben und Kirchenbauten.*) — Dies jahr währet das sterbet noch, denn es auf jahr und tag währet in stadt und land; und wurden oft in einem tag 100 leichen begraben. Davon wurden die pfarrkirchen sehr reich, also dass S. Martinskirche gar abgebrochen und von grund auf ungebaut wurde; die kirche zum alten S. Peter wurde auch gar abgebrochen und von grund auf mit dem hohen thurm gebaut, wie auch S. Claus, die die Spender gestiftet vor langen jahren.

1592. (*Theuerung.*) — Darauf folgte theurung in allem, allein in früchten nicht, also dass Fritsch von Heiligenstein gab 1 pfund erbiss und 1 pfund feigen in gleichem geld und gewicht, und wurden doch die erbiss viel pfund höher und besser geachtet denn die feigen. Es war der wein auch also theuer, denn man keinen baute, auch keiner wuchs, dass man erlaubte den wein zu geben wie man wollte. Da gab man 1 maas wein um

4 schilling und auch um 40 pfennig, den nächsten um 32 strassburger pfennig. Da brachte man wein von Worms und Speyer, auch von Zürich und Basel, und ehe der august vergieng galt 1 mass 3 pfennig. Also galt dies jahr 1 mass wein und 1 fürtel waizen gleich geld, nämlich jedes 4 schilling. (Cfr. KOENIGSHOVEN, ed. Hegel, p. 869.)

1593. (*Weinpreise.*) Auf S. Mauricius tag galt auf einen tag 1 mass wein am morgen 1 schilling, darnach 10 pfennig, darnach 8 pfennig, darnach 6, und ehe es nacht war, galt 1 mass 1 pfennig.

Dies jahr war ein solcher grosser herbst, dass man das ganze jahr den wein zapfte, 1 mass um 1 pfennig, den besten um 2 pfennig.

1594. (*Erdbeben.*) Auf Maria geburt kam zu Strassburg ein grosses erdbeben.

1595. *Münsterglocke.*) Damals wurde die schlagglocke auf dem münster gemacht.

1596. *Würtemberger Fehde mit den Staedten.*) — In dieser zeit erhob sich misshelligkeit zwischen dem grafen von Wirtemberg und den städten in Schwaben, die kriegten auf einander und verderbten das ganze Schwabenland mit raub und brand und todtschlag zu beiden seiten. Da nahmen die von Reutlingen dem Wirtemberger den 16. martii abermalen viel vieh; da rannte graf Eberhard von Wirtemberg und sein sohn Ulrich mit vielen reitern ihnen nach und eroberten das vieh wieder, und rannten ihnen nach bis ans thor, stiegen von den rossen und stritten zu fuss; da fielen die andern burger gewapnet zum andern thor hinaus, fielen hinter ihre feinde und vorne. Da sprang der von Wirtemberg verwundet auf sein pferd und kam davon. Es wurden aber drei grafen erschlagen, der von Schwarzenberg, einer von Zollern und einer von Sickingen, und 72 ritter und edelknechte, ohne das gemeine volk. An burgern wurden 16 erschlagen, denn man nahm niemand gefangen. Da legten sich herren und städte in einen vertrag und wurde ein anstand gemacht.

Auf solches wurden die städte etwas stolz, denn der von Wirtemberg musste viel zinse und gülten verkaufen, denn viel leistungen auf ihn geschehen, das wollte er nicht leiden und meinte ein jeder theil, er breche den frieden. Darauf machten die städte in Schwaben einen bund.

Da machten auch die schwäbischen herren einen bund wider die städte, samt allen rittern und knechten, und am Rhein. Die hatten drei gesellschaften: in Bayern, S. Georgen; S. Wilhelm in Schwaben, Franken; die Panthier- und Löwengesellschaft am Rhein. Jede gesellschaft trug von gold und silber ihr zeichen auf den kleidern. (Cfr. KŒNIGSHOVEN, éd. Hegel, p. 835.)

1597. (*Mitglieder des Loewenbundes im Elsass.*) — Und waren diese in der Löwengesellschaft, allein im Elsass, nur grafen und herren, die ritter und edelknecht nicht mit gemeldet.

Lamprecht, bischof zu Strassburg.
Siegmund, bischof zu Metz,
. . . . (sic), bischof von Worms,
Wolf zu Zweibrücken,
Friedrich zu Saarwerden,
Hanemann,
Friedrich,
Ludeman,
Ulrich,   } herren zu Lichtenberg,
Siegmund,
Johann,
Heinrich,
Johann,
Simon,   } grafen zu Vinstingen,
Velten,
Hugelmann,

Jacob,
Friedrich,
Hugo,   } grafen zu Vinstingen,
Emich,
Johann, graf zu Salm,
Wolraff, graf zu Lützelstein,
Diebold, graf zu Blankenburg,
Siegfrid von Leiningen,
Johann von Saarwerden,
Haman
Simon Wecker } zu Bitsch,
Johann zu Salm,
Hans,
Claus, } herren zu Dachstuhl,
und auf 500 vom adel, rittern und edelknechten.

Doch nahm der bischof von Strassburg die stadt Strassburg aus: wider diese nichts zu thun. Aber in den andern zwei gesellschaften, unter dem schwäbischen und anderm bunde, waren zu obgenanntem theu'schem bunde der herzog von Bayern, herzog Ruprecht am Rhein, der burkgraf von Nürnberg, bischof von Bamberg, Würzburg und andere mehr.

1598. (*Der Rheinische Bund.*) — Da das die städte am Rhein befanden, wussten sie nicht über wen es sollte zuletzt gehn; derhalben machten alle städte am Rhein, Strassburg bis gen Frankfurt, zu beiden seiten, auch einen bund, wenn man sie wollte unschuldiger weise angreifen, einander behilflich zu sein, das ward genannt die rheinische bank. Doch nahm Strassburg ihren bischof auch aus.

1599. (*Verhandlungen mit dem Schwaebischen Bund.*) — Als nun der schwäbischen fürsten und der rheinische bund gemacht war, daneben die rheinische bank, auch ein besonderer bund, da machten die schwäbischen städte auch einen bund, und bewarben sich um die rheinische bank auch, und schickten ihre vornehmen boten gen Strassburg, mit bitte, dass sie mit in ihren bund wollten eintreten.

Solches nahm man in bedacht; da widerriethen die edeln und weisen in Strassburg, zeigten an, dass solches ein schwerer handel wäre, das sich die rheinischen städte sollten in der schwäbischen alte kriege legen, und das sie nicht angienge, sollten helfen austragen, dazu mit grossem schaden. Der bund wäre allein angesehen sich zu beschirmen und nicht andere dadurch zu bekriegen und hiemit feindschaft zu überkommen muthwilligerweis; das etwa ein ganzes land entgelten müsste. Dazu hätten sie von ihren alten oft hören sagen (die ganz weise, fürsichtige leute gewesen sind), dass man nimmermehr keinen bund über Rhein machen solle, insonders mit den Schwaben, welches bedenken jetzund vorfiele, dann sie nimmermehr würden zur ruhe kommen.

Aber die Schwaben schwatzten also viel, dass aller guter rath nichts half, und giengen die rheinischen städte, wider aller weiser leute rath, hilfe und bündniss ein. (Cfr. Koenigshoven, éd. Hegel, p. 836.)

1600. (*Die Edlen müssen der Stadt schwören.*) — Darauf wollte man auch wissen, in welcher bündnissen die edeln und burger zu Strassburg wären, und welche burger oder nicht wären, denn es sprachen viele, sie sässen in der stadt wie ihre altvordern auch; wann sie dann der stadt bedurften, sprachen sie meister und rath an, ihnen wie sesshaften bürgern beholfen zu seyn, dies ward ihnen willfahrt. Wann aber die stadt noth angienge und man sie ansprach, sagten sie, es gieng solches sie nichts an, denn sie keine bürger wären. Also wollten sie beide rechte zu ihrem vortheil haben.

Darauf erkannte meister und rath, dass alle die von adel und burger, so in der stadt wohnten, sich in monatsfrist erklärten, ob sie wollten der stadt schwören, wie andere burger auch, oder sollten die stadt meiden 10 jahre lang.

1601. (*Fehde mit Johannes Erbe.*) — Dies giengen ihrer viele ein, als eine billige forderung, aber herr Johann Erb, ein ritter, wohl befreundet, wollte solches nicht thun, und meinte solches mit trotz zu erhalten. Darauf ward ihm bei leibstraf die stadt 10 jahre lang verboten, oder so lange bis er dieser erkenntniss nachkäme. Darauf zog er mit zorn von Strassburg zu herrn Burkhard von Vinstingen, der gern solche händel hatte, bewarben sich um hilfe und sagten der stadt Strassburg ab, griffen die stadt und ihre burger an.

Es war aber herr Eppo von Hattstatt ritter, der sehr reich war, auch ein burger zu Strassburg, der wohnte zu Herrlisheim, obwendig Colmar. Da sammelte herr Johann Erbe alle bösen schelmen, diebe und mörder zu-

sammen im lande, was er haben mochte, und fuhr mit ihnen heimlich
gen Herrlisheim, sie erstiegen bei nacht die burg, gewannen sie, und
nahmen herrn Eppo gefangen. Er befahl den bösewichtern, dass sie herrn
Eppo und die burg sollten wohl bewahren und verhüten, er wolle hilfe
hohlen. Hiemit nahm er auf der burg alles geld, kleinod und silbergeschirr
und fuhr damit hinweg und liess die andern hüben.

Solches erfuhr herr Marle von Wallensee[1], der landvogt zu Ensisheim,
kam morgens früh, als Johann Erb kaum hinweggekommen, belegte die
burg und stadt, dass niemand heraus kommen konnte, schickte gen Colmar
nach hilfe; die schikten gen Strassburg, da kamen die von Strassburg bald,
belagerten die burg und gewannen sie samt Herlisheim, das städtlein;
machten herrn Eppo ledig und fiengen seine wächter, darunter 56 böswichter waren, die dem land mit rauben und stehlen grossen schaden
gethan hatten. Da wurden 3 gerädert, 16 gehenkt, die anderen wurden
geköpft, bis auf drei, die behielt man, damit man den krieg wollte verrichten.

Hiezwischen legten sich viele in diesen krieg zu vertragen, welches
geschah, und wurde verglichen: doch sollte Hans Erbe die 10 jahre von
der stadt bleiben, und wurden die drei auf grosse bürgschaft ledig gelassen.
Ehe aber die 10 jahre herum waren, wurde herr Hans Erbe zu Illkirch
von dem Weissen Zorn zu tod geschlagen. (Cfr. KŒNIGSHOVEN, éd. Hegel,
p. 802—803.)

1602. (*Bau des Karmeliterklosters.*) — Damals ward das karmeliterkloster und kirche bei der Spittelgrube gar fertig und geweihet.

1603. (*Kloster zu Dachstein.*) — Damals that bischof Lamprecht die
augustiner mönche, die bischof Johann zu Dachstein kürzlich gestiftet
hatte, aus dem kloster; gab ihnen jedoch ihre unterhaltung in andern
klöstern, und ordnete andere mönche, die ein besseres oder strengeres
leben sollten führen; er hat sie aus dem kloster von der Obern Steig hinter
Maursmünster genommen, und dahin gesetzt.

1604. (*Martinimesse gestiftet.*) — Damals überkamen die von Strassburg, mit des römischen königs willen, eine freie messe zu kaufen und zu
verkaufen (aus) allen landen, und sollte die messe vier wochen währen,
nämlich 14 tag vor und 14 tag nach Martini. Solche freiheit kostete grosses
gelt. Ueber acht jahre wurde sie wieder abgestellt, denn die bürger sagten

---

1. Das Wappen des Herrn von Wallensee war hier in der Specklin'schen Handschrift
am Rand eingezeichnet. (Note de M. Jung.)

sie wäre mehr schädlich denn nützlich. (Cfr. Kœnigshoven, éd. Hegel, p. 744.)

1605. (*Grosse Braende.*) — In der fasten gieng ein grosses feuer auf in der Viehgasse, und es war ein grosser wind, und es verbrannten auf beiden seiten und darum auf 80 häuser, bis an das Metzgerthor blieben nur vier häuser stehen.

Auf Jacobus hatten etliche fremde knechte gedroschen bei dem Weissen Thurn, und meinten es wäre ihnen unrecht und schmach widerfahren, da legte einer ein feuer ein, davon verbrannte die ganze zeile zu beiden enden und bis S. Aurelien herum, bis an das Teutsche Haus, und geschah grosser schaden, denn alle scheueren voll früchte lagen.

Ueber 7 wochen wurde auswendig des Weissen Thurns zu Königshoffen abermalen ein feuer eingelegt, dass die lange zeile häuser mit einander verbrannte, wider den Bruch vor dem Weissen Thurm und dem Wickhuss, und Königshoffen brannte ganz ab, und geschah abermals in scheueren an korn grosser schaden. (Cfr. Kœnigshoven, éd. Hegel, p. 754, 755.)

1606. (*Erzbischof Johann von Mainz stirbt.*) — Damals starb auch der erzbischof von Mainz, Johann von Leine, gewesener bischof zu Strassburg; man sagte, er wäre zu Eltfeld mit gift vergeben worden. Er liegt im Rheingau im kloster Erbach begraben.

1607. (*Bischof Johann erkauft die Landgrafschaft Elsass.*) — Es kaufte auch bischof Johann von Strassburg von graf Ludwig von Oettingen, der die letzte landgräfin hatte, und von denen ein sohn (vorhanden), und der landgraf verordnete, dass dem sohn die landgrafschaft seines weibes halber beständig zustehen sollte. Und überkam also der bischof mit bewilligung des kaisers den titel. Noch war landgraf Hans, der der allerletzte, im leben; er starb 1376. Die landgrafen führten nun auf dem helm den hut, die andern aber die jungfrau; dies wurde aber wieder geändert und das älteste kleinod, nämlich die jungfrau, wieder darauf geordnet.

Doch trug damals das einkommen der landgrafschaft nicht so viel als die summe mochte ertragen nach dem hauptgut, welches er für eine grosse sünde hielt; er beichtete es dem papst, begehrte absolution von ihm, welches er auch erlangte, denn er ganz sparsam war; damit half er seinen freunden, auch kindern und enkeln, deren er etliche hatte, sehr auf, denn er milde gegen sie war; doch sparte er es an anderm.

1374   **1608.** (*Grosses Wasser.*) — Damals hat es fast den ganzen winter geregnet, und waren in allen landen grosses wasser. Da sprangen im

Elsass etliche berge von einander und sprang das wasser also gewaltig heraus, dass es steine wie mühlsteine, forttrieb, auch bäume und ganze häuser. Der erste erdbruch geschah auf den 12. jänner, der andere auf S. Agnesen tag, der dritte auf S. Veltens tag, die thaten den grössten schaden; und fuhr man durch die stadt in den strassen mit schiffen, die leute zu holen. (Cfr. KŒNIGSHOVEN, éd. Hegel, p. 866.)

1609. (*Geschoell der Rebstock und Rosheim.*) — Auf S. Jörgen tag nach dem nachtessen sassen beide geschlechter, die von Rossheim und die Rebstock bei S. Thoman, auf ihrer trinkstuben, und wurden stössig, also dass ihrer drei von Rossheim erschlagen wurden. Da klagten die von Rossheim als wenn es ein mord wäre. Aber meister und rath erkannten es für einen todschlag. Deshalb wurden 12 person von den Rebstocken 10 jahre die stadt verboten. Die zogen gen Molsheim und wohnten da.

1610. (*Lothringische Fehde.*) — Damalen hatten die von Müllenheim, die burger zu Strassburg waren, etlichen Lothringischen viel schaden zugefügt, die spenn mit ihnen hatten, aus dem Willerthal, welches ihnen war. Da zog der herzog aus Lothringen heraus, verbrannte das Willerthal, auch Scherweiler, und was den von Müllenheim war. Er zog auch vor Bergheim und that manchen sturm davor: sie wehrten sich redlich, also dass er musste abziehen. Da kam er vor S. Bilt, dem bischof von Strassburg zuständig, nahm es mit gewalt, sagte, es gehöre ihm zu. Das liess bischof Lamprecht gütlich fahren, wollte darum nicht kriegen, denn er nicht grosse freude hatte, wider einen solchen feind zu streiten; so war er auch nicht grittig auf geld. Er legte keine collecten auf die geistlichen, nahm auch nichts für die confirmation der prälaturen, aber sie haben es hernach wohl gelohnet. (Cfr. KŒNIGSHOVEN, éd. Hegel, p. 813.)

Fol. 257

1611. (*Bischof Lamprecht von Koenig Karl zum Bischof von Bamberg ernannt.*) — Da aber bischof Lamprecht nicht kriegen wollte, war ihm der adel noch mehr abgünstig, denn er nur studirte und seines amtes lugte, da hätte ihn könig Carl gern zu seinem cantzler gehabt, denn er seiner begehrte: damit er aber desto näher in Böhmen zu ihm hätte, handelte er mit dem papst, dass er ihm das bistum Bamberg dazu gäbe, und als administrator einen vogt zu Strassburg haben sollte. Darüber gab ihm der papst brief und siegel.

Denn es war graf Adolf zu Nassau bischof zu Speyer, bischof zu Mainz geworden; wollte aber Speyer auch behalten, aber könig Carl gab mit bewilligung des papstes dem markgrafen von Meissen das bistum zu Bamberg. Als der von Bamberg nicht weichen wollte, könig Carl gebe ihm denn das bistum Speyer ruhig ein, da musste könig Carl den von Mainz zu Erfurt belagern, damit er ihn vom bistum Speyer triebe, und der von Bamberg dem bischof Lamprecht weichen möchte. Indessen starb der bischof von Magdenburg, da gab könig Carl dem von Bamberg das bistum Magdenburg, damit bischof Lamprecht mit des papstes hilfe Strassburg und Bamberg behalten möchte.

1612. (*Streitige Bischofswahl.*) — Da solches die domherren erfuhren, wollten sie dem papst solche gewalt nicht zugestehen noch zulassen, sondern ihre freie wahl haben, und griffen selbst zur wahl, und erwählten abermals zwei, den dechanten Johann von Ochsenstein (das war das dritte mal) und Georg von Veldenz, den scholaster, den 15. februari. Es wollte aber bischof Lamprecht das bistum nicht fahren lassen und wollte keiner dem andern weichen; da ward der von Ochsenstein vom bischof von Mainz confirmirt, und der unterzog sich allen geschäften des bistums. Darwider appellirte der von Veldenz, dass er ihn zuvor nicht verhört hätte. Bischof Lamprecht blieb bei des papstes briefen. Da schlugen sie prozess gegen einander auf und verbannten alle drei einander. Solches währet schier ein jahr.

1613. (*Stadterweiterung.*) — Damals als die drei vorstädte ganz blos lagen, und etliche male feuer eingelegt worden, und die Englischen viel schadens darin gethan hatten, und man mit dem bau in der Krautenau und dem Finkweiler fertig war, da hub man an die Wagner, Kronenburg und die Steinstrass zu der stadt zu begreifen, und hub man am Martini bei S. Johann und bei des bischofs brückenthor zu bauen. Es war aber das Weissethurn, Cronenburg und Steinstrasserthor zuvor gebaut, hatten aber keine graben noch mauern, sondern nur einen zaun und ein flüsslein von der Breusch. Da wurden gute gräben und mauern mit umgängen gemacht, auch gute thürm und weickhenssle dazwischen, bis vor der deutschen herren kloster, und anno 1390 vollendet.

1614. (*Das Heilige Grab im Deutschen Hause gebaut.*) — Es baute auch bruder Johannes von Schoffelzheim, Augustinerordens, in ihrem garten das heilige grab, wie das zu Jerusalem, am eck gegen den Johannitern über.

1615. (*Bischof Lamprecht sucht auch das Bisthum Strassburg zu behalten.*) — Bischof Lamprecht handelte mit dem kaiser und dem papst, ob ihm das bisthum bleiben möchte: dieweil er des kaisers kanzler war, vermochte er viel bei dem kaiser. Denn er nach ehren, wie man sagt, sehr grittig war. Er war sehr gelehrt; mit dieser kunst brachte er zuwegen schier alles was er begehrte. Da waren ihm die geistlichen nicht hold.

1616. (*Hagenauer Fehde.*) — Damals hatten die von Hagenau einem edelknecht, Stophass genannt, eine schmach bewiesen: der kriegte auf sie, beraubte und verbrannte ihnen die höfe. Als nun die soldner aus Hagenau fielen, machte Stophass einen hinterhalt, und als die von Hagenau viel der besten fiengen, fiel Stophass aus dem halt und fieng sie fast alle, und wurde ein brotbeck, Huttendorf genannt, erschlagen. Da musste sich die stadt Hagenau mit ihm vertragen und musste ihm 5000 gulden geben, damit die gefangenen los würden.

1617. (*Hünenburger Fehde.*) — Damals ward um viel widersagens willen die burg Hünenburg gewonnen, bis man sich wieder verglich. Als er aber und seine gesellen mit rauben und nehmen stets fortfuhr, zogen die von Hagenau mit hilfe deren von Strassburg und des reichs vor Dhann, darin sich Stophass samt seinen gesellen hielten. Als sie die burg gewonnen und die räuber gerichtet, haben sie die burg verbrannt und geschleift.

1618. (*Fehde zwischen den Rebstock und Rosheim in Molsheim.*) — Als den Rebstocken vorigen jahres todschlags halb der von Rosheim die stadt verboten war, wollten die von Rosheim solchen todschlag selber rächen, machten mit zwei bauern zu Molsheim einen anschlag und zogen nach einander, unbekannter weis in Molsheim, lagen da bei den zweuen verborgen bis auf ihre gelegenheit.

An Veldens abend giengen die Rebstock alle, selb zehent auf der junkherren trinkstube, assen zu nacht da oben, und hatten sich keines argen versehen; da sie gegessen hatten, da kamen ungewarnet die von Rosheim gewaffnet, mit den zwei bauern auf die trinkstube gelauffen, und erstachen, 8 Rebstock; zwei jungen entliefen, dieweil sie mit den ältesten zu thun hatten, und waren das die acht: herr Peter Rebstock, Claus, Reinbold, Hugo seine brüder, Hetzel, Claus, Loselin, und Burkle Bertsche, alle Rebstock.

Da solches die von Rosheim gethan hatten, waren die porten alle zu, denn es nacht war; sie hatten sich aber mit leitern und seilen darzu gerüstet, und kamen über die stadtmauer aus davon, also ehe man auf war und sie suchte, konnte man sie nicht finden, bis morgens suchte man wo sie auskommen wären.

Es wohnten aber noch etliche Rebstock zu Strassburg, die klagten solches als einen mord über die von Rosheim, da wurde ein urtheil erkannt, wie die vorigen auch, dass solches kein mord, sondern ein todschlag wäre, feind gegen feind, und wurde den von Rosheim auf zehn jahre lang die stadt verboten.

Fol. 258
1375

Die zwei bauern aber, die keine feinde wider die Rebstock waren, sondern geld genommen hatten, und sie hatten todschlagen helfen ohne ursache, das wurde ihnen für einen mord anerkannt. Deshalb wurden sie gefangen und auf räder gesetzt. (Cfr. Koenigshoven, éd. Hegel, p. 786.)

1619. (*Friedrich von Blankenheim zum Bischof gewaehlt.*) — Da der zank mit bischof Lamprecht und den von Ochsenstein und Veldenz zu Rom noch währte, kam bischof Lamprecht vors capitel, zeigte an, wie er friedens halber, dem bistum zu gut, viele dinge hätte lassen geschehen, damit keine unruhe entstünde, also habe er des bistums nutzen hierin gesucht, wann er anderswo bischof war und das bistum Strassburg nicht beschwerte, sondern als ein administrator. Solches habe er auch nicht für sich allein gethan, sondern aus geheiss des papstes und kaisers. Dieweil er aber sehe, dass er dadurch verhasst und feindschaft erwecke, wolle er ihnen die mit dank das bistum wiederum übergeben. Es waren aber von stund an des papstes legaten vorhanden, präsentirten im namen des papstes und des kaisers herrn Friedrichen von Blankenheim, einen recht gelehrten jungen mann, nicht über 20 jahr alt, aber gelehrt und in rechten erfahren, und strenger herr, und liess seine confirmationsbriefe vorlesen. Dies geschah auf S. Mauricien tag, den 22. september. Darin war denen von Ochsenstein und Veldenz abzutreten geboten, welches dem capitel sehr hoch verschmähet; sie waren aber selbst daran schuldig, da sie stets uneinige wahlen hatten; dadurch machte sich der papst einen eingang, dass er selbst bischöfe setzte.

1620. (*Einzug des Bischof's in Strassburg.*) — Den 26. september zog der neue bischof Friedrich zu Strassburg ein; er wurde von der stadt ehrlich empfangen, auch liess er sich von allen stiften und im münster possess geben, wider aller ihrer herren willen. Bischof Lamprecht zog gen Bamberg in sein neues bistum.

1621. (*Die Englaender kommen abermals in das Elsass.*) — Den nächsten tag nach Michaelis, als der krieg in Frankreich und England abermals sich geendet, kamen abermals aus Frankreich über den Zaberner Steig ins Elsass, aus befehl des herrn von Cussin, von Oesterreich sein mütterlich erbe zu fordern; man hiess sie nur die Englischen, dieweil Engelland viel sieg wider Frankreich hatte. Darunter waren aber viele Deutsche. Kein wohlgerüsteteres volk hatte man je gesehen. Beim ein- und auszug waren leute bestellt, die sie mussten abzählen, wie viel ihrer wären. Im einzug waren ihrer auf 70 tausend, im auszug 61 tausend; es waren ihrer auf 50 tausend zu pferd, darunter 7000 in ganzen kürissen, rosse und mann. Die hatten 25 vornehme obersten und hauptleute; sie trieben grosse schande mit weibern, jungfrauen und klosterfrauen; sie verderbten und verbrannten alles. Die von Strassburg schickten auf ein geleit ihre gesandten zu ihnen mit bitte, dieweil sie ihnen kein leid gethan, auch mit ihnen nichts zu schaffen, dass sie nicht also tyrannisch hauseten und der armen leute verschonen wollten, mit raub, brand und todschlag, auch anderer schande und laster; hiergegen wollte man sie mit essen und trinken im fortziehen versehen. Darauf zeigten sie an, dass sie auf befehl des herzogs von Cussin aus Frankreich herausgezogen wären, welcher bald nachkommen würde; der wollte sein mütterliches erbe mit gewalt haben; die war herzog Lupolds tochter von Oesterreich gewesen; der forderte das ganze Hegau und Thurgau von denen von Oesterreich. Doch wollten sie weichen, wenn man 60 gute pferde gebe und 60 golden stück oder tücher und 60 tausend gulden. Da man aber wusste, dass sie solches nicht hielten, wenn man ihnen schon solches gäbe, wurde ihnen solches nicht wohl bewilligt, sie zögen denn zuvor hinweg.

1622. (*Die Englaender nehmen mehrere Orte ein.*) — Darauf gewannen sie Wangen, schlugen alles zu tod. Sie fiengen alles volk; die mussten ranzionen geben, also gold, silber, geld, tuch, rosse, eisen, nägel, leder, brot. Sie nahmen jedermann gefangen, die entliefen ihnen dann bei der nacht wiederum.

Der bischof gab ihnen 3000 gulden, dass sie aus seinem gebiet ausweichen sollten, und viel dinge mehr. Die von Strassburg schickten tag und nacht boten aus zum herzog von Oesterreich, nach Wirtemberg und den Schweizern, dass sie gewarnet waren vor dem bösen volke, und das land ausraumten, damit der feind nichts fände und mangels halben weichen müsste.

Da belegte der von Oesterreich und Wirtemberg die stadt Breisach mit volk: sie selbst durften aber nicht heraus kommen.

Vor Hagenau wurden auf 40 erschlagen, darunter ein grosser herr, den führten sie gen Stephansfeld und begruben ihn da. Hagenau gab ihnen 500 gulden; da zogen sie fort bis vor Selz.

Die von Marlenheim wollten sich wohl halten, sie luden sich zusammen, nahmen ein panner, überfielen etliche Englische und schlugen auf 24 tod. Aber die Englischen überfielen sie stark, schlugen auf 350 bauern zu tod, nahmen alle dörfer und flecken im ganzen land ein, bis gen Strassburg; zogen bis Holtzenheim.

1623. (*Die Englaender kommen in die Nache Strassburg's.*) — Auf S. Lux tag zogen sie bei Hausbergen gegen die stadt, und schlugen gegen die Breusch nach Schaffholzen hin. Indem gieng man in der stadt mit kreuzen um. Da rief der wächter vom münster herab, wie das fremde volk auf die stadt zuzöge mit grossen haufen. Da hiess der ammeister die mordglocke läuten; da liefen die bürger und handwerker gewaffnet vor das münster; auch zu ross und fuss an die porten, thürne, mauern, und wo ein jeder hingeordnet war. Da zogen sie wieder hinweg.

Den nächsten samstag hernach kamen die Englischen morgens früh vor die stadt, da läutete man abermals die mordglocke; da lief jedermann wieder an seinen bescheiden ort, zu ross und fuss. Da ritten ihrer viele hinaus gegen den feind und kamen so nahe zusammen, dass sie mit einander reden konnten. Doch kam es zu keinem schlagen. Bei der nacht kamen sie wieder an die stadt, konnten aber nichts ausrichten. Es waren aber alle in den vorstädten und klöstern in die stadt geflohen, also dass die vorstädte fast alle leer stunden; da baten die unter den Wagnern und Steinstrasse, dass man ihnen wollte volk zu geben, wollten sie die vorstädte selbst bewahren; da gab man ihnen schützen zu hilf, und sie bewahrten sich selbst.

1624. (*Beabsichtigter Verrath von Brumath.*) — Sie (die Engelländer) hatten zwei bauern von Brumath viel geld verheissen, wenn sie ihnen die stadt Brumath verrathen wollten: solches erfuhren die zu Brumath, fiengen die zwei bauern und setzten sie auf räder, und bewehrten ihre stadt wohl.

1625. (*Die Englaender hausen übel im Elsass.*) — Sie stürmten manches städtlein, gewannen keines, allein Wangen; doch konnten sie das schloss inwendig nicht gewinnen, da hatten sie ihr gut hineingeflüchtet; raubten sonst alles, schändeten weib und kind, und nahmen alles gefangen.

1626. (*Vertheidigungsmassregeln zu Strassburg.*) — Man brachte auf alle thürne büchsen: da sie solches erfuhren, kamen sie nicht mehr zur stadt. Auch hatte man grosse wurfwerke auf den Jungen S. Peters kirchhof, auch in des propsts hof, und auf S. Stephans plan gestellt, damit wenn die feinde kämen, man grosse steine und anderes unter sie geworfen hätte. Auch brach man alle wände ab auf den mauern und dem burggraben, damit keine behältnisse da wären, wenn der feind dahin käme; alle spitzen und grünen ende belegte man mit wellen und stroh: wenn der feind dahin käme, hätte man solches angezündet.

1627. (*Herr von Coucy kommt über die Steige in's Elsass.*) — Da sie auf 7 wochen im lande gelegen, und alles verheert und verderbt hatten, auch die Oesterreicher ihr eigenes land verbrannt und alles geflüchtet hatten, da kam der herzog von Cussin mit 1500 gleven oder 6000 pferden, ganz wohl gerüstet über die steige herein ins land und schlugen sich zusammen. Diese waren alle sehr köstlicher gekleidet ʼ die vorigen, in sammet und seide. Sie hatten lange beingewande an, · kulhüte auf, mit stumpfen zipfeln, wie mönchskutten. Sie hatten lang.   ren an, ihre kannen, platten, teller und trinkgeschirre waren alle silbern, auch vieles vergoldet: sie wollten allenthalben nur silber und gold haben, sonst nichts.

1628. (*Die Englaender ziehen in die Schweiz.*) — Als der von Cussin ins land kam, fand er alles verheert und musste noth halben fort. Am Katherinentage zog er fort, auf Basel zu mit den hellen haufen. Aber sie mussten sich ausbreiten in viele haufen des proviants halben, zogen ob Basel über den Hauenstein, verheerten alle schlösser und städte, auch dörfer, insonders was dem haus Oesterreich zuständig war. Als sie auf Bern zu zogen, lag ein grosser haufen, auch die fürnehmsten, in einem kloster, Frauenbrunn genannt. Da kamen bei nacht die von Bern mit ihren helfern, umgaben das kloster und zündeten es an. Was heraus lief, wurde alles erschlagen, und verbrannten mehr denn tausend darin und vieles gut. Da sie aber mangels halben mit so viel tausend pferden sich in der Schweiz und Thurgau nicht erhalten konnten, zogen sie wieder ins Elsass, thaten abermals grossen schaden mit raub und brand und todschlag, gewannen Wattweil mit sturm und erschlugen auf 800 mann darin, fiengen viele. Darnach zogen sie durch die thäler übers gebirg wiederum in Frankreich, mit grossem schaden des ganzen landes. (Cfr. KŒNIGSHOVEN, *éd. Hegel*, p. 815—819.)

1629. (*Weinernte.*) — Diesmal wuchs guter wein, welcher um Michaelis gelesen wurde, aber des volks halb blieben viel reben stehen und wurden erst um Weihnachten gelesen, als das volk aus dem lande war, der war gar seyger und zech und gar nicht gut. Darnach kamen vieler guter jahre auf einander, dass so viel wein und korn wuchs, dass es ihrer viele verdross.

1630. (*Der Bischof reitet in Strassburg ein.*) — Auf St. Stephans tag ritt bischof Friedrich von Blanckenheim zu Strassburg ein, und wurde von der stadt und den geistlichen wohl und ehrlich empfangen: allein die domherren wollten ihn nicht empfangen, dieweil sie ihn nicht erwählt hatten. Da sie aber sahen dass es nicht anders seyn konnte, überkam der bischof mit ihnen, dass sie ihn auch empfiengen.

1631. (*Synode abgehalten.*) — Im eingang des jahres hielt der bischof einen synodum mit allen geistlichen, vertrug alle sachen unter den geistlichen, womit er sich einen anhang machte, denn er sehr gelehrt war, doch noch jung, nicht viel über 20 jahre alt, aber streng und unerschrocken, und machte guten frieden im bistum. Nach diesem schweren krieg bedurfte das land solches gar wohl. Hiermit erfuhr er, was hinter der stadt und den geistlichen, auch auf dem lande stecke, und wie sie sich gegen ihn hielten, denn er sehr listig war.

1632. (*Reichstag zu Rense.*) — Auf des Johannes des täufers tag legte kaiser Karl, als er etwas alt wurde, einen tag an den Rhein mit allen fürsten; die kamen zu Rens und Lahnstein zusammen. Dahin kam des papstes legat und zeigte des papstes begehren an, dass man wollte Wenceslaus zum römischen könige wählen, Carolus verhiess auch jedem churfürsten 100 tausend gulden, versetzte ihnen dafür die zölle am Rhein. Der wurde anerkannt und zu Frankfurt ausgerufen und wurde mit Johanna seinem gemahl am 6. juli zu Achen gekrönt. Siegmund, seinem jüngsten sohn gab er die mark Brandenburg und wurde ihm Maria, könig Ludwigs aus Ungarn tochter versprochen und in Ungarn geschickt, die sprache zu lernen.

1633. (*Hausgenossen.*) — Der bischof machte wieder neue hausgenossen und diese wurden eingeschrieben, wie von altersher:

Duschmann	Riedt	Kazweck	Pfaffenlab
Lenzel	Röslin	Wenzel	Rottenburg
Knobloch	Merschwein	Müllenheim	Schoeleck
Rebstock	Beck	Eberlin	Schwarber
Erlin	Grostein	Butzlin	Maler
Baeumlin	Kürbisse	Berer	Ellenhart
Winterthur	Epfig	Mansen	Strauben
Spiegel	Berger	Völschen	Lemlin von Frankfurt.

1634. (*Andlauer Fehde.*) — Damals verwundete ein herr von Andlau einen soldner von Strassburg, da zogen die von Strassburg aus, verbrannten und verheerten das ganze thal Andlau. Da redeten viele herren dazwischen. Da gelobten zwei herren von Andlau sich zum recht gen Strassburg zu stellen, und zu thun was sie die stadt darum heissen würde, welches geschah, und ward die sache gütlich verglichen.

1635. (*Landgraf Hans stirbt.*) — Den 24. juli, an S. Jacobs abend, starb zu Bischwiller bei seinem schwager, der landgraf Hans in Elsass, der allerletzte; wie wohl er selbst seinen anspruch seinem schwager bischof Johann von Lichtenberg anno 58 verkauft, hatte er doch den titel vorbehalten. Deshalb wurden sie nur die grafen von Wörd genannt, weil sie da wohnten. Nach seinem tode haben sich die bischöfe von Strassburg landgrafen von Elsass genannt, bis an heuer.

Er starb zu Bischwiller bei seinem schwager herrn Endemann von Lichtenberg, dem er viel land zu kaufen gegeben hat: er liegt auch in der schlosskirchen begraben. Er verliess ein tochter, die hatte einen grafen von Oettingen.

1636. (*Friedrich von Lichtenberg stirbt.*) — Damals starb auch herr Friedrich von Lichtenberg, der die landgrafschaft Elsass verwaltete. Er liegt in S. Johann capel in Münster bei seinen freunden des geschlechts begraben, ein frommer herr.

1637. (*Streit des Rathes mit den Geistlichen.*) — Da wurde zum ammeister erwählt... (sic).   1377

Es massten sich die geistlichen viele jahre her, als noch von könig Ludwigs wegen, viele freiheiten zu. Dieweil die stadt im bann gewesen war, wollte niemand zu recht stehn weder vor geistlichem noch weltlichem gericht. Da nahm die stadt einweg fürgeboten, dass die geistlichen sollten in rechtlichen sachen vor weltlichen richtern recht geben und nehmen; wo nicht, sollte man sie mit gewalt pfänden, auch weder malen noch kochen, und kein bürger zu ihren messen noch opfern gehen, also giengen sie es ein zu recht zu stehen.

1638. (*Ludolf des Karthaeuser's Schriften.*) — Damals hat Ludolf Sachs, ein heiliger carthäuser zu Strasburg, der zuvor eines cardinals beichtvater gewesen, viel heiliger guter bücher geschrieben, unter andern eines, wie man das leiden Christi betrachten soll, ganz tröstlich, denn er theologus und philosophus war. Im 68. capitel straft er die geistlichen ganz hart, ihre pracht, hoffahrt, gritt, hurerey, falschen gottesdienst, abgötterei, unwissenheit, das jagen der grossen pfründen, fressen und sauffen, die sonst nichts wissen, ungelehrt, die das arme volk nur schinden und betrügen, nicht beten, noch fasten, noch des gottesdienstes warten, kranke und arme noth lassen leiden, noch viel weniger trösten und viel anderes mehr.

1639. (*Berthold Schwartz erfindet das Schiesspulver.*) — In dieser zeit war ein mönch, Benedictiner ordens, Bertholdus Schwartz, ein alchemist, der bracht durch seine kunst also viel zuwegen, dass durch natürliche mittel donner und blitz sich erzeigen, dadurch das pulver und schiessen ist aufkommen, und also allgemach von tag zu tag das schiessen und büchsen in Teutschland erstlich erfunden.

1640. (*Herrschaft Geroldseck vertheilt.*) — Damals haben die herren von Geroldseck ihre vielen herrschaften getheilt, als Geroldseck, Sulz, Dornstett, Schwanau, Lohr, Malberg, Wolfach, Schenkenzell und andere mehr.

Fol. 262
1378

1641. *(Koenigshofen abgebrannt.)* — Da wardt zum ammeister erwählt. . . (sic).

Als die armen leute bei dem Weissenthurn nach dem grossen eingelegten brande wieder gebaut hatten, auch zu Königshofen, da kamen derselbigen schelmen und bösewichte wieder etliche und legten in den osterfeiertagen feuer ein; da verbrannten die häuser wieder mit grossem schaden. Da wurden drei von ihnen gefangen, die hat man wiederum gebraten und verbrannt. Darauf wurde Königshofen erst alles zu äckern und feldern gemacht.

1642. *(Die Maeuse fressen die Feldfrüchte.)* — Es hatten die mäuse dies jahr die frucht mehr dann den dritten theil auf dem feld abgefressen, und galt doch dies jahr ein fürtel korn nur 18 pfennig, gerste 12 pfennig; des habers 10 pfennig. Auf Urbani verdarben die reben, deshalben wurde der wein theuer.

1643. *(Bischof Friedrich legt grosse Schatzung auf.)* — Damals legte bischof Friedrich grosse schatzung auf seine unterthanen, auch auf die priester und geistlichen auf dem land. Die meisten bewilligten ihm solches und gaben und er brachte dadurch einen grossen schatz zuwege.

1644. *(Streit des Bischof's mit den staedtischen Stiftern.)* — Darnach legte er auch in der stadt grosse collecten auf die stifter und pfaffen, insonders zu Jung S. Peter und S. Thomas. Da appellirten die stifter darwider zu Rom vor den papst und trieben das wohl 5 jahr. Der bischof gab stets zur antwort, es wäre kein papst, hatte auch keinen glauben an ihn, denn stets zweiung im papsttum war und ein papst den andern verbannte, deshalb er an keinen glauben wollte. Aber als ihn der papst zum bischof ordnete, da war er doch ein rechter papst. Da aber die geistlichen nichts auf ihn geben wollten, da verstörte er ihre zinse und gülten auf dem lande im ganzen bistum.

Darauf nahm sich der rath zu Strassburg des handels an, sagten die stadt und burger hätten alles gestiftet und gegeben was die klöster und stifter einkommens hätten, deshalben wäre solches das stift der burger und ihrer kinder. Handelten also streng mit dem bischof, dass er den stiftern ihre güter zinse und gülten abschlage, und wurden neben den alten briefen neue aufgerichtet, dass er nicht macht hätte die stifte zu schätzen in der stadt. Hierauf war er der stadt nimmermehr hold, denn er war sehr geitzig nach gelt, denn dadurch wollte er zu hohen ehren kommen, wie er hoffte.

1645. (*Kaiser Karl IV stirbt.*) — Auf S. Andreas abend starb kaiser Karl IV zu Prag. Er liegt zu Unser frauen auf dem schloss begraben. Er hatte vier eheweiber gehabt: Blanca, des grafen von Angus aus Frankreich tochter, die zweite Anna, pfalzgrafin, die dritte Anna, Boselo von der Schweiniz tochter, davon Wenceslaus könig; die vierte Elisabeth, herzogin zu Stettin, davon hatte er könig Siegmund. Er regierte 33 jahre, an seiner stadt wurde römischer, auch böhmischer könig: Wenceslaus.

1646. (*Herr Heinrich Arge, Ammeister, stirbt.*) — Dies jahr starb herr Heinrich Arg, nachdem er 7 jahre ammeister gewesen, und noch drei jahre ammeister sein sollte. Da ward geordnet, dass man sollte wiederum die alten ammeister regieren lassen, nach ordnung, bis zu ausgang der zehn jahre. Deshalben war in der ordnung von altern her Johann Cantzler geordnet, denn der sterbent währet noch sehr. 1379

1647. (*Johannes Tauler stirbt.*) — Dies jahr, den 15. juli, starb auch der ehrwürdige, gottesfürchtige und hochgelehrte fromme Johann Tauler, Prediger ordens, der viele christliche bücher beschrieben, die noch vorhanden sind. Er liegt vor dem lectorium theologum. Auf seinem grabstein steht ein schlechter mönch gehauen. Zu den haupten steht: In Christo Jesu. Auf der brust hat er eine krone, darunter steht der buchstabe T und der name Christus. Zur linken das lämmlein Christi, darauf weiset er mit der rechten hand. Und mit dieser schrift: Anno MCCCLXXIX in die Ciriaci et Judithae obiit F. Johannes Tauler.

1648. (*Einweihung des Heiligen Grabes.*) — Dies jahr ward erst das heilige grab geweihet im Augustiner kloster, welches längst zuvor erbaut war.

1649. (*Mordglocke neu gegossen.*) — Dies jahr ward auch die mordtglock von neuem gegossen, daran geschrieben steht:

O rex gloriæ Christe, veni cum pace. 1379.

Unten herum:

Mein schall thut kund der stätte noth,
Vorm feind bewahr lieber herre gott.

1650. (*Ammeisterwahl.*) — Da ward nach alter ordnung zum ammeister erwählt herr Philipp Haus, war bei den gartnern. Fol. 263
1380

1651. (*Neuer Staedtebund zu Strassburg.*) — Damals als sich viel fürsten und herren, wie vor geredet, zusammen wider den schwäbischen bund begaben, da entsetzten sich etliche städte und machten auch einen bund zu Strassburg; es waren nur städte, als Strassburg, Colmar, Schletstadt, Ober Ehnheim, Rosheim, Hagenau, Weissenburg, Landau, Speier, Worms, Mainz, Frankfurt. Das ward der Rheinische bund genannt. Solcher bund war nur gemacht, niemand zu beschädigen, sondern nur wann sie sollten beschädigt werden, wider ihre feinde zu stehen. Doch nahm die stadt Strassburg ihren bischof auch aus, wider denselben nicht zu stehen.

1652. (*Der Loewenbund.*) — Darauf machten die fürsten und herren wider den rheinischen und schwäbischen bund, auch einen bund, den dritten, zum Löwen oder Pantherthiergesellschaft; das war Ruprecht, pfalzgraf und churfürst, Ruprecht der jung, sein sohn, Clemens, Stephan, Friedrich, Johann, alle herzoge von Baiern, der markgraf von Baden, der burggraf von Nürnberg, item der erzbischof von Mainz, die bischöfe von Strassburg, Würzburg, Worms, Bamberg und andere. Doch nahm der bischof von Strassburg die stadt Strassburg aus, das thaten die städte auch gegen sie. Aus diesem bunde folgte nichts gutes.

1653. (*Kartenspiel aufgekommen.*) — Dies jahr ist erstlich zu Strassburg und im lande darum das kartenspiel aufgekommen, und triebens die edeln tag und nacht auf ihren trinkstuben; zuvor spielte man schach- und brettspiel, und hielt man das kartenspiel für sehr kunstreich. Es legte sich schier jedermann darauf, also dass man es verbot, und nur den edeln und burgern (erlaubte) damit zu spielen. Alle maler hatten genug zu thun nur karten zu malen.

1654. (*Fromme Stiftung.*) — Dies jahr soll Cuntz von der Megt, ein edelknecht, den spital zu S. Johann für 12 fromme, alte erbare frauen gestiftet haben, zu beten.

1381   1655. (*Ammeisterwahl.*) — War diesmal zum ammeister erwählt herr Walther Wasicher; war bei den schiffleuten.

1656. (*Verkauf von Gerechtigkeiten an Barr.*) — Die wespermennt (*sic*), die Barr inne hatte, verkaufte damals herr Rudolf von Ochsenstein an Barr, samt allen gerechtigkeiten.

1657. (*Die Messe wieder abgeschafft.*) — Danach beklagten sich die kunstleute und handwerker, dass sie alle ihre waaren verzollen müssen, deshalb solche theurer geben, die fremden waaren in der messe zollfrei seyen, und könnten näher gegeben werden; ihre waaren aber liegen blieben: wollten sie ihre burgerrecht aufsagen, so könnten sie wie fremde, sich besser erhalten. Also wurde mit schöffel und ammann die messe wieder abgekündet, die gross gelt zu erwerben gekostet hatte.

(Nota: Der brief so hieher gehört stehet vorn, fol. 248.)

1658. (*Veraenderung im Rath.*) — Damals waren die 10 jahre herum, die herr Heinrich Arg sollte regiert haben neben den vier meistern, und befand man dass es nicht nützlich war, dass die meister also lange regieren sollten, denn sie dadurch etwas hochmüthig würden, auch sich viele ihrer langen regierung beschwerten, deshalb wurde es rathsam angesehen, dass man die ordnung im brief, den man alle jahr schwört vor dem münster halten sollte. Darum wurde wieder ein neuer rath eingesetzt, und sollten auch vom adel in den rath gezogen werden; 11 vom adel, und von den burgern 17 und von den handwerkern 28 personen. Aus dem sollte man nennen und erkiesen den ammeister. Da ward erwählt Johann Messerer.

Fol. 261
1382

1659. (*Zug gegen den Grafen von Vergy.*) — Damals hatte der graf von Versoy das schloss Schetelo im Westrich ein, darauf er etliche liegen hatte, die raubten alles was da aus und einzog, denn es der landstrasse sehr gelegen ist. Da aber denen von Strassburg und auch dem bischof und andern grosser schaden dadurch geschah, und die von Strassburg solchen muthwillen nicht länger leiden konnten, zogen sie aus, belagerten Schetelo. Da kamen der bischof von Strassburg Friedrich und der graf von Lützelstein, auch andere städte zu ihnen, und geschah von aussen und innen grosser schaden. Als man aber drei wochen war davor gelegen, gaben sie die burg mit vergeding auf. Da liess man die böswichter abziehen, und verschleiften Schetelo auf den boden und zogen heim.

Solches verschmähet den grafen von Versoy dass man ihm eine solche gute burg zerbrochen hatte, und wollte seinen schaden rächen und sammelte ein gross volk; zog erstlich auf den grafen von Lützelstein und belagerte die stadt Sarbebelen und schädigte den von Lützelstein und Finstingen sehr, erbot sich zu streiten gegen jedermann. Da zogen der bischof und die stadt Strassburg, auch der markgraf von Baden aus, wider ihn zu streiten, und als sie an die Zaberner Steige kamen und der graf von Versoy solches erfuhr, zog er hinweg, liess sein volk laufen. Da zogen die herren auch wieder heim. (Cfr. KŒNIGSHOVEN, *ed. Hegel*, p. 807—808.)

1660. (*Strassburg zieht gegen den von Schoeneck.*) — Damals hatten zwei edelknecht, die Böger von Paperlen genannt, die stadt und schloss Homburg in pfandweise ein, von dem bischof von Metz. Darauf enthielten sich viele böswichter, insonders Simon von Schöneck, der stadt Strassburg grosse feinde. Der hatte viel unschuldige leute beraubt und ermordet, insonders herrn Rulin Lösselin, ritter, und viel ehrliche leute mehr. Da gelobte eine stadt Strassburg wer den Simon von Schöneck lebendig brächte, dem wollte man 3000 fl. geben, wer ihn tod brächte, 2000 fl. Es half alles nichts, er hatte seine kundschaft also gut, und grif auf die stadt Strassburg also listiglich an, dass man ihm nicht zukommen konnte, und holte seinen unterhalt auf Homburg.

Da zogen die von Strassburg aus auf Homburg mit grosser gewalt. Da solches die zwei Böger von Paperten erfuhren, zogen sie denen von Strassburg bei Homburg entgegen, gaben sich gefangen, übergaben ihnen Homburg, schloss und stadt, zeigten ihre entschuldigung an und schwuren Simon von Schöneck keine stunde mehr aufzuhalten, welches auch geschah. Da gab man ihnen schloss und stadt wieder, sonst wär alles zerstört worden. (Cfr. Koenigshoven, ed. Hegel, p. 809—810.)

1661. (*Brumath geplündert.*) — Im heimzug geschah dass Georg Wiedergrün zu Brumath war. Er fiel in Brumath ein, nahm etliche bürger gefangen und auch viel gut, führte sie hinweg von wegen etlicher schuld, so die von Lichtenberg von wegen der Pilgerin gelten sollten, zwang sie ihm zu Ortenburg recht zu nehmen. Herr Ulrich von Finstingen, der landvogt zu Hagenau, begehrt dass Wiedergrün recht sollte vor ihm nehmen oder den verampteten der landvogtei, da ward ein tag gegen Ingwiller gelegt, dass die von Strassburg mit graf Hanemann und Wecker von Zweibrücken auch sollten dahin kommen. Es hatte aber Heinrich der junge, herr von Lichtenberg spenn mit dem grafen von Lützelstein, der traf beide grafen von Zweibrücken an, schlug sie und nahm sie gefangen. Zuletzt als der tag gen Strassburg gelegt wurden sie ledig und vertragen.

1662. (*Ammeisterwahl.*) — Dies jahr ward wiederum herr Hans Cantzler ammeister erwählt, war bei den goldschmieden.

1663. (*Zug gegen Homburg.*) — Damals geschahe herr Heinrich von Lohr, der burger zu Strassburg war, viel schmach von den herren von Homburg, da schrieb die stadt freundlich für herrn Heinrich von Lohr, dass sie sich wollten gütlich mit ihm vertragen, aber sie schmäheten den boten und stiessen ihn aus der burg. Auf solche schmach zogen die von Strassburg aus mit herrn Heinrich von Lohr vor die zwei burgen von Homburg, gewannen die stadt und verbrannten sie auf den boden ab, auch das ganze thal und alle dörfer, denen von Homburg zuständig. Sie lagen 8 tage darum, da es aber noch kalt war, zogen sie wieder heim, mit bescheid, sobald es wärmer würde, wieder zu kommen, indessen wurde der krieg gerichtet.

1664. (*Spaenne zwischen den Zorn und Müllenheim.*) — Damals erhob sich spenn zwischen den von Zorn und Müllenheim, dass sie auf einander kriegten; da zog der bischof das geistliche gericht in seinen hof, damit es sicher wäre.

1665. (*Der letzte Herr von Spessburg stirbt.*) — In dieser zeit starb herr Walther von der Dick auf Spesburg hinter Andlau; liegt in Andlau begraben; der letzte herr seines stammes und namens.

1666. (*Der Bischof legt der Geistlichkeit Steuern auf.*) — In dieser zeit als bischof Friedrich die stifter nicht schätzen durfte, nahm er viele wege für sich damit er gelt samelte, deshalb mussten alle aebte und praelaten und andere geistlichen ihre confirmationen von ihm erkaufen. Da musste oft ein abt oder eine aebtissin 5 oder 600 gulden geben; welcher nicht wollte, kam bald ein andrer der gern gab.

Deshalb, während er bischof war und eine abtei ihm zwei oder drei mal zu handen kam, kamen etliche klöster in grosse schulden, versetzten ihre güter und verarmten, auch wenn ein herr, dienstmann, oder reicher bauer starb, zog er sein gut an sich, als sein eigen. Da musste sich die freundschaft mit ihm vergleichen nach seinem willen, den reichen priestern und pfaffen nahm er es gar, sagte, er wäre ihre geistlicher erbe, gab weder den freunden noch schuldnern etwas.

1667. (*Bischof Johannes, Predigerordens, stirbt allhier.*) — Damals starb bischof Johannes, Prediger ordens, in Strassburg, liegt zu den Predigern, mit einem erhabenen grabstein. Sein epitaphium steht also:

> Anno Domini MCCCLXXXIII. die Augustini,
> Obiit venerabilis dominus, dominus Johannes
> Episcopus Castoriensis, ordinis Praedicatorum.

1668. (*Neubau des Klosters Steinbach.*) — Damals hat herzog Leupolts von Oesterreich gemahl, frau Catharina von Burgund, das alte verfallene kloster schön Steinbach wieder von grund auf neu gebaut.

1669. (*Ammeisterwahl.*) — Damals wurde zum ammeister gewählt herr Conrad von Geispolzheim, war bei den brotbecken.

1670. (*Fehde mit Hagenau.*) — Als die von Hagenau grafen Hansen von Lichtenberg abermals viele irrungen machten in seinen gerechtigkeiten, und über alle alten verträge griffen, und er der stadt Strassburg bürger war, zogen die stadt Strassburg und graf Hans von Lichtenberg mit gewalt vor Hagenau, lagen auf 4 wochen davor; darauf wurde ein friede angestellt auf eine zeit, da ward die sache vertragen und hingestellt¹.

1671. (*Der letzte Graf von Ussenburg stirbt.*) — Damals starb herr Hesso, der letzte graf von Ussenburg zu Kenzingen; die herrschaft kam mehrentheils an Oesterreich und Baden.

1672. (*Brand im Münster.*) — Damals zierte man etliches an der orgel im münster und es stand die schmiede und das feuer nahe an der orgel. Auf S. Gertrudentag am abend, als sie das feuer nicht recht besorgt, gieng ein grosser wind, und gieng die orgel an, und verbrannte alles, kam auch in das lange dach ob der kirche, verbrannte das ganze bleierne dach zwischen den chor und dem thurn, und wäre nicht also grosse hilfe geschehen, so wären chor und thurn auch angegangen.

1673. (*Neue Münsterorgel.*) — Darauf fieng man an eine andere orgel zu machen, köstlicher denn der vorigen keine, sie kostete auf 1000 pfund, ohne was man zu bessern hatte.

1674. (*Grosser Brand in Strassburg.*) — Es gieng auch ein feuer in der Stadelgasse auf, und verbrannte alles um das Barfüsser kloster; es kam auch über den graben und verbrannte alles bis in die Stampfgass: bei der Gürtler gotteshaus hörte es auf und am Brant ein End, daher es noch so heisst; was am Rindssütter graben liegt, an beiden seiten, auf 100 häuser.

1675. (*Münsterbau.*) — Dies jahr sollte das münster bis an die 4 schnecken fertig werden; nachmals haben es die zwei junkherren von Prag fertig gemacht und Johann Hild (sic) von Cöln.

Fol. 256 **1676.** (*Streit mit dem Grafen von Vergy¹.*) — Zwischen ostern und pfingsten wollte der graf von Versoy, von wegen dass ihm die von Strassburg sein schloss Schetelo zerbrochen hatten, nochmals sich rächen, und versammelte abermals ein grosses volk zu ross und zu fuss und zog durchs Westrich bis an den Zaberner Steg, und wollte in Elsass fallen. Da ward das land gewarnet; denn der von Versoy sagte, er wolle das ganze land verheeren und verbrennen und alles zu tod schlagen. Da hatten die armen leute alles geflöhet, was sie hatten in die städte und schlösser: da waren etliche fromme leute bei ihm, die sprachen: dieweil er im sinn habe das

---

1. Dieser graf Johann von Lichtenberg hatte vier töchter, die wollten geistlich werden, kamen auch alle vier nach Strassburg in S. Clara kloster auf dem Rossmarkt. (Note de Specklin.)

2. « Nach Randbemerkungen Specklin's auf fol. 256 und 265. » (Note de M. Jung.)

land zu verbrennen und die leute todschlagen wollte, wollten sie ihm dazu nicht helfen, sondern sie haben ihm nur eine schlechte reise dienen wollen, und fuhren wieder hinweg. Da durfte er nicht ins land. Doch rannten etliche gleven ritter über die steige und verbrannten zwey dörfer und flohen wieder hinüber, und zogen heim. Da sprach der von Versoy: er wolte gern ewiglich in der hölle sitzen, wenn er sich nur nach seinem willen genug an den von Strassburg rächen möchte.

Damals sammelte der von Versoy abermals ein grosses volk und wollte auf die von Strassburg und andere ziehen von wegen Schetelo. Da aber dem herzog abermals grosser schaden widerfuhr von wegen der durchzüge und anderm an seinem lande, wollte er solchem vorkommen, schrieb allenthalben um hilfe, auch denen von Strassburg, das seinige zu beschützen. Da kamen alle nachbarn und stände zu ihm mit hilfe. Auch die von Strassburg schickten ihm 100 pferd und 4000 zu fuss und kamen gegen Lienstatt. Da der von Versoy solches vernahm, schickte er etliche, die grossen schaden dem von Lothringen thaten. Und zogen die von Versoy wieder zurück.

Fol. 265

Da nun die ritter und knechte von Strassburg zu Lienstatt lagen, da war Adam Löselein von Strassburg der sah Simon von Schöneck, den bösewicht, der voriges jahr seinen vetter Rulin Löselein, ritter, unschuldiger weise ermordet hatte, darauf die von Strassburg ihn auf Homburg und anderswo gewahrt hatten. Er trat zu dem bösewicht, Simon von Schöneck und erstach ihn von wegen seines vetters, mit hilfe seiner vettern Erbe Löselein und Rufelin Wasicher von Strassburg. Da das die Welschen erfuhren, die bei dem herzog waren, dass ihr gesell Simon erschlagen war, da waffneten sie sich und überfielen die Deutschen, und wollten sie alle erschlagen haben: hergegen wehrten sich die Deutschen, so best sie mochten, denn ihrer wenig genug waren, und wurde Claus von Westhusen erschlagen und mehrere verwundet. Da ritt der herzog von Lothringen dazwischen, machte frieden und nahm die Deutschen alle gefangen. Sie mussten schwören sich wieder zu stellen auf verantwortung auf ein ziel, und liess sie alle hinweg ziehen, heim zu, allein die drei vorgenannten, die den Simon von Schöneck erschlagen hatten, liess er zu Lienstatt ins gefängniss legen und wollte sie richten lassen.

Aber viele grafen, edele und herren baten den herzog dieweil sie ihm zu dienst wären dahin gekommen, sollte er verzeihen, bis er hörte warum solches geschehen wäre. Solches bewilligte der herzog, und sie lagen auf 11 wochen gefangen.

Hiezwischen schrieb die stadt Strassburg alle handlung an den herzog, und geschahe grosse fürbitte von grafen und herren, auch von denen von Strassburg.

Zuletzt musste man mit dem herzog thädigen, und ward die rathung gemacht, dass sie 10 tausend gulden geben mussten. Das erlegte die stadt Strassburg auf bürgschaft für sie. Darauf wurden sie alle ledig. Solches war für den herzog ein grosse schande, und redete ihm jedermann übel zu, dass er eines bösewichts halber, ritter und knechte, die ihm zu hilf auf ihre eigene kosten gekommen waren, also unbillig schätzte und solches vor ihren lohn gab. Darauf mussten die drei im thurn sich schätzen bei ihren eiden, da war Adam Löselein um 1000, und Rüfelein Wasicher um 1000, und Erbe Löselein um 800 pfund geschätzt; die andern, ritter und knechte nach marzahl eines jedens vermögens, bis die 10 tausend gulden ganz wurden. (Cfr. KŒNIGSHOVEN, éd. Hegel, p. 810—811.)

[Fol. 267]
[1385]

1677. (*Ammeisterwahl.*) — Im eingang des jahres als man sollte einen neuen ammeister erwählen, da wollte herr Walther Wasicher ammeister seyn und bleiben mit hilfe herrn Hans Canzlers und Herrn Philipps Hauszen, denn diese drei waren sehr mächtig und nahmen sich der gewalt zu viel an; waren sonst weisse aber listige leute, zogen jedermann an sich, also dass schier nichts in stadt und land konnte verrichtet werden, man hatte sie denn dabei; dazu nahmen sie geschenke, auch oft von beiden parteyen, es wären geistliche oder weltliche personen: in summa es musste alles im rathe nach ihren köpfen gehen, es wär recht oder nicht; dass brachten sie zuwegen dass keiner in rath und ämpter kam, als was sie wollten, und brachten alles durch.

Da aber Walther Wasicher mit der beiden andern hilfe ammeister bleiben wollte, damit der gewalt nicht aus ihren händen käme und sie nach ihrem gefallen regieren möchten, das verdross herrn Conrad von Geispitzen, den brotbecker, der im alten rath ammeister war, der sprach: Das sollte nicht seyn, dass man mit gewalt das ampt anfallen und keine chur mehr gelten sollte; ehe es dahin kommen sollte dass die drei allein meister seyn sollten, wolle er das panner nehmen und mit den handwerken vors münster ziehen und einen neuen ammeister erwählen. Da er dann aufstand um zur thüre hinauszugehen, waren weise leute, die hielten ihn und redeten dazwischen, dass kein geschöll und auflauf würde.

Darauf ward ein neuer ammeister erwählt, herr Claus Mayer, war bei den schiffleuten und vier neue meister und ein neuer rath nach altem brauch.

1678. (*Untersuchung wider die alten Meister des Rathes.*) — Darauf wurden von adel, burgern und handwerkern vom rath geordnet, die sollten heimlich in stadt und land zeugniss hören, wie sich die drei meister in ihren ämtern und thun verhalten hatten; und als sie solches verrichtet hatten, brachten sie es wiederum vor rath.

Darauf gebot man Walther Wasicher und Philipps Haussen vor rath, denn Hans Canzler nicht in der stadt war; als sie vor rath kamen, hielt man ihnen die stücke so auf sie erzeugt waren, vor und hiess sie auf ein jedes stück ihre verantwortung thun; darauf gaben sie antwort, wie sie mochten. Nach klag und antwort urtheilten meister und rath, dass diese zwei sollten von stund an, aus der stadt ziehen, und auf 10 jahren bei der wahl nicht in die stadt kommen, und nimmermehr zum rath kommen, und dass ihr halbes gut der stadt verfallen sey, und anderes mehr. Solches schwuren sie und kamen hinweg.

1679. (*Herr Hans Cantzeler.*) — Ueber drei wochen kam herr Hans Canzler wieder zu land und als er gen Hagenau kam, erfuhr er wie es seinen zwei gesellen ergangen war. Da fürchtete er sich und wollte nicht gen Strassburg, denn er mehr auf sich wusste denn seine zwei gesellen. Da er nicht kommen wollte, überschickte man ihm das urtheil das meister und rath auf ihn erkannt hatten, nämlich dass er in zeit seines lebens nicht mehr in stadt und bistum Strassburg kommen sollte, und all sein hab und gut der stadt verfallen seyn sollte, und sollte in drei tagen kommen, und vor meister und rath solches zu halten, schwören.

Da er darauf nicht erschien noch kommen wollte, da gebot man, wer ihn lebendig brächte oder tod schlüge, dem wollte man 1500 gulden geben. Da er solches hörte, erschrack er und kam, schwur alles, wie geurtheilt war, doch überkam er mit der stadt, dass sie alle jahr 100 pfund nehmen sollte, oder er, oder seine erben solches mit 1500 pfund möchten ablösen, welches geschah. Denn die von Mainz, Worms und Speier legten sich in die sache zum vertrag. (Cfr. KOENIGSHOVEN, *ed. Hegel*, p. 782—784.)

Fol. 268

1680. (*Zwist mit den Predigermoenchen.*) — Damals hatte ein knecht seinen meister wund geschlagen, da liefen ihm die stadtknechte nach und erwischten ihn bei den Predigern. Das sahen etliche mönche, liefen aus dem kloster und nahmen den knecht mit gewalt aus der stadtknechte händen, führten ihn ins kloster und halfen ihm darvon. Für solchem gewalt und schmach forderte die stadt 200 pfund pfennige. Doch war niemand gemeldet, und geboten allen burgern, die unter ihrem stab sassen, bei hoher strafe dass niemand zu den Predigern gehen, keineswegs weder messe hören, opfern, noch beichten, auch kein gottesrecht da empfangen.

Da fragten die Prediger, wer denn die 200 pfund geben sollte, da gab der rath zur antwort: man habe nicht über sie geurtheilt, denn sie geistliche leute wären, sondern nur über die, welche unter ihrem stab sässen. Da aber das gebot lange währte und niemand zu ihnen kommen wollte, verstanden sie wohl, wer das geld geben sollte. Erlegten also die mönche die 200 pfund, da ward das gebot aufgethan, doch mussten sie sich verbürgen, dass sie solches nicht klagen wollten, damit man nicht in den bann käme. Das thaten die mönche mit grosser bürgschaft.

1681. (*Die Stadt Boersch überfallen.*) — Es hatte damals herr Hans von Ochsenstein, dompropst von Strassburg, vom capitel die stadt Börsch pfandweise ein, und hatte mit dem grafen von Saarwerden etliche spenne und kriege. Und auf S. Matthis tag machte sich der graf von Saarwerden mit seinen helfern heimlich auf und überfiel ungewarnt die stadt Börsch, nahm sie ein, raubte alles was er darin fand und verbrannte die stadt, fieng viel leute und führte sie gefangen mit ihm und schätzte sie nach seinem willen. Das konnte ihm niemand verwehren, da das stifft, der bischof und die stadt uneinig mit einander waren, und liess der bischof solches geschehen, da er es doch hätte können wenden.

1682. (*Brand zu Rosheim.*) — Auf Adolphi hatte zu Rosheim ein kind ein feuer geholt in eines nachbarn haus, das entfiel ihm auf der gasse ins stroh, davon gieng ein solches feuer an, dass die ganze stadt, bis an 30 häuser abbrannte, samt allem gut, desgleichen die kirche und glocken. Es verbrannten auch die porten und brücken, dass die leute über die stadtmauern ausfielen und mehr denn 80 personen verbrannten. Das wasser, das durch die stadt läuft und alle brunnen, und die stadtgräben waren also heiss, dass es kein mensch erleiden mochte und zum löschen nicht konnte gebraucht werden. Nach etlichen tagen stiegen zwei in einen brunnen, darin sie etliche dinge geworfen hatten, sie verdarben darin, also heiss war das erdreich und wasser noch. Viele meinten, es sei ein höllisch und kein natürlich feuer gewesen.

1683. (*Zweibrücken verkauft.*) — Damals verkaufte graf Eberhard sein theil Zweibrücken herzog Ruprechten dem ältern, pfalzgrafen, der zu Hambach und Bergzabern an 25000 florenzer gulden zum halben theil, das andere halbe theil übergab er ihm auch, und empfieng es zu einem kunkellehen wiederum.

1684. (*Steigen des Rheines.*) — Dies jahr in der fasten war der Rhein also gross, als man gedachte, das währte wohl 14 tage.

1685. (*Neue Zoelle.*) — Dies jahr als der bund lange gewährt und viel kosten darauf gieng, schlug man zoll und bet auf alle personen in stadt und land, welches eine grosse summe gelts trug.

1686. (*S. Ursulae Heiltum.*) — Als man zu S. Johann in der neuen kirche S. Ursulae altar aufbaute, und man vom bischof von Cöln heiltum von S. Ursula begehrte, hat er von ihrem heiltum dazu geschickt, samt zwei heil. jungfrauen von den 11000 mägden, die eine S. Ardamia, die andere S. Isala, welche heilige körper mit allen geistlichen von allen stiften und klöstern herrlich empfangen wurden und neben S. Ursula in einem goldenen sarg noch stehen. Und ist in dieser stadt Strassburg solch viel heiltum, als man an einem andern ort finden mag.

1687. (*Ammeisterwahl.*) — Da ward Heinrich Lymer zum ammeister erwählt. Er war bei den krämern. Fol. 269 1386

1688. (*Die Juden wieder in die Stadt gelassen.*) — Dies jahr wurden die Juden wider für gut erkannt, mussten aber der stadt 20000 fl. geben, sonst wohnen sie nicht gut.

1689. (*Loewensteiner Fehde.*) — Damals hatte junkher Hans von Lichtenberg einen grossen krieg mit zwei edeln knechten, genannt Heinum Straus und Hans von Albe und schädigten einander auf beiden seiten, die hielten sich auf der burg Löwenstein. Diese burg war zu rauben ganz gelegen, dazu sehr stark. Da bat junker Hans von Lichtenberg die von Strassburg, denn er ihr burger war, dass sie mit zögen vor die burg Löwenstein. Darauf zogen sie mit büchsen und werken vor Löwenstein und untergruben den felsen und burg, und lagen auf 4 wochen davor. Da das die innern erfuhren, dass die burg zum fallen stände, gaben sie die burg auf. Da liess man sie abziehen auf gethane gelübde, und wurde die burg zerbrochen und zogen wieder heim. Dieses kostete mit brechen und was man verzehrt hatte auf 14000 fl., auch was man den werkleuten gab).

Hernach aber huben sie wieder an zu rauben, und schädigten viel, und hielten sich Strauss und Hans von Albe auf der burg Modern. Da legten sich die söldner von Strassburg heimlich gen Pfaffenhofen, und um mitternacht erstiegen sie bei nacht die burg und fiengen den Straussen und den von Albe, die führte man gen Strassburg, da wurden sie enthauptet. (Cfr. KŒNIGSHOVEN, *éd. Hegel*, p. 812.)

1690. (*Kampf zwischen Oesterreich und den Schweizern.*) — Indessen erhub sich ein schwerer krieg zwischen herzog Leopold dem ältern von Oesterreich, und zwischen seinen unterthanen Uri, Schwiz, Unterwalden, Zürich, Bern und den thälern und sie entzogen dem herzog viele schlösser, städte und thäler, wider recht. Daraus grosser todschlag, raub und brant

— 320 —

entstand, und thaten dem herzog viel schmach an, und seinen amtleuten, zeigten an sie möchten burger werden, wo sie wollten, und wären gefreit von kaisern und königen. Insonders machten die Züricher dem herzog viel volk abfällig, nahmen ihm auch Rothenburg, Sempach, Entelnbuch, und viel andern mehr. Die von Zürich nahmen dem herzoge Pfeffingen und erschlugen darauf 26 man, verbrannten es und thaten viel schaden darum nicht zu sagen ist.

Da mahnte herzog Leopold seine mannschaft in den oberlanden auf, auch seinen obersten herrn Hans von Ochsenstein, dompropst zu Strassburg, des herzogs landvogt und obristen, der zog mit dem hauptbanner zu Strassburg aus, mit vielem volk zu ross und zu fuss. Ehe er aber aus dem land zog, verordnete er seine landschaft zum besten und übergab dem bischof Friedrich zu treuen händen, als einem schirmherrn, bis er wieder kam, oder seine erben, die stadt Börsch, die er pfandweis hatte, auch das schloss und dorf Barr, samt allen gütern dazu, zu beschirmen, insonders wider den von Saarwerden, und fuhr darauf zu herzog Leopold ins Ergow.

Fol. 270 Zu Eger wurde berathschlagt an welchem ende man in die Schweiz ziehen sollte; da fielen wohl drey wege vor, da ein jeder meinte der beste sei. Cuno von Stocken, des herzogs narr sagte: «Ihr sagt alle wo ihr hinein wollt, es sagt aber keiner, an welchem ende ihr wieder heim kommen wollt; dies wäre nöthiger vorzunehmen.»

Da kamen über 2000 pferd und viele zu fuss, auf 18000, doch kamen sie nicht zum streit, darunter über 400 gekrönte helme zusammen, zogen vor Sempach, wollten es stürmen, da war es wohl besetzt. Der herzog hatte auch 200 mäher mit sensen bei ihm, die den rossen das futter auf dem felde abmäheten.

1691. (*Schlacht bei Sempach.*) — Den 9. Juni kamen gegen ihnen die von Ury, Schwytz, Unterwalden, Luzern und andere, auf 2000 zu fuss, und nahmen eine gute ordnung gegen die herren; da stiegen die herren alle zu fuss ab und gaben ihren knechten die pferde, und zogen zu fuss gegen die Schweizer und schrien, man solle die buben nur zu tod schlagen, und liefen gegen ihnen, insonders die jungen vom adel, die wollten ritter werden, damit kamen sie aus der ordnung.

Der alte von Hessenburg sagte: Liebe herren, es gefällt mir nicht, dass man den feind so leichtfertig angreifen will, man muss ein wenig sinn haben, man soll keinen geringen feind verachten, denn ich bin mehr bei solchen händeln gewesen. Lasst uns ein wenig halten und im vortheil bleiben. Da schrie der von Ochsenstein: O Hessenburg, hassenfraz, es sind unserer nur zu viel! An die bauern! Sagte hiermit zu herzog Leopold: Diese hand voll bauern, wollen wir die heute gesotten oder gebraten zehren?

Darauf fuhren sie in der unordnung fort und griffen die wohlgeordneten Schweizer auf der ebene an, vor Sempach. Da wurde ritterlich gestritten und wurden auf 60 Schweizer erschlagen, ehe einer von den herrschaften erlage. Es war aber ein sehr heisser tag, also dass die herren von grosser arbeit und hitze in ihren harnischen bald ermattet und müde wurden und ersticken wollten, also dass sie anhuben zu erliegen. Da druckten sie (die Schweizer) auf sie nach, dass die herren nach den rossen umsahen, und denselbigen zuliefen. Im laufen hinderten sie die langen schnäbel an den schuhen, die schnitten sie in eile ab, dass sie laufen konnten. Da das die knechte auf den pferden sahen, dass die flucht angienge, ritten sie davon, die herren riefen ihnen nach, so dass wenig herren zu pferd davon kamen, und wurden fast alle edelleute und auf 400 gekrönte helme erschlagen, ohne die andern, deren auch auf 1500 waren, der Schweizer auf 200.

Herzog Leopold blieb selbst, mit ihm herr Hans von Ochsenstein, sein vetter, der markgraf Ott von Hochberg und auf 400 grafen: von dem adel war der mehrtheil aus diesen landen gewesen.

1692. (*Die gefallenen Ritter aus dem Elsass.*) — Von Strassburg sind von herren, rittern und adel geblieben, diese:

Herr Hans von Ochsenstein, dompropst zu Strassburg, des herzogen obrister und pannetherr und landvogt;

Cuno von Müllenheim,	N. Kraft.
Rudolf von Müllenheim,	N. von Ettenheim,
Albrecht von Müllenheim,	von Landsberg,
Oswald Zwinger,	Einer von Lichtenstein,
Hug und Klitten von Rothen-	Anton von Meistein (sic),
Franz } heim.	Ein Botzheim von Schlettstadt,
Zwei von Bolsenheim,	ohne die Diener[1].

Aus dem Elsass:

Herr Walter von Dicke, ritter,	Herr Burkhardt von Massmünster, ritter,
Drei von Rathsamhausen, ritter,	
Zwei von Andlau, ritter,	Herr Hans von Rottenheim, ritter,
Zwei von Hattstatt, ritter,	Conrad Stör, ritter,
Herr Bernhard Groh, ritter,	Zwei von Lobgassen, ritter,
Vier Waldner,	Ein Landsberger,
	Hans von Berckheim.

---

1. Speckel hat noch zwei Verzeichnisse, mit der Bemerkung: In der Cosmographie (von Seb. Münster) alle Personen recht zu sehen. (Note de M. Jung.)

Von Argow:

Herr Hans und C . . . von Halwil, ritter,
Reinmann von Königstein, ritter,
Hans von Eschen, ritter,
Albrecht von Mütlenen, ritter,
Godtfrid Müller, ritter,
Herr Wilhelm Schenk, ritter,
Herr Werner Schenk, ritter,
Herr Rudolf von Hünenberg, ritter,

Herr Gener von Küssenburg, ritter,
Fünf von Reinach, ritter,
Marquard von Boldeck,
Zwei von Rediken,
Krafft,
Dirmenstein,
Lichtenstein,
von Espenthal,
Botzheim von Schlettstadt.

Vom Sundgau:

Zwei Grafen von Thierstein,
Hans und Ulrich von Hassenburg,
Drei von Bärenfels, ritter,
Herr Rudolf von Schönau, ritter,
Herr Walther von Rottenburg, ritter,
Herr Gottfried von Roden, ritter,
Herr Friedrich von Münsteroll, ritter,
Herr Werner von Flaxland, ritter,
Wilhelm von Rottberg,

Heinrich von Vogesheim,
Hans von Grünenberg, ritter,
Vier von Eptingen,
Fünf von Mörsburg,
Peter von Rodeswil,
Hans zum Wickhuss,
Heinrich Schuster,
Hans Schnebel,
Hans von Berkheim,
Franz von Tengerfeld,
Walther Xuvar (?) von Hüningen.

Vom Breisgau:

Markgraf Ott von Hochberg,
Graf Hans von Fürstenberg,
Herr Walther von Geroldseck, hatte einen sohn Georg, thumherr zu Strassburg,
Zwei von Staufen,
Zwei von Wisswil,
Zwei Kuchle, ritter,
Zwei von Bolsenheim, ritter,
Herr Martin Maltere, ritter,

Zwei Schnabele von Friburg,
Herr Ostwald zum Wisser, ritter,
Herr Hummel von Keppenbach, ritter,
Herr Hans Major, ritter,
Herr Conrad Stotz, ritter,
Herr Egenolf von Stülingen, ritter, selb drei,
Herr Walther von Inwehre (?), ritter,
und noch fünf edelknechte.

Der Schulz von Neuenberg.
Aus Oberburgund eilf Ritter, 111 edelknechte,
Der schultheiss von Araw mit 24 edelknechten,

Der Schulz von Zofingen mit 12 edelknechten,
Der von Rheinfelden mit 8 edelknechten,
Aus Nieder-Basel neun edelknecht¹.

1693. (*Begrabung der Gefallenen.*) — Am dritten tag ward erlaubt, Fol. 271
dass ein jeder die todten möchte begraben. Da schmeckten sie schon also
stark von der hitze, dass niemand solches thun wollte. Da nahm man herrn
Leopold von Oesterreich, den von Ochsenstein, markgraf Otto von Hochberg, und auf 60 grafen und herren, die wurden gen Königsfelden geführt.
Die andern wurden auf der wahlstatt in eine grube geworfen, vor grossem
gestank, und nachmals eine kapelle dahin gebaut.

1694. (*Herzog Leopold der Junge kämpft weiter gegen die Schweizer.*)
— Nach der Sempacher schlacht ist herzog Leopold der junge an die
Schweizer gerathen, seines vaters tod zu rächen. Als er aus dem Elsass und
den landen ein grosses volk sammelte, und gegen die Schweizer zog,
haben sich die Schweizer auch gestärkt, und Rothenburg, stadt und schloss
geschleift, wo der herzog einen grossen zoll hatte. In diesem krieg wurde
der österreichische adel aller aus der Schweiz vertrieben und erschlagen,
und erschlugen die von Glaris dem von Oesterreich viel volk, auf 1200
mann; solches geschahe an andern enden mehr, bis auf einen anstand.
Doch empfingen die Schweizer zu Rapertswiller und an andern enden auch
grossen schaden.

1695. (*Bischof Friedrich behält das Ochsensteiner Erbe.*) — Inzwischen
da bischof Friedrich die niederlage hörte und erfuhr was für herren geblieben waren, da behielt er mit gewalt was ihm herr Hans von Ochsenstein zu treuen händen zugestellt hatte und wollte seinem bruder herrn
Ottomann von Ochsenstein, des eigen es war, nicht wider zustellen, und
als der von Ochsenstein ihm das recht bot, so wollte er ihn dafür bekriegen,
bis der bischof den grossen krieg mit der stadt anfieng, da gab er dem von
Ochsenstein alles wieder, damit er ihm helfe die stadt bekriegen, wie auch
geschah.

1696. (*Der Bischof nimmt auch andres Gut an sich.*) — Es war auch
graf Hans von Fürstenberg erschlagen worden, da fiel der bischof von
Strassburg auch in das Kinzigthal und nahm Hasslach ein, sagte, es wäre
erledigt und an das bistum gefallen, als ein lehen, und hielt es lang dem

---

1. Fol. 392ᵇ hat Speckel ungefähr das Verzeichniss, das sich bei Königshofen befindet.
Nur fügt er zu den 35 Rittera von der Etsch noch 28 Ritter von Oesterreich. (Note de
M. Jung.)

grafen Ludwig vor, der doch seines bruders wahrer erbe und dessen eigenthum es war.

Es war auch markgraf Otto von Hochberg erschlagen worden, da nahm er den markgrafen Hesse und Hans den guten flecken Herbolsheim, sagend es gehöre ihm zu und hielt es ihnen lange vor.

1697. *(Theilung der Geroldsecker Erbschaft.)* — Indessen starb auch der letzte herr von Geroldseck im Wasichen, genannt herr Volmar, der noch jung war, und alle seine herrschaft, und was sein eigenthum, das nahm er auch, als wenn es sein wäre, darüber wurde mit des verstorbenen mutter Agnes, die eine gräfin von Lützelstein war, und der freundschaft, so viel gehandelt, dass man dem bischof um frieden willen gab den vierten theil an Klein-Geroldseck und alle andern dörfer, das andere theil nahm der von Ochsenstein und der herr von Wangen, die beide töchter von Geroldseck hatten; das andere theil war dem stift Metz zu lehen aufgetragen, das wurde dem von Rappoltstein geliehen, der schrieb sich hernach herr zu Geroldseck im Wasichen. Wären sie stark genug gewesen, sie hätten dem bischof keinen pfennig gegeben, waren ihm auch keinen schuldig.

1698. *(Saarburg überfallen.)* — Darauf überfiel graf Heinrich von Lützelstein die stadt Saarburg und wollte solche mit gewalt zu seinen händen nehmen; aber die burger liefen zusammen und jagten ihn wieder zur stadt hinaus.

1699. *(Der letzte von Horburg stirbt.)* — Es starb auch der letzte herr von Horburg, da nahm der bischof seinen erben die herrschaft Bielstein wider alles recht, doch musste er solches dem von Wirtemberg wieder geben, als der ihm half die stadt bekriegen.

1700. *(Des Custos zu Lautenbach Erbe.)* — Damals starb auch hinter Gebwiler der custos zu Lautenbach, der ein Landsberg und reich war. Es war aber nicht gerichtet worden: er hatte zwei brüder, Burkhard und Hartmann von Landsberg, die seine erben waren, die mussten sich zuletzt mit dem bischof nach seinem willen vertragen.

1701. *(Ein fremder Priester zu Strassburg gestorben.)* — Es kam auch ein fremder priester gen Strassburg, herr Rudolf von Hinspach genannt, der brachte viel gut mit ihm, wollte weiter ziehen, denn er unter einem andern bischof daheim war; der wurde krank und starb zu Strassburg, und der bischof von Strassburg hatte nichts mit ihm thun, nahm doch alles weg was er bei ihm fand, wollte seinen schwestern und rechten erben nichts geben, zeigte an, er wäre in seinem bistum gestorben. Doch gaben sie ihm zuletzt sechs hundert gulden.

Solche händel trieb er tag und nacht, dieweil er bischof war; war einer hinweg, kamen zwei wiederum: darum überkam er sehr viel gelt, und hatte (dessen) genug.

1702. (*Bergwerk in der Herrschaft Geroldseck.*) — In der zeit kam ein gutes bergwerk auf im Kinzigthal neben der herrschaft Geroldseck, da traf man viele gute silbergänge an, und war also viel silber, dass man sagte, alle die daran bauten würden zu herren werden. Da solches der bischof erfuhr, sagte er, der berg liege im bistum, und gehöre ihm zu. Da sagte der von Geroldseck, der berg liege in seiner herrschaft und wäre sein eigenthum. Der bischof erwiederte, er wäre geistlich und gienge ihm vor; und nahm den berg und etliche tausend mark silber mit, und sagte, er wollte allen denen die anspruch an das bergwerk hätten, zu recht stehen vor dem römischen könig. Da wollten sie ihm das halbe silber geben das sie fänden, damit er sie liesse dabei bleiben, das wollte er nicht thun. Da schnitt sich das silber in einer nacht ab, dass man nichts mehr finden konnte. Also war da dem bischof und den frommen leuten denen es gott gegeben nichts, und ist also liegen geblieben. (Chr. KŒNIGSHOVEN, *éd. Hegel*, p. 679.)

1703. (*Bischof Friedrich strebt nach dem bischoeflichen Stuhl zu Metz, Mainz, Trier.*) — Er strebte stets nach grossem geld wie er auch stets nach einem grössern bistum stund. Als das bistum Metz ledig war, stellte er darnach bei dem papst und capitel; kostete ihn mehr denn vierzehn tausend gulden, und wurde ihm nicht.

Darnach stellte er nach dem bistum Mainz, auch Trier, welche ledig wurden, daran er mehr denn sechzig tausend gulden hieng, und ward ihm keines, denn man seine schinderei allenthalben wusste, auch seinen unruhigen kopf.

1704. (*Der Bischof zu Rede gesetzt. Seine Antwort.*) — Darüber wurde er von etlichen herren zu rede gesetzt, warum er solche grossen kosten auf andere bistümer verwende, so er doch an dem bistum Strassburg könnte einen fürstlichen stand führen, denn sie einen überschlag gemacht hatten, dass er alle jahr besser denn vierzig tausend gulden einkommen habe, ohne andere nebengefälle mehr, welches schier eben so viel war, also dass man meint er habe jährlich auf hundert tausend gulden einkommen, welches damals viel war, und habe dazu mit schatzungen ein grosses aufgehoben, und um andere bistümer geworben, welches ihn auf hundert tausend gulden kosten soll. Wenn er solches geld und übrige unkosten ans bistum Strassburg gelegt hätte, zudem es ein gutes land wäre, so hätte er eines der besten bistümer gehabt, so man in allen landen finden möchte, und wenn er wollte, könnte er ganz ruhig sein in gutem frieden.

Darauf gab er ihnen zur antwort, er wollte dass er der sieben churfürsten einer wäre, und sein lebenlang keine ruhe nimmermehr bekäme, darum gebe er so viel geld aus, sonst wollte er es wohl behalten.

Er war sehr ehrgeitzig und wollte sich einen namen machen. Derhalben hat er stadt und land mit seinem unruhigen kopf in grosse noth gebracht. Zuletzt ist es alles über ihn hinausgegangen, denn er strebte mit fleiss nach krieg, dessen bekam er auch genug.

1705. (*Gutes Weinjahr.*) — Dies jahr wuchs so viel guter wein dass man das ganze jahr eine maass um 1 heller vom zapfen schenkte. Es galt ein fuder wein einen gulden, und ein fuder fass vier gulden: mancher lösste nicht so viel aus dem wein, als er hatte vom fass zu binden gegeben.

Fol. 273
1387

1706. (*Ammeisterwahl.*) — Damals war ammeister herr Wilhelm Metzger, war bei den metzigern.

1707. (*Eine Krankheit, der Bürzel genannt.*) — Gegen den frühling kam eine schwere krankheit, der floss oder burzel genannt, dass der zehnte mensch nicht gesund blieb, in klöstern, kirchen und burgen; dass man an etlichen orten nicht singen konnte. Doch in der fasten war es am allergrössten, da erlaubte man den kranken fleisch, eier, butter und anderes zu essen. Da assen die gesunden auch mit, denn es gieng alles in einer absolution hin.

1708. (*Die Krautenau mit einem Graben umgeben.*) — Damals fieng man an die Krautenau um zu graben, vom S. Katharinen kloster an bis um die Krautenau hinter S. Claus in undis, bis zum Teich, und wollte sie mit guten mauern umfangen haben; da aber das graben so viel kostete, liess man damals ab. Und buck man das brod den arbeitern zu S. Claus in undis, da noch die stube und der backofen stehen. Doch wurden vier thore und thürme gemacht, S. Catharinen, S. Johannes, S. Claus und Fischerthor; sonst waren keine mauern, nur der graben und ein zaun darauf.

1709. (*Kaltenhausen abgebrannt.*) — Damals gieng zu Bitsch die stadt hienden (*sic*) genannt vom feuer an, brannte gar ab.

1710. (*Billige Preise.*) — Dies jahr galt ein fürtel weizen, roggen, gerste, habern, erbis, linsen, äpfel, birnen, nüsse gleich viel gelt, jedes vier schillinge.

1711. *(Schlechter Lebenswandel K. Wenzel's.)* — In dieser zeit hub könig Wenzeslaus an sich übel zu halten mit gemeinen frauen, fressen und saufen, darüber sich sein gemahl, Johanna, hart bekümmerte und vor grossem leid starb.

1712. *(Ammeisterwahl.)* — Da ward ammeister herr Andreas Heilmann, war bei den tuchern. 1388

1713. *(Die Juden abermals aus der Stadt gewiesen.)* — Damals kamen viel klagen und allerhand bedenken der Juden halb. Da ward erkannt dass die Juden sollten aus der stadt ziehen, und nimmermehr zu ewigen zeiten in der stadt wohnen. Doch mochten sie wohl aus und eingehen, auf geleit, zu handeln.

1714. *(Bruno von Rappoltstein faengt einen englischen Ritter.)* — Dieses jahr fieng herr Bruno von Rappoltstein ohne ursache, einen ritter aus England, genannt herr Johann von Harlostein. Von dieser gefängniss wegen schrieb der könig aus England an die stadt Strassburg, denn herr Bruno burger zu Strassburg war, mit grosser bitte herrn Bruno, ihren burger, dahin zu halten, dass er den gefangenen ritter ledig liesse, solches wollte der könig ewiglich gegen die stadt nimmer vergessen.

Da schickten die von Strassburg nach herrn Bruno, der kam gen Strassburg vor rath, zeigte an, desgleichen auf allen trinkstuben sagte er, wie grosses recht er zu dem gefangenen ritter hätte. Es war aber niemand da, der dem gefangenen ritter verantwortet hätte und seir unschuld angezeigt, und blieb die sache also ersitzen. Auf solches schrieb der könig der stadt etliche mal mit grosser bitte mit herrn Bruno zu handeln, dass er doch den gefangenen ritter ledig liess.

Darauf schrieb die stadt dem könig: als sie herrn Bruno von Rappoltstein zu einem burger empfangen hätten und aufgenommen, hätte man ihm, wie andern burgern auch, vorgehalten, was krieg und spenn er ihnen brächte, dazu werde man ihm weder beholfen noch berathen seyn. Nun wäre der gefangene ritter vor der zeit, ehe er burger geworden, gefangen worden. Zudem hätte er ihn in seinem lande, darüber sie nicht zu gebieten hätten, auch ihn nicht zwingen könnten. Da blieb die sache abermals eine zeit hängen. Fol. 271

Es sprachen aber weisse leute, die der sache etwas weiters nachdachten, dass man solle mit herrn Bruno handeln, dass er den gefangenen ritter ledig liesse, denn der könig von England möchte dadurch bei andern die stadt in unfall bringen, und ein schwerer handel daraus werden, denn der könig würde solches nicht unterlassen. Da sprachen etliche, der könig von England müsste ein langes schwert haben das bis Strassburg reichte.

1715. (*Bischof Friedrich erobert Hechingen.*) — Damals zog bischof Friedrich mit einem kriegsvolk vor Hechingen bei Hohenzollern, nahm solches ein als ein verfallenes lehen von Wirtenberg, und nahm auch S. Pilt und anderes im Elsass. Im vertrag gab der von Würtenberg dem bischof andere güter im Elsass dafür, als Markolsheim und viele dörfer.

1716. (*Anspruch des Herzogs von Burgund etlicher Juden halber.*) — Damals hatte der herzog von Burgund etlichen anspruch an städte und lande von wegen etlicher Juden halb, die man vertrieben hatte. Aber könig Wenzel, der bischof und die stadt Strassburg legten sich darwider. Da musste er ablassen; darauf mussten die Juden der stadt zwanzig tausend gulden geben, und ewig verwiesen bleiben. Das geld brachte kein glück, frass das andere mit diesem auf.

1717. (*Fehde zwischen Salzburg und Bayern.*) — Damals hatte der bischof von Salzburg spenn mit dem herzog von Bayern, begehrte auch in den schwäbischen bund zu den städten, denn ihm der herzog etliche städte und festungen verhielte; da wardt ein gütlicher tag in Bayern gelegt in einem kloster: als der herzog dahin kam nahm er den bischof gefangen; wollte er ledig werden müsste er 60 tausend gulden geben, und viele gerechtigkeiten mehr. Als er ledig geworden, wollte das capitel nicht halten was er versprochen, sagte, er hätte nicht recht vom bistum solches zu vergeben. Da gieng der krieg wieder an. Deshalb begehrte der bischof auch in den bund.

Fol. 275 **1718.** (*Fehde des Schwaebischen Bundes mit Bayern.*) — Als der schwäbische und rheinische bund, wie vorgemeldet, wieder in guter stille waren, da griffen herzog Stephan und Friedrich aus Bayern auf etliche kaufleute von Nürnberg und nahmen ihnen grosses gut. Das wollte der schwäbische bund nicht gut heissen, dieweil im ausbund geschehen: die herzoge von Bayern wollten aber von keinem ausbund wissen, da wurde die sache auf herzogen Ruprecht von Bayern, pfalzgrafen bei Rhein, dem ältern überwiesen, er sollte einen spruch thun.

Der sprach zum frieden, der schaden gegen schaden so im krieg geschehen, sollte aufgehoben seyn, und sollten beide herzogen aus Bayern, was sie noch von dem gut hatten, den kaufleuten wieder geben und zwölf tausend gulden darzu.

Das wollten beide herzoge, und auch die kaufleute nicht thun. Da sprach herzog Ruprecht, er wolle selbst sechs tausend gulden dazu geben,

denn zwölf tausend gulden wären bald verkriegt, damit man zum frieden
käme. Da man es nicht annehmen wollte, zogen beide parteien von
einander.

1719. (*Schlacht bei Doeffingen.*) — Da mahnten die Schwaben den
rheinischen kreiss auf, die stadt Strassburg schickte hundert pferde, so
auch alle städte am Rhein, und kamen zusammen 800 gleven, von denen
jeder fünf pferde hatte; die belagerten bei Wyl zu Doffingen in Würtenberg den kirchhof. Da machten sich auf der alte und der junge von Würtemberg, herr Ruprecht der junge und Baden samt vielen herrn, mit dem
bund auf 700 gleven und 2000 bauern. Auf Bartholomäus geschah eine
schlacht, darin die städte erstlich oblagen. Der junge von Wirtemberg,
Zollern, Werdenberg, einer von Löwenstein und mehr denn sechzig ritter
und edelknechte wurden erschlagen, und die scharen wichen schon, da
schrie der alte von Würtenberg: Die städte fliehen! Da meinten die städte
die hintern wichen. Da kam der herr von Bitsch und Rossenfeld dazu mit
100 gleven, die ausgeruht waren; da wichen die städte und wurden auf
1000 erschlagen und auf 600 gefangen.

1720. (*Weiterer Verlauf des Staedtekrieges.*) — Da griffen die schwäbischen städte widerum zum krieg. Die von Nürnberg gewannen dem
markgrafen Langezenne und Widesbach, zwei städtlein, auch zwei vesten,
Altenberg und Schönenberg, führten habe und gut mit heim. Die von
Esslingen zogen vor Kretzingen: da fielen die von Kretzingen heraus und
wurden wohl 100 von ihnen erschlagen. Desgleichen erschlugen und
fiengen die von Reutlingen wohl 50 von Trutelfingen. Darauf belagerte
der bischof von Würzburg Schweinfurt, die machten frieden. Darnach
Windesheim, gewann es nicht, that aber an den gütern grossen schaden.
Die herren zogen vor Heilbronn, hieben die reben und bäume um, ohne
was den pfaffen und klöstern zugehörte: da sie abzogen hieben die bürger
die reben der pfaffen auch ab und verheerten ihre güter; so dass alles
gleich zugieng. (Cfr. KŒNIGSHOVEN, *éd. Hegel*, p. 840—842.)

1721. (*Theilnahme Strassburg's am Kampfe.*) — Nach diesem ermahnte
der schwäbische bund den rheinischen zu etlichen malen auf den schaden
zu rächen. Da schickten die von Strassburg 200 gleven, das ist 1000 pferde,
und kamen bei Speyer zusammen auf 900 gleven, und widersagten dem
herzog Ruprecht am Rhein. Da drei tage nach dem absagen, wie bräuchlich, um waren, zogen sie dem herzog in's land und verbrannten ihm drei
tage lang viele dörfer und flecken. Da aber der herzog kam, zogen sie
wieder heim. Da sagte der herzog zu denen von Strassburg: er hätte

weder ihnen, noch den rheinischen städten kein leid gethan, und doch hätten sie seine armen leute also geschädigt; solches wolle er rächen.

1722. (*Die Koenige von Frankreich, Sicilien und Navarra am Rhein.*) — In diesem kamen der könig von Frankreich, der könig von Sicilien, der könig von Navarra, die herzoge von Burgund, Lothringen, Borrer (sic) und andere grosse herren, wohl mit hundert tausend pferden bis an Cöln, wollten den herzog von Jülch, und den von Geldern bekrigen. Darüber erschrack der rheinische bund, meinten es würde über sie hinaus gehen, denn der könig von Frankreich hatte herzog Stephans von Bayern tochter geheirathet, und wenn ihn herzog Ruprecht begehrt hätte, wäre er gern gekommen; es war aber so böses regenwetter, hatten auch keinen proviant, dass sie wieder zurück und heim ziehen mussten.

1723. (*Kaempfe im Unter-Elsass.*) — Da machte herzog Ruprecht mit junkher Ottmann von Ochsenstein und Hans von Lichtenberg einen bund, dass sie dem herzog Ruprecht Reichshofen eingaben, schloss und stadt; darin legte er 300 gleven und waren beide herren ihre hauptleute und verseugten den ganzen winter hindurch das land, sonderlich herrn Hansen von Lichtenberg land. Da zog junkher Ottmann von Ochsenstein aus mit etlichen gleven und nahm das Hochfelder schloss ein, denn es halb sein war, liess die reiter da liegen und zog wieder davon. Da fielen sie aus dem schloss, raubten und plünderten den flecken und kirchhof. Dieweil fielen die bauern in die veste und nahmen die ein und wurden die gefangen, die sie hüten sollten, schickten nach denen von Strassburg und gen Hagenau, die kamen bald, besetzten das schloss und führten die gefangenen hinweg. (Cfr. KŒNIGSHOVEN, *éd. Hegel*, p. 843.)

1724. (*Herzog Ruprecht raecht sich an den Staedten.*) — Darauf machten sich etliche städte, als Mainz, Worms, Speier auf mit 600 pferden und verbrannten dem jungen herzog Ruprecht sein land und machten viele arme leute. Er war aber heimlich auf, überfiel sie, schlug wohl 200 zu tod, und machte auf 300 gefangen, die er zum herzog brachte. Der sagte : Ihr habt auf mich und meine armen leute bei nacht gebrannt, ich will euch ehrlich bei tag verbrennen, und liess sie in einem ziegelofen alle verbrennen. Das geschah an einem freitag auf Martini 1388. (Cfr. KŒNIGSHOVEN, *éd. Hegel*, p. 845.)

1725. (*Kaempfe in Schwaben und Baiern.*) — Am Martini fiel der herzog von Bayern die von Regensburg an, und nahm ihr vieh, aber die von Regensburg schlugen dem herzog viel volk zu tod, nahmen ihm das vieh wiederum. Die von Rottenburg an der Tauber fielen den bischof von

Würzburg auch an, sie wurden aber zurück getrieben und mehr denn 100 vor dem thor zu tod geschlagen.

1726. (*Die Strassburger befehden den Markgrafen von Baden.*) — Am Michaelis griff der jung markgraf von Baden auf die von Strassburg: da machten die von Strassburg eine schiflbrücke über den Rhein, und schlugen auch pfähle und machten eine brücke, wie sie noch ist (dies war die erste brücke), zogen hinüber ins markgrafenland und ins Ried und verbrannten und verheerten es schädlich. Dasselbe that der markgraf herwieder mit seinen helfern die er hatte, auf Stauffenberg, Thiersperg, Geroldseck, allermeist aus Stollhofen, versengten und verbrannten denen von Strassburg alle höfe und was sie hatten bis gen Kayl und jenseits des Rheins, von Beinheim durchs Riet bis gen Gambsheim; und geschah den ganzen winter durch grosser schaden.

Da hub man an die Krautenau zu umgraben, damit man nicht also bloss konnte hineinlaufen, und etwas zur beschirmung hätte. (Cfr. KŒNIGSHOVEN, éd. *Hegel*, p. 845—846.)

1727. (*Die Freiburger nehmen das Strassburger Stadtrecht an.*) — Dies jahr huben die von Freiburg ein recht der stadt Strassburg, auch ein gemeinde an, und wählten auch einen ammeister nach ordnung zu Strassburg.

1728. (*Ammeisterwahl.*) — Da ward zum ammeister erwählt herr Heinrich Kranich, war bei den Freyburgern.

Fol. 278'
1389

1729. (*Graf Emich von Leiningen in Brumath.*) — Nach dem neuen jahr kam graf Emich von Leiningen gen Brumath, da es halb sein war und halb der burger zu Strassburg; es waren auch zwei burgen darin, eine die sein war, die andere denen von Strassburg. Da rühmte er sich gegen etliche bürger von Strassburg, die er zu gast hatte, auch gegen seine unterthanen, wie dass ihm seine armen leute hätten 4000 gulden gegeben, dass er aber nichts (sollte) mit dem krieg zu thun haben. Darauf fuhr er zu dem herzog Ruprecht dem ältern und nahm auch 4000 gulden, und versprach ihm Brumath einzugeben, damit er die von Strassburg besser hinaus bringen könnte, und machte ihn zu einem obristen, samt dem von Woyd, propst zu Ach, und dem von Bitsch. Darauf rüstete sich wieder herr Ruprecht mit 1000 gleven.

1730. (*Strassburg rüstet sich gegen einen Ueberfall.*) — Da gedachten

---

1. Der Bezeichner der Blätter hat 276 und 277 übersprungen. Es fehlt nichts. (Not: de M. Jung.)

die von Strassburg wohl, dass es über sie gehen würde von wegen des
zuges im vorigen jahr, denn herr Ruprecht ihnen solches verheissen
hatte. Da gebot man zu Strassburg, dass man niemand fremdes in die
stadt liesse, auch alle fremden, die man nicht gar wohl kannte, mussten
sich aus der stadt thun; auch durfte man niemand beherbergen. Kamen
dann fremde oder pilgrime, so liess sie niemand ein, bis er wahrzeichen
hatte, denn man fürchtete verrätherei und feuer: denn einer gefangen
wurde, der wollte in der Krautenau feuer einlegen. Auch wurden in allen
vorstädten tag und nacht grosse wachen gehalten; auch bliess man keine
Judenbless auf dem münster, damit die schaarwächter desto länger wache
hielten. Man hieng auch von einer thorglocke zur andern in allen häusern
lucernen hinaus: aber nach zwei nächten, da der mond hell schien, liess
man es bleiben. S. Elisabeth-, Spital-, Uten-, Stephans- und S. Andreas thor,
und alle kleinen thörlein liess man beschlossen, die andern wurden wohl
besetzt.

1731. (*Brumath durch den Grafen von Leiningen verrathen.*) — Acht
tage vor lichtmess nahm und übergab der von Leiningen verrätherischer
weise Brumath und seine armen leute, nahm es mit 600 gleven ein. Da
wurde geplündert, freund und feind, frauen und jungfrauen geschändet;
viele entflohen, und wurde die burg, die denen von Strassburg gehörte,
auch eingenommen. Es war viel züg darauf, und viele leute hatten darein
geflüchtet, dann man hatte sich solches nicht versehen. (Cfr. Kœnigshoven,
éd. Hegel, p. 847.)

1732. (*Umgegend Strassburgs verheert.*) — Des andern tages zogen sie
aus Brumath zu ross mit grossem volk, verbrannten Fürdenheim, Schilcken
und andere dörfer mehr, und legten sich in hütten, wenn die von Strassburg wären ausgefallen, dass man hätte können rückwärts in sie einfallen
und sie schädigen. Da schlug man sturm und kamen alle handwerke vor
das münster, gewaffnet und an die zinnen, wie sie geordnet waren. Aber die
reiter zogen in die brüche zu der Rothen kirche und hielten da lange
sprache. Da ward befunden, dass besser wäre, man bliebe jetzt daheim, da
sich der feind gestärkt haben könnte. Da dieses die feinde erfuhren, zogen
sie mit raub und brand wider nach Brumath. Das erschreckte das ganze
Elsass.

Indem hatte man zu Strassburg geboten, dass man je über das dritte
haus eine lucern musste aushängen, und besetzte alle thürm und mauern
mit gewaffneten leuten, man liess niemand aus und ein, und besichtigte alle
mit fleiss, damit nichts schädliches hineinkäme.

1733. (*Brumath verbrannt.*) — Als sie auf acht tage für Brumath lagen, und das land verheerten und verbrannten, auf Unserer frauen lichtmess, da gieng zu Brumath ein gross feuer auf, in der vorstadt, schlug über die stadtmauer ein, also gewaltig, dass die feinde gedrungen wurden zu weichen und mit den pferden kaum aus dem feuer kommen konnten und eileten hinweg, fürchteten eine verrätherei. Und brannte wohl halb ab die stadt. Da dies die zu Strassburg und Hagenau erfuhren, zogen sie hinaus, verbrannten das andere halbtheil auch ab, zerbrachen und schleiften die stadtmauern, thürme, porten und beide burgen. Die dörfer an der Sorn und darum hatten alle dahin geflüchtet, das wurde alles verloren. Darnach zogen sie in graf Emichen land, verheerten und verbrannten ihm alles, und zogen wiederum heim.

In diesem kriege sass der bischof, auch alle städte und das ganze land still, deshalben geschah ihnen auch kein leids. (Cfr. KŒNIGSHOVEN, *éd. Hegel*, p. 848.)

1734. (*Der andere Ritt vor Strassburg.*) — Auf mitfasten schickte herzog Ruprecht der aeltere 800 glefen auf die von Strassburg, mit dem markgrafen von Baden, Leiningen, Bitsch, Ottmann von Ochsenstein, dem von Blankenheim, des bischofs von Strassburg bruder: die kamen über die steig und stracks auf Strassburg zu und hielten bei Mundolsheim bis gen Hausbergen, und verbrannten alle dörfer im land. Da stürmte man und liefen alle bürger und handwerker auf alle thürme, mauren, plätze und thore, wie es bestellt war, und zog die zu pferd in die brüch bei Kronenburg. Da rannten die feinde im felde hin und her. Da ritten etliche soldner und junge gesellen hinaus, so nahe zum feind, dass sie mit einander reden konnten. Doch geschah kein scharmuzel. Da entboten sie denen von Strassburg, ob sie wollten mit ihnen streiten, sie wollten ihnen feld geben. Da fragten die von Strassburg, wo die herren wollten ins feld kommen, er (der bote) solle hinziehen und fragen, wo sie im feld warten wollten; so wollte man ihm eine antwort geben. Der bote kam bald wiederum und sagte: die herren wollten bis sonntag im feld erscheinen, zwischen dem galgen und Hausbergen. Da sagte man zum boten: Sag' deinen herren: sie bestünden nicht, denn sie renneten im feld hin und her; aber wenn sie die pferde wollten in die schlösser und flecken thun, und zu fuss streiten, so wollen wir kommen, und zogen darauf aus. Da fuhr der bote davon und kam nicht wiederum. Da zogen die von Strassburg wiederum heim. Der feind rückte gegen abend auf Eckbolsheim und lag über nacht zu Geispützen und Ensisheim. In der nacht ging zu Geispützen ein feuer auf,

Fol. 279

das ganze dorf verbrannte. Da verbrannten grausam viel pferde und harnisch und geschah dem feind ein grosser schaden. Als sie drei tage im lande gewesen waren, zogen sie wieder fort auf Molsheim zu und verbrannten Westhofen, Bergbieten und viele andere dörfer. Da drapten ihnen die soldner von Strassburg nach, da mussten sie sich zusammenhalten bis sie aus dem lande kamen.

In der karwoche zogen die von Strassburg mit 700 gerüsteten pferden aus ins Westrich und verbrannten den von Ochsenstein und Bitsch viele dörfer und brachten viel vieh mit heim.

Nach ostern zogen sie dem markgrafen mit raub und brand auch ins land, nahmen bei Stollhofen 2000 gulden werths vieh. (Cfr. Koenigshoven, éd. Hegel, p. 849.)

1735. (*Theurung im Lande.*) — Es war dies jahr nicht viel reisens am land, denn es durfte niemand am Rhein ohne geleit wandern; die strassen waren mit gras und disteln verwachsen; salz und eisen war in der stadt theuer, doch fand man es genug. Das korn galt, ein fürtel, nicht über 6 oder 7 schilling, der wein desgleichen; denn man liess keinen wein den Rhein hinabgehen, das ganze jahr, denn die von Strassburg verschlossen ihn.

1736. (*Tag zu Eger.*) — Darauf ward auf pfingsten ein tag gen Eger gelegt, dahin kamen aller stände gesandte vor den römischen könig, ward aber nichts ausgerichtet, denn allein frieden geboten und solches herrn Ruprecht dem aeltern befohlen. Doch wurden Regensburg, Nürnberg und Weissenburg mit den herren verglichen.

Fol. 280   1737. (*Friede zu Heidelberg.*) — In diesem krieg geschah in Bayern, Franken, Schwaben und am Rhein grosser schaden zu beiden seiten: denn an vielen enden auf 3, 6, auch 8 meilen oft kein dorf oder nichts mehr war; es war alles verbrannt und verheert. Im Elsass war es doch nicht so sehr als anderswo, und wurden dennoch über anderthalb hundert dörfer und flecken verbrannt und verheert. Dem bischof geschah wenig schaden, denn er still sass, keinem theil half; über Rhein, Ill und Breusch aufwärts, geschah auch kein sonderer schaden. Also hatte man ohne ursache, muthwilligerweise dem schwäbischen bunde geholfen. Da man schier müde war zu beiden theilen, wurde auf pfingsten ein tag gen Heidelberg angestellt, dahin kamen der von Strassburg und des mehrentheils schwäbischen und rheinischen städte gesandten; da wurde der krieg gerichtet, und mussten die städte den herren gross geld geben und alle ausburger ledig ablassen, ohne die von Strassburg, die behielten ihre freiheit, und wurde 6 jahre lang im land friede gemacht in den vier landen, als Bayern, Schwaben,

Franken und Elsass. Dazu verband sich der römische könig und alle fürsten und herren den zu halten, und wurden in allen landen neun mann geordnet, 5 von den herren, 4 von den städten, die sollten allweg montag nach der fronfasten zusammen kommen und recht besitzen und klag und antwort annehmen, was jedem vor schaden geschehen, solches thetigen und jedem zu recht helfen oder helfen bessern, damit ward dieser krieg gerichtet und mit grossem schaden. (Cfr. KŒNIGSHOVEN, éd. Hegel, p. 851, 853.)

1738. (*Frankfurter Fehde.*) — Indessen zogen die von Frankfurt mit 1500 zu ross und fuss auf die von Cronenburg; da waren die von Cronenburg mit ihren helfern auf, den wald zu beschirmen, aber die von Frankfurt schlugen und fiengen ihrer viele und zogen mit freude auf Frankfurt zu. Indess kam herzog Ruprechts volk auch dazu von Oppenheim mit 150 glefen, jagten ihnen nach bis ans thor. Wiewohl derer von Frankfurt wohl noch so viel waren, wurden doch auf 40 vornehmer burger erschlagen und auf 600 gefangen, die mussten sich hernach mit 100 tausend gulden lösen. Darauf wurde wieder ein tag gen Mergentheim, darnach einer gen Bamberg gelegt, die verschlugen sich alle und ward nichts ausgerichtet. (Cfr. KŒNIGSHOVEN, éd. Hegel, p. 850.)

1739. (*Rappoltsteiner Fehde.*) — Da nun der bundeskrieg ein wenig zum frieden gerichtet wurde: indessen hatte der könig aus England etliche mal an könig Wenzeslaus zu Böhmen geschrieben, auch an alle chur- und fürsten. Darauf schrieb der römische könig der stadt ernstlich, herren Bruno, ihren bürger, dahin zu halten, dass er den gefangenen ritter ledig liesse. Darauf schrieb die stadt wie zuvor, dass sie herren Bruno mit gewalt nicht zwingen könne. Doch schickten sie erbare boten zu herrn Bruno, dass er wollte den ritter ledig lassen. Er zeigte aber an, die vorwort, so sie ihm hatten vorgehalten, als sie ihn zum burger aufgenommen. Man vermeinte herr Bruno hätte stets gehoft, der könig sollte ihm um den ritter viel geld geben; also dass nichts daraus wurde.

Darauf hielt könig Wenzeslaus einen landtag zu Eger in Böhmen, schickte seinen statthalter, genannt der Weisskle, dahin, der verklagte vor dem landrichter die stadt Strassburg, dass sie auf des röm. königes gebot herrn Bruno, ihren bürger nicht dahin hielten, dass er dem könig aus Engelland seinen gefangenen ritter nicht ledig liesse aus dem unschuldigen gefängniss, begehrte im namen des röm. königs die achterklärung über die stadt Strassburg.

Darauf erkannte der landrichter, dieweil denen von Strassburg nicht war verbotten worden, weder mit geschriften, noch mit boten, so könnte man sie nicht ächten. Wollte aber jemand auf die von Strassburg klagen, soll man ihnen mit anleit berufen, oder mündlich vor gericht laden, wie recht, gebräuchlich und gewohnheit ist.

Fol. 281
1390

1740. (*Ammeisterwahl.*) — Da wurde zum ammeister erwählt herr Conrad Armbruster, der war bei den goldschmieden.

1741. (*Strassburg in die Acht erklaert.*) — Damals liess der röm. könig Wenzeslaus wiederum zu Bürglis in Böhmen ein königlich hofgericht halten, und wurde die stadt Strassburg und herr Bruno dahin citirt; aber sie kamen nicht, zeigten an, dass die am Rhein über den fränkischen kreyss nicht mögen citirt werden und in keinem fremden land zu recht dürfen stehen. Aber Weisskle, des königs statthalter, klagte im namen des königs, auch des von England, heftig über die von Strassburg und Bruno von Rappoltstein um den unschuldig gefangenen ritter und ungehorsam der stadt Strassburg. Darauf wurden die stadt Strassburg und herr Bruno in des reiches acht erklärt in Burglis in Böhmen, welches wider des reiches freiheiten war.

Da nun die von Strassburg erfuhren, dass sie in die acht erklärt wären, auch herr Bruno, gaben sie erstlich nicht viel darauf. Da wurden sie gewarnt, dass sie sich sollten mit dem könig vertragen, denn sonst allbereit leute wären, die auf sie achtung thäten; solches könnten sie jetzund leicht wenden und mit geringen kosten daraus kommen.

Darauf handelten sie mit herrn Bruno, dass er den gefangenen ritter auf einen revers ledig liesse und sähe, wie er aus der acht komme; welches wirklich geschehen, denn man um seinetwillen nicht viel machen konnte, und war er doch der anfänger aller dinge. Indess hatten die von Strassburg um ein geleit zum röm. könig in Böhmen geschickt, sich zu verantworten; das ward ihnen gnädig ertheilt.

1742. (*Strassburger Gesandte in Prag.*) — Darauf kamen die gesandten von Strassburg gen Prag; hielten stets an, ihre sache vorzunehmen und zu verhören, aber sie konnten nichts schaffen, noch vor den könig kommen, denn der könig war stets voll, und hielt sich ganz böse und lüderlich, er soff, spielte und war stets bei den huren, wiewohl er eine schöne königin hatte; dazu hatte er einen gesellen stets bei sich, das war der hencker[1] von Prag, dem hub der könig selbst ein kind aus der taufe. Derselb fuhr stets mit dem könig auf seinem wagen; sie lagen in allen würthshäussern bei

---

[1]. Dans la copie de ce fragment, faite par L. Schneegans, on lit: *das war der juncker von Prag.*

schönen frauen. Und war doch der könig ein hessliche person, hatte einen
grossen hoffart, halb krumm, und war nichts schön an ihme. Er liess viele
leute, auch geistliche, hinrichten, die es gut mit ihm meinten und ihn verwarnten.

Als nun die von Strassburg auf 6 wochen zu Prag gelegen waren und
der könig dahinweg reiste, darzu der könig wusste, dass der gefangen ritter
ledig war, zogen sie unverrichter sache hinweg; denn Weisskie sie
hinderte, dass sie nicht konnten vorkommen, da sie auch sahen was es
für eine hofhaltung war. Kamen also wieder gen Strassburg.

Da waren etliche herren in Böhmen, als der Weisskle, herr Tristrant von
der Weittmühl, die brachten achtebriefe vom könig aus, die hätten auch
gern geld gehabt, griffen auf die von Strassburg, wo sie mochten, fiengen
etliche bürger und kaufleute, die sich lösen mussten; da wanderten die von
Strassburg desto weniger aus. Einsmals erwischten sie einen, Zobins genannt,
der solcher briefe viele führte, den däumelten sie so hart, dass er
und seine gesellen nicht viel mehr kamen mit solchen briefen. (Cfr. Kœ:
NIGSHOVEN, éd. Hegel, p. 682—683.)

1743. (*Turnier zu Strassburg.*) — Im nächsten jahr hatte herr Götze
Engelbrecht im turnier zu Basel den dank erlangt, der legte seinen turnier
gen Strassburg auf sonntag nach Unser frauen geburt dieses jahr; wiewohl
er hiezwischen starb, so ging doch der turnier fort[1].

Dahin kamen und besuchten alle ober- und niederländische herren,
am Bodensee und Rhein, am Westrich, fast auf 300 helme, das sind
1200 pferd, wie nachfolgt. Dazu ein sehr gross frauenzimmer, von frauen
und jungfrauen, und gingen alle dinge köstlich zu.

Dieweil aber der herren und ritterschaft sehr viel in diesen landen,
wurde geordnet, dass von einem geschlecht nur einer turnieren sollte,
sonst wörd es kein end haben und zu viel werden.

Diese haben das thurnier persönlich besucht und haben thurniert. Fol. 282

Vom Bodensee und Oberland:

Grafen:	Freyherren:
Friedrich von Zollern,	Jacob von Walburg,
Conrad von Wallenberg,	Lienhard von Hohensax,
Hans von Heiligenberg,	Albrecht von Zembar,
Werner von Sulz,	Georg von Hohenheim.
Ernst von Fürstenberg,	
Friedrich von Masox.	

---

1. Ici le manuscrit de Specklin portait les armoiries d'Engelbrecht. (Note de M. Jung.)

Ritter:

Hans von Königseck,
Ulrich von Morspurg,
Georg von Frundsperg.
Wolf von Heimburg,
Ernst von Berdingen.
Ludwig von Laudow,
Georg Truchsess von Rheinfelden,
Heinrich von Heygitz (?).

Mit dem von Wirtemberg:

Eberhard graf zu Wirtemberg,
Ludwig von Ottingen,
Heinrich von Löwenstein,
Wilhelm von Hohenlohe,
Friedrich von Mümpelgart.

Freiherren:

Schmasmann von Rappoltstein,
Hans von Gundelfingen,
Albrecht zu Windeck.

Edelknechte:

Heinrich von Stoffel,
Albrecht von Landenberg,
Georg von Reischach,
Reinhard Schenk von Winterstetten,
Albrecht von Wolkenstein,
Claus von Schönstein,
Ernst von Freyberg,
Cunz von Neuneck,
Jost von Rodt.

Baseler:

Dietrich Mönch,
Heinrich von Rhein,
Friedrich von Hall,
Heinrich von Langenaw,
Ullmann Kemble (?),
Hugle von Schöneck,
Claus von Wilden,
Ernst von Helbling,
Peter Schenk,
Paul zum Jungen,
Stoffel Molter,
Utz Kraff,
Hans Merzeler (?),
Hans zur Kindaw (?).

Markgraf von Baden:

Rudolf markgraf zu Baden,
Johann graf zu Hohenburg,
Heinrich graf zu Thierstein.

Freiherren:

Wilhelm von Limperg,
Walther von Geroldseck,
Rennat von Ettendorf.

Ritter:

Eckrich von Rechberg,
Heinrich Marschalk von Pappenheim,
Georg von Haus,
Helbrand von Hurtorf (?),
Friedrich Christoph von Hoffingen,
Reinhard von Wasserstette.

Edelknechte:

Ulrich Schilling,
Hans Spath,
Georg } von Engen,
Ambros }
Ernst von Gultling,
Emich von Eberstein,
Wolf von Aw,
Hans von Landersheim,
Georg von Windeck,
Bernhard von Steinfels,
Albrecht von Nippenburg,
Jost von Andlaw.

Die Niederrheinischen Grafen:

Ulrich \
Reinhard / zu Hanau,
Ott von Solms,
Philipps von Falkenstein,
Siegmund von Rheineck,
Otto von Lone,
Wolf von Wertheim,
Christoph zu Neuss,
Albrecht zu Reiburg, (?)
Wolf zu Kastel,
Emich zu Leiningen,
Ernst zu Lebe,
Wilhelm zu Vianden,
Johann zu Katzenelnbogen,
Berloch zu Eissenburg.

Ritter und Edelknechte:

Hans Landschad,
Arnold von Fleckenstein,
Georg von Helmstadt,
Wolf von Griw (?),
Siegmund von Hochstett,
Ulrich von Rahelstein,
Sigmund von Remingen,
Arbogast von Landsberg,
Ruprecht von Fengen,
Heinrich von Blockirch,
Adolf von Gemmingen,
Heinrich von Geiersberg,
Georg von Seckendorf,
Claus von Weingarten,
Adolf von Utenheim,
Albrecht Hoffart von Kirchen.

Herren:

Wilhelm von Königstein,
Reinhard von Westerburg,
Heinz Schenk von Erbach,
Georg von Cunenberg,
Erasmus von Eckstein,
Heinrich von Hohenfels.

Ritter:

Rudolf von Altorf,
Philipps von Cronberg,
Ortlieb von Frankenstein,
Wolf von Dalberg,
Hans von Lutten,
Wilhelm von Eberz.

Edelknechte:

Heinrich von Wiboz,
Michel von Riedesheim,
Emich von Oberstein,
Adam von Salem,
Dietrich von Gaw,
Eberhard Wansheimer,
Wolf Brom,
Wolf von Sponheim,
Eberhard Fetzer,
Velten von Ramberg,
Diebold von Langenfeld,
Hans von Otterbach,
Peter von Mühlhoffen,
Cuntz von Küttolsheim,
Paul von Muckenheim,
Claus von Friesenheim,
Hanser von Knabsberg,
Walter Brendel von Spanheim,
Simon Bass von Waldeck,
Dietz von Ockenheim,
Erhard Brumser,
Claus von Wachenheim,
Peter Steinruck.

Aus Westrich:

Grafen:

Jacob von Lützelstein,
Eberhard von Zweibrücken,

Fol. 283

Friedrich von Saarwerden,
Jacob von Mörs,
Fol. 334 Friedrich von Sponheim,
Johann zu Veldenz,
Otto von Blankenburg,
Alway von Finstingen,
Georg von Kirkel,
Arnold von Rottenmuth,
Jörg von Rolingen und Dachstuhl,
Jörg von Kriechingen,
Nicolaus von Ballheim.

Ritter und Edelknechte:

Peter von Karpen,
Hans von Alb, genannt Sulzbach,
Wolf von Hohenstein,
Cuntz von Rolingen,
Erhard von Hohenstein,
Johann Bürk von Bopparten,
Claus Rucker von Finstingen,
Johann von Morbrunn,
Albrecht Hans von Dimbach.

Die Herren von Lichtenberg und ihre Gesellschaft:

Hanemann,
Cunrad,
Heinrich,
Friedrich,
Siegmund,
Hans,
} herren zu Lichtenberg.

Ritter und Edelknechte:

Conz von Lampertheim,
Cuno von Guttersheim,
Dietrich von Rotzenhusen,
Hans von Weitersheim,
Heinrich von Heringen,
Rudolf von Fegersheim,
Bechtold von Wilsperg,

Jacob von Rotzenhusen,
Fritz von Fleckenstein,
Siegmund Knobloch,
Hans von Lambsheim,
Wolf von Hochfelden,
Heinrich Hüffel,
Ludwig Pfaffenlapp von Still,
Cunemann von Bolsenheim,
Bechtold Kranz,
Peter von Kirspach,
Lutz von Rothbach,
Hans von Berstett,
Wolf von Wittersheim,
Hans von Blumenau,
Jörg von Wickersheim,
Hans von Hölstein,
Cuno von Hergersheim,
Leutfrid von Königsbach,
Jörg von Winstein,
Wirich von Hohenstein,
Hermann Dapelstein,
Peter Eckbrecht,
Reinold von Waltenheim,
Hans von Schönecken,
Caspar Beger,
Reinold Weckel,
Wilhelm Zuckmantel,
Wolf Haffner von Wasselnheim,
Fritz von Uttwiller,
Dietz von Randeck,
Peter von Egersheim,
Wolf von Ingenheim,
Jacob von der Magd,
Wilhelm von Wilsberg,
Jörg von Lambsheim,
Cuntz von Mittelhusen,
Utz Ottinger,
Claus von Beckingen,
Adam von Arnsperg,

Adam von Oberzheim,
Ulrich von Weitenheim,
Peter von Berstett,
Burkhard von Rumersheim,
Claus Seyfried.

Die von Ochsenstein:

Volmar, \
Ottomar, } herren von Ochsenstein,
Eberhard, herr zu Wasselnheim,

Walter Vespermann,
Diebold von Rotzenhusen,
Wernher von Rothenheim,
Ludwig von Eckendorf,
Eberhard Shorach, (?)
Hans von Kindwiler,
Hans von Epfig,
Ruprecht von Auenheim,
Peter von Merenburg, genannt Rübsamen.

Ritter und edle zu Strassburg, so in der stadt wohnten, doch ward von jedem geschlecht nur einer oder zu meisten zwei zugelassen, zu beweisung des geschlechtes:

Claus Zorn, ritter,
Hans Zorn,
Peter Zorn,
Hans Lapp, ritter,
Burkhard von Müllenheim, ritter,
Daniel von Müllenheim,
Claus von Westhusen, ritter,
Hensel Löselein,
Goez von Gräfenstein,
Claus Bock, ritter,
Rudolf Judenbretter,
Thoman von Kageneck,
Claus von Kageneck, ritter,
Hans Sturm von Sturmeck,
Bernhard zum Ried,
Cunz Winterthur,
Gösele Sturm, ritter,
Heinrich Rebstock, ritter,
Claus Engelbrecht,
Jörg von Pforzen,
Peter Blümele,
Claus Lohnherr,
Albrecht Hess,
Claus Börsche,
Ortlof Spiegel,

Goetz Nope,
Heinrich von Kogenheim,
Dietz Koltesch,
Adolf Baumgartner,
Peter Schub,
Albrecht von Kippenbach,
Johann Burggraf,
Wolf Merschwein,
Peter vom Weg,
Hans von Renchen,
Hans von Sigolsheim,
Claus Bawmann,
Jörg Elhart,
Hans Dindesheim,
Hans Knobloch,
Fritz Pfaffenlapp,
Claus Spender,
Hans von Müllenheim,
Hans Duschmann,
Philipp Hüffel,
Jacob Bawmann,
Claus zur Megde,
Stoffel Lenzle,
Hans von Schenk,
Jost Still von Geispitzen,

Claus von Hattstatt,	Hans von Dauchersheim, (?)
Hans Lumpart,	Cunz von Epfig,
Lutz Beumle,	Claus von Merzenheim,
Hans von Berstett,	Jost von Bolsenheim,
Jörg Berer,	Hans von Ettenheim,
Claus Beger,	Hug von Rottenheim,
Hans von Pforzen,	Hans von Merenstein,
Claus Erbe,	Rudolf Zwinger,
Philipp Reder von Dirsberg,	Heinz von Kolbsheim.

Dienstag hernach stach man in den hohen zugen. Es gieng aber das thurnier mehrentheils über die ritter und edelknecht zu Strassburg, und hätte man nicht ausdrommetet, wäre es ein härter thurnier geworden, und würden viele geblieben seyn, denn es mehr einem ernst denn schimpf gleich sahe, denn man hatte sich darauf gerüstet.

Fol. 255

Man hatte in der stadt grosse hütten, auch an allen thoren und auf allen plätzen mit gewapneten leuten besetzt: am Rossmarkt war der Rindsheutergraben mit holz und dielen überschossen: darauf standen die handwerker gewaffnet mit ihren bannern, damit kein auflauf und geschöll würde, welches eine grosse notdurft war.

Nachmallen hielt man köstliche täufe und bankete. Es war ein grosses volk in der stadt, mehr denn 3000 fremde pferde. Hernach zog jedermann wieder zu haus.

1744. (*Rheinau weggefressen.*) — Damals war der Rhein ziemlich gross, und frass zu Rheinau die stadt sehr hinweg, und kam so weit dass es den herren von Honau (denen vor etlichen jahren ihr stift zu Honau der Rhein hatte hinweggefressen) damals zu Rheinau wiederum hinwegfrass, also dass die häuser und kirche, alles in den Rhein fiel. Deshalben sie gezwungen wurden zu weichen. Sie kamen in die stadt Strassburg, setzten sich zum Alten St. Peter mit bewilligung des bischofs, und machten ein stift daraus; brachten S. Amandus heilthum mit ihnen her. S. Michel war ihr patron, deshalben nannten sie das stift zu S. Michel und S. Peter, wie es noch heisst. Ist jetzund noch ein stift; sie essen noch alle im refectorium. Aber jedermann sagte, es wäre eine strafe gottes, dass sie der Rhein also plagte, denn sie nicht also fromm waren, wie ihre alten vorfahren.

1745. (*Hohengeroldseck verbrannt.*) — Den 16 juni schlug das wetter auf Hohen Geroldseck und verbrannte das ganze schloss.

1746. (*Papst Bonifacius setzt ein Jubeljahr.*) — Damals setzte papst Bonifacius auf Unser frauen heimsuchung, und ward zu Strassburg verkündet und in allen landen zu feyern, dass sie wollte unsere feinde, den Türcken, zertreten, wie sie das gebirg getreten hatte, auch unser trost, hilfe und fürsprecher sein, und dem papsthum, welches sehr getheilt war, wolte zu hilfe kommen. Setzte man auf, dass man das jubeljahr sollte alle 33 jahre halten, denn also lange wäre Christus auf erden gegangen: denn es kam der stadt Rom grosser nutz daraus.

1747. (*Ammeisterwahl.*) — Dies jahr ward ammeister herr Conrad von Geispoltzheim; war bei den beckern.

1391

1748. (*Tag zu Mainz.*) — In dieser zeit handelte man von denen von Strassburg wegen der acht halben, bei dem römischen könig, also dass der könig bewilligte einen gütlichen vertrag, weil der ritter ledig war. So war der von Rappoltstein auch schon aus der acht, der doch der rechte schuldige war an allem diesem handel. Darauf ward um mittfasten ein tag zu Mainz gelegt.

Es hatten aber die von Strassburg vor der zeit herrn Bruno von Rappoltstein und den seinigen viel geld geliehen auf sein bitten, und er hatte der stadt Strassburg die stadt Rappoltsweier zu unterpfand gelegt; desgleichen hatten die von Müllenheim zu Strassburg ihm auch viel geliehen und (er) Gemar vor underpfand darüber ihnen eingeräumt, auch einen eid gethan, briefe und siegel über sich gegeben zu halten; welches die unterthanen auch bewilligten und annahmen.

Aber herr Bruno nahm diesmal mit verrätherei Rappoltswir ein, wider seinen eid und ehre, auch brief und siegel, und wendete vor, die stadt wäre in acht, da er doch selbst der anfänger aller dieser handlung gewesen.

In der fasten kamen des königs gesandten gen Maynz, nämlich herr Lamprecht von Burne, bischof zu Bamberg, kanzler (zuvor gewesener bischof zu Strassburg) und herr Künast von der Tauber und herr Barsebo von Schwinar, auch ein Böhme, landvogt im Elsass und Schwaben. Die stadt Strassburg hatte neben sich erbeten herzog Ruprechten pfalzgrafen und kurfürsten zu Heidelberg, der kam mit ihnen dahin, mit vielen herren, und hatten zu beiden theilen volle gewalt zu handeln. Da ward gethedigt, dass die von Strassburg über alle (kosten)[1] dem römischen könig noch sollten geben, dem Heinrich zum Jungen, burger zu Maynz, des königs einnehmer, 4500 goldgulden, jetzund die 500 baar, die andern 4000 nächstkünftig Unser frauen tag der jüngern. Hiezwischen sollten sie verschaffen, dass die acht aufgehoben und die briefe so darüber gegeben, fertig und besiegelt und vom könig unterschrieben würden. Die 500 goldgulden,

Fol. 286

---

1. Von hier an sind die oberen Ecken der Handschrift abgebrannt. (Note de M. Jung.)

nach laut des vertrags wurden baar erlegt, alle sachen gerichtet, und sie zogen wieder heim.

1749. (*Bischof Friedrich wird Administrator von Basel.*) — Damals war bischof zu Basel Immer von Ramstein etliche jahr; der konnte das bisthum aus dem schuldenlast nicht bringen, darein es seine vorfahren gebracht hatten.

Da ward berathschlagt, auch sah es der bischof selbst für gut, dass er vom bisthum abtrete, welches auch geschah, und ward ihm ein genanntes neben der thumpropstei gegeben, sein lebenlang. Daneben sollte man einen administrator dahin ordnen, der ohne das genug hätte und das bisthums einkommen sparete, bis man aus den schulden käme.

Da war im rath befunden, dass man den bischof Friedrich von Strassburg nehmen sollte; der war ein nachbar und könnte geld zuwegen bringen, als sonst keiner, sagten aber nicht woher, bis sie es erfuhren.

Als bischof Friedrich von Strassburg solches ward vorgetragen, kam er auf Barnabas gen Basel, mit grossem zug köstlich; da wurde er von der stadt und den geistlichen wohl empfangen. Da resignirte bischof Immer das bisthum, da schwur man ihm auf der stuben zur Mucken, und wurde ihm von den geistlichen und der stadt ehrlich geschenkt, und trat der bischof Immer von Ramstein wieder in seine alte propstei in Basel.

1750. (*Klein-Basel eingelöst und an die Stadt Basel verkauft.*) — Damals war die minderstadt Basel den bischöfen zu Basel; die hatten sie den von Oesterreich versetzt: bischof Immer von Ramstein hatte gut solche vom hause Oesterreich zu lösen, doch mit vorbehalt, wenn ein bischof solches geld erlegte, ihm die stadt wieder einzugeben.

Bischof Friedrich handelte so viel damals, dass die stadt die lösung that und soviel darauf legte, dass es 22000 gulden war, doch auf wiederlösung: darnach traf er einen kauf mit ihnen, dass sie 29800 gulden noch weitergeben. Also kamen die von Basel hinter die kleine stadt, wie sie solche noch haben.

Darnach versetzte er etliche zehnten des stifts Basel an das stift Strassburg und legte eine schatzung auf die geistlichen, und machte das stift Basel noch ärmer denn zuvor: also erfuhren die guten frommen thumherren zu Basel mit grossem schaden, wie bischof Friedrich von Strassburg so wohl konnte geld zuwegen bringen, und woher es kam. Er sammelte allenthalben geld, denn er seltsame sachen im sinn hatte, wie er schon dieses jahr anhub.

1751. (*Der Bischof plant Verrath gegen Strassburg.*) — Da bischof

Friedrich die geistlichen zu Strassburg nicht durfte schätzen, da ihm die stadt einen knopf dafür gemacht hatte, reiste er zum landvogt Warsebo, der gar wohl beim könig war, handelte mit ihm, dass die entschlagsbriefe beim könige gehindert würden: so wollten sie die stadt, weil sie in der acht war, angreifen; die müsste ihnen geld genug geben. Welches dem landvogt wohl gefiele; er schrieb in Böhmen und verhinderte die briefe, mit verheissung das geld mit ihm zu theilen. Solches geschah da die an des königs hof waren, wie der könig auch, geld nahmen und halten zu allem schelmenwerk.

1752. (*Fleckensteiner Fehde.*) — Damals wurde herr Rudolf, abt zu Murbach, landvogt zu Hagenau; der kam zu krieg mit dem von Fleckenstein, um etliche dörfer im Ried, als Ruppenau, Sässolsheim und andere. Doch hatte er hilfe vom markgrafen von Baden. Der von Fleckenstein kam gen Strassburg, gieng zu den rittern und edeln knechten, zeigte ihnen an, wie grosses unrecht ihm geschehe: darum wolle er die landvogtei bekriegen, was ihnen dann schaden geschehen möchte, wolle er bezahlen. Das liessen die edeln geschehen. Als solches die von Hagenau erfuhren, hieben sie alle bäume um; darauf verbrannte der von Fleckenstein Batzendorf, Wiedersheim, Hausen, Schäffolsheim, bis an die 20 dörfer von Hagenau. Dieweil aber die edeln zu Strassburg zusahen, da ward auf ein jahr lang friede gemacht. Als die von Strassburg in des königs acht kamen, und alle lande wider die von Strassburg zogen, wollten die von Fleckenstein nichts wider die von Strassburg thun, dieser handlung halb.

1753. (*Handwerker in Hagenau zu Schöffen gewählt.*) — Damals mangelten vom adel um schöppen zu setzen zu Hagenau. Da man nun niemand haben mochte, und man auch weise, verständige burger fand, wurden die ersten von den handwerkern gezogen. Ritter Hans, Völtzel, ein tuchscherer, und Bechold, färber. Darüber wurde brief und siegel aufgerichtet, so man alle jahr liesst.

1754. (*Bündniss gegen Strassburg.*) — Der bischof und landvogt machten hierauf heimlich einen bund mit dem markgrafen von Baden, Eberhard von Wirtemberg und Hamann zu Bitsch, Philipps, Heinrich und Johann zu Lichtenberg, Bruno zu Rappoltstein, Ochsenstein und andern fürsten und grafen mehr, die der stadt viel schuldig waren. Damit meinten sie ihre schulden wett zu machen, weil sie in der acht wäre, und handelten mit dem landvogt, dass er möchte zu wege bringen, dass sie heimlichen vom könig gemahnt würden (als lehensleute des königs) die von Strassburg anzugreifen; das wollten sie heimlich thun, ehe die stadt gewarnet würde.

So wollten sie der stadt stark genug seyn und sie wohl zwingen, oder geld genug bekommen: solche mahnbriefe brachte der landvogt aus.

Als aber die zeit kam, hätten die von Strassburg gern das geld erlegt und mahnten den zu Maynz oft die briefe vom könige heraus zu bringen. Desgleichen begehrten herzog Ruprecht und bischof Lamprecht von Bamberg und kanzler, selbst oft vom könig, als gewesene unterhändler, aber es kam keine antwort.

Es nahm der herzog von Oesterreich im Breisgau etliche güter ein, als die von Kappenbach; er unterlegte und belagerte Kappenbach, gewann und zerbrach es.

1392   1755. (*Ammeisterwahl.*) — Da ward zum ammeister erwählt herr Conz Müller; war bei den kornkäuffern.

1756. (*Bischof Lamprecht stirbt zu Gengenbach.*) — Damals als bischof Lamprecht von Bamberg, gewesener bischof zu Strassburg, auf 20 jahre lang bischof zu Bamberg gewesen, auch des kaisers kanzler und nun etwas alt, übergab er das bisthum Bamberg auch, kam wiederum in sein altes kloster Gengenbach, darin er zuvor abt gewesen, wollte also einsam sein leben beschliessen. Da er dahin kam, lebte er nicht lange, starb darin und liegt da begraben.

1757. (*Weiteres Wirken gegen Strassburg beim Koenig Wenzel.*) — Als die stadt nicht mochte wissen, wie es käme, dass die entschlagungsbriefe nicht kamen, ward gemuthmasst und auch angezeigt, dass an des königs hof alle dinge liegen und ersitzen blieben, denn keine achtung auf solche dinge gegeben würde, da nur essen und trinken und aller muthwille da vorgienge, welches wahr war, auch die von Strassburg solches wohl wussten, waren auch mit dem anmahnen säumiger; daran der ammeister Conz Müller nicht wenig schuld hatte.

Indessen bekam Barsebo, der landvogt, vom könig Wenzeslaus mehr denn hundert blankarten, das waren weisse briefe, war nichts darin geschrieben, allein des königs siegel war unten darauf gedrückt, und mit des königs hand überschrieben: darein schrieben dann der landvogt und der bischof, auch andere, was sie wollten, und mahnten viele fürsten und herren auf, besonders die benachbarten, im namen des königs, ganz heimlich, eine reise zu thun, als von wegen des reichs. Da wussten die herren wohl, wo es würde hinausgehen. Darauf speissten die herren ihre schlösser und städte und sammelten heimlich viel volks, dass es ja niemand erfahren konnte, auch etlicher herren räthe nichts darum wussten. Insbesondere war der bischof Friedrich ein hauptmann in solchen sachen. Nota: Benfelden und anderes mehr wurde (vom bischof) versetzt, damit er solches besser unternehmen konnte[1].

1758. (*Betragen des Bischofs.*) — In diesen zeiten wurden die von Strassburg oft gewarnet von guten frommen leuten, dass heimlich eine reiss vorhanden wäre, die gewiss über sie gehen würde; dass wollten sie nicht glauben, denn sie ihrem bischof zu viel trauten, thaten ihm solches alles zu wissen, dass heimlich ein krieg vorhanden sei, welcher über sie gehen sollte, darunter er auch selbst begriffen sei.

Darauf dankte ihnen stets der bischof, dass sie ihm solches zu wissen thäten und ein solches gutes vertrauen zu ihm hätten, sie sollten dabei bleiben und niemand keinen glauben geben, denn wenn er etwas sollte erfahren, wollte er es ihnen von stunden zu wissen thun, bat sie, was sie hörten ihm solches auch mit eigenen boten zu verständigen.

Darauf gebot er im ganzen bisthum, wie dass ein geschrei ausgienge einer reiss halber, wodurch das landvolk möchte erschrecken und flüchten, solchem sollten sie keinen glauben geben, denn wenn etwas sollte seyn, wollte er es ihnen zeitlich zu wissen thun: da glaubte man ihm gar wohl. Er that aber solches aus drei ursachen:

Erstlich traute und glaubte ihm die stadt deswegen gar wohl; zum andern, dass mit dem flüchten nichts in die stadt käme zu nutz; zum dritten, dass das kriegsvolk vor der stadt desto mehr proviant hätte. Solches gebot hat hernach seine armen leute in grosse verderbniss gebracht.

Ueber vier tage kam der stadt gewisse warnung zu, dass alles unglück über sie werde ausgehen, denn das volk zöge schon an. Solches hätten sie von etlichen die mit ziehen würden. Darauf schrieben sie dem bischof wieder zu, mit der bitte was vorhanden, dass er das land als ein bischof sollte schützen und bewahren helfen.

Darauf schrieb er ihnen wieder zu: Unsern gruss zuvor. Liebe und getreue, wie ihr uns geschrieben habt, so lassen wir euch wissen, dass wir unsere haben ausgesandt alle sachen zu erkundigen, was die uns her wieder bringen, das sie erfahren haben, wollen wir euch wissen lassen. Gegeben montags nach Bartholomäi im 1392 jahr. (Cfr. KŒNIGSHOVEN, *éd. Hegel*, p. 684—685.)

1759. (*Bruno von Rappoltstein nimmt Gemar.*) — Es gab aber der bischof hierauf keine antwort mehr. Da kam wieder warnung von andern

---

1. Letzterer Satz von Specklin an den Rand seiner Handschrift notirt. Note de M. Jung.)

städten und herren im land, ins besondere dass herr Bruno von Rappoltstein mit würde angreifen. Indessen nahm herr Bruno von Rappoltstein Gemar mit verrätherei, wie auch Rappoltsweyer, welches herrn Heinrich von Müllenheim, einem ritter und burger zu Strassburg, versetzt war, auch ihm geschworen hatte ihm darin keinen zwang zu thun. Als er solches einnahm, widersagte er erst dem von Müllenheim, von wegen der stadt und acht. (Cfr. KŒNIGSHOVEN, ed. Hegel, p. 685.)

1760. (*Vertheidigungsanstalten in der Stadt.*) — Da empfanden die von Strassburg erst dass solches gewiss über sie gehen würde, eileten auf das land (denn es eine gute erndte gewesen war) und führten alles, gedroschen und in garben, herein was sie mochten. Da dreschte man hernach in kirchen und in kreuzgängen und andern orten aus; auch führte man holz, wein und anderes was man mochte, zu wasser und land, bei tag und nacht in die stadt.

Auf Adolphen brach man den herrlichen spitel ab vor der stadt und führte die kranken bei den Gedeckten Brücken in der stadt hof und legte sie auf die bühnen. (Ist jetzund der Herren-Stall¹.) Sie brachen auch S. Elisabethenkloster ab, mit vielen häusern; denn es alles zu nahe an der stadt lag. Solches brannten sie zuvor ab und alles darum, hieben auch alle bäume ab, damit man desto besser konnte ins feld sehen. Die nonnen vertheilte man in die stadt in andere klöster, als zu S. Claus in undis und zu S. Johann, gab auch jedem das halbe gut. Auf der andern seite vor dem Weissenthurn brach man Adelshofen ab, zwischen dem Weissen thurn und dem Wickhüssel, auch Königshofen, mit vielen schönen höfen und häusern; auch die neuen häuser, die kürzlich zweimal verbrannt und erst wieder neu gebaut waren worden, alles ab, und ward zu einem ebenen feld gemacht, das noch der Königshofer bann heisst.

Elisabethenthor und der Weysse thurn wurden zugemauert, auch der Guldenthurn und Welden-Pörtlein² bei dem Judenkirchhof. Finkweiler und andere mehr, auch S. Stephansthörle, S. Andreas und Finkwillerthörle wurden zugeschlossen; die andern porten besetzte man mit gewaffneten leuten.

Obwendig den Gedeckten Brücken überschlug man die Breusch mit pfählen und zog starke ketten dardurch, dass man nicht mit schiffen konnte in die stadt kommen, und wurde auch ein schiff bei S. Claren auf dem

---

1. Nota: Unser frauen brüdern wurde S. Phinen spital, zu S. Barbara genannt, übergeben. (Note marginale de Specklin.)
2. SILBERMANN nennt es Waldner-Pförtlein, S. 51. (Note de M. Jung.)

Wördt, ein schiff mitten auf die Breusch geordnet, darin tag und nacht gewapnete leute waren, dass niemand das wasser herauf in stadt möchte, und mit geschütz wohl versehen. Zu S. Stephan an den mauren brach man eine scheuer, auch des hoffmanns haus ab und anderes mehr, damit man zu ross und fuss zu einem gang herum konnte kommen; auch änderte man an allen orten und enden alles, auch ordnung mit der proviant, huth und wachte, alles nach notdurft, ward zum besten angeordnet und bestellt.

1761. (*Beginn des Streites.*) — Den tag vor Unser frauen geburt kamen viele fürsten und herren in Elsass zusammen, widersagten der stadt (darob erschracken alle städte im land) im namen des königs, als gehorsame lehenleute, und waren das die herren und fürsten persönlich die vor Strassburg zogen: Fol. 239

Friedrich von Blankenheim, bischof zu Strassburg,	Der von Rappoltstein,
Bischof von Bassel,	Der von Bitsch,
Bernhard markgraf zu Baden,	Der von Nassau,
Graf Wilhelm von Gülich,	Der von Salm,
Der herzog Carl von Gellern,	Der von Blankenburg,
Der markgraf Hans von Hochberg,	Der von Saarwerden,
Der graf Eberhard von Wirtemberg,	Der von Mörs (?),
Des königs landvogt in Oberdeutschland, herr Warsebo von Schwinar,	Der von Bolchen,
	Die von Lichtenberg,
Der markgraf von Rötteln,	Der von Ochsenstein,
Der von Thierstein,	Der von Geroldseck,
Der von Lützelstein,	Der von Fürstenberg,
Der von Kyrburg,	H. von Ettendorf.

Alles fürsten und vornehmen grafen, ohne die von adel, eine grosse summa, die auch auf 800 waren.

Bruno von Rappoltstein, samt vielen herren und andern, auch alle dienstleute in Elsass, die mussten zum ersten widersagen: dadurch ward die stadt zeitlich gewarnt. Insonders waren dennoch etliche ehrliche leute, die solches thun mussten und darneben die stadt im vertrauen lange zuvor gewarnt hatten, und mitleiden hatten: besonders erbarmte sie das arme landvolk. Also findet man unter vielen bösen auch fromme leute: doch waren auswendig im land um die stadt eitel feinde und sie hatte niemanden zu helfen. (Cfr. Kœnigshoven, *éd. Hegel*, p. 685—686.)

1762. (*Angriff auf Strassburg.*) — Erstlich legten sie sich auf eine meile oder zwei, um die stadt in die dörfer herum, als zu Eschau, Erstein,

Hindisheim, Northausen, Fegersheim und andern orten mehr. Mitwoch nach Unser frauen geburt zogen die herren mit 5000 pferden wohl gerüstet aus, und liessen 5000 gerüstete pferde im lager bei dem fussvolk, kamen auf die Metzgerau, bei dem wickhäusele, rannten durch den Kalkgiessen auf Metzgerau. Da rannten etliche söldner hinaus, kamen so nahe zusammen, dass sie mit einander reden konnten; geschah aber kein angriff; da zogen sie wieder zurück und verbrannten das wickhäussele.

Am sonntag hernach zogen sie auf die andere seite der stadt, liessen doch einen grossen haufen auf der andern seite zum überfall, und vermeinten die burger aus der stadt zu locken. Sie hielten mit einem grossen haufen bei Eckbolsheim, dabei hatten sie 1000 pferde bei Haussbergen, und einen haufen mit 1000 pferden bei Schilken; auch einen haufen mit 1000 pferden inmitten auf dem felde; hinter S. Helenen hielten 8000 wohlgerüstete pferde. Sie verbrannten das wickheussel bei S. Helenā, und rannten bei dem galgen auf Königshofen zu, und meinten die bürger würden aus der stadt ziehen und mit ihnen schlagen. Sie wollten auch Waseneck vor dem Judenthurm verbrannt haben; es lagen aber schützen darin, hatten sich verschanzt und verbaut, dass sie nicht dahin kommen mochten. Darnach wollten sie auch die Spittelmühle verbrennen; es lagen aber viel schützen darin verborgen. Das wurden sie gewahr und zündeten eine scheuer an und verbrannten etliche esel darin. Darnach rannten sie bei der Hirzelache, bei S. Claren und wollten einen wellenhaufen verbrannt haben bei dem ziegelofen, im Sack. Da hatte man auf S. Claren auf dem Wördt, auf den thurn einen erker gebaut, da lagen etliche schützen darin, die schossen unter sie, da rannten sie davon.

Es rannte einer vorm thor, der zündete den galgen an; da fiel man heimlich hinaus und fieng den der den galgen angezündet hatte, und führte ihn in die stadt, und kamen mehr zum thor, zogen aber zu beiden theilen ab.

Auf S. Morizen tag zogen alle fürsten und herren wider bei Illkirch auf Metzgerau zu und durch den Kalkgiessen wieder um: aber der Kalkgiessen war mit fusseissen überlegt, das wurden sie gewahr, und mussten viele knechte mit rechen kommen und die fusseisen herausrechen, und kamen mit 8000 pferden durch auf Metzgerau, zum ziegelofen und zur Rheinbrücke. Auf der andern seite lag ein gross volk an der brücke, aus der markgrafschaft, Offenburg, Gengenbach, Geroldseck, Lohr, und von andern enden mehr. Auf dieser seite rannten viel vom haufen und verbrannten den ziegelofen, auch die holzscheuer, mehr denn 4000 klafter holz. Sie verbrannten in dem Heyritz, auch bei den owen und bei S. Johannis in undis und St. Elisabethenau viele häuser.

Es kamen auch viele unten herauf von Hanau zu schiff und verbrannten die Ruprechtsau. Darauf wollten sie in die Entenletz zu S. Katharinen in Krutenau, und solche auch verbrennen. Da durften sie vor den schützen und den bürgern mit den langen spiessen nicht dahin kommen, und meinten, die Krautenau wäre an allen enden so wohl besetzt, wenn sie bei dem Teich, oder S. Claus in undis gekommen wären, so hätten sie alles leer gefunden, denn alles volk daraus in die stadt gezogen war. Es rannten viele vom haufen auf die andere seite bei dem Metzgerthor, S. Agnesen und S. Marxkloster herum, und wenn die müde waren, kam ein anderer haufen und rannten auch herum, und meinten allwegen man sollte aus der stadt fallen und mit ihnen schlagen. Man schoss sehr aus den büchsen unter sie und ward doch keiner getroffen.

Die fürsten und herren schlugen viele zu rittern beim ziegelofen, die waren alle aus fremden landen und nur einer aus diesem lande in Elsass, der hiess Heinrich von Hattstadt, von Willer aus dem Münsterthal. Die andern wollten nicht ritter werden, sie hätten denn zuvor wohl gestritten.

Dornach rannten sie wieder auf Metzgerau, da rannten viel soldner und junge gesellen aus der stadt, und welche die stärksten waren, jagten einander herum und geschah doch niemand nichts.

1763. (*Sturm auf die Rheinbrücke.*) — Indessen stürmten die herren die Rheinbrücke auf der einen seite und die andern auf der andern seite, und schossen mit grossen büchsen zu beiden seiten, und sonderlich hatte herr Bruno von Rappoltstein die grösste büchse, die im land war, und schoss mit derselbigen mitten durchs zollhaus und geschah denen darin kein leid. Es war eine fallbrücke vor dem zollhaus, die war so gemacht, dass wenn der feind darauf käme, man ihn mit der brücke in den Rhein fallen liess.

Dieweil man also an der brücke stürmte, kamen zwei schiffe mit dürrem holz, öl, speck und schwefel und trieben den Rhein ab, wie es der bischof bestellt hatte. Die hatten lange zwerchhölzer damit sie in der brücke jochen hängen blieben. Diese zündeten die feinde an und wiesen sie zur brücke, damit sie da hängen blieben, und über sich die brücke verbrenneten. Da die im zollhaus solches sahen, fuhren sie mit schiffen dazu, hieben die zwerghölzer ab und wiesen die schiffe durch die brücke, dass ihr kein leid geschah. Sie wehrten sich also dapfer aus dem schiffe mit büchsen und armbrusten, dass der feind nicht zu ihnen kommen durfte.

Dieweil kam ein grosser floss, darauf lagen grosse drotbäume und hölzer, der fuhr auf dem Rhein herab und wiesen ihn etliche mit schiffen auf die brücke zu, damit wollten sie die joche umstossen. Der Rhein war aber klein und da der floss schier zur brücke kam, blieb er an einem grien liegen. Da wollten ihn die feinde herabschalten, aber die auf der brücke schossen also dapfer unter sie, dass man ihn musste liegen lassen; den hat man hernach herausgezogen.

Da nun die schiffe und flosse nichts halfen, da beschossen und stürmten die herren die brücke zu beiden seiten: aber die auf der brücke wehrten sich dapfer und erhielten sich und die brücke. Der feind hatte unten und oben schiffe bestellt, wann die aus dem zollhaus die flucht zu wasser geben würden, dass man sie hätte können auffangen.

Dass man sich stets der Rheinbrücke also hat angenommen ist gewesen dass vormals da ein fahr gewesen; in der Ruprechtsau war auch ein fahr, und eines zu Grafenstaden. Alle diese fahren sind den herren von Lichtenberg gewesen, als obervögte und schultheissen zu Strassburg, die haben sie um ein geld anderen herren verliehen: die stadt vermeinte aber, weil der grund und boden der ihre wäre, hätte sie das recht eine brücke zu machen, das viel zanks gab.

Fol. 291. Dieweil man viel stürmte an der Rheinbrücke verbrannten sie die schiffe, die von Hanau herauf gefahren waren, wie vorgemeldet, und sie rannten abermals in die Metzgerau herum und schossen zusammen. Da wurden zwei feinde erschlagen und viele pferde erlegt und beschädigt, und wurden auch zwei arme knechte von der stadt erstochen, die hinausliefen und pfeile auflesen wollten. Gegen abend zog der feind unverrichtet wieder ab, nur dass sie viel verbrannt hatten. Indessen kam ein geschrei gen Kehl, dass die aus der stadt über den Rhein zögen und die zu Kehl alle erschlagen wollten. Da war ein solches laufen und fliehen über die Kinzig, dass sie alles liegen und stehen liessen was sie hatten, rüstung, kessel und pfannen, und alles gekochs. Das nahmen die auf der Rheinbrücke alles, und sie kamen mit solcher gewalt nicht mehr her wieder allesammt: allein dass sie der stadt etliche male das vieh auf der Metzgerau und anderswo nahmen: etliche mal nahm man es ihnen wieder. Deshalb legten sie vielmal grosses volk verborgen, und wenn man ihnen nachgeeilt wäre, wäre man geschlagen oder gefangen worden.

1764. (*Versuche einer Schlichtung des Streites.*) — Am Michaelis kam der edel graf von Sponheim, der schultheiss von Oppenheim von wegen herzog Ruprechts, auch die gesandten von Mainz, Speier, Worms, und andere, die begehrten, ob man nicht möchte dazwischen reden. Das ward ihnen zu beiden seiten bewilligt, und auf ein geleit ein tag gen Eschau angestellt. Dahin kamen alle herren, auch die gesandten von Strassburg; da forderte herr Warsebo für seine person, wenn die von Strassburg wollten aus der acht seyn, hundert tausend gulden, die müsste er mit etlichen herren theilen. Zum andern, so hätten alle herren, die hier zu feld lägen, ein jeder ein ansprach, das sollte an ihn kommen, so wolle er der sachen ein gemeiner richter seyn, davon niemand appelliren sollte. Solches übergab er auch schriftlich mit den anforderungen.

Hierauf gaben die von Strassburg zur antwort: was die Rheinbrücke, die zölle und anderes antreffe, hätte man sich kürzlich mit den herren allen verglichen. Als sie kürzlich zu Strassburg gewesen sind, da hätte man sich verglichen und ihnen ehrlich geschenkt, darauf brief und siegel aufgerichtet. Was des bischofs anforderung belangt, wäre es nicht allein mit den alten bischöfen, sondern in drei jahren her alles vertragen worden, darüber brief und siegel aufgerichtet; darauf er und das capitel geschworen hätten, dawider nimmermehr zu thun: denn sie ihn nicht allein bei ehren sondern auch bei land und leuten erhalten hätten, und bedünke sie unbillig, dass er seine eide und ehre nicht bedächte. Desgleichen hätte er geschworen, dieweil er bischof wäre, wider die stadt nicht mehr zu thun: auch ihre hilfe zu seyn wider alle ihre feinde. Solches achte er wenig, brächte dazu land und leute in die äusserste armuth, die ihre voreltern mit grossen unkosten gepflanzt hätten, und an der stadt er und die seinen ihre wohlfahrt hatten. Nach viel hin und widerreden erboten die von Strassburg dem landvogt 30000 gulden zu geben, damit sie aus der acht kommen möchten. Auch was die herren für ansprache hätten, wollten sie lassen an ihn kommen, dem röm. könig zu ehren, doch mit vorbehalt, dass sie bei ihren alten, auch jetzigen freiheiten bleiben möchten. Solches erbieten dünkte den unterhändlern ganz billig und genug, und vermeinten der sache sei hiermit genüge geschehn. Der landvogt wollte kurzum keinen vorbehalt von ihnen haben, sondern wie, und was er sprechen würde, dabei zu bleiben. Da erboten sich die von Strassburg, dass sie solches wollten vor herzog Ruprechten, oder vor die kurfürsten am Rhein, oder vor alle kurfürsten kommen lassen. Dass wollte der landvogt kurzum nicht thun, sondern blieb bei seiner ersten forderung, wie fest der von Sponheim und alle gesandten dazwischen redeten. Da der landvogt nicht weichen wollte, da fuhr man von einander, und es ward der krieg nicht gerichtet.

1765. (*Fortsetzung der Fehde.*) — Darauf fuhr hernach der landvogt Fol. 292

auch hinweg, mit grossem raub nach Böhmen und liess 800 pferde seines volkes bei dem bischof. Da zogen der markgraf und Wirtemberg auch heim und liessen 1000 pferde da; also andere herren liessen viele pferde und fussvolk bei dem bischof und zogen heim, da der winter mit gewalt einfiel.

Als nun der bischof mit so vielem volk das land noch inhielt, und man aus der stadt reisen konnte, da wollte das fremde volk, auch das des bischofs, nicht mehr zu feld liegen, sondern legte sich in die reichs- und bischöflichen städte in Elsass. Als sie aber auf den bürgern in den städten lagen, niemand bezahlten und viel muthwillen trieben, dazu mit rauben und brennen die von Strassburg stets angriffen, lasen (sie) die reben ab, und liessen keinen wein in die stadt gehen. Da galt doch der wein in der stadt 2 auch 3 pfennig, der allerbeste 4 pfennig, und 1 fürtel frucht 6 auch 7 schilling. Auf dem land galt 1 ohmen wein 4 pfennig; das machte dass keiner in die stadt kam.

Sie nahmen auch auf dem land der bürger zins und güter ein, brachen alle höfe und häuser ab, die denen von Strassburg waren, und führten was gut war in die schlösser; das andere verbrannten sie; auch liessen sie weder salz, schmalz, holz, wein und frucht in die stadt gehen; doch war dessen kein mangel in der ganzen stadt: allein am mahlen wollte mangel seyn, denn der bischof hatte die Ill unter Erstein abgraben lassen und bei der Bürtel-Krafft in den Rhein geleitet.

1766. (*Mühlen in der Stadt aufgerichtet.*) — Da machte man eine schiffmühle bei der Rheinbrücke; die konnte alle tag auf 30 fürtel mahlen, das buck die stadt und gab das brot den armen bürgern; die reichen hatten genug in ihren häusern. Die mühlen giengen sehr gemach, auch bei den Deutschen herren; die mühle bei S. Arbogast gieng auch gemach; darin lag eine grosse büchse, das wussten die feinde und durften nicht dazu kommen. Doch wurden dort viel trettmühlen gemacht: und das korn auch sonst zerstossen auf allerhand weg. Auf S. Andreas tag kam ein wind und regen, dass die wasser gross wurden, da hatte man genug zum mahlen. Die stadt buck das brot selbst und gab man männiglich genug, ums geld, den armen auf borg, auch einen theil umsonst.

1767. (*Des Bischofs Beichtvater.*) — Inzwischen wurde das vieh aufgenommen bei S. Arbogast und dem Deutschen orden: dabei war stets des bischofs beichtvater, ein alter mönch Augustinerordens, ohne alle conscientia, der nahm allwegen seinen theil von dem was gestohlen wurde; half auch selbst stehlen und rauben, und den armen das ihre nehmen, gleichviel es wär vom reich oder anderes: also wie der beichtvater, also auch der herr. Oftmals hielt er messe um mitternacht; wenn der bischof auf seyn und reiten wollte, stund er mit vom schlaf auf, oft noch voll und toll, lief an den altar, er wäre dazu gerüstet, oder nicht. Blieben die herren im land dieses jahr also liegen.

Als aber das volk auf dem lande über den armen lag, sie auch nicht geflüchtet hatten, auch nicht in die stadt kommen konnten das ihrige zu verkaufen, und ihnen draussen auch nichts dafür wurde, kam das landvolk in grosse armut.

1768. (*Die Blutzapfen.*) — Es waren etliche arme gesellen in die stadt geflohen, die liefen etliche mal hinaus, raubten das vieh und was ihnen werden mochte, wagten also ihr leben. Die hiess man nur die Blutzapfen. Einmal zogen ihrer auf 300 hinaus, da hielt man auf sie. Sie zogen über den Rhein und bei Rohrburg grif man sie an. Da wehrten sie sich, waren aber viel zu schwach;   den auf 150 erschlagen. Sie hatten aber auch viele erlegt, insonders   riedrich von Stauffenberg, einen edelknecht. Da man den fand, schlugen sie die andern alle zu tod, die sie schon hatten gefangen genommen. Da wurden viele zu Altenheim begraben, etliche führte man heim, begrub sie zu S. Stephan, denn viele aus der Krautenau waren. Darnach liefen abermals ohne erlaubniss viele hinaus, auf ihr gerathwohl und brachten eine gute beute.

Es hatte die stadt damals einen hauptmann aufgenommen, genannt Cuno von ...., ein edelknecht, der es treu mit der stadt meinte, auch stets sein bestes that, denn er viele kriege versucht hatte. Der nahm sich vor eine reise zu thun mit allen soldnern und burgern. Als sie bei Wickersheim (*sic*) zum Thurne kamen, stiessen sie auf etliche Böhmen, die des königs und des landvogts diener waren, mit denen schlugen sie sich, dass etliche blieben, und brachten 24 gefangene auf, darunter war ihr hauptmann, genannt der Zenger aus Bayern, der sonst an des königs hof hoch daran war. Also hatte man auf 70 vornehme fremde gefangen, während der feind nicht mehr denn zehn hatte. Fol. 203

Am weihnacht abend zog man aus, wie sonst etliche mal auch, und zerschlug und zerbrach den feinden die mühlen, damit man nicht könnte mahlen und backen.

Auf solches liefen abermals die Blutzapfen mit grossen haufen hinaus, hinter die kam herr Hans von Lichtenberg und schlug auf 200 zu tod. Dieses geschah den letzten tag dieses jahres bei Vendenheim.

1769. (*Ammeisterwahl.*) — Da ward zum ammeister erwählt herr Heinrich Leimer, der war bei den krämern. 1393

1770. (*Streifzüge der Strassburger.*) — Nach dem neuen jahr zogen die von Strassburg aus mit 1000 pferden, an einem morgen früh über den Rhein, gewannen Willstett mit gewalt, welches gute zwinger, thürme und mauern hat, und huben an zu brennen von Offenburg aus bis hinauf auf Lohr und an dem Rhein wieder herab, alles was dem bischof, Geroldseck und denen von Lohr war, und kamen am andern abend spät wieder heim, nachdem sie auf 40 dörfer und flecken verbrannt hatten.

Die andere woche zogen sie abermals mit 1000 pferden und vielem fussvolk aus in die markgrafschaft Baden und bekamen auf 1500 stücke grob vich und pferde, triebens bis an die Rheinbrücke, und theilten solches unter sich, und verbrannten das land ganz schädlich.

Darauf wurde in der stadt bestellt, wenn ein geschöll würde, sollte man sturm schlagen; alsdann sollte jedermann vors münster laufen, da würde man die handwerker hin bescheiden, wo jeder hin gehört. Das geschahe zwei mal. Man hatte auch an Breuscheck, bei der Karthaus, auch auf allen warten, an einer stange hoch oben einen korb: wenn der feind kam, liess man den korb herabfallen: so lief jedermann aus den gärten in die stadt und war gewarnt.

1771. (*Versöhnung Strassburg's mit K. Wenzeslaus.*) — Als nun dieser krieg währte bis um lichtmesse und gegen die fronfasten, da waren leute bei denen von Strassburg zu Prag, die des königs gelegenheit wussten, sie lagen den ganzen winter da. Die hatten gute wälsche weine dahin gebracht, die der könig gern trank. Diese kamen also unbekannt vor den könig mit dem wein. Ehe es andere diener erfuhren warum sie da waren, hatten sie ihre sache bei dem könig verrichtet und bekamen durch geschenke briefe und siegel über alles was die von Strassburg begehrten. Das datum stand, auf den neuen jahrstag zu Bürgeln in Böhmen.

Und wurde die sache also hingelegt, dass die von Strassburg dem röm. könig sollten 32000 gulden geben für alles: hingegen sollte der röm. könig denen von Strassburg der acht halb entschlagsbriefe geben, dieselben durch's ganze reich publiciren und aufheben; wie auch geschah. Die Rheinbrücke und den zoll bestätigte der könig denen von Strassburg ewiglich; kein theil sollte an das andere ansprache haben, sondern ein schaden gegen den andern aufgehoben seyn.

Alle schlösser, höfe und güter, so der bürger von Strassburg wären, sollte man ihnen geben, auch alle ausständigen zinzen und güter, ob die schon verlobt, geschenkt oder übergeben wären, zu bezahlen solches und anderes mehr, so in den briefen begriffen und mit des königs hand unterschrieben und besiegelt ward.

Als die gesandten von Strassburg heim kamen, ward ein tag auf Invocavit gen Hagenau geboten. .....¹ gesandten so das geld empfingen. Dahin wurden citirt der bischof, markgraf Bernhard von Baden, Wirtemberg, ... Rappoltstein, und auch alle andere fürsten und herren, so die stadt belagert hatten, da ward ihnen ein friede geboten gegen Strassburg, auch ein vertrag aufgerichtet, nach laut aller ihnen gegebenen freiheiten; der wurde ihnen vorgelesen und den mussten sie unterschreiben. So kamen die von Strassburg nicht allein aus der acht, sondern bekamen noch grosse freiheiten dazu. (Cf. KŒNIGSHOVEN, éd. Hegel, p. 683—695.)

1772. (*Unglückliche Lage des Bischofs.*) — Da männiglich die achterlassung derer von Strassburg erfuhr, daneben noch die grossen freiheiten, ins besondere mit der Rheinbrücke, erschracken die herren, dass ihnen vor ihre unkosten nichts anders werden sollte, ins besondere der bischof Friedrich. Der hatte sich hoch verbrieft und versiegelt die unkosten zu erlegen; da fiel alles unglück auf den bischof, denn männiglich von ihm wollte bezahlt seyn und sie hoben an ihn und sein bistum als ihr unterpfand anzugreifen.

1773. (*Er tauscht sein Bisthum aus.*) — Da er merkte dass er solches nicht konnte ausharren, und dass ihm nicht möglich solche schuld zu bezahlen, und doch noch etwas geld hatte, und hörte dass das bistum Lüttig (*sic*) ledig geworden, kaufte er solches vom papst. Das bewilligte der neue bischof Wilhelm Diest von Mastricht, doch mit der bedingung dass ihm das bistum Strassburg werden möchte. Das wollten die domherren nicht eingehen. Mit solchem kauffen der bistümer gieng er stets um: er hätte wohl ein herr seyn können, hätte er das geld an das bistum Strassburg gelegt, da es damals sehr reich war.

1774. (*Seine Verbündeten gegen ihn aufgebracht; seine Flucht.*) — Da solches seine amtleute erfuhren, dass er an einem andern ort bischof wäre, wollten sie ihn nirgends mehr einlassen. Seine helfer streiften auf ihn und hätten ihn gern gehabt. Da hinterliess er briefe worin (er) das bistum Strassburg und Basel den domherren übergab. Da das die amtleute erfuhren, wollten sie ihn an keinem ort des bistums mehr einlassen. Da er nun bei freunden und feinden keinen unterschlupf haben konnte, sich auch vor dem schuldgefängniss und schmach fürchten musste, wich er auf Arbogasti, in der nacht, selbander arm und elend, mit grossem schaden und spott aus dem land und kam in sein neues bistum gen Mastricht, das er mit

---

1. Text verbrannt. (Note de M. Jung.)

bischof Wilhelm von Diest und mit des papstes consens eingetauscht hatte, welches ihm eine grosse notdurft war. Er war 15 jahre bischof gewesen und nur ein jahr friede, die andere zeit allweg krieg.

1775. (*Seine ferneren Erlebnisse.*) — Sobald er dahin kam, hub er den nächsten krieg an mit etlichen herren, die ihm Vtrich (*sic*) entzogen hatten: es gelang ihm und er hatte besser glück denn mit den Strassburgern. Also hat er alle schulden mit der flucht bezahlt: es ward ihm von männiglich nachgeredet und verflucht, weil er niemand bezahlt hatte, auch die herren und seine freunde in grosse unkosten und das ganze land in das äusserste verderben gebracht hatte.

Er ist später wohl nach 30 jahr nach Strassburg gekommen, und hat etliche alte bekannte angesprochen, als er aber merkte, dass man seiner wollte gewahr werden, ist er gen Zabern zu bischof gekommen, wie wohl ihm, wenn er sich schon zu erkennen gegeben hätte, kein leid widerfahren wäre, da schon alles vergessen und vergeben war. Er hätte wohl können einen feinen staat führen und mit dem münzen, kaufen der bistümer und kriegen viel ersparen können, da er allein am bistum Strassburg alle jahr besser in geld auf 40 tausend gulden einkommens hatte, ohne andere gefälle. So viel hatte er, als er es verliess, früher hatte er noch mehr. Man hiess ihn nur bischof Lung, denn wenn er schwur, sagte er allwegen: Botz Lung!

1776. (*Der Ammeister Cuntz Müller.*) — Es war aber herr Contz Müller, der altammeister, ein hochtragender mann, der wurde etlicher stücke überwiesen, dass er in diesem kriege, als er ammeister war, es mit den auswendigen gehalten hatte und die stadt mit untreue gemeint. Dazu klagte Hans Barpfennig auch etliche stücke, die keinem ammeister zustanden, denn er viele briefe erhalten, auch auf etliche allein antwort gegeben, nach seinem gefallen, ohne vorwissen des raths. Da wurde Conz Müller vorgeboten und wurden ihm solche stücke alle ordentlich vorgehalten, die sollte er verantworten. Darauf verantwortete er sich so gut er konnte und mochte; darauf hörte man die zeugen. Nach klag und antwort urtheilte meister und rath, dass er schwören sollte in ewige gefängniss, und sollte sein hab und gut dem meister und rath verfallen seyn; sie nahmen aber nur das halbe gut, für alles 100 mark silber, seinen erben zu gut. Solches musste er schwören und bürgen darüber stellen. Da ward ihm stube und kammer gebaut und er darein gelegt, in dem thurm gegen dem Alten S. Peter über, auch wurde verboten, dass niemand durfte zu ihm gehen ohne wissen von meister und rath. Solches gönnte ihm jedermann sehr wohl; als er auf 10 jahre darin gelegen, starb er.

1777. (*Zwei andere Bürger bestraft.*) — Es waren auch zwei edle bürger zu Strassburg, herr Claus und herr Thomas von Grossstein, ritter, die hatten auch mit dem bischof und den seinigen gehalten, während des ganzen kriegs. Doch geschah ihnen etwas unrecht, allein der ammeister Heinrich Leimer war ihnen feind. Die wurden gefangen und erkannten meister und rath, dass sie mussten über das englische meer schwören. Dies zu halten, mussten sie sich hoch verbürgen. Also kamen auch sie hinweg.

Als sie nach England kamen, starb herr Thomas bald; aber herr Claus erzählte dem könig seine unschuld; darauf schrieb der könig von England oft an die von Strassburg für herrn Claus von Grossstein: da verhörte man zeugniss und es befand sich dass ihm unrecht geschehen war. Also wurde er wiederum gen Strassburg berufen, doch musste er schwören solche acht nicht zu rächen: er war ein frommer mann. (Cfr. KŒNIGSHOVEN, éd. *Hegel*, p. 785.)

1778. (*Wahl eines neuen Bischof's.*) — Nach diesem kamen die domherren zusammen zu rathschlagen um einen neuen bischof. An Adolphi erwählten sie einhellig herrn Burkhart, grafen zu Lützelstein, den dompropst (der übergab die propstei von stunden herrn Crispian von Ochsenstein), damit man nicht abermals ursach gebe dem papst dass er einen andern dahin setzen möchte. Es waren aber etliche domherren, die brachten an, dass sie bedünkte, die stadt würde zu mächtig, und besser man dämmte sie bei zeit, insonders wäre jetzt die beste zeit, dieweil sie jetzt vom krieg ermüdet wäre; insonders trieben herr Siegmund und herr Ulrich von Lichtenberg sehr daran. Dagegen waren viel friedliebende herren, die zeigten an, in welcher grossen noth das bistum und die armen noch steckten von diesem krieg, und wie die wunden noch offen und nicht verbunden seyen: deshalb bedürfe man frieden: aber es half alles nichts, sondern bischof Burkhard musste schwören die stadt von neuem anzugreifen. Die herren von Lichtenberg und ihr anhang wussten aber noch nicht dass schon ein neuer bischof vorhanden wäre.

1779. (*Der Papst befiehlt die Einsetzung Wilhelm's von Diest.*) — Solches erfuhr meister und rath ins geheim, darob sie erschracken, da sie sich abermals eines krieges müssten versehen. Als man aber in rathschlagung sass, wie man einem solchen unglück mit fug vorkommen möchte, kam botschaft vom papst, darin er der stadt und andern gebot nicht den erwählten bischof von Lützelstein sondern den welchen er hiemit schickte, einzusetzen und ihm zu gehorsamen, mit namen herrn Wilhelm von Diest, einen

Niederländer, gewesenen bischof zu Utrich. Diesen anlass nahmen die von Strassburg mit freuden auf, hofften hiemit bei ihren freiheiten zu bleiben, sagten dem neuen bischof Wilhelm alle hilfe zu. Darauf schwur er ihnen, sie bei allen ihren freiheiten bleiben zu lassen in allem frieden. Darauf sagten sie ihm hilfe zu; sonst hätte er das bistum nicht mögen behaupten. Darauf wurden die domherren und die geistlichen alle auf Unser frauen haus gefordert, und wurden des papstes briefe von allen geistlichen gelesen, dass sie bischof Wilhelm bei dem bann annehmen sollten. Aber sie schwiegen alle, und wollte ihm keiner gehorsamen.

Fol. 296

1780. *(Burckardt von Lützelstein rüstet sich zur Gegenwehr.)* — Darauf zog bischof Burkhard von Lützelstein auf Dachstein zu, hielt rath mit den seinigen, wie die sache zu thun wäre. Er hatte auf seiner seite grosse hilfe, auch von der ritterschaft. Die grafen von Bitsch, welche nicht gut lützelsteinisch waren, schlugen sich zur stadt und dem neuen bischof Wilhelm, der zu Strassburg in seinem hof still liegen blieb. Indessen huben die von Andlau, die von Rathsamhausen und andere, die bischof Burkhard beistanden, an die stadt anzugreifen. Da zogen die von Strassburg aus und verbrannten das thal Andlau, auch viele dörfer, so denen von Rathsamhausen zuständig waren. Da gelobten sie frieden bis zur vergleichung.

1781. *(Streitigkeiten.)* — Indessen hatte bischof Burkhard den herzog von Oesterreich auch auf seine seite gebracht: da wurden die unterthanen im bistum aufgemahnt. Da solches die stadt erfuhr, da zogen sie mit 1000 mann und 400 pferden hinaus und verbrannten viele dörfer im bistum, also dass die armen froh waren dass sie daheim blieben, dass ihre warteten und die stadt mit frieden liessen.

Da man spürte, dass mit gewalt nichts erhalten werden möchte, huben beide bischöfe an am Martini, und schlugen prozess gegen einander an. Dies mochte man besser leiden, denn den krieg.

1782. *(Meister und Rath Strassburg's fordern die Stifter zum Gehorsam auf.)* — Indem gebot meister und rath, wer der stadt gehorsamen wollte, der sollte sich geschrieben geben, er wäre geistlich oder weltlich, und wer das nicht thun wollte, dem sollte man weder mahlen noch backen, auch zu nichts beholfen seyn. Darüber erschracken beide stift, zu Sankt-Thomas und Jung Sankt-Peter, denn Alt Sankt-Peter noch kein rechtes stift war. So ist das Hohe stift dieses alles gefreit. Es war aber ein domherr zu Jung S. Peter, meister Reimbolt der offizial, der war der geistlichen rath, und zeigte ihnen an, dass sie in solchem gebot der stadt wohl möchten gehorsamen, welches auch geschah. Denn sie hatten zuvor zusammen geschworen, solches nicht zu thun; darauf that die stadt das gebot wieder auf. Das verdross herrn Ulrich und herrn Siegmund von Lichtenberg sehr und andere domherren mehr. Doch der mehrtheil hielt mit der stadt.

Damals belagerte herzog Albrecht von Oesterreich das schloss Kepenbach und gewann und zerbrach es, denn sich viel darauf hielten und im Breisgau streiften.

1783. (*Ammeisterwahl.*) — Da ward zum ammeister erwählt herr Wilhelm Metzger, war bei den metzigern. 1394

1784. (*Meister Reimbold, der Official, gefangen.*) — Auf den neuen jahrstag am morgen früh wollte ermeldeter meister Reimbold, der official, in die metten gehen zum Jung S. Peter, da warteten beide herren von Lichtenberg, Ulrich und Siegmund, vor der kirche mit ihren helfern und fiengen meister Reimbold mit gewalt, und führten ihn aus der stadt auf Lichtenberg in harte gefängniss, wollte er hernach ledig werden, musste er ihnen 1200 gulden geben.

Solche gewalt verschmähte die stadt hoch, dass man einen wider ihre freiheiten sollte gefänglich aus der stadt führen: bischof Wilhelm gebot ihnen bei dem bann, solchen wieder ledig zu geben, konnte aber nichts erhalten; mussten also frieden halten, solche schmach auf diesmal leiden und der zeit erwarten. Darauf machte bischof Burkhard einen neuen official an des gefangenen statt, legte das gericht und insiegel gen Dachstein, dazu halfen ihm die von Lichtenberg, denn alles ihr rath und angab war. Fol. 297

1785. (*Bischof Wilhelm zu Strassburg.*) — Aber bischof Wilhelm behielt das insiegel und gericht an des gefangenen statt zu Strassburg, also dass zwei gerichte und insiegel waren: aber man hielt nicht viel auf das zu Dachstein. Bischof Burkhard hatte (ohne Zabern), sonst fast das ganze bistum inne, und hielt sich zu Dachstein; bischof Wilhelm in seinem hof zu Strassburg ganz still und gering, mit dem von Bitsch und den domherren, über ein jahr.

Er liess oft seine (des papstes) briefe auf Unser frauen haus lesen von allen geistlichen und weltlichen, und wussten die pfaffen nicht was sie thun sollten, oder welchen bischof sie annehmen wollten, hielten sich still, hiengen sich an keinen theil bis sie sehen mochten, wo es hinaus wollte, und wer bischof bliebe. Aber bischof Wilhelm hielt sich ganz still und ganz heilig, mit fasten und beten, tag und nacht, und hielten ihn viele für heilig. Es kamen auch viele kranken und siechen zu ihm, die segnete er für das fieber und andere bresten, und man hatte einen guten glauben an ihn.

1786. (*Ein Tag nach Strassburg gelegt.*) — Da nun dieser spenn lange gewährt und man nicht zum ausweg kommen konnte, fürchteten die von Strassburg, dass sich die äussern stärken möchten, wie denn schon im werk, dadurch sie möchten in gefahr kommen: deshalb zogen sie aus und wollten diesem vorkommen, nahmen viele flecken und städtlein ein und zogen vor Molsheim, solches mit gewalt zu gewinnen. Da man aber sah, dass die von Strassburg nicht mehr warten wollten bis man sie angriffe, wie zuvor, da ward dazwischen geredet und ein gütlicher tag auf Oswaldi gen Strassburg gelegt, und herzog Albrecht von Oesterreich zu obmann erbeten. Auf Oswaldi kam der herzog von Oesterreich samt vielen grafen und herren gegen Strassburg. Da wurden beide parten verhört, und erkannt, auch von beiden parteien bewilligt, dass der herzog von Oesterreich sollte zu recht sprechen, doch in der güte, und was da gesprochen, wollten beide parteien annehmen und halten.

Da sprach der herzog von Oesterreich zu recht und zum frieden: der Bischof Burkhard sollte von dem bistum abstehen und sollte bischof Wilhelm von Diest bischof seyn und bleiben. Hingegen sollte bischof Wilhelm herrn Burkhard für seine unkosten geben 20 tausend gulden in drei monaten, und Ruffach, samt dem ganzen Mundat sein leben lang, welches auf 8000 gulden jährlichen einkommens hatte, ohne ander gefälle. Solches ward von beiden theilen also angenommen und brief und siegel darüber aufgerichtet. Darauf ward dem bischof Wilhelm possess gegeben im münster von allen domherren. Und kam herr Burkhard hinauf gen Ruffach, und war wieder frieden im land.

1787. (*Herrschaft Lützelstein abgestorben.*) — Hernach ist die herrschaft Lützelstein abgestorben und da er der letzte war, nahm er mit bewilligung des papstes ein weib und gab aller geistlichkeit urlaub; er überkam von seiner frau zwei söhne, Wilhelm und Jacob, die letzten grafen von Lützelstein. Hernach starb er auf Unser frauen, der jungen, tag 1428.

1788. (*Bischof Wilhelm thut die Geistlichkeit in den Bann.*) — Als nun bischof Wilhelm bestätigt und ihm allenthalben geschworen war, da citirte er alle äbte, prälaten und geistliche in stadt und land, deren sehr viele sind, allein in der stadt über 900, (priester, mönche und nonnen), hielt ihnen vor: Nachdem er ihnen seine briefe vom papst etliche mal bei dem bann verkündet, sie aber nichts darauf gegeben und fort gesungen hätten, habe er jetzund neue (briefe) wegen ihres ungehorsams gegen das bistum, und verkündigt ihnen dass sie alle im bann seyen.

Darauf gaben sie zur antwort: Dieweil bischof Burkhard wahrer bischof gewesen, hätten sie nicht zweien schwören können. Darauf gab er ihnen antwort: Sie wären im bann; wollten sie sich absolviren lassen, wolle er es thun, wo nicht, wolle er ihnen die pfründen nehmen. Also ergaben sie sich in die strafe, und er ward ihnen gnädig. Da gab jeder für die absolution, je nachdem er eine pfründe oder prälatur hatte, einer 1 pfund, etliche 2, 3, auch etliche 10, etliche 25. Es gab dies so viel, dass er herrn Burkharden wohl die 20,000 gulden erlegen konnte, und ihm noch ein gut theil übrig bliebe.

1789. (*Er reitet in Strassburg ein.*) — Den 10. decembris that er seinen einritt in Strassburg, ganz herrlich, und ward von allen geistlichen und der stadt wohl empfangen und ihm mit schenkung wohl begabt. Er schwur dem kapitel, auch den geistlichen, hernach der stadt, der ritterschaft und landschaft, jedem insonderheit, sie bei ihren alten freiheiten bleiben zu lassen, auch dieselben mehren, begaben und beschützen zu helfen. Solches ward verbrieft und versiegelt.

1790. (*Bischof's Friedrich Schreiben an seinen Nachfolger.*) — Hierauf schrieb ihm der alte vorige, entloffene bischof, Friedrich von Utrich (recht ein geselle dem andern), wünschte ihm viel glück zum bistum Strassburg, mit langen umständen. Zuletzt warnte er ihn, dass er sich vor drei dingen hüten und denselbigen wohl nachdenken möge; nämlich,

1. vor der stadt gewalt und mächtigkeit,
2. vor untreu seiner amt- und lehnleut,
3. vor des kapitels grosser unerfahrenheit.

Er konnte andere leute wohl warnen jetzund, aber zuvor wusste er sich selbst nicht darein zu schicken: denn er meinte die stadt zu zwingen, ist es aber wohl inne worden; seinen amtleuten erlaubte er allen muthwillen und wollte sie also heben, das kapitel hielt er für einfältige unerfahrene leute, weil sie wahrhaftig waren und nicht mit betrug und lug umgiengen, wie er. Also warnte er im Niederland den andern hie, da doch dieser bischof Wilhelm mit betrug den andern weit übertraf, wo noth, er von ihm sollte gelernt haben.

An solchen sachen war das kapitel und die domherren nicht wenig schuldig, mit ihren etlichen uneinigen wahlen, womit sie dem papst hatten einen zugang gemacht. Wer bei dem papste schmierte, der konnte fortfahren, und so blieb auch zuletzt ihre einhellige wahl dahinten, wie jetzt geschehen.

1791. (*Trockener Sommer.*) — Dies 94. jahr war ein solcher trockener sommer, dass das korn gesäet, geschnitten, gedroschen und gebacken wurde, ohne dass es einen tropfen darauf regnete. Es wuchs guter wein, der auch wohlfeil war.

Fol. 299
1395

1792. (*Ammeisterwahl.*) — Wurde zum ammeister erwählt herr Claus Bärmann, war bei den schiffleuten.

1793. (*Münzen gepraegt.*) — Damals hub man auch an die schillinge, groschen und vierer zu schlagen, und schlug man die gilgen darauf, nach der freiheit von den königen Clodoweus und Dagobertus und Ludowig. Man hub auch an hellerbrote zu backen, denn die pfennigbrote waren zu gross für einen menschen zu essen, welches zuvor nie gewesen war.

1794. (*Naturerscheinungen.*) — Dies jahr war ein solcher grosser wind, der viel bäume und häuser umwarf und grossen schaden that.

Damals sah man ein kreuz am himmel, darum gieng ein regenbogen.

1396

1795. (*Ammeisterwahl.*) — Da wurde zum ammeister erwählt herr Ulrich Götze, war bei den salzmüttern.

1796. (*Rappolsteiner Fehde.*) — Als man nun meinte, es würde überall frieden seyn, klagte herr Hans von Müllenheim, ritter und burger zu Strassburg über herrn Bruno von Rappoltstein dass der ihm Gemar verrätherischer weise, wider alle briefe, ehr und eid eingenommen. Da zogen die von Strassburg vor allerheiligen aus mit büchsen, gewerken und katzen vor Gemar; und als sie auf drey wochen davor gelegen und darein geworfen und geschossen, da ward einem ammeister ein sohn, und einem andern ammeister ein bruder erschossen: sie waren selbst daran schuldig, denn sie begaben sich an das aller nächste ort vor Gemar. Da kam der herzog Albrecht von Oesterreich gen Berkheim und beschickte beide parteien, die von Strassburg und herren Bruno von Rappoltstein, da ward eine rathung gemacht und zogen beide parteien wieder heim.

1797. (*Hülfe gegen die Türken begehrt.*) — Damals bat könig Sigmund, des römischen königs Wenceslaus bruder, alle Christen hilfe zu thun gegen den Türcken Amuratus, und kamen auf dreimal hundert tausend Christen zu hilfe, vermeinten kaum, dass so viel volk sollte (nöthig) seyn. Da man schlagen sollte, wollten die stolzen Franzosen den angriff haben, welches doch nie bräuchlich, sondern allwegen den alten Deutschen zuständig gewesen und konnten doch im angriff nicht bestehen, und eher die Deutschen dazu kamen rannten sie davon, und machten mit ihrer flucht eine unordnung, dass auch die Ungarn flohen, mehr denn zwey hundert tausend Christen erschlagen wurden und ertranken, und der herzog von Burgund gefangen wurde. Und wurden 14 von Strassburg auch erschlagen: drei Zorn, herr Hans und Engelbrecht, ritter, sieben von Müllenheim, davon zwei wieder heim kamen, die andern blieben alle; Walther von Endingen, Friedrich von Heiligenstein und Hängel Seussen sohn; alle ritter und edelknechte blieben, und viele ihrer diener. Man schickte in die Türckei, ob sie gefangen wären, aber man erfuhr sie nicht mehr. Der von Burgund kam, selb zehn wieder heim. König Siegmund mit vielen herren, auch mit dem burggrafen Hennenberg, dem von Cily und andern, kamen auf der Donau davon, auf Constantinopel zu. Es ward auch erschlagen der letzte graf von Mümpelgart, samt vielen rittern und edeln knechten aus diesem lande.

Der Türcke wollte den herzog von Burgund tödten; dies widerriethen ihm seine räthe, sagten, er sei ein grosser herr, habe keine ruhe, löse man ihn los, so hebe er nächstens krieg an, und mache unruh unter den Christen; damit kannst du die Christen besser kriegen. Der Türck sprach: Ich will sehen, ob er ein so mächtiger herr ist, ich will ihm auflegen was keinem wohl möglich ist. Er sollte ihm nämlich für seine erledigung geben 100 tausend gulden, 12 grosse weisse spanische pferde, 12 weisse spanische wind(hunde), 12 weisse girfalken, 12 weisse falken, 12 weisse pfauen. Als er ledig war, schickte er solches dem türckischen kaiser, und schreibt herr Caspar Engelsüss, priester, dass er selbst solche pferde, falken, pfauen in Strassburg gesehen habe, als man sie dem Türcken zuführte.

1798. (*Geissler in Strassburg.*) — Damals kamen auf 80 geissler gen Strassburg, die hatten sich alle mit weissem beuteltuch bedeckt, waren am rücken bloss, zogen in alle kirchen und geisselten sich. Das thaten sie in allen städten: wenn sie mit dem kreuz kamen, läutete man alle glocken.

1799. (*Dreijaehriger Bund mit Basel.*) — Damals machten Strassburg, Basel und etliche städte in Elsass ein dreijähriges bündniss, da man allenthalben den städten zusetzte, insonders suchten die bischöfe viele gerechtigkeiten, die ihnen nicht gehörten. Insonders ward Colmar gewonnen. Fol. 309

1800. (*Ammeisterwahl.*) — Damals ward ammeister herr Heinrich Kranich; war bei den Freyburgern. 1397

1801. (*Grosser Brand.*) — In der nacht nach S. Veltens tag, da stund ein grosser wind auf, als man lange nicht gehört hatte. Man sagt, der wind habe das feuer aus der schwefelpfann an des ammeisters haus in die badstube zur Gilenen im Metzgergiessen (geweht); er warf häuser und scheunen um und viele grosse bäume. Da gieng ein feuer auf in Unser frauen leuthof bei dem thurn, und warf der wind das feuer fort, dass die badstube dabei auch angienge und alle häuser, auch die herberge zum Baum und an S. Nicolaus capell. Da wandte es der wind über den weg bei der Metzgerstube, und es verbrannte die grosse und kleine Viehgass, bis an den Metzger thurn, hinter den mauern hinab bis an Utengass, und verbrannten häuser und scheunen, auch der Metzgerthurn, und warf der wind über zwei wassergräben, weit hinab auf S. Catharinenthurn, der mit schindeln gedeckt war. Davon verbrannte die kirche und das chor, und gieng der wind also schnell und trug das feuer über S. Johannsgiessen in die häuser und verbrannte bis an S. Nicolaus thurn. Es konnte niemand löschen, noch flüchten bis sich der wind gelegt hatte, also dass in sechs stunden über 200 häuser und 200 scheunen, und auch sehr grosses gut verbrannte. Die handwerker standen gewapnet an dem münster mit den schwefelpfannen, die musste man auslöschen und also finsterling stehen: sie mussten zuletzt auf dem Fischmarkt stehen, da es die leute vor dem münster umwarf. Der wind warf das feuer aus den pfannen auf die häuser, dass man fürchten musste dass davon auch ein feuer aufgienge.

Der wind warf auch das thürnlein auf dem chor im münster mit den glöcklein herab, wo man hürnte; er that in der stadt und auf dem land grossen schaden, warf viele tausend bäume um. In dem wind gieng auch bei der Schindbrücke in dem bäckerhaus ein feuer auf, auch eines im bäckerhaus bei dem Hohen Steeg, auch in einem haus bei dem Alt S. Peter: diese drei feuer wurden bei zeiten gelöscht, ohne besondern schein; wären sie (das gott nicht wollte) alle angegangen, so wäre die halbe stadt darauf gegangen.

Da wurde abermals eine ordnung gemacht mit den überhängen und feuermauren.

Fol. 301 1802. (*Fehde mit denen von Lichtenberg.*) — Als bischof Friedrich, wie obgemeldet, vor drei jahren im kriege grossen schaden gemacht und vieles verschrieben und unterpfand verlegt hatte, da waren viele darunter mit denen man gütlich überkam, damit man frieden von ihnen hätte, da man ihnen doch nichts schuldig war; doch liessen sich etliche auch weissen. Etliche wollten sich nicht weissen lassen, und vermeinten man müsse mit ihnen überkommen und ihnen geben, was sie wollten. Die enthielten sich auf der burg Herrenstein und streilten stets auf den bischof und die stadt Strassburg, nahmen ihnen etliche mal das vieh, auch etliche nahmen den bürgern; desgleichen durfte niemand sicher wandeln, noch etwas thun. Die bauern durften ihre äcker nicht bauen, sie gaben ihnen habern, geld und anderes. Dazu halfen ihnen herr Ulrich und herr Siegmund von Lichtenberg, domherren zu Strassburg, heimlich: denn keinem ihrer unterthanen war leides geschehen: sie hielten aber die sachen ganz still.

Als man aber alle kundschaft erfuhr, dass durch die beiden von Lichtenberg dem bischof und der stadt schmach geschehe, daneben auch noch eingedenk war, dass sie meister Reimbold, den offizial, öffentlich mit gewalt gefangen und aus der stadt geführt, und nach ihrem willen geschätzt, auch jetzt wieder mit heimlichen practiken umgiengen, wie man alle tage erfuhr: darauf gebot der bischof, dieweil die stadt, so wie er, in sorge seyn musste wegen der practiken der herren von Lichtenberg, und aus briefen gefunden worden dass sie stadt und land in noth bringen wollten, so wäre sein begehren, dass man herrn Ulrich und herrn Siegmund von Lichtenberg sollte gefänglich einziehen und in seinen hof zu Strassburg legen, bis er mit rath des capitels über sie erkennen würde.

1803. *(Ulrich und Sigmund von Lichtenberg verhaftet.)* — Damals war herr Ulrich archidecan, der wohnte mehrentheils zu Schilckheim vor der stadt. Da kam herr Ulrich Gosse, der stettmeister, mit des bischofs und der stadt soldnern gen Schilckheim und nahmen ihn gefangen im namen des bischofs, darüber sie ihm schriftlichen befehl zeigten. Herr Ulrich wollte solches nicht bewilligen, sondern erbot sich zu recht vor den römischen könig, oder vor die kurfürsten, oder die bischöfe von Bamberg und Maynz, vor geistlich oder weltlich. Aber man nahm ihn mit, führte ihn in die stadt, ins bischofs hof, mit grosser hut in den kerker; aber ihrer beiden vornehmste diener legte man in den thurn.

Hernach gieng herr Ulrich Goss in herr Siegmunds von Lichtenberg hof in der stadt und nahm ihn gleichmässig auf des bischofs schrift und gegenwärtigen gesandten gefangen; legten ihn auch in des bischofs hof in den kerker.

1804. *(Die Geistlichkeit will aufhoeren zu singen.)* — In dieser zeit als sie gefangen, hörten die geistlichen auf zu singen; als sie den gebrauch fürwendeten, dass wenn eine geistliche person gefangen würde, man nicht mehr singen sollte, zeigte die stadt an, dass als herr Reimbold, der offizial gefangen war, hätte man an sie begehrt, sie möchten nicht mehr singen, nach laut ihrer freiheiten: das hätten sie nicht thun wollen. Deshalb gebot ihnen jetzt der stettmeister zu singen, oder er würde im namen des bischofs einen andern prozess vornehmen, wie auch mit beiden herren. Darauf huben sie wieder an zu singen.

1805. *(Vergleich mit der Stadt.)* — Indess sie einlagen und mit des bischofs dienern verwahrt wurden, haben beide herren sich mit der stadt verglichen, und schrieben das capitel und die stadt an den bischof, dass er anzeige was für schwere briefe er habe, er wolle sie herfür thun, damit die beiden herren nicht unbillig in haft aufgehalten würden. Da wurde nichts beigebracht, dass herr Sigmund länger konnte aufgehalten werden, da er um viele sachen kein wissen hatte die sein bruder, herr Ulrich, verhandelt hatte. Auf Unser frauen geburtstag wurde er ledig gelassen, doch auf schwere bürgschaft, solche gefangenschaft nicht zu rächen, auch des rechtes zu stehen, wohin er gefordert würde.

In ihrem gefängniss wurde ihnen von ihren eigenen dienern, so noch ledig waren, viel vertragen, das wollten sie hernach der stadt abgewinnen, da es doch ihre diener veruntreut hatten.

Herr Ulrich blieb lange liegen, da er etliche schwere artikel verantworten sollte. Darauf begehrte er ledig zu seyn, das ward ihm abgeschlagen. Darauf begehrte er erleichterung der gefängniss, damit er sich mit andern berathschlagen möchte, das ward ihm zugelassen. Da man nicht also scharf achtung auf ihn hatte, machte er seine practik und auf freitag nach Martini in der nacht, riss er aus, und kam davon in sein gewahrsam. Indessen starb herr Volmar von Lützelstein, der dechant, und herr Ulrich hatte briefe vom papst und kapitel, dass er sollte dechant werden, durfte aber nicht dazu kommen; kam also um das dechanat. Darauf liess man die zwei diener auch ledig: hernach wurden die sachen mit dem bischof und den herren auch vertragen.

1806. (*Bitscher Haendel.*) — Während dieser handlung und in der zeit hub der von Bitsch auch händel an mit dem bischof und der stadt, und forderte an sie eine grosse summe geld, dass niemand darin konnte rathung treffen. Der grund der anforderung war, dass er dem bischof Wilhelm wider den bischof Burkhard von Lützelstein beigestanden und in grosse unkosten hierdurch gekommen wäre. Da man hörte dass er solches mit gewalt rächen wolle, und dadurch den bischof und die stadt zwingen nach seinem willen zu thun: damit aber der von Bitsch und die armen in ruhe blieben, erbot sich die stadt Strassburg ihm 12000 gulden zu geben. Das wollten sie nicht, und fielen mit gewalt in das land und verbrannten der stadt und dem bistum viel dörfer, raubten alles bis an die stadt und übten widersatz bis auf drei tage lang.

Indessen griffen und pfändeten gleichmässig die auf der burg Herrenstein noch fort auf stadt und land, nahmen viel vieh und zwangen die bauern ihnen zinse und gülten zu geben und war niemand sicher. Da machten die von Strassburg heimlich einen anschlag und freitags nach

Nicolaï zogen sie aus mit berittenem volke und werkzeugen und kamen um mitternacht heimlich vor die burg, wie sie es bestellt hatten, brachen ein loch darein durch die mauern und schlichen mit den waffen hinein, dass es niemand gewahr wurde, bis sie die lichter anzündeten und fiengen darauf 18 mann, ohne das andre volk; darunter war Jörg von Kolbsheim und Burkhard Schwan, die schickten sie alle gefangen nach Strassburg und besetzten die burg.

Fol. 303

Es hatte aber Jörg von Kolbsheim einen bruder, Cuno von Kolbsheim genannt, der war der stadt Strassburg hauptmann, ein gar frommer mann, und hatte sich in dem ganzen krieg ritterlich und sehr wohl gehalten, und war der stadt sehr lieb: der bat, neben andern, für seinen bruder; da that man ihm die ehre an und liess sie alle ledig hinweg, sonst hätte man sie als strassenräuber enthauptet. Doch mussten sie schwören dass sie alles raubens wollten müssig stehen, und keine rache beweisen. Darnach ordnete man einen andern burgvogt auf Herrenstein.

1807. *(Fleckensteiner Fehde.)* — Als herr Bersebaum von Schwinnnar landvogt wurde zu Hagenau und der krieg vor sechs jahren noch nicht gerichtet war mit dem von Fleckenstein, da zogen der landvogt und stadt Hagenau vor Beinheim mit vielem volk, schossen darein, und wurden drei erschossen. Da kam der markgraf dem von Fleckenstein zu hilf; da ward es vertragen und versetzte der von Fleckenstein Beinheim dem markgrafen für die hilfe, die er ihm gethan, um eine geringe summe geld.

1808. *(Kloster Altenbronn erneuert.)* — Damals hat bischof Wilhelm das kloster Altenbronn bei Dachstein, das vor vielen hundert jahren eine klause mit waldbrüdern und einsiedlern gewesen ist, und schon zur zeit Dagoberti und Pipini gestanden, darin brüder Augustinerordens wohnten, wiederum erneuert und priester dahin gesetzt. Ueber der porte, neben seinem wappen stehen diese deutschen reime:

> Von gottes geburt MCCC jar
> LXXXX und VII gezählet gar
> In der charwochen ward dies kirchlin
> Zu ehren der reinen künigin
> Von bischof Wilhelm von Dietz erneuert
> Und von gemeinem almussen ersteuert.
> Maria, mutter, reine maget
> Die alle genad an dir ist behaget,
> Da hilf uns armen allen gleich
> Zu dir in das ferne himmelreich!

1398 **1809.** (*Ammeisterwahl.*) — Dies jahr ward ammeister herr Conrad Armbruster, war bei den goldschmieden.

1810. (*Spital gebaut.*) — Damals hub man an den jetzigen spital zu bauen, mit grossen unkosten, an den jetzigen ort, wo er noch steht. Das war die dritte versetzung in manns gedächtniss, und man that die kranken von dem hof bei den Gedeckten Brucken, da sie vier jahre lang gelegen waren: denn es war grosser mangel, da man die kranken nicht wohl legen konnte, da das sterbet sehr einriss, und hat dies sterbet auf acht jahre lang gewährt, und wollte nicht aufhören. Da ward geordnet, dass man jeden donnerstag mit dem sakrament aus allen stiftern und klöstern umgienge, so lange das sterbet währte.

1811. (*Ein Gefangener verbrannt.*) — Damals hatte herr Ottfriedrich, ein ritter, einen sohn, der kriegte um etlicher spenn willen auf die domherren zum alten S. Peter: er ward aber von ihnen erwischt und gefangen, baten deshalb die stadt um ein gefängniss. Da gab man ihnen den thurn ein bei dem alt S. Peter gegenüber, darein legten sie ihren gefangenen. Auf Katharina in der nacht hatte er ein licht in dem gefängniss und entschlief, und um die dritte nachtglocken fieng der käfig an zu brennen und der gefangene verbrannte mit dem käfig. Man kam dem thurn zu hilf, der steinern war, dass er nicht ganz verbrannte.

1812. (*Zug gegen den von Bitsch.*) — Als der von Bitsch die rathung nicht annehmen wollte, sondern stets die armen verderbte und man mit bitten nichts von ihm erhalten konnte, da zogen die von Strassburg, bischof Wilhelm und des reichs landvogt, Dietrich von der Weitmühl, heimlich bis nahe vor die burg Lohnburg, darin der von Bitsch seyn sollte: aber er war nach Bitsch gewichen; da getrauten sie nicht die burg mit sturm und gewalt zu erobern, da sie auf eitel felsen liegt. So lagen sie nur über nacht davor, zogen morgens ab, verbrannten den hof und etliche dörfer und zogen wieder heim.

Fol. 304 Da die von Bitsch die 12000 gulden von der stadt nicht annahmen und mit raub und feuer den bischof und die stadt angriffen, beschrieb die stadt Strassburg etliche bundesgenossen, den bischof und herrn Dietrich den landvogt mit dem reichs panier, und am herbst, am heil. Wurztag, zogen sie auf den von Bitsch und seine helfer, die das land verbrannt und verheert hatten, und verbrannten ihnen auch 72 gute flecken und dörfer, die alle voll korn und frucht lagen, und geschah grosser schaden. Sie wollten noch weiters, da kamen viele herren dazwischen und baten um einen stillstand und vertrag, und nahmen die von Bitsch mit dank 2000 gulden, nach grossen schaden. Vor dem schaden wollten sie nicht 12000 nehmen.

1813. (*Wein- und Kornpreise.*) — Acht tage vor Michaeli galt ein fuder wein zu Schlettstadt und im land 25 gulden: darauf kam in acht tagen ein so guter herbst, dass man zu Molsheim 7 fuder wein um 14 schilling kaufte; man gab dies jahr den besten wein eine maass um einen heller, also galt ein besen und eine welle rettig und eine maass wein gleich geld, jedes einen heller.

1814. (*Die Kirche zu S. Thomae weiter gebaut.*) — Dies jahr führte man den thurn zu S. Thoman von steinwerk eines gaden höher auf.

1815. (*Ammeisterwahl.*) — Da ward zum ammeister erwählt herr Rulewin Barpfennig, war bei den krämern.

1816. (*Feindselige Plaene des Bischofs.*) — Da hoffte man, es würden alle sachen nunmehr zu recht kommen, dieweil man sich mit allen nachbarn vertragen und die schweren langwierigen kriege zu ende gebracht waren und dass der bischof mit frieden leben würde, weil die stadt ihm geholfen, dass er zum bistum gekommen war: aber der teufel, ein feind des friedens, facht den geistlichen geiz und hoffarth an, deshalb forderte der bischof ohne alle noth etliche gerechtigkeiten von der stadt, und meinte, weil er auf das bistum und die geistlichen durfte schatzung legen, so dürfe er auch auf die stadt schatzung legen und anderes mehr. Da ihm solches gar nicht bewilligt, und auch der stadt freiheiten vorgehalten wurden, auf die er geschworen hatte, wollte er davon nichts wissen, sondern meinte, wenn einer einer stadt bischof wäre, die stadt ihm gehorsam schuldig sei. Solcher gehorsam, sagte die stadt, verstände sich auf die geistlichkeit und nicht auf weltliche geschäfte.

1399

Darauf legte er eine grosse schatzung auf die stifter und geistlichen in der stadt, die sie aber nicht bewilligen wollten und ihm anzeigten, sie wüssten keine noth das ihne angienge, sondern müssten erachten, er würde solches in andern wegen brauchen, wie sie denn hörten dass er sich um bündnisse bewerbe; und baten ihn um gottes willen in frieden zu leben, seine armen zu verschonen, da sie nun oftmals erfahren, in welche noth der vorige bischof land und leute gebracht hatte.

Da legte er nochmals eine grosse schatzung auf geistlich und weltlich im ganzen land, welches etliche jahre währen sollte: davon erhob er eine grosse summe geld, neben dem andern einkommen; seinen amtleuten und andern herren versetzte er land und leute; damit wollte er sich an den geistlichen und der stadt rächen. Er machte schulden, wo

Fol. 305

er konnte und mochte, und liess seinen amtleuten gegen seine unterthanen allen muthwillen zu, dass sie von den armen reich wurden. Er war ein feind der geistlichen und der stadt sein leben lang, da er doch auf 44 jahre bischof war.

1817. (*Haltung des K. Wenzel.*) — Solchen muthwillen liess der papst allen geistlichen zu; der römische könig Wenzeslaus war auch kein nutz; der liess in allen landen nicht allein allen muthwillen vorübergehen, sondern half selbst dazu: deshalb that jeder was er wollte.

1818. (*Staedtebund.*) — Als nun bischof Wilhelm mit etlichen andern bischöfen und herren einen bund machten, denn sie meinten auch die städte, wo bischöfe waren, gehörten ihnen, liess es sich ansehen, als wollten die pfaffen abermals nicht ruhig seyn, deshalb machten die städte Strassburg, Basel, auch alle städte im ganzen Elsass und am Rhein einen starken bund, einander beholfen zu seyn fünf jahre lang; wenn man eine, welche es wäre, angriffe, sollten sie alle zu hilfe kommen, zu ross und fuss, 25000 stark. Da dieses die bischöfe erfuhren, wurden sie wieder still.

1819. (*Verbot wider die Baarfüsser.*) — An S. Ulrichstag kam meister und rath vor, wie die nonnen zu S. Claren auf dem Rossmark schier alle mit kindern giengen; daran sollten die mönche zu den barfüssern schuldig seyn, die tag und nacht aus und einliefen, die nonnen visitirten, beichte hörten und messe darin hielten. Da man nicht anders konnte, geboten meister und rath dass niemand mehr zu den barfüssern gehen sollte, weder beichten, opfern, noch messe hören. Darauf schwuren die barfüsser mönche dass sie unschuldig wären an den nonnen, und auf grosse fürbitte wurde das gebot wieder aufgehoben. Doch wurde ihnen verboten in keine beschlossene klöster mehr zu gehen. Da aber niemand solches gethan haben wollte, und die nonnen auch niemand anzeigen wollten, da mussten die armen nonnen ihre kinder selber ziehen und hatten keine väter dazu.

Fol. 306
1400

1820. (*Ammeisterwahl.*) — Dies jahr wurde wieder herr Wilhelm Metzger ammeister, war bei den metzigern.

1821. (*Komet.*) — Damals liess sich ein grosser comet sehen.

1822. (*Die Stadtmauern erhoeht und gebessert.*) — Damals hub man an, oben von dem einfluss der Breusch beim Finkweiler, bis zu dem thurm bei Unserer frauen kloster, das jetzt Spital heisst, bis hinab an S. Catharinen thörlein bei S. Johanns giessen, die mauern zu bessern und höher zu bauen. Auch der verbrannte Metzgerthurm wurde wieder gebaut, und auswendig ein thurm mit einem gewölb und zinnen und mit ziegeln bedeckt. Auch wurde der andere zwinger von Catharinen bis ins Finkweiler erbaut.

1823. (*Bischof Burkhard von Lützelstein vermaehlt sich.*) — Als bischof Burkhard von Lützelstein noch zu Ruffach war, laut des vertrags, starb die grafschaft Lützelstein ab ohne mannserben und war herr Burkhard der letzte, und hatte noch eine schwester, Margarethe, äbtissin zu Erstein. Daneben war er auch stets geplagt von bischof Wilhelms amtleuten. Da gab er, mit bewilligung des papstes, dem ganzen geistlichen staat urlaub, nahm ein weib und bekam mit ihr zwei söhne, Jacob und Wilhelm, welche auch die letzten ihres geschlechtes sind gewesen.

1824. (*Ein neuer Orden.*) — Damals kam aus Italien ein neuer orden, genannt die Miserator (*sic*) gen Strassburg und anders wohin; die liefen mit vielen tausenden durch alle städte und schrien: misericordia dei! Darunter waren geistliche, auch bischöfe, priester, grafen und herren. Es kamen auf 2000 allein gen Strassburg, giengen ganz schneeweiss und schrien stets, da es ein grosses sterbet war. Etliche hielten sie für ketzer, denn sie trieben viel aberglauben. Da wurden viele getödet, die andern liefen hinweg.

1825. (*Koenig Wenzel abgesetzt.*) — Als der grosse comet gesehen wurde, ward könig Wenzel entsetzt und herr herzog Ruprecht römischer könig erwählt.

1826. (*Waldenser in Strassburg.*) — Es wurden etliche personen gezugen, dass sie grosse ketzerei trieben, welche man Waldenser nannte. (In Strassburg) wurden 32 gefangen; da man sie daumelte, bekannten zwei, die der ketzerei schuldig waren, zeigten aber an, dass sie vor der zeit den ketzermeistern gebeichtet und darüber busse empfangen hätten, und waren solche alle bürger und sesshaft zu Strassburg, aber keiner da geboren, wiewohl etliche den rath besessen hatten. Ihr glaube und ketzerei war, dass Unsere liebe frau und die heiligen niemand helfen könnten, noch selig machen, darum sollte man sie nicht gott gleich anbeten und ihnen mehr ehre beweisen. Deshalb sie auch nicht für dieselben gefastet noch gefeiert; sondern hielten sie vor grosse heilige gottes; dass man gebiete, Gott nicht ohne der heiligen fürbitte anzurufen, das bedünke sie nicht recht. Der ehestand, für den welcher, geistlich oder weltlich, ihn nicht halten könnte, sei niemand verboten; wäre besser im ehestand, denn in hurerei zu leben. Man müsse gott allein durch Christum anbeten und durch den selig werden; die andere anrufung halten sie für abgöttisch.

Zum andern, glauben sie nicht, dass ein priester, der in todsünden und hurerei öffentlich lebte, absolviren, noch die sacramente recht geben könne, weil sie andere (menschen) deshalb verbannen: sie wären gleichmässig im bann: der andern artikel waren noch sehr viele.

Deshalb nahmen sie einen jungen knaben, zogen den zum studiren auf, ganz züchtig; wann er zu seinen tagen kam, musste er auf ein tuch sitzen. Da fragten sie ihn, ob er rein und keusch wäre und sich gehalten, darauf musste er auch schwören, dass er hinfort sich auch also halten wolle, wo möglich, wo nicht, sollte er solches alle zeit macht haben anzuzeigen. Wenn er solches versprach, so hoben sie ihn dann auf: das war dann ihr priester und oberster, von dem empfiengen sie busse und die sacramente.

Darauf erkannte meister und rath, dass man die geistlichen rechte und den official darüber hören sollte, die sprachen: nachdem sie vor der zeit wären von der ketzerei abgestanden und busse empfangen hätten, so hätten sie doch die stadt in einen bösen ruf gebracht: deshalb wurde ihnen die stadt verboten, einem kurz, dem andern lang, nach gelegenheit des handels. Zu Bern in der Schweiz und an andern enden, fand man diese ketzer auch: die predigermönche wollten, man sollte sie unverhört verbannen, aber das mehr wollte nicht; weil sie busse empfangen und abgestanden, sollte man ihnen verzeihen.

1827. (*Ein seltsamer Prozess.*) — Damals hatte Diebolt von Wingersheim einem burger Mayer Heinrichen, einen handwerker, elliches geld geliehen, auf eine genannte zeit. Dafür gab er ihm zu wucher ein baumwollenes tuch: aber Diebolt wollte sein geld vor der zeit kurzum wieder haben. Da beklagte sich Meyer Heinrich vor dem weltlichen niedern gericht, wie ihm Diebolt solchen drang thäte um das geld vor der zeit. Doch begehrte er ihm das geld zu geben, man sollte nach margzahl ihm das baumwollene tuch abziehen: das wollte Diebolt nicht thun. Solches brachten die schöffen vom niedern gericht vor den grossen rath. Da sprachen etliche, dass man solche sachen nicht sollte annehmen, sonst kämen meister und rath nimmer zu ruhe, und sollten es liegen lassen.

Dagegen waren viele; man sollte solches strafen, sonst würde der wucher aufkommen und gemein werden, und dass man mit ernst nach solchen leuten stellen und fragen sollte, wer solchen wucher triebe. Dazu ward vom rath geordnet herr Ulrich Bock, ritter, und herr Andres Cantzel, ein goldschmied; diese beschickten ins geheim die handwerker, fragten sie bei ihren eiden, und verhörten viele. Da waren denn der wucherer, fürkäufer und bletschgeber also viel, dass meister und rath solches musste verbieten, und sie erhoben über 2000 pfund pfennige von den wucherern zur strafe auf.

1828. (*Koenig Wenzel und die Fürsten.*) — Es war damals ettliche klage von vielen jahren her, dass könig Wenzeslaus im römischen reich viel muthwillen zuliess, auch selbst dazu half, mord, raub und anderes hingab, geld annahm und viele blanke oder bare briefe ausgab, die er unterschrieb und besiegelte, darunter dann jeder schrieb was er wollte. Er war tag und nacht voll und bei den huren, wurde auch zweimal gefangen, daraus er einmal entlief; man hoffete stets er würde sich bessern, aber alles umsonst. Deshalb wurden viele tage gehalten von kurfürsten und andern, die sachen im reich besser zu bestellen; darauf wurden fürstentage zu Boppart, Lahnstein, Maynz, zu Meinungen in Thüringen gehalten, und der könig dahin citirt, sich zu verantworten und waren das die artikel, die von den fürsten ihm zugeschickt wurden: wo er nicht käme, würde man einen andern könig wählen, der dem reich mit nutzen vorstände. Und waren dies die artikel:

1. Dass er von dem könig von Frankreich geld genommen und ihm die stadt Jenua vom reich gegeben, ohne vorwissen des reichs und der kurfürsten.
2. Dass er geld genommen und den vice-comes zu Mailand zu einem herzog gemacht, und ihm die Lombardei übergeben, ohne vorwissen des reichs und der kurfürsten.
3. Dass er die gerechtigkeiten die ihm zugefallen, und dem reich zugehörig, und städte und schlösser des reichs andern zum eigenthum gegeben.
4. Dass er viele unschuldige, geistliche, edle, doctoren und andere unverhört hat lassen morden und umbringen.
5. Dass er in seiner regierung alle strassenräuber, zu land und zu wasser schirme, und ihnen aufenthalt gebe, über alle klage.
6. Dass er geld genommen und unbeschriebene blanke pergamentene briefe mit seiner hand unterschrieben und versiegelt wider die von Strassburg und andere ausgegeben, darauf ein jeder hat mögen schreiben was er gewollt.
7. Dass er sich mit dem könig in Polen, der ein heide ist, verbunden, und wider die christen und Teutschen herren in Preussen gekriegt.
8. Habe er und die seinigen viele leute aus dem reich ohne verschulden

---

1. En blanc. (Note de M. Jung.)

und anklage citirt und geldstrafen von ihnen genommen, um nichts, auch solche citationen verkauft habe.

9. Hätte er die hohe schule zu Prag, die sein vater gestiftet, zu grund gerichtet, da er die gelehrten hasse und vertreibe, daneben auch den ketzern luft gegeben.

10. Dass er mit fressen und saufen tag und nacht des reichs geschäfte unbeachtet liegen lasse, krieg und aufruhr stärke und zusehe.

11. Dass er neben seinem gemahl tag und nacht in gemeinen häusern und bei frauen sitze und mit ehrlosen leuten gemeinschaft halte, und zur schande des ganzen reichs also seine majestät zum höchsten vermackelt habe.

12. Gebe er auf vermahnen des papstes, der könig, der kur- und fürsten nichts; auch sei er zweimal im gefängniss gewesen, haben sie verbesserung gehofft; (da er) auf ihr väterliches vermahnen auch diesmal nicht käme, so sei nun ohne weitern prozess ihm das reich genommen und ein anderer christlicher könig gewählt.

1829. (*Koenig Wenzel abgesetzt.*) — Auf Urbani nahm man einen wahltag zu Frankfurt vor, und mit hilfe des kurfürsten Rudolf von Sachsen wurde Wenzeslaus entsetzt und herzog Friedrich von Braunschweig erwählt: aber dem bischof Johann zu Mainz, geborner von Nassau, war solches sehr zuwider, und er machte viel uneinigkeit. Als dann herzog Friedrich nach Braunschweig heim reiste, und sich auf die krönung rüsten wollte, hat der bischof von Mainz den von Waldeck bestellt, der überfiel am pfingstabend bei Fritzlar den herzog Friedrich; der wollte sich nicht gefangen geben, und ward von einem von adel erschlagen. Rudolf von Sachsen wurde verwundet, von dem bischof von Verden gefangen; graf Siegmund von Anhalt kam schwerlich davon.

1830. (*Wahl Ruprecht's.*) — Zuletzt wurden Wenzeslaus wieder gen Lahnstein am Rhein citirt, darauf man 10 tage über allen termin wartete: es kam weder der könig, noch niemand von seinetwegen. Es kamen viele klagen über ihn, besonders halfen die von Strassburg viel dazu, wegen des krieges mit ihrem bischof. Zuletzt wurde könig Wenzeslaus aus erkenntniss aller fürsten des reiches entsetzt und als unnütz verrufen. Auf den 21 augusti, wählten sie einhellig zu einem römischen könig, Ruprecht den ältern, pfalzgrafen am Rhein, herzog von Bayern. Er wurde zu Rense auf den königsstuhl gesetzt und ihm gehuldigt, und vom papst Bonifacio IX bestätigt. Er war ein frommer und aufrichtiger fürst, der alsbald nach Frankfurt mit grossem volk zog, sich an die stadt legte, erwartend, ob ihn jemand am reich hindern wollte, und als er sechs wochen davor gelegen und ihn niemand am reich hindern wollte, führten ihn die fürsten in die stadt Frankfurt und huldigten ihm. Dabei waren des papstes, der könige von Frankreich, England, Polen, Ungarn und Dänemarks gesandten, und 36 fürsten, 13 bischöfe, 332 grafen, 2000 ritter, die edeln und andern gesandten konnte man nicht zählen, auf 64 tausend personen, gerüstetes volk. Dahin kamen die von Strassburg auch und schwuren ihm, den bestätigte er ihre freiheiten. Darauf baten sie den könig, wenn es seine gelegenheit wäre, möchte er sie von wegen alter nachbarschaft gnädig besuchen.

1831. (*Gemar verpfaendet.*) — Damals hatte herr Schmassmann von Rappoltstein die stadt und burg Gemar herrn Rudolf vom (Hohenstein) zu Strassburg um 15 tausend gulden verpfändet. Der von . . . . in die burg, schlug den graben ab dass er für. . . . . . .¹.

1832. (*Der von Hohenstein gefangen genommen.*) — Auf S. Martins abend hatte bischof Wilhelm einen heimlichen bund gemacht mit herrn Hansen von Lichtenberg, auch Bitsch und Vinstingen, und in der nacht erstiegen sie die stadt Gemar, und lagen einen tag und zwei nächte vor der burg. Da wollte sich herr Rudolf mit beiden söhnen zu recht und auf gnade ergeben, denn er mit keinem menschen zu thun hatte, das wollten sie nicht thun, sondern fiengen herrn Rudolf von Hohenstein und seine zwei söhne, raubten stadt und schloss und führten sie gefangen auf Lichtenberg. Sie lagen auf 16 wochen da oben, damit sie solches (Gemar) mochten in ihre hände bringen. Weil aber der von Hohenstein des markgrafen von Baden diener war, verschmähet es ihn sehr, versammelte deshalb in Schwaben und in dem Oberland ein grosses volk, auf 16 tausend zu fuss, wollte damit den bischof von Strassburg und Lichtenberg mit raub und brand angreifen, welches der stadt Strassburg sehr schädlich gewesen wäre; deshalb legten sich viel dazwischen, da ward gen Hagenau ein tag gelegt und gethädigt dass der bischof und der von Lichtenberg sollten den von Hohenstein und beide söhne auf freien fuss zum rechten stellen, welches geschah. Da ward zu recht erkannt und gesprochen, dass der bischof und der von Lichtenberg den von Hohenstein nicht mit fug, sondern unbillig wider alle rechte gefangen hätten, und wurden ledig erkannt und ward der schaden zu beiden theilen aufgehoben.

1833. (*Koenig Ruprecht in Strassburg.*) — Nach diesem zog der Fol. 310

---

1. Die Stelle ist verbrannt. (Note de M. Jung.)

römische könig Ruprecht den Rhein herauf, und auf S. Cäcilientag kam er
gen Strassburg, wie er versprochen hatte. Ehe er kam gebot meister und
rath, dass niemand sollte beim jungen S. Peter vors thor gehen, bei
5 pfund pfennig, auch niemand im münster auf den lettner, denn nur die
domherren und wer darauf gehört, gehen sollte; man verkündete auch
in und auswendig, dass kein ächter sollte dem könig oder der königin
anhängen, wer das thäte dem sollte eine doppelte strafe aufgelegt werden,
man werde sie sonst begnadigen, nach gestalt der sachen. Es gebot auch
meister und rath bei 5 pfund pfennig dass alle die zu reiten hätten, mit
dem ammeister dem könig entgegenreiten sollten, wer ein geschöll machte,
der sollte meister und rath mit leib und gut verfallen sein.

Man stellte die burger und handwerker gewaffnet vom Steinstrasserthor
an bis an den Pfennigthurn von beiden seiten mit den pannieren: vom
Pfennigthurn an bis ans münster standen die domherren, auch alle geistlichen und die orden mit den kreuzen, kerzen und allem heilthum.

Als nun die meister und edeln, auch alle bürger, die zu reiten hatten,
hinaus zogen mit 500 pferden, und vor S. Helenen abgestiegen waren,
empfiengen sie den könig und die königin mit hohen ehren und zogen
vor dem könig her. Auf der gänseweid bei S. Helenen, da stachen stets
zehn ritter in hohen zeugen, vor der königin her, den ganzen weg durch
die stadt, bis an das münster; welches sehr lustig zu sehen war, dass sie
also auf und abrannten: wer fiel, durfte nicht wieder aufsitzen, sondern
musste heimreiten. Bei dem Pfennigthurn wurden sie von den geistlichen
ganz herrlich empfangen und bis ins münster begleitet.

Als sie ihr gebet im münster gethan hatten, führte man den könig und
die königin, auch alle fürsten und herren zu ihren herbergen: darauf
wurden der könig, die königin, alle fürsten und grafen und herren
beschenkt. Sie lagen in's Greger's hauss und in's Schanekers haus in der
Judengass und daselbst herum.

Der könig hatte neben der königin auch seine vier söhne, alle pfalzgrafen,
bei ihm, auch drei töchter, die eine hatte den herzog von Lothringen, die
andere den herzog von Cleff, die dritte ist hernach dem herzog Friedrich
von Oesterreich vermählt worden.

Es wurde geschenkt, dem könig: eine guldene schauer von 200 gulden,
darin 1000 goldgulden, drei fuder wein, 100 fürtel habern, 12 pfund pfennig werth fische, 1 salm oder lachs, 4 ochsen.

Der königin: eine schauer von 100 gulden mit 400 goldgulden,
11 fuder wein, 50 fürtel habern, 10 pfund pfennig werth fische, 1 lachs,
2 ochsen.

Dem herzog von Lothringen: 1 fuder wein, 20 fürtel habern, 2 pfund pfennig werth fische, 1 lachs.

Des königs vier söhnen jedem ein ganz silbern tuch oder stück, den drei töchtern, jeder ein ganz golden tuch oder stuck. Auch beschenkte man alle fürsten, grafen und herren, auch den bischof von Speyer und andere, nach altem brauch ganz herrlich und erhielt männiglich gross ehre. Darnach sprach der könig die stadt an, ihm zu ehren ihn nach Italien zu begleiten, die krone zu holen, welches man ihm dienstlich gerne bewilligte sammt etlichem geld. Man hielt dem könig zu ehren den abend einen köstlichen tanz.

Ueber den andern tag vormittags zog der könig wieder hinweg auf Hagenau, da kam bischof Wilhelm von Strassburg zu ihm. Er hatte nicht über 700 pferde bei ihm.

1834. (*Grosse Braende.*) — Am weihnachtstag um den mittag gieng ein feuer auf in der Kurbengass, im haus zur Spangen, und war männiglich in der kirche, und verbrannten auf 15 häuser und viel gut darin, weil niemand daheim war, und bei der Krämergasse ward es mit noth verwehrt, dass es nicht weiters kam.

Dieses jahr gieng ein feuer auf Hohenburg auf und verbrannte ein grosser theil des (klosters). Fol. 311

1835. (*Bischof Wilhelm versetzt das Kirchengut.*) — Damals hub bischof Wilhelm an vom bistum zu versetzen und zu verkaufen: dem widersetzte sich das capitel ernstlich, so viel es vermochte. Da kaufte die stadt Strassburg, doch auf wiederlösung, mit des capitel wissen und willen, Dambach, Börsch, Ehnheim, Oberkirch, Kochersberg, Wanzenau, u. s. w. damit es nicht in fremde hände käme: das auch das capitel lieber sah.

1836. (*Neue Orgel im Münster*[1].) — Damals schenkte herr Dietrich von Erfurt, priester, Unserer frauen zu ehren eine schöne orgel, damit man alle samstage zu ihrem ampt damit orgeln sollte. Diese setzte man in S. Catharina capelle auf Unsers Herren grab. Die hat man alle samstag, wenn man auf Unser frauen altar messe hielt, geschlagen. Dazu wurden auch 4 priester und 12 schüler geordnet, die assen dann alle samstag auf Unserer frauen haus.

Nota: Auf S. Hippolytus tag schlug es ins münster und in S. Claus kirche, der regen löschte es; seil und leiter verbrannten im münster.

---

1. Nota: Ob es das rechte Jahr ist? (Note de Specklin.)

Die schwäbischen städte und der bund wollten (könig Ruprecht) nicht annehmen) ohne könig Wenzeslaus vorwissen: aber er zwang sie zum gehorsam, denn könig Wenzel that keine hilfe.

Fol. 512
1401

1837. (*Ammeisterwahl.*) — Dieses jahr ward ammeister herr Peter Summer, war bei den schiffleuten.

1838. (*Strassburger beim Roemerzug Koenig Ruprecht's.*) — Am lichtmess, als könig Ruprecht nach Italien zur krönung reisen wollte, folgten ihm zu ehren und diensten auf ihre kosten, 20 gleven und von adel, nachfolgende herren:

Herr Heinz von Müllenheim, in der Brandgasse,
Herr Heinrich von Müllenheim, von Landsberg,
Herr Ludolf Hans von Müllenheim,
Herr Claus Zorn von Bulach,
Herr Reinbold Heuffel,
alle ritter.

Cuno von Kolbsheim,
Claus Zorn Schultheiss,
Hans von Müllenheim, von Wört,
Hildebrand von Müllenheim,
Hans Rudolf von Endingen,
Reinold zum Treibel,
Claus, Hans und Jacob Mansse,
Oertel Mansse sohn,

Petermann von Dunzenheim,
Burkard von Mullenheim,
Burkard und Reinbold von Müllenheim,
Contz und Hans Bock,
Hans Duschmann,
Ulrich Lösselein,
Götz Burkgraf,

alle edelknechte, samt andern 80 wohlausgerüsteten pferden, auf der stadt kosten.

Der könig hatte auf 8000 pferde bei ihm, als er nach Italien zog.

1839. (*Das Sterben wachrt fort. Bittgang angestellt.*) — Damals währte das sterbet fortan eher länger und mehr, und weil man nichts mehr auf die Miserator (*sic*) hielt, beschlossen die geistlichen eine ganz andächtige procession, weil es fast das ganze jahr und den sommer durch regnete, und alle früchte im felde verfaulten, worauf nicht allein sterbent, sondern auch grosse theurung folgte: darauf (erklärten) die geistlichen vor dem rath: weil Unsere frau eine patronin und haushalterin dieser stadt sei, und man auf ihrem altar alle tage 6 messe, am samstag 7 georgelte messen hielte, und der ganze rath alle samstag mit kerzen zum opfer gienge, werde sie gnädig seyn. Zudem thäte sie grosse wunderzeichen. Deswegen sie alle pfingstmontag und dienstag vom ganzen land mit kreuzen und fahnen besucht werde, dass oft in zwei tagen 20 tausend gezählt worden sind, und auch viele priester mit kreuzen kämen, denen man auf Unser frauen haus zu essen gäbe, und oft 300, 400, oft 500 fremder priester da gezählt würden.

Zum andern ist das grosse goldene kreuz nicht ein geringes, da gut wissend sei dass Hermannus Teutschland (wie Harduinus Italia) angefallen, nach kaiser Otto's tod, und als sein gesinde am osterabend Strassburg überfiel und das kreuz hinwegnehmen wollte, dass alle die es angerührt haben, den jähen tod gestorben, auch Hermannus morgens tod im bett gefunden worden; dazu täglich die mit andacht ein credo, drei pater noster und fünf ave Maria sprachen, und die füsse mit andacht küssen, noch vielen von ihren siechtagen geholfen werde. Mit diesen goldenen bildern wollten sie mit dem heil. sakrament alle donnerstag umgehen, und gott um gnade anrufen.

Darauf gebot meister und rath dass mann und weib, geistlich und weltlich, alle donnerstag zu sieben uhr jeder barfuss in seine pfarrei oder kloster käme, gebot auch, dass wer daheim bleibe, mann oder weib, gesund oder krank, nicht auf die gasse gehen, auch zu keinem fenster noch thüre hinaus sehen sollte, bei 30 schilling, so lange die procession währte.

Und erstlich giengen alle in ihrer kirchen und klöster zur procession in ihren kirchen, und hernach kamen alle ins münster, darnach gieng man aus dem münster in solcher procession. Erstlich alle schüler mit zwei fahnen, darauf folgten alle vicarien, dann alle domherren, dann alle barfüsser, davon trugen 12 das grosse goldene kreuz. Darauf folgten alle orden; dann kam das sacrament, unter dem himmel mit kerzen und schellen; nach diesem kam der rath und der adel, darnach die bürger und der gemeine mann. Darauf kamen die prediger mönche, die trugen ihrer acht die himmlische königin Maria, in eitel gold gekleidet, darauf die geistlichen frauen, hernach die edeln frauen, die bürger und weiber, und ledigen. Und giengen also erstlich um das münster; in dessen kreuzgang hielt man sieben stationen, und richteten die barfüsser das goldene kreuz auf, welches 16 schuh hoch war über sich, und fielen alle andern dreimal auf die knie und sangen dem kreuz: Ave spes unica. Darauf hielten die prediger die Maria vor, und sangen dreimal die messe oder antiphon: Maria, mater gratiae etc. Solches währte an drei stunden, darnach zog man wieder ins münster und zuletzt jeder wieder heim.

1840. (*Brand am Münster.*) — Damals schlug das wetter ins münster und in die Thomaskirche, und zündete beide an, dass sie verbrannten. Es war aber ein solcher unsäglicher regen, dass das feuer vom regen selbst auslöschte, und weiters keinen schaden that.

1402   1841. (*K. Ruprecht wird zu Cöln gekrönt.*) — Damals zog könig Ruprecht und sein gemahl mit allen fürsten und städten am Rhein nach Cöln, und wollte sich zu Achen krönen lassen. Aber die von Achen, mit hilfe des herzogs von Jülch, die könig Wenzeslaus noch anhiengen, wollten ihn nicht einlassen. Deshalb that er sie in die acht, dass sie schier ins verderben kamen. Er wurde mit seinem gemahl zu Cöln von bischof Friedrich im dom gekrönt.

fol. 313
1403   1842. *Ammeisterwahl.* — Ward ammeister herr Johannes Heilmann; war bei den tuchern.

1843. (*Aenderung im Rath.*) — Damals ward geordnet, dass die vier meister sollten von adel seyn, und allwegen einer ein viertel jahr meister; doch sollten die zum Hohen Steeg die ersten seyn im amt.

1844. (*Schaarwächterhaus gebaut.*) — Damals war gebräuchlich die zeit her gewesen, dass man jeden abend den scharwächtern essen gab, in des stettmeisters haus; dafür gab man ihm alle tage drei gulden. Darüber beklagten sie sich; auf solche klage war geordnet, das scharwächter haus zu bauen, das noch ist, und man gab ihnen in der zeit auf der Münze zu essen, bis gebaut war. Darnach wurde wieder geändert, und bestand man ganz leidlicher denn zuvor.

1845. (*Neue Seuche in Strassburg.*) — Damals kam abermals die krankheit, der floss genannt, an die leute; es war grosser mangel an mahlen und kochen, so dass nicht der zehnte mensch gesund war: in einem kloster, oder stift waren nicht zwei, die singen konnten.

1846. (*Fehde zwischen Lothringen und dem Herrn von Commercy.*) — Damals bekriegte der Kumerser und andere herren den herzog von Lothringen. Da kam der herr von Lichtenberg mit vielem volk dem herzog zu hilfe, und als die zum streite kamen, wurde der von Kumerser gefangen; wollte er ledig werden, musste er dreissigtausend gulden geben, davon wurden dem von Lichtenberg zehntausend.

1847. (*Blitz und Donner.*) — Dies jahr geschah oft bei hellem himmel und sonnenschein viel blitzen und gross krachen, und konnte man doch nichts sehen.

1848. (*Koenig Ruprechts Sohn haelt Hochzeit.*) — Damals hielt könig Ruprecht seinem sohn Ludwig eine stattliche hochzeit zu Cöln, mit Blanca, des königs von England tochter.

1404   1849. (*Ammeisterwahl.*) — Dies jahr wurde wieder ammeister herr Wilhelm Metzger, war bei den metzigern.

1850. (*Der Rath und die Nollbrüder.*) — Damals erforderten meister und rath ihre geistlichen und rechtsgelehrten, und fragten sie was das für ein ding wäre, S. Francisci dritte regel, da so viele nollbrüder und beginen einliefen ohne weihung. Die sprachen, das solches nicht bewährt, auch im geistlichen rechte verboten sei. Da geboten meister und rath männiglich, dass man den nollbrüdern und beginen nichts geben sollte, da es kein bewährter orden und vom papst verworfen wäre: sie sollten in weltlichen kleidern gehen, denn es eitel huren und buben wären und kupplerinnen; dazu sie viel abgötterei trieben, und liefen die eheleute, die nicht gern arbeiten, von einander in diesen stand. Sie liefen in alle klöster und zu den geistlichen, auf dass sie unter dem schein alle buberei treiben möchten. Da man ihnen nichts mehr geben wollte, trieb solches sie wieder nach haus und kamen viele eheleute wieder zusammen, die lange im hurenleben herum gelaufen waren: etliche, die alt waren, liess man bleiben.

1851. (*Stadtumwallung weiter gebaut.*) — In der fasten, an S. Mathes tag, hub man an die Krautenau mit mauern und thürmen einzufassen, doch standen S. Johannis thurn und S. Nicolai thurn schon zuvor. Da fieng man an die ringmauern zu bauen vom S. Nicolaus thurn an gegen S. Catharinen, und auf der andern seite hinter S. Claus kloster bis an den Deich zur Fischertrinkstube, und ward ein guter graben darum gemacht, und vollendet anno 1441 an St. Gallen abend; und blieb St. Johannis kloster hier ausser der stadt liegen. [Fol. 311]

1852. (*Rheinüberschwemmung.*) — Am Johanni war der Rhein so gross, dass er schier die halbe Rheinbrücke hinwegnahm; er lief über alle felder und auen und that grossen schaden. Dies währte beinahe sechs wochen; hernach wurde er wieder so klein, dass man an theil enden dadurch reiten konnte.

1853. (*Das traurige Marienbild im Münster.*) — Dies jahr kam ein künstliches Marienbild her aus Prag in Böhmen, das sollten die junkherren von Prag gemacht haben; man nannte es das traurige Maria bild. Das schenkte Conrad Frankenburger, des werks polierer, dem werk; das wurde mit grossen ehren ins münster gesetzt. Man machte ein tabernakel darüber, das sechzig pfund pfennige kostete. Man hat das bild sehr besucht, um seiner traurigkeit willen und viele opfer dahin gegeben.

1854. (*Neue Papstwahl.*) — Nach Bonifacius wurde zu Rom Innocentius VII erwählt, als Benedictus XIII zu Avignon papst war. Der gebot allen bischöfen am Rhein, dass sie gen Rom kommen sollten und helfen den kirchenfrieden schaffen. Darauf kamen sie erstlich zu Maynz, hernach zu Strassburg zusammen. Nach langem rathschlagen schrieben sie dem papst: nachdem er wohl wüsste, was er geschworen hätte, auch weise leute bei ihm hatte und er selbst weise wäre, wüsste er selbst am besten, wie er den kirchenfrieden schaffen möge. — (Cfr. KOENIGSHOVEN, ed. Hegel, p. 606.)

1405 1855. (Ammeisterwahl.) — Es ward zum ammeister erwählt herr Rulin Baarpfennig; war bei den kramern.

Damals war gebräuchlich, dass man des ammeisters gesinde und diener die .... kleider gebe; das ward damals aberkannt und nicht mehr gegeben.

1856. (Ebersheim abgebrannt.) — ...... Donnerstag brannte Ebersheim gar ab; desgleichen auch zu pfingsten Kaltenhausen.

1857. (Streitigkeiten zwischen Bischof und Stadt.) — Diese zeit her hatte sich bischof Wilhelm mit der stadt sehr übel vertragen, denn er meinte, was stadt, land, geistliche und adel hätten, wäre alles sein eigen; er brauchte dazu seltsame argumenta, schier wie der bischof Friedrich. Hiezu halfen ihm nicht wenig die westreichischen grafen, sammt den herren von Lichtenberg und Bitsch.

1858. (Bischof Wilhelm zieht nach Mainz.) — Damals war grosse zweiung im papstthum, denn stets zwei päpste waren. Da entbot papst Innocentius allen bischofen gen Rom zu kommen und helfen frieden machen. Da zog bischof Wilhelm gen Mainz, und wurde da eine synode gehalten von vielen bischöfen. Die antworteten dem papst, dass sie (die päpste) selbst sollten einig werden und der christenheit verschonen, sonst müssten sie schwere rechenschaft geben. Zog also einer dem andern den splitter aus dem auge.

1859. (Der Bischof gewinnt Koenig Ruprecht durch Geschenke.) — König Ruprecht hatte den bischof oft gefordert, seine regalien zu empfangen, da zeigte er an wie er sie empfangen könnte, da er sie nicht habe; vermeinte die stadt Strassburg gehöre ihm ganz, dieweil er bischof da wäre. Doch empfieng er seine regalia vom König und klagte hart über die von Strassburg, wie grosse gerechtigkeiten er da habe, welche ihm wider seine freiheiten vorgehalten werden, und wiewohl ers oft mit der stadt, dem capitel und der ritterschaft versucht, habe er doch nichts erlangen können; er bete also den könig ihm mit hilfe zu erscheinen dieselben mit gewalt zu bezwingen. Hiegegen, damit er den könig lustig machte, schenkte der bischof dem könig die städte Offenburg, Gengenbach, Zell am Harmerspach, Ortenberg und auf 70 dörfer und flecken, samt der ganzen herrschaft, welches der bischof doch nicht macht hatte, ohne des capitels und der stadt wissen und willen etwas von stadt und land zu verschenken, das bischof Bechtold mit grosser mühe um 44000 kronen vom reich erkauft hatte. Das stift und die stadt hätten solches auch nicht zugelassen; aber der könig war ihnen zu stark, und er nahm solches im namen des römischen reiches, behielt es aber für sich selbst. Das capitel und die stadt wurden vor den könig beschickt und ihnen alles ordentlich vorgehalten. Sie hatten sich zur antwort gerüstet, legten ihre freiheiten vor, und darneben alle verträge die sie mit dem bischof gemacht hatten und überwiesen aus seinen eigenen schriften, dass er dreizehn meineid geschworen, auch des siegelbruchs, kirchenraubs und vieler anderer laster: also dass der könig dem bischof die hilfe nicht allein abschlug, sondern auch mit ihnen frieden zu halten. Auf solches ward der bischof dem könig, dem capitel, stadt und land noch feinder bis an seinen tod. Doch behielte der könig die geschenkten städte und lande. Fol. 316

Aber nicht desto weniger machte der bischof bündniss mit vielen herren im lande und rüstete sich zum kriege. Da machte die stadt auch bündniss mit allen städten im lande; man brach viele haeuser ab und musste des bischofs gesinde und viele arme leute aus der stadt. Viele flüchteten leib und gut in die stadt, und es war ein grosser schrecken im ganzen lande, da man den vorigen schaden noch nicht verschmerzt hatte.

Da der bischof merkte, dass das ganze land auch wieder gegen ihn wäre, unterliess er den krieg. Da wurde berathschlagt, ob man ihn ergreifen sollte, ehe er sich wieder stärkte, aber um der armen willen, die zuvor waren verderbt worden, ward es unterlassen.

1860. (*Kornhaus am Grüneck gebaut.*) — Dies jahr wurde Unser frauen kornhaus zum Grüneck am Metzgergiessen nach dem brand wieder gebaut, wie es noch jetzt steht.

1861. (*Streit mit Metz.*) — Damals stand die gewalt zu Metz an den Fol. 315 à 316. edeln, da fuhr um Johannis die gemein zu, und machte einen bürgermeister von den handwerkern, wie die von Strassburg, da ihnen die vom adel viel drang anthaten. Darauf ward von ihnen ein ritter unschuldig enthauptet, wie sie sagen. Deshalb machten die vom adel einen bund wider die stadt mit bischof Wilhelm von Strassburg, den grafen von Mörs, Saarwerden, Salm, Bolchen, Philipp von Nassau und andern, und zogen mit 1000 pferden auf die von Metz, mit raub und brand. Die von Metz hatten sich auf 3000 pferde gestärkt. Da sie zusammen stiessen, flohen die von Metz wieder in die stadt, und es wurden ihrer auf 200 erschlagen und 300 gefangen. Da machte die Stadt einen bund mit dem herzog von Lothringen und mit ihrem bischof, und es geschah viel raub und brand bis die edeln wieder in die stadt kamen.

1406   1862. (*Ammeisterwahl.*) — Es wurde ammeister ernannt herr Wilhelm Metziger; war bei den metzigern.

1863. (*Bündnisse erneuert.*) — Damals erneuerten Strassburg, Basel und andere ihren alten bund am Rhein.

Fol. 317   1864. (*Neue Fehden im Westrich.*) — Dann gieng der krieg mit den herren im Westreich wieder an: zu ihnen schlug sich auch bischof Wilhelm von Strassburg, der allwegen ohne ursachen händel suchte. Hiegegen zogen die von Metz, Lothringen und ihre helfer in der fasten aus, und verbrannten dem von Nassau auf 63 dörfer und 2 kl(öster?). Bei ihnen war auch junker Walther von Geroldseck, jenseits des Rheines, herr Schmassmann von Rappoltstein, Cuno von Kolbsheim, und viele andere.

Im mai zogen die von Lothringen, der bischof von Metz und ihre helfer vor stadt und schloss Feinere, dem grafen von Salm zuständig, mit 1600 pferden und 4000 zu fuss, beschossen das schloss zum sturm; im schloss lagen nur 52 mann und die wollten es aufgeben. Indessen kam von den herren entsetzung; da flohen sie um mitternacht aus dem lager; liessen alles liegen.

Im brachmonat überfielen die edeln mit verrätherei Metz, nahmen's ein und setzten sich wieder in ihren gewalt, und wurden auf 1500 in den thurn gelegt und allen handwerkern ihre wehr und harnisch genommen, und mussten alle vornehmsten von den handwerkern, auch die gefangenen, die schuldig waren, einen sack tragen bis an die Mosel, da stiess man sie darein und ertränkte sie.

1865. (*Waldesburg eingenommen.*) — Damals hatte Walther Erbe, eines ritters sohn, spenn mit den von Strassburg, und hatten die von Oberehnheim einen tag angesagt, sie betreffend, und die von Strassburg auch dazu gebeten. Dahin zog herr Heinrich von Müllenheim von Landsberg, ritter, und Leutolf von Müllenheim, auch ritter, und sein sohn und Hans Sturm der lehenherr(?). Auf diese hielt Walther Erb, ohne widersagt zu haben, und fieng die herren Heinrich und Leutolf von Müllenheim die alten. Doch musste herr Leutolf schwören, auf erforderung sich wieder einzustellen, denn er sehr verwundet war. Den von Müllenheim und andere führte Erb auf die burg und feste Waldesburg bei Niedermünster. Da das die von Strassburg erfuhren, zogen sie aus, mit gewalt, mit büchsen und werken, und zogen vor Waldesburg, und gewannen die feste in 8 tagen mit sturm; und hätten sich die in der veste gewehrt, man hätte sie in jahr und tag nicht genommen, den sie war überaus vest, auch proviant genug darin war. Es war aber Walther Erb nicht darauf; die gefangenen wurden loss; die veste gehörte halb dem von Rathsamhausen, und war die beste festung im lande : sie wurde geplündert und auf den boden geschleift, dem Walther Erbe zu leid. — (Chr. Meyer, *Chron*. p. 79.)

1866. (*Pfalzweyer belagert*.) — Damals als bischof Wilhelm von Strassburg und die andern grafen und herren auf die von Metz stritten, da zog der von Lothringen mit gewalt auf die vorgenannten grafen und belagerte Balzweiler, das dem grafen von Blankenburg zuständig war; sie maheten die frucht auf dem felde ab. In der stadt lagen Berthold Krantz, Heinrich Deine, Hans St.... und Cuno von Kolbsheim, auf vierzig gute ritter und edelknechte, samt andern. Und als sie auf zwey monate davorlagen, verbargen sie sich auf den Heiligen kreuztag, im herbst hinter die mauern und liessen sich nicht merken. Da meinten die draussen, sie wären heimlich bei der nacht hinweg geflohen, huben an und stürmten, warfen die leitern an und stiegen auf die mauern. Besonders wollten die herren und ritter vorne daran seyn (weil niemand da war, sonst wären sie wohl dahinten geblieben). Da wischten die verborgenen heimlich hervor, und zogen die auf den mauern vollends hinein in die stadt, wen sie konnten, und schossen die anderen mit gewalt hinweg. Unter den hineingezogenen gefangenen waren herr Dietrich Vitzthum von Strassburg, der von Hohenstein, viele ritter und edelknechte, auch junker Walther von Geroldseck, des Blankenheimer schwager, der das banner führte, der fiele mit der mauer; als man sie räumte, fand man ihn noch lebendig. Diese wurden in langer gefängniss gehalten, mussten grosses gut geben, und alles vergleichen. Dann zogen sie ab.

Fol. 318

1867. (*Ammeisterwahl*.) — Da ward wieder ammeister herr Johann Heilmann, war bei den tuchern.

1407

1868. (*Kalter Winter*.) — Damals war der allerkälteste winter, den man gedachte. Es fror der Rhein von Cöln bis gen Basel und weiter, das keinem menschen und keiner gehört hat. Das wälte auf zwölf wochen lang, dass man allenthalben mit lastwagen darüber fuhr. Es erfroren viele bäume, auch alle reben, dazu viele menschen und vieh. Am lichtmess kam ein grosser regen. Der hob das eis auf, welches alle brücken und mühlen brach und grossen schaden that an felder und anderswo. Von dieser kälte brach auch die heilige geist glocke, da goss man eine andere aus den stücken, die kostete ausser dem alten zeug 350 gulden, und wog 63 centner.

1869. (*Blitz schlägt ins Münster.*) — Diesen sommer auf einen tag schlug das wetter in das münster, dann schlug es zum Jung St. Peter, darnach in den Kronenburger thurn, und schlug darunter vier menschen zu tod. Dadurch verbrannte der thurn und viele häuser darum. Darnach schlug er gen Schilkheim und verbrannte das halb dorf, und that grossen schaden.

1870. (*Lothringer Fehde.*) — Darauf sammelten sich der herzog von Lothringen und der von Metz feinde, mit samt dem herzoge von Orleins, auch bischof Wilhelm von Strassburg, die grafen von Nassau, Mörs, Balthen, Salm, mit 16000 pferden und 10 tausend zu fuss und verbrannten dem herzog auf 70 städte, flecken und dörfer. Der herzog von Lothringen und sein bruder, der graf von Wodemont, lagen zu Nanse, stärkten sich den 7 martii; als der von Orleins wieder nach Frankreich wollte, überfielen sie ihn, erschlugen ihm viele und fingen auf 200 vornehme herren.

1871. (*Koenig von Frankreich will roemischer Koenig werden.*) — Damals unterstand sich der könig aus Frankreich römischer könig zu werden, aus anleitung des markgrafen von Baden, der ihn dazu ermahnet. Sie gaben vor, dass Frankreich zu Deutschland gehörig wäre, von alters her, und die Pfalz nie über die deutschen zu herrschen das recht hätte. Der markgraf machte ein bündniss mit dem könig; auch andere halfen dazu. Da zog könig Ruprecht dem markgrafen in sein land, bekriegte und bezwang ihn, dass er das bündniss aufsagen und ihm huldigen musste.

1872. (*Grosse Kaelte.*) — An S. Martins tag fiel eine solche kälte ein, bis auf lichtmess, dass alle wasser überfroren und man mit allen lastwagen über den Rhein und die Donau fuhr. Alle weine in den kellern froren; auch die vögel in den lüften und die zahmen vögel starben aus durst und der kälte wegen; man musste die ställe der gänse und enten heitzen. Es gieng mit einem warmen regen auf einmal auf, und mühlen und ganze dörfer wurden weggeschwemmt. Dennoch geriethen der wein und die früchte wohl.

Fol. 319
1408

1873. (*Ammeisterwahl.*) — Da wurde herr Ulrich Gosse wieder ammeister, er war bei der Moerin.

1874. (*Die Lothringer fallen in's Elsass.*) — Da im vorigen jahr Bechtold Hans von Wilsperg mit dem bischof Wilhelm von Strassburg zu den grafen in Westreich gezogen war, wider den von Lothringen, und bischof Wilhelm jetzt abermals hineinzog zu etlichen grafen, denn er konnte nicht müssig seyn, und der herzog von Lothringen solches erfuhr, dünkte es ihm zeit zu seyn, dass er sie auch einmal besuchte. Er that den von Salm, Balthen, Mörs, Nassau, grossen schaden, kam bis Zabern die S. Johannes steige heraus ins Elsass mit 6000 pferden und auf 10000 zu fuss, nahm Steinburg ein, plünderte das schloss und flecken auf den 30. maii. Weil aber Zabern besetzt und beschlossen, das dem bischof Wilhelm zuständig war, nahmen sie alles vieh, verbrannten die dörfer, hieben bäume und reben ab; zogen darnach am gebiet hinauf, thaten grossen schaden in allen dörfern und flecken, verheerten auch Kestenholz und alles darum. Da ward ein anstand gemacht und die sache mit geld mit dem h...g vertragen. In diesem zug wurden mehr den 1500 personen erschlagen und land und leute verheert und verderbt. Doch geschah den kirchen, frauen und jungfrauen keine unehr. Daran war allein bischof Wilhelm schuldig, weil er nicht ruhen konnte.

1875. (*Ein Tag zu Pont-à-Mousson.*) — Darauf wurde ein tag gen Pontemoson gelegt, dahin kamen der herzog von Lothringen, der bischof Wilhelm von Strassburg und alle grafen, samt des königs von Frankreich und des herzogs von Orlians gesandten: da ward friede gemacht. Die gefangenen, die der herzog von Lothringen hatte, als der von Kumers mussten 16000 kronen geben, der marschalk von Orlians 12000 kronen, den vier landherren gaben die von Metz jedem 5000 kronen, und wurden nach allem vertrag alle gefangenen zu beiden theilen ledig, und also der krieg, der vier jahre gewährt mit grossem schaden, verglichen.

1876. (*Zwei Bischöfe von Lüttich gewaehlt. — Ein Streit.*) — Auf S. Moritzen (?) tag wurde des herzogs bruder von Holland, bischof zu Lüttich erwählt, den wollten sie nicht annehmen, er liess sich denn zum priester weihen; als er solches nicht thun wollte, erwählten sie einen herrn von Perines zum bischof; die trieben den anhang des bischofs von Holland aus der stadt, die flohen nach Mastricht. Da kam der erste bischof von Holland, samt seinen helfern und allen niederländischen fürsten. Da wurden der Lütticher auf 32 tausend erschlagen, darunter herr Jörg von Dietrich, der von Salm, Blankenburg, Mörs, Leiningen, Westerburg, Ochsenstein, und wurde Lüttich geplündert, und musste auf 60 tausend nobel dazu geben, und kamen auf 200 wagen und kärche voll kleinode, kleider, hausrath und anderes gen Strassburg und wurde wohlfeil verkauft.

1877. *Wilsperger Fehde.* — Nachdem schlug sich Bechtold Hans von Wilsperg zum markgrafen von Baden; der hatte mit den herzogen von Oesterreich und der stadt Strassburg etliche spenn, weil er ursache war an dieser landverheerung und man ihm nachsetzte, weil er mit bischof Wilhelm stets aufruhr angerichtet. Darauf widersagte Bechtold Hans von Wilsperg, genannt Burt, auch etlicher eigener spenn halb, die er selbst hatte, der stadt Strassburg auf leib und gut, und enthielt sich auf einem guten felshaus und veste, Freydeneck genannt, mit raub. Deshalben auf montag nach Martini zogen die von Strassburg aus mit 50 gleien, und 24 schutzen und 60 zimmerleuten und maurern, auch mit zeugen, werken und büchsen, was zu einem berghaus gehört. Da das der von Wilsperg erfuhr, machte er sich davon auf Zabern, und blieben nur zwei reisige, 4 bauern und Jörg Haffners wittwe mit zwei jungfrauen und etlichem gesinde oben im schloss. Denn Jörg Haffner das mehrtheil an der burg hatte. Die veste wurde mit sturm genommen und mit volk besetzt. Doch begleitete man des Haffners wittwe mit ihrem gesinde und habe hinweg; zuletzt liess man die gefangenen auch alle los.

Darauf wurden die von Strassburg zu rath und unterhauten den felsen darauf die veste stand, unterstellten sie mit holz und zündeten solches an. Nachdem dies verbrannt war, fiel die burg und das steinwerk über den felsen herab. Darauf zogen sie weg.

Der von Wilsperg war sehr zornig, dass die seinen sich nicht gewehrt hatten, er erwischte die beiden reisigen und hieng sie an einen baum. Der eine war sein bruder, doch unehelich, der andere gehörte ihm sonst zu als sein diener, die bauern verliefen sich. Also wurden ihm Steinberg und Freydeneck verstört. — (Cfr. MEYER, *ed. Reuss*, p. 79 -80.)

1878. *(Bischof Wilhelm versetzt sein Bisthum.)* — Hierauf hub bischof Wilhelm von Strassburg viele böse sachen vorzunehmen, und tapfer half ihm der von Wilsperg; er meinte die stadt Strassburg unter sich bringen zu können, bekriegte sie und sahe sich um hilfe um, auch bei dem kapitel. Etliche willfahrten, aber der mehrtheil stand der stadt bei. Nun befande er im rath, er wolle der stadt das bisthum versetzen, mit dem geld die stadt bekriegen, und das land ohne lösung wieder an sich ziehen. Er versetzte diesmal der stadt das amt Ettenheim, hernach Oberkirch, nachmals Benfelden, dann Dambach, eines nach dem andern; auch Molsheim, Kochersberg, Wanzenau und anderes. Dem von Müllen in der

Brandgass versetzte er Dachstein, welches hernach bei unserer zeit bischof Wilhelm von Hohenstein mehrentheils ausgelöst hat. Er hatte keine ruhe, wollte stets mit kriegen viel gewinnen. Hernach wollte er auch Zabern dem von Lothringen geben, und dem römischen könig Ruprecht gab er jenseits des Rheins die ganze Ortenau. Er meinte jedermann würde ihm helfen, alsdann wollte er alles umsonst wieder einnehmen. Es fehlte ihm aber weit.

Damals nahm herr Ludwig von Lichtenberg des markgrafen von Baden tochter.

1879. (*Pfalzgraf Ludwigs Gemahlin stirbt zu Hagenau.*) — Herzog Ludwig, pfalzgraf, könig Ruprechts sohn, wohnte zu Hagenau, als ein landvogt und vicarius des reichs. Da starb ihm sein gemahl, des königs von England tochter, zu Hagenau.

1880. (*Ammeisterwahl.*) — Da ward ammeister erwählt herr Rülin Barpfennig, war bei den kraemern.

Fol. 321
1409

1881. (*Anschlag des Bischofs gegen Trier.*) — Da bischof Wilhelm nicht mehr zu kriegen wusste, machte er wieder einen bund mit den vier grafen von Westreich, Saarwerden, Salm, Nassau, Balthen, Saarbrücken, und mit Heinrich von Bitsch, dem domsänger zu Strassburg, Ludwig von Lichtenberg und andern: dass sie Trier überfallen wollten und einnehmen. Denn sie sprachen: es sind einfältige leute, die solches nicht achten würden, sie hätten kein kriegs- noch reisig volk, wären aber alle gar reich. Darauf ward ein anschlag gemacht, dass sie die stadt auf Petri und Pauli, wann ihr jahrmark ist, bei nacht ersteigen wollten und einnehmen, wo dann viel reiches volk hinkommt, alles zu plündern, den raub zu theilen und wo möglich die stadt zu behalten.

Darauf bestellten sie viele schiffe mit truhen und kensterlin, als wären es waaren der fremden kaufleute; viele leute, auch harnische und andere waffen. Diese sollten um mitternacht aus den schiffen gehen, die stadt ersteigen und die nächste porten am wasser öffneten, wenn es 12 uhr schlug, wollten die herren da seyn, mit 500 pferden und 1000 zu fuss. Auf den schiffen waren auf 300 die das thor öffnen sollten. Andere sollten als kaufleute in die stadt ziehen, etliche in pilgerweise, die panzer unter dem kleide trugen.

Den tag vorher hatte man zu Trier zweien, aus schlechten ursachen die stadt verboten, die lagen zu Gumberg, nicht weit davon übernacht, das dem grafen von Saarbrücken gehörte. Gegen abend kamen auch ganz still die herren dahin, legten sich einige weile zu ruhe, bis auf die genannte zeit. Da huben zwei in der kammer an welsch zu reden, sagten, dass sie morgens in der nacht die beute theilen wollten, einer wollte die gasse, der andere jenes haus plündern, und verglichen sich so uber die beute.

Die zwei in der nebenkammer, denen die stadt verboten worden, horten solches alles, standen auf, liefen den nächsten weg nach Trier zu, zeigten solches an einer porte an, wo sie wussten, dass ein wächter auf war. Da solches der burgermeister erfuhr, schlug er sturm, bestellte alle porten und zinnen und überfiel geschwind die schiffe, fand auch alles, wie es bestellt war, nahm die in den schiffen gefangen und alle ihre rüstungen.

In derselben nacht lagen herr Lüdemann von Lichtenberg, graf Friedrich von Bitsch, domsänger zu Strassburg, der von Eberstein und andere mit 500 pferden über nacht im dorf, so Emo von Kummers, grafen von Saarbrücken zuständig; als der solches erfuhr, überfiel er die herren um mitternacht, that niemand nichts, nahm nur die herren und die vornehmsten vom adel gefangen. Sie konnten nicht eilends hinweg kommen, da sie ihm solches nicht zugetrauet. Die anderen reisigen liefen nackt oder in hemden davon: das mehrtheil schwamm durch die Mosel, die andern verliefen sich sonst. Es wurden auf 500 pferde und harnische, viel gut, gewänder und geld und anderes lieferten die herren dem von Kummers.

Da ward gefangen herr Ludwig von Lichtenberg, der des markgrafen tochter hat, herr Heinrich von Bitsch, domsänger zu Strassburg und der von Eberstein, auch der rechte rädelsfuhrer Bechtold Hans von Wilsperg, und alle vornehme herren, die der herr von Cummers in hartes gefängniss legte, marterte sie oft, dass sie baten, er solle sie tödten, oder ihnen die köpfe abhauen. Bischof Wilhelm von Strassburg, der solches spiel hatte anfangen helfen, handelte sehr darum die seinigen zu erledigen, da er viele gute leute da hatte, und ihm das lange gefängniss derselben sehr leid war. Zuletzt legte sich der herzog von Lothringen darein, aus erbarmen, denn sie ihm zuvor viel schmach und schaden angethan; er thätigte sie aus auf bürgschaft, solches nicht zu rächen. Sie mussten dem Emo von Cummers 20000 kronen geben, welches geld vor zwey jahren der von Cummers auch hat müssen schwitzen. Sie wurden ledig nachdem sie auf drei jahre gefangen gelegen; sie kamen heim vor fastnacht anno 1412. Der von Lichtenberg musste fast alles das geld erlegen, da er zuvor auch von Cummers geld 10000 kronen empfangen hatte. So strafte sie gott, dass sie eine gute beute zu Trier holen wollten, und das ward ihnen zu theil.

Die zwei, denen man Trier verboten hatte und die aus barmherzigkeit die stadt gewarnt, wurden ihres eides ledig geschlagen, mit grossen ehren wieder in die stadt geführt. Man gab ihnen auch viel gutes, was sie wohl verdient hatten.

1882. (*Tag zu Mülhausen.*) — Dieses jahr war der herzog von Oesterreich mit den Baselern in krieg gekommen etlicher gerechtigkeiten halb; da ward ein tag gen Mülhausen angestellt, nach Aller heiligen tag; dahin kam pfalzgraf Ruprecht, des römischen königs sohn, die gesandten von Strassburg und viele andere, und war viel klagens, ward aber nichts vertragen, und sie zogen unverrichtet von einander. Darauf zogen die von Basel vor Eistein, zerbrachen und verbrannten das Laufer amt; zogen darauf ins Breisgau, verbrannten auf acht dörfer bei Badenweiler. Da ward wieder ein tag gen Kaisersberg angestellt, dahin kamen alle obgemeldete fürsten und städte zusammen und wurde die sache vertragen.

1883. (*Malzhausen (?) gewonnen.*) — Damals zog herzog Ludwig als landvogt vor Malzhausen und gewann es mit der stadt hilfe.

1884. (*Ammeisterwahl.*) — Da ward zum ammeister erwählt herr Michel Melbrüg; war bei der lucern.   1410

1885. (*Zweiung der Paepste.*) — Da erhob sich noch stets die zweiung der päpste. Denn es war einer erwählt, genannt Alexander, mit dem hielten die Italiener und Franzosen; aber der alte papst Gregorius hatte den kaiser und die Deutschen. Da gebot der papst Alexander denen von Strassburg bei dem bann ihn anzuerkennen; dagegen gebot der kaiser, dass sie den alten Gregorius vor einen papst erkennen sollten, und gebot ihnen dieses auch bei bann und acht. Auf allen stätten liefen sie oft zu capitel, wussten nicht was sie thun sollten, denn der römische könig lag ihnen auf dem hals und begehrte ihre erklärung. Nachdem sie viele capitel gehalten, wussten sie doch nicht wo hinaus oder an: bischof Wilhelm hatte sich auf beide seiten erklärt, das wollten die geistlichen indessen nicht thun. Als aber der bann kam, kam auch die botschaft gen Strassburg, könig Ruprecht sei gestorben, und drei tage später kam botschaft, der papst sei auch todt. Also kamen sie zu beiden seiten zum frieden und war der bann aufgehoben und alles geschlichtet. — (Cfr. Kœnigshoven, *éd. Hegel*, p. 615.)

1886. (*Koenig Ruprecht stirbt.*) — Es hatte sich könig Ruprecht zu Oppenheim über bischof Johann von Mainz, wegen Höchst erzürnt, und hatte im sinn deswegen einen krieg vorzunehmen. Er that im zorn einen starken trunk, davon er geschwoll und den 17. mai abend Trinitate starb. Er wurde zu Heidelberg zum Heiligen Geist begraben. Im junio hielt man ihm zu Strassburg ein königliches gedächtniss. Auf den september kamen die kurfürsten gen Frankfurt und erwählten könig Siegmund, könig zu Ungarn und Böhmen. Allein Maynz und Cöln wollten ihn nicht haben. Diese kamen im oktober wieder gen Frankfurt und erwählten margraf Josten aus

Mähren, einen mann an 90 jahren alt, also dass keiner damals das regiment zu handen nahm.

Fol. 323
1411

1887. (*Ammeisterwahl.*) — Da war wieder ammeister Johann Heilmann.

1888. (*Aenderung des kleinen Rathes.*) — Diesmal änderte man auch den kleinen rath und ward gemehrt mit 18 mannen und burgern und einem alten ammeister von den handwerkern. Die sollten richten bis auf 200 pfund. Zuvor sassen nur 12 mann und richteten bis auf 50 pfund und nicht weiter.

1889. (*Herzog Leopold von Oestreich stirbt.*) — Damals starb herzog Leopold von Oesterreich, der hatte Catharina von Burgund zum ehegemahl, die hatte das Obere Elsass, Sundgau, Pfirt und Breisgau in wittwensitz. Darauf nahm sie herr Schmassmann von Rappoltstein. Ihre tochter aus der ehe mit dem herzog Leupold hatte Otto von Ochsenstein zur ehe. Da solches herzog Friedrich, Leupolds bruder erfuhr, dass sie sich also geändert hatte, kam er ins Elsass, machte einen frieden mit ihr, nahm alle städte und schlösser in pflicht und eid, damit sie nicht aus handen kämen. Doch liess er sie solche regieren und einen grossen nutzen daraus nehmen.

1890. (*Margraf Jost von Maehren stirbt.*) — Im mai starb margraf Jost aus Mähren, den etliche zum römischen könig erwählt hatten, als er nicht über acht monate regiert hatte. Darauf kamen alle kurfürsten auf S. Arbogast tag wieder zusammen, und da wurde Siegemundus einhellig zum römischen könig erwählt, seines alters auf 44 jahre. Als man ihn, als einen könig und kurfürsten in Böhmen fragte, wem er die stimme zum römischen könig gebe, sagte er: mir selbst, denn ich jetzt zwei königreiche ohne die fürstenthümer habe, und der mächtigste bin; und weil jetzt die päpste und die ketzer in Böhmen eines solchen bedürfen; ich will solches alles ausrotten und zu recht bringen. Da fielen ihm die andern alle zu. Er war im vorigen jahr auch gewählt worden, doch nicht einhellig, sondern margraf Jost wurde ihm vorgezogen; also dass keiner diese zeit hindurch sich des reiches geschäfte annahm.

1412

1891. (*Ammeisterwahl.*) — Da ward erwählt zum ammeister herr Johann Meyer, war bei den schiffleuten.

1892. (*Walther Wasicher's Anklagen.*) — Damals zeigte zu Strassburg Walther Wasicher viele sachen an, die er von den nonnen zu S. Clara auf dem Wörd gesehen hatte, dass der provinzial und die barfüssermönche seltsam mit den nonnen haus hielten, denn sie schier alle mit kindern giengen. Dies verwies der provinzial dem Wasicher hoch. Da redete der Wasicher von den mönchen und nonnen noch mehr heraus; darüber klagte der provinzial solches meister und rath. Wasicher wurde beschickt und ihm solches vorgehalten, ob er solches geredet habe. Der legte auf 60 artikel über die mönchen und nonnen ein, die er alle bewiess und beweisen konnte und begehrte das auf kundschaft zu verhören. Darunter waren etliche sehr grob, besonders dass sie etliche junge kinder umgebracht hätten, die er und andere gefunden und begraben hätten; zeigte dabei stelle und ort an und andere grobe stücke. Meister und rath wollten in diesen geistlichen sachen nicht gern richten; doch wurde Walther Wasicher aller klage ledig erkannt, und wurde vor den bischof gewiesen. Doch verboten sie dem provinzial und den mönchen, nicht mehr in die nonnenklöster zu gehen, bei grosser strafe. (Cfr. KŒNIGSHOVEN, éd. Hegel, p. 736.)

Darnach wurde Walther Wasicher krank, da sprachen viele leute Unsere frau strafe ihn deshalb, dass er die barfüsser und die nonnen durchs ganz land in einen bösen ruf gebracht hätte; denn es wollte schier niemand mehr seine kinder in solche klöster thun. Die leute sprachen, wenn schon ein geistlicher bei einer geistlichen nonne gefunden würde, und beieinander unzucht trieben, sollte er sie zudecken und sagen, er hätte ihre beichte gehört. Darum habe Wasicher kein glück mehr. Also vertheidigt der teufel allwegen schande und laster zur verachtung des ehestandes.

1893. (*Geleeute zum Gedaechtniss der Leiden Christi.*) — Damals wurde nächsten freitag nach ostern von bischof Wilhelm aufgesetzt, dass man alle freitag sollte ein zeichen in allen kirchen läuten, zum gedächtniss der leiten Christi. Dazu gab er denen die pater noster und ave maria dazu sprachen, grossen ablass. Dies wurde im ganzen bisthum geboten, hernach kam es auch weiter in andere lande. Das ist das beste das er sein lebenlang stadt und land bewiesen.

Fol. 324

1894. (*Landfeste an der Breusch gebaut.*) — Damals hub man auch an die steinernen landvesten zu bauen an der Breusch, von dem Guldenthurn herauf gegen der Neuen Brücke zu, und kam man dieses jahr bis an herrn Claus Spender's haus zum Drachen.

1895. (*Eine bestrittene Erbschaft.*) — Es war ein reicher domherr zu Strassburg, genannt Johann Ziner, der hatte einen einzigen sohn bei den deutschen herren im kloster, den hätte er gern zu einem erben eingesetzt. Dazu halfen ihm die deutschen mönche im kloster, die meinten es könnte wohl seyn. Dies ist der stadt ordnung zuwider, den sie geordnet hatte, dass wer in ein kloster gienge, und armuth gelobte, nicht mehr als 100 pfund sollte darein bringen, er wäre so reich gefreundet als er wollte, und nichts mehr erben, damit nicht alles in der welt in die klöster käme, die zuvor schon zu reich waren. Darüber beklagte sich Meyer Level, der Hans Ziner's schwestersohn und sein erbe war; Ziner wollte ihm deswegen 300 pfund zum voraus geben, damit er seinen sohn liess neben ihm erben. Das wollte Meyer Level nicht. Da trat Ziner auch ins deutsche kloster und wurde ein laienbruder, und gab leib und gut den deutschen herren und seinem sohne, und starb bald darauf im kloster. Da forderte Meyer Level das gut als ein weltliches erbe, laut der stadt ordnung. Das wollten die deutschen herren nicht thun. Da verboten meister und rath allen burgern und hintersassen unter ihrem stab, dass niemand zu den deutschen herren gehen sollte, weder messe hören, noch opfern, auch weder mahlen, noch ihnen backen, auch nichts arbeiten, noch ein geschäft mit ihnen zu schaffen haben. Da das eine zeitlang währte, überkamen sie mit Meyer Level und ward das gebot wieder aufgehoben.

1896. (*Ein Domherr zu Alt S. Peter ersticht einen anderen.*) — In der heiligen christnacht, morgens früh in der metten, da kam herr Claus Bock, ein domherr zum Alt. S. Peter, ging ins chor und hatte einen dolch bei sich und erstach herrn Johann von Rottenburg, den dechanten, in seinem stuhl zu tod. Niemand achtete darauf und Claus Bock gieng allgemach wieder aus dem chor, und niemand wusste was er gethan hatte. Er wich aber aus (der stadt). Da man es erfuhr, meinte man, er hätte es darum gethan, weil ihn der dechant zu capitel geläutet hatte und andere schmach ihm mehr und oft bewiesen[1].

Von 1414 bis 1449.

Fol. 331

Danielis Specklin Collectanea in usum Chronici Argentinensis, N. D. d.[2]

Fol. 331

1414

1897. (*Ammeisterwahl.*) — Da ward zum ammeister erwählt herr Michel Mälbrü, war bei der Lucern.

1898. (*Krankheiten.*) — Dies jahr kam abermal die krankheit, der floss oder bürzel genannt, das war also gemein, dass nicht viel leute waren, die die krankheit nicht hatten. Es starben viele davon, etliche gelü...., etliche wurden wahnsinnig. Alle handwerke lagen still, die bäcker waren schier alle krank, da ward ein so grosser mangel, dass man oft kein brod

---

1. Hier endet das Fascikel Cc. (fol. 233—330), allein es fehlen die letzten Blätter, vielleicht vom Feuer zerstört; mit ihnen ist das Jahr 1413 ausgefallen. Dann folgt, eingeheftet, der Schwörbrief von 1416, fol. 325—330, der zum Jahr 1416 gehört. (Note de M. Jung).

2. Note: *Lombardica historia*, Heinrich Reiffen Chronica. (Note de SPECKLIN.)

fand, wiewohl die frucht wohlfeil war; in vielen kirchen und stiftern konnte niemand singen; sie schwiegen still; man erlaubte abermals fleisch, eier, butter an fasttagen den kranken zu essen; die gesundten assen auch mit.

1899. (*Koenig Sigismund beruft ein Concil.*) — Indessen war der römische könig Sigmund, von gottes gnaden römischer könig zu Mähren, Böhmen, Dalmatien, Cratien, Gallizien, Semia (?), Bulgaria, Can..... und Kr..... herzog etc., in Italia zu Loda (?) bei dem papst, vertrug viele kriege mit den Venedigern und Mailändern, damit man möchte ein concilium halten und den streit mit den päpsten aufheben, und ward das concilium gen Constanz gelegt, und männiglich dahin berufen in der ganzen christenheit. Da er solches ins werk gerichtet hatte, damit er desto besseres ansehen haben möchte im concilium, wollte er zuvor die krone zu Achen empfangen, zog deshalb den nächsten weg aus Lomparten über das gebirg auf Bern und nach Basel. Da setzte er sich mit vielen fürsten und herren zu schiffe und fuhr den Rhein herab auf Strassburg.

1900. (*Koenig Sigismund kommt nach Strassburg.*) — Als er kam, leutete man zwei stunden zuvor mit allen glocken; mittwoch nach Margareta kam er nachmittags, um vesper zeit mit vielen schiffen an, und stieg bei der Neuen brücke aus dem schiffe. Da standen alle handwerker mit den stangkerzen, auch alle geistlichen mit dem heilthum in ihren zierden, wie an unsers herrn tag. Als er ausstieg wurde er von dem rath und geistlichen mit allen fürsten und herren ganz ehrlich empfangen, er sass auf ein ross und ritt zum münster, und wäre gerne hineingegangen, aber vor dem gedränge des volkes konnte er nicht. Da führte man ihn in ordnung in die Brandgasse, in des Lohnherrn hof.
Da schenkte und verehrte ihm die stadt ein silbernes giessfass von 200 gulden, ein fuder rothen und zwei fuder weissen wein, 200 fürtel habern, für 26 pfund werth fische, und einen salm. Solches nahm er mit dank, und zeigte darneben der stadt seine reise nach Aachen zur krönung an, und bat ihn dahin zu geleiten zu helfen, damit alle handlung im concilium desto ordentlicher möchte zugehen, auch warum er ein concilium berufen liess. Da bewilligte die stadt den könig ehrlich zu begleiten.
Darnach beschenkte man auch die andern fürsten und herren, deren ungefähr 40 waren, ein cardinal, 3 bischöfe, 3 herzoge von Baiern, 2 pfalzgrafen, ein herzog von Sachsen, der von Meckelnburg, ein landgraf, der von Lothringen, der markgraf von Baden, und sonst viele fürsten, grafen und herren. Etliche herren von dem rath assen bei dem könig zu nacht; nach

dem nachtessen ging der könig mit ruhe in das münster, betete, und besahe die kirche allenthalben.

Fol. 335   1901. (*Bischof Wilhelm kommt in die Stadt.*) — Den andern tag kam bischof Wilhelm auch nach Strassburg; er beklagte sich sehr über die von Strassburg, welche grossen gerechtigkeiten er verloren.

Der könig verhörte auch die stadt, und die führte ihre sache so, dass der könig damit zufrieden war: doch wollte er gegen einen fürsten des reichs, der geistlich war, nichts vornehmen, obgleich auch die domherren der stadt beistanden. Der könig richtete stets zum frieden, aber bischof Wilhelm blieb bei seinem vornehmen: sonst richtete der könig jeden zwietracht mit andern.

1902. (*Tanz der Edlen auf dem Mühlenstein.*) — Indessen hatten die edeln zum Hohensteg und Mühlenstein einen tanz zugerichtet und luden die edeln frauen den könig zum tanz. Er kam zum Mühlstein und tanzte da, und war grosses hofieren von den edeln frauen und jungfrauen. Aber die edeln vom Hohensteg und die vom Mühlstein wollten nicht zusammengehen von wegen etlicher spenne, welches dem könig nicht gefiel: er fürchtete, sie möchten ein geschöll anheben.

Da zog der bischof Wilhelm den danz in seinen hof, dahin kamen alle edeln, die frauen und jungfrauen, da danzte der könig im garten und war sehr fröhlich.

1903. (*Vorsichtsmassregeln des Rathes.*) — Bischof Wilhelm lud den könig und andere fürsten zu gast, hatte auch stets heimliche berathungen und anschläge mit ihnen, auch mit dem könige selbst; solches brachte die stadt in argwohn; deshalb bestellte man gewapnete leute auf vielen zünften, auch in allen thoren und thürmen; zu nacht ritten zwei schaaren in der stadt herum, jede von 60 pferden und 100 zu fuss, gewapnet, mit schwefelpfannen, die zündeten allenthalben, damit kein geschöll würde. Das währte so lange der könig da war.

1904. (*Die Strassburger Edelfrauen holen den Koenig zum Tanz ab.*) — Dem könig war wohl bei dem tanzen und den schönen frauen, deshalb luden sie ihn auch zum essen und tanz zum Hohensteg; da sagte er aber zwein: wenn sie ihn dahin begleiten wollten, wolle er wohl kommen, er wisse den weg nicht.

Am andern tag, donnerstag vor Margareta, morgens früh, um die prinzeit, kamen auf 100 edle frauen und jungfrauen in des Lohnherren hof. Da giengen die fürnehmsten hinauf und weckten den könig, der noch schlief. Er stund eilends auf und warf einen langen rock über sich, hatte kein hemd, noch schuhe an; da luden sie ihn ein und führten ihn mit sich. Sie hatten trommler und pfeiffer, und er tanzte mit ihnen und andern durch die Brandgasse und Münstergasse. Als sie an die Kurbengasse kamen, kauften ihm die edeln frauen zwei schuhe um 14 pfenning, und legten sie ihm an. Sie tanzten hernach bis zum Hohensteg: da waren des königs kleider, er that sie an, ass und tanzte da. In solchem war es dem könig wohl, denn er ein überaus schimpflicher herr war. Das geschah auf S. Margareten abend.

1905. (*Brand des Pfennigthurmes.*) — Nachmittag kam ein grosses wetter, das liess sich schwer ansehen; der könig ritt heim in seine herberge. Da schlug das wetter in den Pfennigthurn, und verbrannte das grosse hohe dach ganz ab. Man schlug sturm und es liefen die handwerker und burger gewaffnet vors münster. Darüber erschrack der könig; er fürchtete einen auflauf, etwa mit dem bischof oder den edlen. Da liefen herr Michel Mälbrü, der ammeister, und andere vom adel zum könig, baten ihn, er sollte nicht erschrecken, denn es bräuchlich wäre, wenn ein feuer ausgienge, dass man stürmte und gewappnet vors münster laufe, damit wenn etwa ein verrath vorhanden, widerstanden werden könnte. Der könig war's zufrieden, ritt mit dem ammeister vor das münster; es gefiel ihm wohl, dass man in so kurzer zeit ein so wohlgerüstetes volk konnte zusammen bringen: es wär ein guter brauch, sie sollten dabei bleiben.

Hernach ist der Pfennigthurn wieder gebaut worden, mit dem gewölbe, zinnen und erkern, ohne dach, wie er noch ist.

1906. (*Der Kaufleute Messe.*) — Damals handelte die stadt wieder um der kaufleute messe halb, die in abgang gekommen war. Da gab ihnen der könig die freiheit, dass sie 14 tag vor und 14 tage nach Johanni währen sollte, und das nächste jahr 1415 anfangen. Dafür verehrte die stadt dem könig 2000, und dem kanzler, der den brief ausfertigte, 200 goldgulden.

1907. (*Koenig Sigismund reist ab.*) — Als der könig sieben tage zu Strassburg gewesen war, da wurden hiezwischen grosse schiffe zugerichtet: dienstag nach Margareta tag zog er zu wasser hinweg den Rhein hinab nach Aachen. Die stadt bezahlte alles was männiglich verzehrt hatte, in allen herbergen, welches sich auf . . . . . belief, und für den könig wohl auf 350 pfund. Es galt ein mahl 4 pfenning, das beste 6 pfenning. Als er hinweg war, schenkte er allen goldene ringe, jeder einen; es waren 150, und er konnte nicht mehr zuwegen bringen, dass er jeder einen geschenkt, verhiess aber solche hernach zu schicken, wie auch geschah. Und als er hinwegfuhr, gaben ihm die edeln frauen zu schiff das geleite auf eine meile in eine schöne grüne aue: da ass und trank man; darnach gesegnete sie der könig und fuhr hinweg.

Von der stadt wegen zogen mit ihm herr Reinold Heuffel, ritter, herr Hans Bock, ritter und herr Hans Heilmann, M. Ulrich Meyer und andere mehr. Als er gen Cöln kam, lag er da lange still und richtete viele kriege. Da kam die königin Barbara zu ihm. Von da zogen sie gen Aachen und wurden gekrönt. Darauf zogen sie wieder den Rhein herauf.

1908. (*Johannes Huss in's Gefängniss gelegt.*) — Der papst und viele cardinäle waren im november schon zu Costenz, dahin auch Johann Huss aus Böhmen gekommen war. Der papst und die seinen hatten Johann Huss schon ins gefängniss gelegt, wider des königs Siegmund geleitsbrief, und ehe der könig dahin gekommen war.

1909. (*Ludwig von Lichtenberg stirbt.*) — Damals starb herr Ludwig von Lichtenberg, den man hoffte zum bischof zu haben: er wurde in S. Johanns kapelle im münster, wo viele von seinem geschlecht lagen, begraben.

1910. (*Bischof Wilhelm entzweit sich auf's neue mit Kapitel und Stadt.*) — In dieser zeit hub bischof Wilhelm wieder an, sich mit dem kapitel und allen geistlichen zu entzweien, und was er der stadt und dem land mochte zum nachtheil thun, das that er. Er versetzte der stadt und dem stift Benfelden, Kochersberg, Wanzenau und anderes. Man lieh ihm darauf, damit es nicht in andere hände käme. Er wollte auch schwere collecten auf die stadt und die geistlichen legen, und schätzte seine armen leute sehr auf dem lande, und erlaubte seinen amtleuten und liess ihnen allen muthwillen zu, dass sie die armen nach ihrem gefallen schätzten. Dadurch wurden sie reich, und liehen ihm geld auf schlösser und flecken; das that er alles darum, dass er das bisthum in armuth bringen möchte: denn er weder die armen, noch das kapitel, noch das land in achtung halte.

1911. (*Der Bischof gibt Zabern an den Herzog von Lothringen.*) — Zuletzt machte er abermals neue bündnisse mit vielen herren, damit er die von Strassburg bekriegen möchte. Er übergab Zabern und die ganze landschaft darum dem herzog von Lothringen für eigenthum, damit er ihm helfen sollte die stadt Strassburg zu bekriegen und zu bezwingen. Gegen solches protestirten das kapitel und die stadt, und zeigten an, dass solches nicht sein eigenthum, sondern Zabern und die lande darum kämen von der stadt und dem kapitel, denen es gehöre, der bischof aber nichts mehr als die nützung davon haben sollte; denn er ohne dies ein grosses stück land über dem Rhein vom bisthum weggegeben habe.

Hierauf meinte er, dass was ein bischof gekauft hätte, ein anderer wieder verkaufen, versetzen und vergeben könne: er berief sich auf das concilium zu Costenz, womit er aber nur einen aufzug machte, dass er hiezwischen handeln und thun konnte, was er wollte: er wusste wohl, dass andere ebenso gehandelt und da durchgekommen: er verliess sich stets auf anderer hilfe, achtete seine ehre, briefe, siegel, kapitel, stadt und landt für nichts. Fol. 311¹

1912. (*Tag zu Molsheim.*) — Dieser handlung halben ward zwischen stadt und kapitel berathschlagt, dass man sich eines krieges gewiss versehen müsse: da ward ein tag gen Molsheim gelegt, montag nach Andreae. Dahin kamen zu bischof Wilhelm des kapitels und der stadt gesandten, vom kapitel graf Hügelmann von Finstingen, domdechant und graf Friedrich von Zollern, kämmerer; von der stadt herr Rürle Barpfennig, herr Michel Melbrü und herr Ulrich Gosse, alte ammeister. Da wurde lange freundlich mit dem bischof gehandelt, aber er wollte von keinem frieden hören, schlug alle güte zurück und forderte unbillige sachen.

1913. (*Der Bischof gefangen genommen.*) — Dienstag morgens früh, als man weiter handeln sollte, griffen ihn obgemeldete herren mit gewalt an, nahmen ihn gefangen, setzten ihn auf einen wagen und ritten mit ihm davon auf Strassburg, wo sie ihn mit grosser huth und wache auf den Pfennigthurn legten.

Bald baute man ihm stube und kammer auf S. Johanns kapelle im münster, damit niemand mit ihn zu rede kommen möchte, und böse anschläge machen, er wurde wohlbewacht mit grosser huth: doch waren leute, die seine sache im concilio vorbrachten.

Darauf bestellten das kapitel und die stadt, dass alles im lande ordentlich zugieng, die armen nicht zu beschwert würden, auch die amtleute besser rechnung thun mussten, damit alles recht zugieng.

1914. (*Koenig Sigismund in Constanz.*) — Als könig Siegmund erfuhr, dass der papst gewiss zu Costenz wäre, mit vielen cardinälen, eilte er mit seiner gemahlin den Rhein herauf durch Schwaben und kam in der christnacht gen Costenz, eilte in die kirche, als der papst Johannes die

---

1. Die Blätter des Manuscripts sind hier versetzt. (Note de M. Jung.)

christmesse sang. Da sang könig Siegmund das evangelium mit blossem schwert.

1915. (*Versuchte Vermittlung in Sachen des Bischofs.*) — Als bischof Wilhelm gefangen lag, zürnte der papst und verlangte, dass die sache im concilio vorgebracht würde. Damit man aber der handlung wissen hätte, und die stadt nicht unverhört möchte verbannt werden, verordneten das concilium und könig Siegmund, den erzbischof von Mayuz und den markgrafen Bernhart von Baden[1] . . . . . gen Strassburg, den achten tag nach weihnachten. Als sie kamen, verhörte man klage und antwort: sie redeten inzwischen, ob man auf mittel den bischof möchte ledig machen: es mochte aber nicht seyn, und so zogen sie also unverrichtet wieder hinweg.

1415

1916. (*Ammeisterwahl.*) — Es ward zum ammeister erwählt Johann Betschold; er war bei den metzigern.

1917. (*Abermalige Vermittlung des Konzil's.*) — Das concilium schickte abermals andere gesandten, wie auch der römische könig. Es waren dies Johann der patriarch von Constantinopel, Johann bischof von Merseburg und andere geistliche gelehrte doctoren. Die handelten lange und schlugen viele mittel vor; es wollte aber kein theil dem andern weichen. Da kamen pfalzgraf Ludwig, kurfürst, herzog von Baiern, der bischof von Worms, der graf Wilhelm von Eberstein, der landvogt war, die handelten lange, und begehrten zuletzt, dass man den bischof sollte zu recht vor dem concilium stehen lassen, aber der von Finstingen, im namen des kapitels, und die stadt wollten solches nicht bewilligen, und zeigten an welche grosse gefahr die erledigung des bischofs bringen würde, da er keines

Fol. 342

eides achte, aber davon schon hundert geschworen; dass sie ihm mehrmals auf eid, brief und siegel getraut, er aber allwegen meineidig geworden, viele arme leute ums leben, ehre und gut gebracht, stadt und land nicht geachtet, dem kapitel nach leib und leben trachte; es wäre kein hörens bei ihm; deshalben dem land, kapitel und stadt nichts besser sey, denn wenn er also verwahrt wäre. So zogen die gesandten wieder unverrichtet hinweg, und zeigten dem concilium und dem könig an, was gehandelt worden.

Es trieben aber die auf des bischofs seite vor dem concilium, dass er nicht leiden sollte, dass die weltlichen an die gesalbten und geistlichen ihre hand legten, ohne des conciliums erkenntniss. Am römischen könige

---

1. Wie es scheint, noch andere, aber die Randnote ist verbrannt. (Note de M. Jung.)

trieben sie, dass er nicht zulassen sollte, dass ein fürst des reichs, der seine regalia vom könig empfangen, ohne seine erkenntniss gefangen läge.

1918. (*Erneute Gesandschaft nach Strassburg.*) — Darauf schickten das concilium und könig Siegmund wieder eine stattliche legation und herren gen Strassburg. Die zeigten an, dass man den bischof sollte zu recht folgen lassen vor das concilium und den römischen könig; wenn sie das nicht thun wollten, würde sie das concilium in den bann, und der römische könig in die acht thun, weil sie einen geistlichen fürsten des reichs gefangen hätten, und nicht wollten zu recht kommen lassen vor das concilium und den könig.

Darauf gaben das kapitel und die stadt wieder zur antwort wie zuvor, warum sie ihn nicht könnten ledig geben. Und damit zogen diese auch davon. Als sie gen Costenz kamen, erinnerten sie was gehandelt worden. Darauf wurden stadt und kapitel in bann und acht erkannt.

1919. (*Stadt und Kapitel in den Bann gethan.*) — Da das die andern geistlichen erfuhren, wollten sie der stadt nicht mehr zoll geben, oder pferde oder wagen halten; machten sie hiemit ledig, richteten ein neues gericht auf, setzten den official; dann wollten sie ganz frei seyn wie die zu Maynz und Speyer. Die stadt musste diesmal zusehen bis auf bessere gelegenheit.

Desgleichen blieben die Teutschen herren auch, weil schon vorher die stadt sie nicht hatte erben lassen wollen, darauf aber verbot die stadt den burgern noch härter, dass ihnen niemand weder malen, noch backen, noch sonst einig werk thun sollte.

Montag vor halbfasten sandte das concilium citationen und bannbriefe überall hin. Die citationen wurden auf dem ganzen land, zu Basel, Mühlhausen, Colmar, Schletstadt, Kaisersberg, Freiburg, Breisach, Ehenheim, Rossheim, Hagenau und allenthalben hingesendet. Darin waren citirt herr Hügelmann von Finstingen, der domdechant, herr Friedrich von Zollern, kämmerer, Rulin Barpfennig, Michel Melbrü, Ulrich Goss, altammeister, in eigenem leibe persönlich, vor dem concilium und dem könig zu erscheinen. Es war auch die ganze stadt Strassburg citirt, doch nicht persönlich, sondern nur weil sie mithelfe, dass ihr bischof nicht zum recht ledig geworden.

1920. (*Abordnung der Gebannten nach Konstanz.*) — Auf diese citation fuhren der von Finstingen, der von Zollern und die drei altammeister und Ulrich Göss, edelknecht, der den ersten angrif gethan, hinauf nach Costenz. Als sie gen Schafhausen kamen, schrieben sie an das concilium und den römischen könig um ein geleit, dass sie sicher möchten nach Costenz kommen, weil sie citirt wären. Das wollte ihnen das concilium nicht geben, sie stellten ihren bischof auch dahin, denn sie ihre verantwortung genugsam gehört hätten, darum fuhren sie zurück, wieder heim.

1921. (*Papst Johann XXIII flieht aus Konstanz.*) — Den 20. martii floh der papst Johannes der 23. aus dem concilium von Costenz, vieler laster halben: dazu half ihm herzog Friedrich von Oesterreich, dem er 70000 ducaten gegeben hat, und der auch viele faule händel hatte. Hiemit wurden eine weil die von Strassburg mit ihrem bischof vergessen; da sie mit des papstes flucht genug zu thun hatten. Der papst kam erstlich gen Lauffenburg, schrieb von da an das concilium, hernach über den Schwarzwald gen Freiburg im Breisgau. Da wurden vom concilium der markgraf von Hochberg, die städte Strassburg und Basel schnell zu ihm geordnet, um ihn mit guten worten auf geleit ins concilium zu bringen, weil sie die nachbarn derer von Freiburg waren, und das Breisgau und Elsass dem herzog Friedrich war, während die städte Strassburg und Basel wohl mächtig genug wären um ihn nach Costenz zu bringen. Aber der papst wollte dies nicht thun.

Herzog Friedrich von Oestreich, der ihm nachgefolgt und entflohen war, wurde auch citirt; er kam aber nicht, und meinte also das concilium zu stören, damit nichts über sie erkannt würde. Darauf wurden achtbriefe über ihn erkannt und jedermann geboten ihn zu bekriegen.

1922. (*Der Papst in Breisach.*) — Darauf schickte das concilium andere gesandten, und da der papst solches sah, traute er Freiburg nicht mehr, sondern entwich er gen Breisach, welche stadt von natur fest ist und auf einem felsen liegt. Dahin kam der cardinal von Florentz, mit vielen bischöfen und prälaten, baten ihn seine abtretung vom papstum kräftiglich zu übergeben, damit er hernach in seiner flucht solches nicht mehr zurücknehmen möchte, und die kirche zur ruhe käme.

1923. (*Herzog Friedrich von Oestreich gebannt.*) — Darauf nahm er einen bedacht und floh heimlich davon gen Neuenburg. Da das die gesandten sahen, zogen sie wieder gen Costenz. Darauf wurde herzog Friedrich in bann und acht gethan, damit er den papst wieder zum concilium brächte, und wurde männiglich geboten mit krieg ihn anzugreifen. Da nahmen ihm die Schweizer schier alles in der Schweiz, auch das Ergau. Man gebot auch dem pfalzgrafen Lud'g, den städten Strassburg, Basel und andern den herzog im Breisgau und Elsass anzugreifen. Die von Strassburg schickten nun 400 pferde gen Ettenheim, mit befehl, nicht weiter zu ziehen, bis der könig sie hiesse weiter zu ziehen. Die von Basel zogen auf Ensisheim, richteten jedoch nichts friedliches aus. Pfalzgraf Ludwig kam mit einem grossen volk und reissigem zeug auf Strassburg zu, zog in's Elsass, nahm Heiligkreuz ein, und lag da still, damit niemand fremdes das land einnehme; es wurde so das land dem herzog mehr beschirmt, denn genommen. Schaffhausen ergab sich wieder an das reich, so auch Breisach und andere städte, die dem haus Oesterreich versetzt waren. Doch kamen sie hernach im vertrag wieder an Oesterreich, ohne Schaffhausen; in der Schweiz nahm ihm der könig schier alles. Da kam herzog Friedrich auf geleit gen Costenz und wurde zu gnaden angenommen. Doch musste er den papst wieder ins concilium bringen. Der wurde gefänglich von Freiburg gen Gottleben bei Costenz geführt und verwahrt. Da die cardinäle alle schelmenstücke auf ihn klagten, sagte könig Siegmund: Habt ihr zuvor solches von ihm gewusst, warum habt ihr ihn erwählt? Da antworteten sie: Hätten wir ihn nicht angenommen, er hätte uns alle umgebracht!

1924. (*Papst Johann XXIII abgesetzt.*) — Darauf wurde der papst nach anklagung vieler laster seines papstums entsetzt und in ewige gefängniss erkannt, busse zu thun und aller geistlichen verwaltung entschlagen. Er wurde dem pfalzgrafen Ludwig übergeben, der legte ihn zuerst in die Reichenau, brachte ihn hernach auf dem Rhein gen Basel, Strassburg, und von da gen Heidelberg ins alte schloss, bis er zu Mannheim am Rhein ein gefängniss zurüsten liess. Daselbst lag er noch $2^{1}/_{4}$ jahr, und wurde zuletzt wieder ledig, kam nach Italien, wurde cardinal und starb bald hernach.

1925. (*Fortdauer des Bannes in Strassburg.*) — Solches währete bis Johannis des täufers, und die handlung mit Strassburg und dem bischof war während der zeit still gestanden; nun aber kamen bannbriefe vom concilium des bischofs halben, gen Strassburg, über das kapitel und die ganze stadt. Da hörte man auf zu singen, man durfte nicht taufen noch die sacramente geben, noch jemand ins geweihte begraben. Das erschreckte männiglich.

Aber ein rath liess die gemeinde trösten, dass sie nicht erschrecken sollte, denn sie bald des bannes sollten gelediget werden. Er gab einen garten vor dem Spitalthor; daselbst sollte man inzwischen die todten begraben, bis man aus dem bann käme: alsdann mochte ein jeder seine todten wieder nehmen und ins geweihte begraben, wo hin er wollte.

1926. (*Die Teutschherren ziehen aus der Stadt.*) — In solchem bann wollten die Teutschen herren der stadt keinen zoll mehr geben, noch gehorsamen wie zuvor: da geboten meister und rath, wie vor 3 jahren, dass ihnen niemand malen, backen, auch nicht opfern oder zu ihnen gehen sollte. Da zogen sie aus der stadt, einer dahin, der andere dorthin in andere klöster, und ihre obersten klagten auch vor dem concilium. Da wurde die stadt wieder citirt mit pön- und achtbriefen vor das concilium und den könig, und nach grossen kosten wurde die sache von dem römischen könig vertragen, vigiliae assumptionis, dass die Teutschen herren sollten zollfrei seyn und an keinem saalgeräth gehindert, und sollten ihre freunde erben als weltliche laien. Doch sollten sie der stadt alle jahr acht gulden schirmgeld geben, und also alle sachen verglichen seyn. Es huben aber darauf die commenthuren sich einzureissen, welche nur von adel waren; der spital, samt den priestern wurde abgemacht, geschmälert, bis sie allein waren, die armen ritter und pilger ausmusterten, auch der alten commenthuren ihre wappen aus den fenstern und die grabsteine aus der kirche abtrugen, also dass keiner mehr darein kommen konnte, er wäre denn von adel. Darauf ist doch der orden nicht gestiftet worden. Zuletzt trieben sie alles aus, legten auch den weissen rittermantel mit dem schwarzen kreuz hinweg, hängten das kreuz an goldene ketten und lebten im müssiggang, und freuden, mit pferden, weibern u. s. w.

Fol. 311   **1927.** (*Vergleich mit dem Bischof.*) — Indessen wurde so viel gehandelt, dass die stadt Strassburg und das kapitel bewilligten zum rechten kommen zu lassen, mit diesem bescheid:

Das concilium und der römische könig sollten den bischof (schwören?) lassen, mit den gesandten.

Zum andern, dass die gesandten und andere sollte bürge werden, dass der bischof vor dem concilium zu recht stehen solle, dieses beschwören und bürgschaft geben, denn sie ihm nicht trauten.

Zum dritten, dass die gesandten das kapitel und die stadt wieder aus bann und acht thäten.

Zum vierten wollten sie schwören zu recht zu stehen und sich mit dem könig und concilium auf gnade vertragen.

1928. (*Der Bischof schwoert der Stadt.*) — Das concilium und der könig nahmen solchen vorschlag an, und schickten den bischof Johann von Worms, gebornen von Fleckenstein, samt andern prälaten; der könig schickte einen ungarischen herrn, Lazebo Zana genannt, oberster hofmeister; diese kamen mit 150 pferden gen Strassburg, empfiengen den bischof Wilhelm aus dem gefängniss mit gelübde und bürgschaft und als man ihn herab in das chor führte, musste er vor dem hohen altar im chor den gesandten schwören, alles das ihm vorgehalten worden zu leisten, sich ohne ihr vorwissen, auch des concilium und des königs nicht zu entäussern, sondern das recht zu gewarten; darauf wurde er in seinen hof geleitet.

1929. (*Stadt und Kapitel absolvirt.*) — Den andern tag, S. Jakobitag, kamen die stadt und das kapitel aus bann und acht und wurden öffentlich absolvirt. Den tag darauf hub man an wieder in allen stiften zu singen, und nahm die todten, die inzwischen gestorben waren, und legte sie in das geweihte, und taufte die kinder, die inzwischen geboren worden.

Als man den bischof hinwegführte, mit der gesandten geleit, da reisste der von Finstingen im namen des kapitels, und von der stadt herr Hans Bock, herr Johann von Müllenheim, genannt Landsberg, Rudolf Barpfennig, samt andern nach, und kamen alle auf einen tag gen Costenz zum concilium. Da musste der bischof dem könig und concilium schwören, nicht zu entweichen und dafür bürgschaft geben zum recht. Dies thaten auch die von Strassburg.

1930. (*Johannes Huss verbrannt.*) — In dieser zeit, den 6. juli, ward Johann Huss aus Böhmen zu Constenz im concilium als ein ketzer verdammt. Er war gar wider des papsts, der bischöfe und priester leben; dazu meinte er recht zu haben, dass man den laien das sacrament in beiden gestalten sollte geben, das nur den priestern gebührt; er wollte auch nicht dass die geistlichen sollten beischläferinnen haben, noch grosse pracht trieben, sondern sie sollten solches dem armen mann geben. Er sagte auch, dass ein jeder priester der gelehrt wäre, macht hätte gottes wort zu predigen, und viel irrthum mehr. Darum musste er sterben und verbrennen. Des freuet sich alle welt. Er selbst war sonst fromm, wie man sagt, allein es hat ihm nicht gebürt wider der christlichen kirche zu reden. Darnach ward auch Jeronymus, sein jünger, verbrannt.

1931. (*Die Stadt handelt mit König Sigismund, aus der Acht zu kommen.*) — Im concilium wurden die von Strassburg absolvirt, sie sollten sich jedoch mit dem könige vertragen. Der könig klagte, dass sie einen fürsten, dazu einen geistlichen, des reichs gefangen gehalten, wider alles recht. Die stadt handelte mit dem könig selbst, der forderte eine grosse summe geld; doch musste man ihm 70 000 gulden geben, denn er solches hoch von nöthen war: Es gieng ihm im concilium viel geld auf, auch wollte er damals nach Frankreich, Hispanien und Engelland reisen, so dass er viel geld nöthig hatte, sonst wäre man leicht von ihm gekommen.

Dahin trieben ihn auch etliche seiner räthe. Die von Strassburg schickten ihren stadtschreiber, M. Ulrich Meyer, dem kaiser nach gen Avignon, da richtete er seine geschäfte aus; als er abschied vom kaiser nahm, schickte der kaiser noch hundert goldene ringe mit ihm gen Strassburg für der ammeister und stettmeister weiber, die er damit bezalte, wie er es ihnen vor dem jahr verheissen hatte, welches der stadtschreiber bei seiner ankunft getreulich verrichtet hat.

Darauf fiengen die stadt und der bischof an gegen einander zu procedieren: aber es gieng gemach zu.

1932. (*Theuerung.*) — Dieses ganze jahr war[1] ..... dass die früchte im feld und die mühle ohne ..... musste man theuern wein trinken und ward der weg vor ein fuder wein und wagen zwölf pferde spannen ..... fuder drey oder vier meilen ein pfund pfenninge fuhrlohn geben musste das zu führen, auch weniger. Da setzte meister und rath auf, dass ..... sacrament ..... an Unsere ..... ward es ..... wetter .....

1933. (*Ammeisterwahl.*) — Da ward zum ammeister erwählt herr Hans Lumpart, war bei den schiffleuten.

1934. (*Verfassungsveraenderungen.*) — Dieses jahr befand man etliche mängel im rath, besonders bei den geschwinden läufen, die sich allenthalben ansehen liessen, mit dem concilium, mit dem bischof Wilhelm, und den schweren kriegen in Frankreich, und es wurde der brief, den man vor dem münster schwört etwas geändert und gebessert, wie folgt:

Abgeschrift eines briefes so man jarlich vor dem meister geschworen, des datum vierzehnhundert und sechtzehenn. Hatt gewehrt 66 jar[2].

In gottes namen, amen. Wir der meister, der rath, die ritter, die knechte .....[3] die handwerke und die gemeine ....., reiche und arme zu Strassburg ver ..... an diesem gegenwärtige briefe, dass si ..... männiglich und ..... einmüthiglich über ein sind ..... und aufgesetzt haben ein gemein gerichte, gott zu ehren und der städte zu Strassburg zu nutz und zu frommen, und auch gleich zu richten dem armen als dem reichen, in alle weisen, als hernach geschrieben gestelt, und ist dies das gerichte:

---

1. Die mit Punkten bezeichneten Stellen der Handschrift sind ausgebrannt. (Note de M. Jung.)
2. Die Abschrift ist nicht von Speckels Hand, sondern von der Stadtkanzlei. (Note de M. Jung.)
3. Die punktirten Stellen sind verbrannt. (Note de M. Jung.)

Zum ersten, so sollen die acht und zwanzig, die von der handwerke wegen in dem rathe sind, und der ammanmeister in den acht tagen, ehe der rath abgeht, einen ammanmeister kiesen, der ein handwerkermann ist, dem sie trauent auf ihren eid, der der stette zu Strassburg, arme und reiche und aller männiglich aller nutzest, wegest und allergleichest sei, und soll auch der nicht länger ammannmeister seyn, denn ein jahr; doch also und mit rechten fürworten, dass nach dem jahr, so einer ein ammanmeister gewesen ist und ab ist gegangen, er in fünf ganzen jahren darnach nicht anderwerbe, noch ehe zu ammanmeister gekiesst, noch genommen soll werden, und welcher von den räthen in der wahl als man einen ammanmeister jahres kieset, einen zu einem ammanmeister kiese, ohne denn dass also fünf ganze jahre, aus und vergangen wären, der soll meineidig und ehrlos seyn, und nimmermehr gen Strassburg kommen, und soll dazu alles sein hab unserer stadt lediglich verfallen seyn. Desgleichen sonderlich, wann man jahres ein ammanmeister zu den barfüssern kiesen soll, so soll der ammanmeister, der dann des jahres ammanmeister gewesen ist, diesen artikel vor den acht und zwanzig von den handwerken, die einen ammanmeister zu kiesen haben, zuvor thun lesen von wort zu wort, und welcher ammanmeister das auch nicht thäte, der soll meineidig und ehrlos seyn und nimmer mehr gen Strassburg kommen, und soll dazu alles sein gut unserer stadt lediglich verfallen seyn. Und das alles sollen meister und rath, die dann zur zeit sind, in vorgeschriebener mass richten und rechtfertigen auf den eid. Wäre aber dass der ammanmeister in dem jahre abgienge, davor gott sei, so sollen die vorgenannten acht und zwanzig, die von der handwerke wegen in dem rathe sind, einen andern handwerkmann, in der mass, also vor . . . . .[1] meister kiesen, den sie truwent . . . . . der stadt zu Strassburg, arme und . . . . . der gemeinde, allergleichenst, nutzest . . . . . ohne alle geverde und argliste und . . . . . nu den rath aus ammanmeister . . . . . in gleicher weise. Wäre es dass der ammanmeister sieche würde, so sollen auch die vorgenannten acht und zwanzig einen andern in vorgeschriebener weise an seine statt kiesen und setzen, und soll auch dieser ammanmeister seyn, alldieweil untz dass der ammanmeister geneset, und wenn auch also, und in der vorgenannten weise, ein anderer ammanmeister gekosen wird, an des ammanmeisters statt, der da nun todt und verfahren ist, oder siech ist geworden, so soll man doch darum desselben jahres nicht anderwerbe vor dem münster schwören, denn man soll dasselbe jahr aus gegen denselben

---

1. Die folgenden Stellen sind durch Brand beschädigt. (Note de M. Jung.)

ammanmeister, der dann anderwerbe gekosen wird, und derselbe ammanmeister wiederum verbunden, und alles das stete heben und halten, das man desselben jahres vor dem münster, und auch der ammanmeister, der dann abgegangen oder siech geworden ist, desselben jahres geschworen hat, bei demselben eid, den man desselben jahres vor dem münster geschworen hat, ohne alle geverde.

Darnach so soll der rath gemeinlich vier erbare unversprochene biedermänner zu vier meistern der vorgenannten unserer stadt zu Strassburg kiesen; sie seyen von rittern, von knechten, von burgern, oder von handwerkleuten, die sie trauent auf ihren eid, die der stadt zu Strassburg, bei den reichen und armen und der gemeinde aller nutzest, wegest, beste und gemeinste sind. Und sollen auch die nicht länger meister seyn, denn einer ein vierteljahr, den rath uss. Der rath soll aber keinen zum meister kiesen, er sei denn nach dem jahr als er vormals meister gewesen und abgegangen ist, fünf ganze jahre kein meister gewesen, in aller der mass, weise und form, als von des ammanmeisters wegen davor geschrieben ist.

Auch soll je ein rath in den acht tagen, ehe er abgeht, einen andern rath kiesen, dem sie auch truwent auf ihren eid, der der stadt zu Strassburg, reiche und arme und allermänniglich, allernutzest, wegest und alles glichest sey. Und sollen von den rittern und knechten elfe gekosen werden in den rath, und siebenzehn von den burgern und von den handwerken acht und zwanzig, und sollen aus denselben sechs und fünfzigen vier meister gekosen werden, die der stadt zu Strassburg arme und reiche aller nutzest und glichest sind .....[1]...... schwören dem vorgenannten ammanmeister, und den vier meistern und dem ..... gerichte gehorsam zu seyn und geb ..... und beholfen zu seyn gegen allen ..... gegen ihnen und ihrem gerichte setzend und ..... wollten, doch also, dass ammanmeisters ..... allen dingen vorgehe.

Der vorgenannte ammanmeister und die vier meister und rath sollen auch schwören den rittern und knechten, den burgern, den handwerken und der gemeinde, arme und reiche, getreulich zu beschirmen und zu bewahren, als fern sie können und vermögen, mit leib und mit gut und gleich zu richten dem armen als dem reichen, ohne alle geverde.

Wir haben auch verschworen die kur, die wir gethan an dem rath, dass wir die nimmer gefordern noch schaffen gefordert werden, in keinem wege, ohne alle geverde.

Wann auch ein knab 18 jahre alt wird, er sei von rittern, von knechten,

---

[1]. Das Fehlende verbrannt. (Note de M. Jesu.)

von burgern oder von handwerkleuten, der soll schwören diesen brief stete zu heben, und soll man auch den burgemeister und rath bei dem eid wo man es wüsste und befände, dass er nicht geschworen habe, und welcher nicht schwört, dass soll meister und rath erkennen, wie er es bessern soll, und soll man auch diesen brief alle jahr schwören stete zu heben,

Wenn so ein rath abgeht, darnach in den acht tagen, so der neue rath geschworen hat.

Es soll auch der ammanmeister und die vier meister, die zu meistern gesetzt worden, noch keiner im rathe, noch niemand von ihnen wegen dehein schlachte, miete noch mietewon, in keinem wege, bei dem eide den sie darum geschworen haben, alle die weile sie in dem rathe sind, und wer die miete nähme, der soll meineidig seyn, und wo meister und rath befindet, die dann meister und rath sind, dass es geschehen wäre, die sollen es richten bei dem eide, ohne alle geverde.

Wäre auch, das gott wende, dass ein geschöll würde, so soll sich niemand waffnen, es wäre denn dass man die mordglocke läute, und soll auch dieselbig glocke niemand heissen läuten, denn ein ammanmeister, der dann ammanmeister ist. Und wenn man sie also läutet, so soll männiglich ziehen zu fuss vor das münster, und da bei dem ammanmeister und den andern meistern bleiben, und wenn sie der ammanmeister und die meister heim heissen ziehen, so sollen sie bei ihrem eid unverzüglich heim ziehen.

Wäre aber dass ein feuer ausgienge, so sollen sich die handwerke waffnen und vor das münster ziehen zu dem ammanmeister und den meistern, und sollen die ritter, die knechte, die burger sich nicht waffnen, es wäre denn dass der ammanmeister und die meister nach ihnen senden, so sollen sie sich waffnen und zu ihnen kommen bei ihrem eid, und was sie dann heissen thun, des sollen sie gehorsam seyn zu thun, ohne alle geverde.

Wäre . . . . .[1] man ungefährlich käme reitend oder fahrend . . . . . der soll das pferd wieder heim schicken . . . . . ohne alle geverde. Wäre auch der . . . . . diesen vorgeschriebenen brief und wider . . . . . thäte, oder wieder dahinen artikel . . . . . geschrieben steht, oder schüfe darwider gethan . . . . . und das kundlich würde gemacht meister und rath, die zu der zeit meister und rath sind, der soll meineidig sein und soll sein burgerrecht verloren haben, und soll nimmermehr gen Strassburg, noch in den burgbann kommen, noch burger werden, und sollen auch seine lehen

---

1. Verbrannt. (Note de M. Jung.)

den herren ledig seyn. Ist es dass meister und rath urtheilen, dass sie ledig sollen sein, und soll sein leib und gut meister und rath verfallen seyn, und soll sich auch meister und rath alles seines gutes unterziehen und nehmen, es sei in dem lande oder in der stadt, also sein sie mögen, bei dem eide, ohne alle geverde. Und soll auch meister und rath das gut nicht wiedergeben, bei ihrem eide. Und welche, meister und rath, dieses nicht richten, von dem, als von denen die dies verbrechen, die sollen meineidig seyn und ehrlos, und sollen nimmer meister und rath zu Strassburg werden.

Und das vorgeschriebene dinge zu einer ganzen bestätigung so ist unserer stedte gross insiegel zu einem urkund an diesen brief gehängt, mit der ritter, knechte, burger und handwerkleute insiegeln, die heran geschrieben stehn.

Wir Reinbold Hüfflin, Johann Zorn, den man spricht von Eckenrich, Heinrich von Müllenheim, genannt von Landsberg, Wilhelm Bulach, Reimbold Zorn, den man spricht Lapp, Ulrich Loselin, Johann Rudolf von Endingen, Claus Zorn, schultheis, Gosse, burggraf, Claus von Westhuss, Johannes von Müllenheim, ritter, Wilhelm von Müllenheim, Walther von Müllenheim, der ältere, Reinbold Clobloch, der ältere, Friedrich Klette, Bartholomeus von Müllenheim, Reinbold Spender, die hierzu erkosen wurden von den rittern und knechten wegen diesen brief zu besiegeln. Und wir

Johannes Bock,	Hetzel Rebestock,
Claus Meerschwin,	Jacob Maass,
Beer von Heiligenstein,	Hans von Winterthur,
Conrad Pfaffenlap zum Rust,	Hans Hesse,
Hug Völsche,	Hessmann, Hessen seligen sohn;
Johann Sturm von Sturmeck,	

die herzugezogen wurden, der burger wegen, und wir

Johannes Lumbart, der ammanmeister,	Claus Arg,
	Claus Meyer,
Ulrich Gosse,	Bethold Erich von Colmar,
Rulin Barpfennig,	Hans Nesselrhin,
Johannes Betschold,	Itel Völtzelin,
Johannes Heilmann, und	Hanz Völtzer,
Michel Melbrüge, alt-ammanmeister,	Lienhard Schmidt zum Drachenfels,
Peter Museler,	Heinrich . . . .
Peter Pfiff,	Conrad Armbruster,

Claus Melbrüge,	Jacob von Geispolsheim, weiss-	
. . . . . Sellose,	gerber, ...	
Johannes Behrner,	Claus Spielmann und	Fol. 330
Rudolf Syferm . . . .,	Claus . . . .[1]	
. . . . man, salzmuter,		

die auch dafür gekosen wurden, diesen brief zu versiegeln von der handwerke wegen, verjehen dass wir unsere insiegel zu einem wahren urkunde des vorgeschriebenen dings, an diesen gegenwärtigen brief zu der stedte zu Strassburg gehängt haben, der gegeben wird auf den nächsten mittwoch nach S. . . t Michelstag des heiligen erzengels, des jahres da man zählte nach Christi geburt vierzehn hundert jahre und darnach in dem sechzehnten jahr.

1935. (*Bischof Wilhelm und das Konzil.*) — Als man zu Costenz mit bischof Wilhelm, und klage und antwort gegen einander verhörte, kamen sehr viele schmachsachen in geschäften gegen einander ein. Insbesondere wurde bischof Wilhelm über zwanzig meineide, morde, und kirchenraub und viele böse stücke überwiesen, die zum wenigsten ewiges gefängniss wohl werth waren. Der bischof brachte nur ein, dass er grosse gerechtigkeit an stadt und land habe, und war alles dass ihm die stadt zu mächtig und ihm nicht zu allen sachen helfen und nicht genug geben wollte. Von diesen dingen, mit klag und antwort, wäre ein eigen buch zu schreiben. Das concilium brauchte keinen ernst, dieweil es ein geistlicher vornehmer fürst war; zudem sassen ebenmässige gesellen auch da, die halfen die sachen aufziehen. So konnte die stadt nicht fortkommen; man musste oft in einem process den cortisanen 5 oder 6 mal geld geben, ehe man einmal vorkam. Das geschahe dem bischof zum theil, also dass man schier unlustig zu beiden theilen wurde, denn man spürte und sah, dass man nur das geld von ihnen begehrte, und die handlung nimmermehr zu end wurde. Das verzog sich also das ganze jahr aus. Fol. 337

1936. (*Ammeisterwahl.*) — Es wurde zum ammeister erwählt herr Hug Dreyzehn, war bei den zimmerleuten. 1417

1937. (*Koenig Sigismund in Strassburg.*) — Am 23. jänner, war sonntag vor Pauli bekehrung am abend, gar spät, kam könig Sigismund von der reise aus Hispania, Frankreich und Engelland nach Strassburg, mit vielen fürsten, grafen und herren. Er wohnte in der Predigergasse in des von Zollern hof, den man jetzt den pfalzgräflichen hof heisst. Man empfing ihn

---

[1]. Verbrannt. (Note de M. Jusu.)

gar schön, da er auf zwei jahre auf der reise gewesen war der päpste halb. Man schenkte ihm 4 fuder wein, 200 fürtel habern, zehn pfund werth fische, und assen viele herren von der stadt bei ihm. Da sprach er die stadt an, wie er gesinnet, nach dem Constanzer concilium gen Rom zu ziehen, die krone zu holen, und dass sie ihn ehrlich dahin begleiten wollten. Der könig verredete sich selbst, indem er sagte, sie wären die ersten, die er darum anspräche. Den andern morgen gab man ihm die antwort, dass eine stadt Strassburg willig wäre den könig zu begleiten, wie andere auch, weil aber sie die ersten wären, wüssten sie nicht was andere thun würden, als dann wollten sie nicht die hindersten seyn. Darneben hätten sie kürzlich dem könig eine grosse summe strafgelds gegeben und ständen mit ihrem bischof noch unvertragen; sie bäten Ihro Majestät sie möchte helfen, dass sie mit dem bischof möchten zu ende kommen. Das versprach ihnen der könig.

Fol. 338 Um 11 uhr war er wieder zu pferd auf und eilte weiter. Er kam in 3 tagen gen Costenz, wo man ihn nicht so bald erwartet hatte; er wurde herrlich empfangen, aber seine krönung verschob sich wohl noch 16 jahre.

1938. (*Bischof Wilhelm zieht nach Zabern.*) — Als bischof Wilhelm in dem zweiten jahr zu Costenz gewesen, und seine sachen so gut er immer konnte gegen die stadt getrieben hatte, bat er das concilium um erlaubniss einmal in sein bistum zu reisen. Dies wurde ihm erlaubt, er kam gen Zabern, wo er schön empfangen wurde, denn sie hatten gelobt niemand einzulassen, noch aufzunehmen denn ihren bischof, wenn er ledig käme.

1939. (*Verhandlungen wegen eines Ausgleichs mit dem Bischof.*) — Da nun die von Strassburg sahen, dass der bischof hinweg war und sie zu keinem end kommen möchten und stets geld heische, da auch der bischof müde war geld auszugeben, das concilium jeden tag endigen konnte, da auch sich im lande spenn zutrugen und sie abermals sorgen mussten, der bischof möge sich zu ihnen wider die stadt schlagen und es zu einem gefährlichen krieg kommen könnte, ehe ein bescheid vom concilium erginge; denn die cortisanen zogen mit fleiss die sachen auf, damit man stets geld geben musste, da baten sie den römischen könig, er wolle gnädig von ihretwegen bei dem papste handeln, dass die sache mit dem bischof verglichen würden. König Sigismund that solches alsobald, redete mit papst Martin V. und der könig zeigte an, wenn sie dem papst etwas verehren würden, sollten die sachen richtig werden. Denn am römischen hof auch von . . . . .

Kann ich nichts erlangen ich gebe denn . . . . . sie von mir wollen, muss ich alle meine . . . . . ich mit ruhe von ihm wegkommen, also . . . . .

Da beschenkte die stadt den papst . . . . . da hub er den ganzen process auf, dessgleichen die . . . . . ¹. Aber der bischof war der stadt und dem kapitel, weil er lebte, nicht mehr hold. Dies war das schöne urtheil, das auf 120000 gulden gekostet.

Also hatte die stadt viele kosten den bischof zu vertreiben, hernach noch mehr, dass sie ihn behielten. Dieser vertrag war denen von Finstingen und Zollern nicht lieb, denn sie des bistums vertröstet waren.

1940. (*Der Bischof wird zum Priester geweiht.*) — Damals liess sich der bischof zum priester weihen, wiewohl er nie keine messe gehalten. Dies that er darum, weil während er gefangen war, man oft zu ihm gesagt, er wäre doch kein priester, darum schade ihm das gefängniss nichts, besonders weil er es wol verdient hatte.

1941. (*Verhandlungen mit dem Bischof.*) — Es wurden hernach viele tage gehalten des bischofs und der stadt ansprache halb, als zu Speyer, Heidelberg, Wiesbaden, es wurde aber allwegen nichts ausgerichtet, des bischofs ungebührlichen forderungen wegen.

Bischof Wilhelm zog selbst zum bischof von Basel, zum herzog von Lothringen, zu den bischöfen von Metz, Trier, Cöln, Maynz, Worms, Speyer, zum pfalzgrafen, zu den von Würtemberg, Baden, bot ihn mehr an, als er vermochte; mit deren hilfe meinte er noch die stadt Strassburg zu bekriegen; aber durch das gebot und die fürschriften des königs Siegmund wurde solches verhindert.

1942. (*Sterben zu Strassburg.*) — Damals kam ein gelinges sterbent gen Strassburg unter reiche und arme; es wusste kein doctor was es wäre: es starben mehr denn 50 gelingen, denen kein gottes recht geschah.

1943. (*Gespenstererscheinung.*) — Es starb auch herr Hans von Westhussen, ein ritter; da sassen auf 22 ritter und vom adel auf dem Hohensteg, da sagte man, dass der verstorbene herr Hans von Westhussen nach dem nachtessen in einem gespenst auf einer geissen geritten sey, und auf die stube zum Hohensteg gekommen, und alle die ihnen gesehen, wurden von stund an gelingen krank und starben alle innerhalb sieben tagen, und die davon starben sind herr Claus Zorn, schultheiss, ritter, herr . . . . . , herr Claus Zorn, Bernhard von Rich, Heinrich Schwarber von Kunheim, Roner von Grussenstein, Claus Zorn genannt . . . . . , Claus von Kageneck,

Fol. 339

---
1. Verbrannte Stellen. (Note de M. Jung.)

domherr zum jungen S. Peter, herr Heinz ..... und sehr viele knechte und diener, so ihn selber gesehen haben, mehr denn 30 personen.

1944. (*Brand.*) — Mittwoch nach S. Marx brannten 4 häuser in der kleinen Predigergasse ab.

1945. (*Papst Johann XXIII in Strassburg.*) — Den 20. december brachte man Balthasar de Cossa, vormals papst Johann XXIII genannt, ganz heimlich von Mannheim gen Strassburg, da er auf drey jahr war von dem concilium zu Costenz gefangen, und dem pfalzgrafen Ludwig war befohlen worden. Er lag zu S. Johann mit 50 personen wohl verwahrt, dann führte man ihn gen Basel und auf Italia zu, auf befehl des papstes Martin, welcher in wieder losgegeben hatte. Es hatte Balthasar de Cossa 30 tausend ducaten für seine erledigung gegeben, welche Cosman Medicis von Florenz erlegte, der des Cossa geld unter hand hatte, davon sie hernach also reich geworden sind. Als er wieder nach Italia kam, hat ihn papst Martin V. zum cardinal gemacht. Aber er starb bald vor leid.

1418   1946. (*Ammeisterwahl.*) — Es wurde zum ammeister erwählt herr Ulrich Gösse, er war bei den salzmüttern.

1947. (*König Wenzel stirbt.*) — Den 6. april als die Hussiten in Böhmen wütheten, ward könig Wenzel so erzürnt, dass ihn der schlag traf, und starb zu Cimaniz, seines alters 58 jahr. Die königin Sophie liess ihn zu Königssall heimlich begraben.

1948. (*Brand zu Strassburg.*) — Mittwoch vor pfingsten, um die vesper zeit, verbrannten am staden, zwischen dem Gerten fisch und der badstube zum Eber vier häuser.

1949. (*König Sigismund kommt nach Strassburg.*) — Auf Viti Modesti, als das concilium geendet, kam könig Siegmund von Costenz nach Basel und von da auf dem Rhein gen Strassburg, samt einem heidnischen könig. Man empfing ihn herrlich und wohl, schenkte ihm wie zuvor auch geschehen, 80 mark silber, 4 fuder wein, 100 fürtel habern, 6 pfund fische. Er lag jenseits der Breusch in herrn Thomas von Endingen seligen hof auf 4 wochen lang. Da empfingen viele herren und die stadt ihre regalia und richtete viele kriege und zank. Es waren viele fürsten und herren da, mit denen berathschlagte man, wie man den krieg in Böhmen wider die Hussiten angreifen wollte. Der könig legte sich zwischen den bischof Wilhelm und die stadt, aber der bischof blieb lieber in zank denn im frieden. Er kam damals nicht zum könig nach Strassburg, man schickte ihm auch keinen boten. S..... hielt man viel turnier, auch viel tanz und machte dem kaiser zu ehren viel hoffieren mit schönen frauen und jungfrauen.

Hierauf begehrte der könig von der stadt, dass wenn er in Italia zur krönung zöge, man ihn zu begleiten helfe, das wurde bewilligt, wenn andere städte auch zögen.

Vier tage nach S. Ulrichstag zog der kaiser wieder hinweg, Hagenau zu, und dann durch das Schwabenland nach Ungarn.

1950. (*Stephansfeld überfallen.*) — Auf Bartholomaei war messtag zu Stephansfeld, da hatten Görg ..... und Bös Heinrich von Fissers als bestellte hauptleute von wegen der junkherrn von Lichtenberg, die um Brumat und andere dörfer und gerechtigkeiten feindschaft hatten wider grafen Emich von Leiningen, der solche inne hatte ..... und war Hornecker sein amptmann. Da überfielen sie Brumat und Stephansfeld mit 500 pferden, fielen ins kloster und schlugen auch vier personen tod, beraubten die leute und das kloster, nahmen den krämern alle waaren, den gerbern das leder, auch ross und wagen; und zogen die leute aus. Besonders geschah den von Strassburg grosser schaden, denn viele krämer da waren. Sie plünderten auch Brumat und graf Bürgeles Gassen (?), nahmen den Hornecker und viele andere gefangen und führten sie mit ihnen und grossem raub hinweg. Fol. 310

1951. (*Zigeuner im Elsass.*) — Dies Jahr kamen die ersten Zuyginer gen Strassburg und in alle lande, deren waren auf 14000 hin und her zerzerret. Sie sagten, sie müssten 7 jahre aus sein und busse thun. Sie waren aus Epirio, der gemeine mann nannte es aus Klein-Egypten. Sie hatten geld genug, zahlten alles, thaten niemand kein leid, zogen durch alle lande. Nach den 7 jahren hat man in 50 jahren keine mehr gesehen, allein seither haben viel böse lacker in solchem sinne solches auch fürgenommen; ist aber eitel betrug mit ihnen.

1952. (*Ammeisterwahl.*) — Da ward zum ammeister erwählt herr Ruelein Barpfennig; er war bei den kraemern. 1419

1953. (*Reibereien zwischen Adel und Bürgerschaft.*) — Als Hug Dreizehn und Rulin Barpfennig etwas ansichtig waren und rath und achtung gaben, dass denen vom adel nicht zu viel eingereumet würde, denn sie stets wollten frei sein, und sich unterstanden oftmals das regiment wieder in ihre hand zu bringen, da sahen etliche der gemeldeten herren mit zu; daneben brachten die edlen ein geschrei aus, das doch nichts war, und davon meister und rath kein wissen trug, nämlich, nachdem die stadt die zeit her viel krieg gelitten, auch dem römischen könig und papst viel hatten geben mussen, wesshalb eine grosse schatzung aufgelegt war; nun hätte der gemeine mann nichts, also dass es nur über die edlen und reichen ausgehen würde. Das geben sie für eine wahrheit aus, obgleich es alles erdichtet war: sie wollten nur ein schein haben etwas fürzuwenden, machten desshalb das geschrei gross und wickelten hiermit viele leute auf; sie schrieben solches auch dem bischof, der sich bald mit rath und that zu ihnen schlug: also dass man genug zu thun hatte, wie man alles stillen mochte.

Zudem handelte man, wie man den bischof entsetzen möchte, aber er hatte alle städte und schlösser ganz wohl versehen, und man musste besorgen, er versetzte das ganze bistum, was er auch thun wollte. Da ward gethätigt, dass man von solchen sachen abliesse, und dem bischof 60 000 gulden liehe auf Molsheim, Benfeld, Börsch, Dambach, Oberkirch, Ettenheim und andere. Dem bischof halfen die vom adel heimlich in der stadt, da sie dem Rulin Barpfennig überaus feind waren. Da war einer unter den herren XIII, der wollte dem Barpfennig hofieren und sagte: wenn es an ihm stände, wollte er die thürme mit edelknechten einfüllen. Das erfuhr die ritterschaft: von stund an kamen sie zusammen; und machten einen bund aus der stadt zu weichen.

1954. (*Abzug der Adeligen.*) — Samstag vor dem maitag früh, vorgemeldeter klage halb, zogen auf 50 edelknechte und burger hinweg nach Hagenau, gen Schlettstadt, Molsheim, Rosheim, Offenburg und anderswo hin: in grosser eile, liessen alles daheim, den sie fürchteten das gefängniss. Das geschah so heimlich dass es zuerst schier niemand erfuhr, liessen hernach ihre weiber, kinder und gesinde auch holen, sie beredeten auch viele vom adel, dass noch auf 100 nachzogen, auch viel vornehme wittfrauen, also dass schon die vornehmsten hinwegkamen: meinten der stadt regiment könnte ohne ihre gegenwärtigkeit nicht bestehen, und gaben alle trotzig ihr burgerrecht auf, hoffend dass die stadt ihnen ihre alten freiheiten wieder zustellen müsste; denn der stadt abermals ein grosser krieg auf dem hals lag.

1955. (*Vorsichtsmassregeln in der Stadt.*) — Indessen zogen viele Ungarn, Polen und anderes volk auch durch die stadt, dem könig von Frankreich zu wider die Englischen. Da nun so viele täglich durch die stadt zogen, dazu heimlich, und viele fremden mit zogen, da bestellte man an alle thore gewaffnete leute bei tag und nacht. Auch liess meister und rath an allen kleinen thoren ketten am tage vorziehen, als am Utenthörle, S. Andreas thörle, und ordnete auch vom Metzgerthor bis zur Steinstrasse, dass man wirbel in den nebengassen machte, und zog die ketten vor auch bei dem Zollthor, Jung S. Peter, auf dem graben und an den nebenporten, so dass wer aus oder ein wollte, durch die weitten gassen ziehen musste, und dass man sehen konnte, was ein jeder war, und wer aus und einzog.

1056. (*Haltung des Bischofs.*) — Dazu gebot bischof Wilhelm allen geistlichen in der stadt, ihm und nicht der stadt zu gehorsamen....... Die geistlichen zusammen, machten eine gemeine bruderschaft, dass sie wollten frei seyn wie pfaffen zu .... und an anderen orten mehr, auch der stadt keine pferde, noch wagen mehr halten, auch keine steuer noch schatzung .... und kein recht nehmen, sondern alle geistliche sollen recht nehmen von dem bischof, dem capitel oder offizial .... die solches handhaben sollten, und briefe darüber aufgerichtet mit allen stiften und geistlichen insiegeln ...... Die stadt diesmal in solchem lärmen sollte gehen lassen bis zu ihrer zeit.[1]

1057. (*Rathsbeschluss der Edeln halber.*) — Da die edeln die stadt also räumten, kamen schöffel und amann mittwochs nach Martini zusammen. Da wurde erkannt, dass alle die ihr burgerrecht zu schmach der stadt aufgegeben hätten, weder sie, noch ihre weiber, kinder oder gesinde ewiglich nicht mehr in den burgbann kommen sollten, noch weniger in die stadt, sie erkauften den wieder ihr burgrecht, und geständen der strafe die meister und rath ihnen auflegen würden. Man gebot auch bei grossen pönen, dass sie niemand hausen noch herbergen sollte, noch einige gemeinschaft mit ihnen haben, weder heimlich noch öffentlich. Das machte den handel noch heftiger zu allen zeiten. — (Cfr. MEYER, *ed. Reuss*, p. 80.)

1058. (*Lichtenbergische Fehden.*) — ...... hatte domherr Ludwig von Lichtenberg zwei kriege, den einen mit Friedrich Begern, der sagte ihm ab, mit diesen seinen helfern:

..... von Fleckenstein,
.... von Diemringen,
.... könig Roth, genannt Kegel;
..... von Neuweiler, genannt Scheffelin,

Peter Hock von Schankenfels, genannt Griff druff.
Claus von Rottenburg,
Verius von Ueberlingen.
Hans von Flersheim,

Hans von Saarbrücken, und andere mehr.

Den andern krieg hatte er mit Hans von Fleckenstein, da sagten ihm ab:

Ludwig von Beisernheim,
Conrad von Schweinheim,
Heinrich Muckenheimer,

Hermann Sulzbach, genannt Hess,
Balthasar von Hoffen,
Heinrich Fischer von Seckendorf,

---

1. Die Lücken, verbrannt. (Note de M. JUNG.)

Heinrich Hans von Wildenstein,
Werner von Abelschweier,
Hans von Steingrub, genannt Mamel,
Johann Steinher von Rohrbrunn,
Conrad von Speyer, genannt Knebel,
Lucas von Ulm,
Herman Schneekbein,
Conz von Holderbosch,
Hans von Hambach, genannt Schnorenpfeil,
Hans von Eptig, genannt Hetzer,
Stein Henige,
Claus Marstaller aus Franken,
Peter von Fleckenstein,
Hans von Flersheim, genannt Pastet,
Dietz von Rottenburg,
samt ihren helfern.

Der von Fleckenstein lag unten, und musste viel von dem haus Lichtenberg zu lehen empfangen.

1959. (*Ammeisterwahl.*) — Dies jahr war zum ammeister erwählt herr Claus Gerbot, war bei den gerbern.

1960. (*Streitigkeiten wegen des Zoll's zu Grafenstaden.*) — Auf S. Erhartstag erhub sich ein spenn mit etlichen der ausgezogenen burgern gegen die stadt Strassburg des zolles oder fahrs halb zu Grafenstaden. Herr Claus Zorn von Bulach, von Reichenstein, ritter und junker . . . . von Wangen, sein schwager und etliche edeln, die aus der stadt waren, sagten, dass sie das fuhr und zoll zu Grafenstaden und Illkirch vom könig zu lehen trügen. Dagegen sagten die von Strassburg, dass sie gute briefe und siegel hätten, dass solches ihnen zugehörte. Da schickten sie in der nacht dem ammeister einen widersagebrief, und fuhren dieselbige nacht vor Benfeld heimlich, und verbargen sich gegen dem Wasserthor, und meinten morgens, wenn die port aufginge, die stadt zu überfallen, welches auch geschehen wäre, wenn sie sich nicht so bald hätten sehen lassen. Das stadtthor wurde wieder zugeschlagen. Damals war Benfeld denen von Strassburg vom bischof versetzt.

1961. (*Dachsteiner Fehde.*) — Hernach stiess Claus Zorn mit Hans von Müllnheim, herrn Hansen sohn in der Brandgasse, dessen mutter eine Münchin war, und der Dachstein vom bischof verpfändet war, seine mutter und brüder aus Dachstein, und legte darein der stadt feinde, die der stadt dörfer und höfe auf dem lande verbrannten und grossen schaden thaten.

Darauf zog der dompropst, herr Crispian von Ochsenstein gegen Dachstein und handelte um einen frieden, und als man im besten war, hatte Hans Barpfennig und N. Betscholt, der ammeister gemacht, das man den edeln einen widersagbrief schrieb. Der kam um mittagen, wäre er gegen abend gekommen, so wären schon alle dinge vertragen gewesen. Als die edeln den lasen, wollten sie in der feindschaft bleiben, welche man ihnen angekündigt hatte. Sie brachten den bischof Wilhelm auf ihre seite und besetzten Dachstein.

Darauf zogen die von Strassburg, acht tage vor lichtmess, von mitternacht aus vor Dachstein, mit büchsen und allerlei geschütz, und meinten solches zu gewinnen. Die in Dachstein hatten aber das städtlein und die mauern mit guten reisigen und anderem volk wohl bestellt und schossen heraus, dass mancher verwundet wurde. Da die von Strassburg sahen, dass sie nichts schaffen konnten vor dem wüsten regenwetter, zogen sie denselbigen tag die reiter wieder heim. Unterwegs verbrannten sie zu Kolbsheim herrn Claus Lappen sein bürgle ab, dessen sohn auch der stadt feind war. Die mit den wagen zogen gegen Molsheim, damals der stadt Strassburg vom bischof verpfändet. Die thaten mit ausfällen und streifen dem feinde viel leid, und fingen also viele, dass sich die feinde schier nicht aus Dachstein wagen durften. Sie nahmen ihnen oft die Breusch auf Dorlisheim zu, dann fielen bei nacht die von Dachstein wieder aus und nahmen das wasser wieder. Dies geschahe öfters, und so jagten einer den andern. Zuletzt fuhren die von Molsheim auch wieder heim. fol. 317

In diesem krieg mahnten die von Strassburg die von Basel um hilfe, da sie im bunde mit einander waren. Die von Basel schickten 15 gleven, die hienieden blieben bis der krieg ein ende hatte. — (Cfr. MEYER, éd. Reuss, p. 81.)

1962. (*Ein Tag zu Schlettstadt gehalten.*) — Indessen wurden zu Schlettstadt und anderswo ein tag gehalten, und nichts gerichtet; da beschickte der margraf von Baden einen tag für sich, und waren beide parteien da. Man hatte klag und antwort. Dann liess man die sache dem markgrafen zwischen der stadt und herrn Claus von Bulach, genannt von Reichenstein. Der margraf sprach, dass die von Strassburg mit recht bei dem fahr von Grafenstaden bleiben sollten. Diesem spruch widersetzte sich der von Bulach, aber Hans von Müllenheim und andere edle waren zwischen ihm und der stadt Strassburg und ein friede ward angestellt bis über ein jahr, an S. Georgen tag, Anno 1421. — (Cfr. MEYER, éd. Reuss, p. 82.)

Indem hielt herr Hans Lumpart, altammeister, viel mit den äussern; darum wurde ihm die stadt fünf jahre lang verboten, doch ohne nachtheil seiner ehre. Auf erbeten kam er in zwei jahren zurück.

1963. (*Abermalige Aenderung des Rathes.*) — Als nun viele der edeln und bürger hinweggezogen waren, auch viele ein ganzes jahr weg gewesen, und man im rath ihrenthalben mangel hatte, da wurde der rath etwas enger zusammengezogen, und wurden von den edeln und burgern 14 abgethan, so dass der dieses jahr ein ammeister war, das andere jahr mit den drei edeln auch ein stettmeister sein sollte, ob er schon von den handwerkern wäre, und war Rulin Barpfennig, ein krämer, altammeister, der erste stettmeister neben den andern stettmeistern, und Claus Gerbot, ein gerber, altammeister der ander, nach diesem das andere jahr.

1064. (*Warm Wetter und grosses Wasser.*) — Dieses jahr war ein so frühes jahr, wie man es nie gehabt hatte. Auf ostern hatte man rosen, mitten im april zeitige erdbeeren und kirschen, und blühten die reben, um Johannis zeitige trauben; aber auf den 8. juni fiel ein schnee im Elsass, auf beiden gebirgen, that aber keinen schaden, die erndte und der herbst waren gut. Um Katherinen war die Breusch also gross, dass sie an den krahn lief, und man zwischen Lingolsheim und S. Arbogast mit schiffen fuhr. Der Rhein und die Ill waren sehr klein, sonst wäre es nicht gut gewesen.

1065. (*Ammeisterwahl.*) — Da war ammeister herr Johann Betschold von Mutzig, und war bei den metzigern.

1066. (*Abermals ein Tag zu Schlettstadt.*) — Auf S. Georgen, als der anstand aus war mit den edeln, war der ein tag gen Schlettstadt gelegt von wegen des fahrs zu Grafenstaden und Illkirch. Die edeln zeigten briefe, dass sie es vom reich zu lehen hätten. Die von Strassburg legten auf, dass sie es von vielen römischen königen zu lehen trugen: denn Grafenstaden und das fahr haben die von Altdorf von den herren von Lichtenberg zu lehen getragen, aber mit bewilligung derer von Lichtenberg haben es die von Strassburg denen von Altorf abgekauft und von dem könig die bestätigung erlangt. Denn die herren von Lichtenberg als schultheissen und obervögte zu Strassburg hatten alle wassergerechtigkeit in stadt und land, also auch die fähren zu Grafenstaden und Illkirch, in der Krafft, am Rhein bei Kehl und in der Ruprechtsau. Als aber die stadt die Rheinbrücke baute, hat es viel krieg und zank darum gegeben, doch ist zuletzt kaufweise alles an die stadt gekommen, sammt andern gerechtigkeiten. Die stadt legte auch des königs gebot vor, dass niemand die fahr zu Grafenstaden anders als von ihm nehmen sollte. So vergieng der tag und wurde nichts ausgemacht, und ward alles an den könig geschoben, dabei blieb es auch auf beiden parteien.

1067. (*Zug gegen Mutzig.*) — Damals hatte bischof Wilhelm mit etlichen Mutzig, das schloss eingenommen, das einem bürger von Strassburg war, deshalb zogen montags nach S. Martin die von Strassburg aus mit 1200 mann zu fuss und zu pferd, alle wohl gewaffnet, und wusste niemand, wo sie hin wollten. Ihre hauptleute waren Gerhard Schoup, Lütolt von Kolbesheim, edelknecht, und Claus Gerbot, ein altammeister. Da sie gen Molsheim kamen, gab man ihnen wein und brot, dann zogen sie fort und kamen vor Mutzig. Da theilten sie sich in drei scharen und machten das lager, und wohl rathschlagen, wie das schloss zu Mutzig erobern möchten. Zu dem kamen ihnen post von ihrer wache, die sie gestellt hatten, wie bischof Wilhelm mit 300 pferden käme, Mutzig zu besetzen. Er wusste nicht, dass es schon belagert war. Solches wussten die von Strassburg wohl eine stunde vorher, ehe sie kamen, und thaten doch kein vorsehung; sie meinten nicht dass sie kommen dürften. Der bischof mit seinen edeln zog von Bergbietenheim über den berg und von Dingsheim herab. Als er nun kam und sahe, dass sie sich in drei haufen getheilt hätten, um die stadt herum, wollten die seinen es wagen und einen lauf vor sich nehmen und in die stadt rennen, es gerieth übel oder wohl. Sie hiessen den bischof von ihnen wegreiten, dass er nicht darniederliege, denn ihrer nicht viel waren; wie auch geschahe. Indessen trieben sie die pferde an und rannten stracks auf Mutzig dem schlosse zu, und in dem rennen fiengen sie auf 50 der besten in vollem lauf und führten sie gen Mutzig gefangen in das schloss. Es wurden zwei von Strassburg erstochen, ein soldner und ein knecht; auf der andern seite blieben drey, Thomas Lentzel und zwei knechte. Da liefen sie zusammen und hätten gern die ihrigen entschüttet; sie konnten indessen vor dem engen weg nicht dazu kommen. Also zogen sie von dannen gen Molsheim und liessen den tross im felde stehen; da liefen die von Mutzig heraus und zogen die wagen in die stadt. Hätten die hauptleute das feld recht bestellt und wären vorsichtig gewesen, so wäre dieser schaden nicht widerfahren.

1968. (*Zug vor Rheinau.*) — Darnach zogen die von Strassburg vor Rheinau, und schossen die mauer zum sturm, dass ihrer wohl 40 hinein konnten. Den andern abend wollten sie stürmen, hielten aber keine rechte ordnung; es wurden viele erschlagen, und ein Wormser im graben gefangen. Den andern tag zogen sie unverrichtet wieder heim.

1969. (*Zug nach Lothringen.*) — Darnach zog der pfalzgraf, und auch viele von Strassburg und vom land dem herzog von Lothringen zu, wider den von Burgund. Aber der von Lothringen und der könig von Sicilien und Jerusalem wurden gefangen; den andern, auf 2000, wurden die hälse abgestochen; der pfalzgraf kam mit dem von Kumersee mit 1500 pferden davon. Es wurden viele grafen und herren gefangen, und geschah dies den 15. martii.

1970. (*Grosses Wasser.*) — Dieses Jahr, 14 tage vor weihnachten, da kam ein solches grosses wasser in stadt und land, dass es den Goldgiessen, beim Spital, und dem Metzgergiessen überlief, auch um das Kaufhaus, um den fischern und in der Krautenau, und lief es in die häuser. Die ganze Ruprechtsau lag im wasser, und mussten sich die leute oben in den häusern behelfen. Es ertrank schier alles vieh auf dem lande. Es lief über alle felder und äcker in den stadtgraben, alle mühlen zerbrachen; es warf unterhalb S. Elisabethenthor bis an Unserer Frauen brüderthor, die stadtmauer auf 60 klafter lang um. Es führte alle mühlen und brücken hinweg. Das holz wurde theuer, ein fuder holz kostete zehn schilling, ein hundert wellen zwölf schilling, man konnte es nicht einmal bekommen. Als das wasser hinwegfiel, brachte es einen grossen gestank von todtem vieh, mur und anderm.

1422

1971. (*Ammeisterwahl.*) — Es ward zum ammeister erwählt herr Claus Melbrüg, er war bei der Lucern.

1972. (*Zug vor Hohenzollern.*) — Als allenthalben die städte von den herren, den bischöfen und vom adel geplagt wurden, da machten alle städte im Elsass, als Strassburg, Basel, Colmar, Schlettstadt, Hagenau, Freiburg, Breisach, Ober-Ehnheim und alle städte einen bund mit einander wider ihre feinde. Darauf zog man wieder vor Hohenzollern, und lagen 24 reichsstädte davor, da es seit 30 jahren ein raubhaus gewesen war. Betschold Manse von Strassburg, der hauptmann, wurde davor erschossen. Das schloss wurde gewonnen und zerbrochen. Man hungerte es aus, das man schier ein jahr davor lag.

Fol. 340

1973. (*Bischof Wilhelm bekriegt die Stadt.*) — Auf den herbst zog bischof Wilhelm mit dem bischof von Metz und andern edeln, und lagen wohl 10 tage vor Osthoffen, der stadt zuständig. Sie erbrachen die burg, plunderten und verbrannten sie. Dann zogen sie vor Börsch, das auch der stadt war; nachdem sie lange zu S..... gelegen, zogen sie wieder ab, und gewannen es nicht; thaten aber ausserhalb der stadt viel schaden.

Damals haben herr Schmassmann von Rappoltstein und graf Hans von Lupen von Konsheim (?) bei nacht das schloss Giersberg erstiegen, und haben herrn Hansen von Giersberg erstochen, einer schmach halb die er dem herzog Friedrich von Oesterreich bewiesen hatte.

1423

1974. (*Ammeisterwahl.*) — Es ward zum ammeister erwählt herr Claus Schanlith, war bei den kiefern.

..... übergab markgraf Otto von Hochberg das bisthum ..... an Friedrich von Zollern, domdechant zu Strassburg, der starb ...., zu Gottleben. Darauf ward wider dafür erwählt ..... Costens, herr Heinrich von Heiden, domdechant zu Strassburg, administrator zu Chur.

1975. (*Brand in Strassburg.*) — Montag nach S. Medhardtstag verbrannten 4 häuser hinter den Wilhelmern, samt drey persohnen.

1976. (*Das Bisthum Basel neu besetzt.*) — Den 4. mai kamen viele geistliche gen Strassburg zusammen, denn bischof Hartmann übergab da das bisthum Basel herrn Hans von Fleckenstein, propst zu Selz, auf etliche gedinge. Darauf zogen bischof Hans von Fleckenstein, mit seinem vetter Friedrich von Fleckenstein, bischof zu Worms und Ruben von Helmstädt, bischof zu Speyer, mit 500 pferden hinauf auf Basel. Da ward er angenommen; er behielt sich die propstei Selz vor, hub bald krieg zu Basel an, gewann etliche städte und schlösser dem bisthum zuständig.

1977. (*Lichtenberger Fehde.*) — Dieses jahr hatte herr Ludwig von Lichtenberg feindschaft und krieg mit Hessen von Lützelburg; da sagten ihm ab, aus Welschland, aus Lothringen 39 herren von adel; von deutschen waren nicht mehr von adel

Hermann Böhem,
Hensle Schuping von Rixingen,
Walther von Hüttingen,
Foltz von Diepach,
Quirin Konst von Zabern,
Peter Rolinger von Zabern,
Dulman von Freunzwiler,
Betschen Hans von Lutterburg,
Heinrich Brum von Offenburg, genannt Guck druff.
Kochersberg von Lützelburg, bastard,
Conz von Bitsch, genannt Pfaff,
Claus von Bruwiler,
Grafen Carle von Alb, genannt Gaukler,
Georg von Strassburg,
Hans Itelböh von Oberkirch,
Conz von Hinischeim, genannt Harrass

und ihre helfer.

Nach vielem raub und auch todschlag wurde die sache zum rechten verglichen.

1978. (*Fehde mit Bischof Wilhelm.*) — Als der bischof die von Strassburg auch über Rhein angriff, zogen sie über den Rhein, verbrannten dem bischof viele dörfer. Darunter giengen auch zu grund Griessen, Appenweyer, Nussbach, die dem pfalzgrafen zuständig waren. Vor kurzem hatte sie bischoff Wilhelm vom bischthum dem könig Ruprecht übergeben. Hiegegen verbrannte der bischof im Elsass was der stadt war, und es giengen viele dörfer zu grund. Da ward auf fassnacht ein tag gen Schäffolsheim gelegt; dahin kam der bischof von Mainz. Darnach tagte man zu ostern zu Worms. Darnach wurde ein tag vom bischof von Mainz auf S. Georgentag gen Speyer gelegt: dahin kamen viele herren, und wurden die dinge gerichtet.

1424

1979. (*Ammeisterwahl.*) — Da ward zum ammeister erwählt herr Jacob von Geispolzheim; er war bei den beckern.

1980. (*Zwist mit dem Pfalzgrafen Ludwig.*) — Damals beklagte sich pfalzgraf Ludwig über die von Strassburg, dass sie ihm Nussbach, Appenweyer und viele andere dörfer und flecken im bischöflichen kriege unschuldiger weise verbrannt hätten, und begehrte von der stadt einen abtrag. Weil aber der pfalzgraf den markgrafen von Baden bekriegen wollte, und er der stadt hilfe hoch vonnöten war, sagten sie ihm eine stattliche hilfe zu, die war für den abtrag mitgedungen, und wurde die sache also gütlich verrichtet.

1981. (*Burg Kagenfels zerstoert.*) — Herr Ludmann hatte auf Lichtenberg einen amtmann, den wollte er verstossen, der entrann jedoch nach Strassburg mit zwei söhnen. Die widersagten herrn Ludmann, griffen auf ihn, nahmen ihm einen grossen raub und vieh, und trieben es auf Kagenfels. Da machte sich herr Ludmann auf, mit vielem volk, und belagerte Kagenfels. Da gaben sie das schloss auf. Es wurde gethediget, dass er sie be' 'eben liess, er nahm sie gefangen, führte sie auf Lichtenberg und zer..ae. die burg.

1982. (*Geroldsecker Fehde.*) — Damals kriegten herr Hans und herr Georg von Geroldseck gebrüder wider ihre zwei andern brüder, herrn Heinrich und herrn Diebold. Als herr Hans und herr Georg Geroldseck belagerten, machten sie hürden von dielen unter den felsen, und warfen grosse steine darauf. Da meinten die im schloss, sie untergrüben den felsen, es schüttete einer einen becher mit wasser in die stube. Da lief das wasser gen thal, sie meinten nun der felsen wollte fallen, das doch nicht war, und gaben das schloss auf. Darauf ward der krieg gerichtet.

1983. (*Grosses Wasser.*) — Nach S. Jakobs tag war ein so grosses wasser, dergleichen man in hundert jahren nicht gesehen hatte. Es ertrank viel vieh. Da wurde zwischen dem Rossmarkt und S. Andres thürlein ein schöner lebendiger hirsch gefangen, der schwamm das wasser herab. Zu diesem schwammen junge gesellen und brachten ihn ans land.

Fol. 352

1984. (*Markgraefler Fehde.*) — In dieser zeit trieb markgraf Bernhard von Baden ..... und richtete viele neue zölle auf im Breisgau, nahm vielen vom adel ..... erb, und wollte auch nicht leiden, dass einer anders wo bürger werde, that denen von Freiburg und Breisach grossen schaden, desgleichen raubte er auch auf dem Rhein, und richtete zu Mühlberg einen neuen grossen zoll auf, wider alle freiheiten. Also verbanden sich Strassburg, Basel, Breisach und andere städte im Elsass, mit herzog Ludwig pfalzgrafen am Rhein. Die städte kamen zu Strassburg zusammen; Basel schickte zu wasser 800 mann zu fuss, und 250 pferde, wohl gerüstet; dazu stiessen die von Strassburg 1000 mann zu fuss und 400 pferde, ein grosses wurfwerk und zwei grosse steinbüchsen; ehe die andern städte kamen zogen sie über die Rheinbrücke auf Mühlberg zu; und eilten, allwegen 6 auf einem wagen, mit zwei der aller grössten büchsen, die verbrannten dem markgrafen viele dörfer, auch Rastadt, und belagerten Graben und Mühlberg mit dem pfalzgrafen Ludwig, und warfen und schossen tapfer darein. Die inwendig wehrten sich auch tapfer auf drei wochen lang. Es kamen dahin auf 4000 pferde, ohne das fussvolk. Die Baseler wurden stossig mit denen von Strassburg, des proviants halb, denn man schickte denen von Strassburg den proviant ohne kosten hinab. Die Baseler wollten es auch ebenso von ihnen haben, und wäre der pfalzgraf nicht dazwischen gekommen, wäre ein grosses schlagen daraus geworden. — (Cfr. MEYER, p. 83.)

1985. (*Die Burgunder fallen in's Elsass.*) — In diesem anzug vor Mühlberg hatte der markgraf von Baden den herzog von Schalon bestellt ins Elsass zu fallen, damit der zug ..... würde. Derselbe schickte auch einen absagbrief gen Befort an frau Katharina von Burgund, des herzogs Leopold von Oesterreich hinterlassene wittwe, die das Sundgau und andere als witthum besass. Darauf sie die Baseler als verbündete und nachbarn um hilfe bat; die kamen bald. Auch die andern Baseler von Mühlberg zogen über die brücke von Breisach, rückten zu den ihrigen nach Dattenriet auf Befort zu. Da wollten die Burgundischen nicht warten, sie zogen wieder zurück und entflohen.

1986. (*Grosses Wasser.*) — Diesen sommer war der Rhein abermals so gross, dass er über alle auen und felder lief.

1987. (*Weinkaufordnung.*) — Damals ward eine ordnung gemacht: wer wein kaufte sollte von einer jeden maass einen heller umgeld geben oder von einem ohmen einen schilling; jeder der wein im haus hatte und den trank, sollte für's jahr acht schilling geben. Das sollte drei jahre währen, weil man viel geld verkriegt hatte. Dennoch kostete eine maass wein nur einen heller, und ein fürtel frucht drey schilling. Die von Colmar wollten es auch also anfangen, es gab aber einen auflauf, also dass sie es mussten bleiben lassen.

1988. (*Sterben.*) — Dies jahr starb es also sehr, dass die heilige geist glocke zerbrach.

1989. (*Ammeisterwahl.*) — Es ward zum ammeister erwählt herr Hans Lumpart; war bei den schiffern.

1990. (*Zug vor Ramstein.*) — In dieser zeit sassen etliche herren in Schwaben auf; sie¹ ..... Falckenstein wohnten auf einer veste, die hiess Ramstein ..... und raubten auf den strassen, was sie mochten. Einmal ..... teil des ..... Conrad von Fürstenberg diener ein haufen vieh vorüber, dem von Fürstenberg zuständig; das nahmen die von Falkenstein und trieben es auf Ramstein. Da eilte der von Fürstenberg ihnen nach mit 500 bauern und 20 pferden, und belagerte Ramstein, und schrieb denen von Strassburg, dass sie ihm möchten zu hilf kommen, da er der stadt Strassburg bürger ware.

Dienstag vor Michaelis zogen die von Strassburg aus mit etlichen grossen stücken büchsen, dreissig schützen, zimmerleuten, maurern und anderen werkleuten vor Ramstein in Schwaben, darauf die von Falkenstein waren. Den nächstfolgenden freitag gaben sie das schloss auf und überkamen mit graf Conrad, dass er alles nahm was im schloss war, der gab denen von Strassburg 100 gulden für die beute: aber die von Strassburg brachen das schloss ab, welches eine gute feste und felsenhaus war; es konnte niemand ohn beraubt darum reissen; hätten sie sich recht gewehrt, so hätte man es nicht so bald genommen. — (Cfr. MEYER, *éd. Reuss*, p. 83.)

1991. (*Kaufleutmesse aberkannt.*) — In diesem jahre wurde die kaufleutmess, die am Johannis war, wieder aberkannt, denn man meinte, sie wäre der stadt sehr schädlich an ihren gefällen, weil jedermann frei war; dies währte etliche zeit. Es beklagten sich die kaufleute, dass die fremden frei und nicht hier wohnend, alles wohlfeiler geben konnten.

1992. (*Hochzeit.*) — Damals verheirathete sich frau Clara von Ochsenstein an Herr Ulrich von Rathsamhausen zum Stein.

1993. (*Grosses Sterben.*) — Dies jahr war ein grosses sterben zu Strassburg und im ganzen lande. Dem herzog Ludwig pfalzgrafen und landvogt starb auch ein sohn zu Hagenau, den er mit der königin von Engelland hatte. Dieses sterben währte wohl zwei jahre lang, so dass man wieder einen grossen kreuzgang aufsetzte an jedem donnerstag, wie von alters her.

1426   **1994.** (*Ammeisterwahl.*) — Es ward zum ammeister erwählt herr Rülein Barpfennig; er war bei den kaufleuten.

1995. (*Aenderung im Rath.*) — Es wurde die nächste gewohnheit wieder abgethan, dass die ..... nicht sollten stettmeister werden, sondern

---

1. Verbrannte Stelle. (Note de M. JUNG.)

allein die edeln . . . . . sollten stettmeister werden, und nicht mehr auf die
. . . . .¹ kommen sollte.

1996. (*Ammeisterwahl.*) — Da ward zum ammeister erwählt herr 1427
Hugo Dreizehn; war bei den zimmerleuten.

1997. (*Sterben.*) — Auch dies jahr starb es grausam sehr zu Strassburg auf 15000 personen, schier eitel junges volk. Als man des heiligen geistes grosse glocke sehr gebraucht hatte, brach sie dieses jahr abermals. Sie wurde auf Lorenzen bei der steinhütte am Fronhof wiederum gegossen da wurde viel silber, und köstlich metall und münzen in den ofen geopfert Sie kostete neben dem alten zeug 1300 gulden, hat gewogen 180 zentner und goss sie M. Hans Gremp.
Nachmals starben schier eitel alte leute, viele tausend . . . . .

1998. (*Güterwagen geplündert.*) — Damals hielten die von Strassburg und andere zu Frankfurt messe, und schickten auf 18 wagen güter den Rhein hinab. Das ward ihnen von denen von Dieffenau genommen und nach Diffenau geführt. Man erwischte zwei von Dieffenau, die hängte man an die bäume im forst.

1999. (*Sponheim kommt an Baden.*) — Damals wurde graf Han[s] Sponheim von seinen beiden söhnen vertrieben, der kam zum markg[rafen] Bernhard von Baden und vermachte ihm die grafschaft. Also ist Spo[nheim] an Baden gekommen.

2000. (*Die ausgezogenen Edeln greifen die Stadt an.*) — Damals g[riffen] die ausgetriebenen vom adel auf bischof Wilhelms geheiss stehts di[e stadt] mit raub und brand an. Da schickte die stadt ihre soldner, die er[obert]en Ramstein im Willerthal, das dem Rudolf Zorn von Bulach, ritter, g[ehö]rte, plünderten und verbrannten es; gewannen auch Berenstein, dem Da[ch]bach die stadt gehörte, mit deren hilfe; verbrannten auch Husenberg bei [heu]tenheim des herrn Hans Mansen; Herbolsheim des Jacob Duschmann; [zu Ill]kirch brachen sie dem von Kageneck sein haus ab, dem Claus [Ul]p zu Kolbsheim, und Ludwig von Wickersheim zu Wickersheim, bran[nte] sie die burgen ab; erstiegen auch bei nacht dem Houtmann von Wang[en die] stadt und burg Wangen, plünderten und verbrannten sie und ander[e m]ehr. Ebenso hielten der bischof und die edeln auch vor und nach hau[sen ver]brannten und verwüsteten alles im land, das denen von Strassbu[rg] war.

2001. (*Ammeisterwahl.*) — Da ward zum ammeister erwählt he[r Ha]nnß 1428
Reiff, war bei den kaufleuten.

---

1. Verbrannte Stelle. (Note de M. Jung.)

2002. (*Neue Angriffe des Bischofs.*) — Damals stiftete bischof Wilhelm von Strassburg durch sich und andere . . . . . an auf die von Strassburg, mit raub und brand alles was . . . . . Hinten nach erdachte er eine list und machte heimlich einen bund mit dem bischof von Cöln, herzog Karl von Lothringen, herzog Stephan von Bayern, markgraf Bernhard von Baden, junker Ludwig von Lichtenberg, und junker Heinrich von Bitsch, Salm und andern grafen, herren und städten, auch Offenburg und Gengenbach, die hatten heimlich in einer nacht so viele pferde aus dem Breuschthal heraus bis an die stadt gebracht, dass es kein mensch gewahr wurde, an 2000 pferde, und war dies ihr anschlag: junker Ludwig von Lichtenberg und der von Bitsch sollten aus der stadt zur Rheinbrücke ziehen, die brücke mit gewalt einnehmen, alsdann sollte das andere volk in des markgrafen land und in dem lichtenbergischen von jenseits des Rheins auf die brücke kommen, und das zollhaus anzünden, wenn dann die bürger auszögen, die brücke zu retten, so wollte er der bischof auf der Metzgerau die bürger durch das wickhaeusel rückwärts angreifen und schlagen. Die andern sollten die porten einnehmen, und dann alles landvolk hineinführen, welches schon im ganzen land auf den füssen war und heranzog. Sie sollten die stadt einnehmen und plündern, und mit hilfe der genannten herren sie behaupten. Der anschlag war gut und wohlbestellt.

2003. (*Ueberfall der Rheinbrücke.*) — Auf montag vor Unser frauen geburt am morgen früh ritten beide genannte herren, Lichtenberg und Bitsch, der Rheinbrücke zu aus der stadt, sie schickten einen koch und reissige voran, die begehrten, wie zuvor auch, über die Rheinbrücke zu ziehen. Die brückenhüter thaten die brücke auf, wurden aber gefangen genommen und die brücke offen gelassen bis die herren nachkamen.

Indessen ritten herr Claus Schanlith, altammeister, und andere eine botschaftsreise das land hinauf; als sie nach Grafenstaden kamen, ritten etliche reiter voran, die erblickten des bischofs reisigen zug daherziehend. Da sie sie sahen, rannten sie zurück, der stadt zu und zeigten es an. Als der bischof und die andern sahen, dass man sie erblickt und dass sie verrathen waren, ritten sie wieder zurück und stiessen einen hof an, damit denen bei der Rheinbrücke ein zeichen zu geben, dass sie erblickt worden und die stadt gewarnt sei. Dieweil hatten der von Lichtenberg und von Bitsch die Rheinbrücke schon besetzt: als sie das zeichen mit dem feuer sahen, und die burger aus der stadt ziehen, flohen sie eilig davon, nahmen die zollbüchsen mit, mit dem geld und zündeten das zollhaus an.

Denn der anschlag also gemacht war, dass wenn die bürger das brennende zoll zu retten hinausliefen, der bischof auf die bürger fallen, und zugleich die andern, auf 1000 pferde, das thor und die stadt nehmen sollten: dann sollten sie hernach rücken. Es wäre ihr anschlag gewiss gelungen, wären obgemeldete reiter nicht von ungefähr hinaus geritten, welches gottes wille gewesen ist. Jenseit der Rheinbrücke stand der markgraf Bernhard von Baden, und die von Offenburg und Gengenbach, die alle dem bischof halfen.

Da sie nun sahen, dass ihr anschlag nicht gelungen, widersagten sie jetzt erst der stadt zu einem schein, damit ihre sache ein ansehen haben möchte. — (Cfr. MEYER, éd. Reuss, p. 83—84.)

2004. (*Bischof Wilhelm sagt der Stadt ab.*) — Es sagten ab der bischof Wilhelm von Strassburg, der bischof von Cöln, herzog Karl von Lothringen, herzog Stephan von Baiern, der markgraf Bernhard von Baden, Lichtenberg, Bitsch, auf 100 grafen und rittern, auch Offenburg, Gengenbach, und was dem bischof beistand. Da gieng der krieg auf die stadt, und der stadt auf den bischof sehr gewaltig an, und geschah sehr grosser schaden den armen mit brand und raub.

2005. (*Zug vor Oberkirch.*) — Damals war Oberkirch der stadt Strassburg und da man besorgen musste, dass sie Oberkirch belagern würden, legte die stadt Strassburg noch 60 mann mit büchsen und anderen gewehren darein zu den andern burgern. Und waren ihre hauptleute Mathis von Awe, Bernhard Mörsel und Heinrich von Nothalden.

Es hatte aber der markgraf vor diesem krieg die stadt gebeten, dass sie ihm ein wurfzeug leihen sollten; das haben sie ihm nachbarlicher weis geliehen. Da hub man jetzt an, raubte und brannte auf einander: nun nahm der markgraf, der bischof und die herren dieses werk, auch grosse buchsen und viel volks, und belagerten Oberkirch, und bauten ein grosses bollwerk vor Oberkirch.

Aber meister Grasseck zerschoss das bollwerk zu stücken; darauf bauten sie von erde, und warfen manchen grossen stein mit dem werk in die stadt, die noch da liegen, und es geschahe (gott lob), keinem menschen dadurch schaden; es kamen nicht mehr aus der stadt um denn zwei, die erstochen wurden. Aber die in dem städtlein brachten mit schiessen und schlagen mehr denn 50 der aeussern um.

2006. (*Rheinau genommen.*) — Mittwoch nach Andreæ zogen die von Strassburg auf den bischof gen Rheinau, denn die darin waren raubten auf die von Strassburg wo sie konnten. Sie erstiegen die stadt bei nacht, fiengen darin 21 reisige, auch herrn Georg Zorn, seinen bruder und andere mehr. Die führte man gen Strassburg gefangen. Diejenigen die Rheinau gewonnen, waren nur 360 mann, die theilten die beute: sie fanden 1188 pfund pfennige und es wurden jedem 11 pfund, 6 schillinge (*sic*)

2007. (*Verunglückter Zug gegen Hagenau.*) — Als man von Rheinau wieder heim kam, da wollten etliche gegen Hagenau einen ritt thun, da man angezeigt dass etliche von des bischofs und vom adel da lagen. Es rüsteten sich über 70 zu pferd. Dies wurde dem feinde verkundschaftet. Als herr Harttmut von Kronberg ihr hauptmann, und Hug Dreizehns sohn, ein burger auszogen, hatte sich ein edelknecht des bischofs unter eine brücke gesetzt, die von Strassburg, die unwissend hinüber zogen, gezählt, und war auf einem andern weg wieder zu den seinen gekommen. Die stärkten und versteckten sich, und als die Strassburger gegen Weitbruch kamen, wurden sie allenthalben umgeben, und gefangen. Sie mussten sich alle mit grossem geld lösen, und es wurde ihnen alles genommen.

2008. (*Zug vor Metz.*) — Vor der erndte, als sie nichts wussten mit den von Strassburg auszurichten, kamen herzog Karl von Lothringen und herzog Stephan von Bayern mit 500 pferden und 17000 zu fuss aus dem Elsass, denn sie wollten Metz überfallen. Es fehlte ihnen auch da; darauf verbrannten sie viele städte und dörfer, hieben die reben ab und thaten grossen schaden. Sie mussten vor grossem hunger heim ziehen.

Damals widersagte junker Pupacher (?) allen städten im Elsass. Darauf legte herzog Ludwig viel volk in die städte bis man sich mit ihm vertrug.

2009. (*Fruchtpreise.*) — Dieses jahr galten ein fürtel frucht, erbsen, linsen, zwiebeln, birnen gleiches geld, nämlich jeder 9 schilling.

2010. (*Stadtbauten.*) — In solcher feindschaft baute man die äussere porte von dem Weissen thurn, und die wälle; machte auch an allen porten fallwerke, damit man geschwind vor dem überfall aufziehen konnte.

2011. (*Fruchtankeufe.*) — In dieser zeit als der bischof und die andern nichts in die stadt wollten folgen lassen, wurde es ziemlich theuer in der stadt, ein sester salz galt 7 schillinge. Da kaufte die stadt von Basel, auch aus dem Sundgau, Breisgau, viel frucht ab, und man führte solches mit gewalt in schiffen in die stadt. Acht tag vor Johannis setzten der bischof von Mainz und viele fürsten abermals einen tag an gen Speyer: Dahin kam bischof Wilhelm und sein anhang, auch die stadt Strassburg. Da wurde es abermals vertragen, aber der bischof hielt nichts, und liess sich allweg vom papst des eides halben absolviren.

Darauf gebot der römische könig den sieben kurfursten, dass sie den krieg mit denen von Strassburg vertrügen; dies geschah auf S. Sixt's tag, und es wurde nach dem willen derer von Strassburg gemacht[1].

« In diesem lärmen enthielt der bischof der klerisei ihre renten, gülten, und einkommen mit diesem beding in arrest, dass so sie es haben wollten und geniessen, sollten sie aus der stadt ziehen, wo nicht, sollten sie es ausserhalb der stadt verkaufen lassen, damit es dem proviant der stadt nicht zum besten käme. Aber deren keines wollte die klerisei thun, sondern hielt stark an im september 1428, er solle ihnen den arrest entschlagen. Dessen weigerte sich der bischof. Darum schrieben die herren zu S. Thomas, jung und alt S. Peter, auch die deputati hoher stift im Gürtlerhof an papst Martinum und hielten an, dass er sich zwischen ihnen und den bischof interponiren wolle; da denn zu merken, wie stattlich die stadt Strassburg entschuldigt, dass sie sich auch rechte vor ihrer heiligkeit oder anderen gebürlichen rechte ergeben, und damit contentiren lassen wolle. »

Fol. 357

Vide epistolas de hac re.

2012. (*Ammeisterwahl.*) — Es ward zum ammeister erwählt herr Claus Melbrü, er war bei der Lucern.

1429

2013. (*Münzpraegung.*) — Da schlug man zu Strassburg erstmalen die oertlen.

2014. (*Theuerung.*) — Mitten im maj erfror alles korn in allen ländern, und ward grosse noth der armen leute, und sehr theuer, da gab man vielen das brot um gottes willen, und half allenthalben den armen.

Darauf erschien ein grosser komet.

2015. (*Griechischer Herzog in Strassburg.*) — Damals kam ein griechischer herzog mit seiner frau und grossem gesinde von Konstantinopel her, er zoge darnach auf Hagenau, denn er gen Aachen wollte zu Unserer Frauen. Man beschenkte ihn, wie einem fürsten gebürt.

2016. (*Ammeisterwahl.*) — Da ward zum ammeister erwählt herr Claus Schanlüt, war bei den kiefern.

Fol. 358
1430

2017. (*Kampf um Oberkirch.*) — Drei wochen nach ostern, als der markgraf von Baden und der bischof noch vor Oberkirch auf 28 wochen lagen, schrieben die von Oberkirch um hilfe, sie müssten sich sonst des hungers wegen ergeben, da sie schon mehr als ein halbes jahr belagert wären und keinen proviant mehr hätten. Da zogen die von Strassburg aus

---

1. Von späterer Hand, vielleicht von Silbermann eingeschrieben, ist das folgende Stück. (Note de M. Jung.)

mit 10000 mann und 900 (?) pferden, und mit der stadt streitbanner, und kamen ungewarnt an. Die im bollwerk gaben es den ersten tag auf, doch sollte man sie mit ihrer habe heimziehen lassen; das geschah, und fand man daselbst auf 18 stücke grössere und kleinere büchsen, auch des markgrafen grosse büchse, und viel kosten an wein, brot, fleisch und anderes. Da lief das volk aus Oberkirch, männer und frauen, reich und arm, nahmen und brachen ab was nutz war, und zündeten das bollwerk an und verbrannten es bis auf den grund. Und als die von Strassburg in Oberkirch einzogen, lief ihnen jedermann entgegen und hiess sie mit freuden willkommen seyn.

2018. (*Zug nach Bischofsheim.*) — Den 1. martii darnach zogen sie auf den von Lichtenberg, verbrannten Links und mehr denn 7 dörfer darum, und zogen gen Bischofsheim vor den kirchthurn. Es lagen viel bauern in der kirche und auf dem thurn, die spotteten und verlachten die von Strassburg mit vielen schmähworten und schossen unter sie herab und erschossen einen edelknecht. Man sagten ihnen, sie sollten herab gehen und die kirche aufgeben oder man würde sie mit feuer anzünden. Sie hielten es für spott und meinten es sei nicht möglich den thurn zu gewinnen. Da stiessen sie die kirche mit feuer an, das feuer lief auf den thurn hinauf. Die von Strassburg nahmen alles gut was in der kirche war. Der thurn hub an mit gewalt zu brennen, denn viel speck und fleisch darin war; da es (das feuer) also gross war, fielen viele herab zu tod, einen theil empfieng man in den spiessen; mehr den 60 bauern verbrannten in dem thurn.

2019. (*Geispolsheim verbrannt.*) — Der bischof hatte Geispitzen, das schloss besetzt, die streiften stets heraus, raubten und nahmen denen von Strassburg, was sie mochten und konnten, nahmen auch viele gefangene. Auf Oswald zogen die von Strassburg vor Geispitzen: da dies die darin waren, erfuhren, und solchem gewalt nicht widerstehen mochten, gaben sie das schloss auf und zogen ab; man verbrannte das schloss und zog heim.

2020. (*Landfrieden aufgerichtet.*) — Damit man doch einmal ruhig würde, haben die herren vom domcapitel, auch alle äbte, prälaten und herren einen landfrieden aufgerichtet: wer den bräche sollte an leib und gut gestraft werden. Den zu halten haben sie geschworen, und solchen gott zu lob, dem ganzen land, geistlich und weltlich geboten. Der papst und der könig haben solchen approbirt und für gut erkannt. Doch liess bischof Wilhelm nicht nach seine unterthanen zu schätzen, und seinen geistlichen schwere collecten aufzulegen, daneben das bisthum hoch zu beschweren.

2021. (*Ludwig von Lichtenberg begehrt Frieden.*) — Da nun herr Ludwig von Lichtenberg hörte wie es stände, auch den schaden zu Bischofsheim, da erbarmete er sich seines landes: es gereuete ihn dass er so muthwillig und ohne alle noth sich mit dem markgrafen von Baden in den krieg gegen Strassburg eingelassen: er begehrte frieden, der ihm auch zu theil wurde und am krummen mittwoch aufgerichtet und bestätigt. Fol. 360

Darüber wurden ihm die andern herren alle feind, sagten, er habe wider seinen eid gethan, deswegen musste er für sein land fürchten: er übergab es deswegen seinen söhnen Ludemann und Jacob. Ihm selbst aber war es so leid dass er in den krieg gekommen, dass er von sinnen wurde und bald starb: kurz vor seinem ende kam er jedoch wieder zu sich selbst.

2022. (*Stadtbauten.*) — Da man ein wenig zur ruhe kam, baute man vor das wickhäusel wohl hinaus, eine warte mit einem hohen thurn, dass man sich wohl darauf erhalten konnte mit zwingern und umläuffern, wie sie noch steht. Man baute auch die wälle und aussenport vor dem Weissenthurn auch den vorbau vor dem Kronenburger und Steinstrasser thor.

2023. (*Dieffenau überfallen.*) — Damals gedachte man an den raub den vor zwei jahren die von Dieffenau denen von Strassburg gethan, indem sie an 20 wagen güter zu wasser genommen hatten. Deshalb fielen die waghälse oder blutzapfen, wie man sie nannte, bei nacht aus Strassburg, und überfielen Dieffenau. Es wurde der edelmann daselbst erstochen und alles sein gesinde. Sie plünderten das schloss und brannten es auf den boden ab.

2024. (*Schaffhausen verbrannt.*) — Damals zogen der markgraf von Baden, der herzog von Lothringen, herzog von Urslingen, das land herauf, wider den herzog von Oesterreich. Aber sie mussten zurück, da sie mit schaden abgetrieben wurden. Der herzog von Urslingen verbrannte Schafhausen, und wohl 30 männer, weiber und kinder, an den boden.

2025. (*Schauenburg belagert.*) — Montag vor Dionysius zog markgraf Jacob vor Schauenburg, da ihm in der belagerung von Oberkirch viel schaden daraus entstanden war. Die sache wurde gethädigt und zum rechten gewisen.

2026. (*Ewige Messe aufgesetzt.*) — Auf Unser Frauen geburt setzten meister und rath eine ewige messe auf zu singen in Unser Frauen kapelle; den nächsten montag allweg hernach zu halten, dem allmächtigen gott,

Unser lieben Frauen und allen heiligen zu ehren um gnadige fürsehung der stadt.

2027. (*Streit um Lothringen.*) — Da starb herzog Karl von Lothringen ohne leibeserben ab: da meinten herr Reinhart von Bar und der könig von Sicilien Lothringen gehöre ihnen; es meinte aber der graf von Vaudemont Lothringen gehöre ihm, als rechtem erbe. Da sammelten der von Lothringen herr Reinhart, auch der von Vaudemont, aus dem Elsass und von Strassburg ein grosses volk, und auf Unser Frauen heimsuchung, den 2. juli kamen sie bei dem dorf Ballemacolle zusammen. Da riss der von Commercy von herrn Reinhart mit den seinen aus, ehe die schlacht angieng. Viel volk von deutschen und welschen wurde erschlagen, und herr Reinhart, auch der von Bar und der bischof von Metz mit vielen grafen und herren gefangen. Hernach ward die sache vertragen.

[Fol. 361, 1431] 2028. (*Ammeisterwahl.*) — Da ward zum ammeister erwählt herr Johann Steheler; er war bei der Steltz.

2029. (*Koncil zu Basel.*) — Da hob das concilium zu Basel an: da machten ..... dem von Strassburg und andern bündniss auch eine hilfe ..... was dem concilium möchte nothwendig seyn.

2030. (*Neue Ordnung des Rathes.*) — Damals ward geordnet wie der rath sitzen sollte, und hub man an die ordnung aufzuschreiben: sonst sass jeder wie er kam und wo es ihm gefiel, jetzt sollte jeder sitzen wie man die namen liest, und war dies die erste ordnung.

[Fol. 358] Der rath zu Strassburg 1431.

Die 4 meister: Johann Zorn von Eckirch, Ulrich Löselin, Adam Bock und Claus Erlin.

..... oder Steheler,	Auf der rechten hand:
..... von Sturmeck,	Heinrich Engelbrecht,
..... Spiegel,	Hans von Müllenheim,
..... Bock,	Jacob Duschmann,
..... Lumbart,	Bernhard Mursel,
.. gust von Kageneck,	Peter Mosung.

Von den handwerkern:

1. Krämer: Peter Reiff,	4. Küfer: Heinrich Dolheim,
2. Brotbecken: Jacob von Geispolzheim,	5. Tucher: Hans Rener,
	6. Gerber: Claus von Dunzenheim,
3. Metzger: meister Hans,	7. Würthen: Hug Dossenheim,

8. Maurer: M. Hans von Bergheim,
9. Schmiede: M. Conz Rosenberg,
10. Schneider: M. Hans Monschein,
11. Schiffleut: Hans Luttenschein,
12. Kürsner: M. Claus Speiser,
13. Zimmerleute: M. Fritsch auf dem Wördt,
14. Weinrufer: Hans Meiger,
15. Schuhmacher: Hans Pfawe,
16. Goldschmied: Hans Marx Hütter,
17. Kornleute: Claus Melbry, alt-ammeister,
18. Gartner: M. Götz Herolt,
19. Fischer: Hans Wirsel,
20. Scherer u. bader: M. Wolterhans,
21. Salzmüler: Hans Messerer,
22. Wörber: Diebold Koner,
23. Weinsticher und unterkäufer: Claus Ricker,
24. Wagner, kistner, drechsler: Hug Dreizehn, alt ammeister,
25. Grempen, sailer, obser: M. Bertsch Vilinger,
26. Fasszieher: Claus Veuer (?),
27. Schiffzimmerleut: Hans Hettemann,
28. Oelleut, müller und tuchscherer: Contz von Mentz.

2031. (*Tag zu Nürnberg.*) — Als man zu Nürnberg einen rathschlag machte wie man die ketzer in Böhmen austilgen möchte, sollten allein auf 40 (tausend?) pferde zusammen kommen.

Ein jeder mensch so 15 jahr alt, sollte geben 1. plappert; wer 100 gulden hat, sollte 5 schillinge geben, 1000 gulden sollte 1 gulden geben, 5000 gulden 5 gulden und also fort an. welches eine sehr grosse summe betrug.

2032. (*Zug gegen die Hussiten.*) — Da schickten alle fürsten und herren ihre hilfe: die seestädte, Sachsen und alle lande schickten ein grosses volk: einen haufen bildeten die Franken, einen andern die Baiern; der cardinal von Angelis, Julianus genannt, der dem concilio zu Basel sollte fürstehen, zog voran, das gab allen menschen gnade und ablass.

Der bischof Wilhelm von Strassburg schickte 20 gelen, jeder selbviert, und die stadt Strassburg 15 gelen, das sind 60 pferde. Und auf Margarethen zogen sie von Strassburg aus, mit aufgethanem panner nach Böhmen. Diese stiessen zum rheinischen kreise, den führte Otto, erzbischof von Trier, und Cuno von Kolbsheim, der alte, war der stadt Strassburg hauptmann.

2033. (*Flucht des Kreuzheeres.*) — Als man mit grosser gewalt nach Böhmen bei Dachau gekommen, flohen sie alle schändlich, ohne alle noth: als man sagte, die Böhmen wären schon da, und man kaum 50 gesehen hatte. Das war den 14. augusti. Dem cardinal wurde aller ornat genommen, auch auf 12000 wägen, büchsen, mörser, pfeile, proviant, zelten, alles kam in der Hussiten hand.

Cuno von Kolbsheim war der letzte in der flucht und der nächste am feind; er wehrte sich ritterlich; als aber keine hilf da war, floh auch er davon, und liess alles dahinten. Auf S. Franciscus tag kamen sie wieder heim gen Strassburg, die ketzer wurden nicht vertrieben, was eine grosse schande und spott ist. Denn man meinte die ganze welt zu zwingen, solch ein grosser schatz war dazu gesteuert worden. Das geld kam auch hinweg, niemand wusste wohin.

2034. (*Fischmarkt.*) — Damals soll die mauer um den Fischmarkt gemacht worden seyn.

1432 2035. (*Ammeisterwahl.*) — Es ward erwählt herr Albrecht Schalk, war bei den schiffern.

2036. (*Zug vor Schauenburg.*) — Als die von Strassburg Oberkirch inne hatten, trieben die edeln . . . . . von der burg Schauenburg vielen muthwillen auf die von Strassburg . . . . .¹ . . . . . geschah, dass des grafen diener von Wirtemberg auch eine schmach widerfuhr. Da zogen der graf von Wirtemberg und die Strassburger vor Schauenburg, und nachdem sie auf 17 tage dafür gelegen, wurde durch erbare leute gerichtet und vertragen.

2037. (*Neuer Galgen aufgerichtet.*) — Dies jahr wurde . . . . . galgen vor dem Kronenburger thor mit vier steinern stützen aus quadern gebaut, wie die schrift in einer steinern tafel gehauen ausweisst, also lautend: Dies werk ward gemacht und vollbracht auf den nächsten freitag vor den mittfasten des jahres als man zahlt nach gott's geburt MCCCCXXXII.

2038. (*Kaufleutemesse angestellt.*) — In diesem jahr wurde die kaufleutmesse wieder angestellt, welche zuvor zweimal war abgegangen. Denn es den Franzosen, Schweizern und andern gelegen war, die solches begehrt hatten. Es wurden die bürger zu der zeit auf gefreiet.

2039. (*Artikel über die Wahl eines Bischofs.*) — Damals haben die thumherren im hohen stift einhellig sich mit einander verglichen und beschlossen, und etliche viel artikel gestellt, wie man einhelliglich einen bischof wählen soll; item was derselbe auch schwören sollte damit darnach alle spen, krieg, schatzung und andere eingriffe von niemand mehr geschehen könnten. Solches haben sie dem papst geschickt; der hat es approbirt, für gut erkannt und bestätigt.

2040. (*Wunderzeichen.*) — Damals war eine nonne oder klosterfrau zu Freiburg im Breisgau, die hatte die fünf wunden, wie S. Franciscus,

---

1. Verbrannte Stellen. (Note de M. Jung.)

ohne die andern. Da zog täglich ein unsäglich volk von Strassburg und allen enden dahin, und geschahen viele wunderzeichen. Es hatten auch Unser Frau zu Mergenthal bei Hagenau und Rottenberg viel wunderzeichen zu thun und gnädig zu seyn, dass grausam viele todten lebendig und anderes wurden, wie man sagt und die pfaffen schreiben, darum gab es ein grosses zulaufen und opfer; und hörte die vierjährige theuerung auf und fieng das concilium zu Basel an.

2041. (*König Sigismund klagt Strassburg wegen unterlassenen Römerzuges an.*) — Da könig Siegmund nach Rom ziehen wollte, die kaiserkrone von dem papst Eugenio zu empfangen, schrieb er an alle stände, ihm zu helfen und ihn nach Rom zu geleiten. Als aber der kaiser fort ziehen wollte, und sich fand dass kein fürst, graf, herr, noch sonst jemand aus dem Elsass erschienen war, lud der hofmarschall von Pappenheim die von Strassburg vor das landgericht gen Nürnberg. Da schickten die von Strassburg Wölfelein Bocken gen Nürnberg. Der zeigte die entschuldung an, das der bischof, noch niemand, aus dem Elsass zöge, denn sie alle ihre macht gegen die stadt wendeten, damit sie eher die stadt möchten in seine gewalt bringen, und wenn sie allein sollten ziehen, müssten sie ihre besten bürger schicken, daran ihnen nicht ein wenig gelegen wäre; bäten, sie sollten selbst erwägen, was sie nun lange jahre her hätten für kriege geführt, dabei ihnen weder könig, noch jemand wäre zu hilfe gekommen in ihrer gerechten sachen, sondern dass man noch stets gelt dazu von ihnen wollen haben. Darauf ward gethädigt, dieweil sie vor 14 jahren dem kaiser zu Strassburg solches auch angezeigt hätten: dass sie ihre hilfe möchten zu ihrer nothdurft behalten, sollten aber dem kaiser für solchen dienst 4000 gulden geben. Darauf war gethädigt, dass man 3000 gulden sollte erlegen, und herrn Caspar Schlick, dem kanzler, für die quittung 50 gulden.

2042. (*Strassburger Gesandte auf dem Konzil von Basel.*) — Indessen hatte der könig Siegmund herzog Wilhelm aus Bayern, seinem statthalter das concilium zu Basel auch geschrieben, in seinem namen vor dem concilio anzuhalten, dass die von Strassburg und andere dem kaiser ihre gehorsamsten dienste und pferde halten sollten auf pfingsten, bei verlierung der lehen, ohne anzeigen, woher ihm seine lehen kämen, und solches verloren haben; die von Strassburg sollten auch 60 pferde dem kaiser in Italia schicken. Darauf citirte herzog Wilhelm die von Strassburg gen Basel. Dabei schickten diese wieder herrn Wölfelein Bock, denn es klagte herzog Wilhelm, von wegen des königs vor dem concilium. Darauf brachte herr Wölfele Bock vor, wie die stadt mit dem hofmarschalk und dem kanzler zu Nürnberg eine thädigung getroffen hätte für den dienst; wollte aber der hofmarschalk von der thädigung abstehen, so wollte die stadt willig seyn mit leuten und pferden zu dienen, wie von alters her gebräuchlich gewesen, wenn andere fürsten, herren und städte auch mitzögen. Es blieb bei der vorigen vergleichung, sie nahmen das gelt und waren also zufrieden.

2043. (*Spessbury genommen.*) — Auf den grünen donnerstag gewann herr Steffan aus Bayern, Spesburch bei Andlau, fand aber keinen proviand darauf. Darauf zogen die von Andlau und ihre helfer, auf 2000 stark, davor, da mussten sie sich ergeben, und wurden alle dinge verglichen.

2044. (*Fruchtpreise.*) — Dies jahr galt die frucht zwölf schilling, bieren 18 schilling, eine maass wein 5 pfennig. Von Martini bis an S. Georgentag fielen 34 schneen, auf einander; und kam doch ein gutes jahr darauf.

1433   2045. (*Ammeisterwahl.*) — Dieses jahr ward zum ammeister erwählt herr Hug von Dossenheim; war bei den Freyburgern.

2046. (*Bischoefe von Konstanz.*) — Dies jahr trat markgraf Otto von Hochberg bischof von Konstanz das bisthum ab. Herr Friedrich von Zollern, thumcantor zu Strassburg wurde erwählt; er lebte nur drey jahre und starb anno 36. Darauf wurde erwählt zum bischof von Konstanz herr Heinrich von Hewen . . . . zu Strassburg und ehrlich dahin geleitet.

2047. (*Aenderungen im Rath.*) — Dieses jahr ward für rathsam angesehen, dass man aus dem rath herren ordnete, die ewig blieben, die allein auf der stadt händel, und auf des raths und desselbigen artikel hand hielten, und wurden neue ordnungen deshalben gestellt, darauf sie schwören; deren waren fünf von edelknechten und zehn von bürgern und handwerkern. Die wurden die XV genannt; die noch im wesen sind.

2048. (*Kaiser Sigismund gekroent.*) — Kaiser Siegmund wurde vom papst Eugenio zu Rom auf pfingsten gekrönt, nachdem er ein jahr in Italia gewesen war, und viel verhandelt, mit dem papst der christenheit zu gut, auch betreffend das concilium, welches der papst im sinn hatte in Italia zu halten, meinend dass das in Basel keinen fortgang haben sollte, das er auch nicht anerkennen wollte, denn es des papstes hof auch reformiren wollte; das wollte er nicht leiden.

2049. (*Streit zwischen Koncil und Papst.*) — Aber die zum concilium ordentlich berufften citirten öfter den papst; er wollte nicht kommen, darauf sie ihn also citirten, dass sie ihn, wenn er nicht käme, des papsthums entsetzen würden, und einen andern erwählen. Das erschreckte den kaiser Siegmund, denn er besser wusste als sie was daraus werden wollte, wie er es in dem concilium zu Konstanz und auch mit den Böhmen gar wohl erfahren hatte, und einsah dass ihr zank grosse mühe und arbeit machen würde.

Da nun der termin des papstes herzulief, wie ihn das concilium citirt hatte, eilte kaiser Friedrich (sic) heraus, kam gen Basel, dass es niemand wusste bis er auf den Rhein und an die stadt kam, und er erhielt von dem concilium für den papst noch einen längern termin. Dies geschah im oktober.

2050. (*Kaiser Sigismund in Strassburg.*) — Hiezwischen, als der kaiser da still liegen sollte, fuhr er auf dem Rhein herab gen Strassburg, die stadt heim zu suchen, und fuhr mit dem schiff in die stadt, und stieg bei der Neuen brücke aus, mit vielen fürsten und herren. Da stand der ganze rath und alle handwerker mit ihren fahnen und stangkerzen, auch alle geistlichen, und empfiengen ihn ganz herrlich, führten ihn ins münster, darnach in die Brandgasse, in das Lohnherren haus. Da wurde ihm und allen fürsten und herren köstlich geschenkt.

Da hofirte man dem kaiser mit schönen frauen und tänzen zum Mühlstein und Hohensteeg. Da wollten die poeten abermals . . . . . Darnach tanzte er (auch) ins . . . . . hof und garten. Der kaiser war sehr fröhlich, nicht allein . . . . . , man hofirte ihm mit schönen frauen und jungfrauen . . . . . und was die stadt begehrte, das bewilligte der kaiser[1]. Da sehr viel fremdes volk da war, bestellte man starke wachen, man ordnete 60 zu pferd und auf 50 zu fuss, alle gewapnet; andere mit schwefelpfannen ritten mit, denn es waren auf 62 fürsten und grafen da, darunter drei herzoge von Bayern, der bischof von Trier, der herzog von Lothringen, markgraf von Baden, der von Röteln, drei herren von Blankenheim, markgraf von Ferrara, der bastart von Savoien, und viel andere fürsten und herren, und wurde ihnen auf 1500 gulden werth geschenkt.

Als sie etliche tage da gelegen, und viel von wegen der Hussiten gehandelt worden, von einem grossen heerzug, zogen der kaiser und die herren wieder hinweg.

2051. (*Nikolausbrücke gebaut.*) — Dies jahr in der fasten, hub man an und baute die zwei grossen pfeiler an S. Clausbrücke, aus dem wasser. Die wurden auf Adolphi fertig. Es liess aber der ammeister Hug von Dossen-

---
1. Verbrannte Stellen. (Note de M. Jung.)

heim seinen namen daran hauen. Das wollte die gemeinde nicht leiden und musste der werkmeister den namen wieder hinweghauen.

Fol. 365
1434

2052. (*Ammeisterwahl.*) — Es ward ammeister erwählt herr Jacob von Geispolzheim, war bei den beckern.

2053. (*Eine Hochzeit zu Eger.*) — Als der kaiser sich aus diesem lande weghub, da ward zu Eger eine hochzeit; der graf Hans von Lupfen, hofrichter, gab seine tochter Magdalena dem grafen Wilhelm von Gundelfingen. Zu dieser hochzeit kam kaiser Siegmund selbst, auch bischof Wilhelm von Strassburg, und auf 60 fürsten und grafen, und sehr viel volk.

1435

2054. (*Ammeisterwahl.*) — Es ward zum ammeister erwählt herr Hans Gerbot, der war bei den gerbern.

Damals wurden etliche von Zürich von denen von ..... geschädigt. Daraus folgte ein grosser span, der jedoch durch etliche städte gütlich beigelegt wurde.

2055. (*Finstinger Fehde.*) — Damals widersagte herr Schann von Finstingen herrn Stephan aus Bayern, dem landvogt zu Hagenau, und that dem reich grossen schaden, und hatte auf 650 pferde bei ihm, und kamen des herzogs pferde, auf 100, an sie. Des herzogs volk stand zu fuss ab und wollte streiten. Das wollten die andern nicht thun, und rannten wohl zwei stunden um sie. Zuletzt nahmen sie ihnen die ledigen pferde und zogen ab. Da behielten des herzogs diener das feld, mussten aber zu fuss heim gehen. Doch ward herr Schann übel zerschossen, und blieben ihm ein ritter und edelknecht todt; und viele verwundet; auch viele pferde. Auf des herzogs seite ein edelknecht und zehn bauern. Des herzogs reiter überfielen einen edelknecht unschuldigerweise, der war ein bürger von Strassburg. Da überfielen die von Strassburg mit ihren soldnern des herzogs reiter bei Molsheim. Die flüchteten auf Strassburg zu und kamen ihrer eilf in die stadt, und meinten sie flüchteten zu ihren freunden, aber sie wurden gefangen und man wollte ihnen die köpfe abhauen. Da baten die von Hagenau um einen kleinen stillstand. Da kam der markgraf von Baden; auch alle städte im Elsass baten für sie, und sie mussten schwören, dass weder sie, noch der herzog Stephan sich rächen wollten. Ihr gut, an 1000 gulden, wurde genommen, und auch der herzog Stephan musste 1000 gulden zahlen. Die rechten thäter aber waren auf Geroldseck geflohen. Da zog herzog Stephan vor Geroldseck, das wurde bei nacht erstiegen mit hilfe eines wächters. Den erstachen sie zum lohn und warfen ihn über die mauer. Darauf ward alles vertragen.

2056. (*Fehde mit Hagenau.*) — Auf den maitag war messtag zu Matten (?) da zogen viel ..... Stensel unredlicher weise und schickten erst den ..... brief gen Hagenau. Damals war junkherr Simon von ..... der stadt Hagenau hauptmann ..... der schwarze herzog von Bayern war auf seinen schlössern, aber der von Mittelhusen und Hofmann ..... und wurden auf 16 soldner von Hagenau gefangen, und geschätzt und ward verglichen[1].

Fol. 366

2057. (*Ammeisterwahl.*) — Es ward zum ammeister erwählt herr Conrad Armbruster, war bei den tuchern.

Fol. 367
1436

2058. (*Leiningische Fehde.*) — Damals hatte ein edelknecht, Nagel, spann mit grafen Emich von Leiningen, von wegen dass sein pflegesohn Friedrich beistand. Der Nagel gewann dem Dietrich von Mittelhausen und Hans von Falkenstein die burg zu Hagenau ab. Graf Emich nahm ihm dagegen die burg Winstein, die ein lehen von Speier und Lichtenberg ist. Des Nagel Wollschläger und Türekheim ist (?). Der graf verbrannte zu Hagenau die Vierrädermühl, nahm alles tuch auf der walk, da doch die von Hagenau nichts damit zu thun hatten. Darauf brannte J. Nagel dem von Leiningen viele dörfer ab; da legte man sich dazwischen, es wurde vertragen, dass Nagel des von Leiningen diener wurde.

2059. (*Wetter.*) — ..... kam ein grosser wind und donner und blitz ..... tag geschah eine grosse schlacht in Frankreich.

2060. (*Leiningische Fehde.*) — Graf Emich von Leiningen, der jüngere mit herrn Jacob und .... Da ward vom pfalzgrafen gen Kleburg ein gütlicher tag angesagt, und waren dazu von seite derer von Lichtenberg geordnet Wirich von Ho... enburg ..... auf Leiningen, Henne Hornecker, und wurden viele sachen gütlich vertragen ..... Schaub wollte nach Köln. Da hatte Hornecker ... t etlichen Leiningischen auf ihn gewartet und ihn gefangen, und auf Wil... stein gelegt.

Als aber die herren von Li... nberg, von Hornecker die ursache dieses gefängnisses hatten wissen w... en, zeigte Hornecker an, dass anno 1418 Gerhard Schaub Stephansfeld ... d Brumath überfallen habe, auch ihn gefangen genommen habe, und ei... r armen frau einen mantel und ihr geld genommen, die jetzt bei ihm w... und ihm diente. Deshalb begehre er abtrag.

Darauf schickten die von Lic... nberg den Schwarz Heinrich von Sickingen zu herzog Ludwig, pfalz... fen, der auch bei dem vertrag zu

---

1. Verbrannte Stellen. (Note de M. Jung.)

Germersheim gewesen war, dass herr Ludwig mit denen von Lichtenberg gehandelt, dass Hornecker ledig sei gestellt worden, und alle sachen deshalb verglichen wären, bat hiemit den Schaub auch ledig zu stellen, und erbot sich zu rechten vor bischof Wilhelm von Strassburg und herzog Steffan von Baiern. Darauf ward Schaub auf Drachenfels gestellt, da ist er von graf Friedrich von Zweibrücken ledig gezahlt worden.

2061. (*Englaender in Lothringen.*) — Nach der schlacht in Frankreich kamen auf zehntausend Englische in Lothringen, da kam das geschrei sie würden in das Elsass ziehen und das concilium zerstören. Da floh männiglich in die stadt, man besetzte sie, aber sie kamen nicht.

1437   2062. (*Ammeisterwahl.*) — Es ward zum ammeister gewählt herr Lienhard Drachenfels; war bei den . . . . .

2063. (*Münzgerechtigkeit des Bischofs.*) — Damals masste sich bischof Wilhelm von Strassburg noch steg . . . . . gerechtigkeiten an, insonders der münz, silbers und wechsels halb in der stadt, als seine gerechtigkeit. Da fuhren etliche zu und erkauften sie von ihm, also dass niemand keine goldgulden auch silber . . . . . münzen durfte kaufen noch wechseln, denn sie; also wenn solches fortgegangen, hätten sie zuletzt nicht allein alles gold und silber, sondern auch die stadt an sich gebracht. Solches hätte der bischof gern längst für sich haben wollen; es war auch eine seiner forderungen. Da solches meister und rath erfuhren wurden sie erzürnt, und wurden solche alle beschickt. Dieses wurden sie bekanntlich. Und waren dies die bürger die wechsel gekauft hatten: herr Adam Bock, der musste schwören in die Krautenau; sein bruder Erhard Bock, musste schwören unter die Wagner, ihr leben lang und jeder 100 pfund strafe geben. Die andern, als Bernhard Mörsel, Claus Lentzel, Hans Knobloch, Walther Spiegel und sein bruder, die wurden der stadt eigen, mit leib und gut, und mussten solches der stadt geschrieben geben und schwören, leib und gut nicht zu entäussern und zu verändern, und mussten solchen kauf als unrechtmässig dem bischof abkünden, auch was schaden der stadt dadurch entstehen möchte, sollten sie solchen erstatten, solches mussten sie verbürgen und schwören zu halten.

Fol. 368   2064. (*Bund im Elsass und Schwaben.*) — Da kam ein grosser bund in Schwaben und Elsass zusammen, auf 72 städte, bischof Wilhelm von Strassburg, herzog Ludwig, pfalzgraf, herzog Otto, herzog Hans, der von Leiningen, der landvogt war, nahmen dem herzog (von Lothringen?) viel vieh, triebens gegen Hagenau. Darauf zog der herzog ins Westrich, nahm Kaiserslautern ein, und Heichelnheim. Da ward es vertragen.

2065. (*Theuerung.*) — Am pfingsten ward die frucht theuer, also dass ein fürtel auf 8—9, bis in die 10 schilling galt; in Schwaben galt es 4—5 gulden. Da kamen die Schwaben in dies land, kauften viel frucht und zahlten gut, so dass man fürchtete, sie würden alle frucht aus dem lande führen. Da kamen der bischof von Strassburg, die von Lichtenberg, Rappoltstein, Colmar, Schlettstadt, Hagenau und alle städte zusammen, und liessen kein korn mehr aus dem land, sonst wäre eine grosse theurung eingefallen. Der wein war auch theuer, ein maass 5 auch 6 pfennig. Man liess kein korn aus der stadt, auch nicht über 6 pfennig brot. Das korn galt zehn schilling, ein apfel ein pfennig, eine birn ein pfennig.

Am Martini galt die frucht 16 schilling, in Colmar 2 schilling, in Basel 3; im Westrich 4 schilling, alles in einer zeit; man liess nichts aus dem lande.

2066. (*Herzog Ludwig der Junge Landvogt.*) — Mittwoch nach Michaelis kam herr Ludwig der Jung, gen Hagenau als ein landvogt. Da wurde graf Emich sein statthalter.

2067. (*Kaiser Sigismund stirbt.*) — Den 9. december, um 3 uhr nachmittag, starb kaiser Siegmund in Mähren zu Znaim. Seinen leib führte man gen Worms zu seinem vorigen gemahl. Man hielt ihm zu Strassburg ein königliches begräbniss. Dabei waren auf 28 fürsten und grafen persönlich im münster, in leidkleidern und alle personen bei der procession trugen windlichter, ganz köstlich, man hielt ihm 150 messen in allen stiften.

Fol. 309

2068. (*Seine Grabschrift.*) — Sein epitaphium lateinisch und deutsch:
Caesar ob imperium, tuus en ego Roma, sacratum
    Rexi, non ense sed pietatis ope,
Pontificem summum feci, tribus spretis, unum,
Lustravi mundum, schisma negando malum.

    O Rom, nimm wahr,[1]
    Ich Siegmund der kaiser zwar,
    Regiert habe das heilig rich,
    Nit mit schwert, sondern miltiglich.
    Drei päpste hab ich abgestellt
    Und einen zu schaffen erwählt,
    Viel land hab ich durchfarn,
    Die ketzereien auszutilgen garn,

---

1. Diese Periphrase ist durchstrichen, wohl ein Versuch Specklin's. (Note de M. Jung.)

Ungarn und Böhmen sind meine reich
Und deren mehr des geleich;
Der bitter tod hat mich umschlossen,
Zu Znaim, als ich was auf der strossen,
In Mähren, by der christlichen schar;
Mit gutem end, ich hinfar,
Als man zählte 1437 jahr,
Den 9. december, das ist wahr.

1438   2069. (*Ammeisterwahl.*) — Es ward zum ammeister erwählt herr Albrecht Schalk; war bei den schiffern.

2070. (*Koenigswahl.*) — ..... waren alle kurfürsten zu Frankfurt, und wurde an kaiser Siegmunds statt könig Albrecht von Ungarn und Böhmen...... das concilium von Basel, den patriarchen von Aglei ..... und viele herren, die kamen gen Strassburg und lagen zu ..... wie auch im ..... Sie ermahnten die kurfürsten vom papste Eugenio abzutreten und dem concilium zu Basel beizustehen, und bekamen eine gute antwort[1].

2071. (*Brückenbau.*) — Dieses jahr baute man die zwei steinernen brücken, bei den Gedeckten brücken, mit zinnen und bogen, ganz stark und fest.

2072. (*Schauenburg belagert.*) — Damals belagerte markgraf von Baden Schauenburg; man trat dazwischen, und so kam es zum rechten.

2073. (*König Albrecht bestaetigt der Stadt Freiheiten.*) — Die gesandten von Strassburg kamen gen Wien zu könig Albrecht, der bestätigte der stadt ihre freiheiten, montag nach Catharina.

2074. (*Die Armen Gecken in Lothringen.*) — Damals war der bischof von Metz statthalter in Lothringen von wegen des herzogs von Bar, aber der von Vaudemont wollte solches nicht haben, da entbot der bischof den armen gecken, dass sie ihm um sold dienten. Als sie lange in Lothringen lagen, schätzten sie jung und alt. Der bischof musste selbst sein eigen gut von ihnen lösen. Sie schlugen jung und alt, weib und mann zu todt, was nicht gelt geben wollte. Als der winter kam, wollten sie bei Zabern heraus; aber sie wurden da geschlagen, dass sie weichen mussten. Doch blieben sie nicht lange aus.

1439   2075. (*Ammeisterwahl.*) — Es ward erwählt zum ammeister herr Claus Mehlbrey, war bei der Lucern.

---

1. Verbrannte Stellen. (Note de M. Jung.)

2076. (*Einbruch der Armen Gecken in's Elsass.*) — Da bischof Wilhelm keine ruhe haben konnte, und stets damit umgienge, wie er die stadt möchte schädigen, gieng er den von Finstingen heimlich an, dass er den Armagnacken . . . . . ob man denen von Strassburg . . . . . möchte. Der von Finstingen sah die sache gut an, da er eben so unruhig war als der bischof, und führte die feinde heimlich nach S. Mathis tag über die steige mit 12000 pferden. Sie lagen ganz still die nacht um Zabern herum in den dörfern. Herr Ludemann war zu Steinburg im feld mit vielen bauern. Er entrann ihnen kaum. Viele bauern wurden gefangen und geschätzt. Einen bauern brieten sie bei dem feuer, bis er voll blattern war, da liessen sie ihn gehen. Er starb erst in 14 tagen mit grossen martern.

Sie nahmen auch S. Johann ein. Am morgen waren sie früh auf, zogen auf Strassburg, legten sich verborgen bei S. Arbogast, Eckbolzheim, die Karthause (die ihnen 1000 gulden gab), und bei S. Gallen in die klammen. Sie hielten mit fünf haufen, und meinten die von Strassburg sollten alle aus der stadt ziehen. Aber herr Rulin Barpfennig ward zum hauptmann geordnet. Der wollte nicht, dass jemand unbewaffnet hinaus zöge. Aber das volk lief hinaus, unbewaffnet, auf 600 mann; die hatten ein banner, daran ein kranz und ein bundschuh war. Da lief jedermann zu. Da fielen sie aus ihrem halt herfür bei S. Gallen und S. Arbogast, fiengen ihrer viel, darunter Konz von Lamparten, der grosses gut geben musste, und wurden auf 50 erschlagen.

Am mittwoch zogen sie auf Molsheim, Dachstein, Rossheim, Barr, Epfig, und im ganzen lande, plünderten weiber und kinder, schlugen zu todt alles was nicht entlaufen konnte. Da schrieben die von Strassburg das land auf und ab; man befestigte was man in der eile konnte. Herzog Ludwig schickte geschwind 300 pferde, die auf Rosheim zogen. Unten im land musterte man alles landvolk; die stadt rüstete sich heftig, man hieb die bäume ab um die stadt, zerstörte die häuser auf der gansweide, besetzten alle letzen mit starken wachen.

Bei S. Diebold fiengen sie in einem dorf auf 200, die schlugen sie alle zu todt. Darnach thaten sie sich bei Schlettstadt zusammen, zogen ins obere Elsass. Deren waren, als man sie zählte, noch auf 16,000 zu ross, hatten auf 600 schöne weiber, auf pferden reitend, sonst viele wagen und kärche mit gestohlenem gut. Zogen, als wollten sie nach Basel (da man sagte, sie seyen in das land gekommen, das concilium zu zerstören). Es wurden auf 200 von ihnen erschlagen. Da zogen sie wieder ins Sundgau dem gebirge zu, als wollten sie wieder herab, da war ein solches flüchten in alle städte, auch gen Strassburg, dass die geflüchteten gern wieder

Fol. 370

hinaus wären, konnten aber nicht. Alle gassen standen voll kärche und wagen, vieh und leuten. Sie brachten genugsam essen mit; doch mussten sie schwören der stadt treu zu seyn, so lange sie hier waren.

(Die armen gecken) schändeten frauen und jungfrauen im ganzen lande, raubten alles hinweg, thaten grossen schaden, verbrannten mehr denn 150 dörfer, zogen auf Brumath und Hagenau, plünderten und schlugen zu todt alles was nicht geld hatte. Man konnte ihnen nicht widersetzen, da man nicht zusammenkommen konnte, man hatte sich solchen überfalls nicht versehen.

Als sie auf 14 tage im lande gelegen waren, und alles verderbt hatten, zogen sie auf Mümpelgart zu in Franckreich über. Ueber solches mochten bischof Wilhelm und der von Finstingen gar wohl lachen. Gott gebe ihnen den lohn! — (Chr. MEYER, éd. Reuss, p. 85.)

2077. (*Rüstungen im Lande.*) — Indessen zogen auf 10000 mann von der landvogtei und pfalzgrafen landvolk über Strassburg fort. Dazu gab die stadt auf 200 pferde, die zogen das land hinauf. Da kam dem landgrafen botschaft, sie wären fortgezogen, also zog man wieder heim. Die gecken aber zogen aus dem Sundgau wieder herab. Da ging alles zu grund, alle klöster, kirchen, kelche, monstranzen. Sie schlugen alles todt. Als sie nun auf drey wochen im lande geplündert, zogen sie übers gebirg nach Lothringen, hielten gleichmässig . . . . . Die herren und grafen von Lichtenberg, Ochsenstein, Lützelstein, Salm hatten ihr volk versammelt, griffen sie in der herrschaft Lützelstein an. An 2000 gecken wurden erschlagen, auf der herren seite auf 1400. Da zogen die gecken mit grossem schaden fort nach Franckreich.

2078. (*Mülhausen angefallen.*) — Als nun die gecken aus dem lande waren, hatte herr Heinrich . . . . . . noch auf 400 pferde bei einander. Die sprach bischof Wilhelm an Mülhausen zu überfallen, denn der bischof meinte die stadt sei ihm zuständig, wie wohl könig Rudolf vor langen jahren solche hatte wieder zum reich gegeben, und machten den packt, er sollte auf Rufach ziehen, als wenn es der bischof besetzen wollte, welches auch geschah.

Am osterdienstag vor mitternacht zog er mit dem volke aus, war morgens früh vor Mülhausen, wenn der hirt das vieh austrieb, die stadt zu überfallen, während das volk noch schlief. Morgens früh kamen sie vor Wittenheim in die Strutt, da hatte ein bauer eine egge im feld stehen lassen, des von Lützelsteins pferd trat darein, schlug aus und dem reiter ein achselbein entzwei, so dass man ihnen der grossen schmerzen wegen wieder nach tragen musste, und ward solche übelthat durch gott also verhindert.

2079. (*Münsterbau.*) — Damals ward das münster fertig bis auf den knopf wie es jetzund ist, denn in der woche Johannis des täufers wurde das kreuz und der knopf darauf gesetzt. Doch wurde es also gemacht, dass ein Mariabild sollte auf dem knopf stehen.

Die höhe des thurmes soll 594 schuh seyn, befindet sich aber im maass nicht also.

Vom boden zum wächterhaus	272 schuh
vom wächterhaus auf die 4 schnecken	149
die 4 schnecken	85
bis oben offen am ring	70
vom ring auf den knopf	18
	594

Es ward auch der Weissthurn mit einer furporten . . . . . gebauen. Fol. 371

2080. (*Vom Konzil zu Basel.*) — Damals hob es an im concilio zu Basel . . . . . 5000 personen hinweg waren; viele flohen hinweg . . . . . Strassburg. Der bischof von Ebron, welcher auch geflüchtet . . . . .[1]

2081. (*Bischof Wilhelm stirbt.*) — Den 6. oktober auf Dionysii starb bischof Wilhelm; er war in einer viertelstunde gesund und tod; man läutete die glocken im land (?) und leid. Er wurde zu Molsheim bei bischof Johann im spital begraben, denn man ihn zu Strassburg nicht tod haben wollte, geschweige lebendig. Ein unruhiger mann sein lebenlang, der nie keine gute stunde für gedanken hatte, stets auf krieg und zank, davon er doch nicht viel gewann. Er versetzte, verkaufte, verschenkte vom bisthum und kapitel was er konnte und mochte, verthat aller seiner vorfahren vorrechte und schatz. Dadurch brachte er stadt und land, auch seine unterthanen und armen leute um leib, ehr und gut, er war selbst kein nütz. Gott verzeih ihm! Männiglich freute sich seines todes. Es zeigten sich etliche grausame gespenst in seinem gemach, darin er starb, eine zeitlang durfte niemand darin wohnen.

Epitaphium : Invisus urbi, invisus clero,
invisus omnibus.

2082. (*Wahl eines neuen Bischofs.*) — Ueber vier wochen, im november, hielt man gross kapitel und griff zu der wahl eines neuen bischofs. Da baten die stände, auch die stadt, um einen friedliebenden herren. Aber die

---

1. Verbrannt. (Note de M. Jung.)

herren entzweiten sich sehr in der wahl, so dass sie ihre freiheiten vergassen und sich wieder auf den papst berufen wollten. Ein theil erwählte herrn Johann von Ochsenstein, der war alt, stets krank und hörte nicht wohl; die andern erwählten herrn Conrad von Bussnang aus der Schweiz, der war portator und keller, ein frommer, stiller mann, nahmen ihn geschwind und führten ihn ins chor, setzten ihn auf den altar, huben an und sangen das tedeum . . . . . die andern den dompropst von Ochsenstein auch, setzten ihn auf den altar, huben besonders an tedeum zu singen. So sangen also beide parteien widereinander, dass kein mensch verstand was sie sangen oder schrien. Darauf führte die eine partei den . . . . . hof, da ward gekocht, der dompropst von Ochsenstein wollte . . . . . da bat die stadt, und viele grafen und herren . . . . . damit es nicht zu streichen käme, wie es auch geschehen wäre, denn ihr gesind, auch andere, auf 1000 personen stark war. Darauf führte man den herrn von Ochsenstein in seinen hof in der Predigergassen. Die stadt stellte an beide höfe wachen in harnisch, besetzte auch alle thore, damit kein fremdes volk zu ihnen käme.

Herzog Ruprecht von Bayern, domherr zu Strassburg, ein junger reiterischer mann, der den von Bussnang hatte wählen lassen, hielt starke hand über ihn, geleitete ihn nach Dachstein, wo er sich stille verhielt mit vielem volk.

2083. (*Papst Eugenius abgesetzt.*) — Den 17. november ward im concilio zu Basel, nach entsetzung des papstes Eugenius, mit gemeiner wahl zum papst erwählt Amadeus der alt, der erste herzog von Savoyen, ein einsiedler zu Ripallien am Genfer see, welcher . . . . .[1]

2084. (*Brand in Strassburg.*) — Anno 1440, mittwoch nach Michaelis, gieng am Traeubelmarckt das eckhaus an und verbrannten . . . . in Kraemergass. — Exc. Sp.

2085. (*Erfindung der Buchdruckerkunst.*) — Domallen wardt die herrliche kunst, die buchdruckrey, zu Strasburg erfunden durch Johann Menteln, am Fronhoff zum Thirgarten. Seine schweger Petter Scheffer und Martin Flach verlegten sollis, aber sein diener Johann Gensfleisch als er ime die kunst hatte genugsam abgestollen, flohe er in sein heimatt gan ˙entz. Do hat er sollis durch den Guttenberger, der reich wass, alles besser in ordnung braht. Dessen untrew bekumert sich der Menteln so hardt das er

---

1. Ici s'arrête brusquement le manuscrit de la copie prise par M. Irxo, soit qu'il ait lui-même suspendu son travail, soit que les feuillets suivants aient été égarés après sa mort. Nous sommes réduits, à partir de ce moment, aux fragments réunis dans les manuscrits énumérés dans la préface.

starbe vor leidt. Wardt zu eren der kunst ins münster begraben, und ein druckerbress auf sein grabstein gehawen. Hernach striefse gott seinen diener den Gensfleisch auch das er bis ahn sein end ist blindt worden. Ich habe die erste bress, auch die buchstaben gesehen, wahren von holz geschnitten, auch gantze worter, und silaba, hatten lochlen, und fast man ahn ein schnur nacheinander mit einer nadel, zoge sey dannoch den zeillen in die lenge. Es ist schad das man solhs werck (welhs das aller erste in aller welt gewessen ist) hat lassen verloren werden[1]. — Pp. Schn.

2086. (*Neue Zoelle gesetzt.*) — Anno 1441 setzte bischof Ruprecht vier neue zoell: 1) zu Gogenheim, 2) zu Nider-Ehenheim, 3) zu Berss, 4) zu Lingelsheim. Darwider setzten sich alle staett im Elsass. — Exc. Sp.

Fol. 375ᵇ
1441

2087. (*Bischoefliche Ritter gefangen genommen.*) — Eodem (anno) hielte der bischoff viel mannliche ritter auff der strassen, die spotteten und schlugen der statt soldener. Auff viel vergebenes klagen nahm Gerhard von Hochfelden, der statt hauptmann, etliche zu pferd mit sich und versteckte sie bey Hochatzenheim hinter die haelden und schickt etliche voran, mit denen trieben dess bischoffs ritter ihren muthwillen, warfen etliche unter die pferd, da umbringet sie der hauptmann und schlug sie trucken mit fausthaemmern, kuplet sie zusamen und führt sie zu fuss gefangen nach Strassburg, bis der bischoff versprach solchen muthwillen abzuschaffen. — Ibid.

2088. (*Der Stadt Freiheiten bestaetigt.*) — Eodem (anno), montag vor S. Michaelis, bestaetigte koenig Friedericus der statt Strassburg ihre freyheiten mit dem insigel. — Ibid.

Fol. 376ᵇ

2089. (*Ueberschwemmung der Metzgerau.*) — «Unter vielen derselben merket Specklin vom jahre 1443 an dass durch den angeloffenen Rhein die auf der Metzgerau gestandenen haeuser und kloester so in's wasser gesetzt wurden, dass man die geistlichen herren und klosterfrauen mit schiffen abholen und zu ihren freunden in die stadt führen musste.» — Silbermann, *Lokalgeschichte*, p. 143.

Fol. 377ᵇ
1443

2090. (*Wohlfeile Zeiten.*) — Anno 1445 war alles wolfeil, auff bezalung, wan einer einmal reich würde oder geld bekaeme, 1 ohm 14 pfennig,

Fol. 391ᵃ
1445

---

1. Ce texte se trouve imprimé dans Schilag et dans Schilter-Koenigshoven, p. 112, avec certaines variantes modernes. Schnoepflin, *Vindiciae*, p. 47, cite comme texte de Specklin un texte *analogue*, mais pas le sien, car il est peu probable que Specklin ait raconté deux fois la même anecdote. Schneegans a pris son texte sur le manuscrit original.

korn 18 pfennig, ditto 15 eyer 1 pfennig, ein fuder neuen 2 gulden, firnen 16 bis 20 gulden. — Exc. Sp.

2091. (*Müntzpraegung.*) — Anno 1445 hob man an zu Strassburg erstmals blappert zu schlagen. — Pp. P.

Fol. 393ᵇ
1446

2092. (*Bierbrauereien eingerichtet.*) — Anno 1446 auf den palmtag, fieng es an zu regnen und zu schneien und in der nacht erfroren alle reben im ganzen Elsass. Eine maass wein kostete 7 pfennig und weil die reichen ihre keller nicht oeffneten, so fieng man an bier zu sieden. Die maass galt 2 bis 3 pfennig, nachdem es gut war. In kurtzem gab es über 40 bierwirthe. Diese mussten der stadt von 13 schilling einen als ohmgeld zahlen. — Texte modernisé par FRIESÉ, *Histor. Merkwürdigkeiten*, p. 161.

2093. (*Sankt Antons Kapelle abgebrochen.*) — Anno 1446 wurde S. Anthonii capell bey S. Andreas abgebrochen in frü . . . . . (*sic*) und baute man ein hübsche kirch dahin, da viel leuth S. Anthonis feur ankam. Ward anno 1448, auff Margarethen, geweyhet. — Exc. Sp.

Fol. 397ᵇ
1447

2094. (*Bischoff Hubo von Nicopolis stirbt.*) — Am 2. september starb der herr bischof Hubo im Predigerkloster; er liegt in einem erhabenen grab mit dieser grabinschrift:

ANNO MCCCCXLVII, die Mansueti septemb.
Obiit reverendus pater et dominus, dominus
Hubo episcopus Nicopolitanus, santi Donatistae
Filius, hujus collegii. Orate pro nobis'.

1448

2095. (*Das Salve Regina gesungen.*) — Dis jor hub man erstlichen das salve regina ahn zu singen, dass man die himmlische konigin erbatte dasz sy unsz wollte genedig sein, auch um gutt wetter, und friden in allen landen schaffen, und unsz vor allem leidt behütten und in unsern nötten by stän. Doruff wurde ihr altar und bildt, von newem zu gericht, im münster gantz kostlichen gezirtt, montag alwegen hernoch zu halten, dem almechtigen gott, unser lieben frauen und allen heiligen zu ehren um gnedige viersahung der statt. — Pp. Schm.

Fol. 398

2096. (*Zug vor Nideck.*) — Noch ehe Wasselnheim erobert wurde, zogen die burger von Strassburg vor die veste Nideck, weil junker Andreas Werich dem bischof Ruprecht und dem grafen von Finstingen geholfen und der stadt viel schaden gethan hatte. Er batt aber um friede und schwur dass er hiefüro dem grafen von Vinstingen wider die stadt und

---

1. SPECKLIN semble avoir inscrit deux fois ce fait, d'abord en 1437, puis à la place qui lui revenait. Le manuscrit de M. JUNG le donnait à la page 367 ᵇ.

das kapitel nicht mehr dienen wollte. Das nahmen sie an und zogen wieder ab. — Texte modernisé par FRIESÉ, *Histor. Merkwürdigkeiten*, p. 29.

2097. (*Vom Wasselnheimer Krieg*) hat auch Specklin erzählt; denn beim Citat der Erzaehlung nach der *Chronik Walthers*, sagt FRIESÉ in einer Anmerkung : «Speckle sagt: Sie wurfen auch ganze tonnen ulmergrien in dass schloss.» — Ibid. Fol. 100

2098. (*Heimzug nach Eroberung Wasselnheims.*) — Do nuhn solhs alles bericht warde, zogen sey auff Unser frawen dag inn der mess widerum heim, mit pfeiffen und drummen und furthe man in das streytt panir vor bis ins münster, do stäckten sy es vor unser frawen althar, und knyten nider die fussgondten, und hielten die reisigen vor dem münster, auff 800 pferde, do sange man das salve regina, das es inen also wol ergangen war. Do sich solhs endett zoge jederman heim zu hauss[1]. — Pp. Schn. Fol. 101ᵃ

---

[1]. Ici s'arrêtent les fragments conservés du *premier* volume des *Collectanées* de SPECKLIN.

TOMUS II.

Fol. 2ᵇ 2099. (*Jubeljahr.*) — Uff 900 von Strassburg sollen nach Rom auff
1448 dieses jubilaeum kommen sein; von allen orten 1800000 personen. Ein
unsinniger esel soll auff der Tyberbrücken verursachet haben, dass auf
1800 personen ertrunken. — K.-S. G.

Fol. 4 2100. (*Achtraedermühl gebaut.*) — Anno 1449 als man im Gecken-
1449 krieg und sonst etlich mahlen viel mangel verspürt, hub man ahn vor dem
Weissthurnthor die Achtraedermühl zu bauen; machte ein zwinger darumb, dass der feind nit so leicht daran thun konnte. — Exc. Sp.

Fol. 4ᵇ 2101. (*Paepstliche Bulle angeschlagen.*) — Domollen als das ander
jor sollte ein jubel zu Rom werden, schluge man am münster, zum Jungen
St. Peter die erste deutsche bulle mit grossem ablass. — Pp. Schn.

Fol. 5ᵃ 2102. (*Ein Taufstein im Münster gemacht.*) — Domollen kamen die
1450 ehrwürdigen herren, herr Hauss von Ochsenstein, thumprobst und andre
thumherren und vikarien vir meyster und roht mit bytt dass sie dem werckmeyster befellen ins münster einen dauffstein zu machen. Do gab man
inen zur antwortt, das solches Unser frawen werk nichts angaenge, sunder
gehoertt in die leuttkirch zu S. Lorentzen zu und denselbigen pristern die
ire pfrund und stifftungen darzu hatten, do wo sey ihren nutzung und
stifftung hatten, dan sollte das werck solches alles machen, würde es
solchs mit den gefellen nit erzeugen mogen. Doch wolten sey den gebo-
renen herren einen zu gefallen machen lassen, doch das dadurch kein
gerechtigkeitt gesucht würde. Befahlen deshalben dem werckmeister einen
zu machen. — Ibid.

Fol. 5—8 2103. (*Lichtenbergisch-Ochsensteinische Fehde.*) — Die grafen von
1450—1452 Lichtenberg und Lützelstein hatten grossen streit und feindschaft wider
die von Leiningen und Ochsenstein und ihre helfer. Darauf erbot sich
graf Georg von Ochsenstein zu einem zweikampf mit herrn Ludwig von
Lichtenberg, auf einem platz bei Weissenburg. Letzterer nahm die auf-
forderung sehr gerne an, schickte seinem gegner das maass von seinem

speer und pferd, nach ritterehre, und erschien an dem bestimmten tage
auf dem kampfplatz, aber der graf von Ochsenstein kam nicht, sondern
fiel dem von Lichtenberg, mit hülfe des grafen Schoffried von Leiningen,
unversehens in's land, plünderte und verbrannte viele doerfer und trieb
das vieh weg. Diese treulosigkeit zu raechen, verstaerkte sich Ludwig mit
den hülfsvoelkern seiner bundsverwandten und verheerte die laender
seiner feinde. Darauf kam es, im junius des folgenden iahrs, bey Reichshofen zu einer hauptschlacht, in welcher Lichtenberg siegte und seine
zween feinde, der von Ochsenstein und der von Leiningen, mit 36 edeln,
wurden an der brucke bey Gundershofen gefangen und auf dem schlosse
Lichtenberg in schweren verhaft gebracht.

Die 36 edeln kauften sich im iahr 1452 alle los, aber von den zween
grafen nahm Ludwig kein loesegeld an, so viel sie auch anboten, denn er
hatte im sinne sie im gefaengniss umkommen zu lassen, weil er fürchtete
dass sie ihm niemalen ruhe lassen würden. Graf Schoffried von Leiningen
lag sieben iahr in einem tiefen, finstern thurm, und die drey ersten iahre
waren seine fuesse in den stock geschlossen. — Texte résumé et modernisé de FRIESÉ, *Histor. Merkwürdigkeiten*, p. 35—36.

2104. (*Festtage.*) — Anno 1451 kam S. Georgii auff charfreytag, Fol. 6ᵇ
S. Marx auff ostertag, fronleichnam auff Johannis Baptistae. — Exc. Sp.

2105. (*Taufstein im Münster gesetzt.*) — Anno 1453 auff Matheii ward 1453
der tauffstein fertig, gantz künstlich und schoen, wie noch zu sehen. Do
wollt in der roht nit setzen lassen, die thumherren besichtigten dann in
zuvor. Doruff sproche der roht dass sey in wollten setzen von hytt wegen
und keiner gerechtigkeyt, das sollten sey bekennen, nit dass man heut
oder morgen sprechen sollte, wehr das eine gemacht habe, mache das
ander auch. Da bekannten die thumherren (hernach genannt) das solcher
tauffstein auff ir hytt und keiner gerechtigkeytt gemacht sey worden, vor
einem notario, in beysein herrn Hanssen von Ochsenstein, thumpropst;
herren Hanss von Helffenstein, dechantt; herren Friderich von Leiningen,
schulher; herrn Jorg von Geroltzeck, singer; herrn Conradt von Bussnang,
portner; herrn Ludwig von Bitsch, custos; herrn Wilhelm von Helffenstein,
camerer; herrn Nicolaus von Leiningen. Actum feria quarta post festum
Chatharinae, anno 1453. — Pp. Schn.

2106. (*Kleidertrachten.*) — Dis iar hube man ahn lange schnaebel ahn Fol. 8ᵃ
die schuch zu machen, auch kurtze kleine mentel und kleine gugelhütt, 1454
die bonde man mit einem nestel zusomen, auch kurtze und lange hossen.
Die frawen trugen ouch kostliche lange kleyder und schleyer und kostliche

guldene gürttel. — Exc. Sp. — Cfr. L. Schnéegans, *Schandbare Tracht*, p. 14.

Fol. 9   **2107.** (*Zug vor Nideck.*) — Aber im jahr 1454 fieng eben dieser herr von Nideck mit herrn Ludemann von Lichtenberg streit an. Letzterer belagerte Nideck sehr hart. Da sich iunker Werich nicht mehr halten konnte, kam seine gattin, die gross schwanger war, fiel herrn Ludemann zu füssen, übergab ihm das schloss und bat um gnade für ihren gemahl. Ludemann, gerührt, gewaerte ihre bitte, übernahm das schloss, schenkte ihrem mann das leben und zog ab. — Texte modernisé par Friesé, *Histor. Merkwürdigkeiten*, p. 29.

Fol. 10ᵇ   **2108.** (*Ein gross hagel und wind.*) — Er warffe zu S. Clausz vast das ganze dach von der kirchen ab. — Pp. Schn.

1455   **2109.** (*Strasbourgeois faits prisonniers.*) — En 1455 quelques citoyens notables de Strasbourg s'étaient rendus aux bains de Pfeffers et à leur retour ils furent faits prisonniers dans le Hegau par des nobles et conduits au château d'Eglisau et de Hohenkraehen. Les Zurichois, lorsqu'ils furent informés de cette attaque contre leurs alliés, assiègent Eglisau, brûlent le château et renvoient, sous une bonne sauvegarde, les Strasbourgeois dans leur ville. — Pp. P.

Fol. 11   **2110.** (*Bruder Albrecht und der Teufel.*) — Anno 1455 war ein begehardsbruder, Albrecht genannt, zu Freyburg in Brissgau, der gab sich auff's weber- und wollschlagerhandwerk, zog von Basel gen Strassburg und Hagenau, kunte kein arbeit bekommen, hatte auch kein geld. Als er in Reichstaetter wald kam, schreye er staets: Will mir niemand helfen, so helff, u. s. w. Der boese feind kam bald stattlich geritten auf einem pferd, sprach: Was willtu? Er sprach: Ich habe kein arbeit noch gelt. — Der boess sprach: Wan du thun wilt was ich dich heisse? — Er sprach: Wer bistu? — Er sprach: Der boess; willtu mir folgen? Ich will dir geld genug geben. — Er sprach: Wass muss ich denn thun? — Er sprach: Du musst dich deines gottes verleugnen und solches nicht beichten. — Das gelobt er ihm, da hatte er gold und geld genug im seckel. Da verschwand der boese geist. Bald fiel ihm ein grosser erwen ein; da begegnet ihm ein weib in einem blawen mantel. Die sprach: «Ich weiss woll was du gethan hast. Du hast gott verleugnet; ruffe gott und Maria an, die moegen dir zu hülffe kommen und gang zu geistlichen brüdern», und verschwand. Da kam er zu S. Helena vor Strassburg, gieng in die kirch, vor Unser frauen altar und ruff Unser frawen an; da kamen die teuffel wie affen und sprangen vor der kirchen auff den baeumen herumb. Der siegrist und noch fünffe fragten: Was macht ihr affen alle hier? Da sprach einer: Wir wart⟨en⟩ ⟨uf⟩ unsern gesellen, der bettet in der kirche. Da ward dem sigristen und ⟨den⟩ andern sehr bang, hiess den aus der kirche gehen, da verschwanden affen alle. Er kam gen Colmar in's predigercloster, aber der boesse fei⟨nd⟩ handelt also mit ihm, dass er schier verzagte. Einsmahls da holt ihn de⟨r⟩ boese feind für den brüdern allen und liess sein kutt und paret in einem storckennest liegen, führt ihn über Hohenlandsberg; dieweil er aber gott umb hülff anruffte, bracht ihn der boess wider in's closter. Da war der boess geist gar in ihn gefahren. Also hat man ihn zuletzt im thumb offentlich beschworen, und ist der boess geist sichtiglich wie ein schwartzer vogel von ihme gefahren und nicht mehr zu ihm kommen. — Exc. Sp.

2111. (*Wallfahrt nach der Abtei S. Michel.*) — Anno 1456 haben viel 100 iunge kind eine wallfarth nach St. Michael, bey S. Malo gethan. — Ibid. Fol. 1456

Anno 1457, um Michaelis, sammelte sich eine menge iunger knaben, 400 von Strassburg, und liefen wallfahrten nach S. Michaelsberg in Normandie. Sie wollten sich nicht halten lassen, viele starben unterwegs. Diese capelle liegt im meer auf einem felsen, es geschehen, sagte man, dort grosse wunder. Waehrend ganzen 6 stunden kann man trockenen fusses hinkommen, da opfert man dort und hoert messe, dann kommt 6 stunden die meeresfluth wieder. Im frühling kamen die knaben wieder, auch viele alten wollten das mirakel sehen. — Texte modernisé dans les papiers T. G. Rœhrich. Fol. 13ᵃ 1457

2112. (*Ein Waldenser verbrannt.*) — [F. R.] von Deutsch in Schwobenland gebürtig, ein Waldenser, um dass er die donationen Constantini verlaeugnet, ward auf steifes anhalten der geistlichen, zu pulver verbrannt. Der ganze process findet sich in der stadt Strassburg vergichtbuch und bey herrn Dachtlern der denselben daraus geschrieben[1]. — Pp. Rh. Fol. 13ᵇ 1458

2113. (*Glockengelaeute.*) — Auff Unser frawen himmelfartt wurde erstlichen geordnett dass man zu mittag leutten sollte gott zu danken für den erlangten sieg wider die Türken vor Griechisch-Weyssenburg, auch gott zu bitten wider die pestilentz so domollen hefftig regiret. Nochmallen aber als der ertzbischoff von Mentz ein synodum hieltte zu Mentz und bischoff Ruprecht auch dohin zoge, hat er neben villen bischoffen mit heilsamer ordnung helffen machen. Alss er heim kame und man alle freitag zu mittag leitte, damit man das leyden Christi sollte bedencken und danck sagen,

---

1. Dans les *Excerpta Specklini* ce même texte est résumé de la façon suivante: Anno 1458 hatte ein Waldenser, Friedrich Reyser, die donationem Constantini Magni verbrant. (*sic?*)

hatt bischoff Ruprecht geordnett dass solchs alle dag sollte geschehen und hatt vil und grossen ablass darzu geben, wahs der papst bestetigt hat. Pp. Schn.

Fol. 17 2114. (*Chor der Alt-Sankt-Peter Kirche gebaut.*) — Als die neuen
1459 thumherren vor iaren von Rhinau zum alten S. Petter kommen wahren, haben sie ein schlecht chor gehapt. Derhalben haben die das jetzig new chor kunstlichen ahngefangen, das wurdt dis ior ganz ferttig, cost sampt dem gewolb uff 2700 gülden. — Ibid.

Fol. 17ᵛ 2115. (*Neues Gewoelbe im Münster.*) — Nach dem die gewoelb im münster in der kirche etwas bresthafft wahren, hube man das ganz dachwerk ab und macht ein gantzen neuen dachstuhl, setz den auff und bedeck die ganz kirch und dach mit bley. Hernoch deckte man alle gewoelb in der kirchen auch hinweg, und gewoelb das ganz munster von neuem inwendig und ward solches werk in 10 ioren fertig, welches ein gross geltt cost hatt, aber schoen und bestendig. — Ibid.

Fol. 18 2116. (*Brand beim Münster.*) — Für in Einganss(?)hauss vor dem
1460 münster. — Ibid.

Fol. 19ᵛ 2117. (*Die neue Kanzlei gebaut.*) — Als herr Hanss Melbrey und herr
1463 Hanss Drachenfelss bede altte ammeyster und baw- und lohnherr wahren, do finge man ahn die new cantzeli, zu bawen, mit dem schönen thür gestell und der statt wappen gantz künstlich, wie es noch zu sehen ist, auch den steinen gang hinüber auff die pfaltz zu machen, und wardt fast alles in einem jor vollendt. Als aber herr Jacob von Lichtenberg mit seiner schönen Berbel offt von Hagenau gen Strassburg kamen und vil do wohnett, hatt in der werkmeyster oben sammt seiner Bärbel in stein künstlichen contrafett und gehawen, wie noch zu sehen ist. Das ungelt haus wardt auch darunder geordnett, es kost vil, dan man brache vil heusser ab do boden zinss und und andere beschwerden so zu S. Martin und anders wohin gehortten, mussten hoch ablössen. — Ibid.

Fol. 19ᵇ 2118. (*Neue Glocke gegossen.*) — Anno 1462 als bischoff Ruprecht
1462 ordnete die aussleguug der evangelien und ward die prediger glock gossen, oben am oehr herum: ADONAY EMANVEL TETRAGRAMATON. Inschrift: Vox ego sum vitae, voco vos, orate, venite. — Ibid. — Cfr. aussi K.-S. G., p. 280.

Fol. 20ᵛ 2119. (*Gedeckte Brücken abgebrochen. — Frauenhaeuser.*) — Anno
1464 1464 do brache man beede gedeckte brucken ab oben bey dem frawenhauss (Lupanari deren waren zwey in Strassburg, 1. auf dem Rossmark

und Bickergass, 2. bey dem Herrnstall, so anno 1536 noch gestanden) ab und baute steinere dahin mit zinnen und starcken gewölben und anno 1470 vollendet. — Pp. Silb. — Cfr. aussi K.-S. G., p. 307, incomplet.

2120. (*Schaffner gestohlen.*) — Anno 1464 schaffner gestohlen. (sic) — Pp. Schn.

2121. (*Weinpreise.*) — Anno 1465 viel wein, aber sauer. Ein fuder zu 2 oder 3 gulden, den fürnen zu 20 gulden. - K.-S. G., p. 408. Fol. 21 1465

2122. (*Ludwig von Lichtenberg und die schoene Baerbel.*) — Le récit donné par FRIESÉ dans les *Historische Merkwürdigkeiten*, p. 36—40, est évidemment inspiré par Specklin, mais avec des emprunts faits à Bernhard Hertzog et des réflexions provenant soit de Silbermann, soit de lui-même, de sorte qu'il n'est guère faisable de reproduire ici son texte comme celui de notre chroniqueur. Dans les notes de F. PITON nous trouvons le dicton suivant qui se rapporte évidemment à l'histoire de Barbe et doit se placer soit ici, soit au feuillet 30; PITON indique les deux chiffres en marge:

> Ein hur auf einem schloss,
> Ein bettler auf dem ross,
> Ein laus in einem grind,
> Nicht stolzer gsindt sich findt.

Un autre passage non daté, qui semble trouver sa place ici, c'est le suivant, conservé par L. Schnéegans:
Aber die boese Berbel musste hinweg schwören. Die zoge gen Hagenaw. Do zoge der herr Jacob auch dorthin, kauff den herren von Stechfelden ir hauss ab und lebte do mit seiner Berbel als eheleutt.

2123. (*Neue Trachten.*) — Domollen hub man ahn kurtze wames und lange hossen zu dragen auch gugelkapen mit nestelen zusammenknüpfft, auch kurtze mentle und schuh mit langen spitzen, die weiber mit hohen schleyern, langen mentlen und güldne gürttel. Man zoge das hor gar lang und auffkreist und die bartt alle glatt abgeschoren, und spitze wehr und dolchen, auch waren die holtzschuch ganz gemein bey den weybern. — Pp. Schn. — Cfr. aussi FRIESÉ, *Histor. Merkwürdigkeiten*, p. 93 et L. SCHNÉEGANS, *Schandbare Tracht*, p. 15. Fol. 21ᵇ 1466

2124. (*Kartenspiel bestraft.*) — Ein hauptmann der stadt wurde, weil er es geschehen liess dass zwei seiner untergebenen am grünen donnerstag nachts mit karten um geld spielten, mit den spielenden an's halsseissen Fol. 21—24 1467

— 460 —

gestellt mit der überschrift ihres verbrechens. — Texte modernisé par FRIESÉ, Histor. Merkwürdigkeiten, p. 94.

Fol. 24ᵇ
1408

2125. (*Ein Kardinal predigt in Strassburg gegen die boehmischen Ketzer.*) — Anno 1408 kam ein kardinal vom pabst von Rom gen Strassburg, wie auch andere mehr in andere staett und laender. Und auf dem Fronhoff stellte man einen predigstuhl auf und kam die gantz gemein zusamen. Dabey war bischof Ruprecht, sampt allen geistlichen. Do predigt der cardinal vom koenig Jersicus (*sic*) aus Boehmen, wie er ein grosser ertzketzer waer und der verdambten hussitischen lehr anhang, wollt den heiligen vatter, den papst, nit als Christi stattalter erkennen, wan er nit Christo und S. Petter gleich lebt, welche ketzerey zu Costentz verdambt waere.

Zum andern haette ein koenig vor sich solches nit macht, des pabsts leben nachzufragen, welches keinem engel gebühre, geschweige einem menschen. Zum dritten liess er im gantzen koenigreich Boehmen und Maehren die sacramenten in beiderley gestalt geben, wider die ordnung der roemischen kirchen. Zum vierdten waere ihm bey dem bann gebotten worden alle ketzer in Boehmen und Maehren todt zu schlagen und zu verbrennen, solches hatte er nit gethan sondern waer selbst ein ketzer.

Derhalben aus befehl der heiligen roemischen kirchen und unsres heiligen vatters pabst, hat man den koenig vor sich, sambt seinem gantzen reich, in acht und bann und dem teuffel übergeben mit leib und seel und ihn seines koenigreichs entsetzt, und maenniglichen erlaubt ihn und die seinen an leib und gut anzugreiffen. Bliess hiermit ein licht ab, sagt: also wie er diss licht ausblasst, also waere der koenig vor sich und die seinen vor gottes angesicht verloschen und ausgethan. Drauf gieng man in's münster und sange das *Te Deum laudamus.* — SILBERMANN, *Extraits manuscrits*, p. 62—63.

Fol. 25ᵃ
1469

2126. (*Das Wetter schlägt in's Münster.*) — Anno 1469, den 6. februarii, schlug das wetter in's münster und hatte grosse schaden, und schlug wol ahn 8 orten. Jedoch kam man allem vor, dass kein für ussgienge. — Pp. Schn.

Fol. 27

2127. (*Peter von Hagenbach's Gewaltthaten.*) — Wo er (Peter von Hagenbach) schoene nonnen wusste, zog er in die cloester und nothzogete sie, auch viel eheliche weiber und die mannen mussten zusehen. Vierzig mussten die koepf under den banck stecken, und welcher sein weib errathen, musste eine grosse kanne mit wein ausstrincken, welcher nicht, wurde die stieg hinab geworffen. — K.-S. G., p. 370.

2128. (*Einnahme Ortenburgs.*) — Anno 1470, nach Martini tag, be- | 1470
lagerte und eroberte es (Ortenburg) der landtvogt des herzog Carl's von
Burgund, Peter von Hagenbach, mit dem ganzen Weilerthal. Allein im
jahr 1474, am montag nach ostern, kamen die Strassburger mit vil volcks
und zwey grossen stücken oben auf den berg, und gewannen das schloss
Ortenburg denen von Burgund wieder ab, für ihren bürger, herrn von
Müllenheim. — Texte modernisé par Friesé, *Histor. Merkwürdigkeiten*,
p. 75.

2129. (*Jahreszeiten und Ernten.*) — Anno 1473 huben im februar | Fol. 33ᵇ
die baeum an zu blühen, im martio und aprili die reben, im maio hatte | 1473
man früh obes, im juni zeitige trauben, vor Johanni die ernd, im august
herbst. Frucht und wein gutt, das viertel zu 3 und 4 schilling, den ohmen
zu 15, 16 biss 18 pfennig. Kraut, rettich, ruben, waren theur, man gab
3 ohmen wein für einen sester ruben. Der sommer heyss, dass die wälder,
S. Ottilienberg und closter, brannten. Im september und october blüheten
die baeum. Im martio hatte man zeitige kirssen. — Exc. Sp. — Cfr. aussi
Friesé, *Histor. Merkwürdigkeiten*, p. 163.

2130. (*Jakob von Lichtenberg in den Grafenstand erhoben.*) — Eodem | Fol. 34ᵃ
anno (1473) als koenig Friedrich in herrn Jacob von Lichtenberg hoff
beym J. Sankt-Peter lag, machte er im beysein der fürsten herrn Jacob
von Lichtenberg zu einem graffen, empfieng die regalia und aendert sein
wapen aus weiss in schwartz. — Exc. Sp.

2131. (*S. Odilienkloster verbrannt.*) — 1473 Odiliencloster verbrannt.
— Pp. Schn.

2132. (*Rathsglocke gegossen.*) — Auch wil man den roth allweg | Fol. 34ᵇ
muste zusammen gebietten und solchs langsam geschahe, wardt geordnett
dass man ein glock gosse, damit man den roht zusamen hinfortt laeutten
sollte, die man noch laeutt. Uff der glock :

    Als man zalt 1473 iar
    Was K. Friedrich sin offenbar,
    Do hatt mich M. Toman Just gossen
    Dem raht zu laeutten unverdrossen. — Pp. Schn.

2133. (*Règlement sur la prise d'armes des bourgeois.*) — En 1473 un
règlement fut publié qui ordonna en cas de guerre ou d'attaque de la ville
et d'incendie, à tous les citoyens et corporations de métiers de se rendre
à leurs postes respectifs. Les habitants de la Krutenau devaient se réunir
devant St.-Guillaume, ceux du faubourg de Pierres devant l'église de la

Toussaint, ceux du faubourg de Saverne devant St.-Jean ou St.-Marc, ceux du Faubourg Blanc devant le Michelsbühl. Les habitants de la ville devaient se réunir devant la cathédrale, place St.-Etienne, Marché-aux-Chevaux, la Tour-aux-pfennigs, St.-Pierre-le-Vieux, et place St.-Thomas, sous les ordres des membres du conseil. Ceux à cheval devaient accompagner l'ammeister. La place devait être éclairée la nuit par des flambeaux. — Pp. P.

Fol. 13   **2134.** *(Belagerung von Breysach durch P. von Hagenbach.)* — . . . . . Friedrich Voegelin, ein schneider, ein beherztes maennlin, befehligte die 200 soldner vor der statt und warnet die burger. — K.-S. G., p. 371.

Fol. 55ᵇ u. 56¹   **2135.** *(Kirchen und Klöster abgebrochen.)* — Anno 1475, vor S. Gallen-
1475   tag, biss liechtmess 1476, wurden vor der statt abgebrochen: 1) Elisa-bethen kirch. — 2) Capell zum heiligen blut. — 3) Unser frauen brüder closter. — 4) S. Agnesencloster. — 5) S. Marxcloster. — 6) S. Johann-closter in undis. — 7) Reuerincloster, sambt 680 haeusser und 1300 scheuern. Vorhero sind gestanden:

Im Waseneck	250 haeusser.
Schweighoff und Teich.	100 »
Kurbau.	60 »
Finckweiler . . . . . . }	
S. Arbogast. . . . . . . }	100 »
Spittalgrub. . . . . . . }	
Viehemarckt. . . . . . }	
S. Agnes . . . . }	150 »
S. Marx. . . . . }	

Cloester:

S. Steffan,	S. Joh. Orden,
S. Marx,	Teutschorden,
S. Margarethen,	Wilhelmiter,
S. Agnes,	Carmeliter,
S. Catharina,	Augustiner,
S. Elisabeth,	Barfüsser,
S. Clara am Woerd,	Prediger,
S. Clara am Rossmarckt,	Anthonier,
S. Johann in undis,	Carthüsser,
S. Clauss in undis,	S. Arbogast.
Zu Reuerin,	

5 Stifft:	Pfarren:	
U. Fr. Münster,	S. Martin,	Spittal,
S. Thomae,	S. Claus,	S. Barbara,
J. St. Peter,	S. Andres,	Heil. Blut,
A. St. Peter,	S. Aurelia,	S. Helena,
Allerheiligen.	S. Laurentzen,	180 capellen. — Exc. Sp.

2136. (*Sankt Agnesen-Kloster abgerissen.*) — Sant-Agnesenkloster neben S. Marx, auff Metzgeraue, ist 1475 im burgundischen kriege niedergerissen und die closterfrauen nach S. Margarethen transferiret worden. — K.-S. G., p. 282. *Fol. 56¹*

2137. (*Würfelspiel bestraft.*) — Im Jahre 1476 wurde ein weber, Mathias von Wirschen zum Thurm, weil er am charfreytag mit würfeln um geld gespielt, an das halseisen gestellt und mit ruthen zur stadt hinaus gehauen. — Texte modernisé par FRIESÉ, *Histor. Merkwürdigkeiten*, p. 94. *Fol. 57*
1476

2138. (*Stadtbauten.*) — Anno 1476 hub man ein neuen graben mit mauren und thürnen an S. Clara auff dem woerd mit einer mauren, zwinger und graben aufzuführen, einen starken thurn ans wasser im Sack zu bawen auch einen thurm am Fischerthor gegenüber. — Exc. Sp. *Fol. 58*

2139. (*Beute nach der Schlacht bei Granson.*) — ..... Die zelte waren lauter seyden und gold, mit perlen wappen, inwendig mit rotem sammet gefüttert, dessgleichen die tagfenster mit haubwerck, die sail von gold und seiden, die stangen verguldt, ein gulden sessel, 300 grosse stück und credentz, viel guldene bilder mit edelgestein, ein stück vom heiligen creutz dessgleichen, dass best in der welt geschaetzet, S. Andreas daumen, ein paternoster von lauter rubin und diamanten, ein gulden krantz von edelsteinen, 30 tausent cronen werth, den gab ein soldat um ein harnisch. Das silber gab man für zinn hinweg, silber und gold in geld theilte man mit hüten, wurde auff 30 tonnen goldes geschaetzet, stein, koestliche cleinod, war umb 1 cron verkaufft. Ein Strassburger gab 12 gantze guldene becher, 80 mark schwer, umb 6 gulden, zu 5 schilling, weill sie ihm zu schwer, darauss zu trincken. — K.-S. G., p. 377. *Fol. 60*

2140. (*Ein Stern erscheint am Tage.*) — Anno 1476 sahe man am hellen tag einen stern über dem Pfennigthurn einen monat lang stehen. — Exc. Sp. *Fol. 61*

2141. (*Schlacht bei Nancy.*) — ..... Ein beckenknecht stiess hertzog Carlen, als er nach einem wollte schlagen, mit einem spiess, dass er vom pferd kam, unbekannt, den er in einem graeblin vollends erschlug. Dass *Fol. 65*
1477

sahe ein iunger graff, für ihn bate, es wurde aber in dem getümmel nicht geachtet. — K.-S. G., p. 380.

Fol. 66ᵃ **2142.** (*Neue Klosterbauten.*) — Anno 1477, nach geendigtem krieg, hub man an S. Marx frauencloster im bruch vor des Bischofs burgethor zu bauen, mit hülff Hans Voelschen, eines edelknechtes, der hatte fünff toechter in S. Marx closter und zu S. Johann in undis. Da führte man die von S. Elisabethengass und vom Heiligen Creutz bey S. Steffan darein, daher es zu S. Marx und S. Johan genennet wird. Man half auch den Reuerin dass sie ihr closter bauten in Uttengass. Die statt kauft auch von bischoff Ruprecht iungfer Phinen spital, zu S. Barbara genannt, bey S. Thomasbruck umb 1200 gulden und gab solchen Unser frauen brüdern, so noch im spittal waren. Doch gab man den moenchen das geld, die gaben es dem bischoff, davon baute der bischoff S. Barbara kirch bey S. Walpurg capell, gab alle gefaehl von iungfer Phinen spittal dahin, und richtet wider einen spittal für 20 alte personen, sampt einem prister zum schaffner, auf, wie er noch hinter den Kürssnern stehet. — Exc. Sp.

Fol. 66ᵇ 1478 **2143.** (*Grundstein zum Reuerinnenkloster gelegt.*) — Anno 1478, den 20. januarii, als man des Blenckell's hof in Uttengass zu einem closter für die Reuerin abgebrochen und geraumet, haben herr Dr. Kaysersberg, Paul Munhart und M. Eggeling den ersten hauptstein zu der kirchen gelegt. — Ibid.

Fol. 67ᵃ **2144.** (*Die Praedicatur im Münster gestiftet.*) — Der dechant von Helffenstein stiftet die predicatur im münster. Dr. Gayler von Kaysersberg. — Pp. Schn.

Fol. 71 **2145.** (*Einritt Bischof Albrechts.*) — Bey einritt bischoff Albrechts giengen die sechs ordnungen der burger und handwercker mit ihren panern, die 1. auff Pimpernantz; die 2. zur Steltzen; die 3. zur Blumen; die 4. zur Lucernen; die 5. zu den schumachern; die 6. zu den tuchern. Die in Krautenau, Wagner und Steinstrass waren auf ihren stuben in harnisch. Man gab einem alle tag für wacht und cost 18 pfennige. — Exc. Sp.

Fol. 71ᵇ 1479 **2146.** (*Bischof Albrecht's Bauten.*) — Bischoff Albrecht verlangte von papst Alexander IV dass die probstei St. Druwen zu Schlettstatt hinfurt und dass gefell zu seinem disch dienen sollte, den er hatte am schloss Dachstein über 7 dausent gulden verbawen, auch am hoff zu Zabern grosse costen angewandt.

Er transferirt die Steiger herrn zu Zabern im closter zu weltlichen thumherren von Zabern ins stift, welchs er kürzlichen erbawen und ahngericht hatte darin er neben erweiterung an der kirchen, so er zu

Zabern bawte, auch ein köstliche capel bawte zu seinem begrebniss, auch einen altar mit köstlichem gemeldt und ewiger mess, auch alle jardag auf 80 prister in der kirche ehrliche gefell geordnett, auch eine köstliche tafel, stab und ornatt machen lassen, welche seine vorfahren nicht do gehabt haben. — Pp. Schn.

2147. (*Johannes von Wesel.*) — Als 1479 Johannes von Wesalia was er von der nichtigkeit des paebstlichen ablasses und von fasten gelehrt und dass die bischoffe und geistlichen keine neuen gesetze zu machen haetten, sondern bey denen im evangelium bleiben sollten, und dass man zu Worms und sonst eben so gut als zu Rom absolution bekommen könne [da wurden Dr. Kaisersberger und Dr. Engelinus von Strassburg auch über diese artikel gehoert und wollten dieselben nicht verdammen, sagten man müsse den mann erst hoeren, wie er's verstehe und wie er's aus göttlicher schrift beweisen koennte, dann erst sollte man richten. Vor dem verhör werde kein übelthaeter gestraft, geschweige was gottes wort betrifft. Sie wurden fast selbst mit ihm verdammt, aber Dr. Kaisersberger vertheidigte sich, er habe ja solches nicht gelehrt, gepredigt oder geschrieben, sondern bloss Wesalia, wenn aber einer lust haette, solche artikel zu widerfechten, disputierweise, wolle er solche wohl erhalten, aber nichts schliessen, dass solche wahr waeren.] — Pp. Rh.[1]

2148. (*Der letzte Herr von Lichtenberg stirbt.*) — Freytag noch der heiligen drey könig dag, starbe der allerletzte herr von Liechtenberg, herr Jacob, genandt mit dem bartt, der alss marschalk und vogt zu Strassburg. Er starbe zu Ingwiller, ligt zu Rimpertwiller begraben. Er war ein gelertter, herr in astronomia, auch in negromantia, er kundte vil seltzamer bossen machen, auch hin und wider faren in lüfften.

Herr Jacobs von Liechtenberg madona, die schoen Berhel genandt, wahr ein gotloss weib, die ist hernach von wegen vieller boesser missethatten zu Hagenaw gericht worden. — Pp. Schn.

2149. (*Marx von Eckwersheim und Anton von Wilsperg.*) — Domollen hatte herr Hanss Marx ritter ein schweren span mit Anthony von Wils-

---

[1]. A la suite de ces lignes M. Rœmmen a ajouté la remarque suivante: « NB. Es soll diess aus *Specklin's Collectaneen* ad 1479 sein, aber ich kann's nirgends drin finden. Es ist abgeschrieben in Wencker's *Miscell. Argent.*, II, 1° (Archiv. Thom.).» Les lignes mises entre [ ] sont à peu près semblables à un texte conservé par Silbermann, dans ses *Extraits de Specklin* (p. 17-19), où elles sont signées de l'initiale W. (Wencker?). On ne peut guère soupçonner le savant archiviste d'avoir forgé un texte de ce genre; mais peut-être a-t-il mal cité sa source?

perg, obervogt zu Zabern und kunte Marx den Wilsperger zu keinem rechten bringen, den Wilsperger nit recht hatte. Dowil aber die Marxen zwo hend in irem wappen füren, entpotte im Wilsperg er wolle ein rechten Marxen aus im machen, dawil er recht haben wil, oder wolte kein edelknecht sein. Eins mollen wahr Hans Marx zu Danbach ins bad gangen, von Bilstein aus dem Weillertall, daruff er wohnet mit einem knecht. Do hatte in Wilsperger ausgespürtt und als herr Marx aus dem bad ging nackent, hatt nur ein weissen mantel um, do erwischte in Wilsperger mit seinem diener und hiewe im bede hend ab, sass auff und reitten darvon, macht also ein rechten Marxen aus im. Auff solchen unbilligen gewaltt mochte in herr Marx den Wilsperger dennoch zu keinem rechten bringen, und als herr Hans sterben woltte, ruff er lautt: Anthony von Wilsperg, dawil du mir unrecht gethan, auch mit gewaltt mir meine bede hend abgehawen hast und mir nicht zu keinem rechten hast ston wollen, so beruff ich dich ins thal Josaphatt vir den gerechten unser beder richter, doch bitt ich gott er wolle dir verzeihen, und ist doruff verstorben.

Am dritten tag hernach wahr Anthony von Wilsperg zu Strassburg zum Hohensteg, und als im herr Hans Bock die ladung von herr Hans Marxen selig ahn zeygt, ist er gelingen umgefallen, kein wortt geredet, und dott gewesen. Gott woll inen allen verzeihen. — Ibid. — Cfr. aussi *Strassburger Geschichten und Sagen*, du même, p. 217.

Fol. 77 2150. (*Grosses Wasser*.) — Unter eben dem 1480ten jahr wird in Specklin's Collect. mscr. bey dem damaligen grossen wasser eben dasjenige angemerkt, was schon bey 1421 erinnert worden ist, dass nemlich die stadtmauer unter St. Elisabethen-thor bis an das Frauenbrüder-closter bey 60 klafter lang durch die fluth niedergerissen wurde. An diese wieder neu aufgerichtete mauer wurden zween grosse schoene thürme gebauet, deren jeder oben mit zinnen, dahinter mit einem umgang versehen und mit einem dach von bunten ziegeln bedecket war. — SILBERMANN, *Lokalgeschichte*, p. 93.

2151. (*Ein Verraether*.) — Anno 1480 hatte bischoff Albrecht ein kaemmerling, Jacob Berman von Zabern, ein verraether, der flohe in Welschland. — Exc. Sp.

2152. (*Vom Grünen Bruch*) — sprach Specklin zum Jahr 1480, laut SILBERMANN, *Lokalgeschichte*, p. 134.

1482 2153. (*Geiler von Kaysersberg predigt wider das Kirchweihfest im Münster. — Die armen Sünder*.) — Anno 1482 hatt Dr. Kaysersberger den boesen brauch gestrafft, welcher alle jahr auf Adolphi fest der kirchweyhung des münsters zugangen. Da kamen aus dem gantzen bistum weib und mann zusamen in's münster, die blieben übernacht darinnen. Man bettete die ganze nacht, aber ohne andacht, dan man etliche fass mit wein in St. Catharinen capell legt und gabe man die nacht denen frembden in der kirchen zu trincken und sahe der fassnacht, Venus- und Bachus-spiele mehr gleich dan einem gottesdienst.

Er brachte auch auf, dass man den armen sündern dass heilig sacrament vor ihrem todt zu geben verordnete. Die bettelmönche waren darwider. Dr. Kaysersberger hiess sie heuchler und lügner. Aber Johann Freytag, von Düsseldorf, ein carmeliter, fiel ihm bey. Der rath befragte sich bey drey hohen schulen, die erkanten Dr. Kaysersberger's vor goettlich und christliche meynung.

Dorauf gabe man den armen sündern, wan sie hingeführt wurden zum gericht, das heilig sacrament beym Cronenburgerthor, in der capell zum ellenden creutz, da ein priester allwegen mess hielte in beysein des armen sünders. Und bey dem hochgericht baute man ein capel, dorin hoerte der sünder beicht, welche noch do steht. Den priestern gab man auf Unserm frauenhauss zu essen. Der brauch waehret noch diesen tag. — SILBERMANN, *Extraits manuscrits*, p. 5–6.

2154. (*Strassburger Müntzen gepraegt.*) — Anno 1482 wurden die ersten Strassburger creutzer mit beyderseits gilgen geschlagen; man nennet sie auch zweyling. — Exc. Sp. — Pp. P. [Fol. 90ᵇ]

2155. (*Wohlfeile Zeiten.*) — Anno 1484 galt der ohmen guter wein zwanzig pfennig, landwein sechs oder sieben pfennig. Item ein ohm umb ein ey. Item, umb gotswillen, ein viertel frucht zu drey schilling. Allen spitaelern und cloestern gab man wein genug umsonst. Wurden auch viel gebaeuer von eitel wein aufgeführt[1]. (K.-S. G., p. 365. — Cfr. aussi FRIESÉ, *Historische Merkwürdigkeiten*, p. 163.) [Fol. 92 1484]

2156. (*Sonnenfinsterniss.*) — Anno 1485, den 16. martii, 4 uhr nachmittags so grosse sonnenfinsterniss, dass man die sternen sahe. — Exc. Sp. [Fol. 93 1485]

2157. (*Weintheuerung.*) — Die trauben beerten sich überall ab in der nacht auf den S. Lorenztag. Da schlug der wein also auf, dass ein fuder 40 bis 42 gulden galt. Das kam aber auch daher, weil der wein stark in's ausland verführt wurde. Diese weintheure hielt an bis ins jahr 1493. — FRIESÉ, *Historische Merkwürdigkeiten*, p. 164.

2158. (*Münsterbauten.*) — Domollen wurdt der neu gang des cohrs [Fol. 93ᵇ 1486]

---

1. « Das heisst mit moertel mit wein angemacht. » (Note explicative de FRIESÉ.)

im münster bauen, auch das cohrgewelb gemaldt, doran das iungste gericht und den propheten. Der zeygt mit dem finger herab auff die pfaffen, in der andern handt ein zedel, doran ist geschryben: Diss volck ehret mich mit iren lipen aber ihr hertz ist fern von mir. Welch noch zu sehen ist.

Es wardt auch der schon predigstull Dr. Keysersbergern zu gefallen gemacht vom werck, durch meyster Hanss Hamerer, dem werckmeyster, welcher noch im münster stett. — Pp. Schn.

Fol. 95   **2159.** (*Ablass gepredigt.*) — Anno 1486 kam Raimundus cardinal und paepstlicher legat von Rom, ein gebohrner Frantzos, mit grossem ablass. Bischof Albrecht gienge ihm sambt allen geistlichen mit allem heiligthum auf Metzgerau entgegen, ward mit bogenen knien und grosser ehr empfangen, lag zu St. Johann. Er machte durch die gantze stadt im einzug über alle menschen das creutz. Den ablass musste man theuer bezahlen, sagte, man müsste dieses geld wider den Türcken brauchen. Er bekam eine summe gelds. Er vergab alle sünd, auch die nit gebeicht; den todten vergab er alle sünd, um ein genands gelt. Für ein seel im fegfeuer, so etwan erschlagen ohn gebeicht, oder ohne sakrament gestorben, hat man eine cron müssen geben für die erloesung aus dem fegfeuer, aber die im zweifel waren ihrer seligkeit, gaben ein gulden. Vor die andern taeglichen sünden gab man ein gulden, so noch lebten, als ehebruch, diebstal, meyneid etc. Aber taegliche sünd gab einer fünff blappert.

Als er nun in stadt und land ein gross gutt hat auffgehoben, machte er dem volck zuletzt eine mess im münster, die er hocher schaetzte dan alles ufgehobene geld und fuhr damit davon. — SILBERMANN, *Extraits manuscrits*, fol. 106.

Fol. 95ᵇ   **2160.** (*Geiler von Kaysersberg in Einsiedeln.*) — Anno 1486 zog Dr. Keysersperg zu bruder Clauss gen Einsiedeln. — Exc. Sp.

Fol. 96ᵇ
1488   **2161.** (*Knopf auf das Münster gesetzt.*) — Dismollen hatte man das Mariabildt so auff dem knopff stunde widerum herab gethan, dan es vom wetter geschedigt, auch vom windt stetz schaden name und den jetzigen knopff auffgesetzt, darauff ein kelch und ostia gehauen stett. — Pp. Schn.

Fol. 97ᵇ
1489   **2162.** (*Neue Orgel im Münster.*) — Domollen ward die jetzig neu orgel im münster gemacht, und den alten zeug widerum darzu braucht, durch M. Friderich von Ahnspach abbrochen bis uff den fuss; kosst über alles zeyg, uff 500 pfund pfenninge. — Ibid.

Fol. 100
1491   **2163.** (*Peter Schott stirbt.*) — Anno 1491 war ein gelehrter thumherr als man nit finden möchte, zum Jungen S. Peter, nit über 30 iahr alt, Peter

Schott genant. Der hube an auss gottes wort alle laster zu straffen, verwarff den gekaufften ablass, so ohne reu und besserung des lebens kaufft wurde, verwarff auch des pabsts ansehen, der sich über Christum wolle setzen, die ehre gehoere Christum zu, der uns mit seinem leiden und sterben ablass erworben hatte, wer solches mit warem glauben annehme.

Als er aber etliche geistliche missbraeuch, darneben der geistlichen gottlos leben auch angriffe, wardt er in drey stunden todt, dan ihme mit gifft vergeben wurde, als er einsmals mit dem probst asse, dessen koechin ihm solches in einem trunck soll zugereicht haben. — SILBERMANN, *Extraits manuscrits*, p. 107.

2164. (*Geiler von Kaysersberg wider alle öffentliche Unzucht.*) — Ums iahr 1492 beredte sich Dr. Kaysersberger ernstlichen mit bischof Albrechten und dem rath zu Strassburg, dass sie wolten das offentliche hurenhauss abthun, dan solches von christen zu hoehren nicht goettlichen noch recht wäre. Man solte auch alle nonnen (deren viel waren, auch vom adel) dass man's offentlich wusste, nit allein huren waren, sondern auch vil kinder heimlichen umbrachten (wie dan in kurtzem drey mahl offenbar worden), sagte er man solte sie in einen sack stossen und in's wasser werffen. Die münch und geistlichen, die schuldig daran waeren oder dazu hülffen, solte man mit dem schwerdt richten. Aber der bischof, auch der rath, wollten die hand nit an die gesalbten legen. Dazu hatten vil vom adel und im regiment, toechter, schwestern, bassen und mehr freunde darinnen, wolten auch ohne des pabst erlaubniss solches nit angreiffen. Dr. Kaysersberger aber sagte, dass er solches gegen gott, pabst, kayser und bischof verantworten, aber man wollte keine reformation leiden, konnte also nichts erhalten, den dass er's oeffentlich auf der kantzel meldete. — SILBERMANN, *Extraits manuscrits*, p. 111.

Fol. 102
1492

2165. (*Geiler's von Kaysersberg weitere Reformvorschlaege.*) — Anno 1492, und viele iahre vorher, hatte Dr. Kaysersberger bey bischof Albrecht angehalten um eine reformation der geistlichen, derohalben bischof Albrecht allen seinen geistlichen einen synodum ausschriebe zinstag nach Quasimodo. Dahin kamen der bischof Albrecht mit vielen graffen und herren. Es waren auch zugegen fast alle herren des hohen stiffts, auch von allen stiftern und cloestern, auch die provincialen, aebt, priores und vornehmste praeladen vom gantzen bisthum, auff 600 personen geistliche. Donnerstag darnach thate Dr. Kaysersberger eine herrliche sermon und war sein thema: Die jünger freueten sich als sie den herren sahen, u. s. w. Darauf thut er eine schoene predig wie sich die schaefflein freuen dass sie einmahl ihren hirten,

Fol. 102, 103. 104

ia die iunger ihren herren sehen, und je oeffter der hirtt seine schaefllein besuche, je mehr sie sich freuen dass sie von den woelffen behütet werden, etc. Es waehrte fast eine stund lang, alles aus goettlicher geschrifft.

Darnach wand er sich zum bischof, zeigte ihm an was er vor ein schwer amt fülnte und warum er bischoff zu Strassburg waere, und nit wie ihn viel suppenfresser seines gesinds überreden, er waere ein fürst nit allein sondern ein gebohrner fürst; damit führen sie ihn zum verderben seiner seelen, dass er sonst laengst die reformation haette vorgenomen. Aber jetzt freuen sich die iünger dass sie den herren sehen, jetzt werde er ihnen die haende und seite zeigen, das ist die liebe, nit den seckel der schatzung noch die haend der schmierung, noch die kelter der untertruckung, damit die schaefflein sich freuen weil der oberste hirt (nit der pabst zu Rom mit seiner tyranney) sondern der haupthirt Christus, der da spricht: «wann zwey oder drey versamlet sind in meinem namen, bin ich mitten unter ihnen.»

Nachdem ermahnte er den bischoff dass er amtshalber vor gott schuldig sey alle laster auszurenten, doerffte nit aufs pabsts brieff und siegel warten was er thun solle (Christus habe ihne gnugsam vorgeschrieben, welches nicht trügen kann) wie der der nimt geld, lasst alle laster fürlauffen. Dazu helffen die praeladen, auch des bischoffs hofgesind, insonders die mehrentheils von adel sind, damit mort, blutvergiessung, blutschand und laster auch die grossen ergernuss fürgingen, und solches mehrentheils von den geistlichen. Wie ist nur ein lauffen von den praeladen und moenchen zu den nonnencloestern, hergegen die nonnen lauffen offentlich in die moenchcloestern, und zu den praeladen; wie viel kinder werden vertruckt und umbracht (wie den in einem closter kürtzlichen abermohlen fünff getoedte kinder an heimlichen orten funden worden), und wolten dannoch fromm seyn. Die anderen nonnen sind etwas frommere huren, die bekennen dass sie huren sind und erziehen ihre kind und hilfft eine der anderen aus christlicher lieb die kind saeugen, sagen sie haben nit mit geistlichen brüdern zu thun, sondern sind fleisch und blut, und hat hie eine ihren vetter, die andere einen von adel und also fort an. Wan man solche leutt will straffen, so legen sich gewoehnlich des bischoffs gesind darein; deren eine ist dessen schwester, sein bass, sein tochter, bringen den brieff von Rom heraus, dass man sie nit offentlich straffen darff, legen geld, damit ist der hurenwirth zufrieden. Die grosse straff ist dass sie drey tag müssen zu wasser und brod fasten, so ist alle sünd verziehen. Das ist eine lange poenitentz; man solte sie nur unter der Schindbrucken ein viertelstund wasser trinken lassen, so würde es ihnen besser vergehen. Was treibt man nur vor eine unsaegliche abgoetterey, davon nit zu sagen ist, auch bey den heiden nit erhoert, damit wird unser christenthum ein spott vor den Juden, ia auch unter den christen selbs, dann die heilige mutter gottes und seiner lieben heiligen viel mehr ehr auch anruffung zustelt dan gott selber. Darneben unter der heiligen mess wird also viel zauber getrieben, auch von den geistlichen selbst. Man sage ihnen an den celibat, so nimmt der bischof die collecten, der fiscal und official geld, lassen ihnen offentliche huren, und wie viel werden noch ehrlichen burgern ihr weib und kind beschissen. Diese laster und noch unzaehliche viel gehn in solchem schwandt als wan sie gebotten waeren bey leibestraff. Darneben ist der gottesdienst von niemand mehr veracht als den geistlichen im chor. Wan man mess hallt, gehn die herren auff dem lettner und in der kirchen spatzieren, schwaetzen, haben ein solches gelaechter dass der priester offt über dem altar muss stille halten. Alle religion verspotten sie selbst, ihre huren und banckert gehn wie die vom adel; es ist kein unterscheid. Bey allen baucketen und hochzeitten müssen die huren oben an sitzen mit grosser ergernuss frommer frauen, fressen und sauffen waehrt tag und nacht. Das patrimonium Christi wird mit leichtfertigen personen, pferd, hund, und mit unnützem gesind verthan, die armen leiden not, ist niemand der sich ihrer erbarme. Wan man von einer reformation redt, will man hauen und stechen. O seliger bischof und waechter, wache auf, reformiere deine kirch, nach dem heiligen evangelium, seine apostel und bewaehrten kirchenlehrer, schaffe deine heuchler von deinem hoff ab, die dich zur hoellen leiten, brenne das boess mit dem feuer der gerechtigkeit aus, nim zu den raethen fromme praeladen, die solches alles nach gottes wort reformieren helffen. In die mitte stelle die obrigkeit und deine amtleutt die solches handhaben, zur linken stelle den hencker der mit feuer und schwert solches exequire, mit allem ernst, dann wird gott versoehnt wan das übel gestrafft, die laster abgeschafft, die gerechtigkeit herfürleucht und erbarkeit gepflantzt, dem armen zu seinen rechten gehollfen wird, alle beschwerden eingestellt, der gottesdienst recht gehalten und der kirchen ihre zierd wider zugestellt wird, schand und laster vertrieben, wittwen und weysen erhalten, alle zauberey untertruckt, und wahre anruffung zu gott geschehe. Alsdann wird der seegen über uns fallen vom himmel wie ein tau und wird die kirch und weltlich regiment blühen. Darauf sagt man: Was wird aber unser heiliger vatter, der pabst, dazu sagen, dass man ohne bullen und befehl solches fürnimbt? Es wird ein seltsam leben werden, man wirds nit leiden wollen. Gottlob das land hat kein thor, so thut man alle tag das thor an der statt auf, wer's nit leiden will, dem ist's wandern erlaubt. Ja wer das nit leiden wollte, sollte man zum land hinausjagen. Was unsern herren den pabst anlangt, wird er nicht wider goettliche lehr noch menschliche recht handeln sondern vielmehr helffen handhaben, etc. Und solches wurde gesagt mit viel mehr und langen worten.

Darnach kehrte er sich zu den geistlichen praeladen, that auch eine lange sermon, wie sie sich sollten halten, mit vielen umstaenden. Darnach kehrt er sich zum hofgesind und amtleutten, sagte ihnen ziemlich die meynung.

Darnach kehrte er sich zur obrigkeit der statt, zeigte ihnen ihre maengel auch an, wie sie solches übel solten straffen helffen. Darnach kehrte er sich zur gantzen gemein, wie sie im gehorsam leben solten, sich der geistlichen nit beladen, denn solches der obrigkeit zustaendig, allein sollten sie gott helffen bitten und gehorsam seyn.

Letzlich sah er den bischoff wiederum an, zeigte an, was er do gered, habe er aus seiner befehl nit allein gethan sondern auch aus gottes, bate um gotteswillen um eine wahre, ernstliche reformation, wo solche nit erfolgte, bezeugte er hiemit vor gott, dass er an ihrem blut, auch seelenheil, wolte unschuldig seyn, alles auf sie legen. Er wollte nit desto weniger tag und nacht alle laster straffen biss in seinen tod, damit er sich ihrer sünde nit theilhafftig machte, und solches redete er mit vielen wahren christlichen worten.

Maenniglich sahe ein ander an, man wusste nit wie man's angreiffen solte, dan sie fast alle in einem spital krank lagen. Doch ward nach langem eine reformation gestellt und bei grossen straffen die laster eingestellt, die aber solches hulffen stellen, die waren hernoch die ersten die solches gen Rom brachten, darauf der pabst dem bischoff gebot den geistlichen ihre concubinen zu lassen. Die cloester wurden beschlossen, aber die thüren gingen auff wan man anklopffte, die nonnen trugen keine kinder mehr, nur alte leute. Der geistlichen auch ihre huren mussten die koestlichen kleyder von ihnen legen (wan sie nachts schlaffen lagen), das bancketiren ward abgestellt, man frass und soff nur. In den kirchen wurden die geistlichen still (dan sie kamen nit viel darein), die beschwerden wurden von den armen aufgehoben (sie durften nur schatzung geben), die geistlichen dorfften mit ihren huren zu keiner kirchweyh mehr gehen (fuhren auf wagen dahin), wittwen und waysen wurden versorgt (dass sie blut weynten), und die armen deckte man mit alten hosen zu'. — Ibid. p. 113—118.

---

1. Ad Speckl. Coll., T. II. fol. 101 -104 (1492), hat Silbermann diese Note (pars II, fol. 6) gefügt :

« Von Dr Kaysersbergers vorgenommenen reformation und gehaltenen predigten hau-

2166. (*Koenig Maximilian I in Strassburg.*) — Anno 1492 kam koenig Fol. 104 Maximilian I nach Strassburg. Da geschahe ein grosser aufflauf vor dem münster von frembden fussknechten, wegen theurer irrten zum Bock, da für ein stück fleisch und gebratens 2 pfenning und für wein 1 pfenning gerechnet worden. — Exc. Sp. — (Cfr. MEYER, éd. Reuss, p. 37.)

2167. (*Geiler von Kaysersberg predigt vor Koenig Max.*) — Im vor- Fol. 104ᵇ gemelten iahr, montag vor Unserer frauen himmelfahrtstag, kam koenig Maximilianus aus dem Oberland herab. Und auf Unserer frauen himmelfahrtstag that Dr. Kaysersberger wiederum eine predig, im beyseyn koenig Maximiliani und vieler fürsten, darin war auch bischoff Albrecht sambt vielen domherren, graffen und vielem volck. Und als er an's end seiner predig kam sagte er zum gemeinen volck in beyseyn des koenigs, bischoffs und aller obrigkeit: Lieben freund, vor einem halben iahr als ich habe streng gepredigt wider alle schandt und laster (und erzehlte die widerum ordentlich nach einander wie vorgemeldt) wie ihr dan eben so wohl wissen wie es hier beschaffen ist, und habe verhofft es solle alles abgestelt werden, so wird es nur mehr gestaerckt. Die ursach will ich euch melden. Da mich unser heiliger vatter der pabst und unser gnaediger herr, der bischoff zugegen, auch alle praeladen und hoffgesind nit recht verstanden haben, derohalben muss ich sie entschuldigen, dan ich habe hart darauff getrungen alle solche laster zu reformiren, so haben sie's verstanden sie sollen's devitiren (*sic*) und derohalben gehet alles noch so fort. Als ich aber unsern gnaedigen bischoff, Jesus Christus, recht berichtet habe, hoere ich, so wird er andre reformatoren schicken die es besser verstehen werden. Sie sind schon mit der bullen auf dem weg; ich werd es nit erleben, aber eure viel werden's sehen und erleben. Da wird man mich gern haben wollen und folgen, aber da wird kein hülff noch rath mehr seyn. Darum wolle iedermann dencken das es ausbreche.

Koenig Maximilianus hat am imbis, als bischoff Albrecht und andre mit ihm assen mit grossem ernst solches vermeldet und gewarnet, und doch D. Kaysersbergers hoefflichkeit wohl moegen lachen. Dieser Maximilianus hat auch D. Luthers reformation erlebt, wird gewiss offt an D. Kaysersberger gedacht haben. — SILBERMANN, *Extraits manuscrits*, p. 119–120.

---

delt Specklin weitlaeutig, besonders wie auff dem synodo welchen bischoff Albrecht auf zinstag nach Quasimodo im iahr 1492 ausgeschrieben, er eine scharffe busssermon gehalten. Es ist aber diese sermon in latein getruckt herauskommen und sind Dr Kaysersbergers predigten zu teutsch alhier in Strassburg getruckt worden.»

Fol. 105

2168. (*Hohe Preise.*) — Anno eodem (1492) galt dass viertel frucht 18 schilling, das fuder 24 gulden. Darüber sturben viel hungers.

Eodem kauffte Marx Carle ammeister neuen wein von Marx Kauffen zu 4½ gulden, von Foelschen ritter aber sehr guten fürnen zu 42 gulden. — Exc. Sp.

Fol. 106ᵇ
1493

2169. (*Weinpreise.*) — Anno 1493 guten wein, den ohmen zu 5 und 6 pfen .ing, den besten zu 7 pfenning. Ein fuder guten wein umb ein kalbsgroess. — K.-S. G., p. 408.

Fol. 107ᵇ

2170. (*Münsterbauten.*) — Domollen dis iohr wardt gegen den Fronhoff uff den gretten bei der drey künigohr ausswendig die gang bischoff auch das Mariabildt sampt dem gang und uhrzeyger mit den planetten gemacht und das dach mit bley bedeckt. — Pp. Schn.

Fol. 108ᵃ
1494

2171. (*Bischof Albrecht's Bauten.*) — Der bischoff bawte domollen sehr ahn der burg Eisenburg zu Rufach, auch ahn Zabern ahn dem hoff, und bawte auch ein schoen capel im stifft, auch dasselbig erweyttert, und ein ewige mess alle dag in seiner capelen, darin er sein begrebniss zuricht (wie noch zu sehen), und stiffte im sein jarzeytt mit grosser besoldung, das alle jahr 80 priester do sein jarzeytt begen; er machte im ein köstliche tafel, stab und ornat alss von keinem bischoff mehr gesehen wardt. Er bawte auch Dachstein und bessert solhs hoch.[1] — Pp. Schn.

2172. (*Münsterbauten.*) — Domollen wardt die gross schlaggglock auff dem münster gemacht von meyster Hanssen von Barr und um 240 gulden verdingt mit den thurme auff den platz.

Auch wardt S. Lorentzen vorbau, capell und portall mit S. Lorenzen auff dem rost, ahngefangen zu bawen von M. Jacob von Lanzhutt, dem werkmeister, und das fundament 21 schuh dieff ahngelegt und im iar 1505 volendt. — Ibid.

Fol. 108ᵇ
1496

2173. (*Weinpreise.*) — Anno 1496 galt das fuder guten wein 4 und 5 gulden. — K.-S. G., p. 365.

Fol. 108ᵇ --
109ᵃ
1495

2174. (*Blatterhaus gemacht.*) — Anno 1495 ward das blatterhaus von herrn Bastian Erben gemacht bey Finckweylerthörlin. Damallen kamen viel leuth auss Frankreich, die koenig Carolo in Italien und Neapolis gedient hatten, die hatten eine unbekante krankheit, die weder artzt noch barbierer heilen konten. Man wollte und dorffte sie auch in den badstuben nicht annehmen. Man hiesse sie die blatterleuth, etliche die Frantzosen,

---

1. Ce texte se rapproche beaucoup de celui donné par Specklin (fol. 7¹ᵇ, à l'année 1479).

dieweilen sie's aus Franckreich brachten. Da bawte herr Bastion Erb umb gotteswillen ein blatterhaus in Finckweyler auff dass unschuldige, fromme leutt nit also im feldt stürben und gabe man vil guttes dorin. Und war die kranckheit erblich; hatten dass essen aus dem spittal.¹ — Exc. Sp. — Pp. P. et Schn.

2175. (*Seltsames Zeichen.*) — Anno 1496 wurden zwischen Dann und Sennen im heumonath auff einem baum 60 falken und mitten inne ein grosser schwartzer adler gesehen. — Exc. Sp.   1496

2176. (*Wetter schlaegt in's Münster.*) — Anno 1496, den 6. hornung, schluge das wetter ins münster, datt grossen schaden. — Pp. Sch.   Fol. 111ᵛ 1496

2177. (*Weinpreise.*) — Anno 1497 (wurde guter wein das fuder verkauft) zu 3 und 4 gulden. — K.-S. G., p. 365.   1497

2178. (*Neue Münsterorgel.*) — Domollen brach man die orgel im munster ab biss uff den fuss und wurde durch Hanss Kerpffere von Anspach widerum, wie sey ietzundt ist, auffgesetzt und cost, über alles was man zum besten hatte, über 1000 gulden². — Ibid.   Fol. 115ᵛ 1499

2179. (*Ablass zu Strassburg verkündigt.*) — Anno 1499, zu mittelfasten, schickte pabst Alexander VI ablass in Teutschland. Die verkündigten offentlich aufs künftig iohr gen Rom aufs iubeljohr zu kommen, mit anschlagung voriger verkündigung so anno 1450 geschehen. Doch ward solches etwas milter, wie dan vor 10 iahren pabst Innocentius VIII auch gethan hatte, welcher mehr geld davon bracht weder ein iubeljahr ertragen mochte; den process nahme man jetzund auch vor die hand. Als die legaten kamen mit dem ablass, zogen alle orden, stifft und geistliche mit dem creutz ihn entgegen und empfiengen den ablass gantz demüthig, den trug ein esel in einem goldnen kaestle auf dem rucken. Da führte man den ablass in's münster, dorin war nichts als ein alter brieff, den stellte man auf den altar, wie gewohnlichen ist, mit grosser andacht. Danach sass man zu beicht im münster, zu den Predigern, zum iungen S. Peter, zu den Baarfüssern und zu Unseren frawen brüdern. Do stunde in ieder kirch ein creutz und ein kasten mit ablassbriefen und ein kasten darein

---

1. SCHNÉEGANS cite ce passage sous le feuillet 104ᵛ, mais le compilateur anonyme du dix-huitième siècle et PIROX ont tous deux l'indication adoptée plus haut. G. KOCH, dans ses *Observations sur l'origine de la maladie vénérienne, et sur son introduction en Alsace et à Strasbourg* (*Mémoires de l'Académie des Inscriptions*, t. IV, p. 347), cite également le fol. 109ᵛ, en discutant, sans citation directe, l'opinion de SPECKLIN.

2. Cette donnée n'est peut-être qu'une variante de la note analogue de SPECKLIN (fol. 97ᵛ), à l'année 1489.

man das geld legte. Do musste man die sünd beichten, davor gab einer, nach dem die sünd war, einen auch zwey schilling. Was aber grosse sünden waren als ehebruch, todtschlag und ander schelmenwerck, do musste einer etwan ein gulden, auch zwey, bis in die fünff und sechs gulden geben, hoeher kam es nit. Den ablassbrief aber musste er insonderheit zahlen, der zahlt fünf blappert zwey pfenning. Welcher aber bley daran haben wollte, der musste fünf schilling geben, doch hatte einer die wahl. Dieweil aber das bley wahrhaffter ist, nahmen die reichen gewöhnlich die mit bley gesiegelt waren. Das waehrte bis auf den osterabend.

Es wurden allen denen die beichteten buss aufgelegt, darnach einer gesündigt hatte. Etliche lagen, etliche knieten vor dem creutz ein, zwey oder drey stunden, etliche vor Unserer frauen bild, etliche mussten einen oder zwey rosenkrantz betten, etliche lagen im ersten tag. Etliche mussten die waffen domit sie wund oder todtgeschlagen haben, in händen, etliche im mund tragen und haben. Etliche lagen creutzweis, etliche den langen weg, etliche mussten auf den knien um's münster gehen und betten, etwa 100, auch 200 ave maria und etliche pater noster. Mussten auch fasten, nach dem es einem aufgelegt war. Es war ein solch getraeng dass mann kaum priester genug hatte zur beicht und absolution.

Es ward auch erlaubt dass alle die nit gen Rom wollten auf's jubeljahr sollten ungefaehrlichen halb alsoviel in gotteskasten legen, als sie vermeinten gen Rom zu verzehren. Do kam schier alles landvolck aus dem bistum auch herein. Sie vertrieben auf sechzig tausend ablassbrieff nur zu Strassburg. Das geld das sie dafür, auch für andre sünden und die zehrung gen Rom aufhuben, ist ohnzahlbar gewesen. Man führte das geld mit wegen hinweg, darauf war auf iedem wagen ein creutz und bannbrief daran. Welcher solches wollte angreiffen, wäre des teufels mit leib und seel. Welcher aber wollte noch mehr darein legen, gebote der pabst den engeln im himmel dessen seele an seinem end, ohnangerührt des fegfeuers, in die ewige freud zu führen.

Sie hatten viel schreiber bey ihnen die nichts dan ablassbrieff schrieben, die andren versigelten's, dan sie hatten des pabstssiegel. S. Peter's schlüssel der hieng am creutz, der war gulden. Es war ein gross getraeng, den jedermann wolte den schlüssel zum himmel sehen, den Christus S. Peter gegeben hat. Man fiel davor nieder mit grossem reverentz. Man schlug die vorige bulle des pabst Clemens welche er vor 50 iahren gegeben hatte, wider an. Das geld, wie man vorgabe, sollte wider den Türcken gebraucht werden, wie allezeit vorgewendet worden. Es betruge allein in Oberteutschland auf 6 donnen goldes, ohne was gen Rom kam. — SILBERMANN,

Extraits manuscrits, p. 108—110. — Ce passage se trouve également en résumé et plus modernisé dans les papiers de T. G. Rœhrich.

2180. (*Brand in Strassburg.*) — Anno 1499 auf Mariæ Empfängniss, morgens umb 5 uhr verbrannte die haberdoerre bey der Dingsenmühle. — Exc. Sp.
Fol. 116ᵃ

2181. (*Bischof Albrecht's Bauten.*) — Darneben braucht er auch vil geltt, dan er vil heusser zu Zabern kaufft auf dem Rossmarck, solhs abbrochen und herrlichen gebawen, auch dass schloss Issenburg zu Rufach, so verfallen, widerum uffbawen. — Pp. Schn.
Fol. 116ᵇ
1500

2182. (*Brand in Strassburg.*) — Eodem anno (1500), montag nach Jacobi, brannte der Gürtlerhoff. — Exc. Sp.

2183. (*Verschiedene Braende in Strassburg.*) — Anno 1500, sambstag nach Judica, brannte ein hauss im Bruch. Sontag nach Judica, zum Schwanen, Georg Scherer's hauss. Auff Adolphi, im Giessen, Hans Neffen des metzgers, und hinder dem Seyffenhauss. Auff Catharinae brante das schatzhauss neben der kürssnerstuben. Auff Luciae und Otiliae, dess von Hewen hoff in Brandgass. — Ibid.
Fol. 117

2184. (*Altar im Münster gemacht.*) — In diesem jahr ist der schoene altar im münster von Nicolaus von Hagenauw gemacht worden. — Pp. Schn.
Fol. 121ᵃ
1501

2185. (*Ein neuer Ablass.*) — Anno 1502 kam der paebstliche legat, cardinal Raimundus, mit grossem ablass wider den Türken. Er vergab alle sünden, auch wenn sie nicht gebeichtet, bey todten und lebendigen, die aber der seligkeit für die abgestorbenen seelen wollten gewiss seyn, mussten 15 schilling geben. Es gieng gross geld ein. — Pp. T. G. Rœhrich. Texte probablement modernisé.
Fol. 121
1502

2186. (*Brand in Strassburg.*) — Anno 1502, auff S. Ursulae tag, abends umb 9 uhr, brante es in Jacob Kerle, des metzgers hauss, hinter Jacobs Bergers, ritters, haus, verbrannten 3000 viertel früchten. — Exc. Sp.

2187. (*Wilhelmerkloster neu gebaut.*) — Als das Wilhelmercloster, so nuhr von holtz gebauen, mehr theils wahre..... (ohne die kirch) und altt, wardt es diess iar abbrochen und alles von steinwerck bawen, wie noch inwendig uber dem portall solche schrifft zu sehen ist, also:
Fol. 122ᵇ

Durch Erhart von Steinbach
   prior und provincial
wardt volbracht dieser baw uberall
Und war XVe und II die iarzall.
Also beleibt das sprichwort bey dem orden:
Wolt ich arbeitten wehr ich ein Wilhelmer worden.
Sub Alexandro sexto et Maximiliano.
Romanorum rege. — Pp. Schn.

Fol. 110 (sic)
1503

2188. (*Der Bundschuh im Breisgau.*) — Anno 1503 war Jost Fritz hauptmann des bundtschuhes in Breissgau. — Exc. Sp.

Fol. 123^c

2189. (*Dachsteiner Inschrift.*) — Doweil man aber eben domaln Dachstein bawte, ist solhs zur gedehtnus im shloss im fordern baw ingehawen worden, also:

Ex ducibus Bavaris Albertus episcopus istam
Instaurans arcem, nobile fecit opus,
Mansuetusque pater patriae multo aere redemit
Vallem cui nomen perflua Brusca dedit.
Utque pro voto patarant (*sic*) intrare Trebetos
Oppida cum pagis libera restituit.
Anno Christi MCCCCC. tertio. Operis violator infoelix esto. — Pp. Schn.

Fol. 124^b
1504

2190. (*Kaiser Maximilian und Geiler von Kaysersberg.*) — Anno 1504, auff Unsrer frauen himmelfarth, war kayser Maximilianus abermahlen in Dr. Kaysersbergers predigt, wie auch bischoff Albrecht und viele fürsten und herren.

Fol. 125^a

Do hat Dr. Kaysersberger am end seine predig abermahlen der reformation gedacht, will pabst, bischoff, kayser, koenig nit reformiren unser geistloss, verrucht, gottlos leben, so wird gott einen erwecken der es thun muss und die fallene religion wider aufrichten. Ich wünsche den tag zu erleben vnd sein jünger zu seyn, aber ich bin zu alt; euer viel werdens erleben. Ich bitt euch denken an mich, was ich sag.

Der kayser hat mit bischof Albrechten desshalben viel geredt, auch nach Jacob Wimpffellinger in sein herberg beschickt und dieses wissen maus rath mit grossem fleiss angehoert. — Silbermann, *Extraits manuscrits*, p. 5 et une seconde fois, p. 120. — Sous une forme plus moderne le même récit se trouve aussi dans les papiers de T. G. Rœhrich.

2191. (*Brand in Strassburg.*) — Anno 1505, samstag vor Martini, brannte die steinhütte auff dem Maurhoff ab.¹ — Exc. Sp. Fol. 126 1505

2192. (*Bischof Albrecht stirbt.*) — .... Und auff S. Bernhardts dag, war donnerstag vor Bartolemeii, zwischen 3 und 4 uhren, do starbe zu Zabern bischoff Albrecht von Strassburg, hertzog aus Bayern. Er war ein frommer herr, hielte gutten friden, darum verliesse er ein grossen schatz. Er war bischof 28 jar, 9 monat, 5 tag. Man begrube in mit grossem leydt zu Zabern in sein neuw capell, und begrebnuss, die er in der kierchen bawen hatt lassen. Fol. 128ᵇ 1506

Nota sein epitaphium.² — Pp. Schn.

2193. (*Die Boeller erfunden.*) — Anno 1506 seind die boeller erfunden, und Mülhausen in Schweitzer bund kommen. — Exc. Sp.

2194. (*Wirthshauss zum Spanhett wieder aufgebaut.*) — Anno 1507 ward dass wirthshaus zum Spanhett, welches anno 1497, samstags nach Ulrici, in der mess abgebronnen, von Unserer frauen werck wider gebawen. — Exc. Sp. Fol. 129 1507

2195. (*Neue Münze gebaut.*) — Anno 1507, auff Quasimodo, suchten die von Strassburg bey Kayser Maximilian I an, goldgulden zu müntzen, so auch verwilligt. Da hub man an die ersten zu schlagen und brach man die alt müntz ab und baute die neue dahin, die noch da steht, mit der schoenen schlagglocken. — K.-S. G., p. 707. Fol. 130³

---

1. Un hasard heureux nous a conservé la preuve convaincante de l'état tout fruste dans lequel se trouvaient encore les données groupées sur les feuillets des *Collectanées*. Le feuillet 126³ du manuscrit était tout simplement une lettre de Specklin, à l'un de ses beaux-frères, demandant des renseignements sur une chapelle seigneuriale quelconque, dont il voulait parler à l'année 1505. Il avait évidemment placé ce papier là comme memorandum pour une rédaction future qu'il ne put entreprendre. Cette lettre ayant fait partie des *Collectanées*, nous la donnons ici, telle que L. Schnéegans l'a copiée.

Mein gruss zu voran, lieber schwager Mathern, ich habe zu negst das mess von goltschmidt entpfangen, solhs M. Leinhartten geben, hatt das holtz zu gericht, wurdt sey die ander wochen machen, wil ich sey dan hinuss schicken.

. . . .

Bitt wollen den goltschmidt bitten das er mir in der schlosskirchen die begrebnuss abzeichne, die gegen der kirchenthür über stoht. Sol, mein ich, etliche bretter darvor ligen, lieber lossen ein wenig dar zu räumen, den ich's gern hette. Hiemit gott befollen. Datum den 16. junii anno dom. 87. Euer williger schwager

Daniel Speckle.

2. Specklin voulait sans doute copier plus tard cette épitaphe à Saverne même.

3. D'après les papiers de F. Piton, c'est au feuillet 131 que se serait trouvée cette notice.

2196. (*L'empereur Maximilien à Strasbourg.*) — Le Vendredi-Saint 1507, l'empereur Maximilien I arriva à Strasbourg; il logea à l'hôtel des chevaliers de Saint-Jean de Jérusalem. Il fit une absence de quelques jours pour se rendre à Brumath et à Buchsweiler et Haguenau. Pendant son absence des gens de sa suite eurent une dispute avec les jardiniers du Marais-Vert; un gentilhomme fut tué dans sa querelle. L'empereur reçut la nouvelle de l'affront fait à sa suite, et ne passa pas même, lors de son retour, par Strasbourg et se rendit à Offenbourg, où il fit conduire sa couronne et ses équipages, qui étaient restés déposés au Pfennigthurm. Il envoya d'Offenbourg Pierre de Merschbourg, landvogt, pour se plaindre, en son nom, des procédés de cette partie de la population et pour en demander la punition sévère. L'empereur porta même une plainte à la diète de Constance le 23 avril suivant, et nomma une commission pour instruire cette affaire; mais, sur les instances et les excuses de la ville, la chose en resta là. — Pp. P. — (Cfr. MEYER, éd. *Reuss*, p. 72—74.)

2197. (*Hagel gefallen.*) — Anno 1507, montag vor Bartholomae, seind umb 4 uhr hagelstein gefallen wie ein faust und gaussey, lagen vier tag ohne schmeltzen, schwemmete die reben mit wurtzeln hinweg. — Exc. Sp.

2198. (*Streit zwischen den Predigermoenchen und Baarfüssern.*) — Anno 1508 huben die zwen orden, die prediger und baarfüsser in den predigen einander an zu schaenden und laestern von wegen der heiligen iungfrau Maria halben. Die prediger wolten sie waere in sünden gebohren wie ein anderer mensch, aber doch heilig, sonst haette Christus als ein mensch von ihr nit koennen gebohren werden, doch ohne sünd. Die baarfüsser wollten sie waere ohne sünd gebohren, darum auch Christus ohne sünd von ihr gebohren waere.

Die baarfüsser hatten einen groesseren zulauff den die predigermünch, derhalben bekamen sie mehr opfer, also dass meyster und rath gebieten musste, von solchem abzustehen und solches dem pabst zu urtheilen heim zustellen, und sollen die pfarr- und beichtkinder iedes sein opfer dahin opfern da es hin gehoert. Darauf fuhr D. Wiegand von Franckfort gehn Strassburg zu D. Sephan (sic), predigerordens, halten rathschlag und fuhren darnach gehn Rom zum papst, do ist er verlohren worden. Als er nit wider kam von Rom hatte D. Stephan viel boese anschlaeg, die sache mit Maria zu erhalten, aber D. Sebastian Brandt zu Strassburg vexirte die moenche mit schreiben und carmina sehr wohl. Darauf zoge D. Stephan von Strassburg aus dem closter und hielten zu Wympffen ein capitel wider die baarfüsser und wollten ihr sachen mit wunderzeichen und hülffe des teuffels erhalten. Und zoge D. Stephan desshalb von Strassburg aus dem closter gehn Bern, da sie dan einen einfaeltigen schneiderknecht in den orden nahmen, machten falsche geister, so dem bruder erschienen, auch die fünf wunden überkam und viel anzeigt was Unser frau mit ihme geredt, und betrogen viel leuth.

Darauf predigten die prediger moenche dass man die baarfüsser sollte vertreiben, dan Maria solches befohlen haette. Das wolte der rath zu Strassburg nit thun ohne befehl des pabsts. Die prediger wollten aber aus befehl Mariae die zu Bern den predigermoenchen solches befohlen hatte, das baarfüssercloster zu Strassburg auch mit gewalt haben oder mit dem bann gegen die obrigkeit handeln. Dan D. Stephan Koltzhorst, so zu Bern den handel fühlte, war aus dem prediger closter zu Strassburg dahin gezogen, mit dem teuffel den pact gemacht, zeigt an das prediger closter zu Strassburg waere nit reformirt, mainte also das closter a'ein zu bekommen. Aber D. Sebastian Brand zu Strassburg machte viel carmina wider die predigermoenche und Mariae zu ehren. Das wolten sie, die prediger nit leyden dass man Mariae ohne erbsünde wollte verthaedigen, stunden auf ihrem Thoma von Aquino, das gab vil zanck und mussten sich die baarfüsser moench wohl leyden. Die obrigkeit beschützten die baarfüsser, sie haetten sonst fort gemusst, dan sie sehr verhasst wurden, viel aber hieltens mit den baarfüssern dieweil sie Maria die reine magd ohne erbsünd verthaedigt. Die baarfüsser zu Schlettstatt mussten vor dieses mahl fort aus ihrem closter und den predigern einraumen. — SILBERMANN, *Extraits manuscrits*, p. 7—8.

2199. (*Geilers Reformationsversuche.*) — Auf dringendes zureden Geilers gebot der bischof dass sich alle geistlichen sollten ehrbar und fromm halten, aergerniss vermeiden, damit sie gott desto besser dienen koennten, verbot allen thumherren, geistlichen praelaten dass sie alle offenen huren, und andre von sich thaeten, beym bann und verlierung der pfründen. Dasselbe verbot er auch den kloestern, aber sie protestirten dagegen, zeigten an dass sie menschen waeren, er solle sie lieber ihrer gelübde entschlagen, die sie unwissend gethan und appellirten an den pabst. Geiler appellirte wider diese appellation, aber es half nichts, der pabst erklaerte man solle die kloester lassen wie sie sind, wenn auch die moenche und nonnen sündigten[1]. — Texte résumé et modernisé des papiers T. G. RŒHRICH.

---

1. Peut-être ce passage de SPECKLIN, appartenant à l'année 1508, n'est-il qu'une variante résumée du texte, donné plus haut, fol. 102—104.

2200. (Stadtbefestigungen.) — Anno 1508 hat man die rundwehr am Kronenburg gebawen, auch das Roseneck unter Steinstrassen und den XIII° graben hinab geführt bis zum Rauscherthoerlein. — Pp. P.

2201. (Geiler von Kaysersberg stirbt.) — Anno 1510, zu mittfasten, das ist auf Laetare, zu mittag, starb D. Johan Geyler von Kaysersberg. Er war über 76 jahr alt; liegt vor dem predigstuhl begraben. D. Sebastian Brand machte ihm sein epitaphium. — SILBERMANN, *Extraits manuscrits*, p. 6.

2202. (Wimpheling besucht J. Reuchlin.) — Anno 1510 kam Jacobus Wimpheling zu Joh. Reuchlino nach Pfortzheim mit Jacobo Sturmio. — Exc. Sp.

2203. (Kaiser Maximilianus schreibt an Jacob Wimpfling gehn Strassburg.) — Maximilian von gottes gnaden roemischer kayser, alzeit mehrer des reichs, entbieten dem wurdigen, andaechtigen, unserm lieben und getreuen Jacobo Wimpelingo (sic) von Schlettstadt, der heiligen geschrifft lehrer, unsern gruss.

Wurdiger und andaechtiger, lieber und getreuer, nachdem wir, wie auch unser herr vatter hochseeliger gedaechtnuss, stets zu gemuth geführet mit was grosser beschwerd nit allein auf unserm land, sondern dem gantzen roemischen reich ein grosse beschwerde auf dem haltz lieget, mit erschoepfung Teutschlandts an allen gütern, so gohn Rom fleusst, ohne alle noth und authoerens. Dieweil wir aber vor 5 iahren mit D. Kaysersperger seeligen und dir mündlichen von diesem red gehalten, und einmal muss in's werk gesetzt werden, sind wir desshalben gesinnet einen tag gehn Coeln und Trier auszustellen, damit des koenigs von Franckreich und parlaments gesandte auch möchten dabey sein. Ist derohalben unser gnediges begehren an dich, du wollest nachdenckens haben wie die beschwerten, ohne hinternuss der religion, von Rom und den curtisanen etwas moechte abgewendet werden, uns (und) dem heil. roem. reich zum besten. Das wollen wir in genaden gegen dir erkennen, wie wir dan mit anderen getreuen gleichs fleiss wollen beratschlagen, damit ein concilium darwider moechte vorgenommen werden.

Datum Innspruck, den X. mertz nach Christo geburt 1510, unseres roemischen reichs im 25. ior. — SILBERMANN, *Extraits manuscrits*, II° partie, p. 1-2.

2204. (Leben Jacob Wimphelings.) — Dieser Jacob Wimpflin ist zu Schlettstadt von frommen eltern gebohren und auferzogen worden. Er hat erstlich zu Schlettstadt, darnach zu Freyburg und Paris studirt, hernach

professor worden zu Heydelberg in theologia, darauf thumprediger zu
Speyer, kam zuletzt gehn Strassburg, da er dan nach langen iahren, als er
die enderung der religion erlebt, davon ich (sic) offt sagt, es muss brechen,
dan man keinen gott im himmel forchte, noch glaubt, alles war ut Rom
gericht, jetzund hoere ich die engel einmahl das gloria in excelsis singen,
jetzt hoere ich einmahl, dass Christus unser erloeser ist, jetzt sehe ich
Christum in der schoos Simeon's, o herr, nun lass deinen diener in frieden
fahren, den meine augen haben der welt heiland gesehen. Er ist zu Schlettstadt bey seiner schwester nach etlichen ioren gestorben im 80ten iors sins
alters.

Er hatte grosse liebe zur jugend, darum er sich gehn Strassburg that,
hat viel unterwiesen, insonders herren Jacob Sturm an dem die stadt, auch
gantz Teutschland viel gutes empfangen hat, den auch kayser Maximilian
für den gelehrtesten hoch hielt, auch sehr viel seines raths bevor ab in
religionssachen brauchte.

Er ist einmal gantz hart von den Augustinermünchen zu Strassburg,
bey pabst Julio II. zu Rom verklagt worden. Die ursach war das er geschrieben hat, unter andern geschrifften an kayser Maximilian: S. Augustinus
waere ein bischof und lehrer gewesen, wie in seinen büchern zu sehen
und kein moench oder doch kein solcher wie ihn unsre Augustinermoench
hier abmahlten, mit einem langen bart, schwarzer kutten und breytem
gürtel. Doch ginge das noch wohl hin, wan sie nur auch seiner lehr und
leben nachfolgten. Unser moench hier koennen noch wissen nit ein capitel
in gantzer heiliger geschrifft anzuzeigen, sind tag und nacht toll und voll,
das closter laufft offentlich voll huren, von einer zell zur andern, ia ein
solcher schlepprock darff wohl in einem vierteliahr nit einmahl rauss
kommen, niemand ist der solche buben strafft, weder pabst noch bischoff,
die obrigkeit darf die geistlichen nit straffen. Also laufft der teuffel durch
alle staend, etc. Als solches der pabst Julius erfuhre, citirt er den Wimpff-
ling gen Rom; dieweil aber Wimpfling mit dem stein beladen, hielten
D. Conrad Peutinger und sein vetter Jacob Spiegel, kays. Maximilians
secretaren, bei kays. May. hefftig an, dass er selbst an pabst schriebe,
dieses frommen mans zu verschonen und ein concilium zu halten und
die laster an den geistlichen abzustellen, aber, ob er solches thun wolte,
erliess er von der citation.

Es hat kayser Maximilian vor vier iahren als er zu Strassburg war und
mit Jacobo Wimphelingo von wegen der reformation und beschwerd des
pabsts viel geredt, und sin bedüncken stets angehoert als eines gelehrten,
treuen, aufrichtigen, geistlichen man's, der auch dem kayser gantz treu-

ligen herrn gerathen, und niemand hierin verschont. Zeigte an der kayser koennte gott keinen heiligern und angenehmern dienst thun und kein loeblicher werck, als dass er die beschwerd Teutschland's maessigt, der cortisanen muthwill dempft, das geld das vor annaten, pallium, sies und ander aus Teutschland komme, dasselbige an gelehrte leuth wendet, wie in Frankreich, etc. Darauf der kayser als er heim nach Innsbruck kommen zu anfang und vorbereitung ein eyd aussgehen lassen und solches dem Wimpheling zu besichtigen gohn Strassburg geschickt. Ist publicirt worden. (Exhibetur ab auctore[1].)

2205. *J. Wimpheling schreibt an K. Maximilianum.* — Auff dem reichstag zu Augspurg schrieb kayser Maximilian Jacoben Wimphelingen gehn Strassburg, schickt ihm des Luthers fürbringen, begehrt sin bedencken. Wimpheling schrieb dem kayser, noch dem er sehr alt und die sach wichtig, waere das sein beduncken, demnach Ihro Mayestaet vor etlich langen jahren ein gottseelige christliche reformation ahn den geistlichen, so gantz hoch vonnoethen allwegen gewesen ist, dieweil Ihro Mayestaet aber an pabst und den cardinaelen niemahlen nichts haben erhalten moegen und sie nur das gespoett mit allen, so es goettlich, treu und redlich gemeint haben, getrieben, koennen Ew. Mayestaet jetztmahlen eben das gegentheil auch thun, darzu mit besserem gewissen, dan die geistlichen selber an solchem goettlichen werck treiben solten also das betürtern. Ew. Mayestaet haben's in die 20 iahr her wohl erfahren, wie ernstlich sie solches gemeint haben, das nicht an den geistlichen zu reformiren ist, ia sie leidens nit und solten viel fromme, redliche leuth, ia gottes wort selbst darüber zu grunde gehen. Aber dieser moench greifft nit ihr persohn an, sondern die lehr, so mit grosser ergernuss in der kirchen geduld wird, und thut solches aus gottes wort, derhalben die ungelehrten moench nit viel erhalten werden, sondern aus nur durch der kirchen autoritaet geschehen, welche viel dings ohn gottes wort eingeführt hat. Ew. Mayestaet wird auch angeruffen werden als ein beschirmer der kirchen, welches nit fehlen wird, alsdann können Ew. Mayestaet antworten, dass Ew. Mayestaet nit wolle gebühren in den geistlichen sachen etwas zu sprechen. Alsdann wird sichs Ew. Mayestaet propheceyung in wahrheit befinden, die gesagt haben, es müsse gott selber eine reformation anfahen, dan solches keinem menschen müglichen ist. Also hart sind die geistlichen in ihrem fürnehmen. Wan dan Luther in seinem fürnehmen fort fart, so muss dan gewiss folgen

---

1. Sans doute note de STROBELMANN.

wan die lehre sich aendert, die persohnen sich auch müssen darnach leben. Hiemit koennen Ew. Mayestaet eine weile zusehen biss sie ein weil die koepff mit einander anstossen, dan Luther nit gern vom gewissen grund weichen wird, wie ich von den hoer die ihn kennen. So wird unser heiliger vatter, der pabst, von der kirchen noch weniger weichen und koennte nichts schaden, dass man ihnen die hand im haar hielte, biss sie selbst ein reformation begehrten. Alsdann waere es zeit etwas fruchtbarliches vorzunehmen, doch hoffe ich, gott werde alles zu seiner kirche nutz und frommen richten, welches ich von gott bitte. Ew. Mayestaet secretarien Jacob Spiegeln hab' ich noch laenger geschrieben mein redlichs bedencken, davon es Ew. kayserliche Mayestaet werden hochren, etc.

Hierauff hat sich der kayser, so viel moeglichen des orts enthalten, auch bald den abschid machen lassen und hat herrn Johann Roeschen, prior der carthusen zu Fryburg im Bryssgau erfortern lassen, ein frommen gelehrten man, den er auch biss an sein end bey ihm behalten hat, und im october von Augspurg nach Oesterreich verreyst. — SILBERMANN, *Extraits manuscrits*, deuxième partie, p. 2—6. — Ces mêmes fragments ont été également copiés par J. WENCKER dans ses *Collectanées*, conservées aux Archives de la ville. T. II, pièce 13.

2206. (*Neuer Ablass an den Deutsch-Orden.*) — Anno 1510 gab der pabst den Teutschen herren grossen ablass, mit solchem wider die unglaubigen zu streiten, doch solte man ihm den dritten pfennig davon geben. Dieweil er ihnen aber einen über alle mas grossen ablass gab, welcher sich in die 40 tausend etlich und 80 iahr und etliche tonen (*sic*) erstreckte, auch viel, da man eine seel mit 2 schilling, 9 pfennig gar aus dem fegfeuer erloesen konte. Solcher ablass war im Teutschen hauss und zum Jungen S. Peter ausgetheilt durchs gantze iahr, alle monat drey tag. Jederman wolte des ablasses theilhafftig werden. Die priesterschafft und die orden setzten sich hart darwider, sagten ohne seelmess könte keine seel ledig aus dem fegfeur kommen. Da kauffte man's zu beeden seiten damit man's nur gewiss hatte. — SILBERMANN, *Extraits manuscrits*, p. 121. — Le même passage a été résumé dans ses notes par T. G. RŒHRICH. Fol. 142ᵇ

2207. (*Neuer Ablass gepredigt.*) — Anno 1515 liess bapst Leo X. ablass in alle welt ausgehen. Die weil man aber wusste, das der Türck in Asia und Aegypten kriegt, wend er für wie ihme bottschafft kaeme, wie so viele christen gefangen würden, die alle nach erlassung schreyen, liess zu Rom grosse ablassbrieff trucken, deren viele nach Strassburg kamen. Zum Jungen S. Peter sass man zur beicht und hieng den brieff auff. Aus- Fol. 161ᵇ 1515 wendig zu eingang auf einer spannen breyt, war ein figur getruckt, auf der einen seiten zerstiess Christus das fegfeuer mit dem creutz. Die herauss kamen steht Christus bloss und weisst sie von ihm zum pabst, der auf dem stuhl sitzt in seinem ornat, empfahet sie um's geld. Auf der andern seit liegen und stehen kayser, koenig, cardinael, bischoeff und andere zu den füssen des bapstes. Darnach komen viel erloeste da neben dem pabst. Darnach stehen die priester, zehlen den Türcken viel geld dar für die gefangenen allerley volckes, die alle in tieffen brünnen liegen, darüber eitel eisserne gaetter, in summa alles auf's grausambst gemalt. Maenniglich der es ansahe weinte und legte das geld mit hauffen ein. Dafür machte man jedem menschen ein creutz an die stirn. Es gab ein gross geld, man hat aber von keinem gefangenen, der erloest war, gehoert. — SILBERMANN, *Extraits manuscrits*, p. 122.

Fol. 163ᵛ **2208.** (*Ein Wetter am Neujahrstag.*) — Anno 1515 auff den newen iardag, schniet es sehr; in dem kompt gelingen ein blix und ein dunderstreich in's münster, das die gantze statt erzitterrt; hört hirmit auff. — Pp. Sehn.

2209. (*Mülhausen tritt zu den Eidgenossen.*) — Anno 1515, 19. januar, wurden auff einem tag zu Zürich die von Mülhausen in bund auffgenommen, tratten also zu den eydgenossen. — Exc. Sp.

2210. (*St. Michaelskapelle im Munster.*) — Domollen hube bischoff Wilhelm neben S. Lorenzen die gross capel zu S. Michel alm zu bawen, mit dem kupffern dach und guldenen kneplfen, und wollte do sin begrebnuss haben, und stifft dohin gutte pfrunden, und ist sein biltnuss und wapen noch im fenster zu sehen. Alss aber die religion hernach ist geendert worden, hatt es solches hernoch beleyben lassen, wie es noch ist[1]. — Pp. Sehn.

Fol. 164 1516 **2211.** (*Gespenster im Elsass.*) — Diss iar nit allein, sonder auch vil ior hero, hat man in allen landen, insonderheit im Elsass, Brissgow und anderswo, dass wütend heer nicht allein bey nacht sundern auch bey tag in waeldern und bergen gehoert. Bey nacht lieffen sie mit trommeln und pfeiffen über die felde, auch durch die statt mit grossem geschrey, mit

---

1. Une autre variante de ce texte, écrite au même feuillet, a été également conservée par L. SCHNÉEGANS :

« Domollen hube bischof Wilhelm zu Strosburg neben S. Lorenzen capel alm zu bawen eine grosse, schene kirch oder capel am münster, schen gewoelbt und mit einem kupffren dach mit verguldtem knopffe, welche anno 1520 fertig wardt. Dorin wollte er sin begrebnuss haben, beleibe aber hernach in verenderung der religion ersitzen. »

liechtern, 50, 80, 100, auch 200 mit einander. Der eine trug den kopff, der ander das kroess in handen, arm, schenkel, wie sie im krieg waren umbkommen. Sie hatten liechter mit lauffen, dass man sie erkennen kunt, wer sie gewesen. Es lieff allewege einer vorauss, der schrye staets: Ab weg, ab weg! dass niemant nichts geschehe von allmend aufsteigen. Alsdann im feldt liesse man vom allmend auf die acker; auff der gassen, in stetten lieff man in die heusser und thürschwellen ein. Do geschah niemandt nichts, was sie auff dem allmend antraffen, dass fand man todt. Zu Freyburg sahe ein weib ihren man der im krieg umbkommen war, auch also im hauffen lauffen, dem war der kopff von einander. Die liesse zu im und bande ihm den kopff mit ihrem schleyer zusammen. Der hatte sin frawen umb etliche selmessen. Da kam einer hernach auss dem gespenst, der gab ihr ein grossen güldenen kopff, sie solt drincken. Sie nahm den, also liessen sie fort und behielt die fraw den kopff in der handt, und geschahe ir nichts, und hat sich hernach befunden dass der güldene kopff gut und kein betrug gewesen, und mehr dann umb 80 gulden verkaufft worden, den hat der teuffel gewiss anderswo gestollen. Es sind in dissen iaren an allen enden solchs gespenst stetz gesehen worden, die hülff und rettung begehrt haben, also dass man meinte dass alle seelen auss dem fegfeuer hilff begerten. Man hilte von morgens frü biss schir in mittag an allen enden seelmessen und vigilia damitt den seelen zu helfen. Ich glaub dass der teuffel hat gespürt, dass sein reich und betrug bald solte an dag kommen, hat er sich noch letzen und die leutt mit betrug also wollen im aberglauben erhalten, wie dann hernach als des Luthers lehr an tag kommen, solches gespenst bald ein ende genommen. Darauff sich die leutt beklagt, die armen seelen müssten ietzt im fegfeur bleiben, dieweil man ihnen nit mehr wil zu hülff kommen mit messen und anderem. Also betroge sie der teuffel auf bede weg; gott helf uns! Es erhube sich auch die wälfart und lauffen gen Regenspurg, zu der schoenen Maria, und geschahen seltzame wunder, do sie der teuffel ahnstifft. — J. WENCKER, *Collectanea manuscripta*, II, pièce 13, fol. 1. — Pp. Rh.

2212. (*Drei Neuerungen prophezeit.*) — Anno 1517. Von diesem iahr hat Lichtenberger geschrieben dass sich drey erneuerungen zutragen werden, 1. mit D. Luther in dem gottesdienst, 2. mit Teophrasto in der artzney, 3. mit Albrecht Dürer in allerley künsten.

  TIbI CherVbIn et SeraphIn IncessabILI
  VoCe proCLaMant. — Exc. Sp.

2213. (*Luther's Auftreten.*) — Anno 1517 liess ertzbischoff Albrecht von Maintz ablass predigen am Rheinstrom, vergebung aller sunden, und das durch's pabst macht und gewalt. Dieweil aber Magdeburg und Halberstadt ihme auch zustaendig, predigt Johann Tetzel in Saxen den ablass auch mit anzeigung dass diss hültzen creutz so hoch zu halten als das creutz Christi, daneben der ablass so gut als Christi und S. Peters ablass, ia ob einer schon die mutter gottes geschwaengert haette, auch alle mord und diebstahl gethan, solches koente er aus gewalt des ablasses alles verzeyhen, auch alle seelen aus dem fegfeuer erloesen, doch also das solches allein geschehe, alweil das ingeworffene geld im kasten klinglett, schmeht hiermit alle vorige ablass, domit man neuen kauffen musste, welches ein sehr grosses geld truge. Dawider legte sich Dr. Martin Luther, Augustiner ordens zu Wittenberg, zeigt an man müsste nit so grob von solchen sachen reden, stellet oppositionen. Dawider legte sich Tetzel und andere gelehrte geschrifftlichen. Durch solches schreiben wurde des Luthers nahmen bekant, dan man ihn von stund an einen ketzer schalt, dieweil er nit also glaubt was die roemische kirch ordnete, es waere recht oder unrecht, ob es schon wider die heilige geschrifft waere, dan der pabst waere über die heilige geschrifft, die haette ihren glantz vom pabst und nit von gott, haette solche macht zu aendern, mindern und mehren, und haette kein engel noch mensch ihn macht zu verurtheilen. Solches solte man alles bey verdammung ewiger seligkeit glauben. Wer es nit glaubt, wär ein ketzer am glauben und mit feuer zu verbrennen. Das wolte Luther nit zugeben, sagte man müsste nit so grob mit dem ablass und heiliger geschrifft umgehn, glaube auch nit dass der pabst solches werde zulassen. — SILBERMANN, *Extraits manuscrits*, p. 123–124.

2214. (*Der Englische Schweiss.*) — Eodem anno kam die kranckheit, der englische schweyss . . . . . Eodem musste man alle wochen im spittal haben 30 viertel frucht, 4 fuder wein, 60 gulden in die kuchen . . . . . Eodem wuchsen die reben so gross dass 5 ein centner wogen. — Exc. Sp.

2215. (*Neuer Ablass in Strassburg.*) — Damalen kam ein cardinal gehn Strassburg, verkauffte ablass zum Jungen S. Peter, lag in der probstey zum Jungen S. Peter auff vier wochen lang. Es war ein gross zulauffen, zoge darnach das land abe, hatte mitt über zwantzig pferdt und vier wagen und an jedem wagen vier pferdt und acht essel, die führten und drugen die ablassbrieff und gellt. — J. WENCKER, *Collectanea, loc. cit.*, fol. 1[b]. — Ce texte se trouve aussi, un peu abrégé, dans SILBERMANN, *Extraits manuscrits*, p. 9.

2216. (*S. Veitstanz.*) — Da erhub sich ein dantz von jungen und alten leutten, die tantzten tag und nacht, dass sie nider fielen, also dass über 100 zu Strassburg auff einmal tantzten. Da gab man in etliche zunftstuben ein, auch auff dem Ross- und Kornmarckt macht man gerüst und bestellte eigene leutt umb lohn, die mussten stets mit ihnen, tantzten mit trummen und pfeiffen; es halff alles nichts. Viel tantzten sich zu tode. Do schickte man sie hinder Zabern zu St. Veit, zum holen stein, auff waegen; da gab man ihnen creutzle und rothe schuh, und macht mess über sie. An den schuhen war unten und oben creutz mit dem chrisam gemacht und mit weyhwasser besprengt in St. Veits nahmen, dass halff ihn vast allen. Und kam solches viel leuth an, denen man St. Veits tantz fluchte, lieff auch viel schelmenwerk mit unter. — K.-S. G., p. 1087. — Pp. Rh.

2217. (*Theurung.*) — Als nun die thürung hart ware, baten die armen burger die geistlichen, die dann vil frucht hatten, das man in solche wolte um ein recht gelt lossen, desglichen bate die oberkeit auch. Aber die geistlichen sagten, sie erfüren wie der gemeine man die lutherische ketzerey wolte, deshalben müsten sie 2 schilling weiters geben, nemlichen 1 pfund, und wolten nit 6 pfennig nochlassen. Do hatte ein oberkeit noch frucht, die dailten sie ausz und gabens den burgern um 7 schilling. Das vertrosze die geistlichen. Ausz solchem trotz der geistlichen viele auf sie ein grosser hasz von burgern, und ist aus solcher kleiner ursachen die gemein den geistlichen nit mehr holt worden, und die artikel so Luther liez auszgan, schluge man, den pfaffen zu troz, an ihre heuser und kirchen. — J. WENCKER, *Collectanea*.

Fol. 169

2218. (*Neue Glocke gegossen.*) — Domollen wurden die pfleger uff Unser frauen hauss zu roth dass sey gott und Maria der konigin und patronin des hohen stiffts Strassburg zu ehren, wolten ein grosse glock giessen, die wardt M. Jorgen von Speier, burger zu Strosburg verdingt, und gab man im von jedem centner ein gulden, zu giessen. Und bawte man eine newe hütten und offen uff den Fronhoff bei der steinhütten, und gabe man, über den alten zeug so man hatte, herrn Friedrich Prechtern vir kupffer 1800 gulden, und weytter vir zin 1032 gulden, und als man den zeug zum giessen schmelzte, drange das volk zum opfer, warffe Unser frawen zu ehren, auch dass die glock besser thonen sollte, vil müntzen in offen von silber und golt, ein gutte summa. Und auff S. Lucien dag, do wardt sey gossen und geriette wol. Druff gabe M. Jorg wehrschaff von Lucie bis über ein iar, widrum auf Lucie, und woge ohn lutter zeug 4/20[1]

Fol. 170^b
1519

---

1. « Soll wohl heissen : 120. » (Note de M. L. SCHNÉEGANS.)

(sic) centner. Ist aber erst anno 1521 gehenckt und alss der glockenstull fertig war, hinzwischen das ander auch gemacht. Das kelrisse dran der klipffel haugt, wog 4 pfund weniger den ein centner. M. Bernhart Zwiffel stattschmidt, schmidt den klipffel, wog 17 centner, und schoen gemacht. Davor gab man im 110 gulden. Bede negel zum wellen wogen 5 centner. Als hat sey sampt dem gehosten oehr ledig gewogen 464 centner, ohne das ander so darzu komen ist.

Dise glock hat in die leng 11 schuch, in die hoche 13 schuch, 2 zoll, und in die runde 36 schuch, 9 zoll, cost auff 800 (sic) gulden alles[1]. — Pp. Schn.

Fol. 171
1518

2219. (*Kirche zu Gersdorf gebaut.*) — Eodem anno war bey Gersstorf ein hirt, der sagte wie Unser lieben frauen abends zu ihm kam und in eine grosse hole eiche gieng; auff ersuchen fand man ein taeffelein darin, darauff Unser lieben frauen gemahlt und ein waxkertz. Darauff hielte man walltahrt zu Unser lieben frauen zur eiche, da ward eine schoene kirche dahin gebaut. Anno 1580 liess graff Philip von Hanau solche abbrechen und die kirche zu Mosbrun mit auffbauen. — Exc. Sp.

Fol. 171b
1520

2220. (*Kupferdach auf dem Munster gemacht.*) — Diss ior wardt das kupffer dach mit den gulden kneppffen am munster gemacht von bischoff Wilhelmen. — Pp. Schn.

Fol. 172

2221. (*Mag. Philipp von Rumersperg predigt zum A. S. Peter.*) — Damalen kam Mag. Peter Philips von Rumersperg gehn Strassburg, der ward vom gantzen capittel zum Alten S. Peter angestellt zu predigen. Er war ein gelehrter mann, predigte gottes wort lutter und rein; das wolt nit iedermann gefallen, ward darum vor dem bischoff verklagt und verstossen. — Silbermann, *Extraits manuscrits*, II, p. 7. — J. Wencker, *Collectanea*, II, pièce 13, fol. 1b.

Fol. 173b
1521

2222. (*Hans Bock und M. Luther in Worms.*) — Auf dem reichstag zu Worms, in bischoff's von Trier herberg, in beysein der bischoff von Trier, bischoff von Augspurg, margraff Johann von Brandenburg, hertzog Johann von Sachsen, und anderen, ward von Strassburg dahin geordnett herr Hans Bock, sagte zuletzt zu D. Luthern: Lieber herr doctor, beschweren euer und anderer christen hertzen nit! Darauf D. Luther sagt: Nein, der pabst hat mein und anderer hertzen beschwert, die begehre ich mit gottes wort und der warheit zu leichtern. Darum bitt ich ihr wollet gottes wort

---

[1] « Wird wohl ein Schreibfehler für 8000 sein. » (Note de M. L. Schnéegans.)

nicht von euch stossen noch verdammen. Ich bin ein mensch, den koennen ihr wohl (ohne die seel) verdammen. Und zoge darnach widerum mit geleyt do hinweg. — SILBERMANN, *Extraits manuscrits*, IIe partie, fol. 9—10. — J. WENCKER, *Collectanea*, II, pièce 13, fol. 2[a].

2223. (*Franz von Sickingen, Capito und Butzer.*) — Es hatte aber Fol. 171[v] Frantz von Sickingen etliche iar vil spen mit dem bischoff von Trier und sinen pfaffen, auch dem von Worms, derohalben er den pfaffen nicht hold wass, dan sie ime vil leids daten und ime viel gerechtigkeit in seinem eygenthum einführten. Als er solches nit leyden wolte, kam er in ihren bann, darauf er wenig gab, zwang sie dahin dass sie ime den bann mussten entschlagen dan er inen vil leyds desshalben thate. Schückte derohalben nach D. Capido und Martin Butzern, der widerum von Lewen gen Haydelberg kommen war, begehrte über D. Luthers bücher bericht. Die zeigten an dass D. Luthers geschriften mit gottes wordt stimbten und nit koenten widerleget werden als mit etlichen concilien und des papstes decreten, welche mehr mit menschensatzungen zu beweisen dan mit goettlicher geschrifft. Der von Sickingen liess ihm gefallen, dieweil er solches zuvor an selbst also hielte, darauf huben die münchen und pfaffen an sie mit schmachworten anzutasten, weil sie Luthern nit wolten verdammen. — SILBERMANN, *Extraits manuscrits*, IIe partie, p. 9. — J. WENCKER, *Collectanea*, II, pièce 13, fol. 2[a].

2224. (*Newe Münsterglocke.*) — Den 12. augustus anno 21 hatt man dise glock by der steinhütten bey ..... ehren capel in münster gehe und das gewendt der thür gegen S. Katharin hinweg inbrochen, so wytt das man sey hinin mocht thun, und als man sey hinin brocht und by der mittleren münsterthüre under den zug gestellt und den zug ahngeordnet zwey newe seil wahren darzu gemacht, haben 22 centner gewogen, dran wahren 4 messing rollen oder schruben, woge iede 2½ centner, das wahren 10 centner, und ahn S. Bartolomeus abend sie mans hoch uff zoge, damitt sich die seill erstarckten. Zinstag vor Adolffi hielt der weyhbischoff das fronampt in siner infeln und stab und nach dem ampt hatt er die glock in der infeln gewaschen und crisemb, und sey getaufft und Mariam genandt, und stunden zu gefattern her Bernhart Wurmesser und Philip von Waltenheim, stettmeister, und Gottfriedt von Hohenburg, ammeister und die drey pfleger des werks, als iunker Ludwig von Müllenheim, Conrat von Duntzenheim und iunker Velten von Türlingen, in beysein grosses volkes. Druff uffzogen und gehenckt und ahn Unser frawen geburt abend, erstmollen geleutten von 15 man. Herrlicher und lieblicher thon hatt man an keiner glocke nie gehoert. Auff Lucie zalt man den giesser, den das iar der werschafft herum war. — Pp. Schn.

Fol. 174ᵇ **2225.** (*Mattheus Zell erste Predigten.*) — Domollen hatte M. Matheus Zell, leutpriester zu S. Lorentzen, welcher gelert, auch rector zu Freyburg einmal gewesen, und im münster D. Luthers geschrifften etliche gelesen, und befande darin dass man dem guten mann zu viel datte, dass man ihn allenthalben ketzert, hub ahn, sagte in seinen predigen es waeren genug leutt da, die andere schoelmten und schaendeten, es waere aber niemandt der die ketzerey wolte anzeigen dan man fürchte der ablass und das fegfeuer würden kein geld mehr tragen. Do wehrte man und ketzerte die leutt, aber schand und laster helffe man verthaetigen, domit alles schelmenwerk an den geistlichen moechte ungestrafft bleiben. Das wolten die pfaffen nit leyden dass er sie schölmen wolte vergleichen, huben an auf ihn zu schelten und zu ketzern. — J. WENCKER, *Coll.* II, pièce 13, fol. 1ᵇ. — SILBERMANN, *Extraits manuscrits*, IIᵉ partie, p. 7. — Résumé dans les papiers de T. G. RŒHRICH.

2226. (*Die Schreiner machen Mattheus Zell eine tragbare Kanzel.*) — Es hub Mag. Mathias Zell ahn die epistel zu den Roemern ausszulegen im münster, in S. Lorentzen capell, gantz lutter und rhein; do wahr ein gross zulauffen's, also dass die capell vil zu eng wardt. Do wollte er auff der steinen cantzel predigen, das wollten ihm die stifftherren nit goennen, sondern hielten sie beschlossen. Do machten ihm die schreiner in Kurbengass ein hültzen cantzel oder predigstuhl. Do trugen die burger die hültzen cantzel mitten in's münster und allwegen widerum zu hauss. Darauff predig er gottes wortt, begertte auch offt wenn in iemandts sein ler mit göttlicher geschrifft kunte widerlegen, wolt er sich willig verbrennen lassen, bruffte sich auch offt auff Dr. Keysersperger, den hette man auch nit leyden kunen, weil er die wahrheytt sagte, insonders den geistlichen vil schmach geleydten, damit aber die thumherren das volck willig hielten, haben sie ihm die cantzel auffgethan. — Pp. Schn. — J. WENCKER, *Coll.*, II, pièce 13, fol. 2ᵃ. — Un peu modernisé chez SILBERMANN, *Extraits manuscrits*, IIᵉ partie, p. 8.

2227. (*Münsterglocke zersprungen.*) — Auf den heiligen weinachtdag, alss man mit der grossen glocke zu heiligem fronampt leuttet und es kalt war, gewanne die grosse glock einen riss und zerspalt. Sey hatt auff 420 centner, kost mit dem zeug auff 10 daussen gulden. Bede klüpffel ligen noch in S. Catharinacapell. Man hatt hernach vil davon vergossen. Bede die grosse glock und nachschlagglock kamen davon¹. — Pp. Schn.

2228. (*Papst Adrian schickt einen Gesandten nach Strassburg.*) — Domollen schückte pabst Adrian seinen gesandten Cerogadus gehn Strassburg, lage zu S. Johann, der zeigte dem rath an wie dem pabst fürkomen dass sie gestatten dass man des Luthers bücher bey ihnen nit allein lese, sondern auch gestatten dass solche do werden feil getragen. Dieweil aber der pabst den Luther, auch seine bücher und allen seinen anhang vorlaengst verdambt haetten, auch alle die solche verdolmetschten, sie aber sehen solchem zu und waere kein ernstliche straffe bey ihnen, und waeren viel wissenhafte ketzer in der stadt.

Fol. 181ᵇ
1522

Der rath gabe hierauff zur antwort: Was die heilige schrifft betraefe, stünde solches den gelehrten zu urtheilen, die es besser verstünden weder sie, und waeren noch biss anher bey der alten religion bliben. Es haette aber mehr dan vor 20 iaren D. Kaysersberg selig (lang vor dem Luther) stets wider den geistlichen geitz, hurerey und aergerlich leben lang im münster gepredigt und solches hartt gestrafft, haette auch offt mit bischof Albrecht seeligen und jetzund bischof Wilhelmen, auch mit dem rath hie in dieser stadt offt geredt und rath gehalten, dieweil der pabst und alle geistlichen in solchem aergerlichen leben lägen, was man doch moechte einmahl vor ein mittel fornehmen, hat auch sein bedencken genugsam angezeigt, wie man pfaffen, moench und nonnen, reformiren moechte, hat aber kein hülff oder beystand moegen bekomen.

Der gesande gab zur antwort, man wüsste wohl wie die geistlichen in Teutschland haussen, derohalben gehoert solches dem pabst zu urtheilen, und weder kayser noch koenigen, viel weniger sie zu straffen. Derohalben werde der pabst in kurtzem ein concilium halten, entweder zu Coeln, Maintz oder zu Strassburg. Inzwischen sollten sie nichts gestatten, ohne des pabst's wissen und willen etwas wider die roemische kirch zu thun, sonst würde gott sie hoechlich straffen, desgleichen der papst mit dem bann. Und waere es nicht einmahl von ihnen verantwortet dass sie recht glauben, sie sollen auch alle die ein anderes vornehmen, mit feuer und schwert ausrotten. Das wolte er ihnen im nahmen des pabsts bey dem bann hiemit gebotten haben.

---

1. L. Schnégans nous a conservé une deuxième rédaction, consignée par Specklin sur le même feuillet:

Auff den heill. christtag, alss man dise glock zum fronampt leutte, wahr es sehr kalt, dovon überkam sie ein spalt und brach. Man dette sie wider herab, führt die stück hinweg. Die klipffel ligen in S. Catherinen capell.

Was D. Kaysersberg seelig belangt, dass er ettliche mahl rath gehalten, dass man den geistlichen, auch moench und nonnen, das hurenleben solte abschaffen, hab ihme, Kaysersberger, nit zugehoert, dan er ein prediger und nit pabst oder bischoff gewesen. Noch viel weniger stünde solches ihnen, einer obrigkeit zu, und gehoere ihnen zu die unterthanen und andere die in die neu ketzerey fielen, oder dieselbige bücher lesen, zu straffen, welches er ihnen hiemit, neben gottes und des pabstes zorn, will angezeigt haben. Und zoge hierauf wider hinweg, mit grosser verehrung. — SILBERMANN, *Extraits manuscrits*, II° partie, p. 11—12. — J. WENCKER, *Coll.*, II, pièce 13, fol. 2ᵇ.

Fol. 182
1523

2229. (*Matheus Zell angeklagt.*) — Aber M. Mathiss Zell (sagt) neben goettlicher lehre den pfaffen die warheit, schalt in den hauffen die geistlichen, wie sie nur fressen und saufen, den burgern ihre weiber und toechter betrügen, und offentlich mit huren haussbielten; dass kein gottesforcht bey ihnen were; wan man mess und gottesdienst hielte, schliefen ein theil, der andere schwaetze, die dritten giengen dass gantz ampt im münster auff und ab spazieren, insonders die thumherren; alle welt kunte ihrer pracht nit genüg geben; wan ehrliche gastereyen und hochzeyten waeren, müssten ihre huren oben an sitzen, und müst man ihn alle ehr anthun, zu grosser aergernuss weiblichen geschlechtes, die sich bald in solches leben bewegen liessen, der guten tag halben.

Die geistlichen haetten ihn gerne weg gehabt, dorfften aber die artikel nit vorbringen, weil es die wahrheit war. Derohalben bestellten sie ettliche notarien und andre die in seinen predigen und anderem seine wort auffingen, stellten sie in ein libel und übergaben's bischoff Willhelm und dem thumcapitel. Die wissent's vor den official und geistlich gericht und wurde in 24 artickel abgefasst, welche (getruckt sein¹). — SILBERMANN, *Extraits manuscrits*, II° partie, p. 12.

2230. (*Artikel wider Matheus Zell.*) — 1) Erstlich hat er ein lange vorredt gethan, darnach das kurtzlichen papst Leo der X. den verdameten Luther in ban, auch alle seine bücher verdamet habe, dan sie gantz ketzerisch, auch allen menschen zu hören ergerlichen.

2) Dass solcher pabst allen geistlichen, bei verliehrung ihrer pfründen, verboten, auch allen unterthanen beydes dieselbigen nit zu lesen noch zu hören, auch durch mandata dess grossmechtigen keysers Caroli V verboten.

---

1. Les deux derniers mots ont peut-être été ajoutés par SILBERMANN, qui ne voulait point copier la suite du texte de SPECKLIN, puisqu'en effet ces *articles* avaient paru comme feuille volante.

3) Dass auch vil weniger dem beklagten gebürt habe wider die heil. canones zu predigen, vil weniger des verdammten Luthers bücher zu loben und auf der cantzlen der gemein davon zu predigen, und also die verdamtste lehr wider die mutter der römischen kirchen, ad. h. canones vertrenen den rock des herren, auch die diener gottes in dot und mort zu bringen.

4) Hat er offentlichen predigt dass der heil. vater der pabst oder bischof oder prister, wan sie nit predigen noch lehren, gleich sind wie alle andern leyen, auch die 7 zeit und alles gesang, wan es nit mit andacht geschehe, unnütz und besser man dete es ab, und also die leyen wider das erbvolck gottes bewegt.

5) Zu verachtung aller geistlicher oberkeit, schreibt er sich ein bischof, und wirt im auch also zugeschriben durch lutherische ketzer.

6) Hat er offentlichen predigt, das die heil. mesz und aufopferung des herrn lichnams Christi gott dem herren vir die abgestorbene selen kein nutz seye; solches hat er wider die kirchen ordnung predigt.

7) Hat er vil so im ban gewesen und noch verschulden, und andern zu osterlicher zeit, noch der bicht, die absolution und hernach das heil. sacrament (gegeben) und gesprochen sie dorfen keiner absolution mehr von der kirchen prelaten, zu verachtung der schlüssel so die heil. mutter die römische kirch hat.

8) Item wan er predigt, so spricht er oft der Luther schreibt nichts böses, sunder die klare wahrheit, derhalben kann ich nicht wider in sein, wil er die wahrheit an tag gibt; ich loss mich auch von der wahrheit nit dringen; bewegt also das einfeltig volk zu aufrühr wider die diener gottes.

9) Item daruss were gefolgt, dass einer zu Strassburg (Karsthans genandt) offentlichen auf der gassen dem gemeinen volk gepredigt, dass es zeit wäre dass man das ehrbar volk gottes zu dot schlüge, den sie gepredigt es wäre ein fegfeuer und damit den armen all ihr hab und gut entzogen, und durch die messen die selen nit erlöst, sunder durch Christum selig würden, welches gantz ketzerisch und ergerlichen zu hören.

10) Item der beklagt hat ermelten Karsthans zu gast geladen sampt andern lutherischen ketzern, dardurch die leyen zu bewegen dasz erber volk gottes mit mort ihr blut zu vergiessen, wie dann leichtlichen abzunemen ist.

11) Item als anno 22, das vorig jar, diser Karsthans von der stadt vertriben wurde, hat er auf das fest S. Sixti predigt, man vertreibe zu Basel und hie die frommen; sprach darauf: lieben frundt beleibt steif bey der

warheit, wagen leib und leben daran, also die leyen zu bewegen das erbvolck gottes ihr blut zu vergiessen, welches gantz ketzerisch.

12) Item auf sontag Mathei hat er predigt er wisse nit wo das fegfeuer seye; darnach gesagt alle menschen sin in der welt prister, ja auch die weyber, und etwan besser dan die bösen verhurten gottlosen pfaffen sind, und die ehe sey nit unrein, auch obschon gefatter einander nemen, wie er dan ein solche ehe bilicht hat, wider alle ordinantz der kirchen dise grausame irthum einfürt.

13) Hat auch gesagt in der predig, man wisse nit eigentlichen ob Joachim und S. Anna der junckfrau Maria ihre eltern gewesen, also das heil. fest S. Anna wider die heil. kirchen frevenlich antast und in zweifel stelt.

14) Item hat er auf der kantzlen gesagt (zu verachtung der gantzen kirchen) das heil. evangelium sey auf 500 jar undertruckt worden, und menschensatzung emporgeschwumen, dass es gotteswort undertruckt hat; ich wil aber den kernen predigen, dan ich gott predig und nit den papst, bischof und pfaffen bruchen; gantz ketzerisch und ergerlichen zu hören.

15) Item hat er kürtzlichen (zu verachtung des aller obristen haupt der christenheit, unsers heil. vater des pabst) ein büchle in der handt tragen; das man sagt es sey von dem ketzer, dem Lutter aussgangen, in welchem er sich ein ecclesiasten und der papisten priapisten nent, ein ketzer und lesterlich wort; hat auch solchs büchle ein evangelisch buch genandt, das mit gulden buchstaben solte geschrieben werden, zur verachtung der heil. mutter der kirchen.

16) Sonntag aller seelen dan, in 22. jar, hat er offentlichen hie in der stadt Strassburg predigt, dass der heil. vater der pabst und die bischof sind lauren und hanfbutzen, schrecken nur die leut mit banen, predigen und reichen die sacramenta nit; sehen nur nach gut und gelt, welchs sie mit dem opfer und den selen zu wegen bringen, das ist ihr drinckgelt; ein lesterlich redt zu hören.

17) Item ist allenthalben, in statt und landt, ruchbar dass er ein nachfolger ist der lutherischen ketzerey.

18) Item anno 22, auf aller heiligen dag, hat er predigt zu Strassburg auf der cantzel, ein gantz gotloss ketzerisch und verdamptlich redt gethan und gesagt, dass die sel. jungfrau Maria auss irem eigenen gewalt, noch weniger die heil. apostel, unss unsere sünd zu verzeihen macht, weder hie noch dort, haben, dan allein gott durch das leiden und sterben Christi. Ein verdamliche redt wider alles lob und gewalt der himmlischen königin, in aller welt hoch geprisen, auch zu erkleinerung der heil. apostel.

19) Item auf das fest S. Micheli anno 22, alsz er von der magschaft predigt, dass alle mag und gefatterschaft so in heil. geschrift nit verboten, ohn angesehen der pfaffen gebot, mag ein ehe sein und beleiben, wie dan Johanns Mengen mit siner gefattern beygestanden ist, wider der kirchen ordnung.

20) Hat er predigt man schreye vil von Luter; er lese sine bücher und finde nichts bösz darin; er werde ime den Luter nit auss dem mundt noch seine geschriften ausz dem hertzen nemen lassen.

21) Hat auch zu Schletstatt zur Cronen vor allen menschen zugegen, alsz man von sinen predigen redt hatte, gesagt (auch oft hie zu Straszburg) es musz die wahrheit durchausz predigt werden, und solte S. Kürin drin schlagen.

22) Item das verschinen jar auf sontag Ottmarie predigt zu Straszburg hat er des pabst ban, auch abloszbrief, auch die decret, statuten, canonen und bullen Manicheer's brief geheissen, dem volck zu versten geben als seyen solche brief dieselbigen ketzer wie die Manichei; ein lesterlich redt.

23) Item auf das fest des h. Martini verschinen jar hat ein kremer im vorhof der kirchen S. Lorentzi im münster vil biltnuszen feil gehabt, under denen auch das allerheiligsten unsers vaters des pabst Adriani des VI^ten biltnusz, hat er mit grossem geschrey gefragt welches doch der jetzige pabst seye, welchen er im gezeigt, sobald ers gesehen hat er gesagt: bist du der ketzer, meint also den pabst; ein greuliche, unerhörte, entsetzliche that, auch allen ohren zu hören greulichen und erschrecklichen, ein sünd im heil. geist, die nit vergeben wird.

24) Item alle solche stuck wa(h)r, so ist der beklagt gefallen in die pen der grossen acht und gutachten apostolischen mandats in den canonibus begriffen, auch in die donderschlag des grossen bans geloffen und aller geistlichen und pristerlichen würden und pfrunden beraubt zu werden, und noch tut der canonen gestraft zu werden mit dem feur, mit bekerung costens. — J. WENCKER, *Collectanea*, II, pièce 13, fol. 4^b.

2231. (*Verantwortung M. Zell's.*) — Daruff stellte M. Zell seine verantwortung an bischoff Willhelmen, den thumcapitel und den rath zu Strassburg, in ein buch, welches noch vorhanden, und legte die artickel noch weiters also christlich aus, dass sie haetten gewolt sie haetten still geschwiegen. Es ist auch sein anklaeger, der fiscal Gervasius Sopher, hernach zur evangelischen warheit getreten und biss an sein end darin verhart. — SILBERMANN, *Extraits manuscrits*, IIe partie, p. 13.

2232. (*M. Zell beurlaubt.*) — Hierauff gaben die thumherren M. Zellen urlaub, stelten herrn Zimphorian pfarrherren zu S. Stephan auf, gaben ihm auch die pfarr zu S. Martin auch inc, aber wo es M. Zell gelossen hat, hube der ebenmaessig an zu predigen und sagt die wahrheit so wohl als Zell.

M. Zell hielte sich inzwischen zu hauss, legte die epistel zu den Roemern in latin foellig aus. Es giengen auch viel von der obrigkeit und burgern in M. Zellen hauss, da sie ihn hoehrten, was er predigt, aber maenniglich kont nichts ungoettlichs an ihm finden.

2233. (*Martin Butzer.*) — Es war aber Martin Butzer zuvor gehn Strassburg kommen, ein gelehrter mann, prediger ordens, der war sehr gewaltig im predigen. Der brachte zuwegen dass man Zellen in S. Lorentzen capell wieder predigen liess. Die schreiner in der Kurbengass hatten ihm einen neuen predigstul gemacht, wie vor gemelt. [Andere verstehen diesen predigstuhl von M. Butzern dem er gemacht worden. Dass Zell den seinigen in S. Lorentzen capell gehabt, also er gepredigt bey dem chor.] Diesen hoeltzern predigstuhl thate man hernach zu den gutleuthen zur Rothen kirch, da man noch auff predigt. Do lasse einer alle wochen, Zell und Butzer, um einander die goettliche geschrifft mit grossem zulauf des volckes. Es wurden auch in allen kirchen almosenstoeck geordnet dass man fürs opfer darein legen solt.

2234. (*Wolfgang Capito tritt auf.*) — Zu dem begaben sich noch mehr haendel denn D. Wolff Capito, probst zu S. Thomae, stunde auf die cantzel und predigt selbsten, hub an und sagt: Er habe Mathis Zellen vielmalls predigen und nie ungoettlichs von ihm gehoert. Das volck lieffe zu mit verwunderung dass ein probst solte predigen und mit solchem geringen ding umgehn.

Die moench und pfaffen liessen schmachschriften ausgehn, auch öffentlich in ihren predigen, wie D. Capito dem geistlichen stand die hoechste schmach und unehr anthaete; und nie erhoert und mehr ketzerisch waere dass ein praelat und probst selbs sollte predigen; man finde wohl schlechte pfarrherren und mönchen die solches koenten verrichten; brachten so viel zu wege dass D. Capito sampt M. Zellen vom capitel zu S. Thomae wurden verstossen.

Als die zu S. Thoman D. Capito verstiessen, stellten ihn ein burgerschaft mit gewalt zum Jungen S. Peter auf und musste der leutpriester abstehen, wider aller pfaffen willen. — SILBERMANN, *Extraits manuscrits*, II[e] partie, p. 14—15. — WENCKER, *Coll.*, II, pièce 13, fol. 4[b]—5[a].

2235. (*Anton Firn, Leutpriester zu S. Thomae.*) — Indes was ein leutpriester zu S. Toman, ein guter prediger, genannt M. Antoni Firn von Hagenau, der macht seinen pfaffen auch gut arbeit, zeigt in ihr grosse sünd ahn der hurerey halben, lobet das eheliche leben und name sin kochin zur ehe und ruste sich selbst auf der cantzel ausz wie er sich verehelicht hatte, und solchs mit dem kirchengang bestetigen wolte; die burgerschaft lobte sin virnemen, die thumherren gaben im urlaub, das wolte er nit haben, auf das die gemein nit meinte es wäre ein solchs bösz ding um den ehestandt, stelt ein supplication an den raht den 22. dezember und wardt burger. Mit disem übergaben alle pfarrkinder zu S. Toman auch eine supplication, mit inen ihren pfarrherrn zu lassen. Daruf date M. Matheis Zell ein köstliche predig von dem ehestandt, und erhielte also sein sach und gab in M. Matheis Zell zusammen und segnete sie in.

Damalen wardt D. Wolff Capito, bürtig von Hagenau und lang thumprediger zu Mentz gewesen, itz und zu Straszburg dohmprobst zu S. Tomen; und date sich Martin Butzer, burger von Schlettstadt, doselbs und anderswo gestudiert, nun widerum do in's predigercloster kommen. Anno 1506 kam (er) hernach, siner geschickligkeit halben, gen Heydelberg zu pfalzgraf Friderich, zoge mit ihm ins Niderlandt, do aber er zu Lewen zu viel mit den mönchen studirn wolte und in oblag, musste er ausser dem landt weichen, kam widerum gen Heydelberg, hernach zu Frantz von Sickingen, daruf gen Straszburg; alda hat er sich hernach in ehestand begeben, prediger ordens; desgleichen Johan Englisch und andere mehr, sehr gelerte menner, huben an und namen chewyber; das wolte der bischof noch andere geistliche nit leyden; daruf wurden sie zu burgern auf und ahngenommen; das wolte die andern pfaffen unsinnig machen; aber sie zeigten ahn dasz ein jeder christ schuldig sey der oberkeit gehorsam zu sein. — J. WENCKER, *Collect., loc. cit.*

2236. (*Anton Firn und Mathis Zell vermaehlen sich.*) — Alsz M. Athoni Firn im september hat ein frau genommen, name M. Mathis Zell auch ein weib, Catharina Schützin, von gutem geschlecht, den 1. december. — Ibid.

2237. (*Caspar Hedio nach Strassburg berufen.*) — Domallen gaben die thumherrn im münster herrn Cimprian auch urlaub, diweil er auch predigt wie Zell und andere. Daruf berufte ein erwürdig capitel D. Caspar Hedio, thumprediger zu Mentz; als er angenommen war muste er schweren, nit auf lutherisch zu predigen, sundern gottes wort; alsz er auf die cantzel drat, zeigt er dem volck an das er in nit auf lutterisch predigen woll, welches er ohne das nit thun wolte, sunder gottes wort verkündigen, alsz

machte er ebenmässig sein predigen wie die andern vor im auch. Er hatte
ein grossen zulauf, dan er ein hochgelarter, fründlicher, bescheidener
man wasz; er strief heftig alle laster, insonders ahn den geistlichen, dat
etliche predigen des zehend halb, die er drucken liesz und gen Mentz
und in's Rheingau schickte; aber die pfarrkinder behilten in vir sich selbs
mit gewalt. — Ibid.

2238. (*Fortentwicklung der Reformation in Strassburg.*) — Damallen
lufen die pfaffen und priester stets zusammen, machten viel unruh, lagen
dem bischof stets in ohren die cheplaffen zu citiren und zu strafen und
ihrer pfrunden zu berauben, dan sie wol sahen wo es hinus wolte; do
aber ein oberkeit merckte das sie die andern darum hasten und verfolgten,
do gebote uf lichtmesz meister und rath dasz alle geistliche auszerhalb
der closter, auch alle notarien, geistliche und weltliche solten schweren
und burgerliche pflicht thun, domit meister und rath vor inen gesichert
wären; do hub sich ein laufen ahn zum bischof und andern; zeigten ahn
dasz solchs wider ihr ehr und pflicht wäre, dan sie unter keiner oberkeit
solten sein, dan es wider den geistlichen stand wäre, auch wider gottes
gebot. D. Capito liesse heruf ein geschrift in druck darwider auszgan, mit
anzeigung dasz ein christ, er sey wer er wolle, schuldig sey einer böszen,
noch vil mehr einer guten oberkeit zu gehorsamen; jnsonders diweil der
mehrertheil von der stadt bürtig wäre, und schied in weder an eydt noch
ehren etwas.

Alsz nun vil eheweiber genommen hatten und ausz den closter gingen,
do machte Dr Tomas Murner, ein barfüszer gardian zu Straszburg, der
liesz vil seltzam spotliche reimen und carmina, auch wider Dr Lutter ein
schimpflich buch auszgan darin er sich selbs vexiert, wan Lutter auch ein
weib neme und ein dochter überkeme, wolt er im ein abbullen: zeigt
hiermit ahn was er vür bossen treiben, wie er hoffiren und die hochzeit
halten wolte; was alles sehr lecherlichen, wol auf zwanzig bogen mit figuren, dan er liesz viel geschriften auszgan, dann er hielte ein eigen drucke-
rey im closter zu Straszburg. — Ibid.

2239. (*Erste deutsche Messe zu Strassburg.*) - Zinstag nach Jubilate
do hat Diebold Schwartz, prister und helfer zu S. Lorentzen im munster,
vormalen ein mönch zu Stechfelden, die allererste mesz in teutscher
sprach gehalten, in beysein eines grossen volcks, damit meniglichen
hören möchte und verstan was der prister redte mit lauter stimm, welches
allem volk sehr angenem was; daruf predigt und erstlichen das sacrament
in beider gestalt gereicht, auch die kinder in teutscher sprach getauft,

doch frey wie auch das sacrament gestelt. Ist geschehen in der kruft under dem chor, wie man zu beden seiten die steg hinab get, oben auf hielte man lateinische mesz wie von alters her; noch malen hub man ahn zu S. Aurelien und S. Martin auch das sacrament in beder gestalt, und andern pfarren mehr, zu reichen; dann Butzer pfarrherr do was worden; hiemit taten sie das götzen werck ausz den pfarren und ward alles reformiert, ohn in closter, do liesz man alles bleiben; man dete die liechter, crisam, ol, auch die mesz gewandt ab, allein den chorock behielte man. Es was aber zu S. Otilia und zu irem brunen, auch zu S. Aurelien noch grosse walfarten von wegen der grossen wunder, wie man sagt, do sollen geschehen sein, dann sie S. Aurelia erst mehr dann 500 jar nach irem dot erhept worden ist. Dasz ein mensch nach 500 jar im grund ohn verwesen ligen kan, gehört ein starcker glauben dazu; man sagt es haben zwen kriegsknecht ein mal gelt wollen in irem grab suchen, die sollen unsinnig worden sein, haben in selbs die hand abgefressen; auf iren dag haben zwen leimen graben, hab sie die grub dot geschlagen; ist ein erbarmhertzige junckfrau gewesen; das volck ist deglichen von vilen orten hergeloffen und haben erden von irem grab geholt vür's fieber, wie auch das wasser von S. Otilia brunen zu S. Steffan in der kirchen; es geschahen vil grosser opfer dahin, von allerhandt, teglichen. Damit man diser abgötterey abkeme, predigt Butzer starck darwider und dete mit andern iren sarck auf; do fande man ir gebein, etlichs also grosz das es von keiner junckfrawen hat sein können, auch etlichs alsz wan es von einem jungen kind wäre, über welche ungleichheit etliche die vil darvon hielten haben lachen müssen und den betrug gemerckt; den sarck dete man hinweg und legte das gebein zu andern beinen in grever und stelten hiemit die überfliszige fürtag ab. — Ibid.

2240. (*Fortgang der Strassburger Religionsveraenderungen.*) — Um Johanni name D. Hedio ein frau von einem ehrlichen geschlecht der Drensen, auch Diebolt Schwartz, auch pfaffen und nonnen, und erlaubte man allen mönch und nonnen den ehestand, und gab in unterhaltung ir leben lang wer nit rein und keusch leben kunte.

Auf Invocavit, alsz Butzer im münster die abentpredig dete, huben die pfaffen, darunter vil mönch waren, sonderlichen die barfüsser, ir complet mit lautem schreyen ahn, das verschmocht einen schreiner, lief in chor, schalt sie solten warten bisz man predigt hört; do lief ein mönch über in, den schlug er mit dem predigerstul zum kopf, die andern mönch laufen zu, nemen im sein wehr, hawen im zwei wunden in kopf, er liesz sich

vor dem münster verbinden; indem laufen auf 500 burger zusamen; zu
allem glück ware herr Daniel Müg, der ammeister, auf der becker stuben;
lief herab, macht des friden, bis morgens auf der pfalz zu erscheinen;
dohin kamen der prior und beede theil, auf klag und antwort wardt es zu
bedacht zogen. — (Cfr. Imlin, Chronik, *éd. Reuss*, p. 33.)

Mitwoch nach Judica hat man im Barfüsser, S. Claren, Prediger und
andern closter alles inventiert, sonderlich die kleinoter, dann sie solchs
abnhuben zu vertragen; auf solchs haben die nonen ahn auszugan in die
predigen ins münster; in der carwochen ging der ablosz zum jungen S.
Peter, wie brüchlich, ahn; die burger, so etwas zu mutwillig, namen das
grosz crusz von der vorkirchen herab, leschten die lichter ausz, namen
das opfer, stiessens in gotscasten.

Auf Quasimodo date bischof Wilhelm alle geistlichen so ausz iren orden
gedreten, weiber genommen, in ban und citirte sie gen Zabern.

Auf Misericordia schlugen alle citierte ein appelation ahn's münster und
anderswo, schickten auch gen Zabern, beruften sich bisz auf ein concilium.

Mitwoch nach Cantate hat man den Carmeliten, Augustinern, Predigern
inventiert; mussten alles so sie hinweg gethan widerum herzu thun, auch
wurden alle creutzgang und processionen abgestellt.

Montag nach Trinitatis predigt M. Bucer zu S. Martin, und segnet M. Ma-
this Zell herrn Cimphiran mit seiner kochin in; montag nach Corporis
Christi D. Hedio eingesegnet. In der mesz kame der pfarherr von
Kenzingen her, ward vertriben; es gaben im auf 150 burger von
Kenzingen das geleit hicher.

Montag nach S. Lux's tag hat man in kirchen fast alle altar und ander
taflen hinweg gethan.

Zinstag vor Katharinä haben die gartner (ohne befehl) S. Aurelien grab
geöffnet, darin vil ungleiche gebein funden, so nit zusamen gehörten.

Alsz man auf weihnachten gebote, dasz alle geistlichen solten burger
werden, daruf begerten die burger sie solten auch zünftig und burgerliche
beschwerden tragen; daruf zeigt ein raht ahn, sie müsten sie auch zu gericht und recht brauchen; beruf nun ein genandt schirmgelt aufgenommen;
auf solchs haben fast alle stift ir brief und kleinoten gen Zabern, Molszheim, Hagenau und Uffenburg geflohnet.

Nachdem aber die geistlichen zu Straszburg die evangelischen in stadt
und landt heftig verklagten und vil geschreys machten, kamen des bischofs
von Straszburg gesandten widerum heim, brachten ein reformation mit
von Regenspurg, wie es mit den geistlichen, auch sein selbs, sich hinfort
halten solten bisz zum reichsdag und concilium; darin war aber gott,

Christus noch sines worts nit gedacht, sunder nur dasz die geistlichen solten nit in die wirtzheuser gan und die huren von in schaffen, nit auf das gelt zu samlen gefliszen, erbar kleidt gan, christlich in kirchen gan, sich nit volsaufen, und des naren wercks mehr; das war die kirchen reformation; der cardinal Campegius und könig Ferdinand hatten solchs im namen des pabst und keiser underschriben, und darauf trange der bischof dasz man alles solte in kirchen widerum abschaffen und solchs abthun.

Es schrib auch der kayszer ausz Hispanien ahn das gantze reich und auch insonders ahn die stadt Straszburg, den 15 heumonats, fast auf dise meinung (vide alibi[1]).

Kays. Mayestaet regenten hielten sich damalen zu Eszlingen, under denen waren die fürnemsten Friderich pfaltzgraf am Rhein, Philips marckgraf zu Baden und Jacob Sturm von Strassburg.

Do aber die gelerten zu Strassburg vernamen in was massen sie allenthalben ahngeben wurden, irer lehr halben, do beschribe Martin Butzer zu Strassburg ein buch darin er alle hauptartickel mit göttlicher geschrift dar date. Darnoch zeigt er an wie sie die kirche reformiert hetten und was vir ceremonien sie noch hielten. Solches date er alles aus gottes wort und schribe solchs pfaltzgraf Friderichen zu, damit man sehen mochte was ihr lehr ware. — Ibid.

2241. (*Festungsbauten.*) — En 1511 on avait commencé «eine aeussere futtermauer beym Steinstrasser thor zu bawen, bis zum Weissenthurn an die Breusch beim Teutschen Haus.» En 1524 on y éleva le rempart. — Pp. P. Fol. 184 1524

2242. (*Rietburger Graben gemacht.*) — Anno 1524 alss der Rhein und wasser allerwegen grossen schaden gethan, hat man den Rietburgergraben, auff dem Riburg, vom Rhein biss in die Ill, bey dem fahr bey S. Arbogast, über die gantze Metzgeraw gemacht. — Exc. Sp. — Pp. P. Fol. 186

2243. (*S. Anstett's Heillthum.*) — Damals kam in der procession S. Anstetts heiligtum gen Strassburg von einer kirchen zur andern, damit hoben die stationirer ein unsaeglich gross geld auf, darauf eine obrigkeit verursacht sie zu fragen im münster warum sie nur geld forderten und wozu solches helfe, wann sie die leut mit dem heiligtum bestreichen? Das sollten sie mit goettlicher geschrift darthun. Aber die stationirer gaben nur trotzige wort, da nahm ihnen eine ersame obrigkeit auf 2000 gulden so sie allein zu Strassburg gesammelt, legtens in den gotteskasten zum Fol. 187

---

1. Note de Wencker.

almosen und verbotten ihnen hiemit die statt mit dem heiltumb nit mehr heimzusuchen bey leibestraf. — Pp. Rh.

Fol. 191ᵃ **2244.** (*Die Stiftsherren verlassen Strassburg.*) — Thumherren zum Jung-St.-Petter, Alt-St.-Petter, S. Thoman, (ziehen) hinweg mit ornat in mess, kelch, monstranzen, heiltum, kleinod, brief und siegel. — Pp. Schn.

2245. (*M. Greytter und W. Dachstein machen geistliche deutsche Lieder.*) — Matthis Greytter vorsaenger und ein münch im münster und Wolfgang Dachstein, organist und vicar zu S. Thomae, waren auch auss dem closter gangen und hatten weiber genommen. Der Greytter war ein guter musicus. Er und Dachstein haben die ersten deutschen psalmen und lieder gemacht und zu Strassburg gedruckt, wie auch die ganz kirchenordnung, denen hernach Dr. Johann Hüscher (?) nachgefolgt und auch geistliche gesäng gemacht. — Pp. Rh.

2246. (*Dr. Joh. Fischer, genannt Piscator, Liederdichter.*) — SPECKLIN, *Collectanea*, ad 1524, nennt 32 kirchenlieder die er gemacht. — Pp. Rh.

2247. (*Geschoell im Predigerkloster.*) — Im predigerkloster ward ein schreiner eines zinses halber von einem moench geschlagen, da liefen bey 200 bürger zum kloster; aber herr Daniel Mueg stillte sie. — Ibid.

2248. (*Schreiben Karl V an den Rath von Strassburg.*) — [Den 15ten Juli schrieb kaiser Carl aus Spanien an die reichsstände und besonders auch an Strassburg:]
Er nähme ihn wunder dass man der Worms'schen reichsachtserklärung nicht nachkäme, darin einhellig des Lutters lehre und bücher verdammt und ketzerisch erkannt wären, auch vom pabst zu verbrennen befohlen, sie aber blos das schmachbüchlein verboten, auch leiden dass ihr geistlichen in verbotene ehe sich begeben wider des bischofs gebot die er nit zu straf bringen könnte. Sie hätten von Campegius ein concilium in deutschen landen begehrt, solches stünde allein dem pabst und ihm zu und nicht den reichsständen und ihnen. Dieweil er aber bedenke dass solches ein mittel der einigkeit seyn könnte, wolle er sich mit dem pabst bereden auf wass weis und weg, auch wo solches gehalten werden könnte, damit er selbst möchte zugegen seyn. Dass aber die reichstände den 11ten november einen reichstag gegen Speyer gelegt, darin zu berathschlagen wie die religion bis aufs concilium gehalten werden sollte und solches durch gelehrte berathschlagen, solches könnte er keineswegs eingehn, denn er sey ein patron und beschirmer der kirch, wolle er solchen bescheid aufheben damit er gottes und des pabsts zorn nicht auf sich lade.

Er begehre deswegen dass sie alle missbräuche so sie neulich aufgerichtet
in den kirchen wiederum abthäten und alles wiederum in alten stand
brächten, dem bischof gehorsam und behülflich wären und sich des
Luters betrug nicht bewegen liesse, damit sie nicht von gott heftig
gestraft würden, sollten sich gehorsam bezeigen bis ein allgemeines
concil würde gehalten werden, welches er vom pabst selbst begehren
wolle. — Ibid.

2249. (*Mandat K. Ferdinand's wider die Evangelischen.*) — Am
pfingsten 1524 kam koenig Ferdinand gen Freyburg, Breysach und Ensisheim, und erliess ein streng mandat wider die evangelischen. — Ibid.

2250. (*Wolf Haffner von Wasselnheim wegen Laesterung bestraft.*) —
Wolf Haffner von Wasselnheim, herrn Jacob Bocks ritters tochtermann
ward gefangen gelegt, weil er gott gelästert, und in ewige gefängniss erkannt. Er ward etliche jahre im gefängniss, ist aber die strafe durch grosse
fürbitte dahin gemildert worden, dass er sein leben lang musste in der
Krautenau wohnen und nicht über die Stephansbrücke kommen und vor
kein thor und dem almosen jährlich eine bedeutende summe geben. Er
entkam nachher und starb erst 1580, kam aber doch nie wieder in die
stadt. — Texte un peu modernisé, dans les papiers T. G. Rœhrich.

2251. (*Das Heirathen der Geistlichen eine Sünde.*) — Wan ein geist-   Fol. 197
licher ein eheweib nehme, seye es viel ein groessere sünde, dan wan er
hundert huren haette, diesser waere auch der buss viel naeher dan die
andern. Ursach : der ein eheweib haette, vermeint gegen gott es seye recht
und bekennet seine sünde nit, der aber viel huren hat, der wisse dass er
unrecht thut, bekennet seine sünde und kombt also zur buss, und die
anderen nimmermehr[1]. — Exc. Sp.

2252. (*Die Priester sollen Bürger werden.*) — Als ein ehrsamer rath   Fol. 199
auf weihnachten 1524 aufs neue ernstliches gebot gab dass alle priester
bürger werden sollten, so begehrten die bürger dass sie auch zünftig werden sollten und bürgerliche beschwerden tragen. Hierauf zeigte ihnen der
rath an, sie müssten sich auch zu gericht und recht brauchen, und sodann

---

1. Ce passage est évidemment un fragment de la réponse faite par quelque prédicateur
ou polémiste catholique aux prédications citées plus haut, qui se prononçaient dans un
sens tout contraire.

um ein genannt schirmgeld aufgenommen. Auf solches haben fast alle stift ihre briefe und kleinode weggeflüchtet. — Pp. Rh.[1]

2253. (*Verhaftung des Stiftskaemmerers Bonaventura Ersam.*) — Den 4. jenner, als die zum Jungen S. Peter allen schatz, brief und anders hinweg hatten und es niemants wehren kunt, und der camerer Bonaventura Ersam der war aber hie im raht, bey den mönch und allen stiften gewesen, und mit brief gefasst, und als er hinweg rit ward er bey dem galgen aufgefangen und in thurn gelegt, alle brief geöffnet und er also gefragt dasz er gutwillig alle heimlichkeiten offenbart, auch wo sie iren schatz haetten, und mit schwerer ehrschaft erledigt. — J. WENCKER, *Collectanea.* — Résumé dans les papiers T. G. RŒHRICH.

1525   **2254.** (*Jacob Mondhard, Stiftsherr zu S. Thomae verhaftet.*) — Den 22. januar 1525, als die stiftsherren zu S. Thomae auch ihre schätze ausgetragen hatten, und die obrigkeit nicht wusste wohin, da ward Jacob Mondhard, canonicus zu S. Thomae, der eine schöne madonna hier hatte, und von dem man wohl wusste das er nicht lang ausbleiben würde, bei einer naechtlichen zusammenkunft sammt seiner koechin gefangen. Dieser offenbart den verwahrungsort der schaetze und alle heimlichen anschlaege der pfaffen, musste urfehd schwoeren und ward freygelassen. — Texte modernisé dans les papiers T. G. RŒHRICH.

2255. (*Koenigs Franz I. von Frankreich Gesandschaft an Strassburg.*) — Indes kommt koenig Franciscus ausz Franckreich legation gen Straszburg ausz dem Schwitzerlandt, zeigt an, nachdem im k(aiser) Carle nit allein in Franckreich, sunder auch sein königreich Neapolis, so er und sine vorfahren vom pabst zu lehen, darneben im auch das fürstenthum Meylandt vorhielte, welches dem husz Oesterreich noch keinem Spanier nicht wäre zustendig gewesen, hette (er) sich mit dem pabst, Venedigern und italianischen fürsten in büntnusz geben, wie itz und auch mit den Schweitzern; dieweil er nun vir gewisz wüste dasz die von Straszburg auch würden angefochten werden, büte ine der könig sein hilf ahn, begerte mit inen ein büntnusz zu machen, welches sie hoch nützen würde, und diweil er itzundt im volen anzug Meylandt zu belegern, damit er alles in friden mochte hernach erhalten, kunte er inen harnoch desto statlicher hilf thun, wan sie solten angefochten werden. Der raht danckt dem könig gantz demütig seiner grossen virsorg, dieweil aber solchs müste mit gutem raht be-

---

1. Ce passage prouve que SPECKLIN avait noté deux fois le même fait; car il figure déjà fol. 184 (n° 2240).

schehen, und der könig in Polen zug, kunnen sie (dieweil sie auch hinweg eilten) nit also kurtz antworten; ir bedenken solte dem könig bald zukomen; damit wise man sie ab; sie meinten aber man sollte die abgestellte artikel ingan. Diewil aber der könig persönlichen auf S. Mathis den 25. februarii dag gefangen ward vor Pavia, belibe alles ersitzen. — J. WENCKER, *Collectanea*. — Texte modernisé dans les papiers T. G. RŒHRICH.

2256. (*Supplikation der Stifte an den Reichsrath.*) — Nachdem aber die geistlichen, insonders die zu S. Toman, Alt und Jung S. Peter, heimlichen (doch etlich wenig personen) ihre brief, kleinoter und anders, wie vorgemeldet, hatten geflöhnet und irer wenig gantz heimlichen zu Molszheim capitel hielten (darunter D. Nicolaus Wurmser, canonicus zu S. Toman, der fürnembst) haben sie in namen der dreyen stift, drey mit vollkommenem gewalt und ein suplication ahn den reichsraht, so sich damalen zu Eszlingen verhielte, abgefertigt, alsz M. Six Herman, Diebolt Baltner und Jacob Schultheysz; dise drey zogen im jenner hinusz gen Eszlingen, verklagten (bey pfalzgraf Friederichen und markgraf Philips von Baden als statthalter) den raht und (die) gantze stadt heftig, übergaben ihren gewalt und suplication, darin sie heftig den raht anzogen, mit vermeldung dasz sie aller irer inkommens müssten besorgen (das inen das meiste, und doch nit die wahrheit was); daneben die geistlichen, mönch und nonnen zur ehe griffen, darzu in der raht schutz und schirm gebe, und man inen ir alte freyheiten nemen, die heilige mesz stelle man ab und werfen die bilder ausz den kirchen, sagten es waren götzen, und wär ein solchs wesen zu Straszburg dasz der bischof zu seinem rechten nit komen kunte; wären auch getrungen worden das irig an sichern ort zu flehen; man reichte auch den leihen das sacrament in beder gestalt; man halte weder den pabst noch keyser in achtung, in summa sie werfen alles bosz zu so sie machten.

Heruf schriben gemelte fürsten und des reichs raht im jenner ahn die von Straszburg, mit vermeldung. (Vide alibi[1].) — Ibid.

2257. (*Verhandlungen zwischen Reichsrath und Magistrat.*) — Hierauf erhielt die stadt, noch im januar, ein schreiben des reichsraths, worin sie ermanet von den newerungen abzustehen, dem bischof zu folgen, und überhaupt sich aller geistlichen geschaefte zu entschlagen. Solches würde ihr bey kays. Majestaet hoch angerechnet werden.

Ein ersamer rath schrieb zurück dass in der gantzen stadt nichts un-

---

[1]. Ces derniers mots sont certainement de WENCKER, qui trouvait sans doute inutile de copier le résumé de la correspondance officielle, qu'il avait sous la main dans les Archives de la Ville.

ordentlichs mit zank und aufruhr sey angerichtet worden, dass nichts vorgenommen was gegen goettliche schrift. So seye auch niemand unzufrieden als etwa vier personen und die drei ausgetretenen (stifte?). Sie bitten man wolle doch solche die gerne unruhe anstiften nicht anhoeren und keinem der verraether glauben. Weil das heilige evangelium, um unruhe zu vermeiden, dem volk zugelassen, wodurch viel betrug an tag gekommen, so solle man glauben, dass sie, wie ihre vorfahren, gut und blut wollen daran wenden, damit gottes, des heiligen reiches und kays. Majestaet ehre erhalten werden. — Texte, légèrement modernisé, des papiers T. C. Rœhrich.

2258. (*Der Prediger Bekenntniss an die Fürsten.*) — Die prediger, insonders Bucerus, brachten ahn die fürsten ein bekantnusz ires glaubens und lehre in vielen artickeln, auch entschuldigung als vir, diweil sie nichts wider gott handleten noch lerten, auch darin nit kunte etwas widerlegt werden, man wolle den handel wol erwegen, wider gottes ehr und der menschen heil nichts schliessen, den verlumdern nit glauben, sunder sie auch lossen zur verantwortung komen. Ist alles in druck komen. Das stift S. Toman liesz ihr verantwortung auch in druck kommen. — J. Wencker, *Collectaneen*.

2259. (*Weiterer Verlauf der Religionsaenderung.*) — Auf Unser frawen lichtmesz gebote meister und raht widerum das alle geistlichen solten burger werden oder in monatsfrist, bey leibstraf, die stadt meiden oder der stadt verwisen, by 5 pfund pfennig; liesz sie burger werden ohne das hohe stift ward gefragt. Die horas wurden abgestellt, und solte man nit mehr dan vier messen im dag halten, alsz im münster, zu S. Toman, Alt- und Jung-S. Peter. Man date auch das schöne und traurig Mariabildt (davon man in allen landen sagt) hinweg, stellte solchs in ein capell, samstag vor Judica; die unötige firtag wurden abgestellt, und die fasttag, den closterleuten erlaubte man wer herusz wolte mochte es thun; gab in ir leben lang ein pension und unterhaltung; vil geistliche lernten handwercker, namen weiber; die nonen menner, wer do wolt; zogen die kutten aus, daten andere ehrbare kleider ahn; man zoge auch den spendpfenig in, und ward ein schaffner darüber gesetzt, und schlug man blech an die haeusser; doch mochte einer geben was und wem er wolte.

Samstag nach Judica gebote man allen geistlichen in clöstern und kirchen in die kantzley, und verbote man inen auf palmdag das palmschiessen, fuszweschen, eselritten, crisam beschweren, den hultzen hergott ins grab zu legen, die weiber heimlich beicht zu hören oder heimlichen mesz zu halten, ward in alles verboten, dan dise abgotterey grosz huren gab.

Auf S. Marx dag ward der crützgang vir den gehen dot auch abgestelt. — J. WENCKER, *Collectanea*. — Papiers T. G. RŒHRICH, en résumé.

2260. (*Balthasar Hubmaier kommt nach Strassburg.*) — Es hatte domalen Zwingle ein büchle geschriben des taufs halben (dessen er hernach nit gesten wolte), welchs Baltasar Hubmeyer, prediger zu Walszhut, überkame, darusz er den widertauf soge und also auf die ban bracht; hilte ein grossen beyfall, darusz in allen landen die widerteufer ufstunden; er kame auch gen Straszburg und machte vil leut unruwig; aber bald von der oberkeit vertriben. Es wurden schwere mandaten allenthalben wider sie angeschlagen.

In diesem jahr hat man erstmalen fleisch in der fasten auszgehawen. — Ibid.

2261. (*Ein Paar Domherren verhaftet.*) — Den 7. martii kam herr Jacob Schmidtheuser, thumherr zum Jungen S. Peter, und herr Wolf Reich, thumherr zum Alten S. Peter, von den andern pfaffen von Hagenau, wollten gen Freyburg zu den andern; hatten brief und vollen gewalt zu handeln; alsz sie an die Rheinbruck kamen wurden sie von der stadt soldnern gefangen und in thurn gelegt, do haben sie alle ire schatz geoffenbart und alle rahtschlag, auch die brief geöffnet; kamen mit schweren uhrfeden und bürgen widrum herusz. — J. WENCKER, *Collectanea*. — Exc. Sp. — Pp. Rh.

2262. (*Achtraedermühle gebaut.*) — [Die Achtraedermühle] anno 1525 sambt dem Weissenthurn gebawen. — K.-S. G., p. 1065. Fol. 212ᵃ

2263. (*Arbeiter beim Weissen Thurm treiben Unfug.*) — Anno 1525 truncken die arbeiter bey dem Weissenthurn den Carthaeusern sechs ohmen wein auss, der gartner aber, so auff dem fass sass, (wurde) mit ruthen aussgehauen. — Exc. Sp.

2264. (*Reformation in der Herrschaft Barr.*) — Niclaus Ziegler, herr zu Barr gebot seinen bauern von der neuen lehre abzustehen, so wolle er ihnen etwas an zins und gülten erlassen. Es scheint aber dass nicht alle wollten, denn er liess einige in das gefaengniss legen. — Pp. Rh., texte modernisé.

2265. (*Bauernkrieg im Elsass.*) — Vil kirchen und kloester verbrannt, Münster, Pairis, Ebersheimmünster, Andlau, Haslach, Altorf, Itenwiler, Morsmünster, Konigsbruck, S. Walpurg, Newenburg, Stechfelden, S. Johan, Neuwiller (rauch gen himmel) privilegia, cronica, fundationes, u. s. w. — Pp. Schn.

Fol. 213   **2266.** *(Sarg des heiligen Florentius zu Hasbach aufgebrochen.)* —
Anno 1525 hat Ittel Georg schultheiss zu Rossheim, der auffrührischen
baueren obrister, Hasslach geplündert, S. Florentii sarck geöffnet und
nachdem er die gebein in die sacristey geworffen, solchen zu S. Johann
bei Dorlissheim verschmoltzen, das gold, silber und edelgestein getheilt
und heimgeschickt. — K.-S. G., p. 240.

2267. *(Georg Ittel von Rosheim hingerichtet.)* — Eodem (anno) ward
Ittel Georg, schultheiss zu Rossheim, der recht obrist, noch ein haupt-
mann, Vix von Zabern, und ein pfaff erwüscht, nach Strassburg geführt.
Als er gestreckt, bekant er dass er zu Hasslach S. Florentii sarck geplündert,
wurde auf S. Johannis abend geviertheilt, die andern drey enthauptet. —
Exc. Sp.

Fol. 213ᵇ   **2268.** *(Reimen von der Bauren niderlag¹.)* — Exc. Sp.

2269. *(Strafe der rebellischen Bauern.)* — Der bischof von Strassburg
strafte keinen seiner bauern, nur die anführer, aber andre herrschaften
waren desto strenger. Koenig Ferdinand liess zu Ensisheim und anderswo
viel hundert richten, seine bauern mussten 3 pfund straf geben, in einem
jahr zu erlegen, viel neue gülten und zinsverschreibungen wurden aufgerichtet, mussten auch ein theil mehr geben, alles was sie verbrannt und
verwüstet mit frohndiensten wieder aufbauen helfen. Dem bischof von
Speyer und dem pfaltzgrafen mussten sie einem iedem 10 goldgulden geben.
— Pp. Rh., texte modernisé.

2270. *(S. Claren auf dem Woerth abgebrochen.)* — In welchem lermen
(bauernkrieg), dieweil das closter S. Cloren so nah an der statt, an der
mauren lag, ward es abgebrochen und ein graben, maur und bollwerk
darumb gefürt. Die nonnen kamen zu S. Cloren auff dem Rossmarkt, sambt
ihrem gesell. — K.-S. G., p. 282. — WENCKER, Coll., II, p. 8ᵃ.

Fol. 213ᵇ   **2271.** *(Münster ausgeraeumt.)* — Den 16. december raeumpt man alles
was unter dem lettner was hinweg, auch Unser frawen altar mit sampt
dem kestlichen bildt und wardt ein heltzerner altar herus gesetz, vir den
lettner, der noch do stett, darüff man bett und die teutsche mess hielte in
bederley gestallt, ohn allen ornatt und messgewandt, allein in einem chor-
hemd. Donoch hett man ein eissen gatter drum gemacht. — Pp. Schn. —
En résumé, Pp. Rh.

---

1. Le glossateur ajoute : Vid. HERTZOG, lib. II, Chron. als., p. 170. Nous supposons que
le copiste a jugé inutile de reproduire des vers qui avaient été imprimés depuis dans la
Chronique de B. HERTZOG.

2272. (*Bastion de la porte de Pierres.*) — Le bastion de la porte de Pierres fut bâti en 1525. — Pp. P.

2273. (*Grosses Wasser.*) — Anno 1525, anfangs der fasten, kam ein grosses wasser, dieweil man eben den Rietburger graben gemacht hatte, hatt solches wasser besser seinen fluss gehabt, wiewohl es groesser wie zuvor, hat doch weniger schaden gethan. — Ibid.

Fol. 214ᵇ

2274. (*Wiedertaeufer im Elsass.*) — Domaln und hernach fienge der widerteufer seckt auch in disen landen ahn, durch Ludwig Hetzer, Hantz Denck, Melcher Benck, Baltasar Hubmeier und andere; alsz sie zu Straszburg auch wolten innisten, wardt in die stadt verboten; aber sie brachten auf dem land geschwind ein solchen grossen ahnhang zu wegen, dasz man sich vor ine entsetzte; sie hatten ein grossen schein, wahren demütig, still, nicht rachgierig, drugen kein schwert oder gewehr; ihre güter waren gemein, daten jederman guts, schwuren nit, daten niemandts unrecht, etc. Vil dörfer und flecken wurden auf ire seyt bewegt; kamen bey nacht zusamen in heusern, domit sie andere, so sie verfolgt, nit ausspürten; zuletzt auch in weldern, do sie grosse versammlungen hielten, insonders im Eckboltzheimer wäldle, do dan vil ausz der stadt zu inen furen, do sie predigten und die sacrament empfiengen in beder gestalt, und solchs ein zeichen brüderlicher lieb nenten. Nach gehaltenem gotzdienst ernenten sie ein zeit wan und wo sie widerum wolten zusamen komen; man hat sie sehr verfolgt, gehenckt, köpft, verbrent und ertrenkt; den dot litten sie gantz standthaftig, danckten gott das er sie würdig acht um seines namen willen zu sterben; vil 100 gingen drauf; zu Ensiszheim sind allein, auf befehl k. Ferdinandi, über 600 erwürgt worden, also das man zuletst des würgens müdt worden und des landts verwisen worden, sind doch noch ahn allen enden vil vorhanden. — J. Wencker, *Coll.* — Pp. Rh., en résumé.

1526

2275. (*Schatz zu S. Claren gefunden.*) — Montag nach Judica, alsz man an Claren werds bolwerk bawte, do hat man ein alten trog gefunden voller silbern pfennig, daruf ein engel mit einem crützle stund, deren man noch zu tag vil hat, für 14 lot 6 gren. — J. Wencker, *Collect.* — K.-S. G., p. 282.

2276. (*Streit zwischen den Strassburger Domherren wegen des Grafen von Hohenlohe.*) — Damalen erhub sich ein span zwischen den thumherren zu Straszburg, dan graf Sigmundt von Holoch hörte vil predig, derhalben in die andern lutherisch schalten; wolten nichts mit ime zu thun haben, und auch bey in im capitel nit leyden noch sitzen; als er aber sich erklert er wäre ein christ, begerte von der catholischen kirchen nit abzutreten, allein

begerte er seiner sel seligkeit auch zu betrachten; diweil et nit dag und
nacht mit inen im luder lege und in die kirch ginge wäre er ein ketzer.
Bischof Wilhelm handlet sehr darwider mit grossem ernst, vil jar lang,
dasz man sich der religion halben im capitel nit trennen solte, welchs aufs
bischof underhandlung also gestilt worden, dasz man sich dessen gütlichen
hab verglichen.

NB. Solches erzelet der author anderwerts noch weitläufiger. Sagt der
thumdechant graf von Hohenlohe hatte die andern mitherren im capitel
ihres ergerlichen und ruchlosen lebens gestraft, darumb sie ime feind
worden. Liesz es auch in druck auszgehen. Bischof Wilhelm verhörte bede
theil, bate um gottes willen, diweil der von Hohenloh von jugent auf
gotselig erzogen, er in auch nie anders erkandt dan das er alwegen den
lastern feindt gewesen, auch nie under seinem gesindt niemand gelitten
der sich mit huren, fressen, saufen, fluchen, hader, gottes wort veracht,
die kirchen und sacrament nit besucht; solche hat er geurlaubt, und dieweil
er solchen eifer lange jar, ehe man von Lutter gehört hatte, getrieben, so
meine es der gut herr trewlichen. Ein theil capitularen wolten solchs dem
pabst ahnbringen, dieweil es der bischof nit thun wolte, sagten er der newen
religion wäre; solchs wolte bischof Wilhelm nit gestatten, dasz der pabst
einigen intrag auf das stift thun solte. Er wolte nicht dasz sie (wegen) der
religion einander vom stift auszstiessen und einander brüderliche lieb erzeigen, sunder welcher seine horas bet und zu chor gienge, solte man bleiben
lassen; wäre einer frömer dan der ander, so solte sich der bösz von seinem
leben keren und guts thun, und gott samenthaft um seinen heil. geist ahn-
rufen und das bandt der liebe nit zertrennen. Daruf ward (doch mit viler
widerwillen) beschlossen graf Sigmundt Holoch und andere in irem statt
und wesen lassen zu bleiben, wie es ein jeder gegen gott wüste zu verantworten. Bischof Wilhelm befole auch Zellen und andern evangelischen
predigern ihr vicariaten und presentzen zu geben wie von alters her,
domit man nit ursach suchte solchs mit gewalt zu nemen. Er ist ein verständiger herr gewesen; hat bald gesehen wo es hinusz wollen. —
J. Wencker, *Collectanea.*

Fol. 217   **2277.** (*S. Claren auf dem Woerth vollends abgebrochen.*) — Anno 1526
mit einer mauren umgeben und vollends abgebrochen. — K.-S. G., p. 282.

2278. (*Grosses Wasser.*) — Anno 1526, Matthiae, floesste das gross
wasser die Senftmühl hinweg. Montag nach Luciae, 4 uhr früh, verbran
die Sechsraedermühl durch verwarlosung. — Exc. Sp.

Fol. 217ᵇ   **2279.** (*Beichte verboten.*) — Auff den carfritag verbotten meister und

raeht XXI, bey 30 schilling dass weder fraw noch man in münster zu cohr
beycht gen solte, auch vor dem sacrament noch vor den getzen kein licht
brennen solten. — Pp. Schn.

2280. (*Münster weiter ausgeraeumt.*) — Auff S. Odiliendag hatte man
das gross güldin crütz im münster hinder dem altar hinweg, auch den
grossen Christoffel. Man kunt in schir zu keiner thur hinauss thun, also
unmenschlich gross war er. Man musste im bede fuss abschneiden, hatt
ein wagen genug ahn einem fuss zu füren. Der coerper ist in spital gestellt
worden. Er ist auff 36 schuh hoch gewessen. — Pp. Schn.

2281. (*Verbot in den Kirchen zu begraben.*) — Samstag nach lichtmesz 1527
wardt auch erkandt von scheffel und amman, dasz man bey zwantzig pfund
pfenning keinen doten leichnamb, es sey edel oder unedel, in die stat
mehr begraben solte, es sey in kirch, closter oder capel, sunder zu
S. Gallen, zu Gutenleut oder S. Helena, und zu S. Johann, in Curbaw und
Spitelgrub, und wurden die begrebnisz auf Lorentzi fertig.

Auf S. Barblen abent date man das grosz silbern crütz auf dem altar im
munster hinweg. — J. WENCKER, *Collectanea.* — Résumé Exc. Sp. — Cfr.
aussi FRIESÉ, *Histor. Merkwürdigkeiten,* p. 95.

2282. (*Vierraedermühle abgebrannt.*) — Anno 1527, zu den heil. drey Fol. 218
koenigen (brannte) die Vierraedermühl unter den Fischern ab. — Exc. Sp.

2283. (*Erscheinen eines Kometen.*) — Im jahr 1527, den 11. august Fol. 219
soll ein comet gegen Zabern zu gestanden haben, den man alle nacht um
zwoelff uhr sehen konnte, dessen fürchterliches aussehen viele menschen
dergestalt erschreckte dass sie plötzlich krank wurden. Eine handt mit
einem feurigen schwerdt, und an dessen spitze drey sterne..... Sie
wendete sich nach und nach gegen alle vier himmelsgegenden. Als aber
Rom erobert wurde, verschwand er. — Texte plus ou moins modernisé
par FRIESÉ, *Hist. Merkwürdigkeiten,* p. 118.

2284. (*Von D. Capito und Bucer.*) — Alsz im jenner D. Capito und 1528
Butzer widerum heim kamen und dem raht schriben von der stadt Bern
brachten, darin sie als die gelertesten gerümpt wurden in allen landen,
mit grosser dancksagung ihres fleysz, und dem raht alles anzeigten wie
ausz gottes wort die von Bern in allen iren landen die mesz alsz unchrist-
lich hetten abgethan. Daruf predigten sie hernach zu Straszburg solchs
gottlosz wesen und die mesz volent abzuschaffen, wiwohl in etlichen kirchen
solchs zuvor abgestelt gewesen.

Und bitten den papisten eine dusputation (*sic*) an, solches aus goettlicher geschrifft zu beweisen, und solten sie gleichfals mit heiliger schrift handlen. Die papisten predigten darwider, zeigten dem volck an dass solche mess im fegfeuer den todten zum trost und hülff kaeme, und kame zum streit, wolten doch nit disputiren. Der bischof schrieb tag und nacht dem rath mit dem handel still zu stan, aber der rath gebote den papisten, dieweil sie nit wolten ihre sache beweisen, solten sie mit dem predigen stille seyn, biss sie sich verantworteten. Der bischoff bat man wolte solche nit abstellen und ihren predigen kein glauben geben, mit bitt sie sollen bey ihrer eltern religion verharren und bleiben. Der rath gab antwort: wie der bischoff sein sach nur stets mit brieffen und trauworten wolte verrichten und die leuth schrecken, er thaete aber nichts zum handel, was einem bischof gebühlte, seine geistlichen und die religion reformiren. Dieweil er aber nichts zum handel wolte thun, müssen sie sehen wie der sachen zu thun were, dan der gemeine mann sehe ietzund mit grossen schmertzen wie sie nit allein mit allen ihrem gut sondern auch um die seelen waeren betrogen worden, sie wollen sich nit mehr also narren lassen, gott hat ein ander mittel vorgenommen. — SILBERMANN, *Extraits manuscrits*. — WENCKER, *Collectanea*.

2285. *Bürger wollen mehr Kirchen.* Als die burger suplicirten von wegen dass man mehr kirchen ihnen goennen wolte zu gottes wort, dieweilen die pfaffen nit wolten ihre sachen mit gottes wort darthun, auf solche wichtige handlung fortert der rath schoeffel und amman zusamen, deren uff 300 sind. Als man bey einander war, zeigten sie ihn allen handel an, wie und was die burger begehrten. Zeigten darneben an wan man solte eine gantze aenderung vornehmen, was man vom kayser und anderen vor gefahr zu erwarten haette, darneben (wo nit) was man von gott vor straff zu gewarten haette. Bathen sie wollten sich berathschlagen, die zünfft zusamenfortern, und ein mehreres machen, damit alles in stille, ohne aufruhr, moechte einhellig fürgenommen werden, und in monatfrist, wan man sie erfortert, moechten einhellig schliessen.

2286. (*Gesandtschaft des Administrators von Hildesheim.*) — Als nun bischof Willhelm solches erfuhr, kehrte er allen fleiss an damit er mochte das vorgenommene werck hintern. Schriebe desshalb um hülff und rath an alle geistlichen, auch an pfaltzgraff Friedrich und margraff Philipp von Baden, des reichs statthalter. Die fertigten eine stattliche legation ab gehn Strassburg, als den bischoff von Costantz, administrator zu Hildesheim, und andere herren, die kamen gehn Strassburg.

Diesser bischoff von Hildessheim, ist auss dem Brissgaw von Walkilch (sic) gewesen, Balthasar Merckel genandt, und do probst worden, wardt doctor, darnach thumherr zu Costentz, bischoff zu Malta, hernach bischoff zu Costentz, dan im bischof Hug das bistumb übergab domit er die luthrischen aussstrieb, ward k. Maximiliani, nachher k. Carle, vice-cantzler, darnach bischoff zu Costentz, dazu administrator zu Hildesshein, kam aber nit vil dahin, zuletzt anno 1530 bey k. Carle cantzler zu Augspurg, starbe gelingen zu Trier, das 31 iar, alss er zum kayser in's Niderlandt wolte.

2287. (*Vorbringen der Gesandten.*) — Die brachten im rath für wie sie mit schmertzen hoerten, dass diese loebliche uhralte stadt von anfang als der christen nahmen aufkommen, auch bald noch im leben vieler heiligen apostel, seyen zum christenglauben kommen und darin blieben biss auf diese stund, ob sie wohl verfolgung und grosse krieg ausgestanden und viel heyden lange iahr unter ihnen gewesen, doch alwegen der christen nahmen bey ihnen blieben, und durch viel heylige bischoeff und lehrer alwegen bey der apostolischen kirchen blieben, nun aber durch boese leuth beredt worden, alle gute, loebliche, christliche sitten veraendert und noch im werck sind. Er waere, neben andren zugegen, von den deutschen fürsten und stadthaltern des reichs im nahmen kayserlicher Majestaet hergeordnet sie zu ermahnen, dass sie wollten von ihrem fürnehmen abstehen, bey der alten religion verharren, dan kays. May. versprochen ein concilium in teutschen landen zu halten, was do entschlossen, würde iederman nachkommen; wo sie aber dem nit nachkommen würden, haben sie als verstaendige zu rathen das kays. May. mit den reichsstaenden sich werde beratschlagen wie dem übel zu begegnen.

2288. (*Antwort des Rathes.*) — Darauf gabe meyster und rath zur antwort: Nachdem hin und wider viel disputirens vorgefallen und man vor langen iahren viel missbraeuch, auch ein gantz aergerlich leben von den geistlichen verspührt und gesehen, viel fromme hertzen mit seuffzen solches haben sehen müssen. Man (hat) aber vor viel iahren, ehe man von solchem disputiren hat gehoeret, den bischoff etliche mahl deshalben ersucht. Weilen aber derselbe nichts hat wollen dazu thun, hat gott selbsten ein mittel geschückt, darum nit allein das aergerlich leben der prister, sondern auch vill gottlose missbraeuch unter dem nahmen gottes und Christi fürgangen. Und dancken sie gott, dass er sie nit laengst habe in grund verderben lassen. Darneben habe bischoff Willhelm viel iahr her ihnen verheyssen ein synodum zu halten und die missbraeuch abzustellen, aber nit in's werck kommen. Derohalben ein burgerschafft mit solchem ernst und begierd nach gottes wort geforscht und gefasset, darüber sie viel eher ihr leben dan sich solches nehmen wurden lassen. Darneben erbieten sich ihre prediger alles was sie lehren nit allein mit gottes wort zu bezeugen, sondern auch mit ihrem blut zu bestaetigen. Sie haben auch dem bischoff und den geistlichen vielmahlen angeboten, dass sie wollen oeffentlichen mit ihnen disputiren auss gottes wort, aber das gegentheil verwirfft gottes wort, will nur die gewonheit fürwenden. Und dieweil sie nichts fürwenden koennen, kann man nichts wider gottes wort thun. Die prister und geistlichen sambt pabst und bischoff, sind selber an dem handel schuldig, derohalben solten sie sehen (und gesehen haben), dass man gottes wort gelehrt, und aergerlichs leben abgestellt haetten. Jetzund wolte man gerne den weltlichen schuld geben; was thun dan die geistlichen, die schier aller welt gut dadurch bekommen haben? Was aber den kayser, das reich und allen gehorsam belangt, haben sie sich noch also unverweisslichen also verhalten und begehren sich auch hinfort also gehorsamlich zu erzeigen, dass niemand anders wurde von ihnen sagen moegen.

2280. (*Weitere Verhandlungen.*) — Der bischoff trange auff den stillstand und dass man die geistlichen biss auff's concilium, so in einem iahr waehren würde, wollte stillen. Der rath gabe darauf zur antwortt, wann pfaltzgraff Friedrich, margraff Philipp von Baden, des reichs statthalter, auch er, der bischof von Costantz, und bischoff Willhelm bey ihren bischoefflichen würdten wollten zusagen, dass in einem iahr ein concilium welches frey und iedem auss gottes wort frey zu reden und darnach geschlossen werden solte, wolten sie mit schoeffen und gemeiner burgerschafft sich dessen unterreden. Darauf der bischoff antwortete, er haette dessen kein befehl.

Nachdem sie sich im capitel lang berathschlagt übergaben bischoff Willhelms von Strassburg gesandten, neben des bischoffs von Costantz, schreiben an alle ritter und von adel, deren viel im rath zu Strassburg sassen (die belehnet vom bischoff und dem kayser waren), darinnen sie ernstlich vermahnet, dass sie wolten fleiss ankehren, dass solches gehintert und die mess nit gar abgeschafft würde, wo nit, dass die darwider im rath protestirten und nit dazu bewilligten, bei verliehrung ihrer lehen. Die ritterschaft aber zeigten an, dass sie nur ein stimm, die burger zwo haetten, also dass das mehrere fort gienge.

2290. (*Der bischoff reist ab. — Neue Gesandtschaft.*) — Da nun der bischoff kein mittel wusste, diese sach zu hintertreiben, zoge er gehn Speyer, zeigte beym kayserlichen cammergericht alle handlung an, begehrte beystand dem vornehmen des raths zu widerstehen.

Hierauff wurde von Speyer [ende junii] eine stattliche legation nach Strassburg gesand, und kehrten im bischoffshoff ein, dahin sich der rath begabe. Es wurden demselben alle handlung wieder so vorgebracht, wie es vom bischoff von Costantz beschehen ist, mit dem zusatz, dass im nahmen des kaysers die mess und gottesdienst nit abgestelt werden soll, dan es stünde weder dem kayser noch denen staenden zu, noch viel weniger ihnen, die alte, von unsern eltern lang hergebrachte religion zu veraendern, ohne ein general oder national concilium. Da koenten sie ihre klagen vorbringen und einen genaedigen bescheid erwarten, dan in keinem rechten zugelassen, was von allgemeiner kirchen und bewilligung aller welt gesetzt und abgenommen, andern ohne bewilligung abzuthun sunder zuvor von denen erlaubnuss haben. Wo sie aber würden verharren und also gewaltsam fürfaren, künnten sie erwarten, dass kays. Mayestet, auch deren statthalter, koenig Ferdinandus, in ungnade auffnemen. Sie waeren auch ihrer pflicht, eidt und amptshalben schuldig ihrer Mayestet solchs virzubringen, welchs sie lieber überhoben waeren, derhalben sollen sie bedencken, was daruss volgen würde, und die sach wol erwegen, und denen zu folgen die ihnen recht richten, daran würden die kays. Mayestet, auch inen, ein rümlicht gut werck thun.

2201. (*Bescheid des Rathes.*) — Darauf gab der rath zur antwort und widerholt den vorigen vortrag des bischoffs von Costantz, auch ihre darauf gegebene antwort, der laenge nach. Zeigten darneben an, dass sie wunder nehme, dass der bischoff und geistlichen so hart wider gottes wort waeren, welches sie solten foertern und eygentlich ihr ambt waere, koenten nit spüren dass ihnen gottes ehr angelegen ist, insonders da man ihnen nit begehrte ihre pfrunden zu nehmen, dessen sie zum hoechsten besorgen. Baeten den bischoff anzuhalten, dass er seinem ambt, auch seiner ehre und zusagung ein genüge thaete und das gottlos und aergerlich leben seiner geistlichen abstelle, wo nit, koenten sie kein stillstand haben, dan der gemeine mann in gottes wort also gegründ waere, auch mehr davon wüsste dan alle pfaffen auf einem gantzen stifft. Und würden sie mit dem ablass und dem bann nit mehr schrecken, daran die geistlichen mit ihrem gottlosen leben selbst schuldig waeren. Zeigten dabey einen handel an, dass ein thumherr zu S. Thoma einem frommen burger sein weib vorgehalten, welche schoen gewesen. Solches haette der burger dem rath geklagt, hierauff haette der rath bischoff Willhelm drey mahl darum geschrieben, aber keine antwort erhalten. Der thumherr hatte nit allein dem manne sein weib genommen, sondern auch den armen man unbillich, wider gott, in bann tracht, also dass er vor grosser bekümmernuss aus der stadt gezogen ist, weiss niemand wohin in's ellend, und der herr also das weib behalten. Und dieser handel sind nun in undencklichen iahren alle tag einer obrigkeit fürkommen, do manchen frommen mann sein weib und kind sind betrogen worden.

Man hatte auch vor 20 jaren in einem geistl. frauen closter das cloack geräumpt, hat man etliche gebein und hirnschallen von jungen kindlein in heimlichen gemachen gefunden, solchs wäre dem bischoff in geheim anzeygt worden, damit man die geistliche nit in ein geschrey brechte, hatte aber bis anhero nichts zum handel gethan, ohn was sie nit wusten. Desgleichen haben kurtz dis jar (sic) alss ein christlich oberkeit das gemein frauen-hauss abschaffen wollen; alss man den gemeinen frauen solchs vorgehalten, haben sie geantwort, sie bekennen das sie arme sünderin seyen, wären veracht, dätten das nun mehr auss armutt und nott dan auss mutwillen, und neme sie wunder, dass man ahn inen anfange, so doch alle closter hie offentliche hurheusser wären, darum sie vil nonnen wüsten zu sagen, die offentlich 3 oder 4 kinder hätten gehabt und vast alle im gantzen closter, denen gebe man alles genug mit überfluss und hiess sie genedige frauen, und wäre alles recht. Hatten man wolte sie in die kloster auffnemen, wolte sie sich vil züchtiger und fromer halten dan die andern darin, hatten darneben man wolte zuvoran die grossen hurheusser abthun, sie wolten hernach das irig in einer halben stunden gerumpt haben, dan sie nit vil hussroht hetten. Solchs wäre von stund an under die bürgerschafft komen und hatten die gemeinen frauen ein beyfall überkomen sie sollen nit weichen biss man die grossen hurheusser zuvoran abthue, habens auch hiemit erhalten, zu grossen spott der geistlichen und ergernuss viler fromen leutt.

Was sunst in mönchsklöstern fortging, do schir ein jeder sin eigen hur habe, auch manchem ehrlichen man sein weib und kind geschendt wird, wisse alle welt, hatten hieruff man wolte das gottloss ergerlich leben abschaffen, und gottes wort frey lassen, wo nit müsten sie sehen wie sie im dätten, damit sie es vor gott kunten verantworten.

2202. (*Antwort der Gesandten.*) — Heruff gabe man dem raht zu antwortt sie hetten schand und laster nicht gebilligt, auch der bischoff nihemalle, wäre im solchs alwegen schwehr zu horen gewesen und wäre niemalen vor ime rechtlichen beklagt worden, sunder hette ime nur schlecht die geschicht geschriben und vürbracht. Wass in clostern auch von den geistlichen virgieng, bekenten sie das vil ergernussen geschehen, solches würde alles reformiert werden auff künftigem concilio, allein wolten sie mit abstellung der mess solchs instellen.

Was gottes wort belangt, hatten sie solches niemands gewehrt auch nihe verbotten, so es noch der heil. vetter ausslegung beschehe und nit noch eines jeden kopff und verstandt wie es gemeindt; wär wolte zuletsst wissen, was er glauben solte, allein hatten sie, dass sie die heilige mess und das opffer, das gott geschehe, welchs iren eltern und freunden, auch dott und lebendigen, zu hilff und trost keme, nit abschaffen, auch in religionssachen, was sie nit geordnet, auch nit hinwegthun, denn solches nit inen sunder dem pabst, keyser und den geistlichen zustünde, sunder die erkenntnuss des concilium erwarten, doran werden sie dem pabst, keyser und dem reich ein ahngenehmen dienst beweissen.

2203. (*Verhandlungen wegen der drei Stifter.*) — Der rohl drange auf die reformation biss auffs concilium, oder sie müssten den weg suchen. Als man zu beeden theilen nichts aussrichte, ward wegen der ausgewichenen priester und thumherren zu S. Toman, Alt- und Jungen S. Peter, gehandelt, welche seit 1524, von Bartholomaei her, nit darffen in die statt kommen. (Ist) gentzlichen vertragen worden, also dass sie sicher wider in die statt sollten kommen, die statt solt inen ire kleinnoter und heiltum alles widerum zustellen, ir inkommens lossen, hergegen solten sie gegen einer burgerschaft fründtlich sich verhalten, und von wegen des frevels, dass sie die kleinotter aus der statt verruckt hetten, ohne des gantzen stifft und einer oberkeit wissen, der statt 1500 (gulden) zu frevel geben, welches alles gelopt und geleist wardt. Also kamen sie am 21. februarii wider in die statt und zogen der bischof und andere herren wider freundtlichen hinweg.

2204. (*Auseinandersetzung der neuen Lehre.*) — Als nun die gesanden hinweg zogen und man nicht erhalten konte dass man die pfaffen und prediger haette der mess halben gegen einander verhoert, wer recht oder letz haette, gab es der sachen mehr einen vorschub, als ob die pfaffen unrecht haetten weil sie nit wollten disputiren, dieweil die prediger anzeigten das sacrament waere in der mess ahn im selbs recht, aber es würde mit grosser gotslesterung missbraucht, dan mans gott schenckte und auffopfert, solchs anzunemmen vir dotten und lebendig, und solchs opffer müsste der arm sowohl als der reich ums gelt kauffen, so doch Christus solchs sacrament uns schenckte und gebe zu geniessen, und seines dots doby zu gedencken, biss er wider kommen wirt am iüngsten dag. Das wolten sie mit gottes wort bewissen, wo nit mit irem blutt bezeugen. Solchs wolten die pfaffen keines annehmen, weder die geschrifft, und sich eines hars weidt darin zu leiden, und waere das (von) Christo bis her also gehalten worden.

2295. (*Beschluss des Rathes.*) — Darauff kamen schoeffel und amman zusamen, da wurden in der vier stifften auch aberkant, so lang biss die pfaffen beweissen dass die mess, wie sie es brauchten, aus gottes wort wär, ist also bissher nit erwiesen worden.

Denen zu Allen Heiligen wardt solchs in der almentstuben auch vorgehalten, doch inen freygelassen sie möchten thun was sie wolten; also beleibt ein theil, die andern stunden ab. Vil namen weiber, beleiben danoch bey ihren pfründt. — SILBERMANN, *Extraits manuscrits*, IIe partie, p. 15— 23. — Résumé très fidèle, mais un peu modernisé, l'p. Rh.

Fol. 222^b **2296.** (*Epitaphium Wimphelingii.*) — Deo optimo maximo. Jacobo Wimphelingio theologo, qui juventutem ad meliora studia, sacerdotes ad vitam sanctiorem, ad optimas leges et instituta, respublicas aeditis etiam monimentis invitare, exhortari, revocare nunquam cessavit, frugalitatis benignitatisque rarum exemplum, Jacobus Spiegel ac Joannes Maius fratres, Caesaris Augusti secretarii, avunculo beatae memoriae munus extremum persolverunt. Vixit annos LXXVIII, menses III, dies XXI. Obiit 17. Kal. Decembris 1528. — S.-K. G., p. 1120.

Fol. 223 **2297.** (*Mühlen gebaut.*) — Anno 1528 hatt man die Seeg- Schleiff- und Plawelmühl bey Rauscherthoerlin gebawen. — Exc. Sp.

2298. (*Fruchtpreise. — Armenspeisung.*) — (Anno 1528) galt ein viertel frucht 4, 5, 6 gulden. Item wurden 18000 frembde, so verhungert, in der Elendenherberg gespeisst. Auff weynachten wurden über 2000 in's Barfüssercloster gelegt, also dass 1530 allein biss an den sommer darin gelegen. — Exc. Sp.

Fol. 223^v **2299.** (*Abschaffung der Messe.*) — Anno 1529, den 20. februar, wurden
1529 schoeffel und amman auf den vorigen bedacht von anno 1528 widerum zusamen gefortert und ihr bedencken angehoert. Die zeigten an dass sie sich nit allein bey dem gemeinen mann sondern auch beederseits gelehrten, auch bey andern erforscht haetten und befunden dass die mess wider gott waere, und abzustellen ist, biss solang das gegentheil beweise dass solche auss gott seye, wie sie sich dan erbotten haetten, dass solche der groesste dienst waere damit man gott dienen koente.

Darauf erkante meister und rath, auch schoeffel und amman, dass man in gantzer stadt und land, so weit ihr gebiet sich erstreckte, auff allen stifften, cloestern, kirchen und capellen, auch in hoeffen kein mess mehr solte gelesen noch gesungen werden, allein die teutsche mess, und das

sacrament in beyder gestalt reichen, wie es Christus eingesetzt. Hiemit
giengen die kirchen und cloester zu, auch zogen viel moenche und pfaffen
davon. Sie wiessen dan mit goettlicher geschrifft dass sie recht seye, solte
sie wider aufgericht werden. Solches bracht ihnen Egenolffus Roederer
von Dierspurg für, welcher ein staedtmeister war.

Solches schrieben sie bischoff Wilhelmen auch zu; darauf gab er zur
antwort wie dass er ihr schreiben mit weinen und seufftzen gelesen, auch
den handel ihres fürnehmens wüste, er wolte solches geduldig leyden und
gott befehlen, dass er sein mittel wolle darzu senden, darneben wolle er
aber zum handel thun, was ime meint zum besten gereichen, und darin nit
seumig seyn. Schribe solchs von stund an kays. Carle, kön. Ferdinand, auch
Mentz, Cöln, Trier und andern zu, damit man den reichstag zu Speyer
fürderte.

2300. (*Raeumung der Kirchen und Kloester.*) — Dinstag nach Reminiscere hatt herr Diebolt Schwartz pfarrherr zum Alten S. Peter mit
seinen pfarrkindern, alle altar und bilder abbrochen und auss der kirchen
gethan, die kirch gewisst und christliche spruch darin geschriben. Alss man
alle kloster abdette, aussgenommen zur Ruwerin, S. Margaretten, und
Clauss in Undis, auch alle mönchklöster mönch und nonen pension ir
lebenlang, wer sich heruss begabe, alle iar 52 gulden, etlich frucht und
wein, das übrig zu S. Marx gabe man ins almüssen, S. Claren am Rossmarckt
in Spital, S. Caterina ins Weyssenhauss S. Claren auff dem Wördt und
Unser frauen brüder ins Blotterhauss. Es war aber im Prediger closter ein
gelehrter, der auch in der medicin hoch erfaren, Otto Brunfelss, und vil
kestlich bücher von arzeneyen beschriben so noch vorhanden, der zoge gen
Bassel, wardt D. in medicina, zoge darnach gen Bern, do er anno 1534 gestorben ist. — J. WENCKER, *Collectanea.* — SILBERMANN, *Extraits manuscrits.*

2301. (*Un singulier pari.*) — En 1529 George de Hohenstein fit un
pari avec 12 nobles et 12 bourgeois, de leur laisser un foudre de vin s'ils
le traînaient en un jour sur une charrette de Bergbietenheim à Strasbourg,
sans atteler ni chevaux, ni âne, ni vache, ni taureau; sinon chacun s'enga-
geait à lui donner un florin. Le 1er août la chose fut exécutée et ils arri-
vèrent de bonne heure en ville. Le foudre de vin coûtait à cette époque
16 florins. — Pp. P.

2302. (*Reichstag zu Speyer.*) — Auff dem reichstag zu Speyer, der im
mertzen anginge, waren von der stadt wegen J. Jacob Sturm und Daniel
Müg alter ammeister; auch bischof Wilhelm der brachte sin sach erstlichen

wider die von Speyer schwerlichen an, was sie nemlichen ohne erkanntnuss gethan. Und deswegen dass die stadt Strassburg die religion hatte geendert, die mess abgethan und des keysers, königs, auch aller chur und fürsten, auch des reichs abscheidts nit erwart, wurden sie von könig Ferdinando und andern von irem sitz auss des reichs wahl ausgeschlossen. Daruff gabe J. Jacob Sturm zu antwort wan sie also von des reichs sitz und stenden solten ausgeschlossen sein, darum das sie gottes ehr fürderten, schand und laster abstelten, durffe man auch von ihnen hinfortt kein ahnlag noch reichssteuer gewertig sein. — (Cfr. *Chronique d'Imlin*, p. 50.)

Daruff sagten etliche fürsten, wo sie dan schutz und schirm nemen wolten; daruff sagte J. Jacob Sturm solchs begere könig Franciscus von Frankreich ahn unss sampt vilen, 2000 kronen järlich zu geben, auch unsere nachbaren die Schweitzer. Als solches andere fürsten, herren und stett vernamen, erschracken sie, dan sie etwas weitters nachdenckens hatten dan andere und wol sahen wo hinuss das reichen würde wan der könig solte bis ahn den Rhein und darüber einen freyen pass haben. Batten könig Ferdinandt, auch die andern reichsstendt, denen von Strassburg kein ahnlass, das sie möchten mit andern potentaten bundnuss machen, dardurch dem reich mochte grosse gefahr komen, dan man mit dem Türcken genug zu thun; und ob sie schon die religion geendert, möge doch solchs ahn des reichs gerechtigkeit ihnen nit schaden, biss so lang solcher religion streitt durch ein rechtmässig concilium mochte erortert werden, dieweil sunst niemandt noch auff gemeinen reichsdagen wäre verstossen worden. König Ferdinandt gab selbs antwort dass man an denen von Strassburg ein andere stadt ahnnemen und setzen solte, es wäre eine welche man wolte, die kays. Mayestaet edicten und gebotten gehorsam wäre. Zuletzt doch schwerlich erhalten.

Nun hatten sich fünf churfürsten zusamen verbunden, wolten Saxen und Hessen auch mit in nemen, mit vorwendung der Zwinglischen lehr halben, hierdurch vermeinten sie ein trenung zu machen unter den evangelischen; do haben die von Strassburg dem landgrafen solchen list anzeigt sich herin wol fürzusehen, welchs auch beschehen wäre, also schlugen sie inen daruff die büntnuss ab, sunst wären under dem schein solches zu bössem endt gereicht.

Fol. 227ᵇ **2303.** (*Aufhebung der Kloester.*) — Nachdem in allen klöstern und stiften der mönch und nonnen noch vil waren, auch vil aussdratten, die andern die stadt sehr verachten und schmehen, do wardt erkandt, dass alle mönch so zu den Frauen brudern, auch die Prediger, Barfüsser,

Augustiner, die nonen zu S. Marx, zu S. Catherinen, S. Claren auff dem Rossmarckt, S. Claren auff dem Wördt, und alle do man wuste die ein unehlich leben fürten, erlaubt aus den clostern zu gan, die mochten also beleiben oder sich verehelichen, und versprach man jeder person ir lebenlang 80 gulden[1] jerlichen zu geben, und name in die obrikeit alles gefäll ein. Die nonnen zu S. Margaretten, S. Clauss in Undis und zu den Rawern diweil sie sich wol alwegen gehalten hatten, liess man bleiben biss auff disen tag, doch stelte man die mess gar ab, und predigt man alle sontag zu mitdag in allen disen clostern, auch wardt erlaubt, dass sie möchten am sontag morgen in der kirchen (wie auch alle dag) gan, aber sie gingen nit vil auss, beleiben im orden wie noch.

Fol 228

2304. (*St. Martinskirche abgebrochen.*) — Auff montag post S. Lucas dag brache man S. Martins kirch ab bey der Pfalz, wie der platz noch ist, und datte man die ein gross glock ins münster die man itzundt die neuner glock heisst, sampt den gefäll vertheilt, alss sey 1017 jar gestanden ist wie am stein an der thür zu sehen, als sie gebawen 513 war. Fornen bey S. Martins kirch am Fischmarckt, bey der neuen Pfaltz, hatte sie ein hohen thurn. Die kirche brach man auff den boden ab, welche koenigin Gotheild, koenig Clodovei gemahl, S. Martin zu ehren, 513 bawen hatt, wie die geschrifft und iarzall davon stunde.

2305. (*Verwendung der Klostergefaelle.*) — S. Catharinen kirch brach man auch ab und machte das weyssenhauss vor arme kinder darauss.

S. Marx und Johann closter gefäll gabe man haussarmen lütten zu underhaltung, die nonen alle darauss, welche doch chorfrauen waren, das sahe man wol an iren kindern, und nit rechte nonen. Hatten eine probstin, waren alle von adel. Desglichen von andern clostern mehr dahin. Also geschahe es mit am barfüssern und predigergefellen auch. S. Johans closter, der comthur, der auch im Deutschen hauss, gelobten wider stadt und landt nit zu thun, die liess man bleiben. S. Claren auff dem Rossmarckt name man zum Zeughuss und zum Werckhoff, doch beleib es damallen stän.

S. Claren auff dem Wördt zum bolwerk und wehrung geordnet, kirch und anders abbrochen, wie noch zu sehen.

Die drei nonen closter S. Margareta (S. Agnes so von adel), Ruwerin, und S. Clauss in Undis liess man bleiben, dan sie nichts hinderten, auch sich hatten alwegen wolgehalten.

Man liess auch alle stiffter bleiben mit iren thumherren und vicarien, alss

---

1. ‹50 gulden.› (Exc. Sp.)

das Hohe Stifft im münster, das stifft zu S. Toman, das stifft zum Alten S. Peter, das stifft zum Jungen S. Peter, das stifft zu Allen Heiligen, das beleib den geistlichen mit allen iren renten, gülten und zinssen, doch haben sie ire schaffner und pfleger wie alwegen.

Den Cartusen bestelte man pfleger.

S. Andreas kirch, auch zu S. Anthonii gingen auch zu, das Wilhelmer closter dratten die mönch auch auss, S. Steffans closter, diweil es ein gefürste aptissin war, liesse man bleiben, die muste mit den junckfrauen in die predig gan. S. Clauss beleib ein pfar. Der spitalkirch do bestelt man ein prediger wie in einer pfar und wurden nur sieben kirchen erwoelt, darin man predigen solte, alss im münster, zu S. Toman, zum Alten S. Peter und Jungen S. Peter, vier stifft, darnach Wilhelmitercloster, zu S. Clauss und zu S. Aurelia.

Man predigt alle sonntag zu mitdag in den drey nonnenclostern, zu S. Margarethen, zu Reuerinnen und zu S. Clauss in undis.

Alss die pfaffen solchen ernst sahen, auch der bischoff selbs, forchten sie sich etwas, hatten nit gemeint dass man solchs dorffe vornemmen oder so keck wäre, schwigen still und wurden etwas demüttiger. — J. WENCKER, *Collectanea*. — SILBERMANN, *Extraits manuscrits* et Exc. Sp. donnent les mêmes textes en majeure partie. Quelques notices dans les papiers L. SCHNÉEGANS et K.-S. G.

Fol. 228ᵛ 2306. (*Grosse Theurung.*) — Diss iahr hatte man theurung, krieg und pest, weit und breit..... Eodem, umb Johanni Baptistae, in der theurung gaben die herren den burgern meel genug, den sester zu 14 pfennigen, umb Martini zu 18 pfennigen, zuletzt zu 2 schilling, das viertel zu 3 gulden. Da mussten bey 1400 arme den wahl bei Clauss in undis bawen, denen gab man alle tag zwey suppen und fleisch und brot genug, und warme stuben zum Mühlstein, auch kleyder und schuh, durch den gantzen winter, alles aus den clostergütern. — Exc. Sp. — Cfr. le texte modernisé de FRIESÉ, *Hist. Merkwürdigkeiten*, p. 167.

Fol. 229 2307. (*Epitaphium Conradi Duntzenheimii.*) — Eodem anno H. S. L. Conradus a Duntzenheim ex Argentorato Germaniae civitate senator et consul, qui vitae dexteritate morumque innocentia multis annis ei praefuit, verum sexagenario maior temporum iniquitati cedens et fatis urgentibus Venetiarum visendarum studio adlectus, locum sepulturae invenit quo cum maxima itineris celeritate una cum sex comitibus itineris eadem selectis patria adpulisset, vivum officiose insequentes, mortuum huc maximo animi moerore posuerunt, liberi pietate in parentem moti hoc erexerunt monumentum. [Diese reyse setzet B. HERTZOG, lib. 8, *Chron. Als.*, p. 94, ad annum 1532¹.] — Exc. Sp.

2308. (*Strassburger Faehnlein gegen die Türken.*) — Ohngeachtet ihrer drohungen, schickten die Strassburger doch im september 1529 ein faehnlein von 400 mann als ihren beytrag zur eilenden hülff wider die Türken, die Wien belagerten. Sie waren nicht darzu aufgefordert worden, bloss auss liebe zu den armen christen. Herr Engelhardt von Seichtingen war hauptmann, Caspar von Lohr faehndrich, Mathis Wurm von Geidertheim pfennigmeister und kamen um Martini wider heim. — Texte modernisé, pap. T. G. RŒHRICH.

2309. (*Alle Bilder aberkannt.*) — Auff S. Velttins dag erkandten raeth und XXI, dass man alle bilder, crutzifix und altar auss allen kirchen thun solte, welches auch beschehen ist. Doch welche etwan altaer, tafflen und anders in kirchen hatten, mochtens selbsten abnehmen. Dazu wurden neben denen werckleuthen etliche vom rath und die schöffen auff Unser frawen huss und S. Thoman auch darzu geordnet. — WENCKER, *Collectanea*, II, fol. 13ᵇ. — SILBERMANN, *Extraits*, IIᵉ partie, p. 24. — Pp. Schn. Fol. 231ᵇ 15.10

2310. (*Die Kirchen übertüncht.*) — In disem iar hatte man alle kirchen die bilder herauss gethan und alle gemell und kirchen mit steinfarb ahngestrichen, auff dass unser nachkomen der altten abgoetterey und aberglauben nit sehen moechten. — Pp. Schn. Fol. 233ᵇ

2311. (*S. Arbogast abgebrochen.*) — Anno 1530 (ist S. Arbogast) abgebrochen, die intraden zu S. Marx und hospital geschlagen, den 19 10ᵇʳⁱˢ. Es hatte zwei hohe thürn. Zuvor ist der letzte probst, herr Joerg Ebl gestorben, den übrigen drei herren gab man iaehrlich iedem 60 gulden, 20 viertel frucht und ein fuder wein. Die stein wurden zum bollwerck am Weissenthurn und mühlen gebraucht, sampt S. Marx clussencapell. — K.-S. G., p. 285. Fol. 234

2312. (*S. Marx abgebrochen.*) — Anno 1530 (wurde St. Marx) abgebrochen. — Ibid., p. 283. Fol. 234ᵇ

2313. (*Kronenburger Thor befestigt.*) — Man baute auch am Kronenburgerthor das gewoelb und beschüttet es mit grund und machte den wall bey dem Grünen thurm. — Pp. P.

2314. (*Die Confessio Tetrapolitana.*) — Wegen der vier städt confession so Butzer gemacht, war der saxischen gleich, auszgenommen in dem einigen

---

1. Les mots en parenthèse ont été évidemment ajoutés par l'*épitomateur* anonyme de SPECKLIN, qui avait le texte de HERTZOG sous les yeux.

artikel das sakrament betreffend, so der 18, und welchen Buzer darum
auszfürlich gemacht, dan er wol wuste das man ime darum würde zum
meisten zusetzen.

2315. (*Reichstag zu Augsburg. — Katholische Confutatio.*) — Nach
dieser, auch der saxischen confession, stelte das gegentheil ein confutation
wider etliche und den merre theil unserer artickel, welche uns sind vorgelesen worden, aber nit wollen behendigen noch copie zustellen, und
wardt den Straszburgern insonders der 18. artickel vom sacrament ernstlich virgehalten, wie sie den artickel vom sacrament also herrlich gestelt
hetten, und doch in wahrheit nichts davon hielten und dem kaiser nur ein
spiegel vor die augen machten, in zu betriegen, alsz wan sie wahrhaftig,
wie sie virgeben, also sich hilten, so man doch weisz was sie zu Bern und
anders beschlossen, auch zu Marpurg in Hessen darum bey einander gewesen; itzund kemen sie widrum und wolten gern ausz der lügen ein
wahrheit wenden durch falsch vürbringen; dan offenbar dasz die vier städt
dem irrsal abhangen und an den orten der irsal also grüwel überhandt
genommen, das sie das heil. sacrament auszschütten, verbrent und mit füszen
getreten haben, auch an die wandt angeheft und darnach geschossen und
an die wandt geschütt haben; das nit ein wunder das feur wäre vom himel
herab gefallen; und solchs daten sie noch mehr mit gar langen worten
und grosser lestrung, damit den keyszer und andere zu hasz bewegten;
darum wie man meint, bischof Wilhelm von Straszburg, der auch do sasz,
wasz sol geschoben haben und solchs alles hatte vürbracht. Die andern
artickel wurden auch verworfen, aber mit keiner heiligen geschrift.

2316. (*Jacob Sturm und der Erzbischof von Salzburg.*) — Alsz man
abermalen gütlichen zusamenkomen von allen stenden des reichs, da hat
herr Jacob Sturm von Straszburg gesagt, wan man alle böse laster ahn
den geistlichen zuvor abstelt und reformiert, kunte alszdann auch die lehr
hernach ahn ir selbs folgen; daruf Melanchton, Buzer und die andern auch
folgten; do sagte Mathis Lang, cardinal und ertzbischof zu Saltzburg: Ach,
was wolt ir reformiren, es ist nichts guts ahn unsz, wurt auch nichts guts
ausz uns, derhalben lassen uns nur also beleiben und sehen ob wir in der
lehr eins würden!

2317. (*Butzer's Apologie.*) — Buzer stelte bald ein apologia und schirm-
geschrift über alle artickel und erklerte solche mit heiliger geschrift noch
besser, wie die Philippus Melanchton über die säxische; machte den un-
gelerten eseln gut arbeit. Der keyser wolte solche von inen annemen, aber
Ferdinandus wehrt solchs. Buzer liesz solche bekantnusz und die apologia

(wie auch die saxischen) disz jar in druck auszgon, welche noch zu lesen sind, wasz sie alles christlichs solchs verantwort haben.

2318. (*Verhandlungen mit Kursachsen.*) — Ehe der von Saxen, der churfürst herzog Hannsz von Augspurg hinweg zogen, schickte er zu voran nach den Straszburger gesandten herrn Jacob Sturm, herrn Mathis Pfarherr und Martin Buzer, zeigt inen ahn mit was grossen schmertzen er verneme die uneinigkeit nur des einigen artickels vom nachtmal (wegen), und wann man sie recht erwegte, wären sie eines sinns; aber solches hetten die papisten ihr freudt, hofften under uns selbs ein trennung, damit sie ihr sachen kunten ins werck richten, bete sie zu inen zu treten.

Die gesandten gaben antwort, sie wisten kein irrthum darin wan man ir artickel recht verstünde; begerten das seine gelerten solten sich mit herrn Martin Buzern ersprechen und dan ir bedencken hören; daruf wardt Phil. Melanchton, Justus Jonas, J. Brentius und andere mehr geordnet, und zu beden theilen die räht; alsz sie frundtlichen vom handel redt gehalten, zeigten sie die gelerten, auch die räht, den fürsten solchs ahn, mit erzelung dasz Buzers meinung nit so bösz wäre wie man sie macht, und wäre ebenmäszig des Lutters meinung durchausz, dann er die gegenwart des leib und blut Christi im abentmal wahrhaft bekenet, auch mit dem brot empfangen werden, und wie das brot den leib also der leib Christi die sel erhalte zum ewigen leben, sunst würde es ein bauchspeisz, und hette solchs mit göttlicher auch der heiligen väter sprüchen genugsam bewisen.

2319. (*Butzer reist zu Luther nach Koburg.*) — Noch berathslahung des churfürsten, bate der fürst die gesandten von Strassburg, dasz sie Butzern wolten erlauben, so wolte er in gen Coburg zu Luthern beleiten, ob etwan ein einigkeit mochte getroffen werden, welchs bewilligt wardt. Alsz Buzer gen Coburg kame und sein sach vom fürsten geschriftlich übergabe, auch mit Luthern disputierte, war Luther mit ime zufrieden, befande das seine meinung recht und gut war, bate nur dasz ers von hertzen also meinte; Butzer war ein bestandiger, hochgelerter man, gab gute antwort. Daruf wardt beslossen, er solle zum Zwingle und anderen stetten; wan sie sich also erklerten wie er, so wäre von gott der streit schon aufgehoben; und er bote sich er wolle selbs ein schreiben lossen auszgon, er hette sie zu voran nit genugsam verstanden alsz itzund. Daruf zoge Butzer widrum nach Strassburg, lobt Luthers lehr, hielte auch bey Zürch, Bern, Basel ahn sich mit ime zu vergleichen, hört auch auf zu schreiben. Luther zeigt dem churfürst des Butzer handlung ahn, lobt in vir ein gelerten fromen man, hoffe durch disen alles guts zu erlangen, dann Butzer über die massen zum friden liebe hat und hochgelert, welchen Melanchton nit allein sunder auch die papisten hoch rümpten. — J. Wencker, *Collectanea*. — Silbermann, *Extraits manuscrits*, II° partie, p. 25. — Nombreux passages très exactement résumés dans les papiers T. G. Rœhrich.

2320. (*Barfüsserkloster eine Elendenherberge.*) — Anno 1530 wurden über 1600 personen darin erhalten. — K.-S. G., p. 280.

2321. (*Verbot die Begraebnisse einzulaeuten.*) — Domolen wardt geordnet dass man die dotten nit mehr beleutten solte, dan das leutten den gantzen dag wehret und wolt ieder seinen dotten zum lengsten beleutten, also dass man oft mit einem dotten in drey stunden nit kunte fertig werden. Darum stelte man es ab und in Martini wochen wurden fast alle alther abbrochen. — Wencker, *Collectanea*, II, fol. 14ᵇ. — Exc. Sp.

Fol. 235

2322. (*Neue Befestigungen.*) — Eodem anno hub man an vom Fischerthurn biss zu S. Elisabethen thor die graeben fast noch einmahl so weit zu machen und ausswendig futtermauren auffzuführen. Hinter S. Clauss wurde dass thor abgebrochen und zugemauert, wie auch S. Johannis thor, und die wachte dahin geschütt und das Neuthor angefangen, auch die rundellen mit streichwehren und schwellen in die graeben bauen und so fort hinauff hinter S. Catharinen closter in herrn Hans Bocken garten dass bollwerck und rundellen in graeben gemacht. Vor S. Catharinen thor bey dem schmeltzhaus der wall geschütt. Dessgleichen führte man den wall beym Teutschen hauss, auch den innern beym Weissen thurn und hinter Cronenburg hinauff, und brach man daselbst die capell zum Ellenden creutz ab und ward der graben vor der Leymengrub hingeführt. Item der wall und bollwerk vor dem Cronenburger thor mit dem langen runden gewoelb, auch die gehaengte bruck über den einfluss bey S. Johannisthor in Kraut n. — Exc. Sp.

Fol. 235ᵇ

2323. (*Weinpreise.*) — Eodem (anno) kaufften die würth allen wein auff, da wurde ihnen die mass umb zwey pfennig gesigelt, da hoerten sie auf. — Exc. Sp.

Fol. 236
1531

2324. (*S. Helenenkirche abgebrochen.*) — Anno 1531, den 8. februarii, hat man S. Helena kirch bey den Guten leuthen abbrochen und auff den boden gleich gemacht, auch den wartthurm. Dieweil solche kirchen aber ein pfarrkirch war, so gen Schilcken gehoerig, hat man dargegen die capell zu Schilken, die stund auff einem hohen bühel, erweitert und zu einer pfarrkirchen dargegen gemacht und die gefaell zu unterhaltung Schilken und der Rothen kirch dahin verwandt, dass übrig in die statt. — Exc. Sp.

2325. (*Predigerkloster aufgehoben.*) — Anno 1531, mitwoch nach Cantate hatt man alle mönch auss dem Prediger kloster gethan und ihnen ihr leben lang pension geben. Die geföll ins blatterhauss, spittel, weysenhaus, Elendherberg und Guthen leuthen eingetheilt. — K.-S. G., p. 280. Fol. 236

2326. (*Verwendung des Predigerklosters.*) — Zur zeit der reformation haben die prediger geschenkt den armen sondersiechen, leprosis, ihr closter, das schulhauss und noch 18 haeusser, auch etwas an gülten und zinsen, dat. 15. martii 1531. Weil aber die leprosen sich dessen nicht bedienten, ist anno 1538 das closter mit zwey nebenhaeussern der lateinischen schul übergeben. — Texte évidemment modernisé, K.-S. G., p. 280.

2327. (*Messe vor der Stadt zu hoeren, verboten.*) — Den 3. aprilis hat meister und raht verbotten arm und reich, edel und unedel, meniglichen, mess zu hoeren vor der statt, bey 5 pfund pfenning. — Silbermann, *Extraits manuscrits.* — Wencker, *Collectanea.*

2328. (*Kirchenpfleger bestellt.*) — Den 22. maii hat man verbotten kein dotten mehr zu leutten. Damollen wurden in allen kirchen drey pfleger gesetzt, einer vom regiment, einer von schoeffen, einer von burgern, so mit den pfarrherren und helffern zu sehen auf die pfarren, kirchengebaw, allmussen und andere notdurfft. — Wencker, *Coll.*, II, fol. 14[b].

2329. (*Veraenderungen im Münster.*) — Daruff hatt man alle schilt und fendlin auss dem münster gethan, deren sehr vil waren und musst von iedem geschlecht und schilt singen lossen. Darnach das gantze münster steinfarb ahngestrichen. Daruff wardt in allen stifften und kirchen dass lautten vür die dotten abgestellt. — Pp. Schn. Fol. 236[b]

2330. (*Theuerung.*) — Anno 1531, als die theurung noch fortdauerte von 1529, lagen alle spital und kirchen voll armer leut die man erhielt. — Pp. Rh.

2331. (*Fruchtpreise.*) — Eodem anno galt das fuder wein, waitzen, 34 schilling, rocken 28 schilling, gerst 25 schilling, habern ....., das ..... brot wiegte 8 loth. Samstag vor Phil. Jacobi wurden 230 viertel meel auff dem speicher geholt, dabey ein maegdlin zu tod getruckt worden. Der bischof und die statt taxierten den waitzen zu 13 schilling, rocken zu 11 schilling, gersten zu 6 schilling, habern zu $3^{1}/_{4}$ schilling, biss Martini. — Exc. Sp.

2332. (*Famine.*) — Specklin rapporte qu'en 1530—1531, 23545 personnes, étrangères à la ville, reçurent des secours « in der Ellendenherberg ». — Pp. P.

Fol. 237ᵇ   **2333.** (*Diebstahl eines Beamten.*) — Eodem anno war ein constoffler und burger, Rhein, Adam, der vier iahr stattlohner und zwey iahr dreyer des pfennigthurns war, den sahe man in einem spiegel wie er in einen stieffel viel geld stiess und mit ihm heim trug, auch der statt zeug und stein zu seinem hauss brauchte u. s. w. Der wurde zum strang verurtheilt, da er aber hencken solte, wurde ihm durch grosse vorbitt, wegen seiner künstlichen fr..... dass leben geschenckt, musste aber zeitlebens in's hauss schwoeren und abtrag thun. — Exc. Sp.

2334. (*Die Wiener bitten Strassburg um Hülfe.*) — Eodem (anno) baten die Wiener um beysteuer wegen des grossen schadens den die Türcken verursacht. Die gesandten wurden frey gehalten, der rath schenkte ihnen 1000 gulden, schenckt ihnen auch ein stück büchssen zum streichen, weil sie sich so tapfer gehalten, erboten sich auch zu fernerer hülfe in der noth. — Texte modernisé, pap. T. G. Rœhrich.

1532   **2335.** (*Münster verziert.*) — Anno 1532 hatt man das münster inwendig verguld und geziert und die grossen geschrifften darin geschrieben. — Pp. Schn.

2336. (*Nachglocke auf dem Münster geschlagen.*) — Sonntag Judica hat man erstlichen ahngefangen die nachglocken zu schlagen, damit man horen mochte ob die wechter gut wacht hielten. — Pp. Schn.

2337. (*Inschrift am Weissenthurmthor.*) — Anno 1532 baute man am Weissenthurn und brach die habermühl ab und fuhr ausswendig um die mühl herum mit dem wall, wie dann an der aeussern porten geschriben steht also: Carolo V copias Germaniae in Turcam Pannonias invadentem ducente, respublica portam hanc aggere et fossam munire fecit MDXXXII. Aber der innere Weissthurn ist erst auff 2 iahr hernach auffbauen worden und alles vollend worden, mit rundel und futtermauer. — Pp. P.

Fol. 237ᵈ   **2338.** (*Barfüsserkloster abgebrochen.*) — Anno 1532, nach Martini, fieng man an dass barfüssercloster inwendig abzubrechen. Umb weynachten brach man den chor und klostermaur ab. Anno 33 auch die kirch; anno 54 und 55 dess closters fundament. Die stein wurden zum neuen bau vor dem Judenthor von Waseneck biss Roseneck geführt. — Exc. Sp.

1533   **2339.** (*Der Sektirer Melchior Hofmann.*) — Domallen wardt einer vor zwey jahren auss dem Niderlandt herauff kommen, genannt Melcher Hoffman, wardt sunst seins handtwerk ein kürssner, der hatte in Niderlandt bey den widertäuffern gewohnt, kam also gen Strassburg geschlichen, hat ettlich ding drucken lassen und hätte gern viel volcks an sich gehencket, daruff Butzern und andern befohlen wardt ine zu verhoren. Daruff wardt ein sinodum zu halten befolen, dann seine jünger in Niderlandt ine vir den grossen apostel und propheten hielten, der vor dem jüngsten dag des herrn sich offenbaren, und das rechte evangelium erst in alle welt bringen solte.

Alss nun Hoffmann den 11. junii in synodo erschine, welches zu den steuern in den kirchen beschahe, hat er zuvor lassen ein geschrifft aussgan mit grosser beteurung dass er ein knecht des allerhöchsten und ein zeug des herrn Jesu Christi von gott erweckt sey, und das rechte evangelium der welt und zu vorab denen zu Strassburg zu verkündigen.

Vide getruckt, item wass in synodo gehandelt worden. Als solches vir ein oberkeit kame, auch vil darbey waren, name in ein oberkeit, legt in gefangen zu berahtschlagen ob man in ewige gefencknuss, oder der stadt solte verweissen. Ist aber in gefencknuss erkanndt worden, damit man in underrichten mochte, auch niemandts mehr betrüge; seine jünger hatten bald ein endt, ist hernach in gefencknuss gestorben. — WENCKER, *Collectanea*, II, fol. 14ᵇ, 15ᵃ.

2340. (*Verschiedene Pfleger geordnet.*) — Anno 1533 ordnet man pfleger in die neuen stifft, wie in der müntz, stall, ungeld, pfenningthurn, dass allewege ein dreyer von adel sein musste. — Exc. Sp. Fol. 233

2341. (*Ein Sturmwind.*) — Dondersdag vor fassnacht, in der nacht, kam ein solcher grosser windt dass er das thürnle darin die schlagglock hinge, herab warff und vor der grossen münsterthür einen grossen stein, mehr dan ellentief in's pflaster warff. Warff auch den steinern gang gen dem chor wol halber herab ins bleyen dag, datt am münster mehr dan vir 3000 gulden schaden, warff vil hüsser, scheuern, auch vil 1000 baum in waeldern um. — Pp. Schn. Fol. 238¹

2342. (*Verlegung der Elendenherberge.*) — Anno 1534, als den winter auch zu voren in der Ellendenherberg am Weinmarckt vil volck gelegen, und sehr eng war, und das Augustinercloster leer stund, erkannten raeth und XXI. dass man solch kloster zu einer elendenherberg machte, wie es noch ist und ordnett alle gefaell hinein und die herberg am Weinmarkt liehen sie einem von Augsburg, der brauchte es zu einer mang und ferbhauss. — Pp. P. Fol. 243 1534

2343. (*Grabsteine aus dem Münster entfernt.*) — Domollen wardt erkandt das man alle grabstein ausz dem münster datte, und besetzte es mit blatten wie es noch ist, und statt herrn Burckhart Zwingers, ersten ammeisters, stein, so vor der kantzel lage, neben dem thürle auszwendig Fol. 243¹ wan man zur steinhutten gatt, und wardt das münster steinfarb angestrichen und die gewolb gemaldt und vergüldt.

2344. (*S. Stephan geschlossen.*) — Suntag vor lichtmesz hatt man die kirch zu S. Steffan zugethan von wegen das man noch walfartten ging und ausz dem Wilhelmer closter ein pfarrkirchen gemaht und dahin die thumharn geordnett. — Pp. Schn.

1535 **2345.** (*Schulstipendien gestiftet.*) — Vor dieser zeit hatte herr Johann Simler, thumherr zum jungen S. Peter und D. Johann Keisersperg etliche stipendia gestifft vor junge knaben, domit man möchte gott zu ehren auch gelerte leutt haben, do hube ein oberkeit zu Strassburg ahn solche und noch vil mehr in ein bessere ordnung zu bringen, darzu herr Jacob Sturm, ein gelerter von adel, gross fürdernuss darzu datte, domit der kirchen auch gemeinen nutzen möchte gelerte auffertzogen werden. Zu solchem göttlichen werck war einer zu Eissena (Isny), herr Peter Büffler genandt, der bewegte den raht zu Costentz, Lindaw, Biberach, Isena, das sie gen Strassburg zu dem göttlichen werck etliche herrliche stipendia vir junge knaben gestifft würden, dozu gabe ein raht zu Strassburg das prediger closter in und verordnete dazu gelerte leutt, und beschribe sie von feren landen, die die jugent in grammatica, rethorica, dialectica, matematica, in latin, griechisch, hebreïschen, auch theologia, auch visitatores darzu geordnet. Auss dieser schulen seind vil gelerte leutt in teutschen landen komen. — J. Wencker, *Collectanea*, II, fol. 15ᵃ.

1536 **2346.** (*Gesandtschaft nach England.*) — Beschahe von den stenden Augspurgischer confession ein statliche legation in Engelandt, der religion halben; vier personen wurden darzu ausgeschlossen, herr Jacob Sturm und Martin Butzer, bede von Strassburg, Phillippus Melanthon und Jorg Drathe. Die zogen hinin, und verichten ir gescheft gantz wol, kamen mit grosser verehrung vom könig widrum heim. — Ibid.

Fol. 258 **2347.** (*Schweres Wetter.*) — Anno 1537, 23. aprilis, schlug das wetter 1537 in die Grüne Warth bey der papiermühlen und brante sie gar ab. Die hat man dass ander iahr sampt dem hohen thurn von grund auff wieder neu gebauen. — Exc. Sp.

Fol. 259 **2348.** (*Französische Gemeinde gegründet.*) — Domollen als die ver1538 folgung in Hispania, Italia und Frankreich der religion grosz wahre und vil fromme leutt von hab und gutt vertryben wurden kam viel volck gen Straszburg, mans schetzte es auff 1500 personen. Damit sey auch gottes wort in ihrer sproch hören möchten gab man in das cohr zu den Predigern in und wahr Johannes Calvinus von Noion ausz Picardii ir erster prediger do, ain gelertter man; dernoch Pettrus Brüllius. — Pp. Schn. — SILBERMANN, *Extraits manuscrits*, IIe partie, p. 25.

2349. (*Barfüsserkloster der Lateinischen Schule zugeeignet.*) — Anno 1538 ist das closter (der Barfüsser) der lateinischen schul zugeignet worden, auch ein theil des clostergebaeues dem kornspeicher und kellerey zugeignet worden. Sonst ist der kornspeicher anno 1441 an das wasser gebauet worden. — K.-S. G., p. 280.

2350. (*Munsterglocke zersprungen.*) — Sontag, den 14. augusti, alss man zu mitdag die heilig geistglock zu predigt leittet, im munster, brache die glock. Die name man hernoch herab. — Pp. Schn.

Fol. 261^v
1539

2351. (*Weinernte.*) — Anno 1539, als man anfieng wein lesen, kunte man nicht fertig werden. Ein acker reben gab 6 biss 8 fuder wein, der sunst kaum ein halb fuder gab. Man gab den ohmen an reben 3 pfennig, 3 fuder wein umb ein fuder leer fass; man machte weinstuben zu 20 oder 30 fudern. Viel reben wurden nicht gelesen; an reben gab mans fuder umb 5 schilling. Wan man meinte ein fass waere nicht halber voll, so lieff es schon über. Man sagte gott fülle die fass bey nacht. Man schütte viel 100 hundert fass mit schlechtem wein auss. Auff dem weinmarckt gab man den ohmen guten wein umb 1 schilling mit fuhrlohn und allem. Einem reichen bauren zu Otterott wolte ein fuhrmann 40 gulden für ein fuder wein geben; der baur wollte 41 gulden haben; über drey tag wolt ihn niemand; über 14 tag wolte er ihn umb 30 gulden geben, über 8 tag umb 20 gulden, acht tag vor dem herbst umb 10 gulden, darnach umb 5 gulden, endlich umbsonst, es wolt ihn aber niemand holen. Da stiess er den faessern den boden auss. Freytag nach Catharinae fährt einer von Wasselnheim 12 ohmen auff den marckt, verkaufft den ohmen umb 10 pfennigen, der doch vom ohmen 3 pfennigen zu binden, 8 pfennige fuhrlohn, und 1 pfennig ungeld gab. — Exc. Sp.

Fol. 262

2352. (*Armbrustrain verlegt.*) — Anno 1540 versetzte man den Armbustreyn vom XIII. wall an S. Claren beym Waseneck, im Sack, zwischen die Hirsslachen und stattgraben auswendig. — Pp. P.

Fol. 263
1540

2353. (*Heisser Sommer. — Denkmaeler im Rhein gefunden.*) — Am fastnacht hub es ahn und wardt warm und also fort an, also dass an vil enden in aprile die reben blüeten; daruff volgte ein solcher heysser drockener somer dan kein menschen nit gedenckt, vil brunen versigen, alle gruben, und nassenfluss, also man in der Brüsch allenthalben zimert und andere werck verricht; der Rhein wart so klein dass man ahn etlichen enden mit pferden kunte durchkomen; under Bingen entploste sich ein felssen im Rhein, daruff sahe man das alt frankisch wappen, mit den 3 krotten, dargegen das mit den 3 gilgen; under Mentz fande man im Rhein 2 grosse marmolsteine seullen, 18 schuh eine lang, die kauffte hernach herra Florentz Ingolt und liess sie gen Strassburg füren, steht noch eine in seinem hauss im sall in der Oberstrassen[1]. Ist aber ein lang stück davon gehauen worden. Man meinte Carlo Meyno hab sie gen Achen füren wollen und sey das schiff do undergangen. Das erdreich hatte sich allenthalben auff, der Schwartzwald brannte, auch im Elsass auff dem gebürg die wald vor grosser hitz, vil menschen und vieh sturben durst. — J. WENCKER, *Collectanea*, II, fol. 15ᵇ.

2354. (*Sonnenfinsterniss.*) — Eodem anno, den 8. aprilis, umb 8 uhr, war eine grausame finsternuss der sonnen. — Exc. Sp.

2355. (*Grosse Hitze.*) — Speckle sagt von diesem jahre dass von der grossen hitze und dürre die erde berstete. Die waelder verbrannten und viele menschen und thiere verschmachteten. — FRIESÉ, *Hist. Merkwürdigkeiten*, 169[2].

2356. (*Reichstag zu Hagenau.*) — Martin Butzer predigt offt zu Hagenaw, das wolten die papisten nit leyden, aber es halffe nichts; wil der reichsdag wehret, kam vil volck gen Strassburg vor freuden, auch schickte man vil proviandt hinab von allen wahren.

2357. (*Riesentraube.*) — Bey Andlau fand man ein grossen drauben in den reben, der hatte, einer guten elen lang, ein ritzrothen bartt, also man in abschnidt, brocht man in gen Strassburg, zeigt in dem raht und vilen 100 bürgern, den drug man gen Heidelberg und schenckt in pfaltzgraf Ludwig; der pfaltzgraf schickt in gen Speir, schanckte in keysser Carle. Man sagt hinder den guten trauben wahr ein Judas, also auch hinder dem reichsdag, weil er ein rotten bart hatte. — J. WENCKER, *Collectanea*, II, fol. 15ᵇ.

2358. (*Guter Herbst.*) — Eodem anno fieng der herbst im augusto an, die trauben waren wie meertrauben, wein wie malvasier und dessen viel. Das fuder galt nicht über 8 gulden. In dem spittal ist noch ein fass davon auffbehalten worden. — Exc. Sp.

---

1. Dans le résumé de ce même texte, fait par le compilateur anonyme des Exc. Sp., on lit ici, entre parenthèses: «anjetzo Stromischer erben.»

2. Wohl nur ein Excerpt aus der Nr. 2353 gegebenen Stelle.

2359. (*Eine Raeuberbande zu Hundsfelden.*) — Es hatte graf Philips Fol. 265ᵇ
von Hanau vor kurtzer zeit etlich und 20 personen von Hundsfelden und
darumb zu Lichtenau als moerder mit dem rad richten lassen, aber man
spürte noch dass es nicht recht zuging, dero halben ihn die stadt Strassburg etliche mal darumb ersucht. Es fiel aber die stadt 1540, im october
hinaus, nahmen alles gefangen zu Hundsfelden, doch entließen etliche. Es
wurden aber 9 von den rechten erwischt. Als man sie nun peinlich befragt,
auch alle kundschaft verhoert, und über die 100 mord bekannten, wurden
sie verurtheilt mit dem rad gericht zu werden und darauf zu legen, welches
freytag vor Martini, den 9. november war. Witzenhans war ihr hauptmann,
darunter die aergsten waren Lux Clauss, Witzen Michel, Weber Hans,
Fritzen Hans, Conrad Clauss, und der Witz, Kerbes Clauss und ein lahmer,
den musste der hencker auf den richtplatz tragen. Sie waren alle moerder
zu Hundsfelden, ausgenommen der pfarrer und der sigrist. Sie nahmen
den leutten nur das geld, das andere warfen sie in den Rhein. Eine magd
hatte sie verrathen. — Pp. P.

2360. (*D. Capito stirbt.*) — Domallen starbe D. Capito, do war an sin 1541
statt berufen von Costentz der hochgelert Paulus Fagius von Rheinzabern bürtig, und pfarrherr zum Jungen S. Peter aufgestellt, auch
geordnet die heilige geschrift in hebraeischer sprach neben D. Caspar Hedio,
Martin Butzer, und Peter Martyrer zu lesen. — J. Wencker, *Collectanea*.

2361. (*Niedermünster abgebrannt.*) — Anno 1541, sontag noch Martini, Fol. 267ᵃ
was die aptissin von Nidermünster, Ursula von Zuckmantel, bey denen von
Ratzenhusen zu Barr. Da verwahrlosten sey das für zu Nidermünster also
das schir was nit gewölbt alles verbrant, auch alle dache von der kirche
und creutzgang, dat grossen schaden. Hernoch ist es widerum wol erbawen worden was zu noturff gehorig was; die thumherren setzten einen
schaffner dohin domit er besser zu sahe und ging also das closter in ein
abgang. — Pp. Sch.

2362. (*Ordnung des Gottesdienstes.*) — Anno 1542 ward auch zu Fol. 268ᵇ
Strassburg von Bucero und den geistlichen angestelt, auch von der obrigkeit gebotten dass man alle zinstag sollte einen bettag anstellen, aber alle 1542
vier wochen einen grossen bettag, also dass man in allen kirchen betten
solte und predigen wie an einem sontag, gott anzuruffen, damit er seine
kirch wolle erhalten. Welches biss anhero ist gehalten worden. — Silbermanns, *Extraits manuscrits*, IIᵉ partie, fol. 25. — J. Wencker, *Collectanea*,
II. fol. 16ᵃ.

2363. (*Erzbischof Hermann von Wied ruft Bucer nach Koeln.*) —

Domallen im hornung, wolte bischoff Herman zu Cölln sein bischtum reformieren nach lut des abscheidts des Rechenspurger Reichstags, darzu beruffe er gelerte leüt, darzu riehte im D. Johann Groger, der zeigte ohn wie er zu Hagenau, Speir, auch zu Worms und verschinen jar auff allen colloquio (sic) gewessen und wisse kein gelerteren und fridsamern in der religion dan Martin Butzer zu Strassburg. Daruff schribe bischoff Herman der stadt Strassburg, wie er gesinnt sein kirch zu reformieren, darzu er gelerte leütt in der religion betorffte, hatte man wolte ime M. Butzern dazu günnen, daruff Butzer im hornung zum bischof gen Bonn kame. Groger empfing ein wol, name in mit gen Cölln, darnach wider gen Bonn, do hat Butzer uber acht dag lang predigt.

Groger liess ein buch der reformation aussgan, wider dess ertzbischoff Hermans willen. Es wass fast auss den evangelischen oder lutterischen büchern gezogen. Im december schickte der churfürst von Coelln widrum geyn Strassburg Martin Butzer und Dr. Hedio widerum erfordern, und liess sie zu Bonn predigen. Es war aber hertzog Joerg von Braunschwig, schulherr von Strassburg, auch thumbherr zu Coelln, der legte sich hart wider Butzern. Das iohr daruff schribe ertzbischoff abermahlen umb Butzern und Dr. Hedio, die zogen auss geheyss des rahts widerum dahin. — J. Wencker, *Collectanea*, fol. 15ᵇ—16ᵃ.

2364. (*Ein grosser Schwartzkünstler.*) — Dise gantze zeit her vom pabstum hatte sich ein pfaff, so Beatus N. hiesz, in der cluszen zu S. Andres enthalten, ein grosser schwarzkünstler, man hiesz in nur Beat warsager; es war lange jar ein solch zulauf zu im gewesen das niemandts glaubt er wüsste alles was gestolen (wo es) hinkam, wer es hette, auch was anders wo geredt, gehandlet und virgenommen, auch über 1000 meilen; solchs zeigten die gelerten ohn dasz es ein teufelsbetrug wäre, christen solchs nit gebürte mit dem teufel gemeinschaft zu haben, auch nit zu leyden bey christen dasz man mehr dem teufel nochlief dann gott. Darneben bannet er etliche böse geister in heuser die im nit holt waren, damit meniglichen von in plagt wurde; derhalben wardt im verboten die stadt zu meiden und anderswo zu wohnen (doch dorfte er zu etlichen zeiten herkommen). Darauf zoge er gen Hagenau; do wichen die teufel und gespenst auch hinweg; und anno 1563 gestorben zu Hagenau in einem sessel, alsz er zuvor anzeigte in welcher stund er sterben würde. — J. Wencker, *Collectanea*.

Fol. 269   2365. (*Beati Rhenani monumentum Selestadii positum.*)

Deo optimo maximo sacratum.

ΠΑΣΑ ΜΕΝ ΟΥΡΑΝΙΗ ΣΤΡΑΤΙΗ ΓΗΘΗΣΕΝ ΙΟΝΤΙ,
ΠΑΣΑ ΔΕ ΣΛΕΣΤΑΔΙΩΝ ΕΣΤΟΝΑΧΗΣΕ ΠΟΛΙΣ.
ΤΑ ΤΟΥ ΒΡΟΤΩΝ ΕΦΗΜΕΡΑ
ΒΙΟΥ· ΚΑΠΝΟΣ, ΣΚΙΑΣ ΟΝΑΡ,
ΕΙΔΩΛΟΝ ΑΝΘΡΩΠΟΣ ΕΦΥ.
ΟΥΚ ΟΛΒΟΣ, ΟΥ ΧΡΥΣΟΣ, ΓΕΝΟΣ,
ΤΥΡΑΝΝΙΣ, ΟΥΔ' ΕΥΜΟΡΦΙΑ,
ΟΥΔ' ΕΥΜΑΘΕΣ ΜΟΡΟΝ ΦΥΓΕΝ·
ΒΑΙΝΕΙ ΠΑΡ' ΕΞΑΙΦΝΗΣ ΒΡΟΤΟΙΣ
ΠΟΛΥΜΟΧΘΟΙΣΙ· (ΛΕΙΒΕΤΕ
ΝΥΝ ΔΑΚΡΥΟΝ) ΘΕΟΥ ΜΕΓΑΣ
ΒΕΑΤΟΝ ΗΡΠΑΣΕΝ ΝΟΟΣ,
ΠΡΟΣ ΟΛΒΙΩΝ ΧΟΡΟΥΣ ΑΓΩΝ,
ΟΣ ΗΝ ΜΕΝ ΟΜΜΑ ΠΑΤΡΙΔΟΣ,
ΚΑΙ ΚΛΕΙΝΟΝ ΕΥΧΟΣ ΘΕΥΤΟΝΩΝ,
ΜΟΥΣΗΣΙ ΠΡΟΣΦΙΛΕΣΤΑΤΟΣ
ΕΛΛΗΝΙΚΗΣ ΚΑΙ ΤΙΜΙΟΣ
ΡΩΜΑΙΚΗΣ· ΣΥ Δ' ΕΥΤΥΧΕΙ.

Te capiunt laeto venientem sydera plausu
Sed quae te genuit, patria terra dolet.

Vita mortalium diaria: fumus, umbrae somnium, simulacrum homo est. Non felicitas, non aurum, genus, dominium, neque venustas, neque docilitas mortem effugiunt. Invadit derepente aerumnosos mortales. Fundite nunc lacrymas, Dei magna voluntas abstulit Beatum, perducens eum ad choros beatorum: qui oculus erat patriae et inclyta gloria Teutonum, musis graecis amicissimus, honoratusque romanis; tu autem bene vale! — Exc. Sp.

2366. (*Neue Münsterglocke.*) — Domollen wardt die nochglock, so itzundt schlecht, gossen, auffgehenckt und bedeckt. — Pp. Schn. Fol. 269ᵃ

2367. (*Bollwerk am S. Clarenwoerth gebaut.*) — Man bawte auch ausser der rechten handt neben Kronenburg, den holen wall und wardt die capel zum Elenden crutz abbrochen, do die armen sünder sust das sacrament empfingen, von D. Keysersperger auffgericht, auch wardt der wahl in S. Johanns garten, bey Teuffelsthurn gemacht und der thurn abbrochen. Domallen wardt S. Clarenwerdt mit einem wal und rundelen anfangen und bawen biss an den thurn, im Sack genandt, man fandt vil alte heydnische 1543 müntzen da. — J. WENCKER, *Collectanea*, II fol. 16ᵃ. — Cfr. aussi SILBERMANN, *Lokalgeschichte*, p. 94.

2368. (*Bau des aeussersten Metzgerthurmes.*) — Specklin sprach davon zum Jahre 1543. — SILBERMANN, *Lokalgeschichte*, p. 98.

Fol. 273   2369. (*Kapelle zum ‹Ellendencreutz› abgebrochen.*) — Die capelle ‹zum Ellenden creutz›, die ward anno 1543 abgebrochen. — Exc. Sp.

2370. (*Wirren im Koelner Erzbisthum.*) — Als der kayser aus Afrika in Hispasnia kommen was, zoge er gegen den frühling in Deutschlandt, den hertzog von Gülich zu straffen. Kam der kayser nach Speyr. Dahin kame von Strassburg herr Jacob Sturm und andre fürstengesandten, handelten von wegen des herzog's von Braunschweig, der sie mit raht ersucht hatte, richten nit vil auss. Der churfürst von Coelln kam dahin, batt für den hertzogen von Jülich, richt auch nichts auss. Zu Mentz kam dem kayser grosse klag von Strassburg, wie sie das bistum, alles nach ihrem kopff, haetten reformirt und alles vom alten weg gewent, wozu des pabsts schreiben viel halff. Der kayser zoge auf Bonn. Butzer und Hedio, welche das vorige iahr vom churfürsten von Coeln nach Bonn begehrt worden, da zu predigen, waren in grosser gefahr zu Bonn; sie hielten sich derhalben heimlich und still. Das spannisch kriegsvolck, die mit dem kayser nach Teutschlandt kommen, haueten über 300 aecker reben ab, sagten : So muss man die lutherischen lernen. Der kayser hielt hand über die stadt und volck, sonst haetten sie die stadt verbrant, plünderten alle doerffer darum, alles auf anklagen der pfaffen zu Coeln. Der kayser handelt mit dem bischoff, einen stillstand zu haben, biss auf ein concilium und solte den Butzer und Hedio gehn Strassburg wider zurückschicken. Als der keyser nun davon zoge, besetzten Butzer und Hedio die kirchen mit gelerten und kamen sie widrum gen Strassburg. — SILBERMANN, *Extraits manuscrits*, IIᵉ partie, p. 26. — J. WENCKER, *Collectanea*, II, fol. 16ᵃ.

Fol. 274
1544   2371. (*Sonnenfinsterniss.*) — Anno 1544, 2. nonas januarii, 9 uhr vormittags, war bey hellem himmel ein so grosse sonnenfinsterniss dass die handwercksleuth lichter anzündeten, weil man sonsten weder schreiben noch lesen kunt. Es waren auch dieses iahr drey gantze mondsfinsternissen. — Exc. Sp.

Fol. 275   2372. (*Hohenburg verbrannt.*) — Den 24. martii hat die aptissin auf Hohenburg gebadet, welche Agness von Oberkirch hiess, von adel, und das badhuss versperrt. Indem got in dem badhuss ein feuer auf. Die nonnen und andere klopfen ahn, sagen: Gnedige fraw, das feur im badhauss brennt nit recht, es würt ein feur sein. Indem hebt es überhaupt ahn zu brennen, also dass sie nackt aus dem bad geloffen. Wenig kam aus dem closter, es verbrannte vast alles: kirch, creutzgang, und die gebew. Die glocken im thurn schmelzten, vil heiltum und ein grosser schatz, sambt allem gebew ging zu grundt. Man sahe das feur im gantzen landt, von Basel und dem gantzen Schwartzwaldt biss unter Rastatt, das macht die hoehe. Hernach sind sie gen Strassburg, so man auch noch dem brandt ein wenig widrum bawen hat. Do sind sie fast alle ausgestorben. Der bischof (hat) hernach welsche prister und nonnen aus dem closter Neymünster hinaus gesetzt, und hat des gefell ingenommen. — J. WENCKER, *Collectanea*.

2373. (*Karl V und die Aebtissin zu S. Stephan.*) — Ebendamahlen buhlete ein moench zu S. Arbogast, Ludwig Botz, mit der aeptissin zu S. Steffan, Adelheid von Andlau. Er stiege über S. Stephans thoerle in der Steingassen bey nacht über der maur hinein. Dass hatte man ihm abgesehen und einmahl da er aber was hineingestiegen, steigen über eine weil die scharwaechter auch hernach, dan die leyter noch innwendig stunden, und erwischeten sie beede in der kammer im bette und legten ihn in thurn gefangen, sie aber wurde verhütet. Doch bewilligten sie beede einander zu nehmen. Die kam gen Speyr zu kayser Carolo V, zeigt ihm wahrhafftig alle geschicht an, sie wolle in die ehe greiffen und bey ihrem geistlichen stand bleiben, bate ihr Mayestät wolte sie darbey erhalten. Nachdeme sie nun ein überauss beredt weib war, gab ihr der keyser selbs die antwort, sagend: Liebe frauen, diese cloester sind für iungfrauen gestiftet die gott dienen, dieweil ihr aber der welt dienet und habt zur ehe griffen, kann ich euch nicht helffen. Doch wann ihr nit haettet zur ehe gegriffen, wolte ich euch wol helfen. Doch schaffet der kayser dass die statt ihr noch ihr leben lang noch also vil mussten geben, als sie bewilligt hatten, nemblichen 100 gulden, 40 viertel früchten, 2 fuder wein, holtz und behausung. Ist genug für eine hur. — Exc. Sp. — Résumé dans Pp. PITON. — La fin chez J. WENCKER, *Collectanea*, II, fol. 16ᵃ.

2374. (*Ein grosser Fisch gefangen.*) — Eodem (anno) ward ein hecht in der Ill gefangen, so 34 pfund gewogen, die leber 31 loth. — Exc. Sp.

2375. (*Graf Wilhelm von Fürstenberg baut einen Thurm in der Stadt.*) — Domallen alss graf Wilhelm von Fürstenberg zu Strassburg was, baute er an seinen hoff, gegen S. Stephansplan, eine pforte mit grossen steinen und zwey rundel mit schutzloechern für ein ziemlichen gewalt. Als solches stunde und er weiter bauen wolte, und er aber mit dem keyser und andern in grosser freundschaft stunde, war solches dem rath bedencklich, verboten ihm solche festung weiter zu bauen. Hernach, anno 1560 ist es wider abgebrochen und dass hauss zur Jungfrawen dareingebauen worden; dan alle haeusser daherumb sein waren. — J. WENCKER, *Collectanea*, fol. 16ᵇ. — Exc. Sp.

1545 **2376.** (*Peter Brully zu Tournay verbrannt.*) — Damalen alsz Johannes Calvinus von Straszburg hinweg kame, wurde Peter Brülius von Metz vom keyser vertriben; der wardt an Johannsz Calvinus statt in die französisch kirch geordnet; es wardt aber ebendamalen potschaft zu Straszburg ausz Flandern, insonders von Dorneck (kommen); ehe man in ahnstellt ward er durch Martin Butzern und andere erbeten er wolte dahin ziehen und solchs göttlich werck helfen ahnrichten; sein schwähr, auch sein weib, die blieben zu Straszburg, und zoge er ins Niederlandt. Alsz er dahin kame gen Dorneek, hatten in die pfaffen von stund an erfaren, brachten so vil zu wege, dasz man in suchte; alsz sie solchs erfuren, liessen in etliche gute fründt by nacht über die mauren hinus in graben; alsz er hinab kame und im graben sasse, wollte im einer glück wunschen und stiesz ungefer ein ledigen stein ab, der fiele Peter Brulii auf ein schenckel und schlug im den entzwey; er schrie vor schmertzen, auch seines unfallsz; das hörten etliche wechter, wardt also gefangen und ingelegt. Alsz man ime vil ding vorhielte, bekante er seinen glauben starck, dan er überausz gelert wasz; er schriebe etliche brief an sein hauszfrau gantz christlich. Alsz die von Straszburg solchs erfuren, baten sie den churfürsten, auch den landgrafen und andere (welche eben damals zu Wormbs waren); aber ehe man hinab kame war er schon verbrandt. Er bekannte seinen glauben mit grosser standthaftigkeit bis an sein letztes endt.

Geschehen den 19. hornung. — J. WENCKER, *Collectanea*.

2377. (*Gesandschaft nach England und Frankreich.*) — Damalen kam koenig Heinrich von Engelandt und koenig Frantz auss Frankreich in ein schweren krieg mit einander, Bolonien halben. Als er aber den protestierenden schwer lage, wurden zu solcher legation von allen fürsten und stedten ausgeschossen, zu koenig in Frankreich Christoph von Hüningen, von Strassburg, Johann Brim von Nideck, und Johann Sturmius; zum koenig in Engelandt Ludwig von Bombach, von Strassburg Johannes Sleidanus. Es wardt aber nichts verricht, wiewol der keyser auch zu in schluge. — J. WENCKER, *Collectanea*.

Fol. 279 **2378.** (*Neubauten.*) — Anno 1545 brach man in S. Johans garten am eck den Teuffels thurn ab, und füllet ihn mit erden. Man kaufte viel haeusser beym Teutschen hauss, Weyssenthurn und Cronenburg und brach bey letzterem die Herrenkirch oder capell ab.

Der Grüne thurn an Steinstrass, so anno 1480 erbauen, war sehr hoch, mit einem grünen dach, dieweilen er aber vor der statt an der mauren stunde, wurde er über halb abgebrochen. — Exc. Sp. — K.-S. G., p. 274.

2379. *(Butzer's Predigt über Luthers Tod.)* — Alss Butzer widerum gen Strassburg (von Regensburg) kommen, und am ersten sontag in der abendtpredigt im münster, beweinte er den standt teutscher nation, zeigt den dot Lutheri ahn, was er vor seinem end gebeten hatte, und sprach diweil gott disen propheten genommen, dass gewiss ein trübsal uber Teutschlandt gan würde, dann Luther oft gesagt, bey seinem leben werde kein krieg der religion werden, das hab er oft von gott beten, aber noch seinem dot werde es bald ahngan. Do sollen wir gott darüber bitten, darumb Lutheri bücher gern lesen, dann darin der kern und auslegung goettlichs wort waere. — J. WENCKER, *Collectanea*. 1546

2380. *(Vorbereitungen zur Vertheidigung Strassburg's.)* — Anno 1546 brach man viel haeusser bey Roseneck ab und schütte ein grossen wall in die statt, neben dem thor inwendig biss an die hindermauer zum Dreyzehnergraben und brach auswendig die zinnen ab, damit dasselbig eck wohl versehen waere zu beyden seyten. Man führte solche erde von Schiltckenbuckel herin. Man schütte auch ein wall in S. Clara clostergarten am Rossmarckt an die mauer, damit man über die Rauscher- und Plawelmühlen in den aeussern Dreyzehnergraben streichen koente und brach im Zeughoff darneben den thurn ab, und ward die maur in Burggassen, zum auffenthalt des walls gebauen. Man brach hin und wider vil schutzloecher ein, und baute blochhaeusser auff die wasser allenthalben und goss man viel stück und kugeln, bestellte viel pulver, auch proviant, saltz und schmaltz, salzte fleisch ein, legte in die Predigerkirch, machte viel schantzkoerb auf die bollwerk, bestellte die wachen, musterte die burger, nahm 2 grosse faehnlein knecht an, die legte an in die Wanzenau, bis man sie erfordert. — Exc. Sp. — Pp. P. — Cfr. aussi SILBERMANN, *Lokalgeschichte*, p. 100. Fol. 282

2381. *(Ein franzoesischer Gesandter in Strassburg.)* — Es war aber die zeit, im hornung, Mendoza, ein vertriebener Spanier, von koenig ausz Frankreich gen Straszburg komen, der zeigt des königs geneigten willen ahn gegen die stadt und bundtverwanten, bote hilf und gelt, auch besatzung und errettung der stadt ahn, damit sie vor dem keyser wohl sicher beleiben mochten, und bote vier mal mehr der stadt ahn denn man zuvoran vom könig 1547 begert hatte; sagt der könig hette sich bis anaher besser bedacht, und diweil es dem keyser glücklichen ginge, stunde ir grosse gefahr darus und betorfen des königs hilf mehr dann zuvoran, und solten solche gelegenheit nit auszschlahen. Solches erfure der keyser bald; forchte die stadt Straszburg mache mit Franckreich bündtnusz, daran ime nit wenig gelegen wasz, danne sie ein port des Rheins und Teutschlandt ist ausz Franckreich. Es kame aber in zwen dagen dem keyser widerum post durch etliche die noch gut keyserisch waren, dasz die stadt Strassburg dem koenig ausz Franckreich hochlichen danckten seiner hilf und beystandt, diweil sie sich aber entschlossen bey dem keyser um verzeihung ahnzusuchen, hoften sie ein gnädigen keyser zu haben; wo sie aber über alles kein genaden finden, wolten sie sehen dasz sie durch mittel machten zu genaden kommen; darut Mendoza widerum zum könig zogen ist. Alsz der keyser solchs erfure, war er über die massen wohl zufriden. — J. WENCKER, *Collectanea*.

2382. (*Strassburger stossen zum Schmalkaldischen Bund.*) — Damit aber die von Straszburg aufbracht worden und dem bundt zuzogen, auch gelt erlegten, schickte der landtgraf seinen ersten sohn Wilhelm gen Straszburg; der hatte auf jahr und tag do sin aufenthalt bey D. Johann Wintern von Andernach; darut name die stadt Straszburg auf 2000 knecht ahn, schickte sie mit margraf Wilhelm von Furstenberg und Ulman Boeckle den bundtsfürsten zu, vir Ingelstadt. — Ibid.

2383. (*Aussoehnung mit dem Kaiser.*) — Hierauf sandten die Strassburger nach Ulm zu den raethen des kaisers um frieden auszumitteln, herrn Jakob Sturm, Mathis Pfarrer, Marx Hag. Der keyser liess sich nicht ungeneigt finden und sie zogen wieder gen Strassburg und zeigten ihren handel an. Man war zufrieden und schickte nun die genannten dem kaiser selbst nach Noerdlingen. Den 20. märz erschienen sie vor ihm, thaten einen fussfall, baten um verzeihung, sie hätten ihren bundsgenossen den vertrag halten müssen, wissen wohl dass sie Ihro kays. Maj. hoechlich dadurch erzürnt, aber er solle sie gnade finden lassen, haben bisshero in allen reisen und zügen ihr bestes gethan, soll kays. Maj. hinfort allen gehorsam, wie es immer seiner reichstadt geziemt, gewaertig seyn. Der kaiser liess sich gnaedig finden, beschied sie wieder, antwortete ohne zorn aus obigen gründen: er wolle ihnen verzeihen und alles vergessen, aber sie sollen ieden bund wider ihn, besonders den schmalkaldischen verlassen, auch geloben künftig in keinen bund zu treten, da nicht kays. May. auch sey, und deren bruder, sollten Seiner May. und dem kammergericht gehorsam, und ihre gebühr zu unterhaltung desselben erlegen, wie es einer treuen reichsstadt gebührt; sollte Ihro May. feinden, weder jetzt noch künftig, keinen unterschleif noch aufenthalt geben; sollten ihren burgern und unterthanen nicht erlauben dienst gegen kays. May. zu nehmen, weil aber Ihr. May. dem heil. roem. reich und der stadt Strassburg zur wolfahrt in diesem kriege grosse unkosten angewendet, damit alles wider moecht in ordnung gebracht werden, begehre er ihre steuer dafür, nemlich in 6 monaten 36000 gulden und 12 stück büchsen, darunter 4 mauerbrecher, 4 nothschlangen, 4 grosse feldgeschoss, und auf jedes stück hundert kugeln und gehoeriges pulver. Dagegen will der kaiser sie in ihren vorigen freyheiten lassen, sie mit keiner schweren schatzung beladen, und es bey dem herkoemmlichen lassen.

Hierauf schwieg er still und heftet einen scharfen blick auf die Strassburger ob sie wohl diese bedingungen annehmen würden, als aber sie mit unterthaenigem danck zufrieden waren und annahmen, war dem kaiser wieder wohl, denn er sich vor den franzoesischen unterhaendlern sehr fürchtete. [Bey der aussoehnung sagte einer: Ir Majestaet waere nur zu gnaedig! Daruf sagt Ir. Majestaet: ‹Du verstehest es nit; wollt gott ich kunte alle meine feindt zur güte bewegen, ich wollt in noch gelt dazu geben.›

Zogen in der stunden noch hinweg auf Nürnberg zu. Die gesandten kamen gen Strassburg heim und ward ire werbung vom ganzen raht angenommen, solche zu halten. Damit kamen sie des kriegs an ein endt und zogen die franzoesischen gesandten widrum heim von Strassburg ohnverrichteter sachen.]

Die andern bundsgenossen wurden weit strenger behandelt. Landgraf Philipp verraetherisch gefangen nach einem nachtessen beim hertzog von Alba und sein sohn in Strassburg klagte bitter über herzog Moritz und den von Brandenburg, weil sie seinen vater verrathen, befald aber dass alles was sein vater bewilligt geleistet werde. Der kaiser bekam in diesem krieg allein vertragsweise über 800 grosse feldstücke. — Text modernisé et résumé par T. G. RŒHRICH. Le fragment entre [ ], reproduit par J. WENCKER, *Collectanea*.

2384. (*Das Grab Bischof Berthold's im Münster geoeffnet.*) — Den 22. martii alsz im münster S. Catharina capel oben das gewelb bresthaff war, da hatte man solhs hinweg gethan und ein gantz new gewelb dahin gehawen und auff gericht wie noch zu sehen. Do hatte der werckmeyster domit die capel geebnett werde, mit vorwissen viel begrebnuszen hinweg gethan, do hatt er bischoff Behtolff begrabnusz auch auff gethan welche

Fol. 287ᵇ

under der erdrich etwas dieff auff 5 schuh war, oben aber uber der erde uff 3 schuh alsz man hinab geschehen (sic). Das grab wardt inwendig mit schonen steinen auszgehawen; do hatte man helle liechter hinab gelassen, do hab ihs selbs gesehen das er noch ganz do gelegen, ein schone grosse lange herliche person. Er lage mit dem haupt auff einem schonen kissen daran golt wasz, sein abngesicht, mundt und nassen wasz noch alles gantz und weysz von farben, allein die augen wahren mit einer schwartze uberzogen, hatte ein schone inful auff und von gollt, silber und grunem samett mit gülten rossen, ain schonen ornatt ahn, lag etwas auff rechten seytten. Ahn seinem rechten arm hatt er ein bischoffichen stab, gantz verguldten, in der lincken handt ein vergult schwertt und buch, an den handen handtschuh und guldne ring daran, an seinen fussen hatt er stiffel ahn und doruber hantoffeln und vergultte sporen. Zu verwundern das er 194 iar also gantz noch da gelegen ist als wan er vor drey dagen gestorben wehre; man liesz in maniglichen sehen den gantzen dag; den andern dag hatte man blatten darüber gelegt und den obern stein in die werckhütte gestellt, aber sein epitaphium ist noch in der wandt, welhes im zu den fussen in der wandt stunde und noch zu sehen ist. — Pp. Schn.

2385. (*B. Ochino zu Strassbury.*) — Bernhardus Ochinus hielt sich auch 1547 zu Strassburg auf und zog mit P. Martyr nach England. — Pp. Rh.

2386. (*Matheus Zell stirbt.*) — Anno 1548, den 10. jenner, starb herr Mathis Zell, seines alters 74 iahr, hat 41 iahr geprediget im pabstthum und lutherthum, der allererst evangelische prediger, welcher erstlich viel hat müssen leyden, ein frommer, eyffericher und ernsthaffter mann in gottes wort. Dag und nacht war seine behausung voll armer leuth, denen gab er essen und trincken und alles was er hatte.

Er ligt auf Kurbau, allerhinderst im eck. Sein haussfrau Catharina stund auf sein baar auf der begraebnis, thate eine schoene predig zu den weibern mit grossem ernst, zeigte an wie ihr hausswirth nit gestorben sondern erst recht lebendig worden waere, bewiesse solches mit goettlicher geschrifft, weynet nit, trug auch kein leyd.

Martin Butzer that zu den maennern erstlich teutsch, darnach in latein eine schoene sermon, den vil frembt volck do war. Man schaetzte auf 5000 personen die bey der begraebniss waren. — SILBERMANN, *Extraits manuscrits*, IIe partie, p. 26-27. — J. WENCKER, *Collect.*, II, fol. 18ᵃ.

2387. (*Verhandlungen wegen des Interim's.*) — Man hielte wegen des Interims taeglichen rath ernstlichen, und stunden damahlen die burger stets vor der Pfaltz, etwa 2000 biss 3000, dass man offt nitt wusste wie man daran was. Die herren bathen offt dass man hin solte gen, es würden alle ding wol geordnet werden. Zuletzt bekamen schoeffel und amman von den zünfften vollmacht zu handeln; do übergab schoeffel und ammann dem rathe alles bey zu handeln, dobey wolten sie bleiben. Die burger wolten kurtzum keine aenderung in der religion haben. Als aber raeth und XXI zusammen kamen, und viel ihrer hauth, auch den kayser forchten, wolten viel aufstehen und hinweg gehn. Herr Jacob Sturm stunde vor die thür, wolte niemands hinaus lassen, es waere denn ein beschluss geschehen. Dieweil aber etliche gut keyserisch, auch lehen von ihm hatten, forchten sie sich vor der burgerschafft, wan etwa solte ein auflauff werden, würde es über sie gehen, und beschlossen das buch oder Interim anzunehmen, dan die sag gewiss war, der kayser wolte selbs kommen, wie er sich auch hat horen lassen. Domahlen sahe man wie es zu Costentz gegangen was. Damit aber viele zu beyden seithen ruhig seyn moechten, gaben sie ihr burgerrecht auf und zogen an andere ortt biss das wetter herüber seyn moechte.

Die burger fluchten ihnen schier den halss ab, sagten: man führte sie in angst und noth und zögen darnach davon, warfen mit boesen worten um sich, etc. — SILBERMANN, *Extraits manuscrits*, IIe partie, p. 27-28. — Se trouve, avec quelques variantes, chez J. WENCKER, *Collect.*, II, fol. 14ᵃ.

2388. (*Soeldner abgeschafft.*) — Man hatte einige iahr her stets pferde in- und ausserhalb der stadt in besoldung gehalten, darauf ein sehr grosser kosten gieng, da wurde anno 1548, den 19. mai, alles aberkannt und ein rittmeister gehalten, wan etwa von noethen, pferde zu werben. — Pp. P.

2389. (*Festsetzungen wegen Einführung des Interim's.*) — Als die gesandten vom kayser zurückkamen, wurden im september etliche von der stadt und dem bischof abgeordnet, die alle streitigkeiten des bischofs mit der statt verglichen. [In der handlung mit dem bischof, des Interims halber, also ergangen, nota: D. Johann Dyschle und D. Welsinger waren die redelführer, sonst hette man wol koennen mit dem bischof übereinkommen.] Man raumte dem bischof münster, Jung- und Alt S. Peter ein. S. Thomae liess der bischof fahren weil es für (die) schule angeordnet war. Diese vier stifte hatten noch ihr ganzes einkommen. Die stadt nahm dann die geistlichen herren alle in ihren schutz, dagegen sollten sie der statt eine gemeine steuer geben, sonst aller beschwerden frey sein, welche

burger waren, erliess man das burgerrecht. Viele hatten weiber, die liess
ihnen der bischof; auff den christtag sollten sie anfangen mess zu singen.
— Résumé de l'original par T. G. Rehrich. — Le passage entre [ ] est
un fragment du texte, conservé par J. Wencker, *Collectanea*.

2390. *Einführung des Interim's.* — Anno 1549, umb weyhenachten,
hube man an, zu den Predigern zu leuten und in die predig zu gehen.
Darin ging der gantze rath.

Die pfaffen solten auch anheben auff den drey stifften, so waren sie noch
nit gerüst. Auff etlichen waren kaum 3 oder 4 pfaffen, die andern hatten
kein chorhembter. Also mussten sie es damahls bleiben lassen und schickten
in Schwaben, Lotharingen und ins land nach pfaffen. Da kamen gantze
waegen vol schelmen her.

Antea da die burger erfuhren, dass man die mess wider solte aufrichten,
waren sie unwillig, fielen offt zusamen, kamen auch vor die Pfaltz. Es
wolte sie nichts gutes ohnen (*sic*), dieweilen die fürnembsten, vom rath,
auch von den burgern, hinweg zogen.

Darauf zeigte herr Jacob Sturm und herr Mathis Pfarrer, altammeister,
den burgern an, man würde sie in drey tagen alles berichten, was gehandelt worden ist.

Darauf forderte man alle zunffte zusamen, zeygte den burgern an, was
mit dem kayser, auch dem bischoff Erasmus, schoettel und amman gehandelt worden waer, der religion halben, also dass man um friedens
willen dem bischoff und dem kayser zu gefallen nur drey kirchen wolte
einraumen, dargegen die Prediger kirch aufthun, die andern kirchen bleiben
alle wie zuvoran. Man würde nur mess lesen und vesper singen, sonst
würde weder procession, weyhwasser noch anderes nit zugelassen werden.
Dieweil sie kirchen genug in der stadt haetten, bathen sie gedult zu haben,
es würde vielleicht nit lange waehren, dan sie wohl sehen und hoerten
wie der Spanier hauss halte. Wan nun der kayser solte stadt und land
angreiffen, haetten sie kein hülff. Sie würden sehen, dass dieses zehenmahl
leidlicher were, dan die fürnembsten bundsverwandten gefangen, die andren
haetten sich mit dem kayser vertragen. Bathen die burger hierinnen, ihr
weib und kinder zu bedencken, gott werde selbs ein mittel dazu senden,
und bathen man wolte ihnen als vaettern vertrauen, sie wolten handlen
das sie gegen gott und maenniglich bestehen koenten, dan sie waeren nun
eine zeit lang, tag und nacht, zu rath gesessen, wie sie selbst wissen und
haetten keinen bessern weg finden können. Bathen auch, man wolte die
pfaffen mit ruh lassen, ein jeder sein gesind und kind auch dazu anhalten,

domit man nicht in weitere handlung kommen moechte, weil ietzund alles zum vertrag kommen waere. Die burger waren wohl unwillig, bathen doch man wolte das beste hierin handlen. — SILBERMANN, *Extraits manuscrits*, IIe partie, p. 28—30. — WENCKER, *Collect.*, II, fol. 18^b. — Résumé dans les papiers T. G. RŒHRICH.

2391. (*Der erste katholische Gottesdienst im Münster.*) — Anno 1550, den letzten jenner, hub man an um drey uhren im münster, Jung- und Alt S. Peter zur vesper zu laeuten, was am liechtmess abend. Es wolte ihn aber ein obrigkeit nit gunnen, im münster noch anderswo mit den glocken im thurn zu laeuten, musten sich mit dem vespergloeckle in dem thürnle auff dem chor behelffen. Als man ausgelitten hatte, war viel volcks da, von iung und alt, insonders im münster. Sie sangen eine kurtze vesper, machten sich bald widerum in die capitelstub und machten die thüren zu.

Fol. 30?
1550

Den 1. februarii was ein sontag und Unser frauen liechtmess, da litte man zur mess; als die fürsten und graffen, so damahlen auff dem stifft waren, in chor kamen, giengen vier staebler vor, mit silberen staeben, wie gebraeuchlich, stelten sich in's chor, sangen ein weil und hub der pfaff die erste mess an. Da war ein solches gelauff und gemurmel im münster, das man schier sein eygen wort kaum hoeren mochte.

Darnach war der priester, so M. Probasius (*sic*) Soffer hiesse, aus dem chor auf die cantzel begleit. Es war aber sein predig mit ernst zu hoeren niemand hinkommen, dan eitel alte pfaffenhuren und derselbigen knecht. Und als er auff die cantzel tratte und das evangelium verlesen hatte, war das münster voller volcks, nur zu hoeren was er predigen wolte. Nach verlesenem evangelium, hube er ahn: Liebe alte christen, wer wider den teuffel und die welt will streiten, der muss sich rüsten, als einer der einen baeren stechen will. Er muss ein glatten küttel anthun, dass die klauen nit hafften moegen, ein glat paar stiffel an han, domit ihm nichts am weeg hintere, ein gute nebelkapp, ein gut paar handschug, und einen scharffen spiess. Also wan sich der baehr auf thut, gegen ihm will, dass er gefasst sey, und um ihme nach dem hertzen zu stechen, und also faellen. Also muss man den baehren stechen, wie auch der heilige Paulus von den goettlichen waffen auch schon redt. Also in dieser welt auch, etc.

Auf solchen laecherlichen anfang fieng maenniglich an zu lachen. Man hat ihn nachmahlen biss an sein end nicht anders dan den Baehrenstecher geheissen. Alss er widrum von der cantzel nach der predig in chor beleit wurde, hube er die mess widrum ahn ausszumachen, mit verwunderung des jungen volcks und zoge jedermann heim. — SILBERMANN, *Extraits manuscrits*, II° partie, p. 30—32. — J. WENCKER, *Collectanea*, II, fol. 19ᵃ. — Pp. T. G. RŒHRICH, en résumé très exact.

2392. (*Unruhen im Nachmittagsgottesdienst.*) — [Nachmittag um 12 uhren littet man mit dem kleinen gloeckle, zur mittagspredig. Do kame abermalen vil volcks dahin zu horen. Ein oberkeit hatte aber allwegen die stadtknechte da, damit kein auflauf noch anders daruss folgen moechte.] Als man aber in der besten predig ist, schlagen einander zwey buben, weiss niemandt warum, der stadtknecht will einen fangen; laerm; die stiftsherren wissen nicht was es giebt, der prediger erschrickt, lauft fort. Jacob Sturm und der ammeister kommen nachher in die capitelstuben, sagen es sey nichts, sie sollen ruhig fortfahren. Die herren antworten sie koennen unter dem unruhigen volck ihres leibs und lebens nicht sicher seyn, man müsse eine andre ordnung vornehmen. Montags ritten die stiftsherren gemeinschaftlich zum bischof gen Zabern, bischof schreibt an den kaiser in die Niederlande, die stadt schickt gesandte hin: es sey ohn ihr wissen geschehen, wollen sorgen, dass nichts mehr der art vorfalle, so einer schuldig befunden, wollen sie ihn am leib straffen. Kaiser antwort er koenne die Strassburger nicht weiter treiben als sie sich selbsten erboten haben, gebot dem bischof mit ernst seinen geistlichen zu befehlen, dass sie in ihrem werck fortfahren. — Le passage entre [ ] chez J. WENCKER, *Collect.*, II, fol. 19ᵃ. Le reste résumé, un peu modernisé, de T. G. RŒHRICH.

2393. (*Vorsichtsmassregeln im Münster getroffen.*) — Alss sich die statt und der bischoff widerum hatten mit einander verglichen und sollten die pfaffen ihr werck widerum ahnfahn, verschlage man vom crützgang die stegen hinauss bis ins chor, auch die chorthüren gegen dem volck und allenthalben mit eissenen gettern das niemands zu den pfaffen kunte komen, also dass sey sicher gingen vom capitel bis in's chor und bestellte man ahn alle thuren, ordt und endt stattknecht, domit niemandts etwas mochte ahnfahen. Den 24. maii, was der pfinstabentt, do huben sey widerum ahn vesper zu singen und morgen mess und predig zu halten durch den berenstecher. Der stett- und ammeyster beleyben den dag jedesmoll im münster, damit kein aufflauff werde, als man widerum ahnhub vesper zu singen. — Pp. Schn. — Résumé, Pp. Rh.

Fol. 303—304 2394. (*M. Greuter und W. Dachstein singen wiederum im Chor.*) — Und Martin Greuter, der cantor und Wolff Dachstein der organist, so das evangelium hatten helfen befördern und vil gute psalmen haben gemacht, (waren aber zuvor moench gewessen, und hatten weiber genommen und kinder), dratten in ihren chorhembdern wiederum in's chor und hulfen

singen und luden hiemit eine grosse feindschaft von den burgern auf sich
dann mans ihnen nit zutraut hatte. Dornach kame das volck in ein gewonheit, dass man sie mehr acht, dieweil die pfaffen allein im chor blieben.
Man braucht kein weihwasser, noch saltz, auch kein procession, brannte
nur lichter auff dem altar und sunst keine. Es kam auch sunst niemandt in
die kirch, allein etwa 6 oder 8 alte pfaffenhuren. Wann ein papistisches
starbe, begrube mans zu den evangelischen, es galte gleich. Allein etliche
begerten anderswo zu liegen. Das leiss man geschehen wie noch. —
J. WENCKER, *Collectanea*, II, fol. 19^b. — Texte modernisé, Pp. Rh.

2395. (*Zug Heinrich's II. nach dem Elsass.*) — Der koenig von Frankreich, Heinrich der II., liess ein schreiben an die staedte des reiches
drucken, worin er die freyheiten des französischen volks rühmt und hoch
bedauert, er wolle Deutschland befreyen und hoffe, dass man ihm beystehe.
Ueber tausend exemplare dieser proclamation kamen gen Strassburg.
Nachdem der koenig Metz, Toul, Verdun genommen und das gerücht ging,
dass er auch Strassburg begehrte mit wenig begleitung zu besuchen, und
anzeigen liess, was die stadt für einen grossen nutzen darauss ziehen
koennte, wie er so günstig gegen sie gesinnet, da die stadt den Frantzosen
schon so grosse dienste geleistet, da nahm die stadt in eil 5000 mann in
sold auf, deren obrist Claus von Hattstadt. — Arrangement fortement modernisé, Pp. Rh.

1552

2396. (*Vertheidigungsmassregeln in Strassburg.*) — Anno 1552, als
Strassburg die post bekam, dass der koenig in Frankreich herausziehen
wolte, flohe dass gantze land mit hab und gut, frucht und wein, in die
statt. Man haute alle baeum und gaerten umb, brach Waseneck, ziegeloffen
im Sack, vor Clarenwoerd das büchssenhauss ab und was vor dem Judenthor stunde, als die plawelmühl, walck- und lohmühl, alle gartenhaeuser
und brantweinhütten, den armbrustrein, stellete alle zünffte an, die mussten
neben den knechten anheben einen neuen graben zu schrotten. Die bauren
mussten holtz und stein in die statt führen. Man stellete schantzkoerb,
führte stück auff, brach schutzloecher, bauet blockhaeusser auffs wasser,
führete ein graben von Clarenwoerd biss vor die Rauschen am Dreyzehnergraben, in der mitte mit einer wehren. — Exc. Sp. — Pp. P.

Fol. 118^b—319^a

2397. (*Entrée de Charles-Quint à Strasbourg.*) — En 1552 Charles V
accompagné du duc d'Albe, du margrave de Brandebourg, Adolphe de
Holstein, Emmanuel comte de Savoie, le prince d'Orange, de l'évêque
d'Arras, d'Erasme, évêque de Strasbourg, et de 800 chevaux, vint à Strasbourg; un corps de 50,000 hommes campait dans les villages environnant

Fol. 317^a

la ville. Il fut reçu par le Magistrat dans la plaine des Bouchers et conduit dans la cathédrale, où le clergé le reçut avec tout le luxe possible[1]. De là il se rendit dans son logement, rue du Dôme, maison du coin (Conrad Meyers hauss) où la duchesse Christine de Lorraine avec ses filles, qui s'était rendue à Strasbourg pour le voir et lui demander secours, le reçut. Jacques Sturm, Ulman de Bœckle, Matthis Pfarrer et Frédéric de Gottesheim vinrent encore le complimenter au nom de la ville et lui offrirent dans un vase en or 1000 fl. d'or, six bœufs, six tonneaux de vin, cent sacs d'avoine, et vingt livres de poisson. Après son dîner, nonobstant une pluie battante, l'empereur, couvert d'un manteau en feutre, quitta la ville, prit congé du sénat et vint rejoindre son armée à Bischheim, où il coucha dans une petite maison de paysan. Il quitta le lendemain pour se porter sur Haguenau. Il avait demandé à la ville, contre paiement, 24,000 grands pains pour son armée, qui lui furent expédiés en bateau vers Landau, où il séjourna quinze jours et vint le 22 octobre devant Metz qu'il assiégea. — Ibid.

Fol. 319ᵛ 2398. (*Inschrift am Judenthor.*) — [Am Judenthor wurde diese inschrift eingehauen]: Heinrico Gallorum rege militem in Carolum V imperatorem augustum per hanc Germaniae partem ducente, senatus populusque Argentinensis portam hanc aggere et fossa munire fecit, anno MDLII., mense maio. — Ibid.

2399. (*Verbot des Wegzuges aus Strassburg.*) — Die von Straszburg verboten, bey hoher straf, dasz kein burger hinweg ziehen solte; aber es zogen auf 800 burger, ohn die handwercksgesellen, heimlichen hinweg. — J. Wencker, *Collectanea.*

2400. (*Franciscus Dryander stirbt.*) — Eodem (anno), den 21. december, starb Franciscus Driander, ein Spanier, der in Spanien viel menschen bekehret und zu Strassburg die spanische bibel trucken lassen; dessen iünger Diazius war. — Exc. Sp.

1553 2401. (*Jakob Sturm von Sturmeck stirbt.*) — Den 30. october starb h. Jacob Sturm, seines alters 63 jar, am viertägigen fieber, ein zier teutsches adels, dem keyser, könig, chur- und fürsten, von wegen seiner geschik-

---

1. Les extraits de T. G. Rœmer ajoutent à cette sèche analyse le détail suivant: Er stieg am münster ab, gieng in's chor, wo man alle catholischen geistlichen der stadt versammelt hatte, über hundert, und verrichtet da seine andacht. Beym wiederaufsteigen sagte er zum hertzog von Alba, der ihm den steigbügel hielt, auf frantzoesisch: «Es steht alles ding wohl, was hat man denn zu klagen, hat man nit priester genug?» und laechelte. (Texte modernisé, l'p. T. G. Rœmer.)

lichkeit, vil vertrawt und braucht haben, und teutscher nation vil gedient und vil sachen bey dem keyser helfen zum besten richten; derhalben in der keyser sehr liebet von wegen seinem hohen verstandt und redlichkeit; darneben war er über die massen hochgelehrt[1]. — J. WENCKER, *Collectanea*.

2402. (*Evangelische Flüchtlinge in Strassburg.*) — Besonders aus England, als Maria Tudor koenigin geworden war. Specklin, ad 1553, sagt über 100 personen. — Pp. Rh.

2403. (*Wachen an den Thoren.*) — Wegen der menge der fremden musste man wachen an den thoren anstellen, da nicht allen zu trauen. — Ibid.

2404. (*Thorwaechter bestellt.*) — Anno 1554 hatten arme burger, tagloehner und kaerchelzieher, die thorschlüssel in ihren haeussern über nacht, und von dem zu- und auffschliessen jaehrlich 3 oder 4 pfund pfennig. Aber da Metz verlohren, wollte der rath solchen lüderlichen leuthen nicht mehr trauen, sondern ordnete dass man von jeder zunfft einen ehrlichen burger waehlen solte, der vor raeth und XXI über gewisse artickel schwoeren solle, deren iedem jaehrlich 8 pfund pfennig zu geben. — Exc. Sp.

Fol. 322
1554

2405. (*Augustinerkirche abgebrochen.*) — Anno 1535 ist das (Augustiner) closter zur Elenden herberg gemacht worden für die armen pilgrim und zum theil abgebrochen. Anno 1554, im frühling, ist die kirch und chor zu den Augustinern abgebrochen worden, doch die kirch zu einer scheuer, zu holtz- und vasshauss gemacht, die steine zum neuen bau vor dem Judenthurm auss Wasseneck gebraucht. — K.-S. G., p. 280.

2406. (*Ammeisterstube zum Ancker gemacht.*) — Anno 1554 [wurde] die ammeisterstub zum Encker [gemacht?]. — Ibid., p. 307.

Fol. 323

2407. (*Der Rath untersucht der Stadt Allmende.*) — Anno 1555 [den 15. januarii], haben die herren zu Strassburg den alment ersucht in der stadt, und angefangen unter der grossen Erbislauben und hat man einem haus gegeben 8 schuh von seiner thür oder von den gaeden hervor, das andere bis unter die schwibbogen soll alles allment seyn, darff auch kein burger nichts unter die bogen stellen, er wolls denn verzinsen, und alle

Fol. 325
1555

---

1. Il semble avoir existé deux rédactions de ce fait; du moins SILBERMANN, *Extraits manuscrits*, II⁰ partie, p. 32, nous le donne-t-il sous une forme infiniment plus sommaire : « Anno 1553 starb herr Jacob Sturm, seines alters 63 jahr. Er war ein verstaendiger und gelehrter man, der der stadt viel gutes erwiesen. »

wetterdaecher vornen an den haeusern sind aberkannt solche abzubrechen, welches auch geschehen ist. Solcher (weiss?) hat man jedem geboten hinter sich zu weichen in drey tagen, bey dem eyd, umb 30 gulden. Solches haben etliche bürger gethan, ausgenommen die kürschner unter der Erbslaub haben nit wollen weichen, noch abbrechen, vermeinend ihnen geschaehe ungebührlich, dieweil sie und alle bürger unter der Erbslauben vor ihr eigenthum gehalten und etliche in kurtzer zeit newe haeuser mit schweren kosten gebauet, und soll jetzt nit ihr seyn, so haetten sie übel bauen. Hierauf haben die kürschner eine supplication gemacht vor rath und XXI, die hat man von ihnen gehoert, aber keine antwort gegeben. Nach drey tagen haben ihnen die dreyerherrn auf dem Pfenningthurn geboten bey dem eyd und 5 pfund, hinter sich zu weichen und abzubrechen. Da haben sie abgebrochen. Welcher bürger aber will seinen bogen heraus zu bawen der soll davon zinsen alle iahr 3 gulden, das vormals nit gewesen. [..... Umb Valentini hat man Schilckenheim anfangen zu schleiffen.] — Pp. P. — Les mots entre [ ] dans les Exc. Sp.

Fol. 325b **2408.** (*Truttenhausen verbrannt.*) — Anno 1555 Truttenhausen verbrant. — Pp. Schn.

Fol. 326b **2409.** (*S. Clarenkloster auf dem Rossmarkt abgebrochen.*) — Eodem anno, umb Martini, fing man an das chor zu S. Clara auff dem Rossmarkt abzubrechen, davon etliche beschaediget und zu tode gefallen. Die stein führte man vor dem werck zu dem Judenthurn, deren viel, weilen das chor schoen gewoelbt und darauf ein kunstlich durchhauenes glockenthürmlin, dessgleichen keines in Strassburg gewesen, so mehr als 1000 gulden gekostet. ..... das ausgehauene thürnlin nach Meintz geführt. — Exc. Sp.

Fol. 327 **2410.** (*Brand im Münster.*) — Anno 1555, den 19. octobris, ist der glockenstul im munster verbrunnen. — Ibid.

2411. (*Niedermünster verbrannt.*) — Anno 1555 brandt Nidermünster. — Pp. Schn.

1556 **2412.** (*D. Johannes Sleidanus stirbt.*) — Den 31. october starbe der hochgelert und weitberühmt herr Johann Sleidanus zu Straszburg. Er hatte im ein flusz am schenckel lassen zuheilen, daruf er darnach gar kein gesunde stundt mehr, und hat solchs nit geacht. — J. Wencker, *Collectanea*.

Fol. 343b 1558 **2413.** (*Des soldats, licenciés à Strasbourg, se noient.*) — En 1558, au mois de juin, beaucoup de soldats au service de la ville furent congédiés;

on les embarqua pour les faire partir en bateau. Tous se jetèrent dans le bateau avec tant de violence qu'il sombra et plus de 30 périrent. (Fait mentionné à l'occasion de l'auberge du Loup, à la porte des Pêcheurs.) — Pp. P.

2414. (*Kaiser Karl V. stirbt.*) — Anno 1558, im augusto, liess sich ein bleicher, toedtlicher commet sehen, 7 tag lang. Darauf den 21. september, kayser Karl in Hispanien, im closter zu S. Just, S. Hieronimy ordens gantz seeliglichen gestorben.

In der letzten stund war der ertzbischoff von Toleto bey ihm, sprach ihm troestlichen zu. Darauf sprach der kayser seine letzte wort: O gott, mein schoepffer, ich dancke dir um vielerley gaben, die du mir verliehen hast, und mich ein koenig vieler koenigreich geordnet, und mich mit deinem schutz erhalten, und in meinen letzten tagen mit dem heiligen licht deiner genaden zu erkaennen geben dein wort gegen der nichtigkeit dieser welt und aufzusteigen zu dir durch das leiden und creutz Jesu Christi deines lieben sohnes. Und bitte dich, du woltest mir meine sünde verzeihen und meine sündige seel waschen in dem unschuldigen blut deines lieben sohnes Jesu Christi, und sein leyden und sterben nit an mir lassen verloren werden, sondern meine seel durch ihn erhalten, welche ich hochbefleckt habe mit dieser irdischen herrschafft, darüber viel 1000 menschen umkommen. Ich bitte dich, himlischer vatter, verzeihe mir durch das bittere leyden und sterben Jesu Christi alle meine sünd, dan meine besten werck sind voller sünden, und empfange meine arme sündige seel in die arme deiner barmhertzigkeit, dan ich habe alle meine hoffnung in dich, mein himlischer vatter, gesetzet, dan du allein mir holffen, und durch Christum erloesst hast.

Zuletzt thate er die augen zu und sagte: Herr, in deine haende befehl ich meinen geist. Und ist sanfft entschlaffen dieselbige stund. Um solcher bekanntnuss ist hernach sein beichtvatter (in) effigie verbrant worden, der soll ihn also allein auf Christum gewiesen haben. [So weit Specklin[1].] — SILBERMANN, *Extraits manuscrits*, II[e] partie, p. 33—34. — J. WENCKER, *Collect.*, II, fol. 19[b] —20[a].

2415. (*Katholischer Gottesdienst hoert auf.*) — Anno 1559, 18. novembris, warffen etliche buben ein schneeballen ins münster; davon die pfaffen,

Fol. 331
1559

---

1. Ces mots sont suivis de la note suivante: « Dieses kaysers testament soll niemohlen zum vorschein gekommen seyn », qui peut appartenir au récit de SPECKLIN, mais peut également être sortie de la plume de SILBERMANN.

montag vor Catharinae, in allen stifften auffhoerten mess zu halten. —
Exc. Sp.

Fol. 335
1560

2416. (*Evangelische Predigt zu Alt S. Peter.*) — Anno 1560, den
21. martii, widerum angefangen zu Alt S. Peter evangelisch zu predigen.
— Pp. Schu.

Fol. 336ᵇ

2417. (*Neuer Wall gebaut.*) — Anno 1560 kauffte man etliche haeusser
hinter der mauren von Steinstrass bis an Weissenthurn und schütte ein
wall von Steinstrass biss Cronenburgerthor, nahm den grund auswendig
von den aeckern, dann es ohnehin etwas hoch war und gab den gaertnern
noch mehr almend dazu. Da fand man viel antiquitaeten von steinen,
mauren, gewoelben, harnisch, wehren, müntzen von gold und silber
auf heydnische art. Anno 1562 wurde solcher bau von Cronenburg biss
Weissenthurn fortgesetzt. — Exc. Sp.

2418. (*Armbrustrain neugebaut.*) — Eodem (anno) baute man den arm-
brustreyn widerum an sein alten ort, wo er ietzo auch stehet, dessgleichen
baute man auch das schiesshaus wieder. Die branntweinhütten versetzte
man obwendig der Spittelmühl, die sausteig zwischen die wasser. Zuvor
stunden sie an der Hirtzlachen bey Waseneck¹. — Ibid.

2419. (*Fünfzehnerknecht gerichtet.*) — Eodem (anno), 4. octobris, ist
der fünfzehnerknecht, wegen bestohlenen ungelts in roth und weiss gerichtet worden. — Ibid.

Fol. 337ᵃ
1561

2420. (*Münster und Jung S. Peter wieder eingeraeumt.*) — Anno 1561,
den 18. maii, hat man der statt dass münster und Jung S. Peter widerum
eingeraumpt und thate man die Predigerkirch wider zu. — Ibid.

Fol. 338

2421. (*Schützenhaus aufgebaut.*) — Eodem (anno) ward das schützen-
hauss am büchsenrein wider bauen, so vor neun iahren abgebrochen. —
Ibid.

1562

2422. (*Zaberner Disputation zwischen Christoph von Wurtemberg und
den Guise.*) — Im hornung kam herzog Christof von Würtenberg, landtgraf Wilhelm von Hessen, D. Brentz und andere gen Straszburg; man
schenkte in wie fürsten gebürt; sie zogen auf Zabern zu. Dahin kame der
hertzog Claudius von Geusz, der Ludwig, cardinal von Geusz, auch Ludewig,
groszprior S. Johanns orden in Franckreich. Do wardt vil disputiert von
wegen der religion; der von Geusz erzeigte sich sehr auf's Lutters seyten,
betreffend das sacrament, und war heftig wider die calvinisten; damit

---

1. D'après les papiers Piton, ce passage se rapporterait à l'année 1561.

wolte er hilf aus Teutschlandt den hugenotten entziehen; zeigt ahn in einer predig so er in der pfarkirchen zu Zabern, den 15. hornung, den 1. samstag in der fasten, dat, dasz er, auch der könig und die königin mit der Augspurgischen confession zufrieden, wolten sie im königreich leiden, so die hugenotten und calvinisten auch also gesinnet. Er wäre der Augspurgischen confession nie zuwider gewesen, auch der könig und die königin, dan sie alle artickel was die seligkeit antreffe, auch die sacrament rein darin gelert würde; obschon etlichs so die ceremonien betreffen mit im nit gleich lautent, lege daran nit vil, dann si selbs nit ahn allen enden gleiche ceremonien hielten; aber die hugenoten und calvinisten verwerfen alles, die confessionisten sowol alsz die papisten, sagten es wäre nur ein new papstum; wie dann die confessionisten wider die calvinisten mehr zu thun auch zu besorgen dan vor den papisten. Solches geschahe alles damit er die evangelischen auf sein seyten bringen moechte. Begerte ahn hertzog Christof seine gelerte in Franckreich zu schicken, auf des königs sicher geleit, darvir er sein leib wollte verpfenden, damit man doch den calvinisten das maul stopfen kunte. H. Christof bewilligt; zogen friedlichen von einander, widrum auf Straszburg und heim zu. Der von Geusz liesz underwegen, in Franckreich, vil frome christen umbringen allenthalben. Bischof Erasmus hielte sie alle costfrey zu Zabern ausz. Alsz aber der cardinal widerum in Franckreich zoge, hat er sich zu Vassoy gegen den christen, alsz sie in der kirchen waren, mit morden grewlichen erzeigt.

2423. (*Condé's Familie flüchtet nach Strassburg.*) — Alsz sich in Frankreich alles zum krieg schickte, da date Ludwig von Conde, hertzog zu Bourbon, 6 junger seiner kinder sambt seiner schwiger gen Straszburg; die lagen im pfaltzgrefischen hof, in Predigergassen, auf zwey jar. — J. WENCKER, *Collectanea*. — Fol. 338ᵇ

2424. (*Münster durch den Blitz beschädigt.*) — Anno 1562, fritag den 10. julii, gegen abentt, schlug das wetter in einer stunden dreymal in dass münster, datte im münster sehr grossen schaden, kost sehr viel widerum zu bawen. — Pp. Schn. — Fol. 339

2425. (*Kloster Hornbach zu einer Schule geordnet.*) — Disz jar liesz hertzog Wolfgang, pfaltzgraf von Zweybrücken, das closter Hornbach, so auszgestorben, zu einer christlichen schulen ordnen, darinn alle landtkinder so nit vermögens, kunten studieren, ordnet classes und eine rectorie, gab auch das closter und alle gefell dozu, liesz alles darzu bawen und räumen. Es hatte aber S. Piriminius fast alle closter in disen landen erstlich auf- — Fol. 340ᵇ gerichtet und zu schulen geordnet, wie auch disz closter Hornbach, darinn er auch gestorben und begraben worden. Wie man domalen den hohen altar hinweg räumte, ist sein begrebnisz und cörper under dem altar gestanden, daruf mit gulden buchstaben: Dextera Piriminii Benedicat fercula nobis, Dextra Piriminii Benedicat pocula nobis. Alsz aber der fürst befale den sarck mit dem cörper daselbst in der kirchen in die erden zu lossen (wie geschehen) und nit zu öffnen, so hat aber ein werckman den sarck geöffnet, vermeint etwas darin zu finden; do ist im etwas aus dem sarck begegnet, also dasz er erschrocken und den andern tag gestorben ist. Da nichts darin gewesen dan des heiligen cörper mit leinwat, von oben gantz verwesen, ohn die gebein; dann er uf 900 jar do gelegen ist. — J. WENCKER, Collectanea.

Fol. 311   **2426.** (*Entrée de l'empereur Ferdinand Ier à Strasbourg.*) — Le 18 décembre 1562, l'empereur Ferdinand Ier a passé par Strasbourg en venant de la diète de Francfort. Il fut reçu par le magistrat près Sainte-Hélène et conduit sous un dais en damas, décoré de l'Aigle noir, jusque dans la rue des Juifs «in iunker Diebold Joham von Mundolsheim hus», où il logea. Lorsqu'il entra par la porte de Pierres, on le salua d'une salve d'artillerie sur le Clarenworth jusqu'à la porte de Saverne. Cinq cents bourgeois de la ville, armés d'arquebuses, formaient le convoi. L'empereur était accompagné de 500 chevaux, 100 hallebardiers et beaucoup de seigneurs. Dans le faubourg de Pierres 500 bourgeois avec leurs cuirasses et leurs épées étaient formés en bataille. La ville lui offrit un vase en or avec 1000 florins d'or, 100 sacs d'avoine, deux foudres de vin, deux cuves remplies de poisson, et quatre bœufs. — Le lendemain l'empereur a visité l'arsenal et la cathédrale, et est parti pour Sélestadt. L'évêque et le magistrat l'accompagnèrent jusqu'à la Hohwarth. — Pp. P.

Fol. 312   **2427.** (*Empfang deutscher Staedte.*)

Basel, herrlich	Kempten, ehrlich
Brysach, kriegisch	Mentz, fürstlich
Colmar, freundlich	Rheinfelden, zierlich
Costnitz, stattlich	Schaffhausen, einfaeltig
Franckfurt, ohnbesinnlich	Schlettstadt, bäurisch
Freyburg, geistlich	Speyr, dapfferlich
Hagenau, demütig	Strassburg, praechtisch
Insbruck, keyserlich	Ueberlingen, listig
Issney, maessig	Waldshut, einmütig
Landau, liederlich	Wormbs, vermoeglich. — Exc. Sp.

2428. (*Matthias Pfarrer, Ammeister pour la septième fois.*) — L'usage que l'ammeister devait passer ses soirées et souper à la Pfaltz, pratiqué jusque-là, fut aboli à cause de lui, auquel son grand âge et ses infirmités ne permettaient plus de sortir le soir. [Il mourut à l'âge de 87 ans en 1568¹.] — Pp. P.

Fol. 344
1563

2429. (*Joh. Sturm und Joh. Marbach.*) — (*Zweiung in der Hohen Schule.*) — Alsz aber die zweyung in der schulen auf stunde von der virsehung gottes und des herren nachtmal, hat man ein disputation hie virgenommen solchs zu vergleichen; und sontag Invocavit kamen die gesandten, neben in die gelerten hicher gen Straszburg: D. Johann Marbach, superintendent, sampt den pastorn und diacon allen, sie waren einstheils, das andertheil was D. Jeronimo Zanchio, ein Franzosz, und Johann Sturmius, rector; der fürsten gesandten, die dem gespräch solten beiwohnen, waren D. Wolfgang Kertnitz, pfältzischer cantzler, Daniel von Rentheim, obervogt zu Neuenburg ahn der Tonaw, D. Helian Bern, würtenbergischer rhat, und vier von der stadt wegen; die gelerten und theologen so von fremden orten herkomen waren: Johann Brenzius und D. Jacobus Andrew von Tübingen; von Basel D. Simon Seltzerus und M. Ulricus Coreius, prediger zu Basel, und M. Cumanus, superintendens zu Zweibrücken, die hatten die kiefer stuben ein. Vierzehn gantze dag ginge man mit den geschriften um ehe man eine vergleichung trafe und die concordia gestelt würdt; hie zwischen daten die gelerten vil herrlige predigen im münster und zu S. Toman. Den 16. martii beschickte man alle gelerten von der stadt und lasz in die concordy vor, in beysein von der stadt abgeordneten; solchs liessen in die gelerten gefallen, versprachen solchs anzunemen und unterschreiben, so verr das gegentheil gleichfalls date. Heruf das gegentheil auch beschickt; die habens auch ahngenomen; also haben alle fürstliche räht und gelerten, auch von der stadt herr Heinrich von Mülnheim, stettmeister, herr Hansz Hamerer und herr Carl Müg, bede ameister, und D. Bernhart Botzheim den 19. martii morgens um 9 uhren alle gelerten und prediger beschickt, do ist die concordy offentlichen verlesen und von allen unterschrieben worden. Solche concordy ist zu finden und eingeschrieben worden in das buch Conventuum ecclesiasticorum; und sind also fridtlichen von einander abgeschieden.

NB. Alsz anno 1563 der schulzanck was und vil sich auf Phil. Melanch-

---

1. Nous ne savons pas si les mots entre [ ] proviennent du texte de Specklin ou ont été ajoutés par Piton.

thon, weil er dot was, beruften, brachte D. Ludwig Gremp von Freidenstein Philippus Melanchton eigne handt so er anno 1560 geschriben hat:

Philippus Melanchton propria manu haec scripsit verba de sacramento corporis et sanguinis Christi in libellum D. Majoris, dominica Palmarum, ante mortem, anno domini MDLX.

Verum corpus et verus sanguis Christi exhibetur in pane et poculo. Quaestio jam oritur quomodo Christus corporaliter possit esse in sacramento, cum simul idem corpus non possit esse in diversis locis? Christus dixit se affuturum, ergo vere adest, in sacramento et corporaliter nec querenda est alia ratio, verbum ita sonat, ergo necesse est ita fieri. Quod vero ad corpus attinet, quando vult, potest esse ubique vult.

Quare jam est alia ratio sui corporis et nostri. De ubiquitate non est disputandum in hac controversia. Nec scholastici dicunt, de ubiquitate, sed recitant simplicem sententiam de corporali praesentia Christi. Deitas neque corpus neque sanguinem habet, et est conjuncta humanitati Christi, est ubique. Humanitas Christi est conjunctissima divinitati Christi, et sunt deitas et humanitas in Christo inseparabiles. Ergo Christi corpus et sanguis in sacramento ejusque actione sunt ubique juxta haec verba: hoc est corpus meum, hic est sanguis meus. Et ero vobiscum usque ad consumationem seculi. — J. WENCKER, *Collectanea*.

Fol. 351ᵛ **2430.** (*Französische Predigt zu S. Andreas geschlossen.*) — Den 17. augusti, alsz die Franzosen S. Andres kirch einhatten, darin predigten offentlichen und sich mit der lehr wider die hiesigen prediger heftig legten, des sacraments halben, hat man inen die kirch beschlossen; also sind sie hernach in heüsern zusamen komen und predig gehört, zuletzt gar abgestelt worden.

Den 17. augusti alsz Wilhelmus N., der welsch prediger, stetz wider die prediger zu Straszburg predigt des sacraments halber, wider sein gelübdt, auch oft gewarnet (hatten S. Andreas kirche in), do legte ein oberkeit ein schlosz daran, und ist seithero kein welsche kirch mehr inen ingeben worden (in welcher sie das chor zu Predigern, andere und dise in gehabt hatten auf 40 jar lang[1]. — J. WENCKER, *Collectanea*.

2431. (*Erste Fallbrücke gemacht.*) — Anno 1563 seind die ersten fallbrucken zu Strassburg gemacht worden. — Exc. Sp.

Fol. 351 **2432.** (*Neue Waelle gebaut.*) — Eodem (anno), im sommer hat man

---

1. Nous avons laissé, l'une à côté de l'autre, telles que les a recueillies J. WENCKER, les deux rédactions successives de SPECKLIN, sur un seul et même évènement.

vom Weissen thurn biss an Roseneck und Steinstrasser thurn alle zinnen und gaeng der stadtmauren abbrochen, und mit blatten belegt, desto besser in's feld zu schiessen, und machte die thürne niederer. Man erschüttet auch den wall von der mühlen vom grossen bollwerck am Weissenthurn biss am Cronenburg, darzu man in selbiger gantzen gegend viel haeusser abbrach. — Ibid.

2433. (*Speisung der Armen.*) — Eodem, da die Ellendherberg voller armen lag, machte man hütten von brettern von St. Johann bis an das Teutsche hauss, stellte lange tische, baute grosse küchen, da gab man ihnen suppe, fleisch und gemüss, auch stroh zum lager; der kosten war von S. Marx gegeben. Es kamen über 1500. Nach der saatzeit zogen sie wieder ab. — Ibid. — Texte modernisé, Pp. T. G. Rœhrich.

2434. (*Ein Diener vom Ungelt verurtheilt.*) — Eodem, den 10. augusti, ward Martzolff Hirtz, ungeltsbedienter, welcher drey jahr vorhero den fünffzehnerknecht angegeben, wegen abgetragener 3½ gulden eingezogen und den 1. oktober mit dem schwert zu richten fürgestellt, aber von fünf fürstlichen personen erbetten, auf sechzig meilen der statt verwiesen und mit zwey schindern nach Graffenstaden begleitet. — Ibid.

2435. (*Grosses Sterben.*) — [Anno 1564 war hier ein grosses sterben.] Do wurde raufen, spielen, sauten streng verboten, auch den noch hier sich aufhaltenden pfaffen ihre huren, die wolten sie aber der obrigkeit zum trotz behalten, mit viel boesen worten. Aber man nahm einige dieser herren gefangen sambt ihren dirnen, diesen verbot man die statt. Sie giengen nach Haslach und ihre herren, nachdem sie ausgebüsst, folgten ihnen dahin. — Pp. Rh.
Fol. 355
1564

2436. (*Zahl der Gestorbenen.*) — Anno 1564. in dem sterbend, starben auff 4318 personen, darunter 25 iungfrauen auff einen tag begraben worden. Da wurden 100 arme schüler von S. Marx erhalten, man gab iedem wochentlich ein schilling und 6 laib brod, und sambet alle vierteljahr für sie in den kirchen. — Exc. Sp.

2437. (*Kindtauffen.*) — Eodem (anno) wurden die kindtauffen auf nachmittag angestellt. — Ibid.
Fol. 356

2438. (*Ein grosser Brand.*) — Eodem, 14 octobris, verbran dess lebküchlers und becken hauss unten am eck des Spittelgaesslins, gegen dem schlaghaus, sambt zwei haeussern und 3 personen. — Ibid.

2439. (*Bleichuch am Munster.*) — Anno 1564 . . . . . Diesen sommer
Fol. 356ᵛ

hube man ahn und bedeckte das münster widerum von newem mit bley, ward wol drey iahr daran gemacht. — Pp. Schn.

2440. (*Blitz schlaegt in S. Thomae ein.*) — Den . . . . . augusti schluge das wetter in S. Thomen. — Ibid.

Fol. 357
1565

2441. (*Hasen auf einem Schiff gefangen.*) — Anno 1565, auf Mathiae, fieng man für dem neuen thor zwey lebendige haasen, wegen grossen wassers, auf schiffen. — Exc. Sp.

Fol. 358ᵃ

2442. (*Blitz schlaegt in's Münster.*) — Im juny schlug das vetter oben ins münster, dass man meinte die kron würde herabfallen. Do musste man 6 grüst über einander machen bis über den knopf und mit grossen uncosten gebessert. Weil man daran baute, schlug das wetter widerum darein, beynahe also das es ahn hub zu brennen die gerüst, aber der regen leschte solches widerum selbs. — Pp. Schn.

2443. (*S. Erhardskapelle abgebrochen.*) — Eodem (anno) ward S. Erhards capell abgebrochen und das Baumgartnerisch hauss dahin gebawen. — Exc. Sp.

2444. (*Brand in der Spiessgass.*) — Anno 1565 brannte das eckhauss in Spiessgass, Lux Messinger's, den 9. julii. — K.-S. G., p. 289.

Fol. 359
1566

2445. (*Abermalige Theuerung.*) — Anno 1566 kamen wider über 1200 Welsche. Die bürger brachten ihnen essen und den kindern pappe, andere bauten wider hütten wie oben, sie blieben bis in die erndte, man gab ihnen auch einen zehrpfennig mit von S. Marx. — Pp. Rh.

Fol. 359ᵃ

2446. (*Schloss Falckenstein verbrannt.*) — 1566. Schloss Falckenstein vom blitz verbrant auf den charfreitag. — Pp. Schn.

2447. (*Neue Kantzlei gebaut.*) — Anno 1566, im mai, da fing man an die neu cantzley zu bawen, und brach man die alten haeusser in Schlossergass ab und baute die neue cantzley samt des stattschribers haus gegen der Oberstrass und ward im dritten iahr vollendt. Zuvor musste der ammeister auswendig stehen. — Pp. P. — Exc. Sp.

2448. (*Supplik der Nonnen zu S. Claus in undis an den Kaiser.*) — Die nonnen zu S. Claus in undis liessen dem kaiser auf dem reichstag zu Augsburg, 1566, eine supplication überreichen, worin sie sich schwer beklagen wegen ettlicher eingriffe in ihre klostergerechtigkeit, dass man handmühlen darin angelegt, etc. Der kaiser gab die supplication den strassburgischen gesandten und reiste, ohne antwort zu ertheilen, wieder ab. Als der gesandte das betragen der nonnen dem rath berichtet, wurden einige herren dahin geordnet, da sie unter der stadt schutz und schirm, habe ihnen solche klage gar nicht gebührt, desshalb sollen sie nun 1000 gulden und 400 fiertel früchi in's almosen geben, zur straff und ihrem doctor sagen dass er sie ein andermal eins bessern berathe (einer von den bischoeflichen theologen zu Zabern hatte sie gestellt). — Texte modernisé, Pp. Rh.

2449. (*Strasbourg sollicite pour son École les privilèges académiques.*) — A la diète d'Augsbourg, en 1566, le docteur Louis Grempp fit au nom de la ville à l'empereur Maximilien II la demande du privilège d'une université, qui lui fut accordé. — Pp. P. Fol. 359ᵃ

2450. (*Ueber den Sektirer Martin Steinbach.*) — (Er) wohnte in der Krautenau. Mathis Negelin hat ihn mit heiliger schrift in einem buch widerlegt. Seine lehren waren:

1) er sey der heilige geist,
2) sey Elias davon der prophet Malachias sagt,
3) sie sehen stets ein licht und Martin Steinbach sey diess licht, etc.,
4) Jeremias XLVIII, 22, sey Steinbach gemeint, ebenso 2. Corinther, III, 2. u. s. w. Ihre artickel sind gedruckt worden. Einige in's gefaengniss, andre vertrieben, nach Schlettstadt, Martin Steinbach in ewiges gefaengniss. — Texte résumé par T. G. Rœhrich.

2451. (*Veraenderungen an der Rheinbrücke.*) — Anno 1566 hat man die Rheinbruck weiter hinab gemacht gegen Kehl zu und eine neue werbe geschüttet, und waren dazu viel neue joch geschlagen. Es war aber um pfingsten also warm dass die schnee im Schweizerland anfiengen zu schmelzen, davon wurde der Rhein sehr gross, also dass man die brück an schiffe anbinden musste. Den 14. junii, in der nacht, um 2 uhr, stiess der Rhein 9 ioch hinweg, und triebe solche an die neue bruck und riess dieselbe so zusammen dass nur noch 3 ioch davon stehen blieben. Und dieweilen die messe vorhanden war, hat man die waegen, ross und mann, in schiffen müssen herüber führen, desswegen man den zoll um die haelfte gesteigert, bis man wiederum eine brücke auf schiffe und ioche gemacht hatte. — Silbermann, *Lokalgeschichte*, p. 226. Fol. 360ᵃ

2452. (*Schloss Philippsburg erbaut.*) — Pp. Schn. Fol. 361ᵃ

2453. (*Thorwaechter geordnet.*) — Anno 1567 wurde den 18. februar geordnet dass an allen thoren und thürnen sechs knecht und sechs burger wachen solten, auch überall wachtgloecklin die ankommende reitter anschlugen und nach der münsterglock von dem Metzgerthor an rings umb die statt mit selbigen die stunden anzeigen, auch dollmetschen an Metzger- und Cronenburger thur. Man brach die gewoelb an den gedeckten brucken ab, und machte schutzgatter dahin, auch ein neue wasserwehr am andern thurn gegen dem einfluss mit einem rundel von schutzloechern; auch wachtstuben und haeusslin. — Exc. Sp. — Pp. P.

Fol. 362ᵇ 2454. (*Gedeckte Brücken umgebaut.*) — Anno 1567 brach man die steinere gewoelbe ab und macht es von holtz, damit man schutzgatter daran machen koente und baute newe wasserwehr am andern thurn gegen der Brüsch einfluss. — K.-S. G., p. 307.

Fol. 365 2455. (*Ammeister Mathis Pfarrer stirbt.*) — Anno 1568, 19 januarii, 1568 starb ammeister Mathis Pfarrer, 87 iahr alt, 53 (iahr) in einer ehe. — Exc. Sp.

Fol. 366ᵃ 2456. (*Blitz schlaegt in's Munster.*) — Anno 1568, den 29. junii, auff Petri und Pauli, schluge das wetter morgens um vier uhren ins münster, oben bey der cron, und datt grossen schaden, und zündte das chor an, also dass man sturmette. Es verbrannt der gantz dachstull auff dem chor, das bley lieff herab aus den noechen und spritzt weytt um sich, verbrannte die leut sehr, aber man hatte grosse rettung, sunst wehre es ins lange werck auch komen. Donoch hatte man widerum den dachstull gemacht und mit bley bedeckt und den gang und schnecken darzu gemacht, wie zu sehen. Man machte von stund an ein gerüst bey der cronen, und machte ein duch darum, damit niemandt schwindlett.

Den 20. julii schlug das wetter widerum in's münster, geradt in die cron, ahn das vorige ortt, datt grossern schaden dann zuvorn, zündete das duch an damit das grüst verhangen war. Man stiege geschwind hinauff und dempte das feur. — Pp. Schn.

Fol. 366ᵇ 2457. (*Entdeckung roemischer Alterthümer.*) — Eodem (anno), mense julio, do kauffte ein ehrsamer rath alle haeusser vom Weissenthurn biss an's Teutsche hauss und S. Aurelien, brach die ab und hub an vom Weiss-thurnthor ein wall zu schütten biss an Lug in's land. Da stunde noch ein alter wall auff mauren. Von dannen hinter dem Teutschen hauss fort bis hinter S. Margarethen garten. Und nam man den grund und erde hart von. Da fand man mehr als zwanzig saerck von gantzem stein, darin viel glaeser mit wasser, schüsseln, ampeln, hundert krüge voll gebrannter menschen- bein. Darunter ein schoener sarck mit spitzen steinen deckeln, darinnen [stunden zwey krüge mit gebrannten beinern und asche, auch zwey steinerne haeupter, die sahen einander an; zwei steinerne rothe schüsseln; zwo lampen;] zwei [schoene] hohe glaeser, mit diamant gerissen, [und waren die glaeser platt voll wasser[darauf stunde ein messerrucks dick oel. [Ich habe das wasser selbst versucht, hat wie ein ander brunenwasser geschmeckt, und ist ganz hell gewesen.] Auch ein steinern taffel darauf L. LICIN. C. LICIN. FIL. C. CONT. EQV., sampt andern schriften die man auff den Maurhof geführt. Auff diesem platz het Constantius und Julianus die Allemanier geschlagen. Diser Licinius ist Constantii brudersohn gewesen. — Exc. Sp. — Pp. P. — Les passages entre [ ] sont uniquement conservés dans SILBERMANN, *Lokalgeschichte*, p. 39.

2458. (*Prinz Wilhelm von Oranien in Strassburg.*) — Prinz Wilhelm von Oranien kam 1568 mit Johann Casimir pfalzgraf aus dem krieg in Frankreich nach Strassburg, und alle obersten mit ihm, man beschenkt ihn und lud ihn auf die ammeisterstub zu gast. Clauss von Hattstatt warb hier und im Elsass 12 faehnlein fussknecht und führt sie dem prinzen Wilhelm zu. Aber koenig Ferdinand schrieb an die regierung zu Ensisheim, diese rief ihn zurück bey verlierung seiner lehen. Er kam. — Texte résumé et modernisé, Pp. Rh.

2459. (*Beten angeordnet.*) — Eodem (1568), den 6. decembris, befahl man umb 9 uhr und 12 uhr bey dem laeutten zu betten. — Exc. Sp. *Fol. 369*

2460. (*Schandhaeuslein auf der Schindbrücke.*) — Eodem, 12 decembris, wurden wegen gotteslaesterns zwey straffhaeusslin auff die schindbrücke gesetzt, eines für die maenner, dass andere für die weiber. — Exc. Sp.

2461. (*Blitz schlaegt in's Münster.*) — Anno 1569, den 13. januarii wardt es fein still wetter. In des kompt gelingen ein grausamer donderstreich, schluge in die cron und lieffe das feuer hinab durch den gang bis hinden in's chor und wardt darvor noch darnoch nichts gehortt, dann es gantz still war und drucken wetter. Dawil man aber ein bischoff woellen sollte, hielten solches etliche nicht für ein gut zeichen. — Pp. Schn. *Fol. 370¹* *1569*

2462. (*Mannschaft in die Doerfer um Strassburg gelegt.*) — Anno 1569, 21. januarii, wurden 700 schützen nach Eckbolzheim, Schilckheim und Wantzenau gelegt. — Exc. Sp.

2463. (*Wahl eines neuen Bischof's.*) — In diser zeit huben ahn die thumherren gen Straszburg zur wahl eines newen bischof zu komen; do befale ein ers. raht, den 23. jenner, auf allen kantzlen dem volck zu verkunden gott zu bitten um ein bischof der stadt und landt, auch gottes wort lieb habe und mit glück anfahe. Welche wahl negstkünftig mitwochen sollte geschehen.

Den 24. maitags kamen alle thumherren erstmalen zusammen, zu berahtschlagen von wegen eines nuwen bischofs, und waren das die herren: Reichart, pfaltzgraf bey Rhein, hertzog in Beyern, thumprobst; Cuno, graf zu Manderscheidt und zu Schleyden, thumdechant; Gottfridt Christof, graf zu Zimbern, camerer; Ludwig, graf zu Eisenburg-Budingen; Christof Ladisz (law), graf zu Nellenberg zu Dengen, schulherr; Oszwaldt, graf zu Dengen; Ruprecht, graf zu Eberstein; Heinrich, graf zu Sein; Herrmann, graf zu Sein; Georg von Sein, graf zu Wittigstein; Salatin, graf zu Eisenburg-Lustow; Friderich, graf zu Hoya; Walther, herr zu Geroltzeck; Philips Druchsesz, herr zu Walpurg; Johann Gerolt frey(herr) zu Hohensax und Firsteck (?); Hermann Adolf, graf zu Solms; Eberhardt, graf zu Manderscheidt; Philips, graf zu Manderscheidt; Ludwig, graf zu Westerburg; Johann, graf zu Manderscheidt; Philips, graf zu Waldeck; Peter Ernst, frey zu Griechingen; Gebhart, frey zu Walpurg, alle persönlichen.

Am andern (tag), das war der 25., gebote meister und rhat vilen burgern in harnisch; den 26., wann die wahl geschehen, auf 200 auf die beckerstuben; bewachten auch den Bruderhof, dann er beschlossen was; auch im münster; es stunden auch gerüste mann vom chor bis im bischofhof; man bewarthe auch alle thor starck und den Zeughof; um 7 uhren liete man im münster wie zu einer amptpredig, und date D. Johann Marbach ein schöne predig, was ein bischof sey und wie er sein solte; auf dem letner im chor stunden alle thumherrn, auch die räht, und horchten der predig zu; nach der predig gingen sie widerum in die capitelstuben; der rhat bliebe auf dem chor und alles volck im münster. Do verzoge sich die wahl bis um 2 uhren; do wardt erwelt Johann, graf zu Manderscheydt (wiewol hertzog Reichart auch etliche stimmen hatte; das vertrosse in, ging stracks aus der capitelstuben und sagt: heut ein pfaff und nimmermehr, dann er schir 40 jar auf dem stift gewesen was; name auch bald eine gräfin von Wiedt zu ehe); die andern thumherrn namen den newen bischof und fürten in ins chor, alsz Cuno, graf zu Manderscheydt, herr zur Schleyden, thumdechant, und der thumcamerer, der eltesten ein. Do leite man die grosz glock und satzte man den bischof, ohn allen ornat, auf den altar; do orglet man und sangen die pfaffen im chor Te Deum laudamus¹ hatten

---

1. Sleidanus. NB. die historig iret sich, dann der stadt cantores solches gesang verrichtet. Dasz es die stadt durch ire cantores verrichten wollen lassen, solches ist dem capitulo also vorgetragen und angebracht worden: doch ward bey diesem puncten in dem über die bischofliche wahl augestelten bedacht erinnert; wann das capitel solches nit eingehen und sich darüber beschweren wolte, dasz alsdann ine zugelassen seyn solte das gesang durch ihre cantores zu verrichten. Welches von Meinen Herren als zu observiren erkant worden. — (Note de Specklin.)

aber kein chorock ahn; darnach fürte man in in den steinen stul under
den letner, gegen dem altar; do gingen vier mit silbern steben vorher, do
empfinge er posesz und lase im Sebastian Metzger, notarius solches vor;
die thumherren gingen uf den letner zum raht, do lase man von dem letner
ein zedel herab wie und wer bischof worden wäre; darnoch fürte man den
bischof sambt den thumherren, auch den raht, ins bischof hof; do kame
herr Heinrich von Mülnheim, herr Wolf Sigmundt Wormser, bede stedt-
meyster, herr Hansz Hamerer, herr Carle Müg, bede ameyster, von wegen
des gantzen rahts, wünschten dem nuwen bischof vil glück und verehrten
im 2 wagen wein, 24 fiertel habern, 6 büttig mit fischen; do assen alle
thumherren, auch der raht und meniglichen wer sitzen kunt, im bischofhof; alle herrendisch auf 50 essen, und auf der gemeine disch 20 essen
und guten wein, meniglichen genug; den burgern so gewacht, gabe man
aufs ameyster stuben ein imbis. — J. WENCKER, Collectanea, II.

2464. (*Des neuen Bischof's Verhalten gegen die Stadt.*) — Der bischof
(Johann von Manderscheidt) verweigerte der stadt die gewoehnliche huldigung; er machte ganz unsinnige bedingungen die die stadt nit annehmen
kondt. — Texte résumé par Rh.

2465. (*Hinrichtung von Hexen.*) — Anno 1569 liess Claus von Hatt-   Fol. 374ᵇ
statt etlich hexen verbrennen, so bekannten dass sie zu Drei Eguisheim
auff ihrer hochzeit alle meyssen im gantzen land gefressen, da man den
schlossthurn voll ihrer federn fand. — Exc. Sp.

2466. (*Schlacht bei Moncontour.*) — Eodem (anno) geschahe die   Fol. 376
schlacht bey Moncontour. — Ibid.

2467. (*Schnee und Gewitter.*) — Anno 1570, den 3. martii, kam plotz-   Fol. 377ᶜ
lichen ein grosser windt und fielle ein schnee, wol schuch dieff und im   1570
grossen schneien datt es 3 streich in's münster, blix und dundert. Es war
schrecklich zu sehen, dan es im schneyen also schlug und blix. — Pp. Schn.

2468. (*Neue Munzen angeordnet.*) — Anno 1570 befahl kayser Maxi-   Fol. 380
milian dass man den adler auf alle müntzen schlagen soll, dass wolte
Strassburg nicht thun, sondern müntzten allein pfenning und für sich selbs.
— Exc. Sp.

2469. (*Vom Grünen Bruch*) sprach Specklin, zum Jahr 1570, nach   Fol. 381
SILBERMANN, *Lokalgeschichte*, p. 134.

2470. (*Grosses Wasser.*) — Eodem (anno), 3. decembris, kam ein
groesser gewaesser als anno 1480, dass alle mühlen, auch die habermühl,
hinwegführte. — Exc. Sp.

2471. (*Schiffbruch an der neuen Brücke.*) — Im jahr 1570 hat sich das unglück an dieser brücke begeben, wie Specklin erzaehlt, dass den 10. may an einem freytag ein Hagelsheimer schiff bey grossem wasser, weilen die schiffleute betrunken waren, wider die brücke fuhren, so dass das schiff entzwey gieng und 21 personen ertrancken, wobey über 100 viertel frucht und viel gut zu grund gieng. Sieben personen sind noch gerettet worden. — SILBERMANN, *Lokalgeschichte*, p. 206.

2472. (*Bischof Johann's von Manderscheid Tugenden und Fehler.*) — Diesen früling zoge bischof Johann von Strassburg, nur mit zwanzig dienern heimlichen nach Rom und holte sein pallium und confirmation vom pabst; das kost 30 tausent gulden. Der pabst gabe im vil freyheiten, insonders dasz er alle pfründen so ins papst monat ledig würden im gantzen bischtum macht hatte zu verleihen wem er wolte; welches er sich hernach gebrauchte. Do er widerum herus kame, legte er ein dreijährige schatzung aufs bischtum; die musten im nit allein die 30 tausend gulden, sunder auch die zerung und anders mehr erlegen; er stiesse auch die barfüsser münch zu Zabern ausz irem closter, date Jesuiter darin und richte ein schul darin ahn; er brachte auch die freyheit mit das alle pfründen die ins pabst monat ledig würden, der bischof hette zu verleihen, welches er allen stiften verkündigt[1]; er erbet auch mit gewalt alle pfarherr und prelaten die stürben, aber kein schuld wolte er bezalen; allen pfaffen und priestern verbote er ire concubinen, die mustens im gantzen bistum von in thun. Etliche kauften sich mit gelt ab, etliche zogen mit iren huren ausz dem bischtum; es was ein seltzames huren-lermen. Er ist ein verstendiger herr gewesen; er suchte selbs alle brief ausz und lase sie, daran er etlich jar wandte; das macht, er hatte kein lust zum jagen noch anders; darneben ist er sunst allem fressen und saufen feindt gewesen, also dasz man nihe weisz dasz er sich uberdrunken hat; auch hat man ahn ime nihe gespürt dasz er sich mit einigem weib befleckt hat. So asze er stetz allein in seinem gemach, allein ahn festtagen und wann fremde herren zu im kamen, sunst sasse er stetz über den briefen; darin fande er vil alte sachen, das wolte er widrum von der stadt haben, aber die stadt hatte andere brief dagegen, das machte vil spann. — J. WENCKER, *Collectanea*, II.

2473. (*Erste lutherische Predigt zu Andlau.*) — Anno 1571 wurde in Andlau zuerst das evangelium gepredigt. — Pp. Rh.

---

1. Phrase répétée, qui paraît déjà plus haut; peut-être la répétition est-elle la suite d'une négligence de WENCKER, plutôt que de SPECKLIN.

2474. (*Die ersten Jesuiten im Elsass.*) — Bischof Johann von Manderscheid brachte sie zuerst in's Elsass, er vertrieb die Barfüsser aus ihrem kloster in Zabern, that Jesuiten hinein und richtete eine schule für sie ein. — Pp. Rh.[1]

2475. (*Schweres Gewitter.*) — Anno 1571, sonntag den 8. julii, schlug das wetter in's Zollthor bei dem Altten S. Petter, auch ins wachthaeusel vor dem Spittelthor. — Pp. Schu.

2476. (*Blitz schlaegt in S. Thomae?*) — S. Thoman, 10. augusti. — Ibid. Fol. 383ᵃ

2477. (*Neues Uhrwerk im Münster.*) — Domollen hube man das schon uhrwerk im munster ahn, auf befelch der herren pfleger, als juncker Diebolt Johan, stettmeister, herr Michel Lichtensteyger, ammeyster, juncker Friedrich von Gottesheim XIII, und der schaffner Euchtarius Mornhinweg, des wercks schaffner und bede mathematici M. Conradus Dasipodius und M. Davitt Wolkenstein. Das steinerne gehaeuss stunde etliche iar zuvoran da und brache man das alt uhrwerck dargegen über mit den heiligen drey konigen hinweg, und in drey iarn volendt wie zu sehen. — Ibid. Fol. 384ᵇ

2478. (*Münsterbauten.*) — Domollen wardt noch dem brandt das chor widerum gedeckt, auch der gang und die schnecken von newem gemacht über dem chor, wie noch zu sehen, und fertig gemacht. — Ibid. Fol. 384ᵇ

2479. (*Betglocke gegossen.*) — Diss iohr wardt abermollen von newem geordnett also wan die morgenpredig am wercktag aus ist, und am sontag die mittagpredig, und wie man im münster bette, solle man leutten also in allen kirchen und solle menniglich in haeussern und auff den gassen, auch im raht betten und gott um seinen segen anruffen. Zu diesem gebett wardt ein sonder glock gossen, so man die bettglock heisst. Darauff steht oben herum geschryben: Ehre sey gott in der hohe und auf erden friedt und den menschen ein wolgefallen. Unden herum: Fol. 384ᵇ

> Darum hette man mich gegossen
> Dass min stim soll machen unvertrossen
> Betten zu gott mit mundt und geist
> Derhalben mich die bettglock heist.
> Gegossen von Jerg Amans henden,
> Auf gott all sachen man soll wenden!

Ist hernach gen Dorlisheim kommen. — Ibid.

2480. (*Niedermunster verbrant.*) — Ibid. Fol. 385

1572

---

1. Cette notice n'est que le résumé d'une phrase du nᵒ 2472.

2481. (*Brand in Rosheim.*) — Den 17. aprillis, gegen abent, kam ein gross wetter mit einem grossen hagel, der dalt grossen schaden, zerschlug viel fenster. In Rossen schlug es in die kirch und verbrant sie sampt dem thurm und glocken. — Ibid.

Fol. 386   **2482.** (*Bischof Johanns Mutter stirbt.*) — Anno 1572, im julii, kam bischoff Johanns von Strassburg frau mutter gehn Strassburg, war ein gebohrene graeffin von Wiedt, von dannen zu ihrem sohn dem bischoff gehn Zabern. Als sie nit vil tag do was, wurde sie sehr schwach und kranck, begehrte an ihren sohn den bischoff dass er ihr wolte das heilig sacrament reichen lassen in beeder gestalt und wolte solches von keinem unreinen priester nit empfangen, sondern von einem evangelischen. Bischof Johann musste derohalben graffen Philipsen von Hanau gehn Bussweiler schreiben, der schickte dem bischoff den pfarrherrn von Pfaffenhofen, ein gelehrten mann, dem hat sie gebeicht und das heilige sacrament von ihm empfangen. Der bischoff wollt ihn hochbegaben, er wolte aber nichts nehmen. Hierauf ist sie bald zu Zabern gestorben. Der bischoff liess sie in die graffschaft Manderscheidt zu seinem herren vatter begraben. — SILBERMANN, *Extraits manuscrits*, IIe partie, p. 10. — En résumé Exp. Sp., Pp. Rh.

2483. (*Theurung.*) — War eine ausserordentliche theurung und kamen sehr viel arme leuth nach Strassburg, also dass alle gassen voll liefen und niemand wegen klopfen und klingeln im haus ruhe hatte. Damit die armen leutt nit hungers sturben, richtet ein obrigkeit in der Ellendenherberg ein neu almosen auf darein man alle armen weisen solte. Hergegen baten die burger weil man von haus zu haus alle wochen einmal in allen pfarren würde sammlen, dass ein ieder geld oder brot sollte steuern damit maenniglich vor den haeussern mit ruh koennte seyn. Man hatte zwey grosse stuben und haeusser zum lager, eins für mann und eins für weiber gebawen. Da wurde also reichlich gesteuert dass man das halbe kaum unter den armen brauchte und iedermann genug hatte. — Pp. P.

Fol. 388   **2484.** (*Neues Almosen eingerichtet.*) — Eodem (anno) wurde in waerender theurung dass neue almosen in der Elendenherberg angerichtet dem gassenbettel zu steuren und samlete man von hauss zu hauss geld und brot[1]. — Exc. Sp.

2485. (*Steigerung der Noth und Fruchtordnung.*) — Es wurde immer theurer und theurer; da kamen der bischof und alle landstaende im Bru-

---

1. Résumé du numéro précédent.

derhof zu Strassburg zusammen und machten eine ordnung wie man die frucht geben sollte. Aber da kam vier freitage kein koernlein auf den markt; und woher das? Die fürsten und edelleutt hatten viele früchte, aber sie wollten sie nach dem preis den sie selbst gesetzt hatten, nicht verkaufen. Da wurde die taxe aufgehoben und nun waren die maerkte wieder bestellt. — Texte modernisé par Friesé, *Histor. Merkwürdigkeiten*, p. 171.

2486. (*Thurm der Alt S. Peterkirche neu gebaut.*) — Disen sommer haben die zum Alten S. Petter ihren kirchthurm, welcher gantz nieder wahr, hoch auffbawen und die glocken hoher gehenkt, wie noch zu sehen ist. — Pp. Schn. *Fol. 389¹*

2487. (*Franzoesische Exulanten in Strassburg.*) — Nach dem 24. august kamen viel franzoesische herren nach Strassburg geflüchtet, unter andern zwey soehne des admiral Coligny, der prinz von Condé, der herr von Andelot, blieben zwey iahre hier. — Résumé, Pp. Rh.

2488. (*Grosses Schiessen zu Strassburg.*) — Anno 1573, den 17. augusti, hielt ein obrigkeit mit den burgern ein gross schiessen mit grossen stücken. — Pp. P. *Fol. 391 1573*

2489. (*Ingoldische Fehde.*) — Damalen stunden vil reiche burger und kaufleut auf, schulden halben, ahn denen ein burgerschaft und andere etliche hundert dausend gulden verlustig wurden, darunter waren auch die Ingolt, also dass ein oberkeit verursacht Philips Ingolt in gefencknuss, und andere, zu legen, darin sie auch hernach gestorben sind. *Fol. 392*

Nuhn waren die Ingolt bischof Johann und dessen vorfahr auch zwantzig tausend gulden schuldig. Do machte ein stadt Straszburg, nach lut ihrer freyheiten und gebrauch, die ordnung, dasz jedermann neben iren burgern zugleich solte nit eintreten, welcher nit genugsam pfandt hette.

Nun hatte bischof Johann nit mehr dann eine blosze verschreibung, derhalben wardt er gemanet, neben andern schuldnern, die verlossene güter anzudreten; das wolte er sich nit erkleren. Nuhn hatte ermeldter Ingolt ein schlosz zu Bischen by Rosen, sampt vilen gütern, das name bischof Johann ungewarnet ein; do bate in die stadt oft solchs alsz ires burgers eigenthum zu lossen und sich nit selbs zu pfenden; das wolte er nit thun, und auf den 24. augusti, in der nacht um zehn uhren, hatte ein oberkeit heimlichen 400 gerüste burger, 80 pferdt und sechs feldtstück geordnet, die zogen zum Weisenthurn heimlichen die nacht, kamen vor drey uhren gen Bischen, namen erstlich die kirch ein, dann der bischof befolen so bald man etwas merckte, solte man stürmen; do hatte er befolen

in allen dörfern und flecken auf zu sein; als die bauren sturm schlagen
wolten, hatte man die glocken zuvor sampt der kirchen ein. Bald haben
sie das schlosz aufgefordert; darin war niemandt dann der burckvogt und
wenig knecht, so der bischof hinein geordnet hatte; alsz es sich verzogen,
stigen etliche hinein, brachen das thor auf; do haben sie das schlosz mit
etlichen personen besetzt, den burckvogt gefencklich mit heim gefürt und
um abent mit ordnung widerum herkomen und aufs ameysters stuben zu
nacht gessen. Des bischofs burckvogt legte man zum Hirsch in die herberg; hernach hat sich bischof Johann zu Speir ahn der kamer solchs hoch
beklagt. — J. Wencker, *Collectanea*, II.

2490. (*Schwere Zeiten.*) — Es war ein nasser sommer, die trauben
wurden nicht zeitig. Den 28. junius fiel zu Ettenheim und im Breisgau ein
grosser hagel; es fielen steine, ein pfund schwer, menschen und vieh
wurden erschlagen, wein und früchte verderbt. Gegen den herbst hin
regnete es fast bestaendig, die trauben faulten an den stoecken und der
wein den man noch bekam war sehr sauer.

Es war eine schwere zeit für die armen und grosse hauffen aus allen
landen stroemten Strassburg zu. Alle gassen liefen voller armen die der
stadt viel beschwerden und theurung brachten, doch gab iedermann den
armen gerne und war, gottlob, in der stadt immer noch wohlfeiler als
auf dem lande und an andern orten. — Texte modernisé par Friesé, *Hist.
Merkwürdigkeiten*, p. 171—172.

Fol. 294. 2491. (*Schloss zu Baden gebaut.*) — (Anno 1574) faengt Otto Heinrich
1574 graf zu Schwarzenberg, des iungen marggraffen Philip von Baden statthalter, das neue schloss zu Baden an zu bauen. — Pp. Schn.

Fol. 397 2492. (*Grosses Hagelwetter.*) — Den 17. junii noch mitdag kam gelingen ein grosser hagel gen Strassburg, warffe stein schier wie nussen
und allmit ein gross wetter, datt auf drey streich in's münster, schluge auch
inn Altten S. Pettersthurn, auch in herrn Jonas Büttner's hauss zu S. Thoman, bey S. Aurelien in schaffner Diebolts hauss; in Kruttenaw traff es ein
frau und magt. Es warffe die maur hinder den Barfussen neben dem
Pfennigthurn auff 100 schuh lang in graben. Vor dem Judenthor warff es
die fuettermaur auff 400 schuh lang in graben; daneben in feldern grossen
schaden gethan. Druff schluge alle ding noch teurer auff. — Ibid.

Fol. 399 2493. (*Bischof Johann's Forderungen an Strassburg.*) — Eodem (anno)
that bischoff Johann anforderung an die statt von 70 articheln. — Exc. Sp.

Fol. 400 2494. (*Ein Haus eingesturzt.*) — Anno 1574, 29 novembris, am

morgens frühe, fielle die herberg zur Alten Pfaltz in Kurbengass ein.
— Ibid.

2495. (*Streit zwischen Stadt und Bischof Johann.*) — Der kaiser sandte eine commission um den streit der stadt mit dem bischof beyzulegen, aber die hundert bedingungen waren so anmassend, dass die stadt sie nicht eingehen konnte. In der kaiserlichen commission war auch Lazarus von Schwendi, freyherr von Hohenlandsberg, kayserlicher rath. Der bischof begehrt den rath einzusetzen, den gottesdienst nach seinem willen einzurichten, alle zoelle, allen zehnten von den waaren auf dem markt, alle gefaelle der kirchen und kloester, etc. Acht tage stritten die commissarii, vergeblich redete ihm der kaiserliche gesandte zu, vergeblich wurden die urkunden dargelegt. — Texte modernisé, Pp. Rh. 1575

2496. (*Eine gute Ernte.*) — Anno 1575, am charfreitag und noch einmal Philippi Jacobi (den 1. maii) erfroren die reben ganz durch reiffen. Da jammerte jedermann wegen der grossen theurung, die schon sechs iahre lang waehrte. Aber der allmaechtige gott lebte noch und sorgte, da alles verzagte, denn da kam die frucht gaehlingen auf einen wohlfeilen preis, dass ein viertel von 7 gulden auf 12 schilling, darnach auf 10 schilling kam. Niemand konnte anders sehen und preisen als dass gott solches that[1], denn in allen landen war frucht und wein genug, da es doch zuvor bey guten erndten viel theurer ward, und war nicht anders, denn dass gott der armen gebeth gnaedig erhoeret hatte. Aber der wein blieb theuer. — Ibid. — Texte plus ou moins modernisé par FRIESÉ, *Hist. Merkwürdigkeiten*, p. 172—173.

2497. (*Zürcher Hirsebreifahrt.*) — Den 20. juni kamen die von Zürich samt andern Schwitzern zu schiff gantz stattlich. Sie brachten von Zürich einen grossen ehernen haffen voll gekochten hirss, so zu Zürich kocht war. Der kam gantz heiss hieher, dann sie in einem tag von Zürich herfuhren. Als sie den S. Johannisgiessen herein fuhren, empfieng man sie stattlichen mit drummen und pfeiffen und begleitete sie auff herren ammeisters stuben zum essen. Do stellte man zum gedaechtnuss auff alle tisch ein heiss muss so zu Zürich kocht war. Der haffen steht noch auff dem Zeughoff [wiegt 144 pfund[2]]. Fol. 105 1576

Ueber wenig tagen kamen dreyssig schützen von Basel, alle in einer kleydung, die schenkten der stadt einen lebendig hirschen und ein reh

---

1. Nous avons omis ici une phrase sur les usuriers, qui certainement n'est pas de SPECKLIN, mais de FRIESÉ.

2. Ces derniers mots se trouvent seulement dans un résumé. (Exc. Sp.)

samt vier salmen. Man empfieng sie alle herrlich und logiert sie in vornehme burgershausser. Des ammeisters stub legte man auff den schiessrain. Es gienge alle ding gantz stattlich zu, man verehrte allen frembden, insonders den Schweitzern. Man liess auch einen glückshaffen ausgehen mit vielen koestlichen kleinodien, darin überkam das beste ein armes meidlin mit einem namen. Herr Hans Casimir, pfaltzgraff, hatte 1100 namen darin und überkam nichts. Ein ehrsamer rath liess auch die Schweitzer alle auff seine kosten wieder heimführen. — Pp. P.[1]

Fol. 107
1577

2498. (*Franzoesische Kirche geschlossen.*) — Anno 1577, 20. februarii, ward die welsch kirch gantz zugethan, dieweil sie sich mit gewalt gegen die prediger legten. — WENCKER, *Collectanea*, II, fol. 23a.

Fol. 108ᵃ

2499. (*Daniel Specklin wird Stadtbaumeister.*) — Domollen hatt Daniel Speckle von Strassburg die gantze statt Strassburg von holtz in ein model iust gemacht. Die statt in der XIII. stuben im langen disch. Drauss kann man sehen, was seyther bawen worden ist. Darull wardt er zum bawmeister ahn genommen, so zuvoren nit brauchig wass, dowil man aber gesinnet die statt zu bevestigen, wardt er desshalben ahn genommen. — Pp. Schu.

Fol. 109
1578

2500. (*Neue Befestigungswerke.*) — Anno 1578, auf liechtmess, schleiffte man im Claren woerd dem graben gegen dem ambrustrein zu, führte vornenher eine maur, und den wall stracks hinüber auff den armbrustrein an den andern wall, und machte auss dem platz und graben ein garten, wie noch zu sehen ist. Als man da fertig, fieng man den grossen bau bey Roseneck an, man schleiffte mauren, graeben, vorbau, und baute dahin die jetzige wehr, erweitert den graben, aendert die bruck und ward anno 80 fertig. — Exc. Sp.

2501. (*Messe in den Nonnenkloestern gelesen.*) — Eodem, 1. maii, huben die pfaffen an zu S. Johann und nonnencloestern zu predigen und mess zu halten, wurde aber von der obrigkeit gleich wider verbotten. — Ibid.

Fol. 111ᵇ

2502. (*Alterthümer zu Woerth gefunden.*) — Eodem (anno) seind zu Woerd viel antiquitaeten gefunden worden, darunter ein viereckigter stein, darauff Mercurius, Hercules, Diana, Venus. — Ibid.

2503. (*Vergleich zwischen Stadt und Bischof.*) — Als 1578, im november, herr Gebhart Truchsess von Waldburg, domdechant zu Strassburg,

---

[1]. Une autre note en français, de PITON, qui mentionne le nom de Gaspard Thomann et celui de l'Hôtel du Cerf, nous montre que le récit de SEGKELIN était plus détaillé.

um ertzbischoff zu Coeln erwachlt und besorgt war um den span im bisthum Strassburg, da der bischof nicht schwoeren wollte, hat er dringend stadt und bischof sich zu vergleichen, der bischof solle schwoeren und die stadt solle nichts thaetliches gegen den bischof vornehmen. (Im geheimen rath ward nemlich beschlossen, den widerspenstigen bischof gefangen zu nehmen oder zu vertreiben, das domkapitel hatte davon nachricht erhalten, auch der bischof.) Jetzt schrieb bischof Johann der stadt gar freundlich, er wolle nun der stadt schwoeren, wann er der sache besser bedacht were, sollten nur etliche gesandte nach Zabern schicken, um die huldigung anzunehmen. Diese wurden in Zabern herrlich empfangen und auf Martinstag schwor der bischof endlich, wie jeder bischof seit undenklichen zeiten, dass er der stadt freyheiten, gerechtigkeiten und herkommen nicht mindern sondern mehren wolle, dass er von den bürgern und den zur stadt gehoerigen keinen andern zoll nehmen wolle als herkommens ist, die geistlichen gerichte sollen ihren gang haben und niemand kein indultum gegeben werden ohne des klaeger's wille. Die stadt versprach nachbarlichen dienst und guten willen. Man schied froehlich. Im folgenden jahr kam der bischof selbst nach Strassburg, wollte aber keinen einzug halten, da er nicht im münster absteigen konnte, ward freundlich mit ehren empfangen. — Texte résumé et modernisé par T. G. Rœhrich.

2504. (*Eine Hexe verbrannt.*) — War ein weib in der Krautenau, die vieler zaubereyen bezüchtigt, hatte ihren eigenen mann verhext, dass eitel geschnitten stroh von ihm ging und starb. Als man im spittal ihn aufschnitt, war er voll geschnitten stroh. Die hex ward verbrannt. — Pp. Rh.

1579

2505. (*Bischof Johann besucht den Rath von Strassburg.*) — Den 18. februarii, alsz bischof Johann sich mit der stadt Straszburg gentzlichen vertragen, auch selbs zugesagt die stadt einmal zu besuchen, alsz hat er auf dato heimlichen alles aufs beste in seinem hof bestellt, und als es um 9 uhren ware, kamen des bischofs räht, begerten vir raht und XXI sie zu hören. Der raht ware willig sie zu hören was der bischof moehte aber etwas newes virbringen. Alsz sie virkamen, zeigten sie ahn wie ir fürstl. gnaden die stadt und oberkeit begerte freundlichen und nachburlichen zu besuchen, mit bitt dasz ein ers. raht ir fürstl. gnaden nit wolten verschmähen und um 10 uhren ins bischofhof mit ir fürstl. gnaden das mitagmal helfen in aller freundlichkeit volbringen. Der rath wuste von solchem nichts; name sie wunder der kurtzen ladung, doch sagten sie zu: man befale den soldnern und andern sich eilent zu rüsten und ir fürstl. gnaden entgegen zu reiten; auch den wächtern dasz sie blosen solten; aber alles zu spat. In disem kombt der bischof die Oberstrassen mit einer gutschen und auf 80 pferd vor die Pfaltz in seinen hof gefaren, mit sambt seinen brüder und andern grafen. Der raht eilte, damit man ime mochte schencken und entpfahen; welches auch geschahe in groszer eil. Alsz nun meister und raht in hof kamen entpfingen sie ir fürstl. gnaden gantz wol und verehrten ime gantz fürstlich. Der bischof name alles zu gnaden ahn, und asze man bey ir fürstl. gnaden und waren sehr frölich. Der bischof widerholte etlich mal wie er hinfort der stadt guter freundt sein und bleiben wolte; man gabe auf 200 essen, gantz fürstlich. Den andern tag lude die stadt und raht ir fürstl. gnaden widrum, mit grosser bitt, auf Unser frawen hausz, welches er zusagt. Am morgen um 10 uhren kame marckgraf Jacob von Baden sambt andern grafen, auch statt- und ameyster, und holten den bischof; do ginge er zu voran ins münster und besahe das new uhrwerck; von danne auf Unser frawen hausz; do wardt ir fürstl. gnaden herlich tractiert, und werdt solche mahlzeit bisz in die nacht; und alsz man wol truncken, schide man von einander, doch bliben etliche bey ihr fürst. gnaden im hof. Morgens, alsz ein ers. raht mit ihr fürstl. gnaden allerhandt redt gehalten und die morgensup gessen hatte, scheide er gantz freundlichen; man beleite ihr fürst. gnaden mit den söldnern, auch etliche herren, bis gen Dachstein. — J. WENCKER, *Collectanea*, II.

2506. (*Graf Philipp von Hanau begehrt vom Bischof ein Pferd.*) — Hernach hat sich graf Philips von Hanau, herr zu Lichtenberg, der elter, erkundigt, diweil bischof Erasmus nie hat wollen inritten, ob er wolte inritten; alsz sich der bischof erklärte, dasz solchs ohne von notten, diweil die ceremonien nit mehr im münster wie zu voran gehalten würden, wolte er also dise fründliche heimsuchung vir sinen inritt halten; daruf hat graf Philips von Hanau begert, ime, alsz des stifts marschalck, das beste pferdt zu schicken, welches ime, wann ein bischof einreyt, gebürt, dann er sein gerechtigkeit haben wolte; dem bischof gefile solche suchung nit wol, doch schickte er im ein gut pferdt von wegen alter gerechtigkeit.

2507. (*Verordnung des Adels halben.*) — Anno 1580 ward erkant dass alle von adel, so in der statt feur und rauch holten, etwas beytragen solten, oder burger werden, widrigenfals bey 10 pfund straff bey offenem würth einkehren. — Exc. Sp.

2508. (*Neubau der Befestigungen.*) — (Roseneck) die newe pastey neben dem Steinstrasser thor, fertig (gebaut). — Pp. Schn.

2509. (*Jesuitencollegium zu Molsheim gebaut.*) — Damalen hube bischof Johann von Straszburg ahn zu bawen zu Molszheim ein new collegium, im alten spital, vir Jesuiter, die er ausz dem Niderlandt brachte; er behilte die alten gefell und legte allen äbten, clostern, stiften auf, von irem einkommens jährlichen dahin zu geben, damit ein fürneme schul mochte do ahngericht werden; solchs sparten alle closter und stift; vermeinten, wolte er etwas stiften, solte ers ausz dem seinigen thun. Darauf liesse er allen clostern und stiften im bischtum ihre gefell arestieren; darauf haben sie sich mit ime verglichen und ein genandts bewilligt. — Ibid.

2510. (*Dachstein befestigt.*) — Er hub auch ahn Dachstein das stettle zu bevestigen, auch das schlosz besser zu bawen; er brache ein schopf im ineren schlosz, der etwas im hof hindert, ein sehr grossen gewaltigen thurn ab, ware von luter quatern, sehr grosz, dick und hoch, von bischof Heinrich von Veringen erbawen. Er fragte nichts nach dem reimen den bischof Heinrich daran hat hawen lassen in einen stein, also: Selig der mich macht, verflucht der mich bracht. Er bawte auch das schloss Barr bey Zabern, mit newen mauren und wehren, und liesse vil grosse büchsen zu Strassburg giessen. Er hat sunst vil und gern bawen. — J. WENCKER, *Collectanea*, II.

2511. (*Fortifications nouvelles.*) — La partie du rempart, le long du quartier de la Finckmatt, fut construite avec les murs, de 1577 à 1580, par Specklin; les anciennes fortifications furent en partie démolies. — Pp. P.

2512. (*Eine Wehr am Rhein.*) — Eodem (anno) erschuett die statt wegen boesen wegs einen guten weg und werbe von Kell biss an Goldschür, eine meil wegs lang, dann man nit durchkommen konnt, wenn nass wetter war. Aber graf Philipps von Hanaw wolte solchs wegen seinem zoll in Wilstaett nitt leyden, kamen also des guten wegs halben in schweren span..... Graf Philipps liess auch Hundsfelden, weilen es, der moerder halben, sehr beschreyt war, auff den boden abreissen. — Ibid. — Exc. Sp., en résumé.

2513. (*Lichtenberg neu befestigt.*) — Anno 1580 hat herr Philipp graf zu Hanau und herr zu Lichtenberg, das gantze schloss welches sehr zerfallen war, alle mauren, thürme, gewoelber und graeben rings um, mit lauter quaterstücken new auffbauen lassen, ohne beschwerung der underthanen, auff seine eigene kosten. — Pp. Schn.; simple note avec renvoi à l'*Architectura von Vestungen*, p. 89. Texte moderne de FRIESÉ, *Hist. Merkwürdigkeiten*, p. 32.

1581   2514. (*Münsterknecht schläft in der Predigt.*) — Am 30. april 1581 geschah folgender spass, der fast einen auflauf veranlasst haette, denn das volk hatte auch parthey genommen. War sonntag, waehrend der amptpredigt schlief der münsterknecht, indessen schlug die glocke acht, der erwacht, meint es sey mittag, faengt an zu laeutten, man glaubt es sey sturm, man lauft aus der predigt, glaubt es brenne, manche glauben es sey aufruhr wegen des handels der gelehrten, versammeln sich bewaffnet vor dem münster, schon waren acht banner da, die thore verschlossen, die andren kirchen fangen auch an zu laeuten, der ammeister kommt geritten, man fragt wem es gelte, niemand wusste es und so fragt man den münsterknecht, da kam's heraus dass es nichts waere, wurde der knecht in thurn gelegt. — Texte modernisé Pp. Rh.

Fol. 125   2515. (*Ein Moerder gefangen.*)   Anno 1581 ward Peter Nirss, der moerder gefangen. — Exc. Sp.

2516. *Johann Sturm seines Amtes entsetzt.* — Den 9. december, alss Johann Sturmius, rector in den schulen zu Strassburg, wider alles verbot einer oberkeit, nit wollte authoeren mit schmachschriften wider Dr. Pappum, des sacraments halben (wie wols andere unter seinem nahmen gethan haben, er aber underschriben) ward er seines rectorats entsetzt, doch blibe im das gefell, auch die probstey zu S. Toman, und ward aim sein statt rector M. Melchior Junius.

Sturmius ist sunst ein uberauss gelerter man gewesen, der die schul in Strassburg aufgericht und damolen in die 43 iar ?versehen hat. — J. Wencker, *Collectanea.*

Fol. 126ᵛ   2517. (*Neu-Bau auf dem Martinsplatz.*) — Domollen hube man ahn
1582   das new hauss auff dem S. Martinsplatz bey dem Fischmarck gegen der cantzley und neben dem Camelthier ahn zu bawen und kaufften ein ersamer raht hinden zu noch etliche haeuser. Fornenher ist der platz noch von S. Martins leichthoff do gewesen und vast in drey iaren auffbawen worden. — Pp. Schm. — Pp. P.

Fol. 128ᵛ   2518. Im september hatte man by nacht auff dem münster, auff den vier schnecken und darüber etliche lichter gesehen und war doch nass regenwetter. — De même, le 14 octobre, où on en avait vu douze sur les tours et les toits du château de Lichtenberg, pendant trois heures, au milieu de la pluie et du vent. Il y a sept ans, on en avait vu de même. — Extrait et résumé dans les Pp. Schn.

1583   2519. (*Koelner Wirren.*) — Den 12. jänner 1583 liess Gebhard ertzbischoff zu Coeln, domdechant zu Strassburg, die erklaerung ausgehen dass die reform auf gottes wort gegründet sey und er sie in seinem bissthum erlaube oeffentlich zu predigen, nahm auch bald darauf die Agnes graefin zu Mansfeld, eine coelnische aebtissin, zur frau. Die domcapitularen zu Coeln widersetzten sich hoch, beriefen ein capitel nach Coeln und da der groesste theil dieser herren auch im capitel zu Strassburg waren, wurde fast das gantze Strassburger domcapitel citirt, nicht alle kamen. Das capitel erklaeret ihn für einen ketzer und abtrünnigen, wollte ihm eher hundert concubinen als ein eheweib erlauben. Da entwich Gebhard mit allen briefen und schaetzen nach Bonn. Pabst Gregor XIII. sandte den jungen ertzbischoff von Toledo, cardinal, sohn des ertzherzog Ferdinand, war zwantzig iahr alt, um den alten Gebhard zu entsetzen. Er kam den Rhein herab, da hielt ihn pfaltzgraff Johann Casimir bey Speyer auf, wollte nicht zulassen dass der papst einen churfürsten entsetze; der cardinal floh nach Italien zurück.

Nichts desto weniger entsetzten die domcapitularen zu Coeln ihren ertzbischoff, zogen alle zoelle ein und waehlten hertzog Ernst von Bayern, der schon drey bissthümer, die zu Freysingen, Hildesheim, und Lüttich hatte. Da besetzte Gebhard die stadt Bonn mit truppen, die domherren verdammten ihn. Einige dieser herren die auch zu Strassburg im domcapitel, thatten einrede; es war graff Georg von Wittgenstein, graf Hans von Winnenburg und graf Hermann Adolph von Solms, meinten es sey unbillig dass man so streng wider Gebhard verfahre, weil alle churfürsten und andre fürsten für ihn schrieben und bitten dass man ein tag desshalb zu Franckfurt habe, den kaiser Ruprecht (sic) auch bewilligt. Aber die stiftsherren fuhren fort auf des pabsts geheiss, wollten auch obige drei grafen angreifen, die zogen weg, wurden aber doch von ihnen verdammt, ihrer aemter entsetzt, ihr bild in Rhein geworfen, schrieben desshalb auch an den bischof von Strassburg und die hiesigen domherren, die nicht nach Coeln gezogen, dass sie Gebharden, der hier dompropst und die drey grafen auch entsetzen sollten und als ketzer sie verhalten. Als diese folge leisten wollten, kamen meister und rath ins capitel, baten die herren von ihrem vorhaben abzustehen, dann das domcapitel sey in ihrem schutz und schirm, und darum auch die drey herren in ihrem schutz begriffen. Sie baten keine neuerung oder aufruhr zu machen, sonst müssten sie denen die bedraengt waeren, schutz halten. Da liessen sie ihr vorhaben[1]. — Texte moderne et résumé pap. Rh.

1. «Specklin giebt in seiner chronick ein detaillirtes tagebuch dieses gantzen handels, biss 1589.» Cette note marginale de Roemer indique bien qu'il a tiré son résumé d'un texte infiniment plus détaillé.

2520. (*Ein Kardinal kommt nach Speyer.*) — Um mitfasten schickte pabst Gregorius der XIII. ein jungen cardinal, was etwan 20 jar alt, heruss, was bischof zu Toledo in Hispanien, ertzhertzog Ferdinand von Oestreich son, gebohren von einer Augspurgerin genandt Philina Welserin, der kame mit 200 pferden von Freyburg herab, wolte auf Coln zu und den ertzbischof entsetzen; und alsz er bey Speir kame mit Herrn Nicolaus von Polwil, do wart hertzog Johann Casimirus auf in, wolte in nit lossen passieren. Do flohe er by tag und nacht auf Rastatt und Ottenburg zu und auf Brisach, bliebe drey wochen do, zoge widerum in Italia. Die ursach was dasz er solte den bischof zu Coln entsetzen in namen des pabsts und ein anderen welen; das wolte pfaltzgraf Casimirus nit zulassen dass der pabst solchen gewalt wolte brauchen churfürsten auf- und abzusetzen. — J. WENCKER, *Collectanea*, II¹.

Fol. 432. 2521. (*Krieg im Elsass.*) Als herzog Johann Casimir der pfaltzgraf burgundische schützen ins Elsass schickte und die Oesterreichischen auf solche loss giengen, sind die welschen aus dem Obern-Elsass abgezogen, durch Geispolzheim gegen Strassburg beym Weisenthura-, Cronenburg- und Steinstrasserthor vorüber, und sassen unter der stadt bey dem aechter kreuz in schiffe und fuhren den Rhein hinab. — SILBERMANN, *Lokalgeschichte*, p. 163.

Fol. 433. 2522. (*Streit zwischen den Domherren.*) — Damals wollten die domherren und andere hiesige nicht dass man die verstossenen herren vom capitel sollte in den calender drucken; es unterblieb. — Pp. Rh.

2523. (*Alterthümer zu Brumat gefunden.*) — Anno 1583 ist zu Brumat ein bild gefunden worden mit schrifften und müntzen. — Exc. Sp.

2524. (*Lazarus von Schwendi stirbt.*) — Den 28. maii, starbe der wolgeborn und strenge, strittbare held, herr Lazarus von Schwendy, freyherr zu Hohen Landsperg, zu Kilchofen, ward gen Könszheim begraben; er ware keyser Carle des V. und hernach keyser Ferdinandi, keyser Maximilian II. und Rudolfi des II. rath und veltobrister in Ungarn; hat den Türeken vil vestungen abgenommen. Er hat sieben sprachen perfect können reden; kein lengere auch herrliche person hat man in Teutschland nit gefunden. — J. WENCKER, *Collectanea*.

2525. (*Kalenderstreit.*) — Der bischof gebote damalen allen notarien, auch ahn geistlichen gericht zu Straszburg, dasz sie alle einschreibungen

1. Dieser Abschnitt ist offenbar ein Bruchstück der vorgehenden Erzählung, die wir nur aus den Notizen Reissner's im Allgemeinen kennen.

und datum solten nach dem newen calender setzen und richten, desgleichen die fest zu feyren, das geschahe durchs bischofs insigler, der in seinem hof wohnet, doch nit geistlich, sunder hatte ein weib. Daruf beschickte meyster und raht alle notarien und gebote inen, dieweil sie burger wären, dasz sie alle verschreibungen solten nach dem alten kalender stellen, wie von altem her, bisz solchs die stadt mit den stenden im reich sich vergleiche. Daruf alle notarien sich verglichen und wolten nichts mehr verschreiben, weder dem newen, noch dem alten noch, daten auch dem bischof zu wissen. Man gebote auch dem insigler dass er sollte in acht tagen burger werden oder die stadt raumen. Die notarien sagten gegen den bischof den dienst auf, die andern wurden burger. — J. WENCKER, *Collectanea*.

2526. (*Guter Herbst.*) — Eodem anno war so guter herbst dass viel reben ohngelesen blieben, wegen mangel an fassen. Ein ohmen fass galt drey mahl mehr dann der wein. — Exc. Sp.   Fol. 134

2527. (*Stollhofen gebaut.*) — Eodem anno liess margraff Philips von Baden zu Stollhoffen die vorburg mit rundellen bauen. — Ibid.   Fol. 135

2528. (*Strassburg kauft die Herrschaft Barr.*) — Den 23. novembris starb herr Friederich von Barr, als die statt, vorhero anno 1578 die herrschaft, domit auch die hohe obrigkeit und halssgericht zu Oberehnheim begriffen, umb 95000 fl. kauft hatten, setzten sie einen amptmann auf das schloss. — Ibid.

2529. (*Vorzug der Teutschen vor andern Voelkern in Tugend und Geschicklichkeit.*)   Fol. 136

     1. Die kriegsart und staercke.
     2. Guter glaub und warhafftigkeit.
     3. Erfindung der buchtruckerey.
     4. Geschütz und feuerwerckerey.
     5. Klein uhrwerck.
     6. Müntz und presswerck.
     7. Bergwerck.
     8. Selbslauffende mühlen. — Ibid.

2530. (*Viele Voegel.*) — Eodem (anno), umb liechtmess, seind viel tausend mal tausend daufincken vom Nidere gebürg, 14 tag lang drey meil wegs lang und ½ meil breit, hergeflogen. — Ibid.   Fol. 137   1584

2531. (*Beginn der Prechterschen Haendel.*) — Anno 1584 huben die Prechter an sich unter den adel zu verheurathen, besassen den rath, und war herr Friederich Dreizehner, aber sie thaten sich vom gewerb, sagten ihre wahren alle auff, auch den rath, da sie XIII^{er} waren und zum Spiegel dienten, und dienten hintort zum Hohensteg als andere von adel. — Ibid.

Fol. 138. **2532.** (*Kalenderstreit zwischen Katholiken und Protestanten* in den Jahren 1583–84, besprochen von Specklin. — Pp. P.

Fol. 140? **2533.** (*Streitigkeiten der Stadt mit dem Prechter.*) — Eodem (anno) ... Auff befragen wer die hoechste obrigkeit? Antwort: Der pabst, keyser und bischoff. Zu dem waeren sie der religion wegen in bann. Des raths antwort: Der pabst haette auff ihrem stiff, welches ein freystifft, nichts zu gebietten. Sie haetten auch mit dem bann in der statt und land nichts zu thun, waer auch in sechzig iahren nichts davon gehort worden. Zu deme haette die statt Strassburg auch ein ban umb die statt, der waere mit steinen umbsetzet, da stünden der statt wapen auff, und nicht des pabsts, und wolten des pabsts bann über ihren bann auch nicht mehr kommen lassen; dass moechten sie wissen. — Exc. Sp.

Fol. 141. **2534.** *Aufnahme in den Ritterstand.*) — Eodem (anno) ist herr Sebastian Mueg und seine brudderssoehne, Sebastian und Carle, in die ritterschafft zum Hohensteg aufgenommen worden. — Ibid.

Fol. 142. **2535.** (*Steinthal. — Alterthümer zu Neuweiler.*) — Steinthal, von Schirmeck biss hinter Helms (?) gereyt. Eodem antiquitaeten zu Neuwiler nach Liechtenberg gebracht. — Ibid.

2536. (*Des Bischof's Schreiber aus der Stadt gewiesen.*) — Anno 1584 wurde Joh. Lundersio (?) secretar des bischofs weil er, auf heimliches eingeben des bischofs der stadt den burgereid nicht schwoeren wollte und doch weib und kind und behausung hier hatte, geboten in drei tagen die stadt zu verlassen. — Extrait modernisé, Pp. Rh.

Fol. 148^b. **2537.** (*Zollkeller neu gebaut.*) — Eodem (1585?) hat bischof Johann den Zollkeller von grund auff neu gebauen. — Exc. Sp.

Fol. 149^b. **2538.** (*Ein Sturmwind.*) — Den 25. november (1585?), gegen obent, 1585. grosser wind, warff auch auff der Wilhelmerkirchen das thürnle herab. — Pp. Schm.

Fol. 150. **2539.** (*Vom Zollkeller*) sprach Specklin an dieser Stelle, wie das «jetzige gebaeude» aufgeführt worden. Die bischoefe haben allhie ihre gefälle «auf S. Thomae tag» erhoben. — K.-S. G., p. 706.

Fol. 150^b. **2540.** (*Querelles à propos du calendrier.*) — Les anciens calendriers furent réimprimés avec permission du magistrat, et en 1585 les noms des chanoines catholiques imprimés à l'encre noire et ceux des chanoines protestants à l'encre rouge. — Pp. P.

2541. (*Benfelden befestigt.*) — Anno 1584 hat bischoff Johann Benfelt angefangen zu bauen und bevestigen, und wegen mangel der stein dass closter Nidermünster abbrechen und dahin führen lassen, so er doch gelopt hatt wan man im die gefell liesse, solches widerum auffzubawen. — Exc. Sp. — Pp. Sch.

2542. (*Witterung.*) — Anno 1585. Ein schoener frühling aber ein nasser sommer. Grosse gewaesser verderbten unsere felder; alles wurde wieder theurer, obwohl alles im überfluss vorhanden war. — Texte modernisé par FRIESÉ, *Hist. Merkwürdigkeiten*, p. 173.

2543. (*Busse für Saeumnisse des Ammeister's.*) — Anno 1586 (wurde beschlossen) wann der ammeister umb ein uhr nit in cantzley kaeme, soll er ein schilling geben. — Exc. Sp.

2544. (*S. Niclaus Thurm neu gebaut.*) — Diss iar S. Clauss thurn und das spitz dach gemacht, als der thurn fallen wollte. — Pp. Sch.

2545. (*Entdeckung des Koerpers Bischof Erkenbald's.*) — Im jahr 1586, an dem ort da S. Georgen capelle gestanden, vor dem münster, und zum saltzhauss baute, als man zu fundamenten dolbe, fand man unmenschliche grosse coerper dabey im hoffe mit sehr alter müntz, darneben viel todte. Da ward auch ein schoener coerper in einem grossen steinernen sarck bedeckt gefunden, die haend über einander haltend, gar gantz, darbey ein bleyen creutz. Man meint es sey bischof Erkenbaldi coerper gewesen, so die capell erbauen hatt¹. — K.-S. G., p. 499.

2546. (*Plünderung im Elsass.*) — Anno 1586 ein herrliches fruchtiahr; wo man sonst ein fürtel einerndte gab es jetzt drey fürtel; in hundert iahren stand die frucht nicht so schoen, aber es wüthete der bischoeffliche krieg und es lagen viele kriegsvoelcker im lande. Da fielen selbst unsere freunde, die vorgaben dass sie zu unserer hülfe gekommen waeren, in unsre dörfer plünderten und raubten, schlagen oefen, thüren und fenster ein und verwüsteten gegen 300 doerfer. Da zogen die landleute mit haufen in die stadt.

Domals hatten die edlen von Wildsberg über tausend fürtel früchte in Steinburg, die mochten sie nicht theilen, und den armen wollten sie die-

---

1. L. SCHNÉEGANS a une version légèrement différente pour la phrase finale : «in einem grossen steinernen sarg einen praechtig angezogenen koerper, ohne kopff, soll bischof Erkenbald, der stifter der capell gewesen seyn.»

selben auch nicht verkauffen, obgleich das fürtel 6 bis 7 gulden galt. Da kamen die soldaten und theilten diese früchte ohne zank. — Texte modernisé par FRIESÉ, *Histor. Merkwürdigkeiten*, p. 174—175.

Fol. 157   2547. (*Bedingungen des Burgerrechts.*) — Eodem (anno) ward erkannt dass man niemand zu burger annehmen solt, er waere dann hier gebohren, oder nehme hier ein weib, oder koenne ein gut handwerck oder vermoege 100 pfund pfenning, dass er das almosen nicht bedoerffe und gebe umb das burgerrecht 9 gulden, und haette nit so viel kind dass die statt solche ziehen müsse. Sonst, wenn einer drey schilling gab, genoss er auch dass almosen. — Exc. Sp.

Fol. 158   2548. (*Règlements militaires.*) — Un règlement de 1586 abrogeait quelques articles du règlement précédent sur l'administration de l'arsenal, en ordonnant à une partie de la population de se rendre sur les remparts et les canonniers (büchsenmeister) à l'arsenal. — Pp. P.

2549. (*Das Neue Jahr zu pfeifen verbotten.*) — Eodem (1586) verbott man auff den christag, den stattpfeiffern und schülern das neue iohr zu pfeiffen, oder singen, ein alter brauch, so 14 tag gewaehret. Dafür samlet man in der kirchen. — Exc. Sp. — Pp. P.

2550. (*Grande disette.*) — Une grande disette attira une masse de pauvres étrangers à Strasbourg; ils furent nourris à l'Ellendenherberg. On donna le gite et nourrit durant cette année 41058 personnes. A l'hôpital il y avait 14421 personnes malades, dont 2397 sont mortes. — Man halff diess iahr iedermann wie man konnte. Den burgern gab man diess iahr 15300 viertel frucht. Den Schweitzern hat man im iahr 2176 viertel folgen lassen, ohne was sonst auf dem marckt verkaufft wurde. — Pp. P.

Fol. 158ᵇ 2551. (*Streit mit dem Bischof wegen Besiegelung der Urkunden.*) —
1587   Weilen aber der bischof die brief und contracten nicht anders wolte besiegeln lassen, do gebote ein oberkeit dass alle burger und hindersassen, alle die etwas zu verschreiben und zu versigeln hetten oder künftig haben würden, solten von dato ahn solchs in ihrer cantzley oder bey zwenen notarien (so sie mit namen nannten) beschreiben und in der cantzley besiegeln lassen. Wo das nit beschehe solle ime herin die oberkeit nit behülflichen sein. Aber mit einem frembden mag ein burger wol thun, doch wurt im ein oberkeit nit behülflichen sein, wan er irer hülf hierin betoerft. Es solle auch kein burger, die hauss, hof, acker, matten, reben und güter im landt haben oder kaufen, solche mit keiner bet, steur oder schatzung weiters nit belegen lassen. — J. WENCKER, *Collect.*, II.

2552. (*Bund mit den Schweitzern.*) — Anno 1588 hat man bey auffrichtung des Schweitzerbunds den gesandten von Zürich und Bern und dero zugethanen, wie auch allen ammeistern und stettmeistern von klarem gold gemünzte pfenning à 3 loth; den rathsverwandten silberne à 2 loth, und allen schoeffen à 1 loth schwer verehrt zur gedaechtnus. Stund auff der einen seithen ein loew mit der statt wapen, mit der überschrift: Maiorum liber(ta)ti tuendae, auf der andern folgende: Foederis cum Tiguri. et Bernat. initi hoc mnemosinon S. P. Q. A. F F. 1588. — Exc. Sp.

Fol. 178
1588

2553. (*Disputation der Strassburger Theologen mit den Schweizer Gesandten.*) — Die Schweitzer gesandten liessen auch alle prediger kommen, stellten ihnen vor wie traurig die trennung wegen des sacraments, sie sollen doch die schmaehungen unterlassen, des gemeinen besten und der einigkeit wegen, da es doch meist nur wortstreit ist; sie wollen auch sorgen dass ihre prediger ruhig bleiben.

Dr. Pappus antwortete im namen aller, sie haetten nicht wider gottes wort gelehrt, wollen auch ihre lehren mit gottes wort erklaeren. Der sacramentstreit habe geruht bis die pfaelzischen und andre denselben wieder erweckt und fromme prediger an allen enden vertrieben mit weib und kind. Wie sehr Beza, Sturm und andre sie geschmaeht haben, kann man in ihren schriften sehen. Dass man die Schweizer calvinisten heisse, geschehe bloss um sie zu bezeichnen, wie man die Strassburger lutherische nennt. Haette man sie in ruhe gelassen, es waere solcher zwiespalt nicht wieder aufgeweckt worden. Sie haben sich nothwendig gegen die schweitzerischen prediger vertheidigen müssen, bleiben diese ruhig, so wollen sie's auch. — Texte modernisé par T. G. Rœhrich.

2554. (*Entdeckung des Bruderhoefischen Schatzes.*) — Eodem (1588), den 18. julii, kam graf Hermann Adolph von Solms, kehrte widerumb in den Bruderhoff ein. Indessen hatte der schaffner feldhühner, wolte sie lebendig behalten, wusste nicht wohin mit. Zuletzt dachte er auff den kellerhals mitten im hoff, so darauf gewoelbt war und ein vergittert rund loch hatte. Gehet hinauff, rumt die alten bretter darin hinweg, da findet er drey grossen zwilchen saeck voll gepackt, thut sie auff, rieff den beeden herren von Solms, auch dem von Mansfeld und andern darzu. Die beruffen bald notarien und zeugen, auch etliche herren vom rhat darzu, thun solche auff. Da fand man die kleynodien, heyligthumb, bilder, kelch, monstrantzen und den besten schatz, auch etliche koepff und becher von gold und silber, auch viel von den besten ornaten, so die andren herren auss der sacristey im münster vor vier jahren geplündert hatten. Aber in einnehmung des

Fol. 181

Bruderhoffes als sie es den tag hatten wollen hinweg führen, haben sie es in eyl dahin verstossen, und ist zu verwundern gewesen dass in solcher langen zeit, da man alle stund dabey auff den kasten ist gegangen und gestanden, niemand da etwas gesucht oder gesehen hat. Den andern tag morgens, hat man offentlichen, sampt allen herren, auch dem herrn ammeister, und etliche vom rhat in der procession alles heilthum, cleynoten von silber und gold, den gantzen schatz widerumb in die kammer dess chors im münster an seine alte stelle in die kaesten gesetzt und geordnet, und den gantzen tag verwachen lassen, und solches iung und alt, zur gedaechtnuss offentlich sehen lassen. Also ist dass heilthum wider an sein alt ort kommen, ausgenommen dass einhorn; ornaten und geld fand man nit. Als man nun merckte dass sie moechten etlichs dings also verstossen haben, hat man an viel anderen liederlichen orten mehr gesucht. Zuletzt hat man den 22. julii in der sacristey tieff in der mauren, in einem kensterlin noch 24 kelch gefunden, darunter acht von lauter gold und edelgestein, auch ein kistlin mit edelgestein, welche man abermalen an sein alt gewöhnlich ort gestellt hat. — Exc. Sp.

2555. (*Ein Gelübde des Domprobstes von Thengen.*) — Es hatte der thumprobst von Dengen, vor fünf jaren, nit allein in die sancta liga geschworen (wie auch der bischof), sunder auch ein gelöbdt gethan sin har nit abzuschneiden bisz man zu Straszburg im chor widrum mesz hielte; welches im dann sehr lang gewachsen; begerte vom bapst dass er ine seines gelubdts solte ledig sprechen; darusz dann ime vil gespött erfolgt.

2556. (*Bischof Johann sucht Verbündete.*) — Bischof Johann zu Straszburg sahe sich in diser zeit umb bey den alten orten in Schwütz, ein bündtnusz zu treffen mit des pabst vorschub. Ueber den todt deren von Geusz erschracke bischof Johann fast übel, dann er stets stadt und laudt mit diser bundtnusz (sancta liga) drawte; also dasz die pfaffen mehr sich muszten förchten, dann die andern so sich hatten zu förchten.

1589   2557. (*Der Schwoertag in Abwesenheit der bischoeflichen Gesandten.*) — Montag, vor dem schwortag, alsz man dem bischof auf der Pfaltzen, wie von alters her, widrum schwehren solte, waren des bischofs gesandten abermalen nit da; wardt der actus gehalten vor zeugen und notarien alsz wann sie zugegen wären.

2558. (*Bischof Johann beruft seine Lehensleute nach Zabern.*) — Es hatte auch bischof Johann auf den schwörtag alle seine lehenleut gen Zabern beschrieben, damit er sehen möchte wer ime gehorsambt; do hat er inen lassen vfhalten, nachdem er zu allem friden geneigt und sehe dasz man ime zuwider wäre, bete er dasz sie wolten auf mittel und weg gedencken, damit die landt in friden möchten erhalten werden; darauf, mit gemeinem raht zu antwort worden ist, dasz sie kein besser gelegenheit wüsten dann dasz er sich mit dem stift, stadt Straszburg und nachbarschaft begeben wolte; daruf er bewilligt ausz dem ritterstandt etliche mit befehle darzu abzuordnen. — J. WENCKER, *Collectanea*, II.

2559. (*Vermaehlung zweier Domherren.*) — Anno 1589 haben die ersten canonici dess hohen stifltes, graf Hermann Adolff von Solms mit einer von Manstelt, und graf Ernst von Mansfelt mit einer rheingraefflin Juliana sich verehelicht. — Exc. Sp.

2560. (*Mort de Jean Sturm.*) — Specklin racontait sur ce feuillet la mort de Jean Sturm, recteur de l'Université, mort le 2 mai 1588 à l'âge de 82 ans, enterré à St.-Gall. — Pp. P.

2561. (*Daniel Specklin stirbt.*) — In diesem 1589 (iar) ist Daniel Specklin, der diese sachen mit grossem fleiss, müh und unkosten colligirt, im herrn entschlaffen. Natus anno 1536. Obiit anno 1589, aetatis 53. — Pp. Sch.[1]

1. Diese Worte sind von des Chronisten Schadaeus Hand geschrieben. (Note de LOUIS SCHNÉEGANS.)

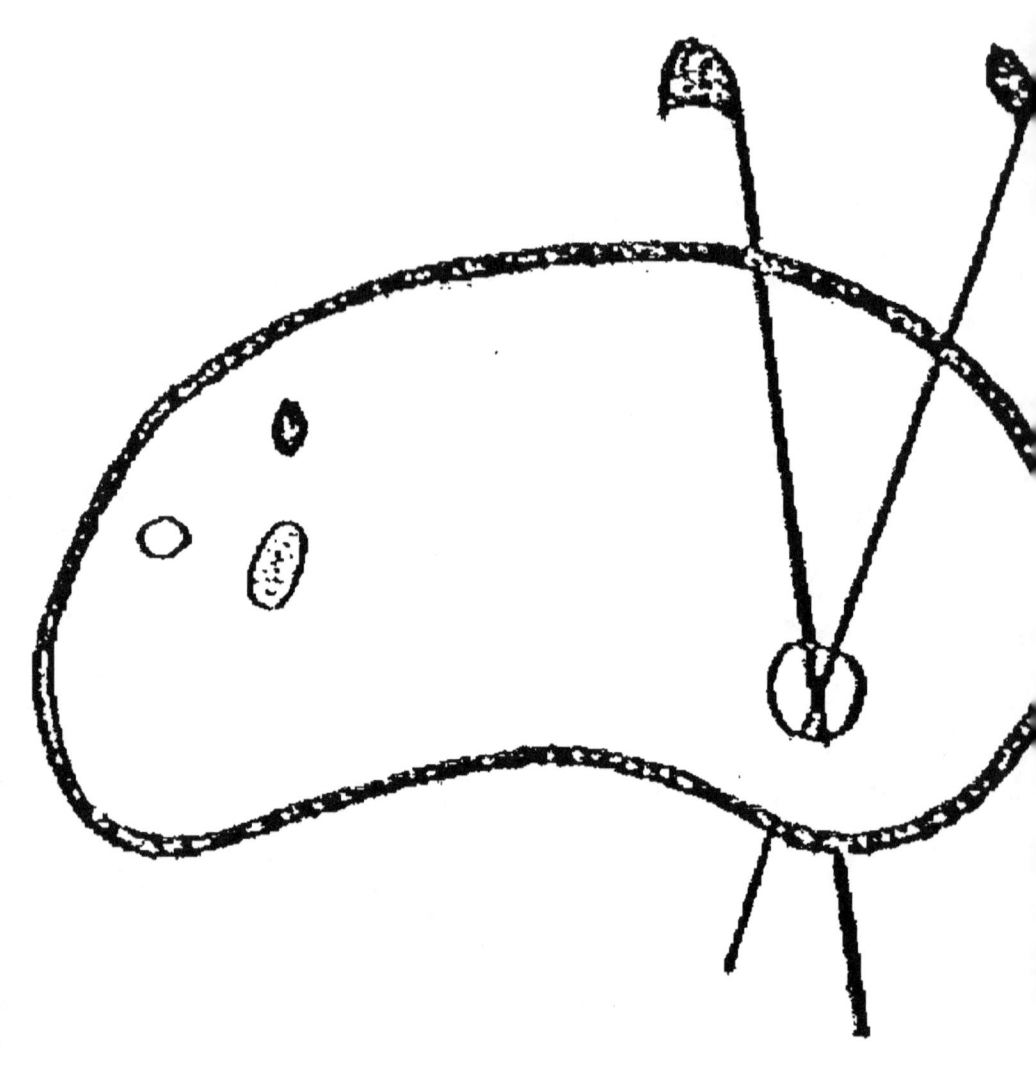

ORIGINAL EN COULEUR
NF Z 43-120-8

www.ingramcontent.com/pod-product-compliance
Lightning Source LLC
Chambersburg PA
CBHW070401230426
43665CB00012B/1203